文物

鉴赏与科学解读

姚 义 著
张庆杰 摄影

上册

中国轻工业出版社

图书在版编目（CIP）数据

文物鉴赏与科学解读 / 姚义著；张庆杰摄影. —北京：中国轻工业出版社，2023.7
ISBN 978-7-5184-4370-3

Ⅰ.①文… Ⅱ.①姚…②张… Ⅲ.①文物—鉴赏—中国 Ⅳ.①K87

中国国家版本馆CIP数据核字（2023）第023548号

责任编辑：李　红　徐　琪
文字编辑：张　晗　梁若水　　责任终审：劳国强　　整体设计：锋尚设计
策划编辑：李　红　徐　琪　　责任校对：吴大朋　　责任监印：张　可

出版发行：中国轻工业出版社（北京东长安街6号，邮编：100740）
印　　刷：鸿博昊天科技有限公司
经　　销：各地新华书店
版　　次：2023年7月第1版第1次印刷
开　　本：787×1092　1/16　印张：51.5
字　　数：1000千字
书　　号：ISBN 978-7-5184-4370-3　定价：298.00元

邮购电话：010-65241695
发行电话：010-85119835　传真：85113293
网　　址：http://www.chlip.com.cn
Email：club@chlip.com.cn

如发现图书残缺请与我社邮购联系调换

211396W3X101ZBW

李可染题词

韩云菊女士与北京故宫博物院学术委员李辉炳老师

韩云菊女士与国家文物鉴定委员会委员孙学海老师

笔者与中国古陶瓷研究会副秘书长余家栋老师

韩云菊女士与中国古陶瓷学会名誉会长朱伯谦老师

韩云菊女士与中国古陶瓷学会副秘书长赵青云老师

笔者与中国古陶瓷学会副秘书长赵青云老师

> 艺术收藏为世间最美妙的事业，你永远不会厌倦，也永远不会有终点……
>
> ——安思远

绪论

  这是一个没有唐诗和宋词的键盘年代，这是一段龟甲骨与互联网碰撞的岁月，人类文明的脚步，已经迈入火星与数字化的时代。斗转星移、时过境迁的万千流年，暗香疏影早已变成沧海桑田，恬然静谧也已是昨日星辰。而在历史沉淀的时光中，虽然三皇五帝的《二十四史》已烟消云散，五千年的风雨沧桑也成为历史流痕，可每当翻开中华文明史诗般的典册，您就会沉浸在探索与追寻恢宏历史的踪影印记中，而当您再跨一步走进文物天地里，虔敬触摸那万载千秋的华夏文化时，您对中华文明的敬仰就会油然而生！

  光阴荏苒，虽然您还怀揣着未泯的浪漫之心，但在繁华的喧闹声中，我们依稀还能体会到，唯有那尘封的历史和文物，还在静静地诉说着它的前世今生。无论是刀光剑影的古战场，还是你争我夺的皇宫大内；无论是风疏雨骤中的李清照，还是红楼梦影中的林黛玉，那些是是非非逝去的朝代，早已浓缩成淡淡的思慕倩影，沉淀在绢帛墨香的古卷里，融化于精美绝伦的文物中，它在默默期待着与您心灵上的细雨绵绵。

  每当月澹黄昏中或身心疲惫时，您去抚摸这些璀璨的艺术瑰宝，会悦然产生心旷神怡和宠辱皆忘的通达意境，您仿佛融入《清明上河图》中，也许会置身于烟波浩渺的楚江上，还可能出现在迷失千年的古窑场。而当看到这色白花青的元青花，您会想到横跨欧亚大陆的马背上的民族。看到婉约凝重的宋青瓷，您会想到那个风雨飘摇的临安王朝，历史似乎离我们那么遥远，但有时却仿佛近在咫尺。

  当然，您也会沉浸在万千思绪中，穿梭在车海人流里，可是蓦然回首，您会看到：钢筋水泥般的丛林，阴霾尘暴似的天空，灯红酒绿中的街道，市井巷陌里的变迁。大都市的快节奏和生活压力，使我们变得浮躁和空虚，也让我们感到彷徨与无助，但四季没有变化，地球还在自转，日出日落照常，云舒云卷依旧。因此，无论您是走在群山峻岭的茶马古道，还是酷魔沙海的丝绸古路，当人们怀念起那烟雨霏霏的青石板路，还有那木板楼上江南少女对您的清纯微笑，所有的烦恼与忧愁，一瞬间会化作一朵莲花，云去雾散，那些缠绕千年的疑惑与迷蒙，也会在学与问的陶醉中化解消融。

在这个被权力与金钱欲充斥灵魂的年代，人们已厌倦了世态炎凉的江湖，也总是想逃避职场博弈的纷争，人们渴望保留心灵上的一片清水净土，寻找人文精神的慰藉和红尘世俗的眷恋，也期盼迷茫中的脑海涤荡一次文化的洗礼。而收藏与研究的寻踪觅迹，就会使您无暇顾及或者说刻意规避那些世俗的纷扰，所以当您面对风雅婉约的"徽宗文化"时，那种千年古韵的凝重与内敛，足以让我们安静下来品味北宋的浪漫，这也是对益智和心修最好的诠释。文明是祖先留下来的巨大精神财富，而文物是"文明物化"了的具象艺术，它不但是一本无言的百科全书，而且承载着一份厚重的历史。

收藏鉴赏，收的是艺术，藏的是文化，传的是历史，承的是未来，而收藏就是对此默默地续写与静静地解读。然而这所"民间大学"和这个特殊行业，既无门槛和围墙，也没有行业标准，可进去了不管您的智商有多高，古今中外就从没有人能够毕业，而且最终能称为收藏家或文化现象的更是寥寥无几，这就是历史与文化博大精深的奥秘所在！古代艺术品也是一种浓缩的财富，而收藏不仅是对文化和历史的眷顾垂爱，也是在展示和叙说收藏者春秋的高雅情怀。收藏的乐趣在于获得知识、财富与满足感，然收藏者大多是金钱的"穷爸爸"，但也是文化精神的"富爸爸"，所以收藏者大多是痛苦并快乐着的。国内外但凡大的收藏家，大多先以兴趣和投资为出发点，又多以著书立传和捐赠而最终谢幕，以此来成就和留下人世间精彩的花好月圆。

而当今的收藏与鉴赏已从初级的识图辨纹阶段，升华到高级的指纹痕迹层面，从视觉鉴别转到了科学诊断，人们不再一味地追记造型和画片纹饰，而是在探寻机理与内在的规律，是以科学观对表象进行深入阐释，人们是在幸福和烦恼中前行，也是在疑惑与释义中成长。科技与信息时代，看不懂CT片的医生不是好医生，读不懂科检数据的专家也不是真专家。不懂得鉴赏的人不适合玩收藏，不懂得历史的人也不要搞鉴赏，收藏家不但需要未来科检，验证今天的高论，更需要用当今的科学技术，解读和破译器物上的"时间密码"。

中国的历史是地上五千年和地下五千年的两个历史，而且地下五千年的历史，还在不断补充和完善地上五千年的历史。所以我们既不能否定尚无定论的历史，更不能轻言否认尚未认知的器物，而对某种文物定性和定量的言行，在文博界则是最不科学的武断认知，因此在每段历史还没有最终谢幕前，每个人都只负有还原历史的责任。笔者学的是工科，质疑和创新是工科人的本质，所以对任何事物和一切科研的工作，都不是一味地继承前辈们的衣钵与财富，而是传承和发扬先师们的思维。学问就是在学与问中增长，学术也是在质疑与批判中前行，而最终的正确观点与理论，就是在证明与反证明中，不断地接受检验的求真结果。

在文博界，笔者没有任何学派与功名之争，更没有条条框框的束缚，因此才不揣浅陋而妄议拙见，而且对一些"元认知"和固有定论，也敢冒昧直言提出质疑与驳论，有些甚至涉入意想不到的"无人区"，因此这种"惊世骇俗"的观点与器物，完全有可能被打入"冷宫"。但笔者一贯遵循文博界"大胆假设，小心求证"的学术精髓，用科学的"第三只眼"来看待文物，以第三者的视角提出新的思维和方法论，因此这些观点不求认可、但求无过。笔者坚信：未来"迭代"的科学技术与检测，必然会成为文物鉴定体系中，心无旁骛的、公正的、铁面无私的"第三专家"。

特别说明：本书是以轻化工的知识为主，将各类边缘学科的碎片进行科学串联与整理，是以科学知识和检测数据为依据，以原文献和科研成果为背书，解读收藏者心中的"是什么""为什么"和"如果是"的疑问，至于"是不是"和"怎么办"的问题，就留给科学、时间和市场来验证吧！对文博界和藏家而言：本书倡导的是"眼学＋科学"的"眼科"鉴赏法，推崇的是"质疑＋溯源"的批判式的学术精神，而学术的本质就是批判，因此本书解读与阐释的所有观点，就是不带中庸的批判学术。

特别强调：本书各论点的提出和收藏品的呈现，经过了长期而又激烈的思想斗争，因为这要"颠覆"一般人的惯常思维与旧观念，还要接受社会上"拍砖"与"棒喝"的"哥白尼式"考验。但对笔者而言，比起本专业的科研成果，这些考验都无所谓，笔者只是一位业余研究者，在做该做的事。因为体制的本身是一种社会架构，它具有空间性和排他性，所以体制改革是营造学术和科研氛围的关键，也是文物大流通的必要前提。敬告读者：笔者无能为力也不具备打通或改变民间文物不认、拍卖垄断、科学检测"三座大山"的任何要件，但责任心和使命感却始终驱使我，必须也应该制作这本"记事录"。

特别指出：虽经笔者"过眼烟云"式地阅宝无数，然而没有实物做支撑的科学研究，不是基于"以物为中心"的鉴赏理论，都属于凭空而论。值得庆幸的是：书中大部分器物是没有面世的作品，笔者非常荣幸地把它们留在了出生地，所以在没公布前造假者根本就无从仿造，这也是作为本书论点中的辅助证据。由于现阶段大家认识论的不同，一切的质疑和否定均属正常，而论述中的客观表象与科学逻辑的双印证，将更能折射出其实物的真品性。当然，经受不住科检和眼学认可的藏品，也包括所阐述的内容和论点，不用任何人的攻击与鞭挞，相信它也会"见光死"和自消自灭。

特别重申：本书所展示的藏品既不是标的物，也不会特意去做真假论证，最多只是给出科学的检测数据，或者是器物本身简单的自然表象，为的是给读者和后人去做深入探讨与研究，或是留给以后的考古和科学来反证。因为这还需要做大量的科研工作，遗憾的是一些想法和科学实践，体制外的人是无法完成和担当的。

笔者深知：本书所展示的藏品以现阶段文博界的认知，其疑似或更加疑似的文物，本可以同步剔除而避免影响其他，更不能逆主流观点而主动自找麻烦。但最终还是出于本源和学术的考量，将其嵌入书中的各章节里，所以也恳请读者给予宽容和谅解，但如果您认为这都是些大假货，那您完全可以视而不见。因大部分文物均是首次面世，难免以后会出现类似的仿品，故本书所有的收藏品都以此为界，如果若干年后再出现类似品，希望藏家进行多方位考证和谨慎对待。

本书写作的宗旨是：坚持实事求是和相信科学的精神，本着对读者负责和求真务实的态度，大力推崇和倡导"科学＋艺术"的收藏理念，并以传播知识和科学实践为主导。本书是在尊重历史和前辈研究的基础上，打破约束人们思维的社会学和类比法的桎梏，笔者认为：收藏一定要以艺术为前提，再辅以科学和学术的观点，然后去深入探索和辨析，进而寻找出能打开具有规律性和科学共性的钥匙，以还原真实历史，争取共识。

鉴于2016年笔者就已"金盆洗手"不再购藏，而是潜心低调地贯注于鉴藏理论与著书立说，本着不求眼下的名噪，但求永恒的经典之心，余生也愿结交天下的同好"煮茶论道"。因此，笔者愿打破秘而不宣的旧习，公开毕生之眼学与科学的实战妙法，倾囊倒箧一生的研习所得，这也是对文物的科研心得和动态指南。如果您也想得到书中那样的宝物，那就去体验一下收藏中的"时光穿越"，那毕竟是笔者付出真金白银走过的路。但对于一些怀疑派和仿制高手，也不妨设个擂台悬赏：谁有实力和有谁能"仿制"出，历代这么多种类的重器与孤品？因此只要符合本书所提出的科学鉴点，或者是器物的量化指标，笔者诚心实意愿如数照收！

也鉴于此，本书所展示的各藏品即使您能给出天价，我也拿不出相同的另一件，这与您有多少钱和需求无关，因为笔者既无实力，也无能力来"仿制"，更无法找到各行业的顶尖高手来复制，换句话说：如果笔者真有此高超的技艺或传承，何不成立公司大量生产呢？所以恳请读者在阅读时，一定要抛开社会学的逻辑思维，更不要以"国宝论"和"价格论"的"商人思维"来衡量与审视，我们应该从艺术和审美的角度出发，先静心欣赏与品鉴，剩下的疑问与不解，就留给时间和科学去验证吧！

对收藏界这段特殊时期的"黄金十年"而言，民间这种自觉或不自觉的收藏，既主动承担了"阻击"文物走私的责任，也不可否认在文物流向海外的洪流中，确实是起到了一道"拦洪坝"的作用，无论如何都值得庆幸有些宝物留在了国内。但"水退之后"就需要大智慧和超勇气，来解决收藏界这些"似是而非"的遗留问题，水流被污染可以治理，但如果水源出现问题那毁坏的则是整个体系。目前，还没有公认的国家级的权威鉴定机构，所以对现阶段的民间收藏来说，只有等待权威的科学鉴定标准和创新流通的早日到来，这也是民间文物被公认的唯一出路。

对置身前无古人后无来者"收藏大跃进"的疯狂十年，不务正业的我痴心搞收藏与研究，纯属个人的一种兴趣和嗜好，至此再拨高点层面说：也确实想为中华文明做点贡献，但这完全与政治、名誉、地位无关。这期间为了搞好收藏与研究，"以商养藏"也忍痛割爱了打拼过的事业，转让了自己组建的沈阳天亿塑料研究所和琥珀化工有限公司，以及上海某化学有限公司和化工科技开发中心等。但外行专家同业内专家相比，笔者是利用剩余价值和业余时间，在做间歇式的研究与探索工作，可毕竟专业知识、能力、时间都有限，所以难免有不同观点和错误之处，在此也恳请广大读者批评与斧正，笔者无意在任何观念和论点上据守，但会为科学技术和真理与真相而折服。

目前国内外馆藏重要传承物的科研，都仅限于体制内的专业性研究，由于文物资讯与检测数据的垄断性，加之笔者业余研究与资料的局限性，因此本书所列出的各种数据和结论，因不具备统计学中的概率，或者不是馆藏标型物的检测数据，所以只能作为文物爱好者的研究和参考之用。本书大部分的资料和引用的数据，均摘自官方文献和公开的网络与传媒，以及体制内研究人员的科研成果，除书中标明外也在此一并表示感谢！另外要特别鸣谢：我的导师本保裕二以及吉田秀一等日本朋友的鼎力相助，也非常感谢夫人韩云菊女士、企业家妹妹姚丽娜女士的大力支持。

笔者从20世纪80年代初在日本学习和生活时，就接触到了日本收藏圈，屈指算来也三十五载有余。本应幽居深山而安逸蛰伏，然观其老少之各众藏者，前仆后继且伤痕累累，甚至有些民间博物馆的藏品也是良莠不齐，实在不敢恭维，更有其功成名就的企业家也在跃跃欲试，故本书将沉淀之经验与秘诀公之于世，诚挚与天下收藏同仁尊享。笔者箴言：尊重知识，相信科学；慧者不博，知者不惑；共识者可用之，异议者可弃之。

笔者承诺：由于某些藏品的文化属性，已不属于个人的收藏使命，物华天宝理应物归其所，因此笔者会在适当的时机，将专家和科鉴双认可的部分藏品，捐赠给适宜机构或者我的母校，以实现我要建立皇家艺术博物馆的心愿。本书除极少数文物在相关出版物、世博会展示外，绝大部分文物以及论点均首次公开发表，如果本书对您的收藏或研究，能有一点点帮助和启迪的话，我将感到无比欣慰！

电邮：cctv831@sina.com　微信：cctv-882 或云外客

2020年8月于沈阳

目 录

第一篇
科学检测是文物鉴定的必由之路
001

第一章　科学家与鉴赏家/002
　　一、科学与技术/002
　　二、诺贝尔现象的启示/003
　　三、越王勾践的二次研究说明什么/007
　　四、学术的本质就是批判/010
　　五、想成为海蒂·拉玛那样的"野生"科学家吗/011

第二章　传统眼学与科学检测/013
　　一、文物指纹的认识论/013
　　二、文物鉴赏的方法论/019
　　三、为什么说传统眼学与科学检测缺一不可/024
　　四、科鉴是民间文物被公认的唯一出路/037
　　五、各种检测方法的原理与对比/040
　　六、如何解读科学检测的数据/048

第三章　文物流通的再平衡思考/052
　　一、收藏与拍卖/052
　　二、对"传承有序"的无奈/060
　　三、拍卖行能征集您的藏品吗/067
　　四、实事求是和相信科学的全流通/072

第二篇
中华灿烂文化的传承驿站
—— 先秦文物

085

第一章　甲骨文是人类文明的共享记忆 /086
　　一、甲骨文，一个来自"乌龟的声音" /086
　　二、对释义和无解甲骨文的新思考 /089
　　三、从甲骨文 ⊞ 所引发的次序和伦理 /093
　　四、"王"字自从发明就从没有改变过 /100
　　五、对"骨匕刻辞"的不同解读 /110
　　六、由甲骨文 ⌘ 衍生出行走中的字 /118
　　七、商代"火爆法""辈女""橐人"等最早的佐证 /127
　　八、值得商榷的"贞人"学说 /143
　　九、对夏商周断代工程中"月食"定论的质疑 /148

第二章　商周青铜器是华夏文明的艺术符号 /158
　　一、"妇好鸮尊"是盛酒器还是法器 /158
　　二、备受争议的"人面盉"是什么 /163
　　三、青铜器腐蚀机理与鉴别要素 /168
　　四、制作青铜假锈的各种方法 /173

第三篇
华夏艺术文明的辉煌时代
—— 战国、汉代、唐朝

176

第一章　明镜高悬映无邪 /177
　　一、商周以前青铜镜是照面用的吗 /177
　　二、青铜镜为什么会出现黑漆古和白银光 /180
　　三、青铜镜与青铜器不同的锈色学问 /187
　　四、磨镜业一个古老行当的兴衰说明什么 /190

第二章　战汉金铜艺术的温良之韵 /192
　　一、铜鎏金彰显皇家贵族的雍容华贵 /192
　　二、昨日的佛光——珍贵的汉传金铜造像 /195

第三章　独具匠心的战汉精工美玉 /200
　　一、什么是战国青和汉代白 /200
　　二、高古玉有哪些痕迹鉴定学 /206
　　三、怎样分辨古玉的真假沁色 /210
　　四、神秘的远古玉文化 /214

第四章　解码汉代光武版兵书——《三十六计》/215
　　一、《三十六计》现版本溯源 /215
　　二、《三十六计》与《易经》的渊源 /216
　　三、"四九"才是三十六计的真谛 /218

四、简牍传抄与雕版印刷/220

五、修正现版本释语中的几点错误/224

六、《三十六计》玉钟鉴赏/235

第五章 不可思议的艺术奇葩——唐代银胎彩绘/240

一、银胎彩绘的溯源与考证/240

二、唐代壁画的颜料特征/244

三、银胎彩绘展现了壁画与雕塑的极致之美/246

四、盛唐文化与艺术的象征——唐三彩/252

第四篇 瓷器指纹学概论

258

第一章 物化机理与指纹元素/260

一、火气的燥与玉石的润/260

二、麻仓土与瓷石/262

三、釉灰与釉果/267

四、单色釉与釉下彩、釉上彩/271

五、青花与钴料/278

六、釉里红与"铜花"/283

七、"曜变"与"油滴"和"鹧鸪斑"/288

八、指纹元素与断源断代/299

第二章 物化表象与指纹痕迹/304

一、老化气泡与土沁斑渍/304

二、火石红与"黄金圈"/311

三、釉面"石花"与脱玻化/316

四、吐筋线与后析晶/319

五、苍蝇翅与冰裂纹/321

六、蛤蜊光与彩晕/324

七、金箔纹与描金/333

八、松柴窑与煤气窑/342

第五篇 单色釉的创世之作——柴窑、汝窑、徽宗官窑

346

第一章 前无古人、后无来者的鲜碧色——柴窑/347

一、"瓷秘色"的衰落与"后周柴窑"的创新/347

二、欧阳修写过"汝窑花觚"吗/352

三、"姓柴氏"与避讳制度/354

四、是"爿柴"（爿柴）还是片柴值千金/357

五、《格古要论》与"北地"说/360

六、鲜碧色的科学解读/361

七、"宝库火"能烧出柴窑的新工艺吗/369

八、一个至今无法超越的鲜碧色/372

九、注浆瓷起源于哪个朝代/374

十、"四如原则"与"皇帝戏言"是判断柴窑标准吗/378

十一、疑似"后周柴窑"的特征/380

第一篇
科学检测是文物鉴定的必由之路

特别说明：本篇所展示的藏品（图1-1-1～图1-3-61），涵盖陶瓷、青铜器、玉器等各领域，希望读者从艺术和审美的角度去欣赏，也可结合其他相关章节中的科学解读加以判断。

第一章
科学家与鉴赏家

一、科学与技术

科学与技术是不同的两个概念，科学是反映世界本质和探索事物规律的学问，是研究未知领域里的一种系统知识。科学是发现而技术则是对科学成果的实际应用，它是一种经验与技巧的积累。"科学＋技术"简单地说就是科技，而只有科技的不断发明与创造，社会才能发展和进步。况且不论什么行业的未知，都要远远大于已知，所以要相信将来和后人的科学理论，一定会更新和修正现在的错误认知，就像我们现在纠正前人的"旧时错误"，而"迭代"和"涌现"则是各领域创新与进步的前提。

很显然科学与技术是密不可分的，但技术本身不是科学，如同文物鉴定中的眼学鉴定，它其实就是一种经验和技巧，当然其中也包括人的一种悟性，可以说：它是文博领域里的"大工匠"，但它不是用仪器检测和专业分析的科学鉴定，因此即使眼光再好也代替不了X光，"实在论"认为：眼学是一种"有限"和"有效"的"真理"，但它既不是也不存在绝对的真理。所以不论在任何领域和行业中，一个人的技术水平高低，取决于他的经验和知识储备。然而当今的古玩鉴赏与清末民国时期相比，已不可同日而语，而且随着精品的稀缺与高超的造假技术，这种以眼学为主的"匠人时代"，终将会被逐渐淡化而退出主流，文博界必将迎来一锤定音的"科技时代"。

诚然任何领域里的科学和理论，都是在前行中不断被修正和完善的，否定旧知识才能有不断创新的N代"芯片"，因此我们不能被原有的知识和"编程"所控制，否则人类社会就不可能前进，而且新科学也在不断颠覆原科学，比如：牛顿证明了哥白尼的学说，但爱因斯坦却推翻了牛顿的理论，而爱因斯坦理论又解读不清现在的宇宙，所以阶段性的科学与技术，一定会被未来所超越和更新，更何况眼学鉴定中的技巧与绝招。因此，不能将文物鉴定演变成为一种"玄学"，也不能一成不变地用老眼光来辨别新问题，因为一旦这些技巧和经验，被造假者攻破而成为"过去式"时，那么这种"经验老到"的技巧也会随之翻篇。任何事物都是有其规律和变化的，而永久存在或无法改变的则是各种宗教式的箴言语录，但这绝不是科学与技术。

所以说，眼学鉴定就是一门技术，但它不是真正意义上的科学，而对于目前的鉴定和鉴赏来说，一定得依靠科学技术来做支撑。因此贯通本书的宗旨就是：始终强调和阐述一种科学的收藏观。诚然"知识就是力量"，这也是15世纪弗朗西斯·培根的至理名言，但知识不是学问，它是我们认识事物的一种工具，而怎样将知识生成智慧才是目的，所以到了21世纪智慧才是动力的源泉，尤其对于收藏和鉴赏而言，其智慧还能让您独具慧眼。请相信：知识时代终将会过去，智慧时代悄然而至，所以只有具备足够的智慧，才能更新知识和创造奇迹。

创新知识和追求真理是人类永恒的理想，而科学则是对真理的最好诠释，所以打造升级版文物的科学鉴赏，也是对传统眼学中的"哥德巴赫"最好的解读。

二、诺贝尔现象的启示

诺贝尔奖从1901年颁发至今，一个具有8200万人口的德国人，却分享了世界上50%的诺贝尔奖。日本获得的25位诺贝尔奖中，就有22位是实实在在的自然科学方面的奖。一个占全世界人口仅0.2%的犹太人，却拿到了世界上20%多的诺贝尔奖。截至2021年仅有130年历史的斯坦福大学，就有84位获得诺贝尔奖，从中可看出：诺贝尔奖宗旨是发现而不是发明，而认知规律的发现则是发明的前提。但非常遗憾的是：500年来世界上的发明家，却没有一位是来自中国。这是因为：元代以后注重的是"经验科学"中的"归纳思维"，但却缺乏了宋代人"逻辑科学"中的"推演思维"。

图1-1-1　清乾隆洋彩如意口尊 高33.6厘米

那么犹太人思维方式和教育体系的结果，除获得诸多诺贝尔奖以外，还涌现出像马克思、爱因斯坦、弗洛伊德等一批思想家和科学家，这从另一个侧面反映出一个国家的国民教育。这给我们一个重要的启示就是：求知欲、质疑精神、反权威主义，而我们在这三个启示中，最缺乏的就是"反权威主义"的科学探索精神。

历史上因"反权威"而改变世界的例子太多了，像1884年奥地利人特斯拉，当年被推荐到爱迪生实验室工作时，他就用一张图纸和一个轮盘向人们证明：电力不仅仅用于工业，也可以走进千家万户。但当他展示和演讲完还不到两分钟，图纸就被最权威的科学家爱迪生当场撕毁，而且所有人都在嘲笑他不自量力、胡言乱语。但科学不迷信权威只相信实证，科学的发展证明：那个轮盘就是世界上第一台交流发动机，而被爱迪生撕毁的那张图纸，正是今天220V民用电的蓝图鼻祖。同样是受偏见和歧视的中学教师西蒙·欧姆和陆家羲两位，最终一个发现了欧姆定律，一个被公认为世界级数学大师，遗憾的是我国的陆家羲却没能享受到这份荣光，而憋屈地累死在内蒙古的土炕上。

发达国家从小就培养人们对求知欲和质疑精神的实践，如德国人认为：学前教育破坏了孩童的想象力，宪法也禁止学前教育，而且还主动让孩子"输在起跑线上"，幼儿园既不分大小班，小学也仅是半日制，而唯一的任务和目的就是把孩子看成一粒种子来培养，让其自然、快乐地成长。而日本人的中小学教育，则是培养好奇心、意志力和强大内心。那么犹太人的教育思想又是什么呢？一个小学生放学回家后，父母问的第一件事就是：今天你向老师提了几个问题？这在小小的世界观里就打下了"学问"的根基。

反观我们的教育和家长问的又是什么呢？20世纪80年代初我受邀参观日本一所普通的小学时，课堂内外的一切都使我感到惊讶和新鲜，那种冬天还穿短裤校服的"耐寒抗病"的不同理念，那种围坐在一起放松、发散式思考与发现的探讨模式，那种导向式和体验式的学习方法等，请注意这是发生在1983年的日本！不同于我们的培养方式，机械记忆成为唯一的学习方法，高压教育变成唯一的高考手段，这其实已经输在了教育的起跑线上。

所以，对于至今连坐立和举手的姿势都有严格要求的小学生而言，这样的规定会使中国学生从小的思维模式就有可能被束缚住，也可能压抑了好奇心与质疑精神。请记住不论什么样的教育方式，"体会到"和"知道了"是两码事，灌输知识和培养能力是不同的行为方式，只注重分数那是赢不了未来的！所以这种填鸭式与追逐考试技巧的教育形式，不但缺失了逻辑教育和科学精神的根基，而且丢掉了教授和育人的灵魂，也许有一天就会被科学证明，这种方式损伤了孩童的身心健康。

人生是一个漫长的马拉松过程，即使我们"赢在了起跑线上"，您也无法预料中途会发生什么。中国这种整体从众的教育思潮，不但会扼杀很多天赋异禀孩子们的天性，也会影响未来的工作和学习，也许就会输在临近目标的终点前。反观我们的国体教育，强大到可以拿到高中阶段所有的"诺贝尔"奖，但越是到了高学历的创新与实践阶段，其后劲就越显得不足，从而被国外的学生甩下。反而像数学家华罗庚、诺贝尔奖李政道等华人，都是先"输在起跑线上"，而之后靠的是天赋和勤奋，从而跑在了行业的最前沿，爱因斯坦也是如此，他原本就是一名专利局的小职员。

尊师重教的儒家学说，以及"近亲繁殖"传帮带式的硕博连读，这种"帮式教育"又有多少能涌现出来，像获得建筑界

图1-1-2　清乾隆洋彩如意口尊尊底

"诺贝尔奖"的王澍那样,变成一位现代版的"叛逆者"呢?请注意:传统的尊师尚礼与学术争辩是两回事,因此学术研究不要有任何的限制,如果没有创新和超越精神,那社会就不可能发展前行,任何事物也都不可能有所突破。所以对前辈的观点和理论也要有批判性的思考,即使站在巨人的肩膀上,也要有自己高瞻远瞩的视点,如果全民都是以大众广播操为主,那还能涌现出各路的武林高手吗?

诚然人才和天才两者缺一不可,但世界上缺少的却是天才,世上一切事物都有其自然规律,如果您能发现别人看不到的东西,那您就是"云智慧"中的胜者和天才。哈佛大学倡导和推行的"案例教学法"就启示我们:任何理论都来源于实践,而且又都是在不断地修正中。文物的研究和鉴定同其他事物一样,也应该做到能举一反三地鉴赏,而且应该遵循从个性到普遍,从解剖麻雀到能推断出鹰的结构,从而找出事物的普遍规律。

有句名言叫"透过现象看本质",因此笔者始终在思考一个现象:为什么国外能出现那么多世界级鉴定中国陶瓷的专家呢?反观国内这么多博物馆的各种头衔专家,能有几位被世界同行认可呢?国家体制内专家的专长就是考证,可是故宫博物院和其他博物馆里的旧藏文物,无须专家来鉴定真伪,出土文物更不需要专家来辨假识真,而民间流传有序和记载有据的文物,这种清晰的传承也没专家什么事,反而如果是个人出错的话,那还会透支故宫和其他博物馆的品牌信誉,所以导致这些专家也只能是"墨守成规"。笔者联想到O. Du Sartel于1881年编著的《中国陶瓷》,就其封面仅有的 磁 圆 器 三个中国字来看,恐怕现在也没有几位专家可识读吧?这足见150年前的外国人,其热爱与研究中国陶瓷的熟稔和水准。

顺便说说国内热议的"国际艺术品鉴定评估师伍德曼奖",笔者认为:我们应抱着既不能排斥否定,也不能奉若神明的态度,实事求是地说:这个与国际其他领域十多种大奖一样,都是国际上通行和认可的。不得不承认,几乎所有领域没有我国的世界大奖,关键是有着历史沿革逐渐被世界公认的大奖,而国内各种认证的鉴定资格评估师,只有自己清楚能做什么。伍德曼奖的参赛条件:一是有全日制大学文博专业文凭;二是有英国艺术品司法鉴定资格证(需年检);三是通过十轮背靠背的鉴定考评。而且就像诺贝尔等国际大奖政府无权干涉一样,都是评委会提名或以个人名义参加,请注意:代表国家与代表国籍是两个概念,那么您衡量自己的资格和有能力获得这个奖吗?

由此不得不说:国内资源和学术上的一种悲哀,因为没有引领和震惊中外的深入发掘与科学研究,因而也就无任何的学术突破和亮点,导致在世界文博界中无话语权。可以说:任何行业中都有"南郭先生",但对文物鉴定的行业来说会更加的明显而已。笔者早年也曾多次亲自体验过这类专家的鉴宝,其

图 1-1-3　龟甲板甲骨文

中专攻丝织品的故宫某杂项专家,将图1-2-21的藏品鉴定为南阳玉。笔者认为:故宫和其他博物馆专家的主要任务,应该是科学挖掘和修复与保护性的工作,而不能擅自做无政府无组织的个人鉴定行为,也正是基于此台北故宫博物院才规定:专家不论在岗还是退休,都不能面向社会做鉴定,违反者会被除名并取消退休金。

不妨想一想:如果脱去官方鉴宝机构组织活动的外衣,或者把名片上某文博机构的名称去掉,再换成另一种场合,同样也是这位专家,其结论或鉴定证书还有多少含金量和权威性呢?实质上都是无科检的个人眼学鉴定,只不过是多了个官方名头而已。况且鉴宝中被选上的藏品,除拍卖来的高档藏品外,其他几乎都是价值不高的普品,所以其品鉴的含金量又有多少呢?纵观国内外文博界的真正专家,他们是在研究事物的本质和规律,并解读和破译文物的密码,进而才能真正鉴定没见过的未知文物。

所以一些研究型的新时代专家,应以"元逻辑"的思维、全开放的态度、博大的胸襟、无限的想象,去探索和破解历史上的谜团。当中国人研究的《山海经》,还停留在考证史料和查找地图的传统思维时,美国学者默茨女士却在反复研读《山海经》后,毅然背起行囊,以《山海经》中所描述的线路,像古代取经的行者唐玄奘那样,用自己的双脚去验证那些记载,去寻找中国人还在纸上争议是否存在的山脉的问题,关键的是她成功了!所以不论理论知识和室内动作有多么优美,如果滑冰不到冰上去摔打那您永远也学不会滑冰。

三、越王勾践的二次研究说明什么

把文物当科学和艺术来研究是认识文物的高级阶段,从表面上看:科学技术是人的眼力从表观迈向微观和透视的这一小步,实则是思维和认识上的一大步跨越。越王勾践的第二次科学研究就是对文物升华的最好诠释,这种对最初认知的"硫化"防腐技术的否定,以及树枝状的结晶和嵌锡的花纹工艺分析,则是采用当今更先进的科学技术手段,这才把人们认识中的迷雾和误区层层拨开。

尤其对锈层底下的错金银纹饰和文字,用肉眼无法透视看到皮层下的"大千世界",而医用X光也只能对金这种元素起作用,但三维X光却对错金银的纹饰一览无余,这就是科学进步增长了我们的眼界。就像举世闻名的大都会博物馆藏的"辽三彩"大佛一样,经过现代的科学鉴定,进而推翻了"辽三彩"的旧说,重新断代为12世纪末至13世纪初的藏品,科学的定义是:金代末期以及宋元交替时期的三彩,从而否决了长久以来眼学定位的"辽三彩"!

图1-1-4　唐五代越窑青瓷牛　高29.5厘米、长35厘米

因此，将科学技术融入文博界将是史无前例的与时俱进，期待文博专家与科学家的两种思维，在文物的科技上进行融合博弈。笔者非常欣赏爱因斯坦的一句话，"想象力比知识更重要"。发散思维和头脑风暴是一切创新的基础，世界上任何事物的突破和进步，都是建立在新观念和新思维的基础上的，也希望文博界"不破不立"地来一次大胆创新，这种学科交叉（Interdisciplinary）的行为将会引发一场有意义的"蝴蝶效应"。

但是也应该看到文博系统的创新思维，肯定会遇到传统观念、教条主义的阻击，它会像年久的蜘蛛网一样从四面八方包住您，如果您的意志不够坚定，您的创新思维就会寿终正寝。京城大玩家王世襄被故宫"开除"后，就再没有条条框框的束缚，进而潜心专研与收藏自称为的"偏门"，值得敬仰的是：虽然大起大落也从不改风骨，不但出版诸多教科书般的专著，而且有的书还被评为"划时代的巨著"，成为这个春季盛放的一朵荼蘼。所以执着和信念是科学研究的基础，也是文博界创新与突破的前提，请记住：我们传承的应该是文化，而不是一代又一代的谜题。

文物专家、收藏家和鉴赏家是矛盾的统一体，又是互换可逆的。当今文物市场的火爆和媒体的推波助澜，仿佛一夜之间涌现出众多名不见经传的各类专家，而与一些媒体上的"鉴宝专家"不同，在文博界的一线考古专家、扎实搞

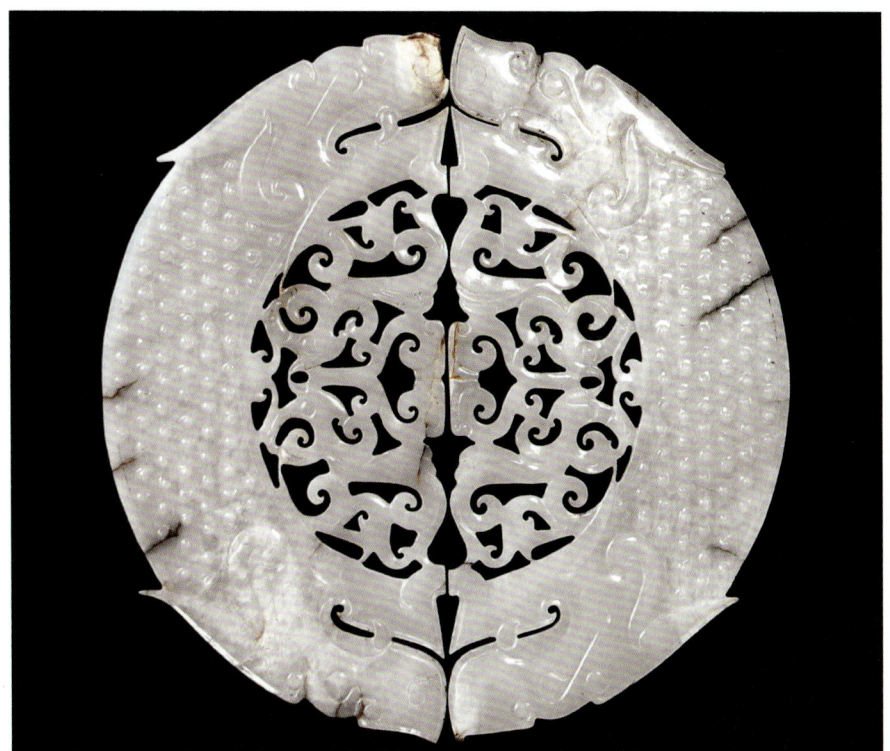

图1-1-5　汉代玉璜一对 长24.2厘米、宽24厘米

学问的博物馆研究人员和文物科研工作者，却鲜有人掺和进这片烂泥潭中，但他们才是推动文博革新的源泉。

电视上混个脸熟的"鉴宝专家"，不一定是真正的文博专家，也不一定有什么专家资质。而且说实在的，就连有资质的足球裁判员都存在着诸多的违法"黑哨"，何况是还没有资质的所谓"鉴宝专家"呢？有些"鉴宝专家"本身并无什么"身价"，也许一生中也没有什么科研成果和学术专著，只是所在的原工作单位有含金量，或是借助电视台的光环而成名者。有的也只是媒体在娱乐节目中，编辑和主持人给冠名的所谓"专家"，这充其量也只能算是明星鉴赏家，或者说是文博界的科普代言人。

因此藏家也没有必要抱怨"专家不认"，即使认了又怎样？何况那些察言观色类的专家，甚至一生中也都无缘上手出土或馆藏中的文物，基本上都是同广大的藏家一样，只能从地摊、媒介、博物馆、拍卖行上观察藏品，那他们有什么资格来说三道四呢？以"同理心"看待这类的"粗放型伪专家"，那他们最保险的鉴定策略就是与馆藏不同的统统枪毙掉。如果不是"两宫三馆"等研究型的真正业内专家，那些对发掘出土和馆藏的相应文物根本就没机会上手的所谓专家，那他们对宋官窑、汝窑、元青花、珐琅彩等做出的不真、不到代的鉴定，也只能是作为个人认知的一家之言。

专家可以鉴定文物的真假，相反文物也可以验证专家的鉴赏水平，不论是专家本人还是电视机前的受众群体，人们都会有"选择性记忆"的一面，所以选择记忆点和更新知识就显得非常重要。客观事物的认知是无限的，而个人的认知则是有限的，任何专家都有其知识的盲区和薄弱点，所以所谓的"鉴宝专家"是一把双刃剑，如果本人经验丰富、知识渊博、素质高，可以起到传播知识、鉴宝护宝的作用。相反如不能与时俱进，还一知半解地不懂装懂，而且很不专业的点评又仅是简单的科普知识，再加上本人模糊混沌的记忆，严重点说：那就有可能会成为历史的罪人，甚至是在亵渎文物和历史；也可以说鉴定就好比法官断案，草率的判定就会误杀忠良！

四、学术的本质就是批判

科学精神的本质是什么？20世纪30年代浙大校长竺可桢有句名言已准确概括，就是"不计利害，但问是非"。科学也不仅是单纯地为了解决问题，而是要透过自然干扰的表面和假象，找出事物的规律和定理，是在实践中不断地扬弃和自我否定，这也是对科学精神的一种尊重。而科学最好的伙伴就是学术，但学术是严谨的也是神圣的，所以学术研究应遵循：创新是目的，批判是本质，严谨是基础，规范是法则。

因此科学家始终以怀疑为己任，是在"已知中去求证未知"，始终追求的是新思想；而鉴赏家则是一贯以正确自居，是在"未知中来求证已知"，一贯坚守的是旧观念。比如现代科考已经证明：在高温泉水和高温熔岩里，甚至在万米以下的海里都存在着生物体，这完全颠覆了"万物生长靠太阳"的传统理论，而且科考还发现不靠氧气而存活的生物，这或许将要改写"动物"的定义。

而对文博界的考古和鉴赏而言，如果以现代式"奇思妙想"的思维，去研究古代人世界观的话，那这些所谓的"新成果"就注定会成为奇谈怪论。简单对比一下：科学家靠的是科学分析和逻辑推理，这不但能提高认知的深度和广度，还能寻找出事物的规律和本质；而鉴赏家靠的是类比法和馆藏的标型器，探索的是新鲜而不稀奇的事实；科学家是在不断地创造出新技术，来推动社会和事物的进步；鉴赏

图1-1-6　辽契丹字人物碗口瓶 高43厘米

家则是不断在新的考古发现中，被动地刷新和改变原有的旧理论。

科学家敢于较真儿、谦虚严谨、勇于创新，具有分析问题和解决问题的能力，敢于怀疑和否定一切、敢于承担责任，注重的是结果和社会效益。鉴赏家则是经验主义的化身，传承的是守旧和循规蹈矩，所说的语言是左右逢源、含糊其词，不敢承担责任，轻易不会突破旧观念，是真正意义上的"老古董"。科学家可以透视观察其内在的因果，而鉴赏家则是做表观和具象的文章；科学家是用数据和试验结果说话，而鉴赏家则是用眼学和馆藏文物说事。科学是建立在真理之上，遵从的是逻辑思维，而艺术则是建立在想象之上，靠的是形象思维，所以思维和出发点不一样。

现在社会对知识分子有个新的定义，其最本质的特征是：您是否具有自我反省与批判的能力，是否愿意放下陈旧的观念，始终以极大的求知欲，在不断寻找更好的概念空间，以期允许更先进的观念和技术取而代之。所以作为现代的知识分子或专家学者，就是要不断地冲击和锻炼自己的大脑，就如同健美冠军锻炼肌肉块一样，定要撕裂旧的肌肉组织，这样才能促进和重建一个更强大的肌肉。

拥有博士学位和教授等职称与职位的，不代表其能成为或就是一名专家，而某些名头只是一种名片上的符号而已，何况有些还是某一时段的虚位"聘职"，这既不是终身制，也不代表其技术水平。不论是自然科学还是社会科学，其科学的精髓就是要不断地创新，只有促进创新社会才能进步。然而创新的基础研究就是学术，学术的本质就是批判，所以只有扬弃与否定之否定，才是事物进步的前提。

五、想成为海蒂·拉玛那样的"野生"科学家吗

人们认识的海蒂·拉玛是好莱坞的一位美貌女神，但通信专业出身的她在芭蕾舞和诗歌等方面也同样像她的数学那样惊艳。她在1941年申请的专利技术，是我们今天的WiFi之母，而且在"二战"中还被美军秘密使用过，2014年这位好莱坞电影明星，终于入选了发明家名人堂。我们希望文博专家们也一样，了解和掌握更多的科学知识，这对鉴赏和文物研究没有坏处。

但无论什么领域的专家，都是指专门研究和精通这个领域的行家里手，要知道即使满腹经纶的学者，同中国浩瀚的历史相比那也只是沧海一粟。世界上任何事物都是渐变的绝不会是突变的，文物和历史的演变同样需要过程，所以一件器物不能代表一个时代的整个历程，我们谁都没有在那段历史生活过，但我们可以发现历史，可以尽可能真实地还原历史。

记得在以往的交流中我做过简单的询问，同样面对的是宇宙天空，鉴赏家

图1-17 元孔雀蓝戗金五色花象耳瓶 高43厘米

想到的是：用修饰词进行艺术加工和模糊想象；而科学家则想利用哈勃望远镜将眼界放大放远，找寻宇宙的规律，想到的是如何在空间进行科学探索，两者的思维和方法显然不同。尊重实战型的专家但不能迷信专家，尊重前人的成果但不要被书本所束缚，尊重传统的眼学但更要尊重科学和实践。摒弃学术界的"近亲繁殖"基因，开展跨学科、跨领域、跨派别的学术研究，这样才能不断地解开各种历史迷雾，才能还原其真正的历史原貌！

奔跑吧，我们文博界年轻的科研工作者们！

第二章
传统眼学与科学检测

不论是古代的、还是近现代的鉴赏，由于受到时代和方法的自然限制，有的今天看来作为当时的品评，不免会存在着"旧时错误"，因此对过去有些教科书式的"过时"或"谬误"的武断言辞，笔者相信：如果原作者能"时光穿越"的话，不论是《格古要论》也好，还是《古玩指南》也罢，他们都会根据新信息和考古发掘，对原论述和旧观点进行再版修改。所以不能以不同时代的坐标，作为评价与衡量某人能力和水准的依据，而且面对未知和少证的浩瀚历史，如果不是"直播"见证的那段历史，那么不论何时何人都有可能犯错，就是现在我们的视点，也要面临下一代研究者的挑战！

一、文物指纹的认识论

1. 科学的认知观

图1-2-1　乾隆木纹釉狮耳瓶 高32.8厘米

收藏和鉴赏不可不读史、不懂史，更不能脱离基础性的科学研究，而且文物既然是一种"工科＋艺术"的工和艺，那就需要懂得一点工科的相关知识，但"有知识"和"认识到"是不同的两个层级，"将今论古"也是时代发展的要求。而人类认识事物有两种途径：一是经验主义的认识论，强调感官的认知作用；二是理性主义的真知论，强调运用各种逻辑推理，从而提供认识的可靠性。真实可靠对文物鉴定的表象认知，应该是来自明晰的科考与有序的传承，科考包括实物考古和文献考古二大类，传承的公知一般是指清宫旧藏和国内外的著录。所以对还处于认知模糊的历史谜团，那就要像英国考古学家凯农所言："只管收集事实，永远不要考虑理论"。而法国数学家、物理学家庞加莱也曾说过："科学是由事实所构建，正如房子由石头筑成一样，但是一堆事实不是科学，正如一堆石头不是一座房子一样"。因此保持清晰的独立思考能力，建立事实基础上的认知坐标和思维体系，将关联事实转化为理性主义的科学结论，则是科学研究的任务和目的。

然而无论什么，对真正的科学研究来说，都不是只停留在表象上的认知，而是要揭示隐藏在复杂现象内的，以及其背后的奥秘和规律。所以科学研究的目的：就是要找出造就事物的因果关系，通过收集和实验所得到的大量事实，以及对各种碎片化的整理与链接，进行系统化的比较和归纳，从而得出该事物的科学结论。因此，科学超越了经验主义，能"证经补史"的理论需要科学。

《组织社会心理学》作者卡尔·维克的著名的"蜜蜂和苍蝇"试验就已告示我们：有的"元认知"和顽固观念是行不通的，有些大脑认知区的原有程序，是限制新思维的天然藩篱，所以才会导致乱撞的苍蝇可以飞出来，而一心向阳的蜜蜂却憋死在瓶里的现象。因此对尚无定论的一些待解谜团，有的已经不在于科学研究的本身，而是观念和认知上的逻辑问题，虽然有些尚需考古和科技来证明，但有些则是社会认识体系的导向迷失。

我们有时还会自问自答：为什么仿清末和民国的瓷器可以乱真呢？那是因为历史、原料和工艺等因素，距离我们现代太近的缘故，从某种意义上也可以说是无缝继承。我们谁都不可能穿越回历史的某个年代，因此对任何时期的"唯物认知"，都还没有画上圆满的句号，而个人认知的"天花板"将会不断被"捅破"，故有些肯定与否定的、定性和定量的观点，目前来看都是不可取的。

人类最宝贵的东西就是"独立思考"，所以有时各行各业的"独行侠"们，在"同频共振"中为自身防护与免疫，返回"古老的小屋"里主动隔离一下，屏蔽社会和冗余信息的一些"信号干扰"，暂且"躲进小楼成一统"地独自思考一下。就像当年王世襄不愿再回故宫工作，以及耿宝昌不理会他人嘲讽和鄙视的那样，而以自己的博学和经验专心著书，重点是：这些论著还都成为现在的经典教科书。

2. 文物鉴定的"四认"观

只有将知识抽丝剥茧生成为智慧，才能体现出人和事物的价值，能说得清道得明的才是科学，说不清理还乱的则是玄学。从"混沌思维"中找出"有序思维"，而且能够用自然科学的最高语言，即"数学模式"来描述的时候，那就是事物的检测标准和内在规律，然而走到文物鉴定之路的今天，我们仍然还需要：认知、认为、认真、认可的"四认"过程。

（1）认知阶段。

世界上唯独古董艺术品这个极其特殊的商品个案，暂时还没有鉴定的量化标准，流通领域历来遵守的也是"买家认可"的原则。所以对一些"未知文物"的鉴定，在国内业界的各个历史阶段，也经常会出现认知上的"滞后现象"，

图1-2-2 乾隆木纹釉狮耳瓶瓶底

而有些则是受不同时期"圈子文化"的影响,以及处于学术认定上的朦胧状态,从而限制了文博界的认知。因此收藏也可以这样说:古玩是何时进入都不晚的神奇行业,吸铁石般的捡漏心理将永恒存在,只是门槛越来越高而已。过去的年代由于信息的不对称,各种捡漏是无处不在,而现在则是认知和审美的不对称,放漏和捡漏也无时不有,但现在的捡漏不再是遵从"物以稀为贵"的大原则,而是读懂后的"物以知为贵"的"慧(会)收藏"。而且无数事实也证明:文物价值链中的"稀",有时会被"知"发掘而陡增,所以先见之明在"认知"中非常之重要。

以元青花为例:民国初年爱国华侨吴赉熙带着一对元青花象耳瓶到北京求售时,由于当时古玩界"旧时认知"是:"元无青花,此乃国史定论也",所以才被当作赝品而被嘲讽出琉璃厂,后来辗转成为大维德爵士的藏品。而且在经霍布逊和波普等人的研究,以及被世界公认是元青花的50年后,国内文博界才羞羞答答地不得不承认,这就是当时国内最典型的认知错误,以及摒弃"艺术第一"收藏理念的结果。

事实证明:历史上没有仿元青花,只有元代和现代之分,元青花也根本就不用讨论民间有没有的愚蠢问题,而国内最早则是1979年景德镇陶瓷馆和东方瓷厂,作为科研项目才开始仿制元青花瓷。仅以2019年发生的事为例,从一位被阜新市公安机关抓获的"摸金校尉"一次就盗挖出8件元青花来看,从民国至今的100多年来的民间,留存有多少件不被认可的元青花呢?假设盗挖这几件新中国成立前就已流传于民间,另外有件比故宫"标型物"还要大的元青花,如果流传到现在又能被多少专家认可呢?著名的元青花《萧何月下追韩信》,如果不是因50年代的盗墓追索而来,那么今天在文物市场上出现,又有哪个专家敢认为是真的呢?

历史上像对后周柴窑、秘色瓷、天青色官汝、戗金五色花、夹青斗彩,以及董窑、北宋官窑、元青花、珐琅彩等的认知迷失,其实它们原本就在那里,而迷失的只不过是我们自己,以及前辈们所留传下来的所谓"常识"。这也是社会认知体系上的混沌与迷茫,而主流社会也都只是在"等待新发现"来证真,所以考古总是在不断地改写历史,也在促使人们被动翻篇和刷新原有认知观。但可怕的是:如果某些滞后逻辑一旦在业界形成,而且大脑中所堆砌又是大量值得商榷的知识,那就会将这种认知变成一种"真理",就很难也很少有人能打破这种思维程序,而以科学的态度去深入研究。这也是缺乏系统思考而造成的"后遗症"。

那么对国家已划定"起跑线"的民间藏家而言,只有早认知您才是收藏人生的赢家,尤其现阶段对珐琅彩和洋彩的认知,仍然还处在说不清、理还乱的朦胧期,但这也正是捡漏的大好时机。文博界对任何事物的认知,也都是在考古发掘中不断地被更新,而有些所谓是曾经的"常识",往往只不过是阶段性的认知而已。知识是工具而不是目的,所以如果不是学会应用知识,而是被知识所控制,那就会变成一种低智商的被动者,因此不断挑战与修正相悖的"常识",这才是现代文博界专家的职责所在。

由于历史上没有搞清楚的事太多,各种待解的谜题也有很多,所以就目前来看,对文物不要轻易地给出什么终极结论,或者"已知"有多少件等这种盖棺论定式的、代表官方的权威言论。其实有些原本只是论文中所统计的数字,理应看作是某位专家学者基于他本人当时已知的公开资料,而在其所写的论文中罗列的一种非重要的辅助数据而已,这也只是代表阶段性的个人统计。

不论是专家还是学者,重点是:要研究文物的本质和规律,而不是统计变化中的数量。那么在经历过收藏"黄金十年"的现在,又涌现出多少"不知"呢?因此绝对不能以数量作为鉴定的依据,而应以某种文物的通性和本质为标准,去认识和鉴别未知未见的同类文物,否则我们就都有可能成为"无知",而且您也不会收藏到古代艺术品的"稀"。(图1-2-3)

图1-2-3 雅到极致的战国绞丝龙 长7厘米

（2）认为阶段。

认知和认为是相辅相成的，但科学、正确、共识的认为，则是认清文物和收藏国情的先决条件，而不是基于掌握话语权的个人"权威"手上。中国人往往在价值排序上出现问题，养成的逻辑态度是：并不在意这个观点对不对，而非常在意这个观点是谁说的，遂将这种"权威性"形成一种习惯和常识。设想：如果某领域输入的都是同一个程序，或者安装的是同一款"芯片"，那就有可能变成同一种思维而被洗脑控制，从而就会丧失独立的思考和判断能力，那这种结果就会变得很恐怖。

但在科学领域是不存在这种权威的，任何权威都要遵从科学的结论，正因如此才能使社会得以发展和进步。实践证明：如果把知识当成真理，那么一旦这种权威发生错误，那整个体系就会跟着犯错；而且对这类错误"编程"的修正，则需要几代人的努力才能回归，有时还会造成无法挽回的损失。

举个国内都知晓的例子：记得30多年前对待测谎仪，国内主流当时是作为典型的"伪科学"，而不断地加以批判和抵制。科学本身没有对错，只是人们认识和怎样应用的问题，因此社会发展到今天已得到了法律上的认可，从而被广泛应用于公安的刑侦领域，这是尊重科学和认知升华的一个实例，也是社会进步和思想解放的结果，重点是：它确实帮助破获了诸多重大案件。所以某阶段对科学认知的不足，也可能被以后的新科学和认知所替代，就像居里夫人为科学而献身那样，即使当时本身已是著名的科学家，但对镭辐射的危害性没能认知，导致自己和女儿都患上了白血病而死去，就是现在她的居所还依然存在超高的镭辐射。

纵观现在文物的鉴定体制，恰好给造假分子与做暴富梦的人提供了一个旺盛的生长空间。而且专家对注浆瓷器（宋代就有）、青铜器焊（铸）接年代（战国就有）等这种无科学考古和知识贫乏的认知错误，那种"自认为""本以为""想当然"自话自说的评鉴，是实事求是的认知和认为中的大敌，而且这不但会扼杀一大批无辜的文物，还会导致文物名正言顺地流出国门。所以笔者认为认清旧中国和"黄金十年"收藏中的国情，才能打开文物流通中的"堰塞湖"。

（3）认真阶段。

文物辨认"真"和"假"的阶段，始终是最难也是最有争议的过程，现在耳边大都充斥着什么仿品"与真无二"的言论。而且在文博界的专家鉴定中，还有个"疑者皆否"的不成文的主流行规，即：凡是有一点疑惑和认知欠缺的器物，一概实行一票否决制，问题是：因墨守成规的"旧时错误"，那么对有的尚没接触过的文物而言，这就有可能出现误判，而不是采取科学检测与多数服从少数的原则。现在就连法院都已改为"疑罪从无"的判决，难道以眼学观对"疑似文物"就能这么笃定吗？

图1-2-4 战国绞丝龙纹玉佩 长7厘米

众所周知:秦始皇不可能穿西装戴领带,清代人都留着长辫子,等等,这些连普通老百姓都知道的常识,就不需要专家这种科普性的辨真和侃侃解读。而藏家最需要的则是:对存有异议的文物,进行科学性和逻辑链的推理鉴定,需要具有指导性和规律性的结论。笔者有时会感到一些所谓的鉴定专家,对高端藏品已经害怕到不敢断真判假的地步,但假如是石器时代或是破碎的瓷器,那就会立刻给出鉴定的结论,只是因为它经济价值不高。

再举个生活中最简单的例子,比如:某家庭的双胞胎虽然外人分不清楚,但父母可以分清老大和老二,因为他们是朝夕相处的亲骨肉。但不是双胞胎的相似的两个人,一般人还是都能分得清的,难道电视和舞台上的模仿秀,您能认不出真和假吗?这说明只要掌握微观和内在的属性特征,就能够分辨出真与假,文物鉴定亦是如此,如果从表面上还分不清的话,那就必须借助科学手段。

(4)认可阶段。

未来的文物鉴定不管您承认不承认,它的终极目标一定是"眼学+科学"的综合鉴定,对八千万汹涌澎湃的收藏大军,这种渐成的理念终将汇聚成一股不可阻挡的历史洪流,也迟早会冲破这种自然的和人为的"拦截"大坝,对于文物的科学鉴定而言，文物鉴定最终都会像珠宝检测、骨龄检测、DNA检测一样，但对文物而言则需要一个认知过程，请相信这只是时间问题。目前我们的科技手段以及社会认知和数据库等，还都缺乏系统性，也不够完善，而且这种世界性的浩瀚大数据工程，也只有国家行为才可为。

二、文物鉴赏的方法论

文物鉴赏简单地说就是"鉴"与"赏"，"鉴"就是要知道真假，"赏"则是要分清美丑，而科学鉴赏与传统鉴赏的最大区别，就在于将常识变成科学。实战中很多藏友不是倒在真假的"鉴"上，而是栽在审美的"赏"上，最终导致收藏一屋子各代的老普品，可在"美盲"下购藏不美的东西，即使老又有什么用呢？笔者经验是：古玩先不问"新老"只看美丑，不美的就坚决一票否决！

对于"鉴"我们暂且抛开一些现代的因素，把中国文物比喻成"古老的小屋"，那么在屋里观察外界的就只有窗户，里边的人虽然看似能洞察一切，但却不知道所在房子的坐标，而屋外的各位人士虽然只能从窗户观察到屋里，但他们却知道房子所处的方位。因此可以说：卫星的视角与窗口观天象，其认识论和世界观肯定不同。同样，文物研究与鉴赏也一样，也需要跨界专家的视觉与科学观。

（1）马丁·凯帝效应。

马丁·凯帝为测验鳄鱼的耐力和韧性，把一条饥饿的鳄鱼和一些小鱼放在了同一个箱子的两端，中间用玻璃板隔开。开始鳄鱼毫不犹豫地向小鱼发动进攻，可想而知它失败了，但它却毫不气馁地继续攻击，可经过N次进攻无望后，它就再也不去进攻了。这时将中间的玻璃隔板拿开，可是却出现了奇怪的一幕，鳄鱼像死去一般纹丝不动，它放弃了以前所有的努力，最终它被活活地饿死。

图1-2-5　西周玛瑙短筒形珠

社会心理学家认为：这种用"元思维"和老眼光造成的影响，统称为"刻板效应"，又称为"定型效应"。笔者认为：现在的甲骨学渐已成为"绝学"，这就是传承坚持走老路的"定型效应"结果，如果业内没有反权威的精神，那甲骨文研究不会有所突破。生活中这种"泛化概括"的认识观念也有很多，例如：商人常被认为是"无商不奸"；教授常被认为是白发苍苍；北方人则被认为是性情豪爽；平民百姓不可能有皇宫里的东西；鉴宝专家都是"学富五车"的行业权威等。

甚至在文博领域中发生这样例子也屡见不鲜，比如：三星堆2号坑出土的81根象牙，就是认为牙齿不会腐烂的"定型思维"，也根本没有能被"粉化"的思想准备，所以才毫无戒备地按常规去保存，结果当打开保存了三个月的储藏箱时，其象牙已全部氧化变成粉末了。这是因为在固有观念中的牙，即使是五千年北京猿人的牙，至今也还都保存得很完好，所以"定型思维"中的牙是不会粉化的。但此牙非彼牙，其实象牙根本就不是真正意义上咀嚼的"牙"，象牙本身的硬度也只有2.5，而人的牙齿硬度则是5～6，相差一倍多。

所以这种古板定型的"惯常思维"以及所形成的世界观无处不在、无所不有，尤其在广大的老年群体中，认为各类的报刊、电视台甚至各级机构的文博人士是代表党和政府的标签，因此才对其言行深信不疑。这还会导致社会上秉持传统固有观念的这类人，轻易地就会上当受骗，这也是"选择性记忆"的负面效应。

同理对文物鉴赏也一样，绝不能以馆藏的某件标型物，或者打着某文博机构以及工作人员身份的招牌，但却是按照个人的认知与固有的思维，以及"自认为"和"想当然"而做出鉴定结论。而应以科学的态度和与时俱进的认识，以"眼学＋科学"相结合的"眼科"法，这样给出科学的确真与辨假的结论，才能使人心悦诚服，因此也只有研究器物的本质和规律，才能做出和做到举一反三。

（2）一张名片的启示。

每个时代都有每个时代的专家，当人类进入高铁时代时，那么蒸汽机时代的专家就自然成为过去时。所以对日新月异的科技而言，只存在"过去式"专家的时代符号，但不是现在也不代表未来专家的年代标签。就像"传统即当下"的理解，只有不断地创新才能不断成为传统，文物已是这般那认知观亦应如此，所以如果您的知识还没有更新，那您就会停留在蒸汽机的时代，那您肯定还会用气体的理论来思考电气化的功能。这就好比十几年前的杀毒软件，它能查杀今天的电脑病毒吗？您用以前"大哥大"手机的思维，能跟上智能手机的云时代吗？

记得三十多年前一位美国学者递给我一张名片，背面写着1968年××博士学位、1989年××博士学位，那时我就非常好奇地问：您为什么还要再拿

图1-2-6　西周玛瑙圆形珠

一个博士学位呢？可是他却非常随意地说：知识更新较快，过去的只能说明过去！文物专家也一样，不论您是才高八斗也好，还是学富五车也罢，在历史长河与现代科技面前，您一定会感到知识的贫乏与浅薄，所以不但要在观念上与时俱进，而且还要不断地更新科学知识。

这使我想起大名鼎鼎的美国科学家西蒙，他在毕业走向社会的36年中，不但拿到顶级大学不同学科的九个博士学位，而且还在1975年，获得了计算机领域最高荣誉的图灵奖，使人更惊奇的是3年后，他又获得了诺贝尔经济学奖，真正体现了"学无止境"这句中国古语。世界上从第一台计算机诞生，到如今的互联网发展才不过40多年，现在还有谁认识不到这种技术革命呢？如果在科技革命和创新模式不断发展的今天，所谓百年企业恐怕也只是一种传说了。

由知到行的思考智慧与先进工具都不可或缺，而工具又是提升认识和理论"落地"的最好帮手，回想一下：100多年前靠眼学的鉴定，是因为当时没有第二种方法可选择，最好的也只是20倍放大镜而已，而现在已进入可视化的时代，已有了200倍以上的显微镜，20倍所看不到的特征显而易见了，这"微观世界"看似不经意的一小步，实则是迈向科学观的"现代眼学"的一大步，当然您若忽视那也就没有体会和认识。这就像现在的您如果准备出门，您是相信50年代那种传统的天气预报呢？还是相信现在卫星预测的准确率呢？当您开车去寻找陌生目的地时，相信您第一个想到的就是用手机导航。

技术和技能虽然都不是科学，但它会随着科学的进步而不断发展和创新。所以美国的鉴定师工会不但规定鉴定师既要有上岗证，而且每当出现造假新工艺和技术时，会员还需要一次重新培训和再学习。所以当科技发展到今天，我们进入了"超级视觉"和大数据的时代，完全可以有第二种乃至第N种的选择，就好比一个合格的医生，如果他既看不懂CT片也解读不了化验单，那他能从您的表象做出正确的判断吗？

（3）小孩"上海摊卖画"的联想。

记得1980年末改革开放初期，发生在上海锦江饭店门前的一件事，这在当时的中国也是很难被理解的"怪事"。两个外国小孩在人行的过道上，摆放上自己画的画在叫卖，可对很多路过的中国人来说，有的连看都不看一眼，这时走过来一位外国老太太，俯下身仔细地欣赏一番，然后说了很多鼓励的话，并且买下了小孩的全部画作。

其实作为这位外国老太太，并不是真的要收藏和投资什么未来，因为小孩的要价也不高，而她又是用微不足道的零用钱在鼓励和支持一种从小就能自食其力的行为，所以她的这种相当于做善事的行为不属于市场经济的范畴，如果这个小孩拿的是张大千的画，或者叫卖的又是一千万，恐怕这位老太太也不会去买了，因为这超出了她的社会学思维和承受能力。

现在的鉴赏家和鉴宝专家，也普遍存在着这种社会学的鉴赏心理，所以对有明确出处和流传有序的文物，或者价值不高和破碎了的文物艺术品，就敢于断真并且还满腹经纶地给予解读，除此之外即使是真、精、稀的文物，那他也不敢下真品的结论，即使您真的拿出国宝级的文物，鉴宝专家大都也不会认可。这就像老太太和小孩之间的故事一样，主观上可能认为：你一个不知名的"小屁孩"，怎么会有这么贵重的文物呢？

图1-2-7　战汉琉璃珠

但如果放大这种社会现象再转换成一位知名人士，那情况就完全会变得大不一样，剧情会随着主角的转变而变化，您会发现社会学到处如影随形。不过可以预测未来的社会和文物，一定会有机地融为一体，也早晚会诞生出"文物指纹学"的，因为它是未来科学鉴定的基础，是脱离了社会学和人文心理的，将打破文物鉴定的传统观念，进而将文物鉴定推向了更高领域。

（4）"长城模式"的讨论。

记得在20世纪90年代初我同日本学者争论一个管理模式的问题，即"长城模式"与"石墙模式"，其中讨论的是哪种结构寿命更长久的问题，至今还都存有一番感慨和启示。当时中国企业的经营都是一种固定模式，万众企业就像中国长城的砖一个样，即大而同和小而全的模式，甚至笔者经历过的不足200人的国营厂，除行政上对口上级的科室外，其机加车间、变电所、卫生所、幼稚园、锅炉房是应有尽有。而日本企业的社会发展模式，则是大企业虽然已是世界闻名，但也必须依附于小企业的供应链与技术，而小企业的特点都是小而精和小而专。

20世纪80年代初我应邀参观了日本的YKK企业，让我感慨的是一个小小的拉链，都能把它做到极致而销往全世界，这就是日本企业让人佩服的匠人和"专攻"精神，这也是日本企业所具有的共同基因。所以日本才有了7家千年以上的企业，以及34944家百年以上的企业，从而也造就了日本的长寿社会体系。这也就像用石头垒成的石墙一样，大和小都有其各自功能，而有大有小的契合才是最牢固的组合，因此在国内外的历史遗迹中，残留到现在的石垒墙都还非常结实和长久。万里长城依然坚固！

文物鉴定也一样不能单一靠眼学一种方法，也不能指望科学检测的某一种单一仪器就可以覆盖其所有的文物检测和证真，重要文物的真伪和断代，一定是多种检测手段加上眼学的综合鉴定。如果有明确文物指纹的"DNA"，以及所含物质元素的唯一性，可以用一种设备和手段检测外，其他诸多的不确定性就需用多种设备和仪器，进行各种检测和综合判断，就如同医院里所必要的几种检查一样。

现在鉴宝专家眼学意义上的证真和证伪，为什么大都不能使人信服呢？关键就是没有科学的检测依据。现在科学检测的方法和手段，虽然还不够成熟和完善，但完全可以满足专业鉴定的要求，而且随着科技的进步还会不断地推陈出新。自然科学是抛开社会学的人为因素，只针对材料本身而言，它可以定性和定量地进行分析。但对用材料制成的器型或纹饰而言，因其包含着历史背景、流行时尚、皇帝喜好、当时技术工艺等因素，这是人文科学和传统眼学的范畴，所以只有将两者很好地结合起来，鉴定结果才具有可信度和权威性。

三、为什么说传统眼学与科学检测缺一不可

我们研究的历史都是"过去时",而科学的发现则是"未来时",因此两者的思维模式和方法论略有差异。传统眼学是凭借着经验和技巧,采用的是传统的排比法和类推法,它是以标型学、流传有序和考古发掘为基础,而由此推出有和无、相同与不同的真赝相对论。而科学鉴定则是在眼学基础上,进一步对器物"DNA"和"骨龄"的检测,它针对的是事物内在的本质与身份,以此而得出是否到代的真假绝对论。其实传统眼学与科学检测都是殊途同归相互印证,只不过是主观和客观的手段不同而已,但传统眼学说白了就是经验主义,所以需要科学来修正有些"教条论"。

而有些狂傲自负的专家不但藐视和抵触科学检测,甚至还鄙视用放大镜来观察文物,其实瓷器的"微观痕迹学"仅用放大镜是远远不够用的,有时还必须采用显微放大才行。"微观痕迹学"虽然也属于眼学范畴,但它是融入科学观的"现代眼学",是"旧时"传统眼学的发展和延伸,再通俗点说:"显微镜"就是当代的"照妖镜"。因为人类已进入"可视化思维"的后"匠人时代",就如同病理学专家是"医生的医生"一样,他与医生所不同的就是:利用千倍显微镜来观测细胞的变化,进而从本质上识别和解答医生的问题。目前人类已有的大部分科学结论,均依赖于认识世界的同步工具,所以科学检验以及各种仪器,可以弥补人体感官和触觉上所不能及的内在组成和微观世界的鉴别,而且它是用科学数据、图表与图像在说话,这也是证实事物本质和规律的一种方法。

1. 鲁道夫·阿恩海姆的视觉观

1988年时任文化部部长秘书的罗杨先生,曾以当年博物馆发生的真实故事,在《北京晚报》《小说月报》上发表《老"马"失蹄》的微小说。这是发生在80年代普通农民、权威专家、科技新生代之间的一个文物鉴定的故事,也是体制内眼学与科学检测的真实案例,最终以权威专家固有思维的"职业病"与眼学观,对其所做出的错误鉴定进行反思和自责而结局,就是我们现在读起来也是一种警戒。

美籍德国心理学家阿恩海姆的研究证明:人的视觉具有高度的选择性,所以眼学中的一些人为和社会的因素,会对目鉴的客体产生心理暗示作用,尤其对于国内的鉴宝专家来说,"选择性失忆"是鉴定中不敢担当的具体表现。研究还表明:如果人每天都对同一件器物(或同一种事)接触,那么即使是国宝级的珍贵文物,长此以往也会熟视无睹;或者是所面对的高仿品,最终也会感觉到相差无几,这就是所谓的审美和视觉疲劳。实践也证明:专家对"事不关己"的鉴宝类活动,以及隔三岔五海选中"安检式"的快速目鉴,这在心理

学上将其称为"注意现象"。但这种不出差池就万事大吉的事,而且又能增光添彩的"福利"工作,它不会成功调动起专家的感官和心智运行,而只会导致说"真"有风险,说"假"没责任的明哲保身的工作态度,即使在官方特定的鉴定环境下,有的专家因心里没底也不敢妄言,这反映就不仅仅是鉴定的水平问题,而是眼学中的一种社会观。然而古代的每一件文物,都是蕴藏着丰富的

图1-2-8 北宋磁州窑梅瓶 高51.2厘米

图1-2-9 北宋磁州窑梅瓶瓶底

历史内涵和文化信息，如果在对"感觉代码"精细加工的过程中，其见识、悟性、知识面以及责任心不够，那就难免会出现判断上的错误。

我们知道任何商品都应该有检测和评定标准，但唯独古代艺术品因其商品的特殊性，国家还没有"产品"检测的量化指标，只有客观表象的行业默认"标准"，所以专家在鉴定时的主观因素，就成为辩真识假的个人"标准"。我们毫不怀疑前辈总结出的传统眼学的鉴定经验，但请您记住：那是反映那时的鉴赏水平和仿品能力，这在一定的历史时期内可以起到不可替代的作用，遗憾的是目前还依然实行，以眼学和经验为主的人为鉴定，这就容易造成各种冤假错案。

历史上各时期的古代艺术品，每件都是个性化创作的手工产品，所以这种标准化很低的千百件个性产品，当面对的又是一种一个人的鉴定"标准"时，理论上就已证明其行为难免不会出错。而且这种以"所见实物"和经验积累为信息存储在大脑里所形成的"自我标准"，还会导致"见识"只有"见"才能"识"，而"少见"就会产生"多怪"和"不识"的现象。尤其对患有"赝品恐惧症"的专家而言，为掩饰无法做出准确判断的尴尬，对"无证据"的高端精品无论真假，一律会给出赝品或有疑义的结论。

再进一步扩展说：您输入头脑"数据库"中存储的规模，决定您的权威性和专家等级，但请注意人脑不是电脑，所以如果您再能兼容一些科检中"数据库"的特殊指标，那您就一定是文博界的无冕大家。换句话说：您有（和接触）什么样的藏品，您就有什么样的鉴赏水平；您有（和接触）多少件皇家艺术真品，您就有什么样的认知深度；因此一定要倾听博物馆真正专家级的建议，也不要怀疑上手过N件馆藏研究型专家的品评，只可惜这类技术型的专家很难遇到。依靠科技进步造假的今天，有的仿品已超出以往鉴定能力的极限，如果按以往书中所说的鉴别法，即眼学中的表象大都已被攻克，这虽然对经验丰富的玩家没有什么，但对初学者的杀伤力却极大。

特别强调：现代的造假者与收藏者，如果研读的是同一本书的话，实际上就自动成为没见过面的"同门师兄"，就如同大脑输入的都是同一个"鉴定程序"一样，那么假设古人能穿越到现在，当面对这样的收藏市场和鉴宝专家，那他也会目瞪口呆无言以对。何况这种眼学鉴真的"皇家秘籍"，不论以什么方式公布和传授，那就再也没有什么"秘籍"可言了。那么如果再以这样的眼学法去鉴别，不论是谁都会有相当大的难度！正所谓：假的如果接触多了，见到真品也认为是假的，所以除了艺术性和老化痕迹外，应该再辅以科学的检测手段才行。

以放大镜作为唯一鉴别工具的"匠人时代"，只能解释1.0版本的一般科普知识，但却看不清现代科技的仿制手段，而微观世界与文物指纹等科学研究，将使文物鉴定上升到4.0版本，所以与时俱进才能与仿者同步。传统眼学可以说是一个"视角"，而科学检测则是一种"视野"，两者虽然都是在用"眼"来观察，但"眼界"却不在同一个层面上，而最终只有科学才能统一大家的认知，所以本书自始至终提倡的就是这种科学的收藏观。

如果将"传统眼学＋科学检测"称为"眼科"（眼学和科学）的话，那么不论是藏家还是文物的流通市场，都在千呼万唤国家有关部门，面向社会设立一个权威的"眼科"机构。这样可以做到：治愈那些雾里看花的"白内障"，治好那些不懂装懂的"老花眼"，治疗那些看人下菜碟的"势利眼"，以及对民藏持有偏见的"职业病"。

2."司马光砸缸"的逆向思维之观

犹太人世代流传着一个"黑白鹅卵石"的思维故事，很好地诠释了逆向思维中的智慧。实际上在宋代儿童期的司马光，就为我们演绎了这样的故事，而这两个故事的共同本质，就是让人们学会用逆向思维看问题。有时用正向的思维方式或许能迅速解决问题，但有时却成为束缚人们认知事物发展的桎梏，因

图1-2-10　北宋曲阳黑定碗 高7.5厘米

为文物鉴定中的定性思维，它包含着传统眼学和旧观念，而这必然隐藏和掺杂着社会学的心理。那么要想打破这种固有观念的枷锁，就要学会运用司马光"让水离人"和犹太人"黑白鹅卵石"的逆向思维，但如果按"救人离水"和"逆来顺受"的定性思维，那么缸中小孩恐怕就会溺水而亡，而犹太小女孩就要顶债嫁人。

　　随便说一下：有人怀疑"司马光砸缸"的真实性，原因是宋代的技术烧制不出这种大缸。溯源《宋史》则是这样记载："（司马）光持石击瓮破之"，其实司马光砸的不是"缸"而是"瓮"。"请君入瓮"的成语典故，就来源于比宋代还早的唐朝，而将"击瓮"变成"砸缸"之说，则是近代人定性思维所理解的语言。

　　再举个现代版的逆向思维例子，中国人的基本常识中都认为：美国是在中国的东边，中国和美国隔着的是太平洋，这种一百多年来的认知误区，是源自于众所周知的传统"横版地图"。如果以此来做军事上的战略布局，那将是一个致命的错误！2000年中科院物理所的郝晓光研究员根据自己的认知与判断，第一个提出并制作了新锐的"竖版地图"，从而证明：美国是在中国的北边，而且隔着的是北冰洋！这种独特视觉与反权威的"求异思维"，使北斗卫星为此而重新定位。

　　这种先是异想天开的一家之言，最终达成共识的例子还有很多，文物研究和鉴定也存在同样的道理，很有必要以逆向思维来思考同一个问题。而且还一定要溯源其"当朝当地当时"的资讯，而不要被标型学和固有的馆藏文物所束缚，关键是要认识和掌握其标型物的本质和机理。传统眼学的鉴定方法追根溯源，大多来自师徒之间的口传身授，加上所接触文物的真假和多寡，而其各自的鉴定方法与技能，以往也都是秘不外传的秘诀。

传统眼学大都采用的是宏观类比法，如果人们处在认识的初期，则类比法可以作为唯一性的选择，这也是收藏者的初级门槛，但这也只能是在可类比的范畴内发挥作用。而像上海博物馆原馆长马承源慧眼识"晋侯苏钟"的例子，就很少发生在当今体制内的专家身上。这种在西周青铜器上一反所有存世青铜器的常规，而首次出现的铭文刻字，这在以往文博行业内外的认知中，是假得不能再假的青铜器了，但这次马承源先生却让"大假货"回流到上博。所以如果没有知识储备和胆量，没有宁可"下岗"的反潮流意识，也许就会遭到当年"元青花"一样的命运，那样也就不会出现在上海博物馆了。

再举个类比法最典型的保守案例：早年流失海外的"楚帛书"，因为当时没有可类比的文物，所以美国各大博物馆都拒绝收购，但最终却被赛德勒先生慧眼收藏。现在还有谁不认为它是中华的瑰宝呢？考古不断发掘和科技不断进步的今天，如果思维还不能有所突破，还不能依据机理触类旁通的话，则会依然停留在乾隆的鉴物水准上，换言之：传统眼学对文物鉴定的标准，只存在于鉴定人的知识储备中，如果鉴定人不是"最强大脑"和具备"超级视觉"的话，那么眼学将随着人的图像记忆、知识结构、经验悟性、品德修养的不同而不同。这种以超强主观性和标准的模糊性，以及所在职位、地位上的话语权来决定文物的真假命运，是既可怕也不科学的主观鉴真。

图1-2-11　北宋曲阳黑定碗碗底 直径17.3厘米

因现在的文物鉴定大都还属于道德范畴，还没有上升到真正法律意义上的责任，所以民间藏家也不要指望专家能认真研究和真心对待您的藏品，即使是大开门的国宝级文物，他们也会表现出麻木不仁的态度，因为藏品跟鉴定专家没有什么关系。把假的说成真的是水平问题，把真的说成假的则是认识问题，所以专家都是宁愿在认识上有异议，也不愿说成自己能力和水平不行，所谓"责任"充其量也就是一种口号。

那么什么是"责任"？牛津大学有个例证给出了最好的诠释，1985年牛津大学有着350年的大礼堂，出现了20根橡木横梁腐朽变质的安全问题，按理为保持历史原貌只能用相同的橡木更换。但要想找到20根巨大的橡木谈何容易，这时校园的园艺部门报告：350年前大礼堂的建造师，在设计时就考虑到后人面临的问题，当年就在学校种植了一批橡树，而且现在的尺寸已远超横梁的要求。所以对这位让人肃然起敬的建造师，任何的评价语言都显得太弱，唯有"责任"一词最有力量！

对比一下目前国内的文物鉴定家，还都普遍存在着推脱责任和自保的心理，如果在鉴定中为避免出现争议和错误而做出违心的和保守的"不真"鉴定，还能对藏家和历史负责吗？请思考一个问题：医院的医生是对病人的生命负责，企业工程师是对项目的成功负责，军队和公安担负着保家卫国的责任，等等，各行各业都有相应的责任与担当，那么鉴定家承担什么责任呢？

3．萨盖定律的烦恼

萨盖定律是指：如果拥有两块以上的手表，不但不能帮人判断出更准确的时间，反而还会造成混乱。这个寓言故事告诉我们：只有掌握原理和事物本质，才能正确做出判断，否则当出现多个参照物的情况下，人的思维容易陷入混乱。因为手表制造商来自世界各地，其表型和显示的时间虽然都不同，但表针和齿轮转动的原理却都相同，这就是事物的本质，所以要合理选择适合的参照物才行。

联想到古代从最初的神话传说，到每个时期所创造的神话艺术，都是艺术升华与完善的进化过程，而艺术创作和产品创意与臆造品的区别，就在于不同历史时期艺术匠人的认识观。而有的则属于神学范畴，一般常人是无法理解的，所以既不能割裂历史来抹杀古人的艺术创造力，也要区分不伦不类的跨时代（非连续）纹饰的简单堆砌。《山海经》书中已有的那些神话和鸟兽图案，假如出现在当代的话，按当今某些鉴宝娱乐专家的观念，则都应属于臆造品。所以按照传统方法鉴定的人，如果遇到不明来历的、从未见过的器形和图案，大都会被定为"臆造品"，其理由是在馆藏品和考古发掘中从来也未曾出现过。

但比较可怕的是，如果始终按此逻辑来思考，就容易形成"有罪推定"的

图1-2-12　宋吉州窑树叶盏 高3.5厘米、直径7.9厘米

惯性思维,即凡是有考古发掘的未见品,就会被说成是艺术品,而未经官方考古而出现的就是"臆造品"。更直白点说,与馆藏品相似的就是仿造品,没有或不同的那就是臆造品,反正无论如何都是不对的荒唐言行。所有事物都是从无到有的过程,那么第一件标型器是怎么确定的呢?如果它不是出土的和馆藏中没有的呢?比如红山C形龙、秦杜虎符、武曌金简等,那么您是先研究"鸡"呢?还是先考证各种"蛋"呢?

我们可能有所不知,古人所创造的所有器物,都是根据时代环境和个人理解的发挥,也是在原有艺术与想象上的再加工,是进一步把传统的神话变成了当时的神话艺术。虽然是借鉴了前人的器型和纹饰,但器物一定具有每个历史时期的社会属性和个人的认识观。实际上现代所仿造真正的臆造品,毫无神学文化与美学艺术,大都还特意附加上了混乱的古文字,也是刻意地去拼凑器型和纹饰。

研究发现,考古发掘出的很多所谓"臆造品",都是每个时期的前无古人的衍生品,而且年代越是远古其"臆造品"就越多。比如三星堆的考古发掘,其现代卡通式的青铜人面像,如果出现在民间那绝逃不出"臆造品"的诅咒。再比如曾侯乙尊盘等这种逆天且无锈的青铜器,假设是盗墓后流落到民间,那么用传统类型学来判断,无疑也会被打入"臆造品"行列,这种逆天文物的例子还很多。

试问国内外的各大博物馆，不论成立的年代多久，最初是先有藏品还是先有博物馆呢？而藏品又都是从哪里募集的呢？所以将馆藏品作为标型物，是专家和藏家鉴赏的最基本要领，而掌握器物的本质和机理，才是举一反三的技能和本事。对古代艺术品的鉴别，最不可靠的就是主观认知，如果是根据经验来判断的话，那么艺术品越古老其经验值就越低。

专家的经验虽然难能可贵，但每个专家都有其局限性。专家通常是以馆藏文物和传统古籍为基础，采用的是"类型学"和排比法来研究和推理。但这种思维方式出现的错误不胜枚举，历史上没有记载过的"随国"，就是当今考古从地下挖出来的一个国家，而且是真正改写了春秋战国的一段历史。再比如教科书中的汉代说唱俑，当时被专家认定为是唯一性，但相距千里之外的山东诸城，

图1-2-13　道光茶叶末尊　高38厘米

民间也收藏了一件汉代说唱俑。在众多专家学者的质疑声中，最终还是通过科学检测确认无疑是汉代文物。到这时，专家和质疑者才不得不承认又出现了第二件，像这类原有观念被颠覆的事数不胜数。

所以传统的鉴定方法有其明显的缺陷，即主观性和标准的模糊性，他们鉴定真假的标准只存在于鉴定人的脑海中。而且一旦"多年媳妇熬成婆"后，有的专家还变得比原来的"婆婆"更加霸道，将个人的主观凌驾于客观存在之上，当然这最终都会被历史所唾弃。那么如何将个人的主观鉴定，转到国家权威鉴定的正确轨道上来，这就必须要有相应的科学鉴定和检测做支撑。

鉴宝专家总是将简单的事情，变得玄妙和复杂化，而科学家则是把玄妙复杂的事，变得直观和简单化。社会在发展科技也在进步，科学就是一步一步将不可能变为可能。如果买卖双方都能读懂和认知的话，那么文物市场将会迎来春天，如果专家和藏家对器物鉴别都有疑问的话，那么科学检测将是一个最好的解答！

4."农夫与蛇"的不同认识观

我们从小都读过农夫与蛇的故事，传统观念认为被拯救的蛇是忘恩负义，但如果按动物的本性来思考，这应该是农夫的错。而且动物从小饲养与半路圈养，是有着本质上区别的。人类拯救任何动物都没有错，错的是对动物本性的认知，因为蛇本身和基因都具有"蛇

性"。联想到人们对科学检测的认识误区，确实需要进行一些基本的科普，以厘清对文物科学检测上的认知。

对文物的科学鉴定不但需要中医的望闻问切，更需要西医的照影化验，所以在没有统一的认识之前，搁置争议先保护性地收藏，再逐渐去认识和甄别，这对尚有些剩余价值的收藏者来说，不失为一种无奈的选择。现在文物市场和大众认知度相当混乱，市场诚信度也已滑到了谷底，所以不论什么样和什么类型的专家，说真说假其实都没什么用，他们鉴定出的任何结论市场大都不会认可。

更不可思议的是还有在网上看照片就能鉴定的专家，这也仅对价值不高的普品可行，照片由于像素、色彩衰减率、拍照环境和相机优劣等，不能呈现出原物的完整信息，而文物的一点点差异都会影响其判断力。打个比喻，欧洲人和亚洲人大家一眼都能分辨，但中国人、日本人、韩国人，让欧洲人来分辨就太难了，同样让我们去分辨德国人、荷兰人和以色列人也很困难。

5．六亲不认的"第三专家"

如果要想获得国际通行的身份证，那么陶瓷的科学检测就要去英国的牛津大学，钱币就要去美国NGC鉴定机构，钻石则是美国的宝石学院（GIA），而彩色宝石就要去瑞士古柏林宝石实验室……这些国际机构为什么具有权威性呢？首先机构专家对其鉴定结果要承担法律责任的，而且还有保险公司等金融机构联保。

就拿美国钱币鉴定机构来说，流通市场如果怀疑其鉴定的真假时，鉴定机构以市场价可回购所鉴定的物品。反观中国的各种检测机构，为什么没能成为流通领域中的"第三专家"呢？为什么科学检测不被人接受和认可呢？而且现在市场上所谓的"科学检测证书"满天飞，模棱两可的鉴定结论更是五花八门，这既是科学检测本身的不完善，也是文博界深层次的问题。

特别是个别鉴宝专家对机场X光辐射的无知渲染，难免会使各类人群产生不相信科学，甚至产生怀疑科检就是"伪科学"的思想。而专业人士对X光辐射的器物，这种"人为干扰"后的图表，为什么一眼便可识读真假呢？（请参照《各种检测方法的原理与对比》一节）。所以这种具有肤浅知识面的专家是眼学中的保守派，难道与法医穿一样警服的巡警，就能代替法医的工作吗？纵观反对和怀疑科学检测的人，其实是缺乏科学素养和自信心的一种表现。目前虽然存在没有统一的量化标准，以及没有认可的大数据库做支撑等问题，但如果您能真正了解科学检测的知识内涵，重点是会分析和解读其检测数据，就根本没必要担心其科学性。

特别提醒：目前科学检测机构参差不齐，官方的大机构都各自为战，也不

图1-2-14 道光茶叶末尊尊底

对外进行检测和任何服务。而其他单位检测人员的素质与技术水平都不等,国家层面也没有出台测试标准,加之比对版本和数据库的不权威,因此所有检测单位的鉴定结论,都不具公信力和权威性,而且还要防范打着"科学检测"的幌子,招摇撞骗的"伪检测机构"。面对当今的各种检测乱象,难免会出现"检测无用论"的思潮,所以传播出来的科检信息必将大打折扣。这使本来就很脆弱的科检认识观将面临一个沉重的打击,这也延长了文物政策的制定者对科学检测的认可度和认知的时间,增加了公众对新生事物公认的难度。

再举例:市场上还出现有"北宋官窑"的检测证书,至今在世界的范围内,还没有公认的"徽宗官窑"标型物和检测数据,真不知道检测机构的比对数据出于何处。目前李家治《中国科技史·陶瓷卷》中的"北宋官窑"数据,是来源于当时轻工部指定"开封北宋官窑研究所"仿制的产品,属于新中国官仿的国家级复制品,其检测的数据显然不具有说服力。

毫不怀疑,随着科学的进步、发展和完善,或早或晚一定会找出它们的规律、原理和解决方案的!而科学检测一定是文物鉴定的终极目标。随着文博界提高认识和市场化,笔者坚信古代艺术品迟早会产生"文物指纹学"的!随着新科学不断应用到文物领域,相信一定会开启文物科学鉴定的崭新篇章。

6. 科学检测与高科技仿古

　　高科技不是不能研发出鉴定所需的仪器，关键是怎么去开发和鉴定的问题，不论哪个行业都是由科技的进步推动该行业的发展。举例：医院里的各种检测设备，都是理工科工程师的发明创造，但最大受益者却是医生，虽然医生凭临床经验可以判断出患者得什么病，但还是让患者去做CT等各种检查，医生再根据检查数据最终做出正确判定，其实鉴定古代文物同医生看病的道理一样。CT等一些设备是高科技产物，给医生提供了判定的辅助手段，因市场需求很大，而且又得到医生的认可得以普及。文物市场的情况则不然，市场经济权力集中和市场小不说，关键是不能得到文物界的认可，这种赔本的市场是没有人去研究的。

　　目前文物鉴定的设备没有人专门去研究，就只能借助于其他设备来加以应用，因为不是文物专属的检测设备，或多或少都存在着某种缺陷。像碳14、热释光、X射线荧光等都有其局限性和不完善性，最关键是每个检测费太高。在新技术没开发前，可进行必要的多种检测来综合判断，这不失是一种最佳的选择。

　　另外藏家千万不要被高科技的名词所吓倒，也不要听信景德镇什么都能仿的神话，如果您能够了解点科学知识，您就不会相信"高科技什么都能仿"的这种鬼话，有些则是因不明其理而夸大其词。高科技可以把笨重的手工，变为机械自动化、温度可控化，可以提高颜料提纯度和原料的精细粉碎，可以电脑扫描制图，可以排版印刷和热转印，可以三维打印等，但高科技永远也仿不了匠人手艺和老化痕迹。

　　请记住：高科技是前进型的开发与创新，而不是后退式地穿越和走回头路；高科技也能分析和鉴别，但绝不能做到真正的复古，即使像也一定还会留有高科技的痕迹，所以高科技不能真正地仿造手工艺品；复古必须"返璞"才能"归真"，必须有古代胎土、釉料、颜料、手绘等，以及当时那种古老的工艺；古人是用当时的思想和手艺在创造，而现代人终究是在仿造，所以仿品大都是"貌合神离"。

　　科学家不是文博专家，设备也只是手段和工具，他们是不能相互取代的。传统眼学必须依靠多种辅助设备和公认成熟的痕迹法（如笔迹鉴定）等，这样的鉴定才能走向成熟，才能使人心悦诚服。有些文物的答案真的不在书本里，也不在博物馆中，更不在一些专家手上，而是在不断完善的实践中，在不断地考古发掘中，在批判式的学术辩证中，在文物科技的发展创新中，大部分的结论还都在探索的路上……

图1-2-15　肩胛板甲骨文

四、科鉴是民间文物被公认的唯一出路

如果说国内某某藏家有宋官窑、汝窑、珐琅彩等藏品,可能专家连看都不会看一眼,而且还会表现出不屑一顾或者嗤之以鼻,这也是他们对待民间藏品的常态,因为在他们根深蒂固的"元思维"和潜意识中,这类藏品早已被他们否定了。但"不敢认"与真不真是两回事,长期以来由于舆论场不知情的错误导向,别说专家就连笔者最初也认为:这么珍贵的稀缺品连国家级大博物馆都极其稀有,怎么可能会出现在民间呢?

但无数事实证明,新中国成立以来业内外的各界有识之士,从民间募集珍稀国宝的故事屡见不鲜,就拿太原铜业雷毓祺这位普通公民来说,他在从事废铜回收,20年间为国家捡回了3200件青铜文物,先不论新中国成立后新建各大博物馆的藏品来源,就以默默无闻的雷毓祺的这一个事实为例,难道说民间就没有国家一级文物吗?

1. 器物检测的适用性

隐藏在眼学鉴定中的社会学是文物鉴定的天然壁垒,而那种只看物不对人的老古玩行作法,现在也只能寄托于有资质的权威部门的科学检测了。而要想成为有资质的合格职业鉴定师,那就必须具备"眼学+科学"的"眼科"大医生的条件,这也是市场对升级版鉴定者的要求。而对普通的收藏者来说,虽然科学检测专业性很强,但如果能多了解一点相关的知识,那对提高收藏的水平会大有益处。

图1-2-16 元代钧窑碗 高7.8、直径16.3厘米

有一点可以肯定，文物是不可再生和再造的，这也是科学鉴定的理论基础。然而经常看到有些鉴宝专家，根本就不了解科学检测的方法和机理，不但不懂而且还不与时俱进，甚至把碳14和热释光都能搞混，至于湿法化学、X射线、拉曼光谱检测等，甚至连一些基本科学知识都还搞不清楚，就一味地不假思地排斥与质疑，这怎么能去说服别人呢？

简单说：像陶瓷、青铜器等可以用热释光检测，而竹木牙骨等有机物只能用碳14检测；其他方法则需要数据比对，因目前还没有完整统一的权威数据库，所以比对时将受到限制；但对其具有唯一性的元素成分，其检测可以起到一锤定音的作用；总之，面对这种检测的数据单，应该把它看成是一份检测的分析报告，而不能把它看成是鉴定结果的证书。

2. 您的文物需要检测吗

文物检测主要针对两方面，即器物研究与断代和文物交易。目前，对文物的绝对断代，必须依靠碳14和热释光绝对法的检测，这也是被法律和公众所认可的检测。而"元素分析"法则适用于研究层面，而且随着数据库的完善和人们认识的提高，也可作为鉴别和法律认可的手段之一。目前文物的科检方法很多，有化学分析法和仪器分析法，以及有损分析法和无损分析法，但就目前的文物检测而言，没有像DNA、骨龄检测、珠宝检测那样，已经普及而被大众所认可。所以目前从藏家角度看，一定要搞清楚什么器物需要检测、怎样检测，以及到哪里检测和为什么要检测的问题。

民间收藏的文物从法律层面和公信度的角度考虑，如果需要被认可的话，目前世界公认的只有碳14和热释光的检测，这也是目前对民间文物认可的唯一科学鉴定的方法，但目前阻碍大众去科鉴的原因，就是热释光的检测费用较高与方法有损。相信随着科技的发明和创新，肯定会出现费用合理且被大众认可的科学检测法。

善意提醒：有的文物不能进行交叉检测，因为某种方法对器物检测后，可能您这件器物的文物信息，瞬间会归零而变成"死器"，或者成为现代"新器"，这将导致无法再进行以后或另一种检测。所以对于开门见山、来源清楚的文物，或者低价值、清代民国的文物，就没有必要再浪费金钱而毫无意义地为检测而检测。但如果您执意非要进行检测的话，不妨先阅读下一节最简单的科检介绍，然后再做出是否检测的决定。但就目前众多的科检机构和证书，在市场都还不被认可的情况下，除非甲乙双方签订认可的合同外，暂时不做任何科检

图1-2-17　汉代绿松石龙纹佩 长6厘米

也是一种明智的选择。

如果走到必须用科学检测来验证的地步,建议选择具有高度商业操守和公信力的权威机构,对其文物进行"双盲"的科学检测,这样出具的鉴定证书才具有法律效力。但非常遗憾的是,目前在国家层面上就缺少这一环节。所以从某种意义上说:现在专家所出具的鉴定证书,都属于企业性质公章下的个人"无据鉴定"范畴,也可以说大都属于不被认可的"伪鉴定"。

3. 科鉴是民间文物被公认的唯一出路

中华民族所创造的精美文物,它既是文化的使者又是文明和智慧的象征,还是时代的产物、历史的见证、文化的载体,所以没有任何理由不让它流通和展示。但是文物流通的前提,首先就是要鉴定文物的真假,那么由谁来鉴定、怎样鉴定才是市场流通的关键。需要说明的是,文物鉴定的本质和属性,只有真假和艺术性的问题,与传承有序和商品价值无关。

而目前国内文物市场的鉴定,可以说是混乱无序、乱象频出,甚至有的所谓鉴宝专家,鉴定精品时犹如"算命先生"一般,在扯东问西一番揣摩后,却给出了一些社会学的结论,所以现在的文物鉴定实质是处在"三无"鉴定的"空白期"。面对"黄金十年"汹涌澎湃的收藏,开始时的各路专家谁都毫无心理准备,而且由于法律和法规滞后于市场,加之知识储备和认知上的贫乏,导致体制内专家频频出错,更何况"半路出家"的一些所谓鉴定专家呢?因此,这种无科鉴、无标准、无法律责任的"三无"鉴定,这种无秩序、无监管、无市场经济下的流通,自然不自然地使珍贵的文物大量流失海外。

图1-2-18　汉代玉鸭一对　高3.8厘米、长5厘米

不论是拍卖行也好还是地下交易也罢,现在买家就是鉴定家已成为唯一性,但买家不太懂、也不精通的居多,所以流通市场会出现天价文物和倾家荡产的豪赌现象。如果文物没有明确的记录,那么它不论何时离开"地下"或"收养处",那要想获得现阶段"地上"人们的认可,那是非常难的一件事。因此民藏普遍存在着"身份危机"的问题,而那些所谓民间的"文物私生子",由于主流不认可也只能是私下流通,而且处于"洼地效应"的混乱流通中,或是成为"一潭死水"的不正常状态。但处在大流通中的收藏市场,也确实需要权威的科学检测,就像自由菜市场放置的"公平秤"一样,这不但是文物艺术品的买卖双方在呼唤行业的权威鉴定与公平竞争,也是文物流通市场的迫切需求,所以民间藏家在强烈呼吁建立国家级具有公信力的科学鉴定机构。展望未来的国家监管、鉴定层面,不论是什么样的文物鉴定机构,也都离不开"眼学+科学"的综合检测。

随着先进科学技术的不断涌现,相信一定会改变现有的鉴定格局,文物鉴定将不再是掺杂社会学的单一眼学,而是"眼学+科学"的"眼科"综合诊断。如果科学鉴定不再以身份和等级论藏品,也不以文物的贵贱来判断真假的话,那么流传有序就会与科学有据相提并论。所以不论是现在还是将来,对民间拿不出"流传有序"证据的情况下,具有权威和公信力的科学检测,将是民间文物被公认的唯一出路和希望所在。

五、各种检测方法的原理与对比

就目前藏家对待文物的鉴定顺序,应该遵从的是:先以眼学为主做第一判断;如果没有太大的异议后,再利用微观和老化痕迹等,进行二次技术性的缜密鉴别;如果还是众说纷纭或看不"死"的话,那就交给科学检测吧!所以不管什么派的何种鉴定,唯独最权威的、公认的科学鉴定,才能平息和统一各路的纷争。但一定要注意所选择的检测方法以及对其检测数据的正确解读,包括第三方检测机构的权威性与认可度,这些都是影响鉴定结果和被认可的关键因素。

特别说明:即使是今天之各种科学技术本身,也还在不断地自我否定与进步中,就现阶段这些科学检测来说,足以支撑起做出无损检测的正确决断,只是文博界还没有深入系统的研究和解读而已。特别强调:不论是哪种已被认可的科学检测,都只是检测其材料本身的年代,或者是其元素成分以及含量,并不能检测材料上的纹饰,以及器型所反映的年代,而这些静态标准都属于眼学范畴。

现在的问题是:科鉴为什么不被人接受和认可呢?怎样才能消除人们对科鉴的误解呢?技术原本无对错,但却具有"一念成佛"与"一念成魔"的两面性。所以高科技的复杂程度，会造成眼学观更多的无知诋毁，因此本节就有关的热点问题和疑惑，尤其对各种检测原理和方法，做一简单扼要的对比和说明。特别提醒：目前所谓的"量子测年""能量场测年"等方法，这实际上是没有科学依据蹭热度的概念包装，既没有市级以上的科研成果鉴定，也与量子科学本身毫无相关！因此笔者立场鲜明地表示：我们一贯倡导和推崇的科学检测，一定是真科学而不是伪科学的检测。

1. 碳14鉴定

（1）常规碳14测年法。

自然界中碳元素存在着三种同位素，但却只有碳14这一种才具有放射性。因此世界上任何具有含碳的有机物，当有机体死亡停止呼吸后，只有体内不稳定的碳14才开始衰变。所以测定剩下的碳14含量，就可推断其死亡时的年代，这就是碳14的测年法。虽然碳14测年的范围目前只有约五万年的极限，但对于我们需要认证的文物已足够。碳14的检测适用于：树木、纸张、纺织品、谷物、漆器等，以及骨头、牙齿等生物的遗骸。需要注意：虽然碳14能测验其材料的年代，但这并不代表其材料制成器物的年代。

（2）加速器质谱碳14测年法。

现代所应用的是最先进的AMS14C测年技术，这种加速器质谱碳14测年，与传统的常规碳14测年法相比，具有明显的独特优点：一是样品只需1~5毫克，比如一小片织物、骨屑等；二是灵敏度高、检测较准确；三是测量时间短。这种新技术给了考古科研人员，一个新的选择和锚点。

尤其对常规碳14不能检测的陶瓷、青铜器等文物，只要在其表面或裂缝和气孔中，能提取到微量的几克即可，比如：炭粉、烟灰、油脂、肉类等残留物，就可测量其存在的年代，所以如果提取物绝对可靠，那么就可打破碳14不能检测本体无机物的历史。随着科学技术的不断进步，目前还有"锶同位素检测分析""氧同位素检测分析"等，以及更先进的科技手段的开发应用，相信未来的科学检测和鉴定，一定能解开现在诸多的不解之谜。

图1-2-19 汉代玉杯 高14厘米

2. 热释光法

(1) 前剂量测年法。

热释光文物鉴定的技术不但被世界各大博物馆和著名拍卖公司所接受，而且已被欧美的法院所采纳，所以可作为断代的证据。热释光基本原理是：当晶体被加热时，原来吸收并储存在晶格中的电磁辐射，将以光子的形式释放出来，这种核辐射

图1-2-20　汉代天鹅罐14厘米×10厘米×5.5厘米

的量与陶瓷的烧制年代成正比，因此通过测量器物内累积的辐射能，就能断定该器物的年代。

特别说明：热释光的前剂量法，是测量和研究110℃附近的低温峰技术，但当器物受到强烈干扰时，其核辐射的量会受到严重影响，会出现光信息紊乱现象。如果是经过核辐射（安检）处理过的仿品，那么与真品热释光的曲线就会完全不同，而且这是只有专家才能读懂的图谱。这就是为什么英国牛津鉴证公司，以及香港中文大学的中科古物鉴证能够得到世界的公认，因为他们的检测人员即使是硕士研究生毕业，也还要至少有两年以上的实际操作经验，何况还有机构中的科学家把关定夺。

如果检测的分析师在图谱认知上出现偏差，那就很可能会做出年代怪异的结论，举例：如果携带文物通过机场的安检，藏品经X光设备扫描后，其年代会出现高速增长的现象，这是非自然的而且是"人为干扰"后的结果。粗略估计经过X光的照射后，大约每秒会使釉面老化程度增加200年左右，因此其热释光的数据和图谱，会出现较大的差异和巨大的波动，属于违反常规的不正常情况。所以如果出现这种光信息紊乱的情况，有信誉的鉴定机构和有经验的专业工程师，再综合眼学的各种判断，那是不会出具年代的结论和证书的。

(2) 高温峰测年法。

由于市场的反馈和科技的不断进步，针对上述"人为干扰"的现象，科研人员经过研究和改进后，推出一种热释光高温峰测年技术。这项技术和前剂量法不同，它主要是研究和测量300～500℃的高温峰下的状态。这项检测的新技术还在检测方法与数据处理方面做出了重大的技术改进，就是说：不会再发生现代瓷器瞬间老龄化的怪现象，可以对"人为干扰"做出准确的判断。

简单解读：长期而又微弱的外来辐射，与极短时间的强辐射，其热释光的

曲线是完全不同的两种函数线，而且不同矿物的晶体，与不同辐射源的反应值也不同。所以经过这种计算和测定，即使经过X射线等辐射，其瓷器的年龄也很准确，这种方法避免了现代瓷器，经过安检扫描和人为辐射后，而产生出大跨度怪异年龄的现象。

（3）热释光的优缺点。

热释光只能确定陶瓷的"年纪"，而不能确定陶瓷的"家庭出身"，即只能断新老而不能断窑口。但热释光的断代则是地道的金口玉言式"皇帝法"，也不需要标准器和数据比对，它是一种绝对断代的方法。因此热释光对民间国宝级文物，可以起到一锤定音的法律判定，但对于老胎后加彩等造假行为，那就要看目鉴者的鉴定水平了。

然而热释光的最大缺点就是破坏性的有损检测，它需要对陶瓷器钻孔取样。如果是常规热释光检测，还存在着一个最大的问题，就是器物需要在"无干扰"的条件下（如辐射、热水、暴晒等），而且对已做过其他辐射分析的陶瓷器，就再也不能用热释光方法来准确断代。因此要特别提醒：在进行一件古瓷器的科技鉴定前，必须先了解所要做的检测方法，是否会对它造成什么后果和影响。如果不能"一锤定音"和获得对方认可的话，那就不要进行检测，否则这件器物因为辐射等原因，器物体内的信息有可能"归零"，那以后就再也无法进行其他方法的检测，从而成为一件"死器"。因为科学技术是不断发展与创新，如果某一天另一种高科技出现，而且又得到所有人和机构的认可，那么您这件"死器"就真的变成隔岸观火了。

图1-2-21　春秋战国狩猎纹玉盘1　长36.3厘米

3. X射线荧光分析（XRF）

XRF是X射线荧光光谱分析的总称，通俗说就是元素成分和含量的检测法，这种方法可检测出μg/g级别的极限值含量。如果在XRF的前面加上ED，就是能量色散X射线荧光分析，如果在XRF的前面加上SR，就是同步辐射X射线荧光分析，而PIXE则是利用质子激发的X荧光分析。目前对古陶瓷的科技鉴定方法，而且能达到严格科学标准的检测，大体上也只有"元素分析法"和"热释光法"两种。但前者是相对法，需要通过比对来断代，要求有可靠完整的数据库，如果比对的标准可靠其结果高度可信；而后者则是绝对法，不需要数据比对。

特别说明：对XRF方法所检测的数据都应看成是一份检测报告，因此还需要专家对数据做具体分析，而但凡给出"符合较好"等单一结论的语言，都是一种不负责任的说辞。另外，元素分析法所检测的数据不是器物的年龄信息，而是器物的工艺信息，换句话说，它检测的是该器物，用什么样的材料制成，而不是什么时候制成的。

（1）能量色散X射线荧光分析（EDXRF）。

能量色散X射线荧光分析已逐渐被认可，它具有准确、快速、无损等优点，而且对器物可进行定性和定量分析，适用于古陶瓷、青铜器、贵金属、矿

图1-2-22　春秋战国狩猎纹玉盘2 宽28.4厘米

物标本等。此类仪器的容量、精敏度、可检测元素数量是该设备先进与落后的界定关键,这类设备也是目前各大博物馆以及各鉴定机构,都引进和应用的文物检测设备。

这种检测适用于商业、科研、学术等领域,只是设备检测的精度以及被检测的元素数量不同,直白说就是设备功能"好坏"的区别,而且这种检测仪的探测头,是要在零下187℃的超低温下方能运行,被鉴定物也是要处在真空状态中。而应用商业领域文物鉴定的比对数据,大都是以《中国科学技术史·陶瓷卷》上的数据为标准,需要指出:该书上的数据都是以湿法化学取得的数据,与X射线荧光分析法存在着系统误差。而且湿法化学数据中既没有给出痕量元素,也没有特殊的指纹元素,这难免会影响对器物的解读和分析。

另外,能量色散X射线荧光分析法对检测方法、步骤、靶点、平均点数、样品的要求等,在国家层面还都没有统一标准。所以检测人员的专业水准将直接影响对常量、微量、痕量元素的检测,以及对数据的分析和解读。如何看懂和分析其检测数据,本书会在以后章节中针对具体器物做重点详细说明。

(2)同步辐射X射线荧光分析(SRXRF)。

SRXRF也是一种重要的元素成分的分析方法,但它是高能电子对撞机产生的同步辐射X射线光源,只有在国家高能物理所才有此类设备,而且主要应用于分子化学和材料科学的研究。SRXRF既适合有损分析又能进行完整器分析,也非常适于在科技考古中,对古陶瓷、青铜器、玉石等的分析研究。尤其是针对稀少和珍贵的古文物的完整器,更能发挥其优越性,但因为体制与费用的原因,此法民间根本就不予考虑。

(3)质子激发X荧光分析(PIXE)。

PIXE质子激发X荧光分析则适合于有损和完整器的检测分析,PIXE是一种高灵敏度的多元素同时分析的方法,也可进行定量分析。方法简介:将几毫克的样品,放入仪器的真空器中,也可将整器放置在大气中进行外束PIXE的检测分析。但PIXE法针对瓷器最大的缺点,就是对原子序数为11的Na(钠)以前的元素无法检测。

然而Na元素对瓷器胎、釉的判断,有时会产生重大的影响,比如:伊朗国家博物馆的检测设备就是这种,所以检测元青花数据中就没有Na元素的指标,这严重影响对元青花釉料的判断。PIXE设备主要是在大学和科研领域里应用,也曾经是古陶瓷、青铜器和玉器等文物中检测其元素含量的理想方法之一。

(4)中子活化分析(INAA)。

中子活化分析(INAA)可做定性和定量分析,适合于取样或有损分析,古陶瓷经过取样和去污处理后,磨成粒径小于74微米的粉末样品,经热中子

图1-2-23 春秋战国狩猎纹玉盘局部

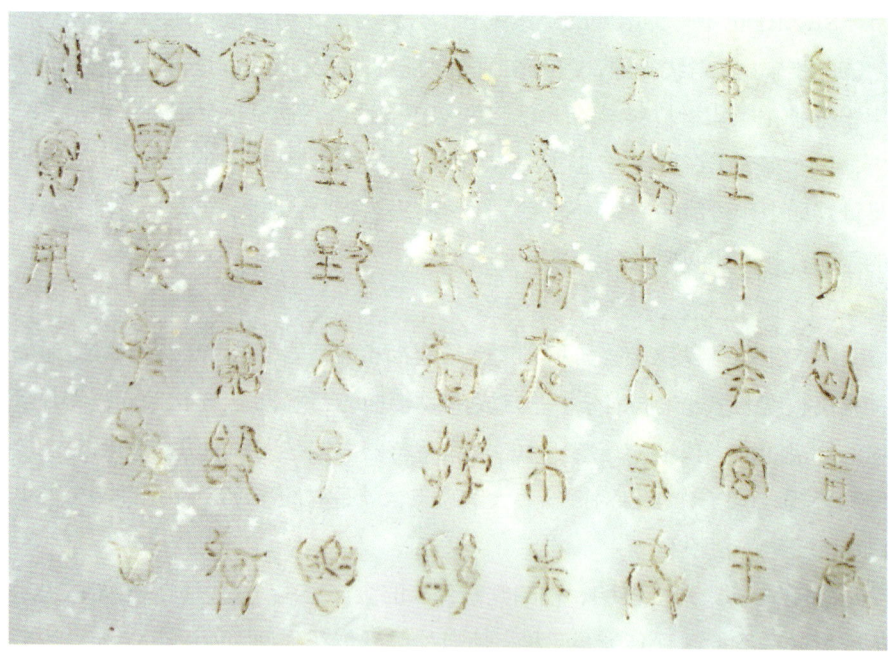

图1-2-24 春秋战国狩猎纹玉盘铭文

辐照后,通过解谱、标定和数据处理,得到元素种类和含量的结果。INAA可用于古陶瓷中次量元素和微量元素的分析,这是早期在EDXRF仪器还没开发应用前,被国内外用于古陶瓷的产地和断源研究。

4. 其他的检测分析法

（1）拉曼光谱分析。

拉曼光谱分析是高度定量的分析，是测定分子结构的纯定性分析，拉曼光谱也是无损分析。利用拉曼光谱鉴定有无羟基结构以及羟基的含量，这对鉴定瓷器的新老有着绝对断代的作用。利用羟基鉴定的原理是：陶瓷在烧造过程中会发生物理和化学变化，其中釉料的脱水反应就是其中之一，釉料中经过100～450℃的烧造，其釉料中含的吸附水和结构水都已排尽，所以新烧造的瓷器釉面，没有水即羟基分子的结构而显得火气十足。

但釉面在长期的湿气环境中，会发生可逆的水解反应，即釉面经过几百上千年后，其表面又反应生成有羟基结构的水分子，因此对这种瓷器而言：釉面的羟基含量与陶瓷出窑后的时间，总趋势是成正比的关系，所以可利用拉曼光谱进行羟基含量的测定，就是先判断出瓷器的新老，然后再根据X荧光能量元素分析，这样就可准确地断源断代。

（2）脱玻化法。

脱玻化法的原理：在同一种成分、同一个温度的前提下，其烧成的釉在自然状况下，时间越长它的脱玻化程度就越高。脱玻化也是一种无损检测，通过计算得出其老化系数，从而判断陶瓷器的大致生产年代。但这种方法的老化系数计算关联到脱玻化系数、成分系数、烧成系数，所以其鉴定依据有些局限性，且各年代老化系数很接近，所以精确度也要求较高。另外还存在釉料成分因素，以及烧成温度和时间因素，所以如果不是分析专业出身的人员检测，可能就存在经验性的误差。

（3）湿法化学分析。

湿法化学分析是一种传统的化学分析方法，它是以化学反应为基础，根据其反应结果来判定试样中所含的成分，并测定出其成分含量。目前所能比对的权威数据样本，都是参照李家治2007年出版的《中国科学技术史·陶瓷卷》中的数据，其数据大多是中科院上硅所早年对陶瓷湿法化学的检测结果。

湿法化学分析与现代仪器分析相比，在数值上一定存在着系统误差，而且湿法化学对痕量元素的μg/g级别，有的根本无法做出检测，尤其对元素周期表右上方，那些难激发的非金属元素，如C、N、O、F、Cl等，以及元素周期表中碱金属族，如H、Rb、Cs等也很难测定。而所谓的痕量分析是指样品所含的量极其微小，但又具有"指纹元素"的特殊性，一般把含量在0.01%～1%的称为微量元素，含量在0.001%的则称为痕量元素，这些在湿法化学的分析检测中，都是很难检测和实现的数据，而有些官窑中的这类元素，却又是鉴别和区分真假的重要"指纹元素"。

六、如何解读科学检测的数据

1. 怎样看待检测结果

经常听到某藏友说某某器物已通过了"科检",而且还出示了"科检"结果的证书,但可惜结论却一概是:相关成分"与××符合较好""仅供参考""与××微观痕迹相符"等一些外交式的语言,这些并不是"非黑即白"的定论,而是外交式的"灰色"语言,反映的是"三色思维"(中间灰)的非鉴定结论。况且这种是对主量和微量元素的机械式对比,而不是对痕量和"指纹元素"的分析考证,这些是连小学生都能做到的事,那还要专家和鉴定师干什么?所以这类的文物"检测单位",也不可能给出确切的鉴定结果或真假依据,这也反映了目前"科检"的实际情况。

特别提醒:对待任何的科检数据,都应视为一份普通的检测报告,就如同医院里影像片和化验单一样。而且对所检测出的数据和图谱,也不能只做简单的对比,而是要知道"为什么"和"如果是"的问题,就如同理化中"识图读谱"一样进行分析解读。而将这些"冰冷"的数据与图表,还原成活生生那个时代的"实物",则是具有专业知识的、鉴定专家们的工作,这需要"眼学+科学"的"眼科"鉴定,况且现代还有利用到代的墓砖和墓土来造假,那这种检测数据肯定会过关,而这时就需要解读专家的"火眼金睛"了!

目前检测机构都是各自为战也无行业规范和管理,实则是科鉴混乱期的"江湖时代"。科学检测的前置词是科学,这包括检测设备和人员两个方面,我们先不讨论其证书的含金量,首先看其检测机构的权威性和分析师的构成。目前非官方机构检测人员的组成各异,有的是由专业和专家团队所组成,而有的却是文科类和初级学历背景的人员,还有的是其他的非专业人士,这不免使人们对检测方法和程序,以及在其准确度上产生怀疑。

尤其对数据的采集和分析,如果是非专业人士或没有经过专业培训的,那么就只会机械式地检测和对照,而不会做任何具体的科学分析和注解,所以也只能给出模糊语言和不确定的结论。但这种做法却严重影响科学检测这个词的信誉度,这是打着科学检测的旗号,而没做真正科学的事!所以不论是拍卖行也好还是鉴宝专家也罢,他们都会对您出具的证书不屑一顾,或者说他们根本也看不懂数据,更不会给您分析数据并指出为什么。说实在的他们也只会看后面的文字结论,然后说:成分相符也没说就是呀!如果您的知识面不够,您根本就无法进行任何反驳,只能是听之任之稀里糊涂地"等死"。

很显然如果您是一名大医生,那么您对任何医院出具的核磁片和化验数据,都应该会识读和分析判断。但每个医生都会有不同的解读,这就要看医生的经验和医术水平了,这也是为什么患者都愿意到大医院看名医的缘故。所以

图1-2-25 汉代玉马 高15厘米

如何解读文物的各种科学检测数据与图谱,则是摆在文博专家面前的一个新课题,相信现在的鉴宝专家没有几个能认知和读懂这些数据的!

与时俱进的真正的文博专家和鉴赏家,善于借助科技测试的手段,来突破和解读其模糊不解的难题,这才是现代文博工作者的使命。新科技就像在医学的领域中,它不但没有因先进的科学检测,而使医生的名声和作用降低,反而能清晰解读和利用数据的医师,才会更加受到人们的尊重!所以我们根本就不应该排斥和怀疑任何科学检测的方法和数据,可能有的创新还在完善与发展中。

对目前的检测证书也要辩证地看,对元素分析法而言,因目前还没有标准的比对数据,现在都是参照《中国科学技术史·陶瓷卷》中的湿法检测的数据,而湿法检测不但与能量色散X荧光检测存在着系统误差,而且有的微量元素还无法做出检测。由于胎釉的常量数据一般出入不大,关键是要分析微量和痕量数据，所以现在通过的不一定就是真的，没通过的也不能被判死刑，待以后数据和科技完善后，就会有被认可或再被否决的终极结论。

如果自己确认手中的文物来源可靠，传统目鉴和圈内行家看过后又都没有任何的疑问，那么再结合本书的一些相关知识和数据，如果自己还能理解和读懂其科检数据的话，那您就大胆地收藏和传承下去。请您一定要相信：真的终究假不了，假的最终也不会成真，承认只是时间的问题！当科学鉴真还没成为主宰鉴赏的今天，那就暂且留给说了算的眼学一点科学悬念，我们当今搞不清的问题不等于未来还依然模糊。

2. 如何解读检测数据

对科学数据的解读也是一种再鉴定的过程，每个人知识水平和鉴赏力的高低，将决定其解读与结论的准确性。科学检测的数据是死数据，那么怎样将这些死数据，还原成当时的历史和工艺，这就需要掌握每个时代的特征，尤其是每个窑口的唯一性，以及这类瓷器DNA的"指纹元素"，这确实需要知识储备和传统眼学的经验。

现在不论是官方还是民间，对数据解读和分析都不尽如人意，如果是科学检测那就必须要做到认真和严谨，其检测步骤和方法也必须规范统一。尤其数据库中标本的来源必须可靠、准确、无误，且标本的数量也要达到统计学中的概率值，而且对不同检测方法的数据，只能是相互参考与借鉴。比如说：用什么溶液去擦拭检测点表面？文物标本要清水浸泡多少小时？检测面的选择或要求有什么要求等，即使是馆藏文物、传世文物、出土文物等，其测试面如果有一点点污染，或者清洗不干净的话，虽然对常量元素影响不大，但对检测其微量元素和痕量元素，就会出现很大的误差。

必须指出：即使规定标准的比对版本其所检测的数据，也不可能与标准数据分毫不差，即使是同一件器物在不同的部位检测，也存在着检测数据差异的

图1-2-26　汉代双联管　长28厘米

问题，所以一般采用测定五个点位来计算其平均值。检测数据应该是一个范围，对主量元素、微量元素、痕量元素，都应该做出不同等级的范围规定，避免结论出现"外交式"的模糊语言。每个时代都有其时代烙印，如苏麻离青、麻仓土、徽宗官窑、徽宗官汝、珐琅彩、姹紫等，这些都具有明显的时代特征，或某时代原料消失的DNA级元素，所以对瓷器唯一性的"指纹元素"，可以给出某种比值的绝对数据。

科学实践证明：在改朝换代的过渡阶段，或是清末民初以及越接近现代的瓷器，所检测出数据的误差值就越小，这是因为它的原料、工艺与技术，在传承衔接中没有断链，这就是为什么晚清和民国的瓷器，几乎可以乱真的原因。但如果时间的跨度越大，工艺和原料越特殊的话，其仿制也就越困难。如果瓷器的微量元素具有唯一性，或者具有自然老化痕迹等，仿造就更加不可能。

景德镇的任何所谓高仿家，抛开难仿的老化痕迹外，要想把微量和痕量元素的数据，仿到与真品相接近的程度，那绝对是一个高等级的科研项目，而且就目前的技术水平也难以实现。仅就原料配方和烧造工艺等因素，即使经过千百次的试验也未必能找准其原配方，也许这辈子都会以失败而告终，请相信：在科学检测的"孙悟空"面前，最终都会现出"白骨精"的原形。另外检验仿制配方的正确与否，还必须配备高科技的检测仪器。所以仿烧宋、元、明的官窑瓷器，以及仿清三代的珐琅彩和洋彩，那也只能达到"像"而不可能"是"的地步！

综上所述：利用荧光能谱仪（EDXRF）测试分析时，对微量和痕量元素的解读至关重要，而且对这种属于伴生的元素，它既不受人工配方的控制和主观意识的干扰，也不会对瓷器产生直接的影响，况且这种微量的伴生，造假者也根本无法去调控，这也是古陶瓷断源断代的重要依据。

第三章
文物流通的再平衡思考

一、收藏与拍卖

文明包含着实践技艺和物质记忆，文明也是从属于文化的天地，而集文明与文化为一体的那就非文物莫属，而且文物也是文化的一种内涵与外延，因此对历代文物的收藏，无论公与私其最终的结果都是一种对文化的传承与保护。如果把它放在历史的长河中，不论是哪位皇帝还是谁曾经的拥有，那都只不过是"时间之窗"，是故事中有名或无名氏而已，也许一不小心的千年以后，您的藏品就有可能成为传说中的传奇呢？谁知道呢？借用日本松冈美术馆创始人松冈清次郎的话说："再伟大的人，也总有一天会被人遗忘。唯有古代最高级的美术品才会永存，我的梦想就是：让后代欣赏和记住我所收集的藏品。"

图1-3-1　清雍正洋彩萝卜瓶 高23厘米

收藏即是对文化的累积，也是与文化一起在远行，纵观古今中外艺术品收藏的实践证明："最高级的美术品"与收藏者不仅能永载史册流芳百世，还能满足当时收藏者的精神文化需求，这更是成功者一种浓缩的财富，也是资产保值增值的不二选择。古今和国内外收藏都证明：古董这种无记名的投资，它既是隐形可移动的实物资产，又是留给"子子孙孙万年永宝"的最好礼物。然历史发展到如今，收藏已不再是文人雅士的专利，而是走进了寻常百姓家的大众喜好，但对现阶段热爱民藏的人们而言，关键的问题是如何去收藏，又怎样才能流通变现呢？

1. 文物收藏的法律问题

我们知道，文物具有价值和文化双重身份，所以从另一种角度看：每一件古物都承载着一段厚重的历史，因此文物不论是以何种身份存在，它都是用来证实悠久历史和社会文明的。而且如果没有沉淀历史的文物来证明，那历史就像是一具"没有灵魂的僵尸"。所以不论是国家还是个人，其文物收藏行为的本质都是在保护华夏的历史和文化，保护着中华五千年的文明。

可是收藏爱好者始终有一个疑虑：民间收藏的文物合法吗？从现实情况和法理上看，所谓的"合法收藏"本身就是一个伪命题，因为"合法"是指不为法律所禁止的一切行为，但民间收藏却是法律所允许的，收藏者也是无罪的，如果谁说这个是"盗墓文物"，那么按《民事诉讼法》第六十四条：当事人对自己提出的主张，有责任提供证据，不论谁只要拿出证据当事人就应该认罪。所以收藏牵扯到"合法"与"合法性"的问题，实质上在收藏的行为中，只有盗、偷、销赃才构成犯罪！因此所谓的"不合法收藏"一词，是不是在做"有罪推定"呢？

那么可以反过来问法律：在古玩自由市场的地摊上，由谁和怎样来认定和判断，哪件是盗墓与销赃的文物呢？哪个又是传世或偷抢的文物呢？况且除新中国成立后的国家考古发掘，以及清代及书画类的文物外，国内外大部分所谓的传世品，哪件又不是从地下墓中出土的呢？这些只是时代和时间不同而已。再请问：各地博物馆都是新中国成立后新建的，所以除官方考古发掘的文物外，其他的藏品又都是从哪里来的呢？而文物和古玩的区别在于：一个是官方称谓，一个则是民间称呼，那按此理说：收藏文物那叫犯法、犯罪？而收藏古玩就叫乐趣、情操？所以这只是出发点和认识不同而已。

郭沫若先生早年从地摊上买到无人能识的国宝虎符，仇焱之先生也是在地摊上买到被很多同行认为是"假货"的鸡缸杯……这类在地摊上拾宝的故事古今中外不胜枚举。而且从民间收购的还有：扬州博物馆元霁蓝釉白龙纹梅瓶、武汉博物馆元青花四爱图梅瓶、首都博物馆的宣德洒蓝釉碗、辽宁省博物馆的元青花罐……而汪庆正先生1986年从清凉寺村民的家里为上海博物馆收购到的汝窑盘，至今还被传为一段佳话，重点是：他还考察出清凉寺的汝窑遗址！所以您能说民间或地摊上没有国宝吗？您又怎么去"清晰界定"文物买卖和收藏的合法性呢？您能说这些名人和官员也都是在知法犯法吗？

然而现阶段文博界的有些人在民间收藏的大舞台上，却扮演着戴假面具的"两面人"角色，即一面在说与盗墓相关联；另一面又否定民藏的大量真品。这种认为收藏是在犯罪，而且又不敢承认真品的扭曲心态，使目前民藏的大量珍贵文物的结

图1-3-2　清雍正洋彩萝卜瓶瓶底

局不是胎死腹中就是流失海外。由于"没有买卖就没有杀害"的理论推演，加之文博界的主流观点中，其"元思维"就认定收藏文物的行为是导致全民疯狂盗墓的根源，那么按此逻辑的文物收藏就不具有合法性，甚至买卖文物（不是买卖盗墓文物）就是构成犯罪。假如按这种小市民的极端模式思考，并且也以此来推论的话，那么现在的8000万收藏大军，岂不都是在不自觉地犯法吗？而且不论政府主管还是制定政策的人，那就永远也跨越不出这条"红线"。

记得80年代沈阳发行的金杯股票，我的一位亲属本来是拿钱去买冰箱，但看到大街上有人站排在买股票，而且很多都是大学教授和机关干部时，出于好奇与之闲聊，之后竟然把买冰箱的钱换成了股票，结果是1元变成了11.7元，那您能说这种行为是违法的吗？同样是到了90年代，也是这些先知先觉的人，虽然没赶上许化迟用20万买9000幅名人字画，或者1元钱就能买黄宾虹画的时代，但也是抓住了或者是盲从地进入了这个领域，而这次他们是把投资股票的钱，换成了投资古玩，可您能说这些人是在犯法吗？

大约也是1989年的同时间段，发生了国内几家顶级文博机构在潘家园以抢救性、专项拨款的形式收购"北魏陶俑"的大事件。请注意：这是年仅19岁的高小飞学仿古还不足二年的杰作。重点是：同样都是在地摊上买古玩，只不过这次是由个人行为转换为国家行动。这种顶级专家打眼的典型案例，我们先放下真假不说，只是想问：国家是根据什么法律去收购的呢？所以如果真的是认定这样行为就是犯法，那么各大博物馆所募集和购买的民间藏品，岂不都是在偷偷地、背地里犯法吗？那这样的法律是不是应该修改了？

如果文物的收藏行为是催生盗墓的根本原因，那么各种二手市场的交易行为，岂不是催生盗窃犯罪的社会问题了吗？以此可以推理：如果取缔二手市场那就可以杜绝盗窃了？打击收藏文物的行为就能彻底消灭盗墓了？这就好比如果取缔刀具买卖，就能避免用刀杀人的悖论一样。举个可借鉴和思考的问题：同样是一把刀，在军人手中它就是杀敌的武器，在杀手的手里它就是犯罪工具，而在厨师的手中则是不可或缺的营生家伙，关键是在什么人手中做什么用。然而如何解决这种特殊历史时期事实存在的、收藏中的特别社会现象，则是考验和呼唤政府的大智慧和超勇气！

《中华人民共和国刑法》第三百二十八条对犯罪构成要件的司法解读是：收藏者一定要清楚知道，其准备购买和收藏的文物，是否跟失窃案和盗墓有关，是否有参与、出资、教唆其盗墓的言行，是否有掩饰、隐瞒其犯罪的行为，如果有上述的事实存在，那就是触犯法律构成共犯。如果收藏文物构成的是销赃罪，其法律认定的标准是：明知和不知的区别，试问：您真的知道所收藏的文物是盗墓的吗？由于文物鉴定的特殊性，因此在法律的实践中，证据链中涉及的数据和物证对比，那肯定会遇到很多矛盾和"尴尬"的境地，这也是当前法律所面对和需要破解的问题。

在文物流通的领域中,确实涉及犯罪认定和所有权的问题,但实质上与收藏本身无关。而对"来源不合法"和"来源不明"的举证,法律规定则都是举报方或官方的事,这与藏家所购买的藏品无关,尤其司法中文物鉴定的专业性,已然超出了法律的范畴。而现在市场上的造假文物,还都在极力鼓吹和粉饰成真正的"出土文物",甚至连专家也辨别不清其真假,那么对普通的收藏者来说,不论收藏的文物真与假,也不论出于投资还是保护的目的,岂不都是在花钱找罪受吗?那文物也就只有流出国门这一条出路了!

另外,中国国情与西方社会不同,两者确实存在着观念上的差异。西方人的传统讲究的是考据,这也是源于13世纪欧洲所建立的专利制度,所以几百年来在潜移默化的西方人眼中,就有凡事都要保持记录和著书立传的习惯。而旧中国的国情与民俗,加之工业不发达,更没有专利可言,因此长期形成的是"秘而不宣"的习俗,而且都是以一种低调的、传统的"秘籍"方式收藏,生怕露财而招来"血光之灾"。还由于旧中国宣传和出版业的落后,以及各种文物信息链的断裂,所以藏品大都属于"无源无据"的传说,因此对《中华人民共和国文物保护法》和拍卖行所规定的时间界限,对藏家来说也只能是无奈的叹息。

2."正态分布"的启迪

正态分布的概念对统计学、科学研究等诸多领域,都有着极其重要的影响力,笔者也将其引入收藏领域来分析一下。实际上它的数学模式是一个"钟形曲线",即左右对称、两头低中间高的形态,如果事物偏离这种常态曲线,就可视为事物处于不正常的状态。通俗地说:中国人像姚明的身高,以及1米左右的矮人,是处在曲线的两端,是占人口平均身高的极少数,而像抛物线高出的那段中间值,则是正常的平均身高占绝对的大多数,这才是正态分布的曲线。

艺术品市场也是如此,但它是金字塔式的人群等级和艺术品等级的两个"正态分布",如果能做到这两种"正态分布"的曲线重叠,那么您既是人群等级曲线的少数高端,又收藏到了艺术品中的高端精品,那您就是当代真正的收藏大家。但这样的大家那也只是极少数的精英,能做到"月下披云万株松,无限风光在顶峰"的人毕竟是少数,也许是走在曲高和寡路上的少数"独行侠",而大部分人都只是收藏爱好者。收藏是一个层次一种境界,就好比您站在了山顶上,您能看清和理解半山中与山底下人的心情,但他们却无法认知和体会顶峰上的感悟,这就是一层境界一层天,而在全世界富豪榜的前100位当中,算得上世界级资深大藏家的也仅占10%。

图1-3-3 清乾隆洋彩仙人戟耳瓶 高34.5厘米

由于古玩知识和藏品的特殊性，客观上就决定了收藏的梯度结构，就像不是所有医生都是医学专家一样。所以知名的大藏家毕竟是少数，真正的古玩行家也是极少数，大部分则是中产阶层的大众群体。"帝王品牌"的皇家御用品毕竟是少数，而且历代帝王中的"奢侈品牌"，如徽宗官汝、徽宗官窑、珐琅彩和洋彩等，则更是凤毛麟角，而真正懂的又有钱购买的"富豪"，更是百里挑一的佼佼者。贴某某年制"皇家商标"的王爷和文人雅士的用品，这种带"标签式"的官窑藏品，则是市场流通的主流，也是出类拔萃高端人士的最爱。

鉴于目前造假市场的蓬勃发展，造假者仿的又都是皇家宫廷用品，而文物鉴定又跟不上市场的节拍，所以文物市场流通的正态曲线已经偏离或已被扭曲。这时就需要政府和市场的双重手段来修正，这也是留给政府的一个大智慧思考，应该制定民间文物的鉴定和流通政策！

3."好不好"与"真不真"的区别

有一种文化现象是：面对同样的一幅画作，艺术家和画家看这幅画时，往往看重的是画得好不好，而古玩行和藏家看这幅画时，则判断的是真不真。仿品也可能画得相当的好，当然再好也不是原作，就像张大千仿石涛的画，尽管仿得惟妙惟肖但终究不是真迹，然而今天您能说张大千的仿品不好吗？

图1-3-4　清乾隆洋彩仙人戟耳瓶瓶底

收藏讲究的是机缘，靠的是眼力和知识的积累，而古玩行和地摊上的实践活动，则是您免费学习和提高的一个重要大课堂。如果收藏的起点是以投资为目的，但到了以文化本源为中转站时，其追溯研究和著书立论则成为收藏目标，那这样您就跨越了"穷人心态"急功近利的关口，您也许会向"灵魂高度"的收藏大家迈进，而这时您的收藏观也将开始蜕变，您就有资格去攀登艺术和历史的高峰。

读万卷书和行万里路没有哪个更好之说，理论和实践都很重要，但收藏如果不去研究的话，就如同能行万里路的外卖小哥，那您永远都行走在辛苦勤奋的路上，不会领悟和学习到经营管理的秘诀。所以不深入研究和学习实践，一切的机遇都将是浮云。不论是"庶民"的宝物，还是大名头的珍藏，其实科学解读与鉴赏都一样，我们都应抱着"一视同仁"的心态，不能将"敬仰"转化成"敬畏"，所以先让"好不好"与"真不真"暂时脱钩，再抛开"国宝论"与"价值论"的诅咒，而是以艺术第一的眼光去收藏和鉴赏。

但按当前这种浮躁的收藏观，就是遇上"真、精、新、绝"的皇家艺术品，您也未必敢鉴真或下手去购买，尤其对"新"和"绝"的文物更是如此。现在不论是鉴定家，还是鉴赏家，真正看懂内涵的没有几位，但敢开口评论的却比比皆是，而且谁都还梦想成为行内的专家和权威,其目的不外乎是想掌握点话语权,而话语权的弦外之音就意味着利益和利己。

如果专家的知识水平和经验有限,采用的又是愚蠢的价格思维模式,甚至有的还打着"某某大家"的学生门号,那么他们对待文物的真假判断,就会给出"外交语言"式的说辞,甚至毫无依据地祭出"赝品"的无责任"通鉴法"。那么当您遇到难得一见的珍贵艺术品时,或者按古玩行所说的"真赛假"时,真正考验的就是您自己的内功了!

那么如何对待自己收藏的文物呢?我想起大英博物馆的研究者中一位年轻的中国访问学者"拾人牙慧"的借喻,他对比两国专家鉴定文物的态度,且因身处体制内而不便说出前辈们的鉴定盲点,故而引用英国文物专家的一句经典:

① 第一要相信自己(自己最清楚它的一切);
② 第二要相信科学(科学是真实客观的);
③ 第三才是他人(真正的专家和行家)。

4. 底层逻辑与收藏语录

华夏文物不但是中华文明的活化石,也是古人社会活动与文化发展的见证,更是奉献给全人类最伟大的共享财富,因此不论以何种方式保留下来的珍宝,她注定成为永恒的历史。那么对文物收藏而言,进入收藏就是选择一种生活态度,而收藏不强化学习那也是一种"文化犯罪",无论怎样的学富五车或才高八斗,都只不过是沧海一粟,所以当您的收藏达到一定高度后,就会感到知识的贫乏与历史的浅薄,学无止境在这里恰如其分!

玩收藏最难的就是能否接触到精品,任何人和再好的书都代替不了实物,这是增强眼力和定力的必修课,而且没有捷径可走也不可逾越!因此收藏没有精品重器、不去研究、不学习,不把打眼的"负债"变成"资产",那就始终是逗留在"天天向上"的小学季。所以在收藏的博弈中,总会是几家欢喜几家愁,那种恨之入骨被蒙骗后的打眼,那种失之交臂捶胸顿足的懊悔,那种机缘捡漏夜不能寐的狂喜……收藏过程中的那种愉悦与成就感是常人所无法理解的生活乐趣。艺术品虽然说是最好的投资,但一定要用闲钱还要耗得住时间,甚至要做好"前人种树后人乘凉"的心理准备。因此当您一不留神踏上收藏这条不归路时,请您一定要三思:收藏是世上最奢侈的一种爱好,即便您是富甲天下的大企业家,这种"大富翁"式的游戏,也时常会使您感到囊中羞涩,请记住:在收藏面前的钱,那是永远都不够用的!

对收藏和投资艺术品而言,如果能收到"真、精、稀"的藏品,那无论何时都是资源性的稀缺品,而且价值一定会越来越高。但收藏家的高度不是以数量的多少来定夺，而是以器物等级和艺术水准的质来衡量。在资金和时间都有限的情况下，首先应该学会的就是"皇家审美"，应该将自己有限的资金，投入具有高度增长空间的艺术品上，去收藏那些无限增长的财富，这也是收藏中的"底层逻辑"。正如从1996年才开始步入收藏，但却在短短的二十多年内，一跃成为全球重要收藏家的临宇山人，其最值得借鉴的经验就是：只专注一种宋瓷，且求精不求普，求质不求量。

收藏中"美"和"漂亮"是两个不同的概念，美是有内涵的，而漂亮不代表美。就像工艺不能代表艺术一样，艺术是人为创造美的一种形式，但不是所有的美都能成为艺术，艺术品的本身是把历史与时间有机凝固起来的一件作品，只有这样才能成为永久。您无法想象距今7000多年的河姆渡文化中，其陶器残块上刻有长方形花盆，盆上还阴刻一株万年青状的五叶植物，这是世界上迄今为止发现最早的盆栽。所以说从古至今的人们都是在追求生活中的美，而收藏和赏玩器物的艺术美，那绝对是占第一位的！

尤其对"平民收藏"来说，这更是捂住钱袋子最保守的"底层逻辑"，搞艺术品收藏或是投资必须提倡"三高"，即经济价值、艺术价值、历史价值"三高"的藏品，但三者是完全不同的概念，如果能收藏到三者交叉点的藏品，那一定是镇馆级的宝物，如果只能是作为研究历史的普品和民俗，那就交给历史学家去收藏吧。

再次奉劝一些藏友和玩家，一要杜绝"赌徒"和"侥幸"的博彩心理，二要避开造假、售假和故意炒高的"市场陷阱"，而要根据自己的实际情况，以"投资理财"的视角与心态，去科学理性地选择收藏品，坚决摒弃那些"捡破烂"和"新加坡"式的收藏，即假的、破的、烂的和新的、普的藏品，笔者的收藏理念是：情愿成为宁缺毋滥的阳春白雪，也不做普品满屋的下里巴人。而藏家追求所谓的"捡漏"学问，那是懂与不懂的较量，是知识与悟性的比拼，是具有综合文化的一种感知，但如果收藏中失去"捡漏"的魅力，那也不会有前赴后继的收藏大军。实践和事实证明：不论是在什么样的年代，也不论身处何时何地，这种"捡漏"无处不在，也随时都有可能发生，只是在于您认知的档次和解读的多少而已！

有人还认为：古代文物都带有一点"阴气"，实践可以明确地告诉您：那是您真没收藏到皇宫与贵族的艺术品，因为皇家贵族们讲究的是"事死如事生"，所以历来皇家的陪葬品，大都是主人生前所用之物，依附着超强的帝王仙气和贵族气场，那么有谁不想沾一点皇家风水呢？当刘益谦以2.8亿元拍下"成化鸡缸杯"后，第一时间当众用这个鸡缸杯喝茶，并将其这种行为称是"想吸一口（皇帝）仙气"！如果您能收藏到这样的皇家艺术品，那是您收藏生涯中的荣幸之至！

考古发现：历来寻常百姓家的随葬品，确实也都是些普通的实用器或明器；而帝王将相的陪葬品，则是些祭祀礼器、陈设器以及生前喜爱之物。风水先生这样如是说：皇家古物是带有灵性的天地之物，它早晚会给您带来幸运之神；而且有的皇家器物也可看作是它的转世轮回，或者是需要有缘人的传承接续。仅以此点而言：您就大可放弃普品的收藏，自古以来就有雅俗之分，一般性的普品只能代表历史，却不能代表皇家的艺术。

综上所述：其实好的艺术品是不分新老和时代的，我们的收藏观应该好好学习和借鉴一下清末民初洋人那样"艺术第一"的收藏理念。而在国内收藏和鉴赏的人群中，学美术出身的行家里手，相对就具有先天的优越条件，如果再辅以"皇帝品味"和科技知识的话，相信您终将成为行业的佼佼者，也一定能收藏到皇家的艺术品。如果您能修炼到屈原那种"举世皆浊我独清，众人皆醉我独醒"的境地，那么静静躺在那里的国宝，就是在等候您的那一双慧眼！

记得2011年被"故宫大盗"所盗出的文物，"游动"期间却被行家们鉴定为赝品，导致偷盗者在气急败坏之下，随手将其扔进了垃圾箱，至今还有三件下落不明，这就是最典型"社会学+类比法"所衍生出来的鉴定悲剧。所以当您面对一件未知的文物时，或者超出现有认识以外的古董时，首先应该遵循的就是：艺术+科学，但这时如果脑袋突然一片空白，请您一定要牢记笔者的收藏语录：

① 第一是艺术；

② 第二是皇家艺术；

③ 第三是牢记以上二点！

二、对"传承有序"的无奈

1. 收藏与投资

早在二千多年前汉代的《礼记》中就记载："上好是物，下必有甚者矣"，这就是中国传统与文化的现象之一。所以不论在什么年代，或是什么样的艺术品，那都是以当时皇帝的喜好和审美为基准的艺术创作。可以肯定：不同时代的这类宫廷文物，都是精益求精的皇家艺术！您想如果嫔妃长得像"歪瓜裂枣"，那她能被哪位皇帝看中呢！

研究发现：一百多年前的洋人或古玩代理商，即现在所谓的"卢芹斋现象"，其收藏走的就是先艺术、后研究、再验证的路线。这些人当时在中国大量收购和倒卖文物时，根本就不管、也不问什么传承有序，他们看重的只是文物的艺术性，买下后再做启蒙性的研究和推广宣传。这就如同过去的老古玩行看货，也从来不问来路或流传经历一样，因为他们知道"英雄不问出处"，心中自有

图1-3-5 汉代玉觥 高9.7厘米

练就的"一杆秤","就物论物",看重的是艺术性与珍稀性。

但当今尚不懂文物鉴赏的投资商对于一百年前的著录,理所当然地认为非常重要。文博界普遍的从众心态,认为民国时的仿品没有现在这么猖狂和水平之高,且认为著录的东西就应该是真。对没有著录或无清晰传承的文物,如果具有艺术性和老化痕迹,即使没有"小传承"的精彩故事,那识货的藏家也能够读懂,而不是以现在浅薄的"不知",去否定真实文物的"大传承"。如果抛开任何附加的"条件",仅以文物定级的标准来考量,那就可以认为:只要是到代的艺术精品都是宝物,她只是暂时丢失了一段记忆,但却可以慢慢去寻找她的前世今生。

然而在仿品大泛滥的今天,由于权威评估和公信力的严重缺失,甚至社会鉴定体系的整体"沦陷",导致戴有社会学有色眼镜的人多了,注重科学性和艺术性的专家以及不听故事只看实物的行家却少了。因此,在鱼龙混杂中就要看真功夫了。"真、精、新、绝"这句行话谁都会说,但真正看懂的人却不多,所以专家才会对"老、普、残"情有独钟,这只是因为它不值钱、风险小而已。

当艺术品从最初的收藏,沦为当今的一种投资工具时,一些"炒资"和"投资"的弯道超车,使市场形成了"皆为利来都为利往"的纯资本的投资行为。而这时的艺术品就变成了另一种"股票",所以才会出现:古玉卖不过新

图1-3-6 汉代羊脂玉犀牛 高4.5厘米、长7厘米

玉，现代画家远超古代画家的怪现象。这也打破了几百年来"行家"与"藏家"的旧体系，使"投资"与"收藏"更加背道而驰。

笔者认为，投资商不需要太懂行，"暴发户"也无需有鉴赏知识，因为拍卖行能为您"掌眼"，而且拍场上的众多大藏家，也都在为你"借眼"，如果文物再有几次拍卖的记录，则又增加了其厚重的历史小传承。所以即使民间相类的藏品再便宜，投资商也不会去购买，他们看重拍卖行上的"传承有序"，只是因为它能容易炒作和变现。市场过度渲染和强调文物的"传承有序"，那是拍卖行最保险的判断方法，但它却不是科学鉴真的有效方式，只有科学检测的"有数有据"，才是最终解决这一问题的最佳方案。

2."传承有序"与名人效应

正如当今文化圈的一位名人所说：高级装饰中如果没有名画和名瓷，那就是一个现代建材的展示厅。所以收藏古代艺术品，不仅是一张高雅的身份名片，更是象征一个人的文化品位，正所谓：品位在于人，格调在于物。收藏是对古代美的一种共鸣和敬畏，是对历史文化的拾遗补阙和深度挖掘，但绝不是对古物占有式的"掠夺"，如果只是为炫耀一时的盲目收藏，而不去做研究和学术探讨的话，那也只是一个暂时货物的集散地而已。

真正的文物艺术品如果遇上真正的收藏家，应该是只注重其艺术本身，而忽略"传承有序"的现代概念。"传承有序"其实就是个伪命题，它本身没有时间概念，只是针对不同的起点而已，而大部分只是有一小段的"末端藏史"，所以不论是乾隆时的皇宫也好，还是大英博物馆的藏品也罢，其实都是从某个时间段的始点传承，回过头来看：发展到清末民初的收藏，根本就不去理会或与此无关而被漠视。而今现代版所强调的"传承有序"，原本是拍卖行最简单的营销措施，是"规避"《中华人民共和国文物保护法》的一种生存策略，也是迎合"懵懂"投资商的最保险操作，但却逐渐演变成了一种投资导向。

佳士得前总裁Sheef先生曾说过："因为对中国古陶瓷的真假判断，还没有一个量化指标，所以我们才看重一些传承有序的东西。有时候我们不讲故事不行，但没有故事也不行"。这就是国内外拍卖行的现状，而我们又不得不承认，国外虽然比国内拍卖行的社会因素好些，但像佳士得、苏富比这样的拍卖行门槛太高，就拿出六十年收藏证明这一条来说，可能就拒绝了国内绝大部分的送拍者。所以古玩艺术品有的时候，光有故事还不行，故事还要精彩，当初大维德所捐赠的文物，不也是被很多人否定过吗？最后还是通过众多的专家，在无任何环境干扰的条件下，进行了背靠背的鉴定，才最终让随口否定的"怀疑派"闭上了嘴。

国内和国外、当初和现在都一样，总有一些人始终只会摇头，就像曹操墓真假的口水战一样，所以有些人只会哗众取宠地否定，但却说不出所以然来。而没有科学根据和证据链的否定，是一种不负责任的逃避行为，所以摇头不算什么真本事，它是一种"潜本能"的生理反应，就连两岁小孩都会摇头晃脑。这种吃了"摇头丸"的现象，就如同现在的有些"专家"那样，社会上把这个叫敢出风头，也叫自我炒作。但这却不需要学习，也没有成本，您只要胆子大敢说就行，所以这种人将"无知无畏"表现得淋漓尽致。

"传承有序"还包含着一种"光环效应"，所以一旦附上了某"名人"的标签，那就会给人一种真实可靠的信誉度，而且人们在"心态"上也会变得相对宽容，所以现阶段所倡导的"传承有序"，其本质就是靠谱和诚信。而且从总体来看：但凡历史上的收藏名人，都是有着正确收藏理念和文化修养的绅士，也都具有研究型的专家学者风范。如果拥有者能发挥收藏与研究的双重效应，那么这样就能成为"物因人贵，人因物雅"的收藏名品，也只有这种传承才能体现出"名人效应"。

马未都先生亲历的"乾隆胭脂红开光珐琅彩"的故事，最初就是在1986年的上海友谊商店里摆卖，当时标价是3万元外汇券，此后又经历了三次所谓"传承有序"的洗白，于1997年在香港苏富比拍出了2147万港币。如果马未都不说出此事，有谁能知晓其收藏故事和它传承的起点呢？同样的剧情故事又一次上演，马未都先生还在安徽的文物商店看到一件宣德年的盘子，当时标价

图1-3-7 商代凤凰 高4.5厘米、长7.5厘米

图1-3-8 汉代不同玉质对比

400元外汇券，半年后即使他筹足外汇去购买，也还是没有买成，因为还要有护照的奇葩规定，就是说这只能卖给外国人。

另外，马未都先生永乐青花罐的情缘更能说明90年代的北京地下文物市场的流通状况。这件文物从农民到小贩再流通到香港拍卖行的"传承"过程，由最初农民要价4万元，到小贩转手时的12万元，再到香港苏富比秋拍200多万港币，只"传承"了才大半年的时间，而且于2005年又拍出3000多万港币。那么现在您能说它不是"流传有序"的吗？再回到1985年的琉璃厂，当时的开封市博物馆准备收藏虹光阁古玩商的古董，店内大都是明清两代的瓷器，两玻璃柜子上百件古玩，当时才要价2.2万元。但这笔钱开封市博物馆两年都没能批下来，而马未都当时也没有钱能买下，重点是：还是这些藏品，如果现在还留在民间和已由博物馆收藏，那藏品的命运就一定是冰火两重天了。

特别说明：笔者在诸多的收藏大家中，只引用马未都先生的经历，也只是因为他已成为当今的名人，因此其收藏的故事才具有说服力。而正因为现在马未都的名人效应，他才敢于实事求是地、公开说出以上的这些经历，而中国还有多少位"马未都"和没有说出来的各种故事呢？

3. 让民间沉睡的文物发声

如果藏家的开门器物，还能拿出清末民初流传的证明，那也无须专家鉴定什么了！但毕竟这是少之又少的事，而大都是"中断无据"的收藏国情。当今打着所谓"传承有序"的招牌，也是鉴定失信所催生出来的一种"保险品种"，是对投资人附加一份相对放心的"公证书"。但这与文物的艺术性无关，也与鉴定文物的真假不相干，只是"传承有序"的隐晦一面，是意味着"文物私生子"的一种潜台词，但私生子也是母亲的亲骨肉啊！无论如何也不能弃之不理呀！

说句真心话：就目前的流通市场而言，笔者也愿意购买流传有序的文物，但如果有一天您面对同类的藏品，前提是经国家层面权威机构鉴定为真品，而在古玩行只要价10万，但拍卖公司"流传有序"的相似拍品，却保守定价都要在100万，那么您会选择哪一种呢？反过来说：如果真的是这样"眼科"时代的到来，您的手里还有货吗？您还能捡到天漏吗？

随着科技的进步，古物鉴定必然会从"传承有序"，走向"科学有据"的新时代。汉代海昏侯刘贺墓中的精美文物，假如是在100年前清末民初时就被盗墓贼挖掘的话，如同今天被考古发掘一样，但其文物艺术性没有一丝一毫的改变，只不过是"盗墓"与"考古发掘"的区别，以及面世时间的早晚而已。所以同是一个墓葬或遗址，国家行为的就叫考古发掘，个人行为的就是犯罪盗墓，因为科学考古是为众人之学，而盗墓则是为一家之欲，一个是全信息保护性的发掘,一个则是不择手段破坏性的盗取,其目的不一样性质就不同,所以盗墓是对人类不可容忍的犯罪。但话说回来,只针对面世的文物而言,其器物本身没有变,也没有罪过,只是从墓中拿取人的行为不同。1979年国家在神木公开向当地群众宣传时,一没有戴高帽,二没有扣盗掘帽子,不声不响地回收募集了石峁玉器125件,假以时日必将成为陕西博物馆传承有序的文物,而且经过2012年的正规考古发掘后,也已验证了32年前的老百姓所得到这些玉器的神奇传说。

展望未来:也许百年以后,人们忽略了"传承有序"的概念,当华夏五千年"事实行为"的东风,压倒不到百年"换手行为"的西风时,迎来的将是以物论物的、纯艺术的鉴真时代,那么您流传给后代"真、精、绝"的藏品,将不再是盲人摸象和无标准的个人行为,最终也会像珠宝鉴定一样,成为大家都信任的科学鉴定。那时就像80多岁的老年人,其白发、老年斑、眼角抬头纹等体貌特征,还需要拿出身份证来证明自己是老年人吗?相信在那个时代的文物市场,也不会再产生出悬殊的价格差。

货币形式虽然从贝壳发展到了电子货币,但能全世界流通的还是黄金货币,这就是黄金的信誉,因此可以说:古代的文物就是一种艺术品,应该讲究的是纯粹的艺术,其精美绝伦的艺术性才是全流通中的黄金。而不断涌现出的当代"新品",可看作是继清代和民国之后,新中国的"后收藏时代"的起点,与之前什么人拥有和流传无关。所以不应该是同一件艺术品,名人拿出来就真、就贵,庶民拿出来就有疑问,就得低价卖给名人或"枪手",然后再

图1-3-9 春秋战国玉组佩

转手到拍卖行的怪现象。既然是古代的艺术品那就应该回归到:"在谁手里不重要,只要是真的就可流通"的环境体系。

但目前的市场状况正所谓:"我本将心向明月,奈何明月照沟渠",所以建立艺术品的信誉模式,对流通市场极为重要。随着艺术品金融和网络的健全与发展,全新的古玩艺术品的金融时代以及线上的交易模式,将会冲击现有的流通方式。而且科技进步和科学检测的发展,相信"科学有据"的文物5G时代,将离我们不会太遥远!我们见证与否无所谓,历史必将会证明:只要您收藏的是真品宝物,最终社会上任何的"艰难险阻"都无法阻挡民间文物的发声和认可!

三、拍卖行能征集您的藏品吗

凡是与艺术相关联的人和物,都需要具备一定的天赋和缘分,收藏鉴赏更不能例外。纵观古今中外的收藏界,也不是随随便便谁都能成为收藏的大家,也没有几个人能收藏到历代"帝王品味"的皇家艺术品。而且您如果还没进入到"灵魂高度"的收藏门槛,而始终是以投机的"穷人心态"在搞收藏,那您永远也成不了名垂千古的大藏家。

文物收藏的两个必备要件就是资金和眼力,缺一不可。资金是收藏的先决条件,而眼力则是知识和经验的储蓄,这也是收藏人群等级中的少数高端。但现在恰恰是没有眼力而有资金的人居多,这类人群最初都是将收藏作为一种投资,这是新一代的市场"暴发户"。可以说以什么样目的进入收藏领域都无可厚非,不可否认:他们之中最终有成为大藏家的可能,有的也许由"土豪"华丽转身变成"贵族"。所以在目前的拍卖场上,最后夺标较多的大都是外行,从而造成近现代艺术品的价格,远高于古代的怪现象。

现在世界上最公平、公正的公共场所,就是中国各地的古玩地摊。在这个没有阶级的古玩社会里,不论您是厅长还是教授都一视同仁,没有什么炫耀的光环和标签。在这里没有高低贵贱之分,只有受人尊崇的"眼力"好坏之别,每个星期这种地摊式的收藏魅力,还会使您津津乐

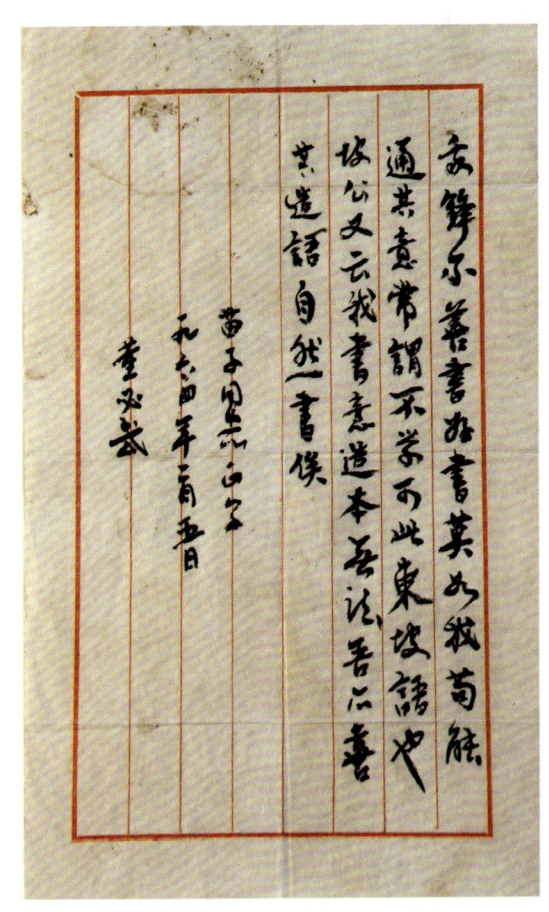

图1-3-10 董必武信札 31厘米×15.5厘米

道、乐此不疲。

收藏是入行容易入门难，所以跟对真才实学的人和圈很有必要，而且还必须要"多听、多问、少买"，而买货就是最后实践和认知的积累，您若不是花自己的血汗钱，您就不会痛心疾首、刻骨铭心。所以仅研究媒体和书本上的图片，那只是普通的初级入门，如果不上手和研究大量的真假实物，但绝不是博物馆里的隔窗相望，那您就很难成为古玩高手。

民国至今的故宫资深专家，像郭葆昌、孙瀛洲、耿宝昌等，哪个不是来自民间的古玩行？这也是由古玩的特殊性所决定的，与学历和职称无关，重点是：他们最终都能够著书立传，这就需要学识与学问。在文博界小学文化的可以成为专家，但在科技界即使博士学位，也不一定就能成为专家，所以说：辨别古玩真假与学历和地位无关，但与悟性与文化修养有关，与接触和研究高档真品的数量有关。

提高收藏和鉴赏的水平，没有弯道超车的捷径可走，跟对人和进对圈是关键，可是如果群体不对那也会"让狼爱上羊"，可惜的是狼会逐渐失去"狼性"。所以不论人也好、圈子也罢，传统眼学无疑是收藏的基础，而对巨量真品和精品的上手研究，则是提高鉴赏水平的唯一途径。就像认识一个人您看照片和听人介绍，能跟本人接触和交往一样吗？收藏却不去做研究，那么您的收藏之路就不会也不可能走得太远。

然而对文物的内涵与文化，以及微观和机理的研究等，这就与学识和学历密切相关了。所以无论谁步入收藏领域都无可厚非，但有的人在收藏圈混了几十年，也交了不少的学费，却毫无悟性和长进，还仍然走不出"小学生"的毕业季，甚至还死抱着自认的谬误不回头，那么这种人就不适合搞收藏了。因此要学会放弃和下车，那是为了更好地选择人生。

收藏最后比拼的就是悟性，不论是文博体制内的还是收藏界，悟物、悟人、悟规律是悟性的精髓。在收藏百态中：有的人收藏了大量的普品，还有的人购买了大量的"国宝"，甚至有的人因痴迷收藏，心中总是想着"捡漏"的故事，这就是悟性不佳所导致的心态问题了。殊不知"捡漏"是以眼力和知识储备为基础的，而打基础的地基需要的是"金砖"！如果收藏不是量力而行，而是严重影响到家庭和日常生活，则是一种非正常、畸形的、痛苦的收藏，那么您又何必非要搞收藏呢？

所以应该醒悟：高端收藏不适合于工薪阶层，一夜暴富那都是美丽的传说，在此也真心地奉劝您："古玩"不是"今玩"，也不是谁都可以"玩"的行当，所谓"捡漏"也需要大量的前期投入！如果没有资金和眼力，收藏这种高级"大富翁游戏"，真的不适合于您，而且即便您收藏到高端的藏品，现阶段您要想变现也很难！

图1-3-11 汉代熊纹出廓璧 长27厘米×宽18.5厘米

　　善意提醒：千万别指望知名的大拍卖行，能接收和拍卖您的藏品！那可都是拍卖圈内的高级游戏。而拍卖公司一箭双雕的征集广告，其实大都是给买家和官方看的，是不言自明的表示拍品来自"民间征集"，所以别看拍卖行在表面上每天都在接待藏家的送拍品，但能收下的却是寥寥无几，说句难听的话都是在"演戏"，那些不到代、假的自不必说，即使是开门的真品那也是不会收的。可能藏友们会问：既然不收或变相的"拒绝"收，那还每天都要接待送拍者干什么呢？其实原因就在于国家文物局的明文规定："拍卖公司每年必须公开两次拍卖，并且要公开征集"，那么"公开征集"中有您的送拍品吗？

　　另外再告知：任何知名的大拍卖行，在拍前是不收取您任何费用的！如果某拍卖行在拍前，以各种理由变相收取您任何费用，或者指定您到某鉴定机构，或者某专家那去做收费鉴定，这应该是专为一夜暴富的人，而量身定做的"拍卖公司"，那您就要千万小心这类的伪拍卖，以及让人看不懂的伪成交了，一定要慎重避免这种"飞蛾扑火"式的上当受骗！在此也劝告您，千万不要去押宝和指望拍卖行，就目前鉴定和流通的环节来说，如果没有"造血功能"或"以商养藏"做支撑的收藏，那一定是"非死即残"的痛苦挣扎。

图1-3-12　洪武釉里红花石纹盘

拍卖行既不是鉴定机构，也不是给文物做诊断的"眼科"医生，它是提供人际人脉和有序有据的交易平台，主要是在做人的工作，对艺术品鉴定只是"次要"的服务之一。因此拍卖行看重的是证据与可信度，当然藏品真是大前提，这也仅是拍卖行的取舍之一，虽然拍卖行是以买卖的交易为主，但任何拍卖行迫切需要的都是买家，在这里"买卖"平台的次序是：没有"买"就不会有"卖"。因此国内外诚信的大拍卖行，都是将信誉和责任放在首位，所以"晕轮效应"在征集和拍卖中会大行其道。

而且知名的各大拍卖行哪家都不会去拍卖普品，因为在同样的宝贵时间里，他们追求的是利润最大化，要拍卖的是潜在更高价值的艺术品。但即使您送去的是开门的真、精、稀的古董，拍卖行也需要证据、故事、人脉等社会元素。请记住：世界上凡是有利益和金钱的行为，就一定存在着魔术师手上拿的那块"黑幕"，至于各拍卖行的行事规则也只能是自己去体验了。

特别提醒：国家对高古文物的拍卖政策，更是有严格的时间（1949年）界限，所以"流传有序"也是时间上的证据链。而口口相告的那叫无字传说，只有交易记录、书籍刊物、文献资料、公认证书的那才叫证据。如果没有这些

图1-3-13 洪武釉里红花石纹盘 直径39.4厘米

图1-3-14 汉代天禄兽一对 高8.2厘米、长11厘米

证据链那拍卖行等待的就不是您了,所以送拍的人大多会失望而归;

藏家的经历还告知读者:各类电视媒体等鉴宝活动的证书,以及任何专家开具的个人署名的真品证书,还有目前各种检测机构的鉴定证书,这些都是不被拍卖行认可的第三方"证据",而且其上的任何鉴定结论,也都是不会被采纳的"证言",因为拍卖行遵循的是自己的"游戏规则"!

四、实事求是和相信科学的全流通

1. "爱与占有"不能等同

经常有媒体报道说:内地某富豪在国外花重金拍下了某件中国文物,并冠以爱国主义的情怀大肆宣传。但至今却没见过内地哪位富豪买下后,马上就捐给博物馆的国宝重器,反而看到的是中国香港、中国澳门和内地的著名企业家,才有这种爱国主义的捐赠行为,这才是名垂青史精忠报国的爱国行为。但这种戴高帽煽情式的鼓动宣传,无形之中助推了海外的国际拍场上中国人之间、中国人和外国托之间产生爱国式的"愤青"竞争,然而这种"厮杀"与"比拼",却制造出不理智的"天价情绪"文物。甚至国外一些知名的博物馆,也纷纷拿出淘汰的普通藏品送拍,导致文物价格远远背离其价值规律,重点是:国内的各种资金流向了国外,所以这种标题党式的"爱"不值得倡导。

当投机资本大量进入文物市场时,那文物就必然成为投资中的一种股票,而股票对投资者来说就要炒作。甚至还有所谓的鉴宝专家,不问青红皂白地严重误导:"不怕买贵,就怕买不对"的疯狂宣传,这纯粹是投机资本的代言人,这种罔顾艺术性与历史的引导,是将一种文化引向一个投资产业的恐怖行为,这必然会招致历史和后人的唾骂。而且对尚不成熟的文物市场而言,易导致有钱豪横的"非专业"举牌出价,这不但催生出泡沫与虚假繁荣,也完全背离了市场流通的正常轨迹。

虽然文物的"真、精、稀、绝"确实应该贵,但也不能超出市场的规律,从而形成看不懂的、妖怪式的扭曲价格。日本企业20世纪80年代掀起购买"印象派"的泡沫行为,就是对这种违背市场规律的最好回答,使日本人在苏富比和佳士得拍场上,狂购了138亿美元的世界名画,可现在这些大多已成为日本银行中的不良资产,以至一些作品别说增值,就是以超低价再回流到欧美市场,也依然无人问津,这就是专家所谓的买对,但却是买贵的结局!

更可笑的是在鉴宝现场上,经过鉴定的真品您就是打折卖给这些鉴宝专家,即使白菜价他们也根本不会买,但他们却会乱给您估价。与此相反,美国有个20多年的叫Antiques Roadshow的鉴宝栏目,同样也是文物类的鉴宝,但当藏品被专家评估100万~150万美元后,鉴宝团队表示可以用100万美元收

图1-3-15　唐代龙纹铜镜 直径25.7厘米

购时,鉴宝人当场同意出卖,而且还真的拿到100万美元的税后现金!这才是负责任的鉴宝机构与鉴定专家!

另外,现在国内外的拍卖场上,有的文物还是近些年盗墓走私的文物,是经过精心包装或赋予美丽的传说后,堂而皇之粉墨登场的"传世品"。举个公开报道的例子:1994年英国警方接到举报有人走私中国文物,并迅速发动代号为"水蚀行动"的突袭,分别在英国两个港口截获7卡车约6000件文物。这种由于国内政策的原因以及流通信息的不对称导致的两地规则和悬殊的价差比,使文物和财富必然流向海外。曾经有不少海外朋友告诫我:不要写论文、出书和展示所收藏的珍贵文物,否则今后就别想或再也无法炒作了,这也是笔者在本书《绪论》中,所说的经过长期思想斗争的原因之一。

清末和民国时期,不管是当时政府无能也好,还是法制法规不健全也罢,中国文物市场是一个公开的流通市场以及开放了海禁的市场,这一点历史不能否认。以1909—1935年天津港海关的官方统计为例,仅出口到日本的中国古董估值就达140万两,而实际上按日本广田松繁《税吏·刘的故事》中记载,那也是占出口额的1/3,实际估值应该在500万两以上,而且书中还较详细地描述了其如何行贿海关人员而避税的细节。即使这样,在1909—1919年这十年期间,出口到日本的古董占比高达70%～90%,以后才逐渐被美国赶超。

所以新中国成立前,不论是日本还是欧美国家,在古董流出国门的事实

图1-3-16　战国三凤纹镜 直径15.5厘米

图1-3-17　唐代双鸾衔绶纹镜 直径22.5厘米

中，有很大一部分纯粹是一种市场行为，是购买于国内"藏家的藏品"，英国作者（简称W）在《关于伯明翰艺术馆维奇收藏品说明》载："藏品是许多年前从中国购得，大量的物品是来自重要的本土收藏，最精美的物件来自著名的胡雪岩收藏，他是杭州著名的红顶商人，拥有大量陶瓷宝贝。"当然在国外的藏品中也有八国联军和日本侵略者，以及国际上的文物贩子非法抢夺和唆使偷盗的那部分文物。由于亲身实地体验的原因，笔者至今仍然认为：日本是中国高端古美术的重要货源地，且日本古玩界普遍不重视清代文物，而对唐宋文化与艺术青睐有加。

新中国成立前的大量文物流失虽然已是过去式，但由于历史和法律等诸多原因，追索也是相当的复杂且难度极大，这需要时间与法律上的双重考验。不可否认，流出去的这些文物，大都享有良好的"待遇"，那么留给当今人们思考的是：我们还能为这些文物做些什么？所以对待国外的中国文物，我们不要以狭隘的思维来看待，而应以宽容和豁达的心态，以民族和战略的大格局来考量，这样就会使中国文物更加发扬光大。

中国文物不论以哪种渠道留在了国外，也不论在哪个博物馆里，它的标签和出产地一定都是写上"中国"二字，您也可以把它看作是最先走遍世界的、无声的"形象大使"。每年秋季，日本奈良国立博物馆都要举办中国唐代文物的"正仓院展"，其宣传册开篇第一句话就是："我们的文化来自中国！"而大英博物馆在中国馆的简介牌上，以及耳机中解说员的第一句话也是："中国人

图1-3-18　日本某古玩店汉玉龙马 32.6厘米×16.7厘米×0.8厘米

创造了世界上最博大和悠久的文明。"难道这时您身为中国人不感到骄傲和自豪吗？您想全世界有多少人能来到中国？又有谁能把中国博物馆的所有藏品全看遍？有位记者写过：记得在阿尔伯特博物馆的中国展厅中，有位金发小孩看着中国文物贪婪地问她母亲："妈妈，我们可以去中国吗？我是说去旅行？"

因此也可以说：不仅要让外国人从书本上认识和了解五千年的中华文明史，如果能面对面地识读中国文化，这种潜移默化的文化濡染岂不是更好吗！从这个角度出发，那么流落到国外的中国文物，无疑是起到了宣传中华文明和保护文物的潜在作用，如大维德的汝窑研究、霍布逊和波普的元青花断代、Max Lorhr的商代青铜器纹饰标准等。其实文物在哪里和谁拥有不重要，而使文物的史料价值毁损和消失，这才是历史上的大罪人！

另据统计：纽约大都会博物馆所有的藏品中，中国古董有17353件，而日本古董有21742件，法国古董更是达到42296件。因为存在文化背景和历史原因，我们抛开质量单纯从数量上看：一个历史很短的日本，其"流失"出去的古董比我们还要多，而法国则是我们的近三倍，我们不禁要问：这些国家怎么也不管好自己的文物呢？

时间和事实都告诉我们：各国遗存的古代艺术品都是人类的共同财富，理应也是人类的共享文物。历史上其实不论是什么人，也不论谁拥有什么样的文物，宋徽宗也好、乾隆也罢，他们都只是某一时期的临时保管员，或者是星火传递中的一个"驿站"，最终的归宿都只能是各大博物馆。所以在英国率先倡导"把私藏变为共享"的理念后，才使英国人拥有了比歌剧院更亲民，比课本更立体的共享的"立体百科全书"，以及国家和大众"文化会客厅"的博物馆。

诚然人的生命是有限的，而古董的生命却是无限的，所以不论是谁和谁拥

图1-3-19　日本某古玩店洪武笔盒　长32厘米、高6.5厘米

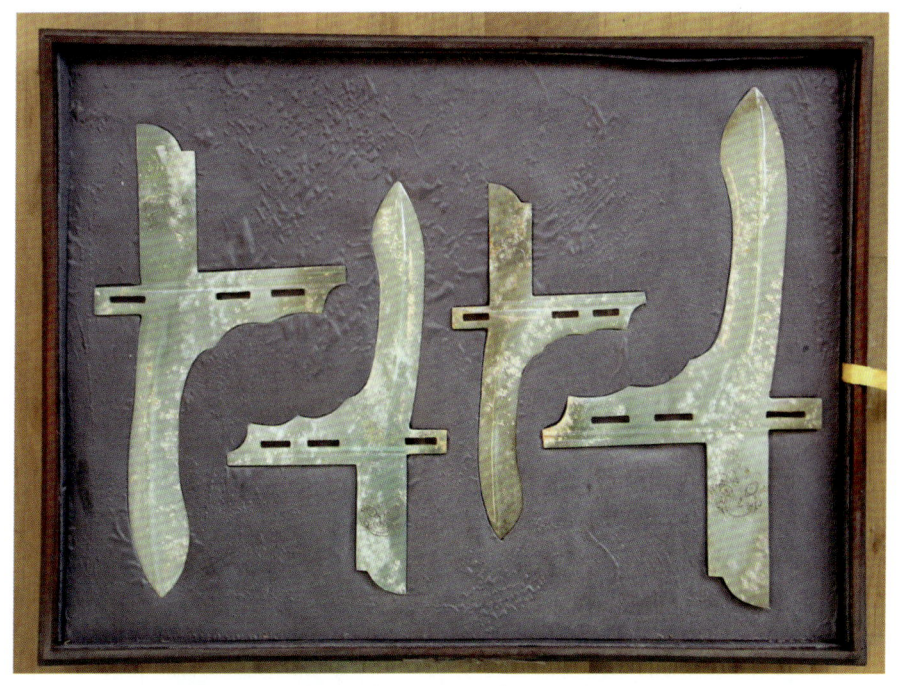

图1-3-20　オリエンタル馆战国72字铭文玉戈 最长28厘米

有，对其藏品进行研究的价值都要远远大于所拥有的价值。只要全世界建立起相互交流和研究的机制，文物就能得到很好的保护和充分的利用，那么文物在哪就并不那么重要了，就像"爱与占有"不能等同一样。因此对一般收藏者来说：欣赏重于拥有，研究重于收藏，成就高于一切。

2."存在即为合理"的考量

当面对"黄金十年"的文物收藏海啸时，藏家自然或不自然地迎来前所未有的大收藏年代，而过后却给我们留下了太多的思考。不得不承认，民间的善意投资与收藏，确实在有意和无意之中起到了保护文物的作用，那么怎样对待和正视这段收藏的国情呢？使政府和主流机构比较尴尬的是，对此应该是给予点赞呢？还是应该受到惩罚呢？但无论如何，疯狂的"黄金十年"使我们见到了连乾隆也看不到的文物，这是大量珍贵文物井喷式出现的时代，也是文物造假最疯狂的年代。这种真与假、珍与仿的高度共存时代，任何意想不到的事都有可能发生，因此相应还发明了将逛古玩地摊的行为，称之为"淘宝"的首创词，而且被阿里巴巴借用命名"淘宝网"。

因此可以说：在疯狂收藏的"大跃进"年代，在"两宫三馆"等官方机构中，现在有或没有的文物不证明民间就不存在。一些文博界的历史迷雾，如果在我们这一代不解决，或者留存一点信息痕迹的话，那么留给以后再去研究，就会更加曲折和艰难。因为随着时间的流逝，一些不便公开的文物信息和蛛丝

图1-3-21 战国铭文玉戈族徽与腐蚀痕

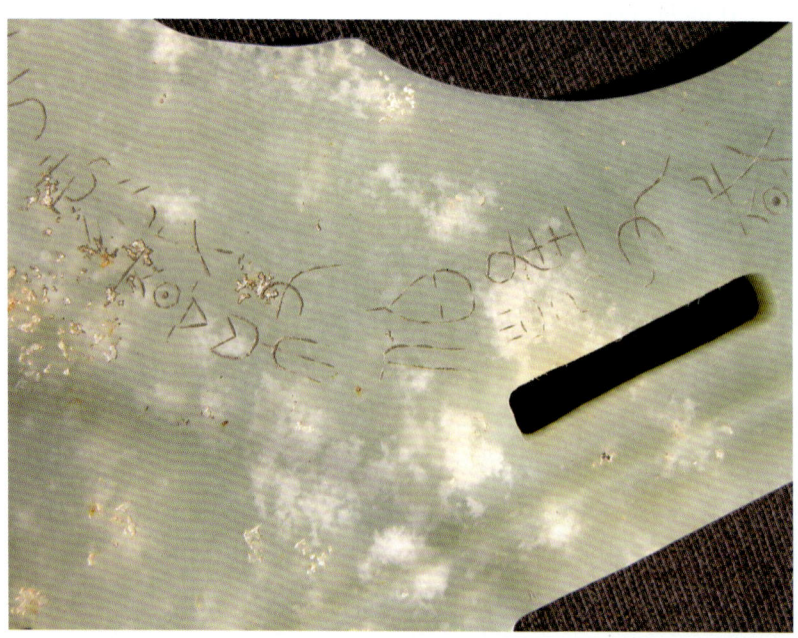

图1-3-22 战国玉戈总计72字铭文与老化痕迹

马迹,会因不被重视或体制束缚,而"被失语"至渐渐淹没,就连传说也会销声匿迹。就像流传几百年的张献忠"江中沉金"传说,而只相信正史的专家们,从不承认民间传说的那样,好在民间一直相信祖辈所言,锲而不舍地在寻找发掘,也是具有讽刺意味的是:引导这次国家发掘的不是专家而是民间。

黑格尔说过:"凡是存在都是合理的",但在中国有的就可能不是最好的存在方式,或者是令人担忧的畸形存在,但它确实是真实的存在着。实话实说:笔者1983年在日本学习生活时,当时既没有投资的价值观,也不懂什么真与假的鉴赏,纯粹是因日本政府给我的研究员级的学习经费,回国后为不上缴而全部花掉而已。而选择古玩也只是相对的钱很贵,又很少占空间才成为花钱的首选,也因此鬼使神差地"误入"了日本收藏圈,当时仅以艺术性和感觉好看为主,但却阴差阳错地挽救回了大批的国宝级文物,也从此与古玩结下了不解之缘。现在回想起80年代初的日本,跟国内90年代的收藏状态一样,既没有专业的古玩市场,也没有拍卖行,而是一个"物美价廉"的、"物求人买"的传奇年代,真正是处于"黎明前的黑夜"中,而那种千载难逢的收藏机缘,今生今世也不会再有了!

图1-3-4至图1-3-17等一批物品,都是笔者90年代在日本的两家古董店购得,其中日本文物鉴赏《目的眼》书中的广告中展示的大量宝物都已被笔者购买回国。另外还在日本的鑑古堂、古憇、东洋古美术、松生庵文库、兰山龙泉堂等诸多的古董商和藏家手中,陆续购买了大量的中国古代艺术品。20世纪80年代的日本,不论是古董店还是从藏家,手中不但真、精、稀的古董很

图1-3-23　春秋早期玉璜 宽3.9厘米、长12.5厘米

多，而且价格也非常的实在，尤其是从老藏家后代的手里购买。在日本的古董店，不论您购买的价值多少，都会自觉地给您开具税票。

特别提示：21世纪初在日本东京的"中国古美术太田"店，笔者对此店有过从购买到把它"拉黑"的经历，因为购买后经反复研究发现，其后期的过半藏品均为"赝品"。因为当时此店主要面对的是日本市场，所以店主认为"原产地"的东西日本人易接受。而现在的日本古玩市场，可能这类古玩店还会更多些，所以读者如在这类店购买时，请务必格外的小心谨慎。现在的日本也有古玩地摊式的大集，同日本的古董店铺一样，也都不可避免地存在真假问题。

纵观现在国内民间文物的获得方式，不排除有超出文物法的范畴，因为国家规定禁止买卖文物。但私下买卖却难以杜绝，其背后隐藏的问题以及产生的历史根源，应该是一个深层次和收藏国情的问题，所以我们首先应该正视现实，然后再通过政策和法律加以规范。文物既然是财富那就要流通，变现交易是艺术品发展的前提，而流通的前提就要先鉴定真假，然后才能谈各种流通，所以鉴定文物的真假，是一个谁都绕不开的永恒话题。

重要文物的科学鉴定应该是一种国家行为，中国也确实需要构建一个具有公信力的科学鉴定平台，并且还要有相应的健全法规。而鉴定文物之人非常重要，就如同法院里的法官一样，需要知法、懂法才能执法，法律是对事件，法规则是对法官。所以鉴定文物真假的"文物法官"，如果没有法律和法规的约束，那么这种鉴定就会出现大量的冤假错案，也会造成流通市场的信用危机。

但不论是一级流通还是二级市场，文物的价格要让流通的市场来调节。而我国的收藏特色是文物来源和流传不算清晰，所以应制定出"一物两论"的特

图1-3-24　北宋钧窑盖托　高6.8厘米

殊政策，使其流通。既然阻止不了它的地下流通，那为什么不能出台相关政策，搬到地上来畅快流通呢？当前的文物鉴定和流通市场，已使先期投资的收藏者从"穷人心态"转向了"怨妇心理"，其实这也是现阶段市场和政府无奈的选择。但时间和国力都会加快文物流通的脚步，我们可拭目以待：哪届政府的主管部门或领导，有超勇气和大智慧敢吃这只螃蟹呢？

3．文物流通的再平衡思考

自古以来，有利益的地方就存在着尔虞我诈，收藏领域也不例外。因此，文物的真假问题是流通中的核心问题，不论什么样的平台，也不论以何种方式交易，关键是要让买家放心地购买，这也是文物流通的大前提。而国家的文物拍卖政策，则是文物流通的必要条件，但现实版则是"藏家捧着金饭碗在讨饭"。我们再思考一下：为什么民国时期的私人银行可以抵押艺术品呢？为什么国外有成熟的艺术品评估体系呢？为什么中国的艺术品，只要有国外的鉴定证书和拍卖纪录，就能成为流通中的信用卡呢？

"穷人的思维"喜欢博倍数，"富人的视野"看重的则是金额，所以富人对博彩没有兴趣。因此分析一下：纵观中国房地产的投资，它也只是有一定年限的使用权，而文物艺术品则是具有无限时效的私人物权，因此如果一件艺术品价值很高，而且市价又很低的话，那么大资金的介入就成为必然。可是目前的文物流通渠道，也只有二级市场在"发烧"，所以才导致文物流通出现了"肠梗阻"，以及艺术品价值与价格的严重背离。由于当今讯息的大爆炸，各类"鉴宝"节目以及媒体的推波助澜，"天价"文物已成为茶余饭后的社会话题，加之一夜暴富与发财梦的碰撞，使文物市场出现了扭曲的流通。

"流水不腐，户枢不蠹"经典名言告诉我们：文物只有在全流通的机制下，才能发展成为健康的、成熟的艺术品市场。而实事求是与相信科学则是文物全流通的前提。在国外，文物艺术品的流通很简单，一是以有偿捐赠的方式让政府收购；二是以拍卖形式让有钱人收藏。国内大家王世襄所收藏的系列家具，能有偿捐赠给上海博物馆，就是文物按照国际惯例的最好诠释，也是体现上海"敢为天下先"的智慧与勇气。而文物大流通后有多少文物是真？有多少是珍稀文物？关键是又有谁能出钱购买呢？买了它又会干什么呢？这些答案只有商品经济的规律会告诉我们，因为市场是一只无形的手，相信这些问题市场都会很好地调节。

但流通后受冲击最大的则是现有拍卖的价格体系，尤其受冲击的是国际市场，可以预测：文物流通市场放开后，在相当长的时间内不会再产生出天价的文物，近现代艺术品也会随之回调。但不用担心先期以投资心态买入艺术品的人，因为他们大部分是外国人和淘到第100桶金的人。若干年后市场流通趋于

图1-3-25　北宋钧窑刻六字碗 高7.1厘米、口径18.5厘米

图1-3-26　北宋钧窑碗刻"六"字

图1-3-27　北宋钧窑刻十字碗 高5厘米、直径12.8厘米

平衡时，其价格体系才能趋于一致，这时的新老藏家和投资者，会重新站在同一起跑线上。

艺术品具有稀缺性、增值性、流动性的金融属性，而且文物的每次大流通和市场繁荣，都是一次资源配置和财富重组的过程，通常一个平衡体系被打破，另一个新平衡体系就会诞生。如果藏品是在价格体系的最高端购入，那他们就会暂时观望止步，但一些大财团、大企业家、大专院校、新晋大鳄、高净值人群等，会新鲜介入而建立自己的博物馆，这才是全流通后的最好结局。回顾当年国人都担心加入WTO后，中国市场将会受到很大的冲击，而时过境迁的现在还会这样的认为吗？当今国体下文物流通的这根红线，目前还没有人敢站出来担当，也没有人敢冒险去触碰。但是只有坚持实事求是的精神，才能正视现实早晚会用智慧加以解决，我们不能说"流传无序"的文物就不是文物，更不能将超出法规的文物再合法化地走私外流。

4. 结语

随着中国经济的持续高增长，国人的财富积累会呈爆发式增加，预计未来的10年、20年中国财富必将迎来第三次大洗牌，收藏也将进入"企业家时

图1-3-28　北宋钧窑碗刻"十"字

代",而"以藏养藏"的小商旧习,将逐渐变成"以商养藏"的新贵。在文化经济领域国外已走过的路,就是我们即将或将要去走的路,而在西方国家的财富整合中,艺术品作为资产配置的形式,被资本领袖称为安全资产。统计表明,在发达国家中有80%的富豪和企业家会将30%的资产配置为艺术品。

市场经济也告诉我们:哪里存在问题哪里就有机会。对资本投资而言,文物艺术品的早春也许就是淘金者最后的一座金山,建立市场化的艺术品金融体系,不但能有效盘活民间收藏的文化遗产,也是顺应时代发展的市场需要。但不论是艺术金融化也好,还是用互联网思维也罢,其文物市场的核心就是要建立信用体系,而文物流通的前提:必须要有国家层面上的科学鉴定机构,要有公认和法律认可的权威鉴定。

特别强调:本书的开篇就用三大章节以及超量的文字做铺垫,其目的就是让读者对文物的鉴赏和认识,树立一种实事求是和相信科学的精神,要培养一种"艺术+科学"的现代收藏观。随着法规和鉴定体系的完善,新思维和交易方式的转变,相信民间收藏必将迎来第一个明媚的春天!

第二篇
中华灿烂文化的传承驿站
——先秦文物

第一章
甲骨文是人类文明的共享记忆

中国的历史存续五千年以上，这不仅仅是一个简单的数字，而是中华文明和中国智慧与生命力的传承。与西方国家所创造的历史相比，他们所创造的帝国总是有开端但却不能延续，而中国却是在绵延不断的历史进程不断发展。因此，中国已不再是"国家"意义上的概念，而是一个华夏文明体系的传承与延续，借用美国亨廷顿《文明的冲突》中，一句具有历史穿透力的评说："中国是一个伪装成国家的文明"。而且在史记和所有古文献中，我们确实也只有"中兴"和"复兴"的常用词。但要想了解中华文明的恢宏历史，那么文物就是文明的最好表述，笔者结合历史与收藏的亮点，就先从甲骨文的研究开始吧！

一、甲骨文，一个来自"乌龟的声音"

人类文明最显著的标志就是创造了语言和文字。人类最初是用简单的发声进行语言沟通，而发展到高级阶段就采用简笔画来记录和交流。世界上不论什么民族，也不管地域相隔多远，人类最初发明的各种文字，都是从简单易懂的简笔画的象形文字开始。在埃及，发现若干个世纪以前人类写在莎草纸上的文档，使人们仿佛感觉到了法老的呼唤。在近东发掘出泥板上的楔形文书，人们似乎听到了远古苏美尔人的呐喊。同样在中国也发现商代的甲骨文，使人们聆听了能左右商王的"乌龟的声音"。但值得中国人骄傲的是：唯独甲骨文才具有生命力，这种甲骨文的汉字文化迄今仍然在使用和传承，也许人们千万年后会遗忘曾经的帝王将相，但只有汉字时刻都离不开，也永远不会被忘却！

中国人从"贾湖刻符"、昌乐骨刻到甲骨文，从扁壶毛笔朱书到双墩古陶文，从铜器金文到竹简文，再到纸绢、刻板印刷的进步，远古的中国人利用各种材质记录着生活中的轨迹。而商代所遗存的甲骨文（图2-1-1、图2-1-2），只不过是宗教活动中一种记事载体，因为不但在青铜器上有铸字，在甲骨上还发现有朱书、墨书的痕迹，这种铸字、刻字、写字的文化迹象表明，商代一定还存在着其他材质的文书，只不过还没有被发现或者没能保存下来而已。从竹片、刻刀、毛笔直到现代的显示屏和键盘，人类记录和刻画社会生活的行为从

图2-1-1 龟甲板甲骨文

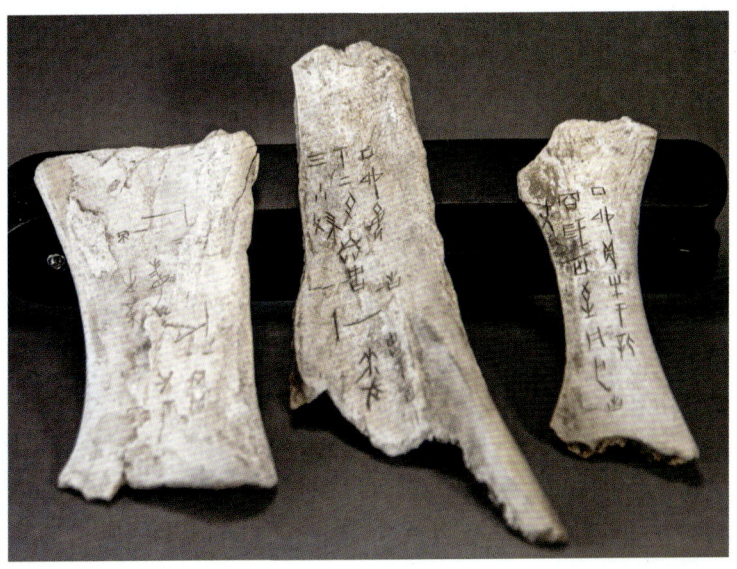

图2-1-2 甲骨文碎片

没改变，而甲骨文字只是文字的发展到某个阶段的一种表现形式而已，要不然《黄帝内经》怎么会流传下来呢？

《礼记》载："龟为前列，先知也。"商代视龟为通灵神物，占卜师通过卜龟的仪式，以特有的方式和法器来烧灼龟甲，观测龟背上裂纹的走向，聆听被烧裂的"龟壳的声音"判定上天和已故祖先所传达的讯息，用以预测战争和大自然将要发生的事情，从而给出建议和谋略。所以商代人顺理成章地将文字刻在龟甲骨上进行占卜，形成了具有时代特色的甲骨文。

不论哪种文字载体保存至今都极为不易，尤其甲骨，因为有机质环境对其影响极大。所以凡是发现甲骨文的地方，一定是干燥和非酸性土壤的环境，如果发生潮湿和渗水现象，以及与青铜器类共存的墓葬，甲骨必然会被腐蚀变为泥土。即使对已发掘出的商代甲骨，如果存放在潮湿的环境中，那也必然很快就会变成膏泥（泥化），这也是笔者有过"甲骨化为泥"的真实经历。理论上：甲骨文不可能只有在安阳被发现，既然是占卜和文书与告示，那凡是商代大墓都有存在的可能！只是因墓葬环境的不同有的已腐蚀全无而已。科学考古已经证明：甲骨文不仅存在于商代，西周墓也曾发掘出甲骨文，而且甲骨文不仅在商代安阳发现，在商代统治区域的墓葬也都有发现。

如果埋藏环境中的微生物多，骨胶原纤维很快就会被分解为简单的有机物，最终会被完全分解成水和二氧化碳。例如：同在妇好墓中，在二台阶上的尸骨保存得就非常完好，而墓底下妇好的尸骨或者甲骨文，由于水渗入和与青铜器共存，使得墓葬的淤泥呈酸性，所以发掘时尸骨已荡然无存，也包括可能存在的甲骨文。如果土壤沉积速度快，并且沉积环境又比较干燥，理论上叫"陆相沉积"，那么压力就很快会增加，温度也会升高，那有机物的存数就相对减少。

这种情况可形成：有机体被二氧化硅胶体置换成为化石；植物体可形成煤炭；动物等生物体在浅水沉积环境成为石油。这些都说明：几千年前的甲骨是不可能被仿造的，真假也很容易辨别。如果想在几千年的甲骨上重新刻字，而且这种随时都有可能被"泥化"的有机质，您可以想象：那是在糟粉的骨表面上刻画，更是难上加难！何况商代的文字和"语感语法"，以造假者的学问乃望尘莫及！如果加上社会公认的碳14科学检测，甲骨文的鉴别要相对容易些。

当甲骨文即将成为"绝学"的今天，2016年由全国哲学社会科学规划办公室提出，并向全世界发出悬赏："破译一个甲骨文字，奖励十万元"的奖励计划，这最起码是从国家层面释放出的拯救和推动甲骨文研究的一个重要信号，而且是从单一的国体专业领域向全世界甲骨文爱好者发出的"皇榜"。但要想破译甲骨文就不能以现代版的教授和博士的思维，而应以新石器人们的智商，来思考怎么来造字和表达事物。

但时至今日对甲骨文的释读评审，至少笔者仍认为评审专家还停留在旧思维中，您可以试想一下：既然这么多的权威专家和学者，至今还都没能破译和释读出的未释字，而且即使以前有些被破译的字，也还没能得到公认和释读，那么他们拿什么标准来评审呢？所以如果专家还在秉承这种固有的方式方法，这不但限制他们本身不能去破译，而且还将延长甲骨文"复活"的时间表。

在余下的章节包含此次投稿五篇论证报告的公示，皆在打破"近亲繁殖"培养体系中的传统思维，而以工科人的学术思维和方法论抛砖引玉，虽然此次所释读出的若干个甲骨文字，没能得到现在评审专家的认可，但笔者以出书公开发表的方式，期待和敬候甲骨文爱好者的研究与验证。为尊重和保护其研究成果，以及得到"后甲骨学界"的公认，2017年、2018年所撰写的五篇论证报告，在投稿的同时已申请国家版权以示公正。

二、对释义和无解甲骨文的新思考

现在媒体和专家学者都在说：甲骨文现已成为绝学，研究甲骨文的人也是凤毛麟角，甚至为了更好地出成绩而转行。而现在大部分的甲骨文既不能释义也不能释读，况且如果释义的不是原本义，那识读就有可能造成"篡改历史"的新编故事。笔者因为收藏了甲骨文，所以才开始研究和识读与释义，但出发点首先考虑的就是简笔画，以及归纳与"合并同类项"。而且在破译甲骨文的思维逻辑上，要先于秦始皇统一前的六国汉字，因此笔者尝试用象形和偏旁进行逻辑推演，使之相似的和微变的字"形"，尽量做到趋同化和统一。

1．甲骨文就是古人的简笔画

甲骨文现在的问题是：能解字的却不能说文，或者是识读的词语义义不通。更不能理解的是有的整句，即使都能解出其每个字但却不能识读，这说明其中某个解字肯定是释义不对的错字。而现在有的释义和识读，却是含糊其词地牵强附会、生搬硬套、前后矛盾，甚至都无法自圆其说。这种状况按工科的科研观点，说明套用的公式或者工艺路线一定是发生了错误，所以按理必须回到原点或者另辟蹊径。

而要想回到甲骨文的释义原点，首先就要分析古人为什么要造字，以及用什么样的思维来创造字，而且还要使当时智商的臣民都能看得懂的字？请注意：因为远古人的一切行为方式，都是围绕适者生存的，所以最起码我们的思维活动，应该穿越回到那个时代的人们生活中，只有这样才能体验到古人创造汉字的初衷。而且我们的大脑还必须要"装傻"，甚至先退化到远古人的"原逻辑思维"上，也可以这么说：一要"去现代化"的思维；二要打破旧学说的桎梏。

纵观历史上的商代甲骨文（图2-1-3～图2-1-5），它是中国文字的一种传承和延续，但它绝不是发明文字的起点。1984年，山西襄汾陶寺遗址发掘出扁壶毛笔朱书，这是类似于甲骨文的一种神秘文字，而且是比甲骨文早八百年的成熟文字系统。考古发掘也在各个时期，发现了古陶文字、夏朝文字等，但都要比甲骨文早，而这些早期的文字，其实就是文字发展过程中的不同阶段。

甲骨文的释义首先要参考《甲骨文字典》和拓片等资料，因为里面有用手书写的甲骨原文，其次要对照《说文解字》中的释义，如果在《说文解字》中没有的字，那暂时就要先放弃释义。因为汉字的创造和发明，是随着社会的进步而不断发展的，根据时间的叠加原理，《说文解字》一定是包含商代的甲骨文字，但甲骨文字未必包含汉代发明的新字。

《说文解字》不一定能准确释读甲骨文的字义，就像当今使用的汉字词汇，已远远超出清代民国时期的语言一样。但释义甲骨文的字词却一定要参照《说文解字》，我们不能说这本书全都不正确，但也不能作为文字的圣经。释义甲骨文还要上对照古陶文，下联系金文、篆文以及参照《尔雅》等早期文献，最好是结合简牍、帛书上的同一字，来做一个纵向和横向的衍变对比，因为甲骨文的传承和演变，绝不会无中生有得太离谱，即使是利用"语义模式"的大数据时代，那也必须建立在甲骨文正确释义的基础上。

我们无法考证编写《说文解字》的基础文献是什么，也不能排除许慎根本就没有见过甲骨文，但可以肯定的是：汉

图2-1-3　龟甲板甲骨文

图2-1-4　肩胛板甲骨文

代时的文史资料一定比我们现在看到的多得多，而且社会生活也是最接近先秦文化的，打个比喻，司马迁绝不会凭空撰写出《史记》。中国人还有个传统就是把新生事物尽量"汉化"，而日本人的思维则不同，是把新生词或者外来语全部"西化"，就是外来语用片假名的拼音化，比如："电视机"三个字在日本字典中都在单独使用，但日本人却直接引用英语发音即"テレビ"，而中国人却发明创造新词汇"电视机"。可想而知：从发明汉字到今天有多少字被创造出来，又有多少字被取代而逐渐淘汰了呢？

2.《六书》与汉字

《周礼》载："国子以道，乃教之六艺：一曰五礼，二曰六乐、三曰五射，四曰五御、五曰六书，六曰九教"，这里提到的"六书"就是教孩子怎么识字，反过来说就是古人怎么造字。从东汉开始直到现在，历代都对"六书"及顺序争论不休，如果将汉字的发展一分为二来分析，"六书"而是认识汉字的一个里程碑，而汉字的造字初期就是以象形的简笔画为主，会意和指事为辅的简单思想。而商代的甲骨文时期，还是在初级和中级的造字阶段，文字依然处于启蒙和发展期，所以应该是以"前三书"为主。

图2-1-5　肩胛板甲骨文

汉字发展到秦汉时代，已逐渐形成了完善成熟的体系，这时造字主要是以象声、转注、假借为主，进而衍生出许多新汉字。在汉书班固《艺文志》中有这样的评价：西汉学者刘歆对"六书"中前两项进行了调换，把"指事"放在了次位；而东汉的学者许慎则进一步将"六书"解释为指事、象形、形声、会意、转注和假借等，是将其分为六种造字的方法；与许慎同时代的另一东汉大学者郑众，同样也把六书中的"指事"放在第三位，而把"会意"排在了第二位。

重点是：历来的假借造字都很难理解，因为它是遵循"图形→想象→联想→归纳"的思路，也是从形象思维到抽象思维逐步递进的过程。因此发展到南宋学者郑樵，他在《通略志·六书略》中说："六书无传，惟籍《说文》。然许氏惟得象形、谐声二书以成书，牵于会意，复为假借所扰。故所得者亦不能守焉"，这段意思是说：六书是由《说文解字》才得以流传，因此不一定靠得住，而《说文》才是汉字的解字本源。

3. 破译甲骨文不能理想化

在中国的传统文化中，当代人总是把古老的历史赋予理想化来想象和描述，但笔者认为，对待历史或者破译甲骨文，头脑一定要退化到原始社会，而且还要大量阅读或接触商代以前的考古资料，要充分了解远古人的社会和生活。其实原始人所发明的汉字，只是记录和传递信息的一种符号，是用简单易懂的图形和象形来表达，造字初衷可看成对物象和意象的通俗写照，或者是当时的"摄影照片"转变成的简笔画，也可认为汉字就像佛经的"经变"一样，而它则是"画"转为"字"的"画变"，也许"画变"的某字反映的就是某一大事记，因此从某种意义上说甲骨文的字，反映的就是当时社会的生活资料，所以甲骨文暂不能考虑通假通义的现象，因为通假一定是出现在两个不同的历史时间段。

古人造字应该是一字一意、一字多意，每个字都可以单独成立，用以表达一个意思、一件事物、一种行为，也可以是多字的叠加构成一个复杂的组合字，以此来表达整个事件或者行为，甚至还可以用古人的思维，推演出甲骨文至今还没有发现的字，比如常用的"地"字，旧说中将 ◯、⊥（土）或 ⧣（位）视为"地"，但这却无论如何也解释不通，因为"土"只是从"地"和"阜"（丘）上所取的东西，"位"则更是风马牛不相及。但春秋战国却有"地"字，如 圠、⿰ 等接近汉代"地"的字形，其造字本意形容"地"是以"土"（◯、⊥）作为外表服装"衣"（⿰）的事物，就是说地平线上的石山和湖泊等都不是"地"，从这点意义上说：地，土也！那么反推甲骨文就去寻找吧。在语言发音和思维进化不发达的原古人，绝不可能是多字一意。而简单的形象图形，是对人、对物、对事、对所要表达的思想，所传达出的简笔画文字，是心领神会而又无须再解释的一种符号。

值得注意的是：甲骨文中最简单笔画的汉字，流传至今都没有发生根本的变化，比如：一、二、三、王、口、日、田、占等。甲骨文字中的相似图形，如果发生微小的变动，其意义可能就会发生重大的变化。比如：三字就有四种释义，如果三的横都是两边对齐的，说明物体不分大小和轻重是等同物，释义的是数量词"三"。如果三字的三个横的中间变短，释义的就是位置词为中间、空中等。

记得三十多年以前，有一位去国外领奖的中国年轻画家，他一点外语都不会，但他愣是用简笔画来询问和交流，从而顺利完成了这次的愉快旅行。这说明：外国人也都能解读"画"想要说什么的问题，因为简笔画无需用发音来表达，它也是远古人乃至国内外人们沟通的另一种语言表达形式，语言是现代人意识的物质外壳，而"画变"则是古人思想的现实表达，因此，了解远古人的生活方式与社会实践，通过《说文解字》中对字的解读，掌握对象形文字的进化和推演过程，再对比简牍和帛书上的字，这才是破译甲骨文的关键所在。

三、从甲骨文 ⍦ 所引发的次序和伦理

笔者2016年在网上看到杨子教授发表《现阶段考释一个甲骨文字有多难》的文章，并在文中举例说 ⍦ 字仍然是个未释字。出于科研工作者的好奇和兴趣，结合前阶段对甲骨文的研究，以业外人士和工科人的视觉和方法，尝试释义 ⍦ 及其他相关联的字，进而开启破译甲骨文之旅。

1. 甲骨文"口"的衍变

甲骨文 ⍦（一期合76）字，是由 ⍦ 和 ⋃ 与 ⋏ 三部分组合。先分析一下 ⋃（口）在组合中的衍变，甲骨文 ⋃ 在向现代字转化过程中，可能会发生四种变化：⋃（朝上的口）、∧（朝下的口）、⊟（曰）、⊖（日）四种。大概率统计表明："口"衍变成 ⋃ 和 ∧ 是主流，占绝大多数，而"口"又是代表一种含义，所以"口"既不能被忽略，也不能被简化掉，下面重点讨论"口"的朝向问题。

甲骨文 ⌘（一期前7.36.1）的合字，是口字最典型的朝向形式。⌘ 是 ∧（朝下的口）和 ⋃（朝上的口）的组合，表示两个不相同的口形上下相对，这是指不平等、级别不相同的两个人的对话。甲骨文还有 ⊟（四期鄴3.42.4）类似的吕字，应该释义为"合"字，但很少得到应用，这是两个上下相同又相对的口，是指平等、级别相同的两个人在对话。

甲骨文 ⋃ 的朝向基本规律是：∧（朝下的口）一般指颁布、发令、指示等，都是上级对下级的发号施令，以及有关饮食类的口也都是 ∧（朝下的口）形。而 ⋃（朝上的口）是指汇报、听从、承命、奉旨等，都是下级对上级的唯命是从。金文 ⌘ 和篆文 ⌘ 也都承续了甲骨文的字形，所以合字自从发明到现在，其字、形、义都没有改变。《说文》曰：合，合口也;《周礼》曰：得耦为合，其造字本义：面对面说话、接吻亲嘴等。⌘ 字传承到商代也从侧面反映了商以前其母系社会人际关系的不平等现象，再比如：甲骨文 ⍱（乙3121）的令字，也是 ∧（朝下的口）和 ⋏（人）的组合，表示上级在指示下级，寓意发出口令。综上所述：⋃ 和 ∧ 形，是口进化到现代字的两种结果，⋃ 是常见熟悉的口，但 ∧ 也是口，但它代表的是朝下行为的口。

2. 甲骨文 ⿺ 和 ⿻ 的衍变

甲骨文组合中的 ⿺（水）字不论怎么变化，也没有跳出原始 ⿺ 的象形，⿺ 不论以何种变体出现，其水的本身含义不变。同样水字也是具有单一含义，释义中也不能被忽略和简化掉。那么剩下的就是 ⿻（册）字，它的衍变和进化就复杂了。⿻ 的简笔画是用 ⌒ 穿系着长短不一的管形或片形物，也可以整体移动。初文本义不是指"册文"意义上的册，而是一种穿起长短不一的各种物体的代名词。发展到甲骨文后期以及金文时代，⿻ 的字、形、义才基本定性，就是专指古代可移动的文件，逐渐衍变成在竹片和木片上，书写的"简""札"或"牍"，而将若干的"简"或"札"编缀在一起就叫"册"。

竹简或者木牍发展到汉代，已实行国家的统一规制，法律文书为长3尺，圣人诸子等典籍是2.4尺，而官方文书为"尺牍"，皇帝的诏书则是"尺一"。而到目前最早竹简出土的上限则是在战国的楚墓中，而且战国墓葬中也出土有玉册（民藏但不影响结论）。战国早期的玉册也是两边长、中间短齐的形式，最后都是整体一边齐的形式，因此战国早期的册与甲骨文长短不一的象形相符，遗憾的是：商代至今还没有册的考古发现，或许册就是"骨"板，只是还没认知到而已。

值得思考的是：甲骨文的 ⿻（册）字，可以用东西"糸"穿，可以用"刀"刮削修改，还可以用"火"烤，而且还有滴水（血）状，也可以用"水"冲，还可以用单、双"手"举着等。这些组合字都在说明一点，就是跟"册"的加工、制作、用途，以及对原始"册"转借的其他事有关。

3. 甲骨文 ⿻ 的进化

⿻ 的甲骨文可以组合成很多字，比如"编"字：甲骨文 ⿻𢆶（粹496）是 ⿻（册）和 𢆶（系）的组合，造字本义：制作册和典。相对应的还有"删"字，甲骨文 ⿻刀（乙6298）的删字，是 ⿻ 和 刀（刀）的组合，表示是用 刀（刀）来刻写册文或改文，而不是旧说释读的要割断册文的 𢆶（系），⿻刀 的造字本义：刻字和刊文，《说文》曰："删，剟也。剟，刊也。"

河南信阳长台关1号楚墓曾出土一件文具匣，匣内除毛笔外还装有铜锯、铜凿、铜刀，这些铜器工具都针对的是简牍，其铜刀就是刮削错字的工具，相当于现代的橡皮擦，说明 ⿻刀 字发展到汉代毛笔时，其功能衍变为删除的修改之意。文具匣内的工具以及甲骨文 ⿻ 和 ⿻刀 字，卜辞中又有"作册"一词（乙4629反），另《尚书》载："惟殷先人，有典有册，殷革夏命"，毫无疑问这些都佐证商代确实存在"册"，推测除灼烧之外的龟甲板和大骨板，应该称为骨册。

分析 ⿻ 的进化变形问题，比如俞字：甲骨文 ⿱（一期存1.477）是 ⼈（朝下的口）和 ⊞（册）的组合，表示用 A（朝下的口）在宣读、传达 ⊞ 文中的内容。造字本义：宣告册文、制定条例。而 ⊞（册）和 ⅩⅩ（双手）的组合就是 ⅏（前7.6）典字，造字本义：表示双手捧持尊贵的册文，金文时代有的变成 ⅏（召伯簋），将 ⅩⅩ（双手）衍变成祭祀台的 兀 形，造字本义：放在祭祀台上的册文。《尔雅》曰："典，经也"，这样在 ⅏（典）字组合中的 ⊞（册），最终衍变成 曲（类曲形），即 ⊞ 下边是平齐状。

再分析 龠（续5.22.2）龠字，是 A（朝下的口）和 ⊞（多孔笛）的组合。这时的 A（朝下的口）不是在发布命令而是在朝下吹气。《说文》曰："龠，乐之竹管，三孔，以和众声也"。⊞ 的上口形状也说明，其竖立的是串联、并排的管状体。把 ⊞ 的 ⅏ 去掉就是 ⊞（册）字，⊞ 的篆文字形为 ⊞，同样 ⊞ 的上边进化成平齐的 ⊞ 形。

再看 嗣字（存上1793）是 子（子）和 大（大）与 ⊞（册）的组合体，嗣的本义：继承。有的甲骨文 嗣（明芷515）和金文的 嗣（戌嗣鼎）与 嗣（盂鼎）的嗣字，都多加个"口"字，而且从 ㅂ 字的位置看，是上、中、下都有，但都释义是嗣字，嗣（嗣）进化到隶书时，⊞ 的上边也是平齐的 ⊞ 形。

综上所述：⊞ 目前研究有三种进化结果，一种是本义 ⊞，一种是在组合中，上边取齐的 ⊞ 形，另一种也是在组合中，下边取齐的 曲 形，总之是一边要切削齐。

4. 甲骨文 龠 和 㘴 的异同

根据前边对 ㅂ 的分析，龠 的甲骨文字是 ⊞ 和 A（朝下的口）的组合，释义为"龠"字，龠 的本义：是上级传达 ⊞ 的内容。而在甲骨文中大量存在的却是 㘴 字（一期乙5247），也是由 ⊞ 和 ㅂ（朝上的口）的组合，但也是在说 ⊞ 中的这件事，㘴 的本义：是下级汇报 ⊞ 的内容，㘴 本文释义：龠字。

龠 和 㘴 的本义具有相同点，都是在说册文中的这件事，但 龠 和 㘴 的细微区别是上级和下级的关系，以及"口"所处的位置，⊞ 字和上、下"口"的组合，就是表示呈报和授命其 ⊞ 的具体事件。所以"口"在上或在下的位置，是说"册文"这件事的两种不同行为，反映的是上下级的关系，但 龠 和 㘴 的本身含义没有变。

那么甲骨文中有没有偏旁上下互换的相同案例呢？其实甲骨文也是汉字的初创期，尚处在发展和整合的过程中，各种相同和相似的偏旁字，在组合中上下、左右位置的互换，是非常普遍和常见的事，例子也很多，比如：甲骨文 ⅏（甲3613）字，它是两只手 ⅏ 和 ⅏ 的组合，在甲骨文中这两只手上下、左右变化无常，但"受"字的本义没有变。

值得深思的是：在甲骨文中大量使用的是 㘴 字，而极少使用 龠 字，但在金文中却恰恰相反，几乎全部使用 🈚 字，而甲骨文的 🈚 字基本消失。这只能说明金文 🈚 字，不但承续了甲骨文 🈚 的字形，而且还替代了 🈚 字。金文时代也是西周的礼乐时代，尊重和平等之风践行，而且 🈚 和 🈚 的本义又相同，所以统一使用 🈚（侖）字成为必然，这也是下边口的 🈚 字消失的原因之一。所以凡是与 🈚 组合的字，都是与上下级、辈分、次序、层级之间有关，而且大都是不能逆转的自然规律，旧说中将 🈚 释义为 🈚 字，释读时很难被人理解，如果按 🈚 字来释读那就很容易。

举例1：乙酉卜宾贞史人于河沈三羊 🈚（侖不释🈚）三牛三夕（夕不能释月，参照本章八的专论）（粹36）。

释读1：乙酉日占卜的仪式结果：让史官分三晚将三只羊和三头牛，按照向河中先沉入羊，然后再沉入牛的顺序祭水神。

举例2：丙戌卜贞丁亥饮益豕 🈚（侖不释🈚）牢丁巳（乙4810）。

释读2：丙戌这天占卜后，将多出的猪留到丁亥用，如丁亥祭祀后还有剩余，就圈养留到丁巳。

综上所述：🈚 和 🈚 字的本义相同，都是指 🈚 这件事，只是层级和地位上的区别，是相同事件的不同表达形式，而 🈚 最终替代 🈚 成为必然，"侖"字释义：次序、伦理、条理。

5. 甲骨文 🈚 字的组合

甲骨文 🈚（一期乙3628）是 🈚 和 🈚 的组合，旧说中没能释义，根据对"典"字的衍变推论，🈚 字笔者释义为：沺字。沺字在古代是指方国名，比如春秋时鲁国的地名沺池。既然已有 🈚 和 🈚 的组合，那么有没有 🈚 和 🈚 或 🈚 的组合呢？在甲骨文中没有发现"沦"字，只有 🈚 字存在，但在金文中却有 🈚（伯驷父盘）的字，非常清晰是 🈚（水）和 🈚（侖）的组合，这也符合 🈚 替代 🈚 的推论。沦的造字本义：水掀起的层层微波，"沦"字其中蕴含了 🈚 字的本义，即层级递进的关系。

《尔雅》曰："河水清且澜漪，大波为澜，小波为沦，直波为径"；《说文》曰："沦，一曰没也"；这说明沦是因河流不平静而起的波浪，其本义就蕴藏着危险，🈚（沦）字释义：沉沦、淹没、沦丧、沦陷等。甲骨卜辞也验证：凡是有 🈚 字的句子，都是殷人不愿看到、也不想发生的事件。根据以上对 🈚 和 🈚 的推论，可以说甲骨文的 🈚 字，就是金文中的 🈚 字。

举例：辛卯卜𣪊贞气乎饮河不 🈚（沦）正（一期合76）。

释读：辛卯这天占卜船运的结论：因天象影响河流的风浪，要想船载最多的货物，又不能被河水淹没，应选择岁首的丑月。

《集韵》曰："正，岁之首月，殷以建丑月为正。""饮河"，指船体的吃水量,"觳",本次的觳专指船体,而这次占卜觳的事,是指船体运输时的最大载重量,《尔雅》曰:"觳(殼),尽也。"

我们再把 ⿰(水)换成 ⿰(人)来分析,即现代语的倫字,验证 ⿰ 的本义有没有改变呢?篆文中 倫 字是 ⿰(人)和 侖(侖)的组合,这种水和侖的组合即 淪 字,可以形成水的涟漪,那么换成"人"呢? ⿰ 在与人结合后,这个 倫 字又代表什么呢?《说文》曰:"倫,輩也",《逸周书》曰:"悌乃知序,序乃倫",所以倫字的本义:表示世俗中的秩序。如果说"淪"代表的是水的秩序,那么"倫"就是代表人的秩序,倫字引申是指:人群等级、倫理、道理等,这也充分验证了 ⿰ 的本义。

通过以上的论证,笔者总结出 ⿱ 和 ⿱ 的组合规律,分析 ⿰ 字进化的三种结果,也充分验证 ⿰ 各组合字中的本义,同时推理出 ⿰ 与 ⿰ 的异同性,以及 ⿰ 被 ⿰ 最终取代的原因。从而推论:甲骨文的 ⿰ 字就是金文的 淪 字,现代语对应的淪字。

6. 关于 ⿰、⿰、⿰ 字的释义

《文体明辨》在"册"类下,细分为:祝册、玉册、立册、封册、哀册、赠册、谥册、赠谥册、祭册、赐册、免册十一目,这也是后世对古代诸多诰命的总结,那么商代都存在什么形式的册呢?在释义"典"字时遇到 ⿰ 的各种异构体,推论这些都应该是商代各种册书的雏形,那么哪些字才符合商代的册书呢?以下就以 ⿰(册)为中心对 ⿰、⿰、⿰ 字,以及 ⿰、⿰ 字进行释义和释读。

(1)甲骨文 ⿰ 字的释义。

⿰ 是由 ⿰(舟)、⿰(手)、⿰(册)的组合,⿰(手)分左右但含义一样,重点分析 ⿰(舟)形能进化成什么字?经过对 ⿰(舟)的分析推演,结合甲骨文公认的释义字,⿰(舟)可进化出七种形式,比如:⿰(肉)、⿰(月,有写 ⿰)、⿰(夕,有写 ⿰)、⿰(曰)、⿰(口)、⿰(丹)、⿰(凡),其中只有舟、月、肉、凡最为接近。再看已经公认的"般"字和"朕"字,⿰(般)是 ⿰(舟)和 ⿰(竹篙)与 ⿰(手)的三组合,金文的 ⿰(般)承续甲骨文 ⿰(般)字形。

"朕"是 ⿰ 形,由般字的一只手换成了两只手,即:⿰(双手)和 ⿰(竹篙)与 ⿰(舟)的组合,其中 ⿰ 的形状没有改变,最终结果:一个进化成"月"字旁,一个进化成"舟"字旁。实际在甲骨文中也确实存在以下字形,舟:俯视图 ⿰、立式图 ⿰;肉:立视图 ⿰、俯视图 ⿰。而甲骨文 ⿰ 和金文 ⿰(月)字,发展到篆文时中间的 ⿰ 变成曲形 ⿰ 成 ⿰ 形,这时的月和肉就很难分清了。到隶书时代才将篆文的 ⿰ 写成 ⿰,使 肉 的字形明显区别于月。所

以舟、月、肉三者在长期进化过程中，就有可能衍变成月，也可能衍变成舟，但大部分都衍变成月字。

🃏 由 🃏（册）、🖐（手）和 🌙（月）三部分组合，其中 、 和 🌙 大概率都是往 🌙 形进化， 🃏 笔者释义：腆字。《说文》曰："腆，设膳腆腆多也"，古代的腆字都是在表示册文中，写有物品丰盛、数量多的指令，腆在《文体明辨》中，应该属于"赠册"或者"赐册"。

甲骨文中还有 🃏 字，这与籀文 🃏 字基本相同， (口)和 (日)的形也基本相同，最终都进化到 (曰)字，再根据 🌙 七种的互变进化的可能， 亦可能衍变成月字，所以旧说中将籀文 🃏 字，释义为腆字也不无道理。故凡是带有 🌙 和 或者 (口)与 🃏 (典)字的组合体，都可释义为腆字，但 🃏 与 🃏 的释读则不同，两个存在着微妙的差异， 🃏 既表示厚重，还因为包含有 🃏 字，所以包含有次序的关系在里面，而 🃏 则没有一点层级的因素。

举例1：癸酉 🃏 于磬十牛 🃏 （腆不释典）……（一期南坊1.36）。

释读1：癸酉这天为举行 🃏 的仪式，赠予了乐器磬和十头牛等丰厚的祭品……

举例2：甲寅卜贞翌乙卯 🃏 十牛羌十用（甲2124）。

释读2：甲寅日占卜的结果：第二天的乙卯日 🃏 的仪式，用十头牛和十个羌人

举例3：丁未卜又 🃏 （腆不释典）于妣庚其尊秦宗（南坊5.58）。

释读3：丁未日占卜之后，再赐予尊等丰厚的祭器，放在秦地的宗庙里，专用于祭祀妣庚。

🃏 虽然也释义腆，但在释读时与 🃏 稍有不同，因为 🃏 字中有 🃏 字，而 🃏 包含有伦理的关系，所以用赐予而不用赠予。"秦宗"是两个不同的事物，因为甲骨文有"秦又宗（宁1.192）""秦宗于妣庚（甲571）"的词。但这时的秦字其打谷脱粒的本义已消失，这里指的不是地名就是姓名，《说文》曰："宗，尊祖庙也"。

（2）甲骨文 🃏 字释义。

甲骨文 🃏 （后下20.7）和金文 🃏 （井侯簋）字，直释是"上典和上册"，但旧说中都释义为典字值得商榷。 🃏 在解读中是有区别的，因为附加了"二"（上）字，突出的重点是祭天，因此 🃏 笔者释义：琠，在商代表示祭天用的玉器，衍变到后来就是《文体明辨》中记载的真正"玉册"。

举例：……月甲申工 🃏 （琠不释典）其饮（遗495）。

释读：……某月甲申日，用特制精美的巫玉和其他饮品来祭祀天神。

因卜辞（遗495）不能完整表达整个句子的意思，笔者将收藏的完整龟甲

板之一的相关内容，展示以供研究参考，如图2-1-6龟甲板所示的内容有告一和告二的相互关系，其告二释义："癸酉王卜贞旬亡 ☐，王 ☐ 曰，吉，在十月又七，我妇工 ☐（琠不释典）其鼎，隹王三祀"。这是便于释读的最完整的句子，因" ☐ "在另一篇中有不同释读，故不在此展开，只是对比一下"工 ☐ 其鼎"与"工 ☐ 其饮"的词组。

（3）甲骨文 ☐ 字释义。

☐ （三期南明454）直释是"子册"，是由 ☐ 和 ☐ 的组合，旧说中将其释义为嗣字，虽然"继承"的广义没有改变，但具体含义却值得商榷。根据上篇对 ☐ 进化的阐述， ☐ 笔者释义为：孟字，是指《文体明辨》中的"封册"，即封侯的册。"孟"字代表着各位诸侯，商周时期诸侯都称太子，凡是带"子""大子"与"册"的组合字，都应该归为"孟"字，如果单独是"大子"则是专指嫡长子。

但如果有 ☐ 、 ☐ 和 ☐ 的组合，或者 ☐ 和 ☐ 还有其他字的组合，根据前边对 ☐ （仑）的论述， ☐ 则具有秩序和辈分的关系，这类异构体都应该释义为嗣字，没有 ☐ 字的都应该释义为孟字。但在甲骨文中还没有发现"孟"字，而在金文中却有明了的"孟"字，即 ☐ 和 ☐ 形，都是 ☐ （子）和 ☐ （皿）的组合，《说文》曰："孟，长也（长子）"，《书·大传》曰："天子太子，年十八曰孟侯"。

举例1：其求年于河叀舊 ☐ （孟不释嗣）用……（南明454）。

释读1：为祈求一年河水不再泛滥，按专属祭祀的旧制，由太子用……

举例1中的孟是指太子，而"叀舊"也不是一个词组，是分别具有两个不同含义的字，比如甲骨文卜辞：

举例2：叀隹 ☐ 用吉（粹517）。

释读2：唯有遵照祭册的条例去执行，才能大吉。

这时的 ☐ （隹）和 ☐ （舊）的区别，就是相差一个栖息的 ☐ 巢穴，但释读时就不一样了，一个强调的是按旧制，一个则注重的是按部就班。甲骨文还有"叀丙嗣（孟）用（后下39.16）""叀舊嗣（孟）用十五人（存1.1793）"等佐证。

（4）甲骨文 ☐ 字释读。

☐ （一期后上14.2）和 ☐ （三期鄴3.38.4）字，直释是"示册和示典"，由 ☐ 、 ☐ 和 ☐ 组合，旧说中依然释义为典字，但确切表示的应该是《文体明辨》中的"祭册"，因为有突出重点的祭祀台。《说文》曰："典，五帝之书也，从册在丌上，尊阁之也"。

（5）甲骨文 ☐ 释读。

☐ 直释：血册，是由 ☐ （血）和 ☐ 的组合。所以 ☐ 表示的是"祝册"

（释义 ⌘ 的字还在推理中）。《周礼·大宗伯》说："以血祭祭社稷"，《尚书·洛诰》曰："王命作册，逸祝册。"说明古代只有王，才有祭江山社稷的资格，所以一定是"王令作册"，故将古代的 ⌘ 字，释读为《文体明辨》中的"祝册"。

四、"王"字自从发明就从没有改变过

1. 对 大 和 玉 释义"王"的困惑不解

本释义课题的提出是基于甲骨文研究过程中，对旧说 大 和 玉 都释义为"王"字的不理解，尤其对"大 ⌘ 曰"和"玉 ⌘ 曰"等惯用型，其解读的内容有的跟"王"一点关系都没有，有的表达甚至都不是真正意义上的"王"。虽然大部分甲骨还没有缀合，巧的是在对馆藏甲骨拓片的研究中，发现与此相关联且令人深思的问题，即：在同一句话中或同一块甲骨板上，有王和 大 、王和 玉 同时出现的现象，如图2-1-6、图2-1-7所示。而且在笔者收藏的整块龟甲板上，也发现有类似的现象，甚至还有王、大 、玉 同时出现的现象。

因为 大 和 玉 是常用字，对之前和以后的释读都影响重大，所以笔者对 大 、玉 小心谨慎地进行再审视，通过论证提出了完全不同的释义。研究还发现：在馆藏的甲骨文中，即在同一块甲骨板上，也有相同字重复出现的现象，甚至在一块板中出

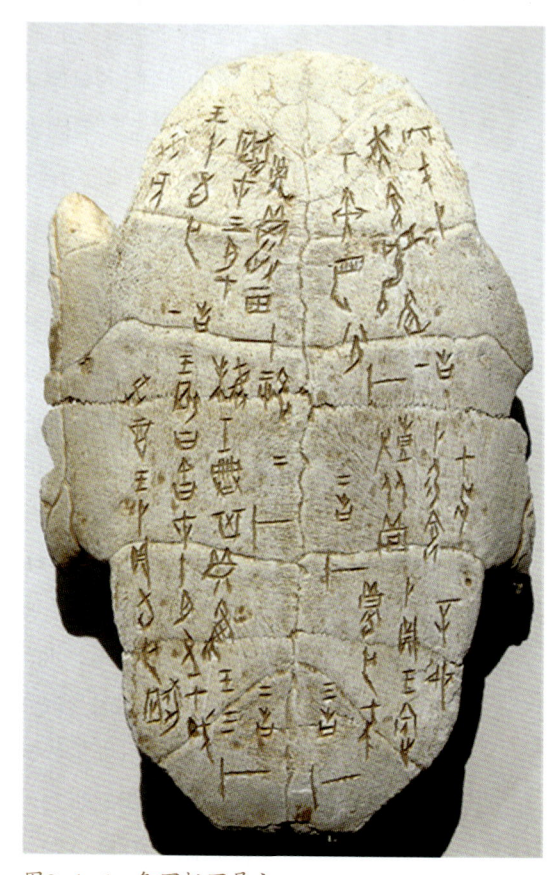

图2-1-6　龟甲板甲骨文

现四五个相同的字，但其字形和字义却都没有改变。目前还没有发现在同一块板上，同一个字有不一样写法的现象，极个别的也只是调换左右偏旁而已。如果一块板同时出现 王 和 大 或者 玉 ，释读时又牵强附会或者自相矛盾的话，按一般人研究思维逻辑，其原始公式或者基础路径肯定不对，那就需要对其进行批判和修正。

甲骨文不是古代书法家的书法展示，而且甲骨文同青铜器铭文一样都是惜字如金，因此不会在一句话中或在同一块整板上，有两种不同写法的字，或者有所谓的通假、通意现象。所谓通假字只能出现在不同的两个时空段，至少应该分别出现在不同的龟甲板中。如果有两个不同或者相似的"类形字"同时出现在一句话中，则这两个字不会是同义，一定是赋予这

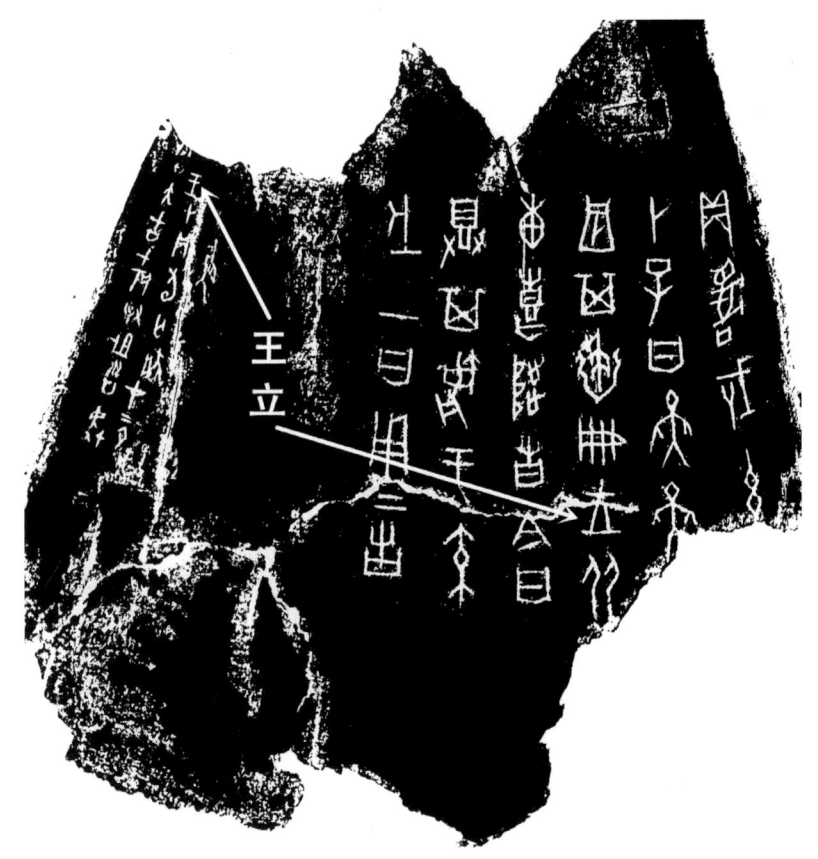

图2-1-7 馆藏甲骨文拓片

两个字各自不同的涵义,像王和玉就属于"类形字",而王和太则相差太远。

远古时期初创的每一个字,所表达的就是某一事件,不会出现用两个不同的字,来同时表达同一事件的现象。但同一个字可以表达不同的意思,可以一字引申多意,不会出现多字一意的现象,就像商代青铜器上的铭文,通常只有几个字或者几句话,但不会有一个多余的字,也很少像西周青铜器那样出现长篇的铭文。有些简单易懂的关键字,如果被错释或者误读,那么真正的另一个字,就会被"无情"地扼杀和封堵,这也可能导致对历史的误读和误判。而且在甲骨文中一些简单笔画的单体字,很多至今仍然在使用,所以一目了然和容易刻写的字,从来也不需要再改变什么,就像"王"字自从发明了王字就再也没有改变和被替代过。

2. 太 为什么不是 王

《说文》云:"孔子曰一贯三为王",这一语道破了"王"的本义,就是说"王"是能贯通天、地、人三者之间的神。孔子所在的年代,离商朝最近,其文献资料、语法、语义都要优于近代，加上孔子的学识学问，因此孔子对"王"的解释，是最具有说服力也是最值得信赖的！所以传说时代所创造的"王"，就是代表神的意志来决定事物，是具有绝对统治力的最高权威。

那么在神权统治下的古人，一旦发明创造了"王"字，那"王"字本身也会像神一样，没有人再敢创造任何的字来替代它，那么今人更没有任何理由，再将其他的"类形字"释义为相同意义上的"王"。而"王"字就像秦始皇统一六国后，丞相李斯建议"朕"为皇帝专有词一样，因此"朕"这个天子的自称词，从秦朝到清朝2000多年的封建社会里，除皇帝外就再也没有人敢用此称谓，也没有其他任何的字来取代"朕"，何况"朕"字还不是李斯发明的呢！（图2-1-8）

商以前最为接近"王"的字义，应该是"巫"和"玉"字，我们先从"王"和"巫"的结构来分析："王"的甲骨文就是 王 形，而"巫"的甲骨文是 巫

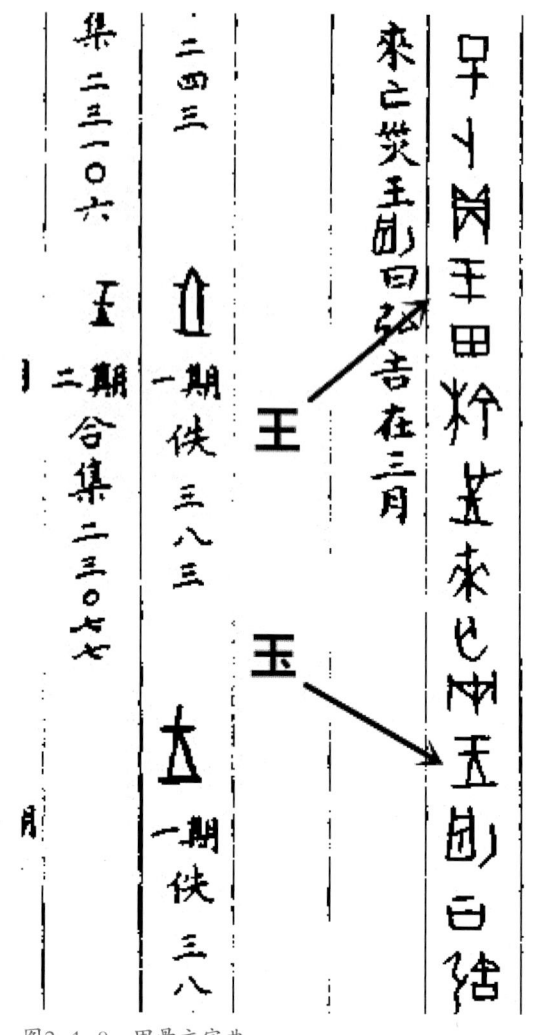

图2-1-8　甲骨文字典

形，是相互交叉的二个"工"字。虽然 巫 也能沟通天地，但 巫 具有其局限性，即贯通中间"人"的左右是 ⊢⊣ 形，说明人间是被框住了范围，而"王"的中间则是"一"具有无限伸展性，所以 王 可以代表 巫，但 巫 却不能代表 王。可以推论：远古发明的汉字，首先是创造了"王"字，然后才发明了"巫"字。

通过以上大量的铺垫，再探讨 立 的字形和字意，为什么不能代表"王"的问题。立 字最初表示人们烧烤食物，后来建造居住的屋，即在地"一"上搭建了 人 形的房子。就连今天我们在野外求生时，也是要利用天然的树枝叶，来搭建人字形的架子屋挡风遮雨，暂供临时休息和过夜。像 立 这样原始房子的正视图，就是一个在地"一"上简化的 人 形，即象形的架子屋 立。所以 立 就是原始房子的简笔画，笔者将 立 释义为"立"字，《说文》曰："立，住也"；《资治通鉴》曰："立，驻"。

因此 立 在古代是指人居住的房子，也是最早生活类的象形字，逐渐演变和引申为一字多意，比如居住、遮盖、设置、立刻等多层含义。以此推论：凡是在组合字中如果引进

🉇 或者 🉇 的偏旁，都应包含有搭建、覆盖、设置等含义。所以只有将 🉇 释义为立字而不是王字，才能回归到最初造字的本义，才能破解以前很多无解的甲骨文。在古陶文字中也发现 🉇、🉇 和 王、王 的两种字形，所以甲骨文 🉇 也是传承古陶字 🉇 的初文，金文也是继承 🉇 形（吴方彝）。而到了西周时代由于《周易》卦爻逐渐成熟，像 🉇🉇、🉇、🉇🉇 等这类卜辞逐渐消失，这反而使 王 和 🉇、🉇 的本义变得更加清晰，但 🉇 和 🉇 字却变得比较模糊（图2-1-8、图2-1-9）。

以著名的"祭祀狩猎涂朱牛骨刻辞"（左边）为例释义："癸酉卜，㱿贞，旬亡🉇，🉇二曰旬，🉇🉇 䞂 出 祟 出 疒，五日丁丑，🉇 殡仲丁，巳殓在斤阜十月"。

在这块整板的常规占卜中，都有告一、告二、告三等格式和相关的内容，"🉇二曰"就是 🉇🉇 的另一种表达形式。"🉇二曰"释读：指刚才占卜中的告二结论，即"旬"的事。🉇🉇🉇 也可通俗理解为"🉇占曰"，这也是经常出现的惯用型，但 🉇 和 🉇 具有不同的含义，🉇 是指写在骨板上占卜后的全部结论。🉇🉇 释读：指已经占卜后的综合结论，而"🉇二曰"如图2-1-10龟甲骨上所示，那只是 🉇 其中之一的结论，"🉇 殡"释读：指立刻举行殡葬。

这是记载商王仲丁生死病故期间的重大事记，也是 🉇 与王相关联的典型句子，虽然这段卜辞中有的字的释义，包括笔者还存有较大的疑义，因此至今这段甲骨卜辞，还没有公认的官方解读文稿，但这并不影响以上对 🉇 字的释义，笔者

图2-1-9　龟甲板甲骨文

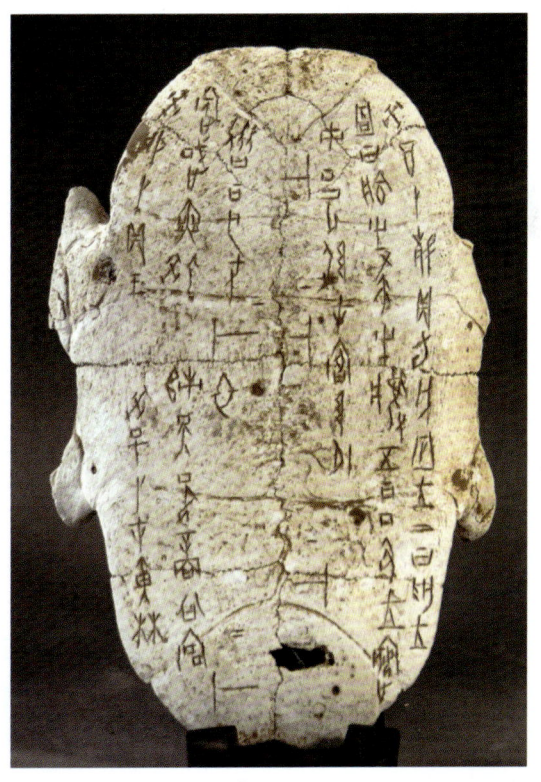

图2-1-10　龟甲板甲骨文

也不做过多的扩展释读，仅对 🅐 相关的事进行解读，证明 🅐 是释义立字好呢？还是释义王字对呢？以此来比较一下哪个更通理和更准确。

设想：如果三个 🅐 都是指向商王仲丁的话，那一定是其弟外壬继位后的事，可怎么也理解不了现释读为武丁的结论。还令人不解的是：还没有登基的外壬怎么可能称为 🅐（王）呢？为什么不直呼外壬呢？另外有哪位 🅐（王）重复说了二次"匄"的事，难道 🅐（王）说一次就没人听吗？而且 🅐（王）马上又说将要发生另一灾难的事。从癸酉卜四十天后的丁丑日，🅐（王）对仲丁举行了殡葬，很难理解这个 🅐（王）跟这些事的关联性，更是疑惑 🅐 指的是哪个王呢？因此 🅐 应该释义"立"而不应该是"王"。

举例：乙卯卜殻贞，今日，🅐（释立不释王）往，于敦之日，大采雨，🅐（释立不释王）不步（合集12814）。

释读：乙卯这天占卜去敦这件事的结果：今日立刻出发，在前往敦的行进期间，如遇下雨这样的大事，可住下不走。

这也是典型多个🅐字的卜辞，释读时也可参考同一板中前段的辛亥卜辞，辛亥卜的是：是否颁布去、还是勿去乙门的旨令，而后段乙卯卜的则是：应该立即前去敦的地方。一个是去不去另一个是马上去，前后卜辞遥相呼应，但如果将🅐释义"王"就不通了。

3. 🅐 不同于 🅑 字

甲骨文中 🅐、🅒、🅑 三者有什么不同呢？🅒（大）字是人的正面象形，古陶文字 🅒、🅒 和 🅑、🅑 与甲骨文 🅒、🅑 极为相似，但🅒和🅒都有明显的两臂，而且🅒和🅒在中间也都分叉，这与 🅐 形的支架状，以及在上端类似的捆绑物明显不同。所以🅑和🅑字的本义，是 🅒（正面人）站立在"—"地上，而在甲骨旧说中是将 🅑 释义为"立"字，那么问题来了，🅐 与 🅑 是不是都可以释义"立"字呢？

很显然甲骨文 🅐 与 🅑 是两个不同的字形，而且在卜辞中还有"🅐🅑"并列的语句（丙74），这证明 🅐 和 🅑 分别是代表两个不同的含义。从应用规律上分析：古人是将静止的物体说成 🅐，而把人和活动的物体说成 🅑，也叫站立、位置、排列，前者 🅐 代表的是无生命的固定体，而且还具有建立、覆盖、居住等其他含义，而后者 🅑 代表的则是，具有生命体的人和动物的活动位置。

发展到战国时代或者比这更早以前，为了区分越来越趋同化的 🅐 和 🅑 字形，也为强调 🅑 是具有生命力的人，从而特意附加了 🅟（人）字形的偏旁，即创造了 🅟（位）字，如战国包山楚简 🅟 等，所以古文 🅑 与 🅟 字通用，释读结论：甲骨文和金文的🅑字，正确释义应该是"位"而不是"立"。

举例："丙子，其 ⾦（释位不释立）中，亡风八夕"（存2.88）。

释读："丙子之日起，位于中心的地带，将连续八晚没有风"。

4. 玊 为什么不是 王

我们将董作宾先生称为"戴帽子的王"，即 玊 字拆解来分析：玊 的上边 "一"横代表天，下边的"一"横代表地，而中间耸立的一个 ⼤ 形代表什么呢？根据以上对 ⼤（立）字的论述，显而易见这个 ⼤ 形，其实就是个 ⼤ 字，只不过 ⼤ 字底下的"一"，因与大地重叠而省略，不过 ⼤ 或者 ⼤ 本义基本相同，都具有搭建、设置等含义。将"一"、"一"、⼤ 三者组合起来，即为 玊 笔者释义：玉，本义是连接和沟通天与地之间的一件器物，即现代的"玉"字，战国包山楚简的 玊（玉）与甲骨文 玊 相似。

甲骨文除 田（巫）字外，最为接近 王 的字义就是 玊（玉）字。我们还要搞清楚玉是什么？玉是旧石器留传下来的传说神物，5000年以前的古人将玉视为可通天的神灵，所以在整个"巫玉"时代，玉器是代表巫觋与神沟通的巫具。玊（玉）在组合字中，最终都进化成 王（王）字，这是相似字形最后趋同化的结果，比如：甲骨文 璞（一期前7.31.4）璞字，也是矿山 和手 拿凿子，以及装玉石的筐 ，这是典型的用五个单字组成的开采玉石的事件。璞字中的 王 字，同甲骨文 以及金文 （毛公鼎）、（诅楚文）等一样，在缩小版的刻写 玊 字时，因刻小字很难以及笔道太短小，因此最终的笔道难于分辨，而逐渐简化成 王 字，进而将 玊 和 王 混同使用。所以像 组合字中的 王 字，绝不是指商王意义上的王，况且还躲在山洞里被人刨，而是指矿中玉石的 玊。《玉篇》曰："（璞），玉未治者"。

再比如：甲骨文 巫（乙1800）和 （铁188.3）字形，其中 是"来源于山里玉石"的象形，工 和 都是象征着沟通天地的"玉"，是用 双手举起来祭天，传承到金文 弄（天尹钟）和篆文 字时，就直接将 工 和 进化成 王 字，这也佐证了 工 和 象征着 玊，再进化成 王 字。

再举例：甲骨文 皇（甲3230）、（后下18.3、粹1489）字，以及衍变到金文的 （戊嗣子鼎）字，都示意屋里有贵重东西，即 （贝币）和 （牙璋），或者有的甲骨文干脆写 和 王。其实 和 王 都代表 玊（玉）器，《诗经》曰："颙颙昂昂，如圭如璋"；《谷梁传》曰："宝玉者，封圭也"，这说明圭和璋就是玉器， 是象征权利的具象——牙璋，看来远古人同现代人一样的世俗，认为钱和权最为重要。到金文时代又多加了个储罐 （缶），表示将 王（玉）和 （贝币），藏在家中的罐 （缶）里。

以 玊 为代表的器物，最终也都进化成 王 字旁，比如：玉珪（玠）、玉璋（琡）、璧、瑗、环等，所以旧说中有时把 玊 字，释义为"王"似乎有一定道理，但把 ![字] 和 ![字] 等释义为"玉"字，则就值得商榷了。虽说 ![王] 与 ![玉] 都与沟通天地有关，但如果放在有的词语中，或者各自出现在某句话中，那么 ![王] 字就非常容易释读，而 ![玉] 如果按"王"来释义那有的就很难释读了。

举例：乙巳卜贞，王田榆往来亡灾，![玉]曰曰，弘吉在三月（合集37494）。

释读：乙巳这天占卜的内容：是商王计划前往边塞，何时出发为好的这件事。经与天地沟通的结果是：在三月出门大吉。

这是在同一句话中 ![王] 和 ![玉] 同时存在的典型例句，惯用型"![王]曰曰"和"![玉]曰曰"两者略有不同，一个是商王亲自占卜的结果，另一个则是用巫玉沟通天地的结论。所以"![王]曰曰"的前边，一定是"××王卜"（通592、前2.35.1），即商王亲自占卜，而"![玉]曰曰"的前边，则是"××卜玉曰贞"（后下515），或是"××卜贞王田"（前2.42.3、合集37494），而不是"××王卜"的句型。

综上所述：甲骨文 ![玉] 字如果单独出现一定是代表玉字，但如果以组合字出现时，先期还是 ![玉] 字形，后期则是 ![玉] 进化为 ![王] 字旁。在甲骨文和金文中，只有以 ![王] 字单独出现时，才是代表真正意义上的王，而以组合字出现的 ![王] 都是 ![玉]（玉）的化身，代表的并不是王。因此 ![玉]（玉）并不是 ![王]（王），而是商以前象征王权的一个信物，或是用于沟通天地的巫具。

5. 甲骨文 ![字] 字的释义

甲骨文 ![字]（四期后下3.72、四期人2400）字，旧说中是未释字。如果按旧说中将 ![字] 释义为王字，那就很难理解 ![字] 的造字本义，您总不能把商王，放进器皿里去煮和吃吧？![字] 字一般都在组合字的上部，如果是用在 ![字] 的场合，那么 ![字] 字的初文：是指在 ![字]（器皿）上再制作一个 ![字]（罩盖），![字] 初文解读：给某物合上一个遮盖物。笔者将 ![字] 释义为：盍。《说文》曰："盍，覆也"。

举例："甲戌其雨在 ![字]（释盍）……"（四期人2400）。

释读："甲戌当天这场雨正好覆盖在……"

"盍"与"盇"古文同义都表示器皿的罩盖，《尔雅》曰："盇，合也"。为便于理解"盍"字，后人又将"盇"的上部附加 ![双草]（双草）字，即创造出"蓋"字，这重点强调的是：以茅草为材料的盖，蓋的造字本义：是用茅草遮盖的房子，这是远古最普遍的房屋结构，"蓋"和"葢"字古文也同义。

《说文》曰："蓋，苫也；苫，盖也"。总之"盍""盇""蓋""葢"都包含有覆盖的含义，而且金文的盍：![字]（饮口鼎盖），战国仰天湖的 ![字]（蓋），秦睡虎地的 ![字]（盍），都有甲骨文 ![字] 的初文雏形。就以 ![字]（蓋）去掉 ![双草] 来比较，明显看出这是甲骨文刻笔 ![字]、![字] 的字形，向汉代毛笔大、皿的进化结果。

6. 甲骨文 ⿱ 字的释义

一期乙4936的 ⿱ 旧说中也是未释字，同 ⿱ 字一样正视看 ⿱ 字的下部，是个 ⿰ 形似三个立柱的平台，具体指：离开地面的高架台面，也是一个高架建筑物的基础。⿱ 与 ⿱ 造字的初衷基本相同，都是在原物的基础上加个盖，只不过是下部由 ⿴ 换成了 ⿰ 形。⿱ 上部的 ⿱ 形，实际上也应该是 ⿱（立）字，只是在组合造字时，因为重叠而省略 ⿱ 字底下的"⼀"。

根据以上对 ⿱ 的释义，⿱ 具有居住、搭建、遮盖等含义，所以造 ⿱ 字本义：是指在立柱式的建筑上搭建一个棚，通俗说：就是支起来的茅草屋，笔者释义为：奈字，⿱ 的初文解读：为了防雨水或动物侵扰，建造这样的结构房如何？引申是指：如何、这样、怎样等含义。《说文》曰："柰，果也。假借为柰何字。见尚书左传。俗作奈"，柰古同奈。

举例："……不⼭……⿱（释奈）于不……乎从"（乙4936）。

释读："……没有……怎奈于不……呀，允许"。

从战、汉时期的奈字，也可以看出 ⿱ 的雏形，如：战国包山的 奈；汉马王堆的 柰；很显然离商代最近的战国 奈（奈），明显看出与甲骨文一样，也是由 ⿱（⿱）和 ⿰（⿰）组成。⿰ 的组合引申，可释读在平台上的各种事物，如在平台上建更高级的房子，即 ⿱（京）字，《尔雅》曰："绝高为之京，非人为之丘"，说明"京"虽然是高大建筑，但它不是人造的土丘，而 ⿱（京）、⿱（高）、⿱（亭）字，都是 ⿱ 基础含义的引申。

7. 甲骨文 ⿱、⿱、⿱ 的释义

⿱（一期后下274）也是未释字，它是由 ⿱（奈）、⿱（水）和 ⿱（手）组成，甲骨文还有 ⿱（一期乙4406）、⿱（一期后下21.18）字形。甲骨文或以前之所以发明 ⿱ 字，这反映出远古人的一种思维模式，认为天上下雨是成河的原因。而创造 ⿱ 字的初文是说：用人工 ⿱（手）搭建的 ⿱（这样）建筑，经受住了 ⿱（水）的考验；同样 ⿱ 和 ⿱ 一样也是说：⿱（水）对 ⿱（这样）的建筑也奈何不了。

⿱ 字笔者释义：泰。《周易》曰："泰，通也"，《字汇》曰："泰，安也"，《说文》曰："泰，滑也"。解读 ⿱（泰）初文本义：这种防水淹的建构很安全，远古人类是随河而居，考古发掘良渚文化的房屋建筑，就是这种在河边上的立柱式结构，⿱ 字引申：平安，安稳。

举例："……贞我叀 ⿱（释泰）敦……"（一期后下21.18）。

释读："……结论：我方唯有高大敦厚……"

甲骨文的 ⿱ 字在长期进化过程中，是逐渐将 ⿰ 进化成另一只 ⿱（手），

即 ▢ 衍变成篆文 ▢（峄山碑）的 ▢（双手）。再看汉马王堆的泰字：▢、▢，同甲骨文 ▢ 一样，也是由 ▢（大）或者 ▢（太）、▢（类双手）、▢（水）组成，说明到汉代 ▢ 或 ▢ 都进化成 ▢ 形。也说明文人最后才真正理解，原始发明 ▢ 这种结构字的目的，就是具有让水从下边流走的功能，所以把 ▢ 偏旁放到了下边。

甲骨文在进化的过程中，根据各时代文人的不同理解，但最终都会趋同化，就像典、共、弄等的 ▢（双手），最终都进化成 ▢ 或者 ▢ 形一样。甲骨文中的 ▢、▢、▢ 这些未释字，造字初文的本义都相同，可以合并为同类项都可释义为泰字。

8. 甲骨文 ▢ 字的释义

▢ 字（乙4678）以前未释的原因，也应该是 ▢ 原释义为"王"字的缘故，这确实让人很难理解造 ▢ 字的初衷，您总不能把商王的嘴砍掉吧？而且只有到武王伐纣时，在将近600年时才有砍杀商王的事件，按理在商代甲骨文中，不应该发明创造有砍杀商王的字，即使有也不会出现在商朝的甲骨文中。

但如果把 ▢ 释义为立字，根据以上对 ▢ 的论述，这又是一个非常明晰的组合，即 ▢（立）、▢（口）、▢（刀）的组合字，而且每个字都有非常明确的含义。注意："刀"字在甲骨文里，很容易与 ▢（匕）、▢（人）等字混淆，它们都有可能相互衍变，但 ▢（匕）和 ▢（人）字，上身与下半身都有明显过渡，而 ▢（刀）则没有。笔者释义为：剖，寓意立即问斩，引申指：马上做出判断、评判等。汉马王堆帛书六十四卦中的 ▢ 字，已比较接近现代的"剖"字了。

举例："甲午卜豢于 ▢（释剖）……"（乙4678）。

释读："甲午这天占卜时，烧烤割下的……"

9. 甲骨文 ▢ 和 ▢ 的释义

根据以上对 ▢ 的论述，可释义一些带偏旁 ▢ 的未释字。比如：▢（四期粹1059）和 ▢（三期甲1902）字等，这些至今仍是未释字。

前边阐述过 ▢ 在组合字中，可进化为 ▢ 的偏旁，所以看 ▢ 和 ▢ 字，都是手拿不同的工具在加工打造玉器。《诗经》曰："他山之石，可以攻玉"，所以 ▢ 或 ▢ 的右边，不论是手拿锤 ▢ 或手拿其他工具 ▢，都是指在雕刻玉器，而发明的 ▢ 字要晚于 ▢ 字。▢ 和 ▢ 的本义，都不是用大锤和棍棒来敲打商王，甲骨文也绝不可能创造这样的字，而是象形手拿工具在雕琢玉器，比如：切割玉石就造个"班"字，金文的班字 ▢（郑公孙班镈）、▢（班簋），这也符合《说文》的解读："班，分瑞玉也"，显然 ▢ 字中的王就是指玉。

笔者将 🔲 和 🔲 释义为：琢。《说文》曰："琢，治玉也"，从 🔲 和 🔲 字的初文，到篆文 🔲 的衍变看，就是由原始的用手加工，发展到手和脚并用的水橇加工的历史。我们再反推演"豕"字，它的初文是 🔲、🔲、🔲 等多种变形，到金文时则是 🔲（豚）和 🔲（豕）形，其 🔲（猪）的形基本消失，而篆文 🔲 字则接近现代豕字，🔲（猪）形则完全消失。甲骨偏旁 🔲、🔲、🔲 等，最初跟 🔲、🔲、🔲（豕）字毫无相关，而到金文时的 🔲、🔲、🔲 字，大都进化为 🔲 字形后，进而同 🔲 和 🔲 的微变后相似，再经过几百年文字的发展，虽然文字的含义没有变，但字形却逐渐都向篆文 🔲 趋同。

举例：……岁遘 🔲（释琢）大丁勺伐 🔲（释玉不释王）受祐（甲1902）。

释读：……年末赶紧制作给大丁的玉器，祈福上天保佑其围剿成功。

10. 甲骨文 🔲 和 🔲 的释义

在研究 🔲 字过程中还发现 🔲 的未释字，因为这三个组合偏旁，其含义较明显可以释义。但《甲骨文字典》中依然标明是未释字，笔者顺便尝试一下释义 🔲 字。甲骨文 🔲 字是由 🔲（目）或者 🔲（目）、🔲（乙）、🔲（火）组成。🔲 可以进化为"臣""目""罒"偏旁，古玩行把商代纹饰中，刻画动物眼睛的 🔲 形俗称为"臣"字眼。而 🔲（乙）有进化为 🔲（巳）、🔲（了）、🔲（巳）和 🔲（虫、它）的四种可能。

先分析释义已确定的 🔲（包）字，发展到金文时衍变为 🔲 形，到篆文时是 🔲 形，这"袋内"是一例由 🔲→🔲→🔲→巳的进化过程。🔲 有二种推演结果，一种是 🔲 和 🔲 的分离，这种情况可参考战汉时期"乙"和"巳"的写法。战国包山的乙和巳字：🔲 和 🔲，经2000多年的进化，最终组合中的乙和巳趋同。

另一种推演结果是将双眼中的"一只眼球和乙"一起分离出来，即 🔲→🔲 再经衍变成 🔲→🔲 形，例如：金文的䁤字 🔲（齐侯匜）、🔲（夆弔匜）形，金文的䁤字单双眼都有，而 🔲（火）字则进化为 灬（火）形。🔲 造字本义：眼前看到的火光，笔者释义：熙。《尔雅》曰："熙，光也，兴也"，《说文》曰："熙，燥也"。

举例：癸巳卜桒 🔲（释熙）……（库1130）。

释读：癸巳这天占卜，火光照亮……

甲骨文 🔲 字（一期存2.133）与 🔲 字相似，只是在头上多了三个点，可视为头发或装饰品，无单独特殊含义，对整体含义不会产生影响。🔲 字笔者释义：熈和熙，熈和熙古文字都同熙，《广韵》曰："诸书俱作熙，不作熈，则熈当为俗字"，古文最终将 🔲 和 🔲 字合并为同类项，将熈和熙都释义为熙字。

五、对"骨匕刻辞"的不同解读

甲骨文有占卜、文档记事、传达告知等内容，但作为按占卜指令行事的甲骨，就完全可能存在重复的相同词语，这也许是历史上"圣旨"在商朝时的雏形，这也是颁发给各诸侯王相同的重复文告。因此在现存的甲骨文中，会发现有很多相同的词句，这不是不同的巫师在占卜同一件事，而是商王传达或者指令同一件事的占卜文书，这是"复制"后相同文本的甲骨文档。

释义甲骨文字的最终目的就是为了卜辞的释读，只有正确地释义才能做到准确地释读。对存有异议的旧释义的重新释读，其实比未释字要困难得多的多，因为名人效应的潜意识作祟，尤其中国"尊师重教"的近亲体系，如果不是成为"绝学"，您很难撼动其固有的观念。但您又不得不去做，因为由于错误的释义，导致好多卜辞至今都无法释读。中国国家博物馆藏"骨匕刻辞"如图2-1-11拓片，至今也没有官方的释读，原因之一就是个别字的不正确释义。该版正面刻有二十八个文字，背面刻有夔纹、饕餮纹、三角纹等精美纹饰，在纹饰内还残留部分绿松石。其纹饰的华丽程度，比妇好墓出土的同样"骨匕"还要精美，重点是还刻有文字，可见级别不在妇好墓出土品之下，而且在商代甲骨中也绝无仅有。

图2-1-11　馆藏骨匕拓片

"骨匕"一词是现代人先入为主的命名，其实这是一个精雕细刻的肋骨板，它不具备现代意义上"匕"的功能，但具有原始造"匕"字的插入含义。"骨匕"实际上就是"骨柶"，《说文》曰："匕，亦所以用比取饭，一名柶"，而且文献和考古都证明："骨柶"就是一种餐具。那么是什么重要的事，又是何许人在某时段内，天天要铭记"饭勺"上的记事呢？长期以来专家学者对"骨匕刻辞"的解读，都各有所论而莫衷一是。笔者也对此展开了研究和攻关，同时还引出对诸多未释字的释义和释读。

1. 丂、盉 和 凹 的甲骨文释义

"骨匕刻辞"第五个字就是 丂 字，旧释中可能因为 丂 的左偏旁，同甲骨文 于 字相似，而 丂 字又不知何意，于是乎将 丂 与 于 归为同类字。但在卜辞释读时，丂 和 于 根本就不具有同一个含义，只是在 丂 的极个别卜辞中，也仅是包含有一点 于 的含义。根据笔者总结的"一字一形一意一事"四个一的释义原则，而且这么简单明了的 于 字，流传至今根本就没有改变和被替代过。

重点是：在甲骨文合集（37398）中，还发现有 于、丂、盉 三个字同在一块板上的现象，而且就包含在同一段卜辞中。同以前论证 王、大、玉 在同一块板上一样，笔者坚定认为：丂 和 于 既不是同字也不具有同义。有时在释读卜辞时 丂 和 于 两个字，会影响整个卜辞释读的走向，故笔者将重新释义 丂 和 盉 字。

丂（佚518）是由 于（于）和 𠂎（凹凸曲折的偏旁）所组成，于（于）古文同"亏"（小篆），《说文》曰："亏，於也。象气之舒亏"，本义为叹词表示口气舒展平直。所以古代的"于"字，与现代意义上的"于"字，在意思上有所不同，"于"字属古今异义。而古代的"于"和"於"字，多数情况下却是相通的，即便如此"于"也不能代替"於"的全部含义。

在甲骨文中同 𠂎 偏旁相似的有：𠂋（合集9560）、乃（前8.12）等，这些字都归为同类字，释义为"乃"字。乃（乃）是一种动态，其实 𠂎 与 乃 是同类字，只不过 𠂎 不是单独存在，而是在同 于 的组合中，因顺应 于 的字形，而使上部"随弯就弯"的随之变化。"乃"的本义为：再度、重复，引申为一系列；《尔雅》曰："若乃者，因上起下语"，所以 于（于）与 乃（乃）的组合即 丂 字，是表示一种重复的行为或者现象。

再推演 丂 字：𠂋（合21661）→ 𠃌（合21595）→ 丂（匽候旨鼎）→ 𠂋 → 𠃊 → 𠂎 → 刅 → 及 → 及。《说文》曰："及，秦人市卖多得为及。"现代语对"及"解读是：连续添加，或者是一种重复的行为，与甲骨文 丂 的本义基本相同。"及"古同"贾"，《说文》曰："贾，市也"，"贾"的本义：是指做买卖，买卖就是一种重复行为，古时称行商为"商"，坐商为"贾"。

我们再看 盉 与 盂 字，不论字形还是字义，经过与 皿 的组合后，其含义更有着明显的不同。虽然都是 皿（皿，敞口的器物）形，但同 于 偏旁的组合时，于 表示的是：有什么东西放到 皿 里的含义，所以 盂 是一种还没有盛东西的器具，即"盂"字。而 皿 与 丂 组合时，因为 丂 具有连续、反复、不断添加的含义，所以 盉 表示的是：向 皿 里不断添加东西的一种行为和现象。因此在甲骨文中不仅仅限于 皿（皿）字，还有 凵（坑）形，比如 凹（五期前5.5.6）字，也与 盉 是同类形，同样也具有相同的含义（向坑里填土），这说

明丮字都是和需要连续添加的事物相关。

可以看出丞、迊与盈的本义，有着明显的不同，根据丮字进化为"及"字的推理，顺理成章丞则进化为"盈"字，仅从这一点上看，丮和于也不是同一个字。笔者释义：丮为"及"字，丞、迊为"盈"字。

举例1：……丮（释及不释于）兕（释惊）烹（释橐）隻白咒……于（释于）……在二月唯王十祀……彡日，王來正盈（释盈）方白……（合集37398）。

释读1：……连续到边疆去，获得了一头白色雌性犀牛，……□于（到）……。在二月，商王即位十年举行的肜祭。预计当商王归来时，正好是首月满，到了二月初，这时将白（犀牛）合并（祭奠）……

举例2：己丑卜舞羊，今夕从雨及，庚雨（合集20975）。

释读2：己丑这天占卜，用舞羊的仪式祈求降雨，今天夜间就降雨，连续下到庚寅。

例2原版图是块卜骨而不是卜后的卜辞，因为有灼烧点，所以其卜卦的内容和日期需要正确理顺。根据甲骨文拓片的原版，笔者整理划分如下：其中之一与原释义不同，笔者因为质疑下雨是自然规律，而不是"允"还是"不允"的事，故查到原版果然不是允（允）字，应该是寅（寅）字。卜卦分析："舞羊"是在祭祀时，专为祈求降雨的一种仪式。其中：卜卦设问1：己丑占卜，今夜就下雨，雨能不能连续（及）下到庚寅呢？卜卦设问2：己丑占卜，下雨，到庚寅时能下雨吗？

这段卜卦中丮字释读反复、连续较为准确，但释义"于"（到）也未尝不可，只是含义稍微欠缺不严谨，反复（丮）跟直接到（于）是有区别的。金文中的丮字，完全继承了甲骨文的字形，不但没有改变而且还有完整的铭文，可以借鉴丮字在其中的含义。如图2–1–12《麦方鼎》铭文，目前还没有查到官方的释读，笔者尝试释读如下：

举例3：唯十又一月，井候征噂（释啭），丮（及）麥麥，赐赤金用作鼎，用從井候征事，用鄉多丝（释诸）友。

图2–1–12　麦方鼎原版拓片

释读3：秋收后的十一月，井候去征田赋，连续征缴了大批的麥子。用周王赏赐的红铜做了鼎，以后这个鼎就跟随井候去征税粮，并同亲朋好友享用。

2. 箓、币、亏、箓、箓、箓、吉、箓 等的甲骨文释义

"骨匕刻辞"第七个字是 箓 字，箓 是由 ⊞（疑似辘轳或者扁担）、⊙（储物袋）、＋＋（田字简化的＋）、ⅲ（米）所组成。旧说中将 箓 的类形字，释义为"录"字，还有的无厘头释义为"麓"和"录"字，这很难被人理解和接受也根本无法释读。《说文》曰："录，刻木录录也"；《广雅》曰："录，记之具也"；笔者在释读所有 箓 的卜辞中，以及 箓 的所有类形词组时，箓 与"刻木"和"记具"这件事没有什么关系，与"麓"和"录"字更是毫不相干。旧释中也因 箓 无法与"录"字匹配，而采取"鸵鸟政策"或者"束之高阁"，故笔者对其进行重新审视和释义。

先看 币 的最初简笔画，过去学者们认为，小口尖底瓶是仰韶人的汲水器，用以从河中取水器物。但科学检测锥形瓶内的残液，则是一种酒类，是古代的一种酿酒器物，而且与古埃及坦卡蒙时代（商代），利用小口尖底瓶酿酒的壁画相同。而 币 才是商代取水方式的甲骨文简笔画，所以 币 的字形疑似是青铜时代的打水方式，或是与贮存液体类的瓶罐有关，其中 ⊞ 表示的仅是一种形式和手段，而 ⊙ 表示的则是水桶、水瓶等，而且 ⊙ 两边有 ⎟ ⎟（水滴）状。⊙ 形引申：指装有各种物资的"储物袋"。箓 是 币 本义的引申，而这时 ⊙ 两边的 ＋＋ 形，替代了 ⎟ ⎟（水）形，这时表示的是"井田制"的耕地而不是井水，简化为 ＋（田）形，其 ⊙ 底下的 ⅲ 形，则表示的是田里产的稻米。

商晚期到西周早期，为更加明确其造 箓 字的本义，又有别于其他的含义，特意把三点 ⅲ 形，换成了六点 ⁂ 形，重点强调这就是 ⁂（米），是要从口袋里倒出来的 ⁂（米）。最典型的字是：箓（宰甫卣）商晚期、箓（史墙盘）西周中期、箓（散氏盘）西周晚期等。到了西周晚期 ⁂ 中间的两个点已连接起来，由原来的六个 ⁂ 点衍变成 釆 形，已进化成篆书的 木（木）形了。

既然甲骨文 币 字形的本义具有其储物的功能，那么其 ⊙ 中就会装有各种各样的东西，所以在古老的汉字中，就有好多在 ⊙ 中装入了代表该物资的各种字形。而 ⊙ 形的两旁不但有 ⎟ ⎟（水滴）形，还有 ＋＋（耕田）形、ᴠ ᴠ（草原）和 ✕ ✕（森林）形，这表示在 ⊙ 中，可装有相应的东西，如：从河里取的水，从草原上收取的动植物类，以及在森林中所获得的猎物类等，这在没规范此字前的商代早中期比较具象和常见。

笔者认为，这些类形字就是商代日常生活中的各种"储物袋"，而且在 箓 字的传承"转世"过程中，因为在组合偏旁里没有一个是常用的固定形，

主要是根据其含义而定，所以进化的变量就很大。但上部"⊕"的基本形"土"，以及下部 ⼩、⼽、⽊ 有代表性的三点，即下部类似"小"的基本形，在进化过程中基本形都应该保留，变化也不可能太离谱。

根据这些字形和字义，再结合《说文》中所符合的字形字义，笔者将这类 ⚝、⚝、⚝、⚝、⚝、⚝、⚝ 等的字形，都释义"橐"字，"橐"古同"櫜"。"橐"字其上部 声 与 ⊕ 基本相符，下边木与⽊也相同，而中间组合字是由 ⚭ 字，进化成 ⚭（石）字，没有组合的单独甲骨文"石"字，也有是 ⚭（石）的字形。

《说文》曰："橐，囊也"；《仓颉篇》曰："囊橐之无底者也，实物囊中，括其两端"；《大雅》曰："乃裹糇粮，于橐于囊"。古人将有底曰囊，无底曰橐。"橐"是指：口袋、储物袋、粮袋、包裹、行囊等；"橐"字引申：收纳、获得等。春秋时代末期的俸禄，由土地形式转为实物，而标准就是以"橐"为计量单位。清·黄以周《囊橐考》载："橐之两端皆有底，其口在旁，即实其物，中举之，物在两端，可以擔（担）之于肩"。楚国计算官禄是用"擔"（担），文献记载中有"禄万擔（担）"之说。

楚国计算官禄是用"擔"（担），文献记载中就有"禄万擔（担）"之说。但秦朝统一度量衡后将粮食的计量单位之一，即最大的计量单位改为"石"，取"橐"字中包裹的"石"字，从而用"橐"简化了的"石"字，替代了"擔"（担）的计量单位。但"石"的发音依然保留了"擔"（担）的发音，两个字实质都是指"粮袋"。无论如何不规则的"石头"，也不可能成为标准计量，只能是一种体量的代名词。《说苑·辨物》曰："三十斤为钧，四钧为石"，最终"钧"和"石"，都是以"斤"作为计量标准，而"石"代表是最大的容量。

举例1：壬申卜贞王田于演 ⚝（释橐不释麓）往来亡 ⚝（旧释灾）。丝……、一只鹿……（合集37452）。

释读1：壬申这天占卜，结果：在前往商王分封的田地时，要经过一块澡泽地，往来的过程存在着危险性。幼小的（动物）……、一头鹿（陷入）……

《说文》曰："演，长流也"。"演橐"：指原始森林中的沼泽地，沼泽也是"长流水"的贮藏体，具有蓄水、保水的功能。

举例2：……其田 ⚝（释唯）⚝（释橐不释录）弗每亡 ⚝（旧释灾）（林2.4.19）。

释读2：……对于耕地而言，只有广积粮，才能平稳度过有灾之年。

3. ⚝、⚝、⚝ 甲骨文的释义

"骨匕刻辞"第十个字是⚝字，⚝与⚝极其相似，其中 ⚝（戈）与 ⚝（戈）

的字没有异议，但对于 ▽ 与 ㅂ 的字，则完全就是两个不同的字。戎下的 ㅂ 其实是指 ロ（城邑），而在 ロ 的周围或者旁边，附加各种功能性的偏旁，那是不同历史的发展时期，强调在部落的外围，用于抵御野兽和他人入侵的措施。因此在甲骨文和金文中，就出现 ㄐ、回 和 回 等偏旁形，这也可能是木栅栏或土墙等，而远古称为的"万国""邦国"，就是众多群居的小部落，《周礼》注曰："大曰邦，小曰国，邦之所居亦曰国。"

而 ▽ 则是个倒三角形，关键是底下的锥度很长，像楔入在土地中的一种标签。所以在金文中对 ▽ 形的理解就更加具象化，比如：𢦏 字，是《殷周金文集成》02662的"口者乍旅鼎"中的字，其中 ▽ 与 ▽ 所不同的是，金文中的 ▽ 形是将其插 ╬（土）中。但在"口者乍旅鼎"中，对此字却没有释义，其实 𢦏 字就是金文时代，对 戎 字的最好解读。

以上足以说明：戎 与 或 不是同一个字，在《殷周金文集成》的 口尊（6014）中就有 戎 和 或 两个字同时存在于一篇铭文中的现象，这就更加肯定 戎 和 或 是不同含义的两个字。那么 戎 与 𢦏 字相比，在 ▽ 下方又多了一个 ㅂ，那又有什么寓意呢？其实这里的 ㅂ 字不是指人的口，同 或 字中的 ロ 字一样也是指城邑（ロ）。戎 的原义：是将 ▽ 插到 ロ（城邑）上，与插入 ╬（土）中是有稍许区别的，一个是有建筑物的城郭；一个是荒野平原的边界。所以与 戎 的组合字，大都是方位词，比如：东、南、西、中等。

我们再分析 𢦏 字，学界共识的释义是"戠"字。《说文》曰："戠，阙"、"阙，门观也"，指宫门或者城门上的标志。所以"戠"字在汉字发展的过程中，可引申出很多带标记含义的字，如：帜、识、枳、织、职等，这些都是同音近义的字。进化到现代字时"戠"又被"只"简化而取代。其中"戠"与"巾"组合，就是象征国家或军队的"旗帜"，《说文新附》曰："帜，旌旗之属"；与"耳"组合就是"听令"，是人以耳"识记"的各种职业，《说文》曰："职，记微也"；与"言"组合就是有"知识"，即能说会道、见多识广，《说文》曰："识，知也"；与"木"组合就是"木牌"，即用木做成的"标志"，《说文》曰："枳，弋也"；弋的本义：小木桩，"弋"古同"杙"，杙的本义：指用木桩揳入地中。如果 𢦏 变成 𢦔 形，那就像一个梭镖（戈）"穿梭"的动态感，这就与纺织有关了。所以金文中在 𢦔（豆闭簋）的后边，大都与"衣"字结合而组词，释义为"织"衣的活动。《说文》曰："织，作布帛之总名也"。

综上所述：戎 既不是 或 字，也与 𢦏 稍有区别，虽然都带有"标志"性的含义，但显然 𢦏 是指城邑具有局限性，而 戎 则是指界限具有广义性。所以 戎 引申的用途较广，凡是有"界限"的地方都可用 戎 字。虽然 戎 和 𢦏 的字形都可释义为"戠"字，但在释读时 戎 则偏重于"限""界""域""范围"等。

4. 诣 的甲骨文释义

"骨匕刻辞"第十八个字是 诣（五期佚518），诣是由 寅（寅或矢）、匕（匕）、甘（甘）组成，在甲骨文中，就有 匕（匕）、甘（甘）组合的 旨（旨）字。旨（旨）的本义是用匕子品尝美食。《说文》曰："旨，美也"。那么与 寅（寅或矢）组合又表示什么呢？旧释中大都将 诣 字释义为"知"字，但在释读时其意思却相违而无法解读。

早期甲骨文 交（交）、矢（矢）、寅（寅）三字极易混淆，但 交 像人的两条交叉腿比较好区别。而早期 矢（矢）、寅（寅）却是同一个字形，即 矢 字，到后期则多加个"口"形，表示箭穿了过去，所以"寅"的本义是"深"，字形变为 寅（林1.15.3）。商晚期到西周初期则又添加了"双手"，其字形为：甲骨文商晚 寅（存2735），西周早期 寅（献簋）。

《说文》曰："寅，居敬也"、"居，蹲也"，表示蹲着呈上或者敬献的含义；《尔雅》曰："寅，敬也"；而《说文》曰："矢，弓弩矢也"；《释名》曰："矢，指也"。以上说明："寅"表示敬重，而"矢"字可引申有去、到达、指向、实施等含义。所以无论是"寅"字还是"矢"字，其先人造 诣（诣）字的初文：就是用 匕（匕）把好吃的东西 甘（甘），寅（敬献）或者送到 矢（矢）年长者的 口（口）中，说的明白点就是"喂饭"的行为。

在《说文》中与 诣 相符的字形字义，就只有"诣"字，诣 笔者释义：诣字。《说文》曰："诣，候至也"，"骨匕刻辞"中的 诣 已验证了《说文》的解字；《苍颉篇》曰："诣，至也"；"诣"在古代特指：到尊长、朝廷去的谦称，此外"诣"字本身也说明，在商代就有尊敬、孝顺长者的中华传统。

那么反推 矢 能不能进化成 言（言）字呢？先看甲骨文 矢（矢）和 至（至）字，两个字义有时相同都有到达的含义，但 矢（矢）强调的是前去，而 至 强调的是到达。我们看"室"字：室（甲491）、室（甲2684）等，其中就有朝向相反的 至（至）字，只有到了西周中期时，才算基本定型统一为 室（吕方鼎集成2754）。

所以 矢 在与其他偏旁组合时，矢 箭头的上下字形也都存在，如 矢（京4777）、矢（京43.7）等。因为最终目的都应该是到达，故 矢（矢）就完全有可能换成 至（至）字，而且在衍变过程中，目标又都是送到 口（口）中，所以将 至 下面到达的 一（地），换成都能理解的直接送到 口（口）中，即变成 言（甲499）字，与 言（拾8.1）口中伸出舌头相比，还是比较接近的，故都释义为"言"字。

这说明 矢 可衍变成 至（至），再进化成 言（言）字旁，这既合情合理又完全有可能。在汉字进化过程中，后人为加深理解补充或改换明确的偏旁，既普遍又常用，再比较战国后的"诣"字：▨（包·楚）、▨（睡·秦）、▨（说文）。

5.《匕骨刻辞》的释读

笔者除新释义的字外，还对《匕骨刻辞》的部分词组释读如下：

① 王田：指商王分封的耕地。"井田制"出现于商晚期，《诗·小雅》曰："溥（普）天之下，莫非王土，率土之滨，莫非王臣。"这足以说明：王田＝王土＝王臣，所以"井田制"的实质，就是土地私有制、土地"王臣"化。

② ▨▨：指商品交换的指定场所、区域，其词组含义：商界、商贸、商业、商场等。《广雅》曰："商，度也"；《说文》曰："商，从外知内也"；段注："汉律志云：商之言章也。物成熟可章度也"，所以"商"字是指相互认可的商品交换。

③ ▨▨：指二十个家奴。《说文》曰："宰，罪人在屋下执事者"。所以"宰"字初文是指奴隶。▨（二十）与▨（丰）的字形不同，不能释义为"丰"字。

④ ▨▨：指"兄甲"，即长子、长兄、大哥。而称为"天子"则始于周代。《尔雅》曰："男子先生为兄，后生为弟"。商代的人之间或者兄弟之间的排列，是干支甲、乙、丙、丁……排序，而不是数量一、二、三、四……

⑤ ▨▨：商代晚期青铜盂内底铸有："寝小室盈"铭文，说明"寝小"是指寝宫。《尔雅》曰："宫谓之室，室谓之宫。释宫：室有东西厢，曰庙，无东西厢有室，曰寝，无室，曰榭"。后人将天子、诸侯的寝宫，都称为"小寝"，就是休息的地方，商代则称为"寝小"。

⑥ ▨：《说文》曰："易，蜥易，蝘蜓，守宫也，象形。《祕书》说：日月为易，象阴阳也"。商代当时属于亚热带气候，而蜥蜴又俗称变色龙，所以古代以"易"比喻：改变、变化、替代、交换等。而"易"为什么又称为"守宫"呢？《博物志》载："蜥蜴……以器养之以朱砂，体属赤，所食满七斤，治捣万杵，点女人支体，终本不灭，有房室事则灭，故号守宫"。原来作为"易"的衍生物，是专门"赐给"宫里嫔妃们验明正身的标记物，所以"易"引申出具有："赏赐""赐予""给"的含义，但与旧释中释义的 ▨（易）字却没有一点关系。

《骨匕刻辞》释义：壬午王田▨（释丙）麥▨（释橐），隻商▨（释截）▨（释咒），王易宰▨（释二十）寝小▨（释诣）兄甲，五月隹王六祀肜日（佚518）。

《骨匕刻辞》释读：壬午这天，将商王分封的田里所产的麦子，装入粮袋中，再带上在市场上交换来的一头犀牛，这些礼物由商王赐给的二十个家奴护送，前往兄长的寝宫处拜谒。时年：商王即位六年，五月，肜日。

结语：根据《骨匕刻辞》文体风格推断，这是发生在商晚期某个商王时代，是当时诸侯王之间礼仪交往的事，这也是某位嫡子要商议某事或某个节日、生日等前，前去拜访嫡长子的重要记事。至于商晚期是哪个商王、哪位王侯之间，以及嫡长子是否成为商王和礼物的轻重等，都值得去深入研究。

六、由甲骨文 ⌘ 衍生出行走中的字

古人所创造的每一个字，一定有其"看图说话"的原本义，所以理解造字人的初思维，才能正确地释义和释读甲骨卜辞。尽管流传至今的汉字，其引申后的含义和字形会发生微妙的变化，但其"遗传基因"不会脱离原始造字的初衷。所以必须用原始人的思维方法，还原其造字本义和推演来释义甲骨文，然后才能用学富五车的学识去释读卜辞，而能够释义和正确的释读，才是验证释义正确与否的试金石。

在释义卜辞过程中，对"衣食住行"中的甲骨文字，似乎相对容易理解，但发现未释义的字还有很多，故笔者对"行"和"彳"的部分未释字进行了释义和释读。但仍然还是不知哪些是未释字，所以仍以《甲骨文字典》作为唯一蓝本，如有与之重复相同之释义，亦可将本文作为此字的补充考证。甲骨文已确定的 ⼁（行）字，本义是指人走在四通八达的道上。《说文》曰："行，人之步趋也"，《尔雅》曰："行，道也"。所以 ⼁ 是所有"行"和"彳"的甲骨文字基础，就是说凡是带 ⼁ 和 彳 偏旁的字，大都与道路和"行走"这件事有关。

1. 甲骨文 ⌘ 字的释义

甲骨文字 ⌘（三期粹1543）是由 ⼁、夨、鬲 组成，其中 夨 的本尊是 大（大），大 的本义是指动态的大人，而小人（幼儿）则是 孑（子）形，显然 孑 形还不会站立奔跑。大 也不是静态的 立（释位）形，大 是一种随时而动的正面人形，大 往往与人的活动和行事有关。重点是在 大 的腿上特意加上了双脚 ⺈，这更加明确是大人在前行，关键是为什么要添加 鬲（鬲）呢？鬲 的本义是古代煮饭用的炊器。《说文》曰："鬲，鼎属"；《尔雅》曰："鼎款足谓之鬲"。因此鬲和鼎的区别在于足部，所以 鬲 的功能是生活中的炊具。而 ⌘ 字中的 鬲，很显然是跟随着主人在前行。

⌘ 造字本义是指人背着饭锅在行走（图2-1-13），这相当于军人背着行军锅在急行军，而古人的这种寓意则是迁徙或者搬家。远古既没有旅游也没有什么家私，在远古社会中的 鬲，就是生活中必备的家私之一，也是最典型的代表和象征。笔者将 ⌘ 释义为："侨"字。《说文》曰："侨，高也"。古人也

许因为河流涨水或食物困乏，或者去行军打仗等，需要迁移现居住地去高处或遥远的地方。"侨"引申：搬家、迁移、侨居、行军打仗等，现代语就是：华侨、侨胞等。

先分析 的衍变，金文单独的高字也是 形。但在金文的组合字中，![]中间的腿即 ![] 逐渐衍变成了 ![]（圆口），可能强调 ![] 是圆的形状，即衍变成 ![] 形。再比如：侨的偏旁"乔"字，甲骨文 ![] 中间的乔字为 ![]；金文的乔字则是 ![]，金文 ![] 比甲骨文 ![] 的形，不但简化成一只脚 ![]，而且 ![] 也衍变成 ![]；战国包山的乔字是 ![]；战国楚简的乔字为 ![]；篆文的乔字是 ![]。

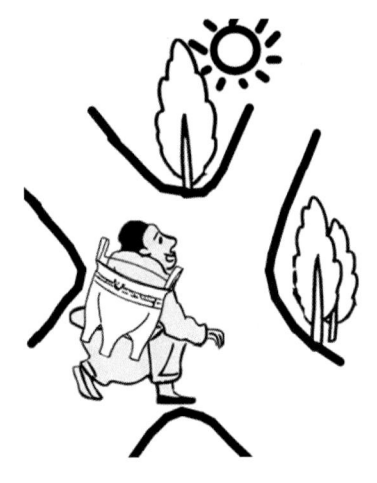

图2-1-13 侨的生活图

可看出"乔"的进化是由：![]（商）→![]（周）→![]（战）→![]（篆）。而 ![] 中的 ![]（行）字，进化也是由 ![]→![]→![] 形的衍变，古代"乔"与"侨"又相通，所以也就无所谓 亻 和 彳 了，因为简化后的字，没有改变最初造字的本义，所以最终定位为：侨。

举例："……弱 ![]（释侨）奉 ![]（释玉）其每……"（三期粹1543）。

释读："……奉上天的旨意：必须搬迁到水草丰盛的地方……"

2. 甲骨文 ![] 字的释义

![]（一期粹1322）字甲骨文是由 ![] 和 ![] 组成。先看已确定的 ![]（土）字，这是在地上（——）垒起来的土墩 ![] 形，那么在原 ![] 土墩上，再垒上一个土墩 ![] 呢？应该是比原来的土墩高了一层，就变成了这样 ![] 形，![]（土）一层叠加一层就成为高墙（远古称板筑）。![] 是甲骨文的初形，古人在刻写 ![] 的字形时，很容易逐渐进化为规矩的 ![] 形，但本义还是指高高的城墙，或者是建造土墙的房屋，土墙房 ![] 与原始居住房 ![]（释立）相比，展现的是一种社会进步。

同样的甲骨文字，由于单独和组合的区别，其字的衍变路径就有可能发生变化，有的虽然是不同的初形，但最终有可能进化成相同的汉字，然而其初文的含义却不同，所以必须溯源其初文本义。比如：现代的"圭"字，虽然也是两个土的叠加，但其原文却是由 ![]（释玉）进化而来，《说文》曰："圭，瑞玉也"。再看汉武威医简的圭：![]，就是由 ![]（玉）和类似 ![]（山）的形组成，强调的是 ![] 的造型，是"牙璋"，与 ![]（土）没一点关系，而 ![] 在进化

中逐渐衍变成"王"形。

笔者释义 㣙 为：街。《说文》曰："街，四通道也"；《三苍》曰："街，交道也"；㣙 的造字本义：是指城中四通八达道路旁的房屋。可以看出不论古今两边有房屋的道路，都称为城市中的街道，而甲骨文中的"彳亍"（道）字，则就不一定就在城中，因此"街"也代表着都邑（城市）。

举例："……㣙（释街）至……"（一期粹1322）。

释读："……到达街口……"

3. 甲骨文 㣙 字的释义

甲骨文 㣙（一期粹1307）字是由 ⾏ 和 ⺕ 和 ◇ 组成，◇ 像似矿山或者土丘的入口，而且是用 ⺕（双手）在掘进中，说白了就是人在挖洞，而 ㇏ 就是在 ⾏（前行中）挖掘的象形。但单独的 ㇏ 字形衍变到西周时，就变成了"共"字，比如：金文 ㇏（判共簋）、㇏（父已卣）等；参照秦睡虎地的"共"字：共；汉马王堆的"共"字：共；而甲骨文 㣙 中间的 ㇏（共）形，虽然也衍变成"共"字，但其本义却不是真正意义上的"共"字，而是指坑道在掘进中。

笔者释义 㣙 字为：衖字，"衖"古同"巷"字。秦睡虎地的 巷（巷）字，是指街巷已完成时，因为 ㇏ 的下边是 巳 字，《广雅》曰："巳，成也"。而 㣙 则是指进行时，因为 ⾏（行）形有一种前边还是"死胡同"的含义，但都是指城中的街道或者坑道。古人认为：直为街，曲为巷，大为街，小为巷。比如张衡《西京赋》曰："街谈巷议"，㣙 引申：胡同、街巷、巷道、坑道等。

举例："乙卯……羴……只……㣙……"（一期粹1307）。

释读："乙卯这天（卜），……（将）一群羊……一只（动物类）……（关在）坑圈里……"

4. 甲骨文 𢾗 字的释义

𢾗（一期前4.2.1）是由 ⾏（行）、丨（权杖）⺕（双手）组成，行进在 ⾏ 中间的 丨 物体，既不是动物形，也不是人的形，所以要用人的 ⺕（双手）来驱动，但不是在引"导"，这也绝非是等闲之物，其行为也非一般事件。分析已确定的甲骨文 癹（癹）字，它是利用 舛（双脚）形，而不是用 ⾏（行）形，且是用单手挚棒。《说文》曰："癹，以足蹋夷艸"，说明是在用脚和工具，进行耕种或者除草的工作，是手拿工具 丨 形在双脚中间活动的方式。

结合 𢾗 的甲骨文，这时的工具 丨 形则是在行进中，而且双手已离开，在汉代画像中有类似的实物图，但有点像神话故事。笔者释义 𢾗 字为：發字。《说文》曰："發，射發也"；《广雅》曰："發，去也"；战国包山的發：發；秦

虎地的發 ▨；汉马王堆的發 ▨；可见战国的字最接近汉画像，也最形象。再看發笔画中难理解的"弓"部分的进化：▨（商）→▨（战）→▨（秦）→▨（汉）。

举例："……令邑 ▨（释发）于 ▨……"（宁1.596）。

释读："……令其制作香酒，出发去收割香草原料……"

5. 甲骨文 ▨ 字的释义

甲骨文 ▨（一期乙443）字是由 ▨（行）、▨（大）、▨（人）组成。实际上呈现是人的正面和侧面，如果造字者的初衷只是要表达两个人的话，那么可以是 ▨（从）、▨（比）、▨（北）、▨（并）的象形出现，显然 ▨ 的表达方式，绝不是指两个人这么简单，也不会以上下两个 ▨ 字形成呈现，一定具有其不同的含义。

那么 ▨ 中的 ▨（大）字，前边已指出是表示正面动态的人，但不是静态的 ▨ 位，另一个 ▨（人）的形，则是人朝向左右的一个方位。如果再圈上 ▨（行）字，就表示人既可以向正面走，又可以向侧面行，寓意是人可以纵横地行走。如果将 ▨ 和 ▨ 的位置，由平行换成上下关系的话，而且换位在甲骨文中较常见，那就可推演变成 ▨ 形，显然这样表达就更明确些，也许这样的异形字还没被发现。

笔者释义 ▨ 字为：衡字。《广雅》曰："衡，横也"；《礼记》曰："犹衡之于轻重也"。战国《考工记》曰："衡任者，五分其长，以其一为之围"、"鼻寸，衡四寸"；通过对《考工记》整篇分析可知：长短谓之衡，轻重谓之权。衡字可引申：权衡、平衡、纵横、衡量等。

那么现代汉语的衡字，为什么衍变多出一个"田"字呢？先分析毛公鼎中的衡：▨，西周时 ▨ 的中间还不是类"鱼"形，而是上下两个人，在 ▨ 的中间加了个 ▨（日）字，即：▨ 形。古人认识到：丈量物本时要在阳光（▨）下，强调不能在黑天或者阴雨天，所以在衍变中加上了 ▨（日）字。因此，不能把 ▨ 看成"鱼"，更不能把 ▨ 中的 ▨ 看成"鱼"字，因为甲骨文和金文的鱼字，都是不变的象形 ▨ 字，▨ 只有进化到现代版本时才成为"鱼"字，比如：鲁字的甲骨文和金文都是 ▨ 形。再看秦睡虎地的衡：▨；汉马王堆的衡：▨；只有到东汉和三国时，▨（魏孔羡碑）才是 ▨ 形。

那么"衡"字上下两人的中间，为什么由"日"又衍变成"田"字呢？这是因为在原始社会还没有测量工具，都是用脚步去丈量土地，如商晚期实行的"井田制"，到西周中晚期才发展成熟，规定把长、宽各一百步的方田称为一"田"，而丈量一"田"的标准，则是人能纵横行走的"衡"，而"衡"引申其他意义才是指长短宽窄。衡主要目的是丈量田地，所以"日"衍变成"田"字，而"田"字上的 ▨（人）字，本身就是甲骨文 ▨ 字的缩小原版本，而且最终

进化为 ⁊。

举例："戊子卜員弗……来⽻（释衡）"（一期乙443）。

释读："戊子这天占卜，（为）矫对物数（的准确）……（用？）来衡量"。

6. 甲骨文 ⽻、⽻、⽻、⽻、⽻ 字的释义

这些甲骨文字的共同特征是：都有 ⽵（行）字，只是中间组合的字不同，是 ⼈、⼈、⼈ 的人类，或是驯化的 ⽜（牛）、⽺（羊）、⾗（猪）的禽类。还没有发现 ⼨（象）、⻁（虎）、⽝（狐）等，因为这些是人工饲养不了的动物，说明这类甲骨文字是指人或者驯养的动物，正走在去放牧的道路上。

在动物世界里，有的种群有统治地位的首领，如羊群中有领头羊，而对于牛、猪等无群主的动物，有时就需要人来引"导"。所以在 ⽵ 的甲骨文中，就需要在人或者动物旁加 ⼨（手）。比如 ⽻ 形，与 ⼨（丞）相似，都具有引导和拉的本义，只不过是在 ⼁（坑）里和 ⽵（道）上的区别，而且这双手都是别人的手。

甲骨文 ⽜（牛）和 ⽺（羊）等的象形，都是有兽头的古代简笔画，《说文》曰："头，首也"。而《说文》所解读的首，则是所有头的统称，也包括人的，如果强调是牛，则用牛首。而甲骨文的首是 ⾸ 形，到西周时的首有 ⾸（沈子簋）、⾸（师遽簋）、⾸（散盘）等，已变得古怪而"四不像"了，秦始皇统一六国汉字时，才将各种头的象形，都统一归为 ⾸（首）字。

笔者释义 ⽻、⽻、⽻、⽻、⽻ 等类似的字，都归类统一释义为："衕"和"導"，"衕"古同"道"和"導"字。《说文》曰："道，所行道也"。如果原字再加上个 ⼨（手），比如：甲骨文的 ⽻ 和金文的 ⽻（曾伯簋）、⽻（散盘）、⽻（禹鼎）等，可释义为"導"和"衕"字，"道"和"導"可以通用。"衕"字引申：道路、途径、道理、方法、引导等。郭六楚简的导字：⽻；秦睡虎地的道字：⽻；汉代马王堆的道字：⽻、⽻；虽然"衕""道""導"的初文含义都相同，但在《尚书》中是 ⽻ 和衕字，在《碧落碑》《晋书》中也是 ⽻ 和衕字，都可释义为"道"字。

以上是在 ⽵ 中有人类和走兽，那么有没有飞禽呢？或者有没有其他的东西呢？在远古人的生活中，当然有这样的自然现象，比如：水流动的渠道也要"行"，"天高任鸟飞"也得"行"，随即就造出这样的字：⽻（衍）和 ⽻（衢），《说文》曰："衍，水朝宗于海貌也"，"衢，四达谓之衢"。衍是由 ⽵（行）和 ⽔（水）组成，衢（甲骨文暂没发现）是由 ⽵（行）、⽬（目）、⾫（隹）组成，说明 ⽵ 中间可以包罗万象，但一定都与行这件事有关。

以下是对 ⽵ 中，仅见的有牛、羊、猪、人的几段卜辞进行释读：

举例1："……貞，令 ⽻（释衕）哉……"（前6.23.6）。

释读1："……结论：令其在通往宫殿门前的道上……"

举例2："辛酉卜，⊕（释籏）贞，在𧘇（释衒，不释徉）萑……"（明682）。

释读2："辛酉这天占卜准备弩箭的事，结论：生存于道边草丛中（的）……"

举例3："……告……屮（旧释有）𧘇（释衒）……"（一期前6.23.3）。

释读3："……告知（应该）……聚集在道上……"

举例4："癸巳卜……88（释丝不释丝）𧘇（释导）……"（一期后下30.5）

释读4："癸巳卜……（用）幼小的（动物）诱捕（或引导）……"

7. 甲骨文 𧘇 字的释义

甲骨文𧘇（三期库38）字是由 彳（行）、夂（夂）、大（大）所组成，《说文》曰："夂（夂），从后至也"，夂（夂）古同"终"字。夂 实际上是个反向的脚，分析 𡗗 的含义：本义是后退，即从某处返回某位置（大），显然这个动态的 大 形不是在前行，即 大 形，而是在 大 之上加反向的脚 夂，即 𡗗 形，也不是静态的人 立，而是随时行动的人 大 在后退，包括在路上、山上、水中、树上等，所以才用不固定的 大，而不是用静态的立。

𡗗（后退）→𢆉（汉）最终进化为篆文 朮（术），𧘇 笔者释义：術字。《说文》曰："術，邑中道也"；《广雅》曰："術，法也"；《广韵》曰："術，技术"；𧘇 的造字本义依然是指在行走的路上，但不是指前行，而是指要后退到某个位置，古人为狩猎和打仗的需要，而进行的一种有进有退、能攻能守的战术和策略。"術"古同"术"，古代文献对"術"的解字，也都符合甲骨文最初的造字本义。

自古就有"得道"和"有術"之说，衒（𧘇）为行走的道路，術（𧘇）为行走的方式，都是行进中的变化。"術"引申指：道路、方法、战术、策略、计谋等。再看"術"的传承，战国睡法地的"術"字：𧗟；汉银雀山的"術"字：𧗟；篆书的"術"字：𧗟。"術"古又通"述"，《说文》曰："述，循也"，说明"述"是行走中的战术，其含义与"術"同理。

举例："丁丑卜……𧘇（释術）𠂤（释收，不释共）……"（三期库38）。

释读："丁丑这天占卜，……（用？）战术夺取……"

8. 甲骨文 𧗠 和 𧗞 字的释义

甲骨文𧗠（二期明166）字是由 彳（行）和 中 组成。先看古陶文 丫、干字，这是远古人的一种捕猎工具，甲骨文延续古陶文的基本形，如 丫（三期屯南173）形，金文的 干（毛公鼎）形，而且以上都已确定释义为"干"

字。那么随着时代的发展，有的工具会变得更加先进，如变成 ᛙ（一期甲2926）、ᛙ（四期粹73）、ᛙ（一期乙3787）形，但都释义为"单"字，《说文》曰："单，大也"，单的本义：是指比 丫 更厉害的狩猎工具或者武器，所以也可以把 ᛙ 形，视为又一种先进的工具。

比如："门"字里加甲即"闸"字，和"门"字里加单即"阐"字，《说文》曰："阐，开也"，"闸，开闭门也"。说明"单"这种武器，具有攻击性，可打开门，而"甲"这种武器具有防守的"盾"性，可开可不开，比如会稽刻石的甲字 ᛙ，这也是武器中矛与盾的一例。

在甲骨文中还有类似的字，如：ᛙ（一期明2721）形，同 ᛙ 字形相似，而甲骨文 ᛙ（行）和 ᛙ（彳）的形意又基本相同，《说文》曰："彳，小步也"。ᛙ 应该是 ᛙ 的简化异体字，可将 ᛙ 和 ᛙ 释义为同一字。ᛙ 字显而易见，伴随 ᛙ（彳）的是ᛙ火把形，也许古人在甲骨上，刻写 ᛙ 的多笔小字时，将 ᛙ 形逐渐简化成 ᛙ 形的可能，可以推演：ᛙ→ᛙ→ᛙ→干。

古人在街道旁插上火把，就是现代版的路灯，就好比今天节日里的张灯结彩，这是在营造一种欢天喜地的气氛。《周礼》曰："凡邦之大事，共坟烛庭燎"，郑玄注："坟，大也。树于门外曰大烛，于门内曰庭燎，皆所以照众为明"。这充分证明：商周时期社会上的大事，确实都是用大小火炬来营造气氛的。

但不论火把也好还是武器也罢，在组合字中只不过是一种庆祝的工具和形式而已。如果认为 ᛙ 是一种武器，也可能由于其特殊性，决定了其具有权威性，只是还没有被考古发掘来证实。如果认为 ᛙ 是个火把，那么往地上"插"火把的行为，就如同刀枪类武器也是广义上的"干"。根据以上推论，笔者将 ᛙ 也释义为"干"字。如前所述，虽然最终都进化为"干"字，但其初文含义却各有不同。

ᛙ 造字的本义是 ᛙ 行进中或者是在街道旁展示的火把或狩猎工具，即 ᛙ 或者 ᛙ 形，相当于现代版的"张灯结彩"，或者是在灯火通明中的庆祝游行，也表示节日或是狩猎、打仗凯旋，这也许是远古人庆祝的一种方式。笔者将 ᛙ 和 ᛙ 都释义为：衎。《说文》曰："衎，行喜儿"，《尔雅》曰："衎，乐也"，引申：愉快、安定、喜悦。

举例："……卜，中……雨夂（释夂）……我又ᛙ……"（二期明166）。

释读："……（占）卜，中部……即将迎来一场雨……（给）我们再一次带来喜悦……"

9. 甲骨文 ᛙ、ᛙ 字的释义

（1）ᛙ 字。

ᛙ（五期前2.6.7）的甲骨文字是由 ᛙ（彳）、ᛙ（京）组成，ᛙ 字中的 ᛙ（京），与单字 ᛙ（京）有微小差别，但 ᛙ 的本义没有改变，都是指"高大建筑物前的一条大道"。在汉字进化过程中，👤 和 👤 有不同的结果，在组合字中的 👤 形，可进化为"余"，而单独的 👤 字形，则可进化为"京"。在甲骨文进化到篆文的漫长岁月里，类似现象经常出现。

笔者释义 👤 字为"徐"字，《说文》曰："徐，安行也"，《战国策》曰："入而徐趋"，"徐"的本义：指缓慢地、安闲地步入城门或者殿堂，引申：慢慢、徐徐、悠闲、陆续等。再对比一下各时代的徐字：甲骨文的徐字：👤；古陶文的徐：👤；秦睡虎地的徐：👤；汉代马王堆的徐：👤。

（2）👤字。

在所举例的卜辞中，出现了 👤 的未释字，👤 是由 👤（舟）和 👤（人）组成。具体分析：👤（舟）在江河湖泊中，行使 👤（舟）的是人，而此 👤 人的形象是蹲坐在船边，且头上扎着装饰物，重点是点缀的一双眼在观望，这是一个明显的古代猎人形象。那么再想象一下人在湖泊中划船，眼前一定是一望无际、辽阔明亮的湖水。

👤笔者释义：朗字。👤（舟）在前节已阐述过，进化之一的就是 👤（月）字，而 👤 形暂"越过"金文，直接进化到篆文为 👤（良）形，《说文》的 👤 字："朗，明也"。古文中还有其他 👤（朗）字，至于 👤（人）在 👤（舟）的左边，还是右边都不重要，其 👤 的本义完全没有改变，朗引申：明朗、爽朗、晴朗、开阔等。

举例："丁酉卜贞，翌日，己亥王其射 👤（释朗）麓，鹿、麋鹿其已 👤（释徐）夂，王弗每"（鄴1.40.7）。

释读："丁酉这天占卜的结果：在不久将来的己亥这天，商王可到开阔的山林中去狩猎，那时的季节，像鹿、麋鹿等动物就会陆续前来，商王就不必在草丛中猎捕小动物了"。

需要指出：竖写甲骨文 👤 的字，是 👤 和 👤 两个字，而不是一个字，但不论 👤 是一个字还是两个字，其解读的含义都相同，本义都表示"缓慢地到来"，所以也可认为 👤 是 👤 的异体字。

10. 甲骨文 👤 和 👤、👤 字的释义

（1）👤字。

甲骨文 👤（一期前7.14.2）字是由 👤（彳）、👤（立）、👤（廾）组成。👤（廾）字已确定，其本义是握持，《说文》曰："廾，持也"。👤 的象形字是一个跪着的人，而且突出双手捧着的姿态，这说明一定是奴隶或者下人，是在服务或者奉献什么。所以在 👤 的手上，由各种物件组成了不同的甲骨文字，比如：👤、👤、👤等。

👤（立）前节也阐述过，具有搭建、设置等含义。那么 👤（廾）手上奉

献的 🀙（立），其本义是在表达什么呢？很显然表示正在行进中，某处需要搭建什么才能通过。徛 笔者释义为：倚。《说文》曰："徛，举胫有渡也"。《尔雅》曰："徛，步桥也"、"徛，石杠谓之徛"。《广韵》曰："徛，立也"。徛 的本义：是行走在桥上，寓意是在行走的路线中，如遇到山沟、河流时，依靠架桥就可以通过。引申意思与倚的含义也相同，即：立在、依靠、依照、倚仗等。

那么 徛 的组合字中，最容易改变的就是 彐（彑）字了，而且还是双手的最大变量。在刻写 彐 的过程中，逐渐有这种 彐→⺕→叫 进化的可能，所以 彐 的双手可衍变成当时认为的"石头"，即 叫 形，寓意可用放在水中的石头来渡河。而且是由 奇（商）→ 奇（战）→ 㝿（汉）的进化。再参考战国包山楚简的徛和倚字：俞、㑳；汉马王堆的倚字：㝿；古代徛和倚的含义相同。

举例1："……嫔（嫔）徛（释徛）牡（牡）……"（续2.23.3）。

释读1："……嫔妃以食公牛……"

这段残缺不全的卜辞，可能是说某嫔妃，做出什么贡献后，应该享受的待遇，或者是一种原始的习俗。《说文》曰："牡，畜父也。"《国语·楚语下》曰："天子食太牢，牛羊豕三牲俱全，诸侯食牛，卿食羊，大夫食豕，士食鱼炙，庶人食菜。"

（2）槀、槀字。

释读例2 徛 的卜辞时，在仅有的五个字中，就有三个是未释字，其中 槀 和 槀 也是未释字，因 徛 的卜辞就此两则，为验证 徛 的可识读性，对其另外二个未释字，也进行深入研究和整理，其释义和释读如下：槀 是 亯（亯）和 京（京）叠加组成，亯 古同享字，《说文》曰："享，献也"，槀 本义是在 京 的基础上，再"奉献"（建造）一层，这里指宫殿的建筑。槀 笔者释义：槀字，《说文》曰："槀，木枯也"，许慎的解字是"木枯"，但并不是指枯朽的树木，而是指伐木后去掉枝叶的树干，即使现在建造 冂 形的平台和房屋，也需要这样的光杆木材。

但《说文》对"槀"的解字，也只是解读了其中的一半含义，另一半含义应该是：用"槀"建造起来的楼房。槀 的本义：是指用树干和草秆搭建起来的高楼，槀 的字形也非常明显，是具有二层结构的建筑，《说文》曰："楼，重屋也"。而建造 槀 的建筑师，或者管理皇宫 槀 楼里的事物者，古代称其为"槀人"。《周礼·槀人》曰："槀人掌共外内朝，食者之食。若飨耆老、孤子、士、庶子，共其食。掌豢祭祀之犬"。《尚书·槀饫》曰："槀，劳也。饫，赐也"，"槀饫"有犒劳之意，"槀"古同"槁""槁"。

《周礼》中所说的外朝，在汉代时称为"百官会府"，包括各官署和丞相府。《周礼》中的槀人，则是负责内外朝的老人、孤儿、妾子等衣食住行的官员。再看槀字的进化：战国郭简的槀字：■，汉马王堆的槀字：■，再参照类似字：槀（稿）字，秦睡虎地的稿字：■，都含有■的初文本义。

（3）■字。

例2卜辞中的■字是由■（五）、■（百）叠加组成，《甲骨文字典》仍标明是未释字，可能因为在■和■的中间，有‖形的连接，笔者仍然释义为数量词"五百"，可能是犒劳或者赐予什么东西的物数。可参照甲骨文、战国缯书的五：■、■；甲骨文、战国楚简的百：■、■。

举例2："……子子■（释槀）侍（释侍）■（释五百）……"（前7.14.2）。

释读2："……（内外朝）所有的孩子，交由槀人管理，（赐）五百……"

七、商代"火爆法""羴女""槀人"等最早的佐证

有些甲骨文字由于社会发展和生产生活的变化，可能会变成"死文字"。但这种没有生命力的文字，其意义也不是很重要了，没能传承下来或被其他字所替代，这是正常的自然淘汰法则，即使现代发明的新词汇也一样。请相信：能成为永久语言的常用字，一定会代代传承。按时间逻辑推理：甲骨文字一定包含在《说文解字》中，即使该字没被录入其中，但至少也应该有相应"古同的字"，或者是异体字被录入。东汉·许慎在《说文解字》中仅收录了225个籀文以及240多个的石鼓文字，这说明有些字在汉代可能就已失传了。但毋庸置疑《说文解字》是汉字的一个里程碑，是汉代学者对当时字义的诠释，也是汉字传承中的一个重要驿站。

按字形进化推理：甲骨文传承至今的汉字，至少应保留原甲骨文字中2/3的组合字或偏旁。《说文解字》中有的字义，虽然还不够完善和难于理解，但相信那一定是有根有据的解字，只是我们暂时还没弄懂其字的当时社会背景而已。至于各释义字在文献中的应用，随便查找就可罗列很多。笔者认为，只要是《说文解字》中出现的字，其他的就可迎刃而解。

1. ■的甲骨文释义

通常先民们所创造的组合甲骨文字，就是在描写某一个事件或者一种行为。在前面已释读过 ■ 和 ■ 等字，所以第一眼看到这个未释的甲骨文字时，心里就非常兴奋，深知其意义非常重大，我想这样的简笔画，稍微提示谁都能读懂它。

■（一期佚746）由 ■（火）、■（水）、■（凸出的岩石）所组成，其■字中"水"的字形，呈从上而下的水帘 ‖ 状，显然这不是河中的流水 ■ 形，

但仍可视为雨水的 ⅋（水）字。而 ⋓ 就是个"火"字，或者进化为 灬（四点底）的火。因此只有 ♁ 的字形存在不确定的衍变。

♁ 的原形应该是 ⦵ 的变形，可看作是垒起的高土墙，也可看作是峻峭的山石，除进化为"圭"字外，还可进化为：♁→⩕→⩕→⩕→共字，这是由甲骨刻笔的 ♁ 形，衍变到战国汉代用毛笔手写时，其逐渐进化的结果也是寓意挖矿石、凿洞等的 ⩕（共）形。这只是后人把开采矿石的事件描写得更加清晰而已，但其"破石掘进"的本义没有改变。

采用逆向的思维法来解字，那么火、水、共能组成什么字呢？很显然这是个"爆"字，在《说文》中也别无其他选择，⚡ 笔者释义：爆字。我们再回头看 ♁ 形，当时商代河南地区的自然界，不是沙漠的地理环境，所以既没有像蘑菇状凸出的风蚀土堆，也不是原释义认为的 ⼁（树木）形，而是指地上凸出的一个山石。所以 ♁ 既不是土丘被风蚀状，也不是 ⼁（树）形，也不同于单独的 ⦵（土），将 ♁ 的字形放在组合中，可视为岩石或者垒土筑墙的缩影。

先民们最初创造的 ⚡ 形，就是传说中古人用"火爆法"在开采矿石。甲骨文的 ⚡ 字则是这种方法的简笔画，古代也称为"火烧水激"法。而且在甲骨卜辞中，还真用在了开采玉石上，这更加辅证了 ⚡ 的字形字义。

"爆"的本义：是指用"火爆法"在挖矿，以及炸裂时所发出的声音。其 ⚡ 的字形，也反映出这种"火爆法"工艺，就是往烧灼的石头上浇水（图2-1-14）。发展到篆文时代，又在 ⚡ 形的基础上，在最上边多加了个 ⊙（日）字，即特别强调：在烈日暴晒下或者大晴天，用大火烧灼一段时间后，再往石头上浇水的行为。央视在走近科学的《石门悬疑》节目中，对"火烧水激"法做过试验，其结果充分证明：这种热胀冷缩法不但能使石头酥裂，并且其瞬间产生的水蒸气和石头炸裂时，还能迸发出"爆"的混合声。所以甲骨文 ⚡ 的字音和字形，完全符合"爆"字的本义。

⚡ 衍变到篆文时代，已经把 ♁ 两边的四个水滴 ⚡，进化成米粒 ⦙⦙⦙ 形的 ⦙⦙⦙（米）字，即 爌 字，但这完全背离了原造字的本义。至楷书时代，文人认为这与实际不符而又无法释义，才又把它恢复到 ⅋（水）的本义，即 爆 字。《说文》曰："爆，灼也"；《广韵》曰："爆，火裂"；引申：爆炸、爆破、爆裂、爆发。当火药发明之后，还依然沿用这个古老的"爆"字，这已经成为约定俗成的字，但在现实

图2-1-14 爆的实施图

中如果有水，炸药是不易被引爆的。

举例：……贞重 ☒（释爆）令从 ☒（旧释璞）周十月……（后下37.4）。

释读：……结论：只有用"火爆法"来周密布点，才能在十月完成璞玉的指令。

《史记·河渠书》曰："蜀守冰，凿离碓，辟沫水之害，穿二江成都之中。"传说李冰就是用"火烧水激"法，凿开"离碓"修成了都江堰。但直到《后汉书》中，才有褒河谷石门隧道是"烧石翦木，开漕航道"的记载。而 ☒ 和这段甲骨文则证明：早在商代就已发明创造了"火爆法"，并有用此法进行开采璞玉的卜辞记录，其意义相当重大。

2. ☒ 的甲骨文释义

☒（二期后上11.2）是由 ☒（马）、☒（在马肚下呈蜷曲状）组成。那么在马的肚下，☒ 是什么？又在干什么呢？笔者认为，☒ 是小马的站立状，而且是头歪扭吃奶的象形简笔画，是小马的嘴与马腹部接触，并且还有两个明显的小马蹄。

显而易见：这是小马在吃母马奶的一种行为，因为马肚是开口状，所以排除是怀孕的马。☒ 笔者释义：驹字，《说文》曰："驹，马二岁曰驹，三岁曰駣"。实际上小马驹的哺乳期，

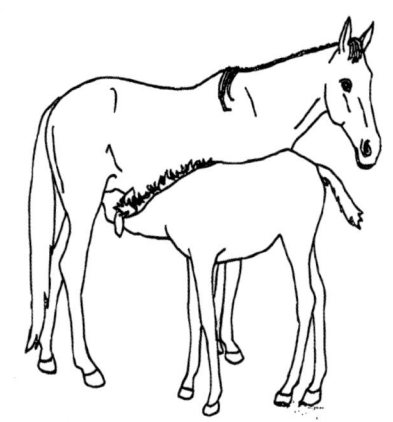

图2-1-15 驹的生活图

大概只有半年到十个月的期限，所以还在吃奶的小马驹，不但需要母马的保护，而且也经受不了大风大浪等极端的环境。

古陶文的 ☒（驹）字非常直接和直观，就是在马肚下加个 ☒（口）字，是表示用嘴吃奶的简笔画（图2-1-15）。金文的驹：☒（师奎父鼎）、☒（兮甲盘）等，是由甲骨文的 ☒ 形进化成 ☒（句）形，但突出是用 ☒（口）在吃奶，而且衍变成来回的 ☒（勾）形，寓意小马驹吃奶是不断来回反复的行为，也是在说小马驹在母马的肚下，身体呈弯曲状吃奶。《说文》曰："句，曲也"，到汉代 ☒（居延简牍）基本定型。

举例1：丙申卜行贞 ☒（释玉不释王）其田亡 ☒（释川不释灾）在 ☒（释驹）（二期后上11.2）。

释读1：丙申这天占卜出行这件事，经与天地沟通的结果是：在行走其田野川泽时，小马驹会消失在川流中。

举例2：乙未卜行贞 ☒（释玉不释王）其田亡 ☒（释川不释灾）在二月

在 ☷（释驹）卜（后上11.2）。

释读2：乙未这天占卜是否可出行一事，经与天地沟通的结果是：二月的田野川泽，小马驹行走会被淹没。

分析以上类似的例1和例2的卜辞，这应该是同一块板上的两段占卜。在时间上：一个是乙未卜，另一个则是50天后的丙申卜。这是只针对小马驹，能否跟随母马远行的占卜，即例2第一次乙未日的"☷卜"。经与上天沟通的结果却是：在二月时占卜不行，到50天后的四月时，再次占卜也还是不行。

3. ☷ 的甲骨文释义

甲骨文☷（一期续存1.723）字由 ☷（马）和 ☷（鱼）组成，然而马和鱼，既不是食物链，也没有任何关联性，而且一个是在河里一个是在陆地上，这两种毫不相干的动物，先民们却把它们组合在一起，那么这个组合后的甲骨文字，其本义是在表示什么意思呢？

虽然商代已进入农耕社会，但渔猎依然活跃，生活还与鱼相关联。况且3000年前的河南，还生存着像大象、犀牛等野生动物，是一个原始热带雨林的生态环境。那大江大河里生存着各种鱼类，也就不足为奇了。像这种 ☷ 形，其实是什么类型的鱼并不重要，重要的是它能在水中疾驰如箭地游，还能跃出水面腾飞，如同"鲤鱼跳龙门"的形态，再看看 ☷ 还能进化成什么形？

在金文中相似于 ☷ 形的有：☷（子仲匜），☷（吕东父匜）等"它"字。金文中最初的"它"和"也"是相混淆的，基本都是 ☷ 及其相似形，比如：☷（弔上匜）、☷（楚嬴匜）、☷（季口車匜）字中的"也"字。而 ☷ 衍变成"匜"字，表示 ☷ 的使用功能，是一种便于倾斜倒出的器皿。☷ 的本义：是将活 ☷（鱼）放进盛水的 ☷（皿）中待用，相当于现代的鱼缸，以后引申为专用沃盥的盛水礼器。

纵向对比，秦睡虎地的"它"字：☷；汉马王堆的"它"字：☷；秦汉时的 ☷ 与金文的 ☷（也或它）字相似。汉字只有到了东汉的篆文时代，才将"它"和"也"字彻底分清楚，一个是开口状，即：☷（也）形，一个是封闭状，即：☷（它）形。那么不论哪种字形，同 ☷（马）组合起来看能是什么字呢？很显然一个是"驼"字、一个是"驰"字。然《说文》中，还没发现"驼"字，采用时间断字的排除法，☷ 也只能是"驰"字，☷ 笔者释义：驰字。《说文》曰："驰，大驱也"，本义指车马疾行。

再从字形上分析：鱼在水中游或跃出水面，都具有飞驰、跳跃的含义。而古人造 ☷ 字的本义，也是希望 ☷（马）像水中游的 ☷（鱼）那样，也能疾驰如箭的奔跑（图2-1-16），这应该是汉字最初的比喻字，堪称汉字原始的形容词，再比较汉代的驰：☷，篆文的驰：☷。

举例：……贞乎田于🐎（释驰）……（存1.723）。

释读：……结论：让骏马奔驰在田野里……

4. 🐎 的甲骨文释义

🐎（五期佚970）是由 马（马）、🧍（释位）组成，此甲骨文字相对比较容易理解，但《甲骨文字典》中标明是未释字，如果证明该字已被释义，本条亦可作为此字的补证。🧍（位）的本义是人站立不动的位置，而 🐎 不是 马（马）旁边的 大（大）形和 人（人）形。所以马旁边的 🧍 形，是借助于人的 🧍（位）字本义，是说马停在了某个位置。

图2-1-16 驰的比喻图

🐎 的造字本义：是指马停止前进的位置，也可以理解马站立的地点（图2-1-17）。常识告诉我们：马休息和睡觉时都是站立的，马是不会躺着休息的。所以马行走时就是工作，马站着时就是休息。🐎 笔者释义：

图2-1-17 驻的生活图

驻字，也寓意"驻马店"。《说文》曰："驻，马立也"；《仓颉篇》曰："驻，止也"；而 🧍 在以后的手写中，可能有如下的理论演变，即：🧍→大→主→主 的进化，就如同论证 玉 进化成 玉 一样。所以 🧍 不论从解字，还是可能衍变的字形看，都包含有 🐎（驻）的初文。

举例：……更 🐎（释驻）🌾（释饲料）用……（佚970）。

释读：……在驻马店处停下休息，再给马喂点的饲料……

甲骨文 🌾（米马）形表达也非常明晰，是马和一种饲料的组合，"米马"可能是商代马饲料的一种名称。估计这种草料和称谓，到汉代"汗血宝马"时就过时了。👁（释眔），《说文》曰："眔，目及相也"。👁🌾：表示马的目光（👁）触及的是饲料（🌾），寓意是指马在低头吃草料，也是休息吃饭的一种行为。

5. 㜥 的甲骨文释义

甲骨文 㜥（一期甲211）字由 ㄓ（女）、㘗（泪）、㽞（心）所组成，其中甲骨文 㽞（心）与 㠯（貝）的字形极其相似，只是 㽞（心）的底部与 㠯（貝）的底部，是尖形封口和凹进半开口椭圆形的区别。尤其在组合字时，对用刀刻画小字的 㽞（心）与 㠯（貝）的字形辨认，就要更加注意和区分。

图2-1-18 㜥的生活图

㜥 的本义也非常清晰，是一位女子心痛得在流泪（图2-1-18），那么什么情况下，才能让女性伤心到如此地步呢？按心理学分析：在人的情感中尤其是女人，通常在丧事、患病、生活绝望时会悲伤地痛哭，古人和今人都一样。而甲骨文 ㄓ（女）字形，一般不会进化成其他字，那么看 㘗（泪）和 㽞（心）能有什么变化？其 㘗 中的 㘎 字，按常理可进化成：臣、目、罒 三种态势，而眼睛下的三滴泪，可进化成连笔的 㣺 和 㣺 形。所以 㜥 的字形中，只有 㽞（心）是个变量，进化后含有不确定性。再看进化到金文时代的心：㽞（克鼎）；战国包山的心：㽞；秦睡虎地的心：㣺；汉马王堆的心：㣺。

再看相似的字，战国包山的衣：㐺；秦睡虎地的衣：㐺；汉马王堆的衣：㐺；篆文的衣：㐺。再分离各时期"衣"的下半部：㣺（甲·佚940）㣺（颂簋·西晚）→㣺（望·楚）→㣺（睡·秦），再与"心"比较：㽞（商）→㣺（秦）→㣺（汉）→㣺（篆）。说明衍变进化到篆文时，其 㐺（衣）的下部，即 㣺（仒）与 㣺（心）字形极其相近。由此可推论：在甲骨文的组合字中，其 㽞（心）的偏旁，完全有可能进化成 㣺（仒）形。

㜥 笔者释义：嫈字。《说文》曰："嫈，材紧也"。"嫈"古通"荧"，"荧"是指孤独、可怜、无助。进化到金文时代的嫈字，还依然是 㜥（曾174楚）、㜥（新甲3.204）形。但在《说文》中，符合女、罒、心或者衣结构的字，却只有 㜥（嫈）字最为接近。到篆文时代的文人，认为伤心就会哭出声来，所以在心上又多加了个 㗊（口）字。

远古的"嫈"字，不是现代意义上《甄嫈传》中的嫈女，而是一种形容孤立无援、贫困潦倒的女子。广义上讲是女人在生活中面临断水断粮的困境，或者是大灾大难所带来生活物资上的紧缺。《春秋传》曰："嫈嫈在疚"。《说文》曰："疚，贫；病也"。

举例：丁丑卜帝 ☒（释㜇）力……（人3166）。

释读：丁丑这天占卜，为赶走贫困带来的痛苦，（就要）尽力……

6. ☒ 的甲骨文释义

甲骨文 ☒（三期库1716）字由 ☒（女）、☒（目）、☒（大）组成，是具有非常明确含义的三组合。在 ☒ 的甲骨文中，其侧面女性（☒）和另一个正面女人（☒），以及突出面部（☒）的字形中，只有代表人脸部的眼睛（☒），才具有多层面的含义和衍变。

一般在甲骨文的组合字中，都是用眼睛（☒）来代表首（头），尤其是在各种动物类字中。但甲骨文代表

图2-1-19 媜的生活图

首 ☒（合集13613）、☒（合集693）等的象形字，都有点吓人和怪异。随着社会的发展和进步这种简笔画的首字字形一定会衍变。所以到了金文时代的"首"字，就已经发生了变化，如 ☒（令鼎）、☒（史懋壶）等，看起来比较接近篆文的"首"字了。但古代"首"的单独字形，并不代表人的脸部，而是代表整个头部，唐代以前还没有发明"脸"字，而甲骨文是以 ☒（面）来表示脸部，但在甲骨文的组合字中，通常是以 ☒（目）代表 ☒（面）和 ☒（首）。

☒ 中的眼睛 ☒ 形，因为是以组合字形式出现，理所当然是代表人的头部，但主要还是强调面部。再分析 ☒ 的字形字义，虽然这是二个女人的形象（图2-1-19），但却代表了某些（一群）女性，在展示各自的仪表形态。不论古今眼睛都是心灵的一扇窗口，浓眉大眼更是衡量女人漂亮的标志。遗憾的是在《甲骨文字典》中，仅有 ☒ 字的一例卜辞，但不排除还没有被发现的相同字形，所以不能排除后期已有浓眉大眼的 ☒ 形，用来替代 ☒ 形，即有着漂亮睫毛或装饰物的 ☒ 形，也可能还没被发现或者该甲骨已经腐蚀掉。如果是这样的 ☒ 形，那就与进化到金文的 ☒（芈伯簋）更加相似了。

我们再看战国的首字：☒、楚简的首字：☒。这些战国时期的首字，在组合字中能进化成什么样呢？在寻找与 ☒ 相似度高的汉字时，战国包山的而字：☒，与战国曾侯乙的 ☒（首）字，两者字形比较接近。在秦始皇没统一汉字前，战国时这两个是单独的字，如果放在组合字中刻写，☒ 和 ☒ 还要向趋同化衍变。在查找《说文》中也只有 ☒ 的字形字义是最符合 ☒ 的造字本义，笔者释义 ☒ 为：媜字，篆文是 ☒ 形。《说文》曰："媜，好皃"，媜

的本义：温柔貌美、容貌好。"媆"古同"嫩"，都是指年轻漂亮，但"媆"也是即将消失的字。

举例：……其奉 ✦（匕庚）✦（释媆）✦（匕甲）✦（龔女）重……（库1716）。

释读：……其进献的匕庚，要比匕甲温顺貌美，可作为龔女专门恭奉（给）……

《说文》曰："匕，相与比叙也。从反人"。说明 ✦ 的造字本义：是指人们相互比较来排列次第和名次。✦ 的初文是 ✦（人）在水中的倒影，相当于现代的镜子，寓意是对照、对比。✦（人）通过水中 ✦（反人）的影像，如同照镜子式地观察和比较。但"匕"并不是"妣"，"妣"本义表示"众姬妾""嫔妃"。只有当"匕某"被选为"龔女"后，才有可能成为"妣"。《尔雅》曰："母为妣"，指如果"龔女"与商王生儿育女后，才能成为"妣母"。而《说文》曰："妣，殁母也"，是指母系社会已故的祖母，是祖母辈以上的女性。

《说文》曰："龔，愨也"，愨：谨也，"龔"就是"恭谨"之意。"龔"古同"龏"和"恭"。《玉篇》曰："龏，奉也"；《说文》曰："龏，给也"。睡虎地秦简《为吏之道》就有："龔敬多让"一词。再参照战国包山楚简的龔：✦、✦ 字，明显是由甲骨文 ✦ 字进化而来。这是有关商代宫廷选美的卜辞，也是一个值得深入研究的课题。这段卜辞还充分证明：商代的名称、人名、尊称、专用词等，都可以组成词组来表达，比如：祖乙、匕某、龔女等。

✦（匕）在这里，就是 ✦（人）之间对比的选美代名词，所以 ✦ 可以分为甲、乙、丙、丁……庚……编号，一旦被选中的美女（匕某），才可称为"龔女"。"龔"与"宫"是同音，笔者认为：商代的"龔女"，就是各时代"宫女"的前身，限于篇幅笔者不做扩展论述。

7. ✦、✦ 的甲骨文释义

甲骨文 ✦（合集8182）字由 ✦（木）、✦（大）、✦（刀）组成，其中 ✦（刀）与 ✦（人）极易混淆，通过研究合集8182原拓片的 ✦ 字，又经过对其他 ✦、✦、✦ 等组合字中 ✦（人）的比较，笔者认为：✦ 形中的是个 ✦（刀）字，而不是 ✦（人）字。"刀"的进化：✦（甲粹1186）、✦（包.楚）、✦（睡.秦）、✦（马.汉）。而"人"的进化：✦（甲.792）、✦（金.克鼎）、✦（包.楚）、✦（睡.秦）、✦（马.汉）。

在合集6946的 ✦ 字形中，✦ 的下边由于裂纹较大，但还是隐约可见 ✦ 的上下一点点形。但不论有没有 ✦ 形，✦、✦ 都可归为同类字，可能是不同时期不同人所刻写的字形。即使刻写的是 ✦（人）形，在以后的进化中也有可能衍变成 ✦（刀）形。那么一个人为什么要站在两棵树中间呢？暂且认为是㣇（大人）带把 ⼑（刀），那又是要干什么呢？商代的河南是温润的亚热带气候，人如果要想进入原始森林那就需要披荆斩棘，只有这样才能深入其中。就是当今的现代人，要想进入秦岭的原始山林中考察，向导也还是要拿一把刀来开路，和3000年以前的做法一模一样。

而在《说文》中只有 樷 字，最符合 埮 造字的本义。反过来分析一下，原来的两个 ⽊（木）中，其中一个进化成类似 ⽊ 的 丰（合36531）"丰"字，《说文》曰："丰，艸盛丰丰也。从生，上下达也"，古文 丰（丰）是篆文 生（生）字下边出头，寓意扎根于地下、根深叶茂，远古人以草木茂盛为 丰（丰），所以 ⽊ 和 丰 都符合原始森林的状况。

甲骨文 埮 的字形，发展到汉代篆书 樷 形，是人（㣇）用 ⼑（刀）在劈砍茂盛的草（丰）和藤枝前行，而 ⽊（木）则代表两边的树木。笔者释义 埮、樷 字为：楔字。《说文》曰："楔，櫼也"。《尔雅》曰："枨谓之楔"，而"枨"的本义是：古时指门两旁所竖的木柱，也相当于森林中的两个 ⽊（木）。如果溯源"枨"字的原形原义，就是由两棵树（楔）换成了两个木柱（枨），但都是"人"从中间走过。所以"楔"的本义：是人在树与树之间穿行。原始森林大多无人踏足，人要想在密布的树林中前行，就需要用刀斩断树枝和杂草。引申：深入、木楔、櫼入、镶嵌等。

举例1：贞令……往楔（合集8182）。

释读1：结论：遵令……深入其中。

举例2：戊午卜宾贞勿乎雀往，□于 樷（释楔）（合6946）。

释读2：戊午这天占卜宾的事，结论：不需要像小鸟那样飞进林中。（需要像小鸟那样）□楔入其中。

8. 蔮、蔮、蔮 的甲骨文释义

甲骨文 蔮（三期甲703）字由四个 ⽊（木）、⽬（目）、艹（草）、攵（攵）所组成，其中的四个 ⽊ 形，是围绕 艹 呈包围状。一般甲骨文的 ⽬ 代表着头部和面部，而头上扎着草的装饰物，就相当于现代侦察兵的伪装术。两个木为林，三个木为森，四五个木就是代表森林，其实 ⽊（木）不论多少，只要有 ⽊（木）都应该归为同类字。

攵（攵）是表示人的手上拿着工具，是一种狩猎或者打仗的武器，攵形一般在组合字的右边，也有在下部，但在进化过程中，形也会发生其他的变异。所以重点应以木、目、草、戈的基本要素来考虑其组合的字形。最为接近其字形字义的字，就是篆文 藏 字，笔者对 蔮、蔮、蔮 的甲骨文，释义为：藏字。

到篆文时代"藏"匿不仅仅限于森林中，也可能发生在各种环境下，既然是隐藏的事，在时间上就具有不确定性，所以需要创造条件来观察。这时将原表示森林的木（🌲）劈成两半，即 刂 和 ⺁ 形，衍变为通用环境下的床（丬），表示在舒适环境下躲藏或观察。所以"藏"字在甲骨文中，大多出现在狩猎行为的卜辞中，这也是最原始的应用。但在金文中"藏"字却很少出现，直到篆文时代后"藏"字才大量出现和应用。说明这时的各种隐蔽术，已成为社会生活的一部分，而最原始的在森林中专为狩猎的那种隐匿已占极少的一部分。

衍变推理：𦥑字形中 ⺧ 形，其伪装的本义没有改变，◭可进化为 𦣻（臣），⺧（草）可进化为 艹，而手（又）持（丨）的工具，可变成具象的兵器戈（弋），即发生由 屮→𠂇→戈 的衍变。而林中的 木（木），则衍变成 丬（爿），《说文》曰："爿，判木也。指事"，"爿"古代也是指木板的床，而在"藏"的本义中指躲藏休息的地方。《说文》曰："藏，匿也"；《广雅》曰："藏，深也"；"藏"古同"臧"。

举例：……叀行南𦥑（释藏）畢又豚……（甲703）。

释读：……特意在南行的路线上，设下了隐蔽的陷阱，随即又捕获了一头猪……

9. 𨸏 的甲骨文释义

甲骨文 𨸏（甲539）字由 阝（阜）、貝（贝）组成，其中 貝 是指商代贝币，在商朝代表商品的等价物。诸多的 𨸏（粹955）、𨸏（粹851）、𨸏（甲357）、𨸏（存1.1968）等，都认定 𨸏 左边为 貝（贝）的偏旁。《说文》曰："贝，海介蟲也"。而 阝（阜）则是指高出的土丘，《说文》曰："阜，大陆也。山无石者，象形"。《广雅》曰："无石曰阜"。

对 貝 和 阝 的字形字义都没有异议，重点是要分析 貝（贝）的时代背景，就是说商代的 貝 是从哪里来的？3000年前的气候和地理环境，河南没有海洋也不可能产 貝。但据专家鉴定，这种 貝 是产自印度洋或者海南的齿贝，那么这种 貝 怎么运到安阳的呢？

扩展论述似乎超出释义的范围，但还是要简单阐述一下，可以肯定地说：从海南运到河南先不说直线距离有多远，就跨过黄河、长江、高山、大海等这类障碍物，在远古时也根本没有可能。而且海产品也无法运输，几天就会腐烂变质，也只能是海贝壳可供交换。那问题又来了，商代的河南有什么物质可供交换的呢？而且还要原路返回到海南？所以海贝不可能是这么遥远距离商品流通的等价交换物。

当初红山文化的玉器，专家也都认定是辽宁岫岩产的玉石，笔者考察后认为这不可能，理性推理：先不说500多公里的直线路程，先民们要想穿过大凌河、辽河、太子河等这样的山川大河，而且也不可能有桥，即使能找到下游的浅滩处，到岫岩也需要几个月甚至更长的时间，就是信息发达的今天，或许您也没有这个意志和野外生存经验。况且5000年前的气候，即使到了冬天这些河也不会封冻，即便当时有单人舟可以过河，那还有毫无目标的漫长路在等待呢？还要运送这么沉重的石头呢？

所以远古先民们所做的任何事，首选考虑的就是"就地取材"。如果各种资源用尽那一定会选择迁移，像自然界动物的大迁移一样。红山文化经近几年的科学考古，现已证明其红山玉器的石料，是来源于附近的北票矿区。由此推理：商代河南地区出现的海贝，也一定是"就地取材"的产物，然而身处没有海的河南，怎么才能"就地取材"呢？

推论这唯一的途径就是先民的"考古发掘"，这也是一个新课题需要考证。根据古气候学的研究：1.5万年前第四纪冰川开始融化，海平面上升了150~200米；黄仁宇先生在《大历史不会萎缩》中说："在中国地图上可以画出一条15英寸等雨线……"；张光直先生在《古代中国考古学》中也说："从那以后，至少还有3次大的波动，波动幅度在四五米之间"。由此推断：大约9000年前这条大斜线的等雨线，基本就是当时的沿海线，包括陕西、河南、四川这一带，也是我国5000年前的沿海地带。

美国《科学》杂志曾载：在南非一个洞穴里，发现了大约7.5万年以前石器时代的贝珠，重点是贝还带有人工穿孔。河北阳原虎头梁也出土了距今1万年前的贝壳穿孔制作的扁珠；商周墓葬在口、胸、手腕的附近，也有多枚海贝；所以不论海贝还是河贝，最初都是作为装饰的奢侈品，而当商品交换发展到一定程度后，才充当了货币角色。但零星的海贝装饰品或贝币，暂且理解：这是远途商品交换的贸易所为，但在各地大量的出现和使用，那就匪夷所思了。而且考古还发现有骨贝、铜贝、银贝等，其不同材质的替代品，如果是大海产的海贝，那就不可能绝收，而这种替代品的出现，难道是随着社会发展和进步，反而使运输和贸易倒退了吗？

综上所述：商代出现的海贝，也应该是"就地取材"的产物，当大自然沧海桑田地衍变，河南地区由大海变成陆地后，高出当初地平面的土丘，因为埋藏有海贝等以前生物的可能，再经过长久、常年的雨水冲刷水土流后，土丘中就会有海贝显露出来（图2-1-20），但按着自然规律，也绝不是遍地都有。

根据以上分析：𨸏 笔者释义：陨字，《说文》曰："陨，从高下也"；《尔雅》曰："陨，坠也"；《易》曰："有

图2-1-20 陨的生活图

陨自天",这也佐证《说文》中"高下"的含义,是指从天上掉下来的东西;先民们的朴素思想认为:㈝是天外来客,它不是来自河中、田里、树上的产物,而是某一天的大雨过后,土丘上出现了贝壳,所以先民们认为是伴随着下雨从天而降。商代或商以前的先民在高岗上所捡到的海贝,或在土丘中挖到的海贝,其实都是海贝化石,这是先民们最初的"考古发掘",只是还没意识到自己是在"考古"而已。

特别指出:㈝(員)和㈝(員)字,都是表示把㈝(贝)用绳串成的串或者链,但不是在旧释中将㈝(圆鼎)释义为的"員"。《说文》曰:"員,物数也";引申解读:将㈝(贝)串成一个货币单位"贯",就像《说文》所说的"钱贝之贯也",所以单个㈝(贝)币与数个串成㈝(員)的"贯币",其贝币的本质没有变,都是指向的钱币只是多少的问题,就如同今天的金项链。

《说文》曰:"阝,大陆也",寓意高出的土丘,古人是把相对于河流,而高出的平地,曰陆。所以"陨"字不但是指"天降祥瑞之物",也指在土丘中蕴藏有很多的宝贝,也寓意堆积如山的财富。如果在土丘中被不断挖走的海贝,也意味着财富不断的流失,所以可引申:损失、丧失等;因为土丘又像墓葬的封土堆,后来引申也指死亡。

举例1:……叀 ㏄(释陨)㊣(释藏)隻又大鹿亡 ㄚ(旧释戋)(粹955)。《说文》曰:"戋,伤也"。

释读1:……唯独在高岗处躲藏的一头受伤的大鹿,再次逃亡了。

举例2:……其奉禾于 ㏄(释陨)……(粹851)。

释读2:……其奉献的粟谷堆积如山……

举例3:……大(释立不是王)其往田于 ㏄(释陨)……(甲539)。

释读3:……立即前往耕地里,对外来的(灾难)……

10. 㒲 的甲骨文释义

甲骨文㒲(三期金370)字由 艹(草)、㋰(目)、吅吅(三个口)、ㄣ(攴)组成,这四个组合的字,非常清晰地表达了各自的功能。其中 艹(草)和㋰(目)的组合即 苜 形,依然是表示头戴着伪装的草帽,就像侦察兵头上的伪装术。吅吅 也不仅仅是代表三个口,而是表示众多的口,这个口可以代表人,也可以代表动物,是从下向上张望时的一种标志。而ㄣ的字形,很显然是手拿武器或者狩猎工具。

㒲 的本义:一个头戴草帽伪装的人,手拿武器在高处,俯视下面的众人或者一群动物,是时刻准备打仗或者捕猎的行为。在《说文》中符合字形字义的就是臨字,所以甲骨文㒲 笔者释义:臨字。《说文》曰:"臨,监也";《尔雅》曰:"臨,视也";引申:监视、降临、靠近、面对等。

※字的衍变推理：发展到篆文时代，※ 已从最初的造字本义，即高山丘陵的狩猎环境，延伸到社会中各个领域，包括城墙、殿堂、皇帝宝座等。因为是人的居高临下，而 ※（头）上的伪装术 ※（草），其原始藏匿的功能则变为次要地位，或者根本就不需要藏匿和伪装，所以 ※ 头上的草就没有必要了，直接用 ⊿ 表示进而演变成 ⾂（臣），但这丝毫不影响 ※ 的本义，而 ⼭（甲）却向着 ⼳（毛公鼎）形进化。

再看"临"的衍变：※（甲）→ ※（毛公鼎）→ ※（盂鼎）→ ※（包2.53）→ ※（马王堆）；再比较"监"字：※（颂簋）、※（邓孟壶）等。对比"监"和"临"字，只是 ሀሀሀ（三个口）和 ⊻（皿）的区别，一个是看到别人众多的口，一个是看见自己的脸，但功能和含义基本相同，所以到篆文时代其 ⼳ 都进化成相同的 ⼎ 形。

举例：……玉（释玉不释王）其 ※（释临）……※（释陨）亡 ※（旧释戋）……（金370）。《说文》："戋，伤也"，含兵灾之义。

释读：……上天告知：将面临……大量伤亡的危险……

11. ※ 的甲骨文释义

甲骨文 ※（一期前6.1.8）字由 ※（京）、※（丮）组成，其中 ※ 是人登上了"绝高"的殿堂，是指人工筑起的高台楼阁，而且是人的侧立状，※ 字重点突出的是人的大手形，像敞开双手张扬或者拥抱的象形。金文中也有类似的字形，但比甲骨文 ※ 字更加形象化，比如：※（无忧卣），释义为"忧"字，"忧"古同"忧"字，《说文》曰："忧，愁也"，而"忧"字战国（郭·六）是：※ 形。※ 比 ⼳（铸司寇鼎）多个心，表示不是平常的"心"，而是"心"的不一般的"尤"。

※ 形在各种组合字中其变量也是最大的，最有可能进化的理论推演：※（甲）→ ※ → ※ → ⼳ → ※（篆文）→ 尤。《说文》曰："尤，异也"；《尔雅》曰："尤，怪也"。"尤"的本义：优异、不同凡响、不寻常，总之"尤"表示相比一般而不同的含义。而 ※ 表示的是：能登上最高领域的不一般的人，即不是谁都能登上顶峰，一定是相当优异出众的人。

※ 笔者释义：就字，《说文》曰："就，高也。尤，异于凡也"；《尔雅》曰："就，谓之成济也"，"就，终也"；引申：靠近、成功、完成、终于、马上等。纵向对比一下：※（古陶文）；※（郭·五·13）；※（睡·秦48）；※（汉马王堆）；※（籀文）；※（篆文）；而甲骨初文的 ※ 字，其 ※ 的形是在 ※ 的上边，战国楚简时还没衍变，战国后的 ※ 形就进化到了 ※ 的右边。※ 同其他组合字一样，其偏旁也是上下、左右的调换，这反映的只是组合结构的变化，但其本义没有改变。

"就"字的本义：《说文》解其字是"就高"，就是指在宫殿上不平凡的人，远古的宫殿大都建在高台上，所以"登上"了殿堂（☗）与"拥有"了宫殿（☗），其意义基本相同，但作为汉字的框架结构，显然 ☗ 偏旁在右边，即 ☗ 形就显得即合理书写也方便。

举例：……延于 ☗（释就）围……（前6.1.8）。

释读：……（经过）长途跋涉，终于形成了包围……

《说文》曰："延，长行也"。而旧释中把 ☗ 的字形，释义为"就"字值得商榷。笔者在前面已经论证了 ☗ 为"稟"字，并提出了"稟人"的观点，从而也验证了《周礼·稟人》中的"稟人"制度，即延续了商代的职能和称谓，限于篇幅本文也不做扩展论述。

☗ 是 ☗（京）的上边为 ☗ 形，而 ☗ 是 ☗（京）的上边为 ☗ 形，一个是高台上（☗）的宫殿（☗），一个是占领了高台上（☗）的人（☗），一个是固定的建筑物，一个是有思想活动的人，一个是宏伟高大的殿堂，一个是拥有了殿堂不一般的人，其各自的本义肯定不同，所以只有一个才是正确的"就"字，那就是 ☗ 字无疑。

12. ☗ 的甲骨文释义

甲骨文 ☗（一期后下31.17）字，笔者释义为：惊字。《集韵》曰："惊""悢"、悁 是同义，而"悢"、悁 都是含有悲伤的含义。而且如果将 悁 字与"惊"字，还原成金文或者大篆，则笔画字形几乎相同。而"惊"虽然是"驚"的异体字，但"惊"是对人而言，表示人的"心受惊"，是人的一种惊慌、惊恐、惊吓的心理反应。而"驚"的本义则是指"马骇也"，是一种戒备、警示、警告之意。

《说文》曰："京，人所为绝高丘也"，所以"凡京之属"范围的字，都是指人所作所为的事。因此不能把 ☗ 理解为：在绝高的丘（京）上，☗（生）长出来的 ☗（草）等植物。如果是在 ☗ 的周围，种树 ☗ 倒是很有可能，事实上也确有此字，即 ☗ 字（树木名）。根据对甲骨文和金文有关 ☗ 字的研究发现，古陶文 ☗（高）与 ☗（京）字有关，而且与 ☗ 相关联的事物，大多是人和人与工具等有关。那么 ☗ 字与人有什么关联呢？它又是个什么象形的字呢？

笔者在论证《三十六计》的光武版本中，研究"打草惊蛇"这几个字时，发现都与《说文》中的篆书略有差别，而且《说文》中也没查到"惊"字。但经过冥思苦想后恍然大悟，对比光武版本这个"惊"字后，发现战国字人的 ☗（心）字，与衍变后的 ☗ 字极其相像。

但如果把它看成是一个 ☗（人）的话，则甲骨文有此字，比如五期甲3939 ☗（惊）字，就是在 ☗ 字上加上个 ☗ 字。虽然 ☗ 与 ☗ 的字形相差很大，但此字的重点是：假设是把 ? 换成这个人的 ❤（心），看成突出描述的是一种"心态"呢？因为他是站在绝高处的边沿上，所以远观也只能是一种意会和想象，根本看不出人是什么样的表情，所以只能是揣摩这个人的"心"，那么重点突出是个什么样的"心"呢？

可想而知：此人站在"绝高"处，如果还有恐高症的话，往下看或准备跳下时，那是一种什么样的"心跳"呢？按行为心理学分析：此人此刻的"心态"如果是"跳楼（崖）自杀"，那是一种绝望、悲凉的心境，那就可采用"悢"、"慌"的字。如果是被某种原因逼上绝路，那是一种恐惧和害怕的心理，这就只能非"惊"字不可。但这些事无论如何都与"驚"字无缘，如果再有相应甲骨文的句子，则就更加能清晰的释义了。

对比看：甲骨文的 ❤（甲3510）、❤（古陶文）、❤（春秋秦公镈）、❤（春秋伯受簠）、❤（郭.五.10）、❤（秦睡.語9）等。因为 ↓ 是在左上角的组合字，因为字太小表现不了细节，况且这种行为都是在"远观"。以此推测：这是一个刻写简化了的"心"，或许还有其他相似的"心"，只是还没有被认知和发现而已。

13. 𨸏 的甲骨文释义

甲骨文 𨸏（五期掇50）字由 𠀐（益）、𨸏（𨸏）组成，《说文》曰："阝，大陆也"，"𨸏，小阝也"，所以 𨸏（𨸏）就是指小点的土丘；《说文》曰："益，饶也"；《尔雅》曰："饶，多也"。因此甲骨文的 𨸏 字，就是比喻土丘外又溢出诸多个土丘（群山），所以 𨸏 在 𠀐 的左边和右边，其本义都相同，也无关紧要，因为没有改变 𨸏 的造字初衷。

𨸏 的造字本义：是指非常多的连片的土丘群，也叫丘陵（图2-1-21）。因土丘之间会形成沟壑，《诗·小雅》中形容"阜"是："如山如阜，如冈如陵"，那么行走在崎岖的沟壑中，不论是行军打仗还是狩猎行为，其行动都相当的困难，甚至还会发生危险，或者根本也不可能前行。

图2-1-21 险山峻岭示意画

𨸏 笔者释义：隘字。《说文》曰："隘，陋也"，"陋，阨陕也"，陋是形容窄、小或者困窘；《广雅》曰："隘，陕也"。隘的本义：狭窄，引申：沟壑、狭缝、险要、关口、狭隘等；籀文的隘字是 𨺅 字，而篆文的隘字则是 𨺅 字。

举例：丙子卜贞今夕亡 𡆤（旧释祸）𨸏（释隘）……（掇50）。

释读：丙子这天占卜的结论：今晚在劫难逃……

14. 甲骨文 𣎵 的释义

甲骨文𣎵（一期簠文四三）字由两个相对的 爿 组成，爿 甲骨文释义为"片"字，《说文》曰："片，判木也，从半木"。段注："谓一分为二之木片"，也就是说：𣎵 是甲骨文 爿 的初文。而在古文字中凡是带"片"偏旁的字，大都与木板的事有关，但最为接近 𣎵 的字，那就非"版"字莫属，𣎵 字笔者释义：版。《说文》曰："版，片也，旧作判也，今字作板，古假为反字"，"版"与"片"的释义也基本相同，只不过是表示相对的两片。

《小雅》曰："百堵皆作"，《说文》曰："堵，垣也，五版为堵，从土者声。"《经籍籑诂》曰："版，板同。板反也"，远古的文献都是"版"字，而汉代以后"板"才逐渐取代"版"。《玉篇》曰："板，木片也。"《说文解字诂林》曰："说文无板字，统当作版为正"，古代"版"通"板"，但是指"版"的反面（对面），《复古编》云："版别作板"、《六书》云："版俗作板"。

溯源古代的"版"（板）字，它是古代筑墙的计量单位，而"堵"则是表示墙壁高度的量词，远古是用"版筑法"筑土墙，五版为一堵，版的长度就是"堵"的长度，而五层版的高度，也就是"一堵"的高度。《考工记》载："凡任索约，大汲其版，谓之无任。"《公羊传》载："五版而堵"，那么"版"是多长呢？唐·孔颖达释义：一丈为版，版广二尺，五版为堵。《诗经》曰："其绳则直，缩版以载，作庙翼翼。"

远古筑墙也称为"版筑"，是用两块木板相夹，因此两板之间的宽度，也就是墙壁的厚度，两板间是用挡板固定，在夹板间填满土，用捣杵夯实，而"版筑"的女儿墙，则称为"板堞"（图2-1-22）。《孟子》载："舜发於畎亩之中，傅说举於版筑之间。"

图2-1-22 "版筑"示意画

《汉书》载："项王伐齐，身负版筑"，颜师古注引李奇曰："版，墙版也；筑，杵也。"

推演甲骨文的 𣎵 字，其实就是 𣎴 字或者是 𣎵 字，而 𣎵 右边的 爿（片）形，逐渐衍变成 反（反）字，即"版"字。也可以理解 𣎵 字，是相互隔开的两片木板，用汉字表达就是"版版"或者"板板"，难怪先秦的诗《大雅·版》云："上帝版版，下民卒瘅"，再比如成语"版版六十四"，这是指一种固定（固执）模式，形容做事死板不知变通，《尔雅》曰："版版、汤汤，僻也"，也是寓意：偏执、偏僻。

八、值得商榷的"贞人"学说

"卜"和"贞"在甲骨文中是出现频率最高的字,正确解读这两个字,则是打开"甲骨王朝"的第一道大门。虽然其具体含义都很清楚,但随之而来的问题是:"卜"和"贞"之间的字,是指"卜官"呢?还是指"卜事"呢?最初研究甲骨文的学者们,是将"卜"和"贞"之间的字,释读为:官名、地名、占卜之事等三种观点。

董作宾先生1931年在《安阳发掘报告》上发表《大龟四版考释》一文,根据编号甲2122、甲2106的完整龟甲板,考证在"卜"与"贞"之间,有"中、宫、品、允、争、宾"这六个不同的字,并认为这是六个"贞人"的名,由此提出了"贞人"学说。长期以来的"贞人"学说,被认为是殷墟卜辞分期断代的法宝,但董作宾先生解读其"贞人"的名字,却很难被人理解和接受,而且还推衍出以"贞人"进行的分期和断代,其科学性、逻辑性和证据链都明显不足,有的更不能自圆其说,所以至今还在延续的"贞人"学说值得商榷。

1. "贞"前之字是人名还是事物

试问:在同一块占卜板上,能允许同时代或同一时间的多位巫师共同占卜同一件事吗?或者说:用同一块占卜板,而且还是经历了九个月的间隔时间,再由不同的巫师来记载和占卜相同的事件?那这两个人相互不就产生矛盾和竞争了吗?有学者曾经统计过:在所有甲骨文的贞前,大约有115个不同的"人名",我们不禁要问:哪朝能允许十几位甚至上百位的巫师,在同一个宫廷里一起共事呢?哪代又允许和流行在占卜上,刻意地留下"贞人"的名呢?

再者说商代占卜的人,用现代语应称为:谋略家、预测家、战略家、医学家等,他们都是通晓天文、地理、医学的人。例如武丁时期的"妇好",她既是巫师也是军事家,但"贞人"中却没有她的名字,而且在所划定的"贞人"中,也没有一个人在历史上留下大名。况且夏商朝和以前的姓名多是两个字、三个字,而所谓"贞人"的名绝大部分只有一个字,且大部分字在百家姓中无从查找。

再分析 ✍ 的初文本义,《说文》曰:"贞,卜问也",贞是占卜事物的凶吉。原始初文是 ✍ 形,逐渐简化才成 ✍ 形,这说明占卜的行为都是在鼎上的烧灼行为,所以 ✍ 就是进行占卜仪式的简笔画,古人把这个过程和结果称为 ✍。那么甲骨文大多是鼎上无"卜"的 ✍ 字,这又怎么去解读呢?商代以前的占卜行为,都是以王和巫师为主的占卜,所以最初的文法是以"干支王卜 ✍"和"干支卜 ✍"为主,但这样古人在竖写时,"卜"与 ✍ 上边的"卜"偏旁,就形成了"卜"和 ✍ 的重叠而相连,久而久之就省略了鼎上的"卜"字,而约定俗成简化为鼎上无卜的 ⋈ 字，但 ⋈ 即贞的本义没有变，代表的是贞辞和结论。

在甲骨文中还有前边没有"卜"字且鼎上也无"卜"的 ⋈ 字，可以推论：这是龟甲板上所谓的"千里路"，或者是骨板上另一边的开头语，因为和另一边的内容、日期都相同，所以当第二次占卜时，就省略了前置辞"××卜"。一般在二道盾以下都会有单独以 ⋈ 的开头语，或者以"大⋈"的开头语，这说明是对上边占卜内容的延续。⋈ 之后为结论称为"贞辞"或称"告书"，也可认为是刻在各种甲骨上的文书。但有的"告书"与青铜器铭文一样，即无"卜"也无 ⋈ 字，这就属于记事性的文告，而这类的甲骨文书比烧灼占卜的龟甲板更加珍贵。

"干支卜"与 ⋈ 之间的字，应该是要 ⋈ 的这件事，而 ⋈ 后则是占卜的具体结果。⋈ 根据前边的字或者有无"卜"的字，又分为事前、事中、事后三种情形，有的纯属是"时间＋记事"的内容，所以与"卜"无关。粗略统计，⋈ 前面的字有：肖、争、行、立、玉、回、大、永、宾、古、狄、在旁、在长、在香等，不计其数，都是商代常用的有规律的这些事。

学者连邵名对经典文献中的"贞"字做过统计，比如：在《尚书》《周易》《礼记》《春秋》《左传》中，共有147种"贞"字的用例，但勉强当作卜问的"贞"字却没有几例。这说明"贞"字的原本义，以及延续到现在的"贞"都不是卜问之义，所以"贞"字即不是指"贞人"也不是卜问，而是指某种事物（事件）。天津博物馆藏有一块较完整的甲骨记事板，在这同一块大板上，连续三排并列出现"××卜肖⋈"的相同词，但 ⋈ 后的具体内容却不同，说明是在较短的时间段三次占卜了同一件 肖 事，并将三次结果刻在一块板上供其决策，如果认为 肖 是进攻的话，则随后的"××卜 G ⋈"，应该是占卜什么时间退守。

顺便说明：G 和 回 字，虽然释读都含有往来、回归之意，但还是有所区别的。G 字指人间的各种往来，而 回 字虽然中间与 G 字相似，但因为上有天"一"下有地"—"，所以是指"上天入地"行为或者"上下所求"之物。如果 G 字只有上"一"，即 戸，则是专指离开地面的往来方式，可释读：从山上、树上、天边等处返回。

综上所述：⋈ 是专指要占卜的这件事，而不是指占卜的这个人。⋈ 是要"卜"的具体内容和结果，对要卜问的事而言。因此，⋈ 前的各种字应是"卜题"，可视为一种"卦名"，也可认为是易经八卦的初级阶段。而 ⋈ 后的"贞辞"则是卜问后的结果，即告辞。笔者认为，董作宾先生的"贞人"学说，即"卜"字之后所谓的"贞人"名，于字、于文、于理、于事都不通，尤其还作为商朝的分期断代，则就更需要深入研讨和论证。

2."卜"是指卜问还是指卜人

古代的占卜有卜龟、卜骨、卜筮等几种方法，商代的占卜多采用龟甲、牛骨、筮草等方法。在神权笼罩的远古社会，遇到大事小情都要进行占卜，不同阶层的人用不同的方式来占卜。"定龟"后灼烧龟卜的行为，则是占卜中的最高级别，只有王室才能在龟甲上占卜。《礼记》曰："龟为前列，先知也"。所以龟在古代不但象征着一种神灵，其龟甲板还是天然的占卜材料。现代学者将龟甲板的中间位赋予了"千里路"的美称，而"千里路"两边形成的天然盾格，又把龟甲板分成了不同区域，因此每块龟甲板的卜告最多能占卜七告。

《说文》曰："卜，灼剥龟也，象灸龟之形"，而"卜"又是象形文字，是龟背上被灼烧的点阵形态。"丨"字是事先有意刻凿的竖刀痕，"卜"上的一点是在"丨"旁烧灼的灼点，近似"●"形，就像给龟背上"针灸"一样，所以许慎《说文》形容为"灸龟"，所以"卜"的象形文义就是巫师向"天神"的"问知"，《史记·龟策列传》载："神龟之灵，知人死，知人生"，这是原古的"神仙思想"。巫师"灸龟"视兆可以定凶吉，甲骨文"灸"和"攸"字的象形，就是用火烧石烫身体治病的简笔画。

当灼点"●"烧灼后，龟背面会出现随机的裂纹，而把这种无规则的裂痕称为兆纹，所以"兆"字源于"灸龟"。但这种有规律的点阵排列，在哪个位置分几次、什么时间、预测什么事件，这些都是巫师的占卜术，也是巫师的神秘所在。灼点在左"●"称为左卜，即"忄"，灼点在右"●"称为右卜，即"卜"，所以灼点在左或在右，是占卜人的巫术行为，与解读占卜的结果有关，但"卜"本身的字意不变，所以"卜"是指卜问（问龟）而不是指卜人。

在占卜的龟甲板中都有设问句和反问句，一般反问句的"不其"，大多在"千里路"的左边，根据兆纹走向的末端区域，又划分为一告、二告等几告的形式。在同一块龟甲板上，如果占卜的结果相同，也可以出现相同的告示，只是时间上的不同而已。占卜的"告"，即结论，要作为卜辞文告的话，就要重新刻在新的龟甲或者牛甲骨上，用以执行命令和指示的文书传达给官臣，或者作为朝廷的占卜记录。

所以不论是龟甲板还是大骨板，告示板的数量要远远多于烧灼的占卜板，告示板才是占卜的最终形式（图2-1-23~图2-1-27）。即使在商代一般人也看不懂

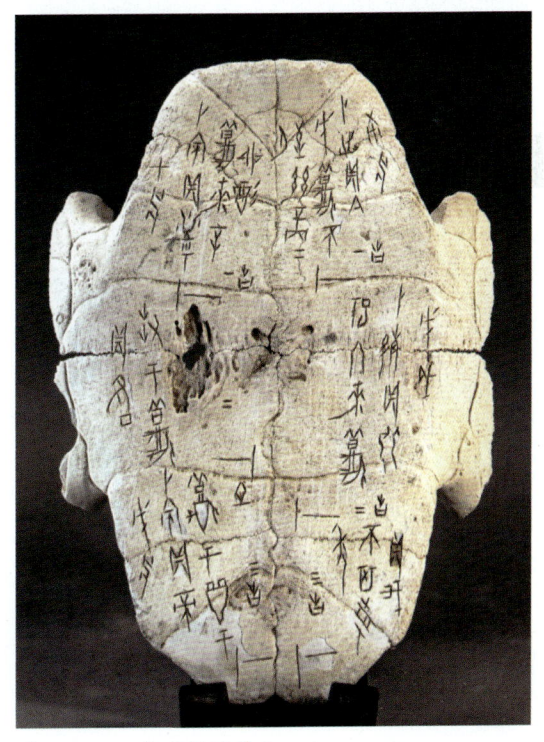

图2-1-23　龟甲板甲骨文

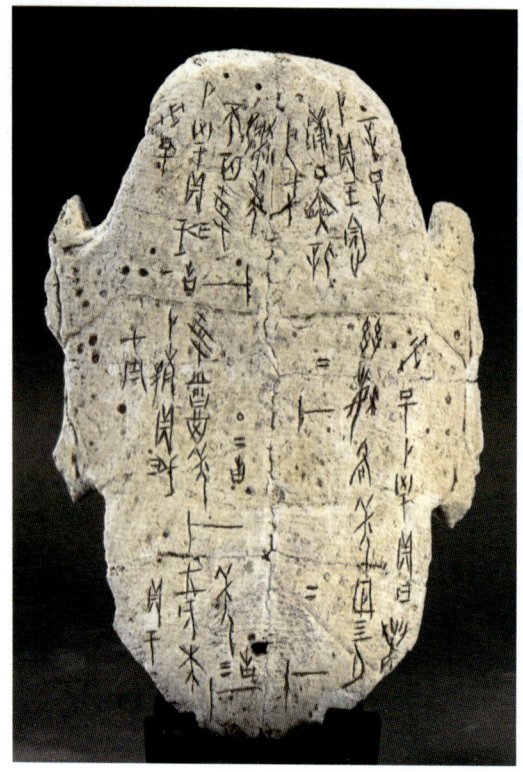

图2-1-24 龟甲板甲骨文

图2-1-25 龟甲板甲骨文

图2-1-26 肩胛板甲骨文

图2-1-27 肩胛板甲骨文

占卜板，更没有解释权和质疑权只能执行，其解读权归商王、奴隶主、祭司等巫师级别。商王为了统一神权，巫师为了掌握宗教权，也不可能让别人看懂或者看到其烧灼的占卜原板，以此来触碰和猜测神的旨意。

3."卜"与 ⋈ 的区别

虽然"卜"和 ⋈ 都是指占卜行为，既相同又有所区别，但都不是指人而是指具体的事。在"卜"和 ⋈ 的中间，有的是单个字，有的却是一个词组，合理的解释就是指"卜题"和"卜"的对象。如果"卜"后无 ⋈ 字的话，则是卜筮和卜后的结果或结论。而"卜人"和"贞人"的这种观点，则都是研究甲骨文先辈们的解读。在商代以前出土的玉器上，以及湖南汤家岗出土的陶盘上，都有交叉的二个 ⋈ 字即 ✸ 形，笔者将其称为"八角星纹"，这也是易经八卦的初形。今天秘鲁神庙前的巫师，仍然还在用相同的 ✸（八角星纹）来占卜，将其用白灰画在地上进行占卜，这些都佐证了 ⋈ 字，最终都成为占卜的一种标志。

殷墟卜辞的句首，一般是固定式的"干支卜某 ⋈"词组，这可以推演出四种读法：一种是"干支，卜，某，⋈"；一种是"干支卜，某，⋈"；一种是"干支卜，某 ⋈"；最后一种是"干支，卜某 ⋈"。从上文对 ⋈ 和"卜"字的分析看，在殷墟卜辞中 ⋈ 和"卜"都是一个独立的命辞套语。⋈ 前的字与 ⋈ 字已不存在连读性，所以第一种"干支，卜，某，⋈"才是最佳解读。

那么 ⋈ 字前既然不是"贞人"，那又是什么人在占卜呢？商代占卜只有三种固定人和物，即：商王级别、巫吏级别和"巫玉"。如果是商王级别的占卜，则在"卜"字前一定要附加上"王"字或者"子"字，极个别是用代表王权的"巫玉"来占卜，即："干支王卜""干支子卜"" 干支玉（玉）卜"三种。这些王室级别的占卜，一定是对重大事件的占卜，而且只有这种卜问的语句才符合商王级别。在所有的"卜"字前，没有标明"王""子""玉（玉）"的占卜，则通指巫师或者史官级别，这类人不能跟商王级别相提并论，所以也不可能在"卜"字前标明某巫师的大名，实际在研究甲骨文的实例中的确也就存在这三种模式。

4. 对"占 占 曰"的重新释读

"占"字的本义是用"口"说出卜问的结果，也称为对"卜"的解说。如果加上外框 □ 的话，则是把解说词和结论指定刻在牛骨板上，即甲骨文的 占 字，同时也表示占卜已结束。同理"卜"是要占卜的事，如果"卜"字也加上外框 □ 或者 ⌂ 的话，则是指把卜问的内容，刻写在牛骨上进行占卜，即甲骨文的 卣 或者 卣 字，它是表示要占卜或占卜进行时。甲骨文的 曰 字形，则是

☒字的初文，表示牛骨上刻有卜问字的内容，但与☒即"骨"字含义不同。

旧说中将☒字释义为"祸"字，笔者认为这是不对的，也无从解释，实际应该是指用牛骨来占卜的内容。因为"占"和"卜"字的释义不同，如果加上牛骨形的外框☐，即甲骨文的☒和☒字，其意义也就不相同，前者表示刻在牛骨上的占卜结果，而后者则表示在牛骨上进行占卜的事。如果☒字旁再加上动物即☒字，旧说的释义是"祸"字，但笔者释义为"牺"字，释读是：用宰杀的动物类进行占卜的一种仪式，即商代的"祭牲"。还有框内没有卜的☐字，比如："☒☒☒☒☐"（宁1.491），笔者释读是："结论是等妇好回来占卜"。

著名《祭祀狩猎涂朱牛骨刻辞》的上部有五处占卜的灼烧痕，正反面都有卜问和卜辞，这佐证了以上推论：☒字是指在牛骨上占卜；而"☒☒☒"的词组，就是指"刚才占卜的结果是……"。顺便说明：这板甲骨还出现"☒☒"词组，一般甲骨文"☒☒"的字后，几乎都与☒组成固定式"☒☒☒"。其中☒释义为"旬"字，是殷人的记日时间，每十日称一旬。☒字释义为"亡"字，指退守、避开、消灭、逃离等，因此☒字是指要占卜的内容，而不能释义为"祸"字，因前面往往是对☒的卜问，故笔者对"☒☒☒"释读是：对十日内是进攻，还是退守的占卜。

综上所述：在甲骨文中经常有"☒☒☒"和"☒☒☒"等固定式，可以分开也可以合并。但"☒☒☒"在旧说中，将其释义为"王固曰"值得商榷。本章在前节已论证☒不是王字，根据笔者的解读："☒☒☒"是表示将占卜完的结论，立即以文书的形式传达出去。故笔者对"☒☒☒"的释读是：刚刚占卜的结果公告如下。

九、对夏商周断代工程中"月食"定论的质疑

夏商周断代工程对甲骨卜辞中，关于五次"月食"的描述进行了论证，进而得出了唯一的权威定论，即：这五次是记载发生"月食"天象的卜辞。由于笔者研究甲骨文的缘故，故对此定论始终存疑和不解，本文既不想与断代工程首席专家们唱反调，更无意诋毁古人的发明创造，但要想得到全世界的认可，就必须科学严谨地加以论证，以下是笔者的学术观点，也算是甲骨文爱好者的一家之谈吧。

1. 商代的安阳能看到几次月食

我们先不看《史记》和其他推断商代的历史，先以科学角度大致划定商代的时间范围，张光直先生在《商文明》一书中，提供了六组碳14检测数据：

偃师二里头四期为BC1620±160年（夏末），郑州商城墙是BC1560±160年，安阳小屯为BC1280±160年，岐山京当凤雏是BC1210±160年（西周）。据此可以确定夏末到西周的时间段，是在BC（公元前）1560-1120年的范围。

引用断代工程的考定：

（1）癸未夕月有食：BC 1201.7.12；

（2）甲午夕月有食：BC 1198.11.4；

（3）己未夕庚申月有食：BC 1192.12.27；

（4）壬申夕月有食：BC 1189.10.26；

（5）乙酉夕月有食：BC 1181.11.2。

笔者没有能力考证商晚期这20年中，发生这5次月食的安阳地区，究竟看到过几次月食的现象，但根据张培瑜先生的推论：在商代的安阳地区也只有第（3）组的这一次，即：BC1192年末的半夜11点才能看见月食现象。重点是：这次虽然与"己未"干支相吻合，但却与"庚申"不相符，而所列其他4组的干支时间，均看不到月食现象。

笔者认为：即使是BC1192年这一组相符，但也因"己未夕庚申"是一个区间，所以"己未"也纯属是一个巧合而已。如果以"月㞢食"这个词组来考证，则在现有的甲骨文中还有很多"月㞢食"的记载，那安阳岂不是发生过N多次月食现象吗？这也不符合公认的天文科学的数据。所以此课题的先决条件是：必须先认定"月㞢食"的释义是否正确，然后才能推断甲骨卜辞中是否记载的是"月食"现象。

因此，先采用张培瑜先生《三千五百年历日天象表》的记日方法，找出符合甲骨卜辞中五次月食相对应的时间点，这也是一个无可争辩的科学依据。根据现代天文学的推算法核实，公元前1400-1100年之间，在夏商周断代工程所定论的甲骨卜辞的干支范围内，确实发生过近30次的月食现象，见表2-1-1。

表2-1-1　　　　　　　　商代发生月食的时间表

	BC 1400年	BC 1300年	BC 1200年	BC 1100年
壬申	1473.8.17（20：45） 1426.2.12（23：42）	1380.8.10（2：31）	1282.11.4（5：41）	1189.10.26（21：06） 1183.1.28（5：34）
癸未	1470.12.12（0：16）	1377.12.2（22：48）	1279.2.27（2：56） 1232.8.24（0：39） 1201.7.12（0：04）	1185.2.19（0：13） 1180.5.22（19：30）
甲午	1466.4.5（22：44）		1229.12.17（1：52）	1198.11.4（22：17） 1151.5.2（2：58） 1130.3.12（16：54）

续表

	BC 1400年	BC 1300年	BC 1200年	BC 1100年
己未	1481.7.18（4：51） 1434.1.13（2：02） 1429.4.16（3：28）			1192.12.27（22：51） 1166.8.14（5：34） 1145.6.23（23：03）
乙酉	1496.10.30（19：08） 1418.3.26（6：32）		1279.9.2（1：06） 1227.6.1（0：33）	1181.11.25（20：16）
备注		红粗体字是断代工程所确定的日期。 括号内是实际月食发生的具体时间。		

2."日有食之"与"天再旦"

那么商代在以上近30次的月食现象中,是不是在安阳都能看到呢?商代人是否将"日食"和"月食"的概念相混淆呢?夏商周断代工程的专家组,对甲骨文中的"三焰食日"重新进行了科学论证,但结果却是否定了前辈延续半个世纪"日食"和"水星"的结论。笔者认为:"日食"和"食日"虽然只是字的顺序颠倒,但词组的意义却完全不同。甲骨文中的"食日",也并非现代天文学中的"日食"概念,而是具有类似现在天气预报中"阴天"的含义。比如:"壬旦至食日不雨"(屯南624)等,大多是指"食日"后,跟"雨""星"字相关联。

中国最早历史文献《尚书》载:"乃季秋月朔,辰弗集于房",专家学者都认为这是记载发生在夏朝仲康时代的日食现象;相互独立的另一部《竹书纪年》载:"仲康五年秋九月庚戌朔,日有食之";司马迁在《史记》载:"帝仲康时,羲和湎淫,废时乱日",其中"乱日"就是指日食;我们再根据现代天文学的方法推算:公元前1961年10月26日11：08分,也确实发生过日食现象,而且日食带恰好覆盖中原地区,这也佐证了《尚书》和《竹书纪年》的记载准确无误。

而且《竹书纪年》还记载:"懿王元年天再旦于郑",如果认为"辰弗"与"日有食之",是天文现象中日偏食的话,那么"天再旦"就应该是日全食的记录。根据现代天文学的方法推算:公元前899年(懿王元年)4月21日凌晨,确实发生过日全食的现象。以上说明:古文献的记载与现代科学的推算高度吻合,这也充分证明古文献记载的事件真实可靠。

我们知道:古人是不能预测日食和月食的现象,以及具体发生的时间和地点,但古人完全可以在白天观察到日食现象,所以在古文献中关于日食的记载是可信的。然而月食的发生却是在夜间,远古人又没有夜生活,如果是偶然观察到的月食现象,那也只能是在傍晚或者凌晨前后。所以在远古的文献中只有记载"日有食之"的文字,但却没有记载"月有食之"的词句,重点是:"日有食"是"日食"的战国词汇，但它不是"食日"的商代语言。从表2-1-1看，商代发生月食的时间大都是在半夜或者凌晨，而且又都是在秋冬的季节，我们不禁要问：在安阳这个大半夜睡觉的时间段，有谁能每年每天每时，都在仰望着漆黑的夜空，等待着还不知道在何时何地才能发生的月食现象呢？

科学常识还告诉我们：天体发生日月蚀的现象，其运行都是与地球成夹角的状态有关，所以观看日月食的现象，那一定是受时间和地点限制的，即使是晴朗的天空，如果在其夹角以外那也是看不到的。现代科学也可以计算出五千年中在同一地点，能反复看到月食的概率有多少次，所以即使在商代河南，由于地点的不同，有的人可能一生也看不到一次。

3．是"月㞢食"还是"夕㞢食"

根据以上论述，笔者对夏商周断代工程中，针对"月有食"的释读提出高度质疑，而且认为：首先应先认定甲骨文的字是不是"月㞢食"？或者说这是"月㞢食"还是"夕㞢食"呢？即便写的是"月㞢食"，那么"㞢"可释义为"有"吗？况且"月㞢食"与"月食"是一回事吗？为此出于高度的存疑和好奇，笔者对 ☽、☽、㞢、食 这四个甲骨文字，以及五组"月㞢食"的词组重新进行考释和解读，尤其对"㞢"字重新进行了释读。

（1）"夕"与"月"的释读。

甲骨文中"夕"和"月"的字形基本相同，都是月牙的形状，只是 ☽ 中间多了个点，这说明含义不会是合二为一，二者存在着不同的分工，但 ☽ 和 ☽ 字都是在指事。因此，笔者认为在甲骨文的释读上不能像旧释中根据自己的潜意识，将 ☽ 与 ☽ 随意的相互转换，因为它们是代表不同的两个含义。即使到了金文时代，钟鼎文上的"夕"字，变成了夸张的 ⊃ 形，但"月"字还依然保持 ☽ 形。

依据笔者对甲骨文"四个一"的释义原则，古人所创造的每个字，即使有那么一点不同，那含义一定是有所区别的，所以即使汉字发展到今天，还依然保留着夕与月的不同含义。而且 ☽☽㞢食 中的 ☽☽ 是并列在一句话中，这就更加证明：这绝不可能是同字同义，而且也不能相互替代，问题是哪个是夕、哪个又是月呢？

通过对甲骨文和金文中"月"的研究，发现古人在观察月相时，是把大而明亮的月亮称为 ☽，而把初始细眉状的月亮称为 ☽。远古人不知道月亮上的阴影到底是个什么景色？所以在 ☽ 的中间加上一笔取而代之，进而代替月中的朦胧景色，即 ☽ 形。但 ☽ 则是初始的月牙形，而这时月亮上的阴影部分，因为更小也不明亮，所以显现不出来。《说文》曰："夕，莫也。从月半见"；《广雅》曰："莫，夜也"。因此，如果将〇（满月）视为一个中心，那么按"从月半见"的话，其〇（圆月）的一半理所当然就是☽（夕），这也符合夕的本义：日落时、黄昏、傍晚。

甲骨文中不论☽（夕）还是☽（月），其凸面也分左右。比如☽字，如果月牙凸面是朝右☽，那就表示月亮在上半夜出现，引申指上半月的某天。如果月牙凸面朝左☾，则就表示月亮在下半夜出现，引申指下半月的某天。甲骨文中的☽（夕）与☽（月），大部分都是凸面朝右，这也正好说明古人都是在傍晚和上半夜活动。而且能看到上半夜的夕，那也只有几天的时间，大部分时间看到的都是月和类圆月。所以到金文时代，已基本修正了甲骨文月和夕的模糊状态，从而月字的使用量远远大于夕。

但是☽字的凸面，其左右的朝向却不是代表某一天，而是代表整个上、下半月的时间周期。当月牙逐渐变圆为〇时即是满月，表示时间是月的中旬，因此，月牙左右和大小的变化是表示每月时间的流逝过程，以后就逐渐衍变成八卦中的阴阳太极图。那么☽的月相具体代表什么呢？从国家断代工程判定的五次"月食"看，都是以"干支夕月有食"，或者"干支夕干支月有食"的语法存在。

而甲骨文中的"夕"字，总是与后面的"月"和前边的"日"或者干支相关联而组词。比如："夕月""月夕"或者"今夕""日夕""日月"等；如果是以"夕月"的组合词，本义就是指傍晚的月亮，引申指秋分；古语就有以"春分朝日""秋分夕月"之说；而"今夕"则是指当晚，"日月"则是指白天和夜间的一天时间周期。如果按"月夕"来释义，则是指月末。《荀子》载："月朝卜日，月夕卜宅"。《尚书》曰："岁之夕、月之夕、日之夕，则庶民受之"。但在甲骨旧说中，大部分都是将"夕"释义为"月"，而按笔者对夕和月的论点，则"月业食"都应该是"夕业食"。

（2）干支与月和日。

古人认为"日"没有变化，每天都是一个日相，即圆形，而且每日都是一个循环周期。但"月"却有变化，大部分又是以圆缺的形式存在，所以才用☽的字形，代表整个月相变化的周期。而☽则是单独指每天的傍晚到月亮初始的时间段，仅代表一天月相的时间周期。《尔雅》载：殷人是用十二地支纪月，而且每月都有相应的汉字，比如："月在甲曰毕，在乙曰橘"，"八月为壮，九月为玄"等，武丁时期的一块牛骨板上，也有六十干支的完整干支表。

而在旧说的释义释读中，使人不能理解的是：在甲骨文的一句话中，既然前面已有干支的表述，那为什么后面还要释义为"几月"来表述呢？假设按"八月"而不是"八夕"来释义，那前边的干支又代表什么呢？所以笔者认为这个就不能按"几月"来释读，对比金文中出现的纪年，则都是从帝王登基时开始计算，比如："元年正月""十三年九月"等，试问：商代有用阳历表达具体月份的吗？

如果按《尔雅》有关"月"的表达方式，那么商代几天或者几晚又是怎么来表达的呢？

在甲骨文中经常出现"×☽"的词组，旧说中释义是"×月"，但按笔者观点应该全部释义为"×夕"，因为月牙上没有加上一笔。如果用"×夕"的词组，那它就不是表示月份，而是表示几个夜晚或者月末。所以"八☽"应该是"八夕"，即八个夜间或八个晚上。以此类推的"×日"词组，则是表示几个白天，"今夕"则表示是当晚，"今日"就表示是当天，显然易见"今月"表示的就是本月。甲骨文即使写的是 ☾ 字，那也不是指月份，而是指月的个数。在金文时代也经常出现"×月"的词组，但明确写的是 ☾ 字而不是 ☽ 字。金文中的夕是 ☽ 形但却极少使用，而金文时代的 ☾ 则全部是月牙上加一笔。

4."㞢"是"有"字吗

㞢（㞢）字在汉字中一直都存在，只是在后世的某个时期才被取代了。㞢字旧说释为"有"字，但这很难被人理解和接受。看其㞢形无论如何也没有甲骨文 ⺆ 的相似笔画，这既不能归为异体字，传承中也不可能进化成一类。因为古代㞢是常用字，如果释读不正确的话，可能会对历史产生误读，故笔者对其进行重新释义。溯源㞢（㞢）字的旧释义，其中徐中舒主编《甲骨文字典》中释义是："疑为 ψ（牛）字之异构，盖古以畜牛为有，故借牛以表有义"；黄锡全先生也认为："㞢是象有角的牛头之形"；朱歧祥先生则认为："㞢和'又'字是同一字前后期的不同写法"。

归纳解释以上的专家如是说：卜辞中的"其㞢雨""其㞢风"，那就是在说"有雨""有风"；此外，又常有"有"与"无"对举，比如"㞢求"，"亡（无）求"等，从而得出"㞢"等于"有"；"有"又通读为"又"，表示再又之又，如"旬㞢二日""九旬㞢一日"等，因此甲骨文的"㞢"字，通读作"有""又"。

我们再看"有"字的传承：西周 ⺆（索谌爵）字，古陶文的 ⺆ 字，战国 ⺆（包2.123）字，秦 ⺆（睡185）字，汉代 ⺆（说文）字，其字形字义都基本相同，都是手拿一块肉 ⺆ 的象形画。这说明每人分到一块肉，这样才能"有"的吃，因此古人是以"持肉"借代为"持有"，难道在传承中"有"字就变化了吗？

其实甲骨文中也有类似金文的 ⺆ 字，如 ⺆（一期乙1814）是"手拎的肉形"即 ⺆，然先辈却将"㞢"字，释义为 ⺆（有）字取而代之，而且释义跟"又"字又相通，这实在令人费解。如果按此释义那么对"㞢㞢"（抚续二）这两个叠加的"有"字或词组，怎么去理解和识读呢？这只能说明"㞢㞢"这两个字，既不通义也不通假，分别是两个不同含义的字。

那么再分析"㞢"字是什么含义呢？我们先看类似的甲骨文"中"字，

甲骨文"屮"形是单个的 ❦ 草字，如果在 ⊻ 底部加上一横，这"⎯"代表大地就变成了 ⊥ 形，这是指从地上生长出的 ⊥ 字，本义就像草木出土的生长之形，《说文》曰："屮，出也"；屮与 ⊥ 的形意相似，都有"⊥"出土的这个形，而且又都有生长的含义，但 ⊥ 代表的是草，即主干上两边的小叶，是呈"V"形斜直状。而"屮"笔者认为代表的是花果，其两边是"U"形，像包裹的花骨朵（花蕾）状。

⊻（屮）最初表示两片叶的中间，还有未成熟的"果实"，此字演变到最后，中间 ❦ 顶上的小球没有了，就是说这时的花蕾全开了。所以"屮"的本义是指：出生→开花→结果的生长周期过程，引申具有孕育动植物的一个周期概念，但"屮"的时间是指哪一段呢？还是变成了一种指示代词呢？

先看屮字的甲骨文衍变：⊻（甲骨文）→⊻（合21149）→⊻（合21120）→⊻（合21071）→屮（合2677）的转化。发展到金文与"之"字合并归类，具体是由：屮（甲骨文）→⊻（西周孟姜匜）→屮（春秋番君召鼎）→⊻（楚简仰25.18）→屮（睡为11）→屮（汉篆）→屮（现代）的衍变。

《说文》曰："之，出也"，屮 与 屮 字既同形也同义，所以在后世的《字书》中，多以"屮"是"之"的古文释读，从而将屮（屮）归为屮（之）字。如《玉篇》曰："屮，古文之字"；《字汇》曰："屮，篆文之字，像芝草形"。因此无论怎么传承和替代，但 ❦ 字始终都在使用无变化，所以从另一角度看常用字 ❦（有）字，也绝不是屮（屮）字，屮 笔者释义：屮字。如果抛开旧说中释义"月食"这件事，那就可释义很多无解的字，比如：在 屮 字旁加上手"又"字偏旁，即 ❦ 字可释义为"收"字，寓意为采摘或者收获的季节。

根据以上论证推断，笔者认为："月屮食"应该就是"夕之食"。因此"夕之食"释读：是指某天或者某时段应准备的食物。比如断代工程认定五组之一的"己未月庚申夕屮食"，应该释读：占卜从"己未"到"庚申"的月末，这期间的食物状况……，而"之"的指示代词是指：吃饭或者存储等，从古到今的生存首先必须解决吃的问题。《说文》曰："食，一米也"；《易·坎》曰："食，饭也"；如果 ❦ 字跟日月相关联的话，可引申指与食物类相关的时间；如果 ❦ 字直接与具体食物相关联，那就可释读为吃什么的意思。

甲骨文中还有"大食"和"小食"之称，商代与春秋的前期，人们不是按现在的一年四季，而是按一年二季来生活，所以那时只分春秋两季。因此夏商周时期日常都是一日二餐，日出之后为"朝食"，日昃之后为"晡食"，而"夕食"就是指从早到晚整天的饮食，如果按此对"夕屮食"来释义，那也是指准备明天的食物。甲骨文不应该断章断字去识读，但可以单个字去释义，然后再把单个字与前后的字和词一同来识读。所以不应以"夕食"或"月食"来释义，应该以"夕㞢食"或"月㞢食"的全称来识读。假设是用"月食"现象进行潜释义，然后再去识读的方法，那所释读的甲骨文就值得商榷。

甲骨文中如果有"卜"和"贞"字，那一定是与占卜有关（图2-1-28～图2-1-33），所以在夏商周断代工程中，所引用的五组甲骨文应该都是卜后的卜辞，试问：古人能正确预测日月食的现象吗？难道占卜预测的事就都能发生吗？重点是：假设说的是现代意义上的"月食"现象，那也是在预测将要发生的事件，而不是已发生的事件！退一万步说：即使古人把"吃月"这件事称为"月食"，那也是从月圆"吃"到月牙的过程，同样也是指月相的时间和周期，而且这是每个月都要发生的现象，而不是指现代意义的"月食"现象，《易•丰》曰："日中则昃，月盈则食"，也是说月亮圆满之后就会亏缺。

假设按"月㞢食"来推论，那甲骨文关于"月㞢食"的词汇，绝不仅是夏商周断代工程中所发现的这8组"月食"词组，应该还有大量单独和重复的"月㞢食"事件存在。而且占卜的一定是：不同的事和不同的结果，只是还没被发现和挖掘而已，例如还有："癸酉贞日月又食隹若"（合33694）；"之夕月㞢食"（丙56反）；"月㞢食闻八月"（甲1289）；"已未夕宀 庚申月㞢食"（金594）；"甲申易日之夕月㞢食甲口不雨"（丙59）等，所以笔者认为，夏商周断代工程中对"月食"的唯一定论值得商榷。

图2-1-28 肩胛板甲骨文

图2-1-29 龟甲板甲骨文

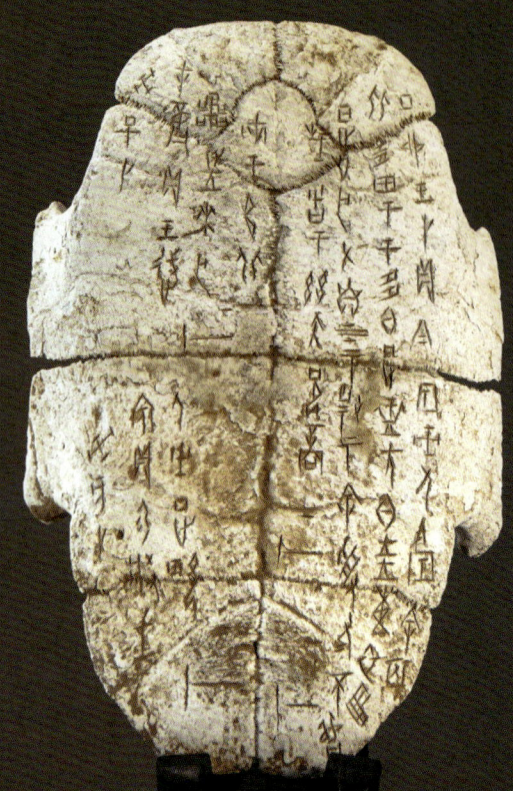

图2-1-30 龟甲板甲骨文

图2-1-31 肩胛板甲骨文

图2-1-32 肩胛板甲骨文

图2-1-33 肩胛板甲骨文

第二章
商周青铜器是华夏文明的艺术符号

一、"妇好鸮尊"是盛酒器还是法器

1. 商代至高无上的巫师文化

远古华夏的"传说时代"是从"古国"发展到"王国",从血缘关系转向地域政治的时代,是从对太阳与天地的崇拜到对神灵和祖先的祭奠,是巫师文化发展的鼎盛期。而巫师每次行使法术的过程,也是一次对奴隶的洗脑过程,是一种对人的精神控制行为,是培育和教化的一种信仰服从。所以古今中外的巫师在做法时都一样,不仅妆容和器物上的装饰具有威严和恐惧的神话符号,还要营造出一种神秘和权威的场面与气氛。

远古人认为,神是不吃不喝的,在天上只是一种"看""吸""闻"的行为。所以从夏朝铜爵类的造型来看,中部就设计成假腹并带有出烟孔。这也是敬神时所用的礼器,在底部点火后,"香烟"和"香酒"的气味会直入云霄到达神的鼻中,与此同时祭祀现场的人们,同样也能感受到"香烟""香酒"的味道,这大概就是《易经》所记载的"天地交泰"吧。根据与中国商代同期的秘鲁考古发掘推测:除巫师建造的诡异神庙外,还要让参拜的人们口喝和鼻吸一种迷幻剂,使人的大脑处于一种幻觉状态,这会让人们更加相信神的存在。

考古证明:2500年以前的新疆地区因沙漠和地质干燥等原因,其原始墓葬保存得都很好,所以在吐鲁番洋海墓地的巫师墓中,不但发掘出巫师的道具而且还在皮编篓中发现大麻。同样在新疆塔什库尔干地区木坛内的卵石表面发现有烧烤过的大麻残渣,这更加证明巫师用烧烤的方法,使大麻产生烟雾和味道进而刺激脑神经产生幻觉。在西安黄渠头西汉墓葬的考古发掘中也发现大麻、栗、黍三种食材。因此从我国远古的"传说时代"起,甚至在当今的少数民族地区,其宗教仪式中的烟火、洒米酒、喝"神水"等行为都是不可或缺的仪式内容,这种潜意识与神沟通的"催眠"术,也是远古神职人员巫师的"妖魔痕迹"。

我国最早有名有姓的巫师是黄帝和蚩尤,他们将巫术推崇到了极致。而殷商则是巫术发展的黄金时代,尤其对龟灵和鸮鸟的崇拜更是蔓延至整个商朝。远古时期往往是巫权与王权紧密结合,商代的巫师集神权与军权于一身,有时商王本人也可直接充当大巫师,而这时商朝内的其他(她)巫师,则就要降到次要或者陪衬地位，这就是成语中"小巫见大巫"的历史渊源。

随着巫师占卜壁垒被打破，巫权与王权也逐渐开始分化。所以在殷商晚期，巫权的政治结构悄然发生变化。历史发展进入西周时，当周公实行"以德治国"的国策后，人与神的关系发生了明显的转变，而这时的巫权地位则衍变成预言家、谋略师、军师类的官衔。此后随着社会的发展，巫师和巫术每况愈下，逐渐沦为民间的一种职业。

2．青铜鸮尊是酒器吗

笔者始终有一个疑问：商代巫师是怎样做法事的呢？又是用什么器具来营造气氛的呢？而且在官方的考古发掘中，不论是商代的各类大墓还是皇家贵族的墓葬，都曾出土过大量显示身份的青铜重器，而且各种青铜大鼎等类别的国宝重器也都是屡见不鲜，但为什么唯独鸮尊这类青铜器，不论出土还是传世都少之又少呢？

再比较与妇好墓同时代的花园庄亚长墓，虽然觚和爵的数量与妇好墓都差不多，但象征军权的钺总计7件，比妇好多了3件，而且出土的各种兵器是更胜一筹。以妇好与亚长的地位看，随葬品都应遵从商代礼制，笔者以此推理：亚长才是同时代真正的将军，而妇好则是军队中的巫师（军师）。因此妇好才会在陪葬的器物中，有亚长墓所没有的2件青铜鸮尊和6件玉鸮，这就是区别"将军"与"军师（巫师）"的标志。顺便说明：对墓中亚长"俯身葬"的认知，这应该是商代"男俯女仰"的一种葬俗。

但唯独百思不解的是：文博专家为什么把大型鸮尊定为盛酒器，而小型鸮尊定为饮酒器呢？我们不禁要问：不论定为盛酒器还是饮酒器，那为什么不用其他的常用酒具呢？比如爵、角、觚、觯、斝类饮酒器，以及壶、卣、彝、罍等盛酒器，况且在妇好墓中除两件青铜鸮尊外，还大量出土了各种盛酒器和饮酒器，难道还能用这种不便的鸮尊来装酒吗？

《考工记》贾公颜疏引《韩诗说》云："爵一升，觚二升，觯三升，角四升，散（斝）五升"，这是详细记载饮酒具所对应的器物；《礼记》曰："宗庙之祭，贵者献以爵，贱者献以散（斝），尊者举觯，卑者举角"，这里也没有涉及"牺尊"类中的"鸮"；《周礼》载："春祠夏禴，祼用鸡彝鸟彝。追享朝享，祼用虎彝蜼彝"，以此假设储酒器中有"鸟"尊（妇好鸮尊），那小的青铜鸮尊又怎么解释呢？鸮尊的重点是：不论其结构和大小，它们都不具备盛酒和饮酒的使用功能。

再分析一下"妇好鸮尊"（图2-2-1、图2-2-2），该器因上口的"脑壳盖"是半个圆缺形的结构，根本不方便装入和倒出任何东西，更何况前面既无流也无口，如果是装入液体的酒类，那也只能从后半个脑壳处倒出。若以此方式倒

图2-2-1　商代青铜妇好鸮尊 高37.8厘米　　　　图2-2-2　商代青铜妇好鸮尊后部

出的话，那倒出的液体或固体一定会溅到手錾和手上，从设计的角度出发，这是不应该发生的低级错误。另外，重达17公斤的空壳用錾手提拿都很困难，将其装满液体或食物后再提拿和取出点东西，就更加的不可思议了。

再看小型的青铜鸮尊（图2-2-3、图2-2-4）：因为头部与身体是分开的，所以装入和倒出方便很多，但它也装储不了多少酒，充其量也只能算是饮酒具。那么这种饮酒具为什么没有錾手却有盖呢？关键是装香酒（热酒）后烫手又如何去趁热喝呢？从饮酒的功能和角度上看，又怎么能跟爵等饮酒器的设计相比呢？其实最早代表夏朝二里头文化的青铜爵，其超长锐形的前流后尾，也不是用做饮酒的器具，而且其腹部还设计成便于用火烧烤的功能，再看创造古文字的"爵"字，其本义也是一种鸟的象形，因此笔者推测原始"爵"就是一种祭器，是用来烧香酒或烤大麻等的器具。但在夏朝文化中暂时还没成为巫师的道具，这也许就是青铜鸮尊最原始的雏形。

3．青铜鸮尊是巫师法器的推论

既然青铜鸮尊没有酒具的使用功能，那它又是做什么的呢？在妇好墓的考古中，还出土了玉器和石器类的鸮尊，这说明鸮尊绝不是等闲之物。既然青铜鸮尊不具备酒器的使用功能，而鸮又是商代的神鸟，那它还能做什么功用呢？我们知道古今中外的巫术或者神学，都

图2-2-3　商代青铜鸮尊 高21.8厘米

图2-2-4　商代青铜鸮尊 高25厘米

需要各种道具的配合，而所制作的各种法器，也都是举行法事活动中的一种辅助道具，主要功能就是营造浓重而又神秘的宗教气氛，笔者推测这是从人们崇拜的神鸟身上，制造出散发烟雾或迷幻剂的巫师道具。再具体点是：大鸮尊是烧烤大麻释放烟雾的巫具，小鸮尊则是装有"神水"或"圣丸"的药丸类迷幻剂（图2-2-5～图2-2-7）。

考古发掘证明：商周时期的爵类等酒具，一直伴随着整个青铜时代，而且这是从夏朝衍变来的样式和功能，直到西周都没有发生太大的变化。所以不论从哪方面来分析，青铜鸮尊不具备储酒和饮酒的功能，但作为烧大麻而制作这种"象物"的话，那么"鸮"（鹗）是当之无愧的巫师道具。如果把它装入大麻制成的"神酒（水）"或者"神丸"类祭品，从而变成巫师所独有的"饮酒（水）"和"吃药（吸烟）"的一种器具，那也极有可能是一件巫具。

图2-2-5　商代青铜鸮尊局部

图2-2-6 商代青铜鸮尊尊底铭文

图2-2-7 商代青铜鸮尊尊底

《左传》曰："铸鼎象物，万物而为之备，使民知神奸。……用能协于上下，以承天休"，这说明：商代所制作的各种青铜器，不仅是用来盛装食物祭祀祖先的，它还有一个重要的作用就是"象物"。而制作"象物"的最高级别非青铜器莫属，并且还需要在铜的外表，刻画上各种"象物"的纹饰。只有这样的青铜"象物"才可作为巫师"协于上下，以承天休"的道具，从而协助巫师进行人与神灵的沟通。

以上理论分析表明："象物"中的青铜器一定还有属于巫师法器类的道具，而且还要具有法器的某种功能。动物象物和动物活体的本质都是一样的，就如同向真人活佛与人造佛像顶礼膜拜一样。而鸮则被商代人认为是沟通天地的神鸟，理所当然成为巫师的最高道具，但野生的猫头鹰不适宜人工饲养，在古代则更难于养活，所以巫师逐渐将猫头鹰的活物，转换成青铜器、玉器等的"象物"，这样就成为巫师的最好帮手，用以顶替活的鸮与神灵沟通，从而达到辟邪、赐福、佑主等目的。而且这种造型和器身上的纹饰，绝不是当时青铜艺术家的臆造，也绝非纯艺术创作，这是为渲染神秘的宗教目的而为。

考古证明：台湾历史语言所藏有二件石质的立枭，妇好墓也出土了几件玉的立鸮，这说明商代有玉器、石器、青铜器等不同材质的猫头鹰。而妇好墓这种封闭留半个脑壳的青铜鸮尊，绝非是舍繁求简的一种臆造，而是自有其通天、通灵的某种用途，它就是商代巫师的法器之一。而且妇好墓中的青铜铲、青铜镜等也都不可能是实用器，而是作为法器的一种来配套使用。

当然能用大型青铜鸮尊作为巫术的道具，一定是最高巫师和神权拥有者的专属器物。从功能上也不可能是装液体和固体食物的用具，而是营造烟火或者迷幻剂的一种法具。当在鸮尊的空腔内装满大麻用火来烧烤时，就可释放出烟雾状的神秘气体，使在场人们产生幻觉，让人们更加相信神的存在。由于商代巫师的地位和体制，作为巫具的青铜鸮尊因稀少而显得特别珍贵，这也是出土和存世的铜鸮尊凤毛麟角的根本原因。已发掘的商代大墓中确实也很少有鸮尊出土，但显示王权的大鼎却比比皆是，而且国内外各大型博物馆的藏品中，这种青铜鸮尊类的藏品非常稀有罕见。

从考古发掘看：青铜鸮尊和各类玉鸮都一起出土于妇好墓中，因为妇好本身就是巫师，所以只有巫师级别的人才具有各种材质鸮的通神道具，而且妇好墓还出土了其他法器，如青铜镜、青铜铲、青铜长勺等。尤其青铜钺上的虎食人图案，不论它是代表法器还是象征着军权，都凝聚着巫术的神秘色彩。而商代的青铜镜则更是巫师手中另一种重要的法器，这在青铜镜一节中有详细论证。

特别说明：商代青铜鸮尊的造型，除相同器型一器一形的微变外，类似的器型也都在不断地衍变着，青铜小鸮尊的衍变规律：先期是以分爪和短尾式，后期是爪在支点和卷尾着地式，最后才发展到直尾着地形，而商代中后期则是向着大型夸张化转变，但爪和尾的三点支撑都没有变化。不过这些造型都说明一点，即鸮尊不具备作为酒器的使用功能，而具有巫师法器的所有功能，所以笔者推测它是一种法器而不是酒器。

二、备受争议的"人面盉"是什么

商代所独有的青铜器"人面盉"现藏于美国费利尔美术馆，这件最早出处在河南安阳的"彰德府"，民国时被行内认为是最诡异的"人面盉"。这件"人面盉"出土时腐蚀得面目全非，曾经被贾文忠的父亲修整过。据考古学家陈梦家记录，此作先是由北京"同益恒"古玩店的萧延卿转卖给上海古玩商叶叔重，最后由卢芹斋倒卖出国。

1910年接替叔父经营"尊古斋"的黄濬，整理了商周时期的青铜器，并于1935年、1937年、1942年出版三集《邺中片羽》，而"人面盉"也是最早在列其中，"人面盉"是停留在商代某时段的一件特殊产物，这也是来自民间而又流出国门的一件青铜重器，如同其他异样的、反常规的文物一样，诸如元青花象耳瓶等文物，也都曾遇到过因国内主流观念的不认可，而流出国门的相同遭遇。

1."人面盉"的名称值得商榷

美国弗利尔美术馆收藏的这件青铜"人面盉"，在其两旁的近颈处有两只兽面状贯耳，正好与人面盖上的双耳相对应，用绳系两端可贯通而能平衡提起。这种非金属的"提梁"绳可能是藤枝或麻绳类的东西，因几千年埋于地下的缘故，这类有机物的绳早已腐朽无存。而图2-2-8～图2-2-10藏品与美国这件"人面盉"相比，不但器型与尺寸大很多，而且底部还有"亞形内铭文"的族徽，重点是：除青铜腐蚀典型特征外，底口、唇口的边缘等都符合商代青铜器"内卷沿"的设计风格。

但最惹人争议的点是它有一个管状流，根据商代青铜器的特征：所谓"卣"一般为圈足、有提梁；而"盉"则一般为三足、有管状流；故以前将此器称为"有流卣"而一直沿用着，但把"有流卣"的名称改成了"人面盉"，则是现当

图2-2-8　本书商代人面卣 高28厘米　　图2-2-9　本书商代人面卣侧面

图2-2-10　商代人面卣底上的族徽和人面盖

代的文博专家所为。其所依据最重要的旁证是一件战国时期叫"邵宫盉"的青铜器，并且认为"盉"最显著的特征是有管状流，其他的差异则为次要。

那么我们就先从"邵宫盉"青铜器的铭文说起，"邵宫盉"一词见于《商周彝器通考》图488、《殷周青铜器通论》图版63.122。《商周彝器通考》作者容庚先生在书中写道："器型如壶，前有流，后有立兽做鋬，与商及周初之器形大异，乃战国末异制也"，并命名为"邵宫盉"。

笔者认为：经对原文拓片的研究，其铭文不是"盉"字而是"和"或"私"字，而且在汉代所有出土的简帛中，其"私"与"和"的字形几乎相同。但"邵宫盉"为什么要释义为"盉"字呢？笔者的推测是：旧释中因为"厶"太小或看不清，故可能将"私"字，误认为只是有左边的"禾"字；或是根据《说文解字》曰"私，禾也"，并认为古代"禾"又通作"盉"；又或是旧释中将"和"借为"盉"。基于以上推测，笔者才将该铭文"邵宫私官"译为"邵宫禾官"，再套用其有流和鋬的器型，定为战国器物"邵宫盉"至今。

请注意：甲骨文和金文的"禾"与"盉"，以及"和"与"盉"字的意义是不同的。虽然"私"字在甲骨文中还没有被正式确认，但在甲骨文和金文中，"盉"字却几乎没有演变和进化，都是盛酒器的图形，即上边有个"禾"字，下面是个"皿"字，专指装储香酒的用具。

在古代称为"宫"的词都是指皇帝活动的场所，而凡是皇后居住的宫则都称为"私宫"。因此"邵宫"是指邵夫人生活的寝宫，而负责宫中尚食的官称为"私官"，在秦汉文献中也有"私官"的记载。如《汉书》载"大官、私官并供其第"；《汉旧仪》载"中官、私官尚食用"；《集注》引东汉经学家服虔曰："私官，皇后之官也"；裘锡圭先生也考证为："私官"是指"皇后食官"；考古也证明：秦始皇祖母夏太后墓室中，陶器上就刻有"私官"，以及在石磬上刻"北宫乐府"的铭文，而"北宫"正是皇后和太后的居住地。

所以从字和词两方面来分析，该器定为"邵宫盉"都值得商榷，铭文应该译为："邵宫私官，四斗少半斗"。由于古代"私"与"和"字基本相同，所以郭沫若先生认为："和"应是西周法定的计量器"合"。总之这是负责"皇后食官"的官职，而器物则是专门称量的标准具。《说文》："斗，十升也，象形，有柄"，这是汉代对远古"斗"的最权威解释，也是与所谓"邵宫盉"有柄、有流相符。

2. 究竟称为"盉"还是叫"卣"呢

从设计和用途分析：这种"人面兽"类的造型，其"人面盖"上部的后面，是与龙身相连且盘旋的座状，颈部两侧是两个四趾龙爪，对照《山海经》中14种"人面兽"图，其中"龙身人面神"最为符合，尤其背部几何鳞纹和头上的龙角，与妇好墓出土的玉龙纹几乎相同。商代祭祀时先是"羞酒"然后才是其他，因此"人面盉"一定是盛酒器。古代盛物与煮物的区别就是该器物有没有盖，古代在用火煮东西时，因怕有烟灰等落入其中所以要加上盖。青铜卣是古代盛酒器，并且还是专用于盛香酒的祭器，是以其芳香来招引神灵的降临。《尚书》曰："以秬鬯二卣"；《大雅》曰："秬鬯一卣"；《说文》曰："以秬酿鬱草芬芳，攸服以降神也"。这说明：卣是盛香酒的也是专门用于祭祀神的，而香酒一定是要用火来加热的。

《大雅》中所说的"秬鬯"就是古代祭祀时用的香酒，而这件器物的设计同时具有卣与盉的部分特征。那么是以特征来定名呢？还是以功能来命名呢？而两者器物的差别：其一是卣无流而盉有流；其二是卣下为圈足而盉常为三足；其三是盉有提梁而卣无提梁。所以卣只是一种盛酒器只具有盛酒功能，而盉则具有温酒和盛酒的双重功能。再从社会发展和进步的角度看，盉的功能就是温酒器，而且主要还是香酒。商代早期的盉为有足、有盖、有流，晚期发展为圈足、无盖、小口，而盉发展到春秋战国时，流就衍变成了动物造型。

卣的功能就是用勺来调酒和取酒，从出土陶器到青铜器来看，提梁的材质是由软质的绳藤到青铜象形藤的过程。铜的传热效果最好，而且导热的速率也相当快，凡是带有提梁的器物，那一定是用手来提拿，因此提梁必须具有隔热的功能。最初是用不易导热的绳藤做提梁，但绳藤却容易被烧着，所以最终衍变为既能隔热的活动链接，又不易被烧坏的青铜提梁。

笔者认为这也是器物发展中的过渡型，是在水、酒、香酒使用初始时将卣与盉功能合二为一的过渡器具，所以这类器物出土的少就不足为奇了。由于社会发展以及使用功能的进一步细分，而且从原始单一的储存器物到加热饮酒的衍变过程中，其温酒和调酒的使用功能没有变，所以将历史上的某时段中，具有盉和卣功能为一体的这种器物，逐渐分离为两种功能的器物，即形成带流的盉，以及带圈足和提梁的卣。

从妇好墓出土的几种盉来看，两件都在顶部设计有管状短流，其中一件上部是全封闭，底为圈足。另一件上盖封闭，盖顶仅开小口，底为三足，与夏商初期的陶器形状相同。还有一件则是上部有流，而且上部的设计是开放式的较小圆口，上部有贯耳器，底为圈足。另外妇好墓还出土一件有足、有流、有梁、有盖的复合卣，它同时具备了盉和卣的全部功能，但与"人面盉"所不同的是圈足变成三足，与一起出土的一对提梁卣形成了鲜明的对比。

以上妇好墓这些盉、卣以及有流的卣，不管是不是同时制作的器物，但却同时出土于妇好墓中，这说明它们的功能和用途肯定不同。盉和卣的功能于一体的器物估计是倒酒器而非水器，而且一定还是香酒，而有梁的卣则是酒器，其他具有盉功能的器物，则是在不同场合使用的盛水器。

河北藁城台西村商代酿酒作坊遗址中，曾发现大量的桃、李、枣等植物种仁，以及重8.5公斤的人工培植酵母，说明商代的酿酒业已呈现专业化趋势。河南信阳罗山的商代墓中，也发现了装在青铜卣内的古老香酒，而且青铜卣的密封完好，经河南省食品工业科学研究所对青铜卣内的古酒抽样进行色谱测试，其结果：每100毫升酒内含有8.239毫克甲酸乙酯（果酒标志）并具有果香气味，说明这是一种浓郁型的香酒。

这样从实物、甲骨文、尚书、大雅等文献都印证了青铜卣，只能是装香酒的一种专有器物。从商代出土的青铜器看，一般盉与盘同时出土的较多，而盉明显是用于盛水器，但卣与酒器类同时出土的较多。而且凡是有流的器物均是需要加热的东西，由于器物上口怕烟灰落入，所以由小口衍变成敞开的大口且有上盖的结构。综上所述：凡是有流的不是盛水器而是温酒器。按中国人习惯，以功能和用途起名为主，以特征起名为辅的原则，笔者认为这件青铜器恢复叫"有流卣"较为合适。

3. "人面盉"是灯具吗

在《中国殷墟》中编者把"人面盉"定性为"烛龙灯",这就更值得探讨和商榷了。有些器物如果不加以正确解读和修正的话,可能会对社会和历史产生误读。下面就从灯具和燃料的历史传承与发展来分析,说明它为什么不是"烛龙灯"的论证。

《周礼》曰:"凡邦之大事,共坟烛庭燎",《仪礼》曰:"烛俟于馔东"。"烛"字甲骨文的原义是指手持点燃的火把,而古代把没有点燃的火把称作"燋",门外手持的火炬称为"大烛",而院内点燃的火堆称之为"庭燎"。在宁夏仰韶晚期的新石器时期遗址中,发现在窑洞的墙壁上有多处插松枝的孔洞,而且与其洞口相邻的墙壁,也因烧烤而有变色的痕迹,这也是最原始"壁灯"的遗迹。除"壁灯"外,最初的灯具雏形是利用中空的石头或陶瓷,即以存放动物油脂为主作为灯具。

郑州二里岗出土的商早期的陶中柱盂(图2-2-11-1)、囧纹青铜中柱盂(图2-2-11-2),以及安阳殷墟出土的商晚期的青铜中柱旋龙盂(图2-2-11-3)等,这类盆盂型的器皿才是商代"盛油点火的灯"。《尔雅》云:"瓦豆谓之登",所以从陶瓷的瓦"豆"到青铜的"盂",从战国的"登"再到汉代的"镫"字,古代是"登"与"镫"通用。从"豆""盂""登""镫""燈""灯"的字形演变看,实际上反映的是一种器皿的用途变化,是从盛食器到礼器再到普通照明工具的历史变迁。

图2-2-11 商代油灯

古代把灯具的燃料俗称为"油脂",其中常温下液态的称为"油",固态的则称为"脂",而把凝固的油脂称为"膏"。河北满城汉墓出土过一件带盖直筒杯形的卮灯,灯中就存有烛块,经中科院化学所鉴定,其成分和牛油相似属动物类油脂。动物脂肪的熔点相对较低,液化速度较快,因为随形不规则,所以在实际应用时要把油膏放在盘型类器物上,而这种盘形设计就是便于使用。

那么什么时候才使用蜡的呢?商承祚在《长沙古物闻见记》载:"汉墓偶有黄蜡饼发现",这说明"饼"是汉代以前的通用形,尚未发现后世常见的柱体形,但仍然可以看作是燃料。西汉杂史《西京杂记》载:有南越王献给刘邦"石蜜五斛、蜜烛二百枚"之事。1957年《长沙沙湖桥一带古墓发掘报告》中也曾发现铜灯内有残蜡,这些证据都说明,到汉代还依然使用的是原始饼蜡。而用植物油助燃的记载最早见于《三国志》,其"折松为炬,灌以麻油"证明至少在东汉前,灯具照明大多是动物油脂。只有到唐代壶形灯才发现有"流",而灯捻挂在流部或有盖,这才是典型的液体燃料灯具。由于唐代用植物油照明的燃料已开始普及,所以"流挂灯捻"的形制特征也频频出现在考古中,如唐代出土邛窑的省油灯即是如此。

灯具本质上是一种承载光明的容器,照明燃料的发展和进步,是决定古代灯具设计和演变的主导因素,而灯具设计的原则是以实用性为主。从以上灯具和燃料的发展历程我们再反观"人面盉",因为同时代已有其他不同材质的灯具,而且从燃料方面看其不具备灯具的使用功能。况且如果使用人面盖的话,它能阻断氧气而使火苗自熄,况且以脂(膏)作为燃料的时代,其"流"也不适用于蜡也是多余的功能,所以怎么看都不具备灯具的功能。

古代凡是灯具的设计,都必须具有与氧气混合燃烧的功能,所以通风是第一要素,隔绝氧气就会自熄,因此灯具不能有密封的盖,而以"流"的口部作为液体燃料油的入口,则是现代人的思维。唐代以前动物油脂都是膏状,即使发明了植物油,其捻芯也太长了,以商代捻芯的材质以及油膏的虹吸效果灯具也会自熄。因此,笔者认为从任何方面考证:"人面盉"都不适宜作为灯具使用。

三、青铜器腐蚀机理与鉴别要素

藏友们经常会问:古代青铜器的铜质是什么颜色?有的专家认为青铜器的铜质是灰青色,而有的修复青铜器专家则认为是土红色,其实他们说得都对,只是针对不同时代和不同用途的器物而言。由于古代青铜器的不同用途,其铜锡合金的配比是不同的,因为含锡量的不同才导致铜的颜色不同,而且其氧化后的皮壳也略有差异。

研究表明：青铜器在长期埋葬的环境下，铜合金会发生"选择性"的腐蚀，通常"富铜相"会优先腐蚀而流失，但最终都会因"矿化"而回归到"铜矿石"。因此青铜器在墓葬中是一种状态，而出土后的再次氧化则又是另外一种状态。如果出土后保存的环境不同，就会使青铜器形成不同的皮壳，其主要原因是：青铜器在不同的环境下，还要继续发生化学反应，但反应的结果随环境各异。

1. 青铜器的电化学腐蚀

金属腐蚀有两种情况，分别是化学腐蚀与电化学腐蚀。而青铜器在墓葬中的腐蚀，按照金属阳离子的水解强弱，其排序是Cu、Pb、Sn、Zn等，所以铜合金中的这些元素都具有被腐蚀的可能，而且与土壤中水溶性的盐类发生一系列的电化学反应，其表象是反应使铜的表层累积出各种不溶性的腐蚀物。最早提出"青铜病"电化学腐蚀理论的是法国科学家Berthelot和丹麦的Krefting先生，其实青铜在土壤中的腐蚀与在电解液中的腐蚀一样，它们都是一种电化学性的腐蚀，而青铜器上的粉状锈则是这种腐蚀的阶段性产物。

电化学腐蚀原理：铜合金在较强的酸性环境中，H^+获得电子析出氢气的腐蚀称为析氢腐蚀。如果在弱酸或中性环境中，O_2获得电子而析出OH^-的腐蚀则称为吸氧腐蚀。所以当青铜器反应中产生的氢气累积达到一定的内压时，其表层就会鼓泡破裂，也就是行话称为由内而生的"发锈"，故称吸氧的腐蚀是产生各种锈色的根本原因。

科研人员对一件敦煌出土的汉代铜牛车进行了分析，结果发现牛腹腔表面硬结物的水浸液呈弱碱性pH值在8～8.5，推断埋藏环境的土壤是呈弱碱性。通过XRD检测分析铜牛车上腐蚀产物及其锈色，它是由赤铜矿（Cu_2O）、氯化亚铜（$CuCl$）、氯铜矿（$Cu_2Cl(OH)_3$）等组成的化合物，这才是构成青铜腐蚀后产生各种颜色的本质。三代青铜器由于长期埋藏于地下的原因，如果环境是在水中以及在非氧化性的弱酸中，那么青铜已经被氧化的结构都是相当稳定的。如果土壤成分和墓葬环境发生变化，青铜器表面一定会引起强弱不等的电化学反应，而且这种漫长反应所累积的锈层，犹如矿岩一样层层叠叠，表面是五颜六色、坚固致密、不易剥落，这也成为鉴定青铜器真假的方法之一。

2. 鉴定青铜器的三要素

从科学角度讲，鉴定青铜器应从铜质、范铸、腐蚀锈三要素入手，并将范铸学与腐蚀学相结合才是鉴定青铜器的最佳方法。现代派的经典鉴定学认为：不但范铸可以造假，红斑绿锈也可以造假，以此认为青铜器的造假无所不能，所以逐渐就形成了以标型与数量、铜质与重量，以及铭文优劣等作为判断青铜器真假的主标准。

而科学鉴定则认为，范铸学具有时代烙印，腐蚀学更具有时间的痕迹。所以不能把没见过的青铜器武断地说成是"臆造"，而古代每个时期和阶段都对"神"有不同的理解，三星堆的卡通和凸目的设计，就是古蜀人夏商文化的世界观，所以对纹饰和器型的创新，也要符合当时的社会历史和当朝皇帝的审美取向，因此对某时代的流行物不能以数量来判断，更不能以相似度为鉴定标准，每件器物都要经改进、创新、完善的三个阶段。

对腐蚀锈而言，青铜器在地下的环境中会发生极为复杂的化学变化，所以可导致其颜色各异。但首先要掌握的最基本的一条就是要看有没有"锈根"，即所谓的"发锈"源，不论什么时代的青铜器只要生锈就会有"锈根"，只是"锈根"的深浅与薄厚之别。因此要坚决避开那些"无根"的绿浮锈，且铜质坚密、声音脆亮者，而且如果发现青铜器的锈下有强力打磨的痕迹，那就要特别的小心，因为青铜器的"锈根"会掩盖锈下的所用痕迹。

另外青铜器会出现粉状的有害锈，这也是真品的特征之一。这种刚出土青铜器上的有害锈处于不稳定或亚稳定的状态，其腐蚀仍在进行中，直到青铜基体被锈蚀殆尽这种腐蚀也不会停止，最终青铜器会变回原铜矿。纵观国内外各大博物馆以及民国时的收藏家，都要将青铜器做除锈处理，其结果是器物表面多年后不但显得更加精美漂亮，而且铜质结构也已成稳定状态。

但现代藏家与民国时期的收藏家不同，收藏青铜器的锈是越多越好，不但将这种绿锈和土锈斑视为真品和美品的重要特征，而且还把它当成宝贝来对待，实则是一种抗腐蚀的大忌。之所以产生这种不愿清理而始终保持出土状态的情况，那是唯恐人们说它是新仿品在作祟，但这仅是一种销售行为的"商业表述"。

从青铜器配方看，即使有变化也不会太离谱，大体是遵守《考工记》中"六齐"的配方，其宏观规律是：断面应随含锡量的高低，从浅黄红色过渡为银白色；其含锡量越高铜色就越显灰白发亮；而高仿品的铜质如果没有被电解破坏，其铜质也是灰白色，但断口却很粗糙。从范土上鉴别，现代失蜡铸造法很难把范土自然烧结在仿器内，其仿器上的所谓范土都是仿旧时的后做土，其方法是用胶粘或者白水泥加入颜料调和，但其造假的范土坚硬而不自然，而古铜器中的范土色泽自然，土锈结合点和块芯也是仿不到位的。

3. 青铜器的多色锈不可仿

如果说配方学、范铸学、器型学都可以仿的话，那唯独腐蚀锈是仿不了的，尤其称为青铜器"癌症"的粉状锈。现代造假的腐蚀锈最容易使人上当受骗，但只要我们认知其腐蚀机理和铜锈基因，反而观察其铜的锈色又是判断真假的最直接手段，可参考表2-2-1总结的铜锈一览表。

表 2-2-1　　　　　　　　铜锈基因与伪造难度

颜色	分子式	来源和状态	伪造难度
黑色	CuO、Cu_2S、SnO	黑铜矿、锡石，成片	CuO易仿，青铜镜上SnO仿不了
红色	Cu_2O	赤铜矿，成片	可仿
绿色	$CuSO_4 \cdot 3Cu(OH)_2$	水硫酸铜矿，成片	易仿
暗绿色	$CuCO_3Cu(OH)_2$	孔雀石、石绿，成片	易仿
橄榄绿	$Cu_3(OH)_3Cl$	氯铜矿，均匀浅色，成片	极难仿，水坑青铜器多此现象
孔雀蓝	$2CuCO_3Cu(OH)_2$、$CuSO_4 \cdot 5H_2O$	蓝铜矿、碱式氯化铜、蓝矾，局部、片状	难仿，尤其绿中带蓝极难仿，干坑和硫分子是必要条件
靛蓝色	CuS	靛铜矿、方蓝铜矿、孔雀蓝升级版，局部、片状	极难仿，靛蓝与红斑绿锈的混合，则更是难上加难无解
蓝白色	Cu和Pb混合物	粉态、点状、条片状	难仿，青铜镜多此现象
甜白色	$CuCl$、SnO_2	氯化亚铜矿、锡石，粉态、点状	极难仿，青铜镜多此现象
嫩黄色	Fe＞1%，	粉态、点状	极难仿，青铜镜多此现象
白粉病	$CuCl$、SnO_2、$CuCl_2 3Cu(OH)_2$	绿铜矿、副绿铜矿、碱式氯化铜	主要是在三代青铜器上，但根本也仿不了

特别指出：青铜器与氧接触，首先反应生成的是褐红色的氧化亚铜，然后进一步氧化成黑色的氧化铜，红斑的产生与年轮和时间无关，但却与墓葬的环境有关。另外青铜器局部还会有"铅锡光"的现象，因为青铜合金含有锡和铅，化学周期表中铅、锡都要比铜活泼，所以铜容易被铅和锡所置换，那么锡和铅浮出表面就形成局部的"铅锡光"，但这需要漫长时间和外部环境，因此"铅灰地"也是判断青铜器真假的特征之一。一般铜锈的底锈层有褐色或黑色的两种形式，然后才是五彩斑斓的主体锈层，最上面的则是锈与土的结合层。

产生电化学的环境因坑而异，实践证明：在干旱环境的土壤中产生氯离子的机遇较少，其腐蚀层厚度在50～100μm；在潮湿环境下腐蚀层厚度可达400～800μm；在半干半湿的潮湿环境下，则更容易生成的是红斑绿锈；而那些没有红斑的青铜器，大多集中在全干坑的高岗以及干旱缺水的地域，这种环境也会产生黑漆古青铜器。

锈蚀规律：干坑的锈层薄、泛黄白容易出红斑绿锈；而水坑更容易出黑漆古、橄榄绿；孔雀蓝锈是最不容易形成的锈，但在干坑条件下它也最容易产生。青铜器锈色虽然千差万别但铜器本身的时代特点，如铜质的颜色、范线、垫片、打磨痕迹等时代烙印不会变，比如图2-2-12这种典型的红斑绿锈加粉状锈。考古发现：高锡青铜中出现黑漆古的概率较大，而且大都是埋在淤泥中即呈酸性的"水坑"里，或者是在封闭的储物中。青铜的真锈有三层，每层都

图2-2-12　商代青铜象尊 高41厘米、长58厘米

会呈现出不同的色泽变化，而且出土的青铜器锈里还"胶合"了一层"钙化土"，这是造假者根本就做不到的。如果没有漫长岁月的积淀，"钙化土"是做不出来的，就如同小孩子的骨骼同老年人的骨骼相比，儿童不可能有钙化的现象一样。

真锈色也是千姿百态各不相同，如在黄河流域和长江流域范围，其锈色就不一样，而且即使是黄河流域，在黄土高原和冲积平原的铜锈也不一样，即使是同一墓葬，所处的位置不同锈色也都不一样。绿铜矿的结构是斜方晶体，所以大体上的绿锈都是宝石绿至墨绿色（图2-2-13），以及条痕状的苹果绿，这种绿锈结晶呈微透明到透明状，具有玻璃或金刚般的光泽，这也是真锈不二的特征。

再比如在盗掘者眼中被称为"护心镜"的青铜镜，因为这些器物经常是在墓葬尸体的心

图2-2-13　商代青铜斝 高33厘米

脏部位，而且与丝织品接触得非常紧密，而丝织物都是呈碱性的，但尸骨却是呈酸性的，所以青铜镜处在复杂的环境中，加之磨镜药等一些原因，因此这类青铜镜与其他青铜器的铜锈就会完全不一样。

四、制作青铜假锈的各种方法

青铜器人为做上去的锈或者说仿的假锈很简单，我们只要了解其化学反应机理，鉴别也不是一件难事。所以对于人为做旧而造上的假锈，不论是科学的检测还是眼学上的辨别，您都完全可以区别出古老锈与现代锈。以下是各种青铜假锈大体的制作方法，当然还需要做些技术性的调试。

1. 黑漆古皮壳

（1）电解法的制法。

电解法作锈所需设备比较简单，只需稳压直流电源、水浴加热锅、电加热炉就可以了。直流电流控制在0.1mA～0.3mA、电压控制在1伏～2伏内，水浴加热温度在90℃左右。电解法化学药剂的配方：重铬酸钾100克，硫酸铜100克，乙酸50克，双氧水50克，蒸馏水适量，墓葬黄土适量。操作方法：将新制的铜器悬浮放入水浴加热锅内，然后把配好的化学品和黄土的混合物倒入锅内。然后用一根导线连接青铜器和稳压电源正极，另一根将负极与水浴锅的金属外壳连接，经过10天左右青铜器的反应表层，就会形成一层氧化铜的黑漆古。

（2）化学反应的制法。

这是简单易行的常温制作黑漆古的方法，先配制铜的发黑剂，其配方为：硫酸铜25～40份，硫酸5～10份，二氧化硒0.5～1.5份，过硫酸铵4～5份，冰醋酸10～15份，十二烷基硫酸钠1.5份，聚丙烯酸钠0～2份。其中二氧化硒和硫酸铜是一种成膜剂，聚丙烯酸钠是黑色调节剂，整个液体也可稀释2～3倍，要控制pH在2～3范围。目前市场上铜着色的装饰品大都采用此法，这也是氧化铜的黑漆古造假主流。

2. 红斑绿锈的制法

用乙酸铜100克，硝酸铜100克，碳酸铵100克，碱式碳酸铜150克，氯化铵50克，蒸馏水适量，操作方法同上。电流0.5mA，电压1伏，时间20天左右。青铜器表面即可生成点状或者片状红斑，以及彩云状的绿皮。

3. 绿锈的化学制法

操作方法：先将碳酸铵200克、碳酸氢铵500克、盐酸100克，混溶在容器内，再与氨水100克一起放入高压罐里。再将青铜器悬放在高压罐中，然后密封高压罐，并在底部进行加热，使罐内保持2～3个大气压。每个月或定期更换一次化学试剂，经过3个月左右，青铜器表面上，就会生成片状或点状的绿锈，有的部位还有结晶锈。

另外请注意：由于缺乏应有的知识，有的造假者为仿高古青铜器，画蛇添足地在旧铜器上再做旧，而且只是快速地上层绿锈。而一般在铜器上做绿锈前，是先用硅胶把需要保留的部分，比如黑皮壳、红斑、绿皮等覆盖上，防止与其发生化学反应，破坏其原皮壳和其他原色。

4．手工移植锈的方法

将锈色丰富和层次感极强的三代青铜器上的局部锈片，用手工或者用超声波震动使其锈层脱离铜胎，再把锈片移植到仿品所需的部位。然后用高标号白水泥加入矿石色，调和出不同的锈色，根据古代铜器的锈色层次及形状，在仿品镶嵌片接口处或锈色欠缺处黏结，做出色调逼真的各种锈色。然后把处理好的铜器用湿布包好，放入蒸锅内蒸3～5小时取出后晾干即可。

5．辨别假锈的方法

上述人为做锈的致命点是：色调单一、锈的层次感不强。因为大多是化学做锈，所以铜器表面闻起来没有土香味，而是稍有一点化学的酸味。现代制作的方法是：取适量新鲜墓土用水调成糊状，把复仿品放入10天左右，取出清理干净，新仿青铜器便有了土香味似古代铜器一般。

（1）眼察。

用放大镜或显微镜观察其铜锈的结晶生长状态，即绿锈下没有红斑而是直接附上的绿锈，因此既看不到"锈根"且色调均一，也毫无层次感闻其还有酸味。青铜器的绿结晶斑是判断真假锈的最直接证据，真结晶斑晶莹剔透深入铜锈中，而假结晶斑为人工化学点缀，有韧性且浮在表面。用第三代查尔斯滤色镜也可鉴定其铜锈，因为古铜锈在滤镜下都不会变色，而用绿色、蓝色等化学颜料做的各种伪锈，在滤色镜下多数会变为红色。而有的用胶黏结的锈，用手电照射下会有微弱的淡蓝光。

（2）手鉴。

古铜锈非常坚硬，钢针都难以刺入，锈片也坚硬扎手和划手。而那些用胶水制作的伪锈，不但针容易刺入而且松开手后的针，还会被伪锈夹住，将锈片用烧红的热针烧灼时，请注意：古铜锈是不熔不燃物，而用化学物质制造的伪锈，则是易熔易燃物，能闻到刺鼻的气味，而且商代青铜质如被电解破坏，其胎质是疏松的灰白色状。

电解皮壳及化学锈由于形成的时间太短，性质极不稳定，这类皮壳及锈色其化学品还会有残留，遇水还会继续反应。可以取下一块放入热水里，如果发生微小变化或遇水后能溶化的，则就是伪锈。古代铜器的皮壳及锈色，是稳定的氧化物和碳酸盐遇水不会发生变化。局部将水喷洒到铜锈上，观察铜锈的亲水程度，古铜锈是亲水的，那些用油漆、胶水制作的假锈，亲水性则较差。

（3）品味。

因为是化学做锈所以铜器闻起来没有土香味，而是稍有些酸味。有人也提倡用舌头尝试青铜器锈的味道，其白矾状的味道非常涩，其他结晶状的伪锈有苦有咸，而真正的古铜锈几乎没有味道。

（4）科检。

若科学检测到有以上的各种现代化学成分，那就必假无疑。尤其战、汉、唐青铜镜上的黑漆古，一定是氧化锡而不是氧化铜。三代青铜器的不同时期和出土地域，其金属元素含量的变化也是有规律可循的，所以检测的数据要符合和接近这个时期的化学成分和含量。

第三篇
华夏艺术文明的辉煌时代
——战国、汉代、唐朝

第一章
明镜高悬映无邪

一、商周以前青铜镜是照面用的吗

在甘肃广河齐家坪和青海贵南县尕马台,先后发掘出齐家文化时期的青铜镜,其直径分别是6厘米和8.9厘米,厚0.3厘米。经中子放射分析测定,此镜的合金成分为Cu 91.24%、Sn 8.76%。而在殷墟妇好墓中同样也出土了4面青铜镜,直径为12.5厘米,厚0.4厘米,其含锡量也在7%左右,但到西周时的青铜技术,其锡含量明显上升到了13%。

《考工记》对青铜器的合金技术,有过详细的总结和记载,其中的"六齐"之中制造青铜镜及阳燧的配比为:"金锡半,谓之鉴燧之齐。"科学检测证明:战国和汉代青铜镜的锡含量,确实是在22±2%,符合"金锡半"的配比(图3-1-1、图3-1-2),而唐代青铜镜的含锡量,与战汉相仿甚至还高一点

图3-1-1　汉代四乳四猴镜 口径17.8厘米

图3-1-2 战国十六螭龙纹镜 口径17.2厘米

达25%~27%（图3-1-3）。从齐家文化约8%的含锡量，到战国时代24%含锡量的极限，这是古代冶金工匠对铜合金技术的摸索结果，但这个过程却经历了漫长的1000多年！那么锡在铜合金中起到什么作用呢？首先是降低了铜的熔点，其次是提高了浇注的流动性。另一个就是随着锡含量的增加，铜的硬度也相应增加，而且铜的颜色也由红黄色变成了青白色，同时也提高了铜表面光的反射率和镜面效应。

《说文》曰："监可取水于明月，因见其可以照行，故用以为镜。"由于在遥远的古代，人们通常是用陶器盛水来鉴形照影，所以在青铜时代之初，"监"都是用陶瓦制成的"皿"，因此远古时创造的"监"字，是没有金字旁的"监"。但当有了"吉金"的铜之后，才出现了用"吉金"制作的"鉴"，《广雅》曰："鉴谓之镜"。甲骨文字也证明：用于映像照面的"监"字，商代以前是用陶皿盛水来映照的，学者称为"水监"。而到了西周晚期才出现了金文的"鉴"字，即"监"字左边加了"金"字旁，但这种铜鉴一般人是用不起的，考古也证明都是出土于贵族的大墓中。

再从含锡量、厚度、纹饰方面，以及穿孔和磨痕等角度来分析，商周以前的青铜镜，还不能代表真正意义上的"镜监"。商代铜镜不但小而且厚度依然很薄，在0.2~0.4厘米之间，但形体比齐家文化的铜镜有所加大。那么商周以

图3-1-3 唐代双虎纹镜 口径21.5厘米

前的青铜镜,不是用于日常生活中的映像,那它又有什么特定的用途呢?我们知道当含锡量在10±2%以下的青铜镜,其铜的镜面是呈红黄色,而商以前青铜镜的锡含量大多是在8%左右,实际上不具有清晰映像的效果,甚至还不如"水鉴",但这种镜面却可以起到一束反光的作用,这在当时也是非常神奇的物件。

因此,巫师利用铜器的这种镜面效应,打造成手拿的小巧玲珑法器,变成了配合巫师作法时的一个道具。其巫师的法理是:将某个物体或者事物通过映入到镜面中,再折射到遥远的天上神仙,其主要用途是起到沟通天地的作用。所以在新石器时代的铜镜,其背面大多是设计太阳光芒的纹饰,而且其形状也都是圆形的,代表着太阳和放射的光线。出土实物也支持以上这种观点,甘肃广河齐家坪墓葬出土的铜镜,其镜钮有残损,镜边缘有相邻的两个小孔,孔间有清晰的磨损凹沟,显然是穿过铜镜的绳,或者是捆绑木棒等物件,而且是经长期反复摇动擦蹭,才能出现这样的磨痕。

实际上巫师是利用铜器表面反射一束光的这种功能,将映像在镜中的事物,加上巫师的占卜语言,借助阳光反射到空中或想要照射去的地方,用以沟通天地之神和判断凶吉。所以商周最初的青铜镜都是较小的圆形,纹饰也多是类似太阳光的放射纹。而镜面逐渐衍变铸成凸面的,则是商镜的一大进步,说明商代时的先人们,已经认识到了凸面镜的功能。

推测:到这时铜镜的另一种功能,就是利用太阳光而制作取火工具,这类铜镜古代称为"阳燧",设计成太阳形状和太阳光芒的纹饰。这样随着锡含量的增加,镜面的映像效果变得更加清晰,其功能由沟通天地的巫师文化,向着照面的生活用具方面转变,最后演变成贵族化的日用青铜镜(表3-1-1)。

表 3-1-1　　　　　　　　　各时代青铜镜的合金比

	合金	比例(锡含量)	铜质色泽
齐家文化	铜锡	1:0.096	紫红
商代	铜锡	5%	紫红
西周	铜锡	13%	微红
战国	铜锡铅	铜74%~56%,锡26%~19%,铅16.5%~0.5%	银白
两汉	铜锡铅	铜66%~70%,锡23%~24%,铅4%~6%	深灰、银灰
唐代	铜锡铅	铜69%,锡25%,铅5.3%	银白

二、青铜镜为什么会出现黑漆古和白银光

1."黑漆古"的成因

在出土的古代铜镜中,有一种表面不但漆黑发亮并且还光滑晶莹,这种表象被行内称为"黑漆古"铜镜(图3-1-4~图3-1-10)。然而"黑漆古"的铜镜在古代是不存在的,古代青铜镜铸成后,再经过抛光后的镜面,都是一种呈黄白光的镜面。而铜镜这种"黑漆古"的现象,则是由后天环境所形成的。

科学检测"黑漆古"的镜面,可以观察到:在玻璃质的表层膜的下面,有明显的摩擦痕存在,这说明铜镜的底表面经过了打磨和抛光,而最上面这层玻璃质的"黑漆古",显然是抛光后所形成的。青铜器上所谓的"黑漆古",理论上分析,其元素成分无外乎有这四种:氧化铜、氧化锡、硫化铜、硫化铅,而实际上铜镜只存在着前二种。战、汉、唐三代青铜镜上的"黑漆古",与其他青铜器上的"黑漆古"有着本质的不同。青铜镜上的"黑漆古"是氧化锡,而青铜器上的"黑皮壳"则是氧化铜,这可以作为三代青铜镜的鉴别标准之一。

科学检测也表明:"黑漆古"铜镜表面的含锡量达到了50%以上。而青铜镜本体的含锡量却只有25%的比例,这与《考

图3-1-4　唐代狩猎纹葵花镜 口径20厘米

图3-1-5 战国六山镜 口径18.7厘米

图3-1-6 战国六山镜 口径29.4厘米

图3-1-7 唐代海兽葡萄镜 口径19.5厘米

图3-1-8 唐代双凤纹镜 口径22.8厘米

图3-1-9 战国三山三兽镜 口径20.8厘米

图3-1-10 唐代狩猎纹葵花镜 宽24.5厘米

工记》中"金锡半"的配比相同，也就是说：铜镜基体的锡含量根本就没有发生变化！但这充分说明：其铜镜表面上的高含量锡，并非铜本体游离出来的锡。

科学证明：锡元素在自然界是不可能单独存在的，墓葬环境中也不可能产生锡。所以形成"黑漆古"的高含量锡，只能是古代的人造行为，而游离的锡也只能占极少部分。考古和科学实验都证明：磨镜药及其磨镜工艺，是青铜镜表面含大量锡的根本原因。上海博物馆和上海材料研究所的科研人员，以及吴佑实在《黑漆古耐腐蚀机理探讨》一文中，都是运用了现代的科学手段，对"水银古"和"黑漆古"的铜镜进行解剖分析，从而得出同样的结论：镜面都是由一层微晶态"富锡"膜所组成，其含锡量高达50%以上；总体厚度在250μm左右，主要成分是二氧化锡或一氧化锡，同时上面还含有铜、铝、钙、钾等其他元素；中间过渡层主要是由SnO_2和δ铜锡合金所构成。

科研人员又对汉·刘安《淮南子》书中："粉以玄锡，摩以白旃"的描述也进行了模拟实验，其结论是：这种磨镜药和工艺方法是正确的，其试验结果与文献描述相符；其"玄锡"是磨镜药的别称，"白旃"就是用白色毛毡制作的摩擦工具；但磨镜药使用一次后，就会由灰白色变成黑色，不过这种变黑的"玄锡"粉料，还可以重复使用。按现代科学的解读：黑色锡也叫一氧化锡，它是具有相当强的还原性，所以当这种"玄锡"摩擦生热后，它会还原成灰白色的二氧化锡。但古人不知道这个化学原理，所以把黑色的磨镜药称为"玄锡"，而古代的"玄"字就代表着"黑"。

青铜镜的表面经磨镜药抛光后，都具有统一的白银光。这种白光镜如果在墓葬的淤泥中，即呈酸性的"水坑"里，由于是人骨腐蚀等有机物的酸性土壤，而且与铜形成了电位差，这就使其铜表面会发生电化学反应。这时铜镜表面这种"白银光"的二氧化锡，会反应生成黑色的一氧化锡，从而使铜镜的表面形成了"黑漆古"，可这需要漫长的电化学反应过程，但并不是鉴宝专家所说的铅铜合金，才能出现"黑漆古"的成因。

2."白银光"的成因

在出土的青铜镜中，还存在着以上所说的"水银古"现象，"水银古"行内也称为"白银光"，其镜面呈现的是原生态的银白亮光（图3-1-11、图3-1-12）。更奇怪的是个别铜镜，还存在黑白的"花背"现象，这是"黑漆古"和"水银古"同时存在的一种现象。那么这种"两古"现象，是先天固有的还是后天形成的呢？

上面提到的电化学反应，其实也是一种电化学腐蚀，实质是电子的转移过程。由于锡比铜和铅都要活泼，故在发生电化学腐蚀时，锡首先就会失去电子

图3-1-11 唐代龙纹葵口镜 口径20.5厘米

图3-1-12 唐代单凤朝阳镜 口径17.5厘米

而游离出铜表面,从而保护铜不被腐蚀,所以锡的氧化过程就是失去电子的过程。而铜镜则不然,尤其是用锡粉进行抛光打磨时,锡已经发生氧化反应变成了二氧化锡的白色,从而使这层氧化锡早早就起到保护铜的作用,所以一开始就不会被腐蚀。如果环境合适且表面这层锡保护得又好,那么青铜镜的表面依然还是较稳定的"原生态"白银光。

那么产生花背原因又是什么呢?科研人员对唐代宝相花的"花背镜"进行了检测,其结果:花背铜镜的基体成分都是一样的,即铜含量是78%、锡含量是19%;但白色和黑色部分的铜、锡、铅等金属元素的含量,却发生了根本性的变化;其白色部分铜含量为54%、锡含量为34%,而黑色部分铜含量是17%,而锡含量却高达59%。这说明:白色部分在下葬后,不论什么样的条件和环境,锡都没有再进行电化学反应;反而黑色部分,锡则进行了电化学反应,从而反应生成一氧化锡的黑色。

我们知道,在现代铜电镀的工艺中铜表面都要进行基面处理,即进行酸碱清洗,尤其是要除去油污,否则在油类的污染处,因为无法电镀会出现花纹的瑕疵现象。同理在墓葬中如果用油污的手拿铜镜,或者铜镜的其他部位在使用中沾染了其他油污,则这个部位就不会发生电化学反应,也不会产生"黑漆古"。所以随葬前的铜镜,如果不是新的或重新打过磨的铜镜,而是在铜镜使用中匆忙地下葬,因为在使用过程中难免会污染上油迹,那这就完全可能会出现"花背"现象。如果下葬前经过磨镜药抛光,或者磨镜处理后的时间较短,其表面就会越黑亮,或者白银光就越强品相也就越好!

再观察战国"水银古"铜镜,其镜背的纹饰肯定是凸凹不平,按现在的电镀工艺,就叫电镀器物本身的缺陷。所以如果磨镜师的手艺欠佳,凹面涂覆的锡粉又不到位,则在纹饰低洼的凹面处,由于没有或少许涂覆到磨镜药,则就有可能微露出铜体,那么在露铜的低洼部位,既不会有黑漆古,也不会有水银古,一定会出现氯化铜的腐蚀颜色。但在纹饰突出的部位,由于有锡的保护而没被腐蚀,也许会有一点点的"两古"现象。

3. 唐代有铜银合金镜吗

唐代制作铜镜技术已达到巅峰,繁缛豪华倒是应有尽有,但唯独铜与银的合金青铜镜,还没有公认的标型物(图3-1-13)。据《天工开物》载:"唐开元中镜,尽以白银与铜等分铸成"。这说明唐代已有铜银合金镜,而且只限于某一时期的宫中,属于皇家器物,珍贵无比。那么铜加入银金属后,其表象会是什么样呢?首先因为银的比重比铜要大,所以铜镜的整体一定要有压手感,给人一种超沉的"黄金"重感。另外铜银的合金镜即使经过千年的岁月,其表面绝不会出现严重腐蚀,但也绝不会是黑漆古,而是类似于白银光。

图3-1-13 唐代四佛八飞天镜 口径26.8厘米

铜镜如果加入了金属银,那一定也要具有银元素的性质,其表面一定会有五彩的氧化膜,就像银币的表面一样,如图3-1-8所示,铜镜背面四佛八飞天的纹饰,雕铸得也相当精致和唯美。特别指出:虽然是铜银合金,但还不是纯银,所以与纯银币的氧化表面尚有差别,而且唐代不是所有的铜镜都会添加银,而只是对宫廷用镜和崇尚佛教的用镜,才会使用贵金属银。因为在铜银合金的配比中,银含量约占一半,所以其铜镜的比重远超过普通的青铜镜,而且一定像"黄金"那样有"沉"的感觉。如图3-1-8所示的铜镜为仅见品,其重量达3100克,手感相当的沉重!

4. 铜表面有没有"锡汞齐"呢

我们知道战国时代,就已经发明了铜鎏金工艺,理所当然铜也可以鎏锡呀!而在宋以后的文献中,确实也有"锡汞齐"的配方,那么"锡汞齐"是不是造成"水银古"的原因呢?鄂州市博物馆董亚巍先生对青铜镜做了大量的实践工作,他首先根据文献中的配方,以不同比例的"锡汞齐"分别进行了各种试验,其结论是:用"锡汞齐"镀完的铜镜,其映像效果开始特别理想,但随着时间的流逝,镜面出现了一层白雾状,基本丧失其映照的效果。

化学实验也证明：在纯铜的表面上，进行冷镀锡非常的容易，而且也不需要汞。所以汉代或汉以前所发明的磨镜药，可以用混配后的锡粉，利用摩擦生热的方法反复涂覆在铜表面。董亚巍先生试验证明：将含锡量24%的高锡青铜器，浸入超过锡熔点的232℃纯锡熔液里进行热镀锡的实验，其结果铜瞬间被锡熔化。化学实验也证明：汞在室温下是银白色闪亮的液态，而且在常温下也会慢慢地蒸发。汞鎏金和汞鎏锡的工艺就是根据这个原理，将金或锡镀在铜合金上。但不论是铜鎏锡的镜，还是铜鎏金的器物，汞迟早都会被蒸发掉，表面只会有痕量汞的残留。

所以凡是铜鎏金或者铜鎏锡，都存在着汞扩散的共性，但对于铜的镜面来说，汞扩散产生的雾晕则是致命的缺陷，所以"锡汞齐"工艺不适合制作高档铜镜。事实上既然磨镜药可以冷镀锡的话，那就根本没有必要再加入汞。其实含锡量22±2%的高锡铜镜本体，经抛光后的镜面本身就会呈现出银白色，映照效果不比现代玻璃镜差，如果再经磨镜药抛光，就可以达到尽善尽美的程度。

铜镜进入宋代以后不知何种原因，铜镜中含锡量明显减少，反而铅的含量在增加。特别是明代的铜镜，配方中还出现金属锌，而且锌含量明显增加，理论上这种铜镜必须进行表面处理，否则根本就达不到映像功能。所以客观上，由于铜合金中锡含量的变化和锌的出现，铜镜表面的处理也发生了变化，磨镜药以及磨镜工艺也随之改变。这种改变直接影响的是几百上千年后的铜镜是否能生成"黑漆古"和"水银古"的现象，考古也证明：战、汉、唐三代的青铜镜，这种"两古"现象极其普遍，而宋以后的铜镜这种"两古"现象却极其少见。

科学检测也证明：唐代以前的高锡青铜镜中，还没有发现镀了"锡汞齐"的铜镜；而在宋代以后的铜镜中，却发现有"锡汞齐"的铜镜。这说明：在铜镜表面处理工艺的历史中，"玄锡"和"锡汞齐"这两种工艺都是存在的，只是在不同的时代针对不同的铜合金镜，所采用的不同处理方法而已。

不同时代应用不同工艺的手艺人，根本不会知道和预测铜镜千百年后，其铜镜表面将会发生什么变化，但它却造就了中国青铜防腐史上的一个奇迹。青铜镜中出现的这种"两古"现象，都是与西汉记载的"玄锡"磨镜药有关，但与宋以后的"锡汞齐"工艺无关。根据墓葬自然环境和入葬前，其铜镜表面的实际状况不同，其电化学反应以及强弱也不同，战、汉、唐三代的铜镜，大都会出现"黑漆古"或原生态"水银古"的现象，而且除"两古"之外，还会出现一种介于"两古"的中间态。

三、青铜镜与青铜器不同的锈色学问

青铜镜的配方和制造工艺与青铜器不同,所以腐蚀后的表象和锈色亦不同。其中的各种化学反应也大有学问,下面就以战国、汉代、唐代的青铜镜为主,观察分析其黑漆古和白银光上的细微锈色,以此可利用锈的不同颜色,来辅助鉴别这"三代"青铜镜的真假。

一般从青铜镜的铜质上,也可宏观区分出青铜镜的年代。比如:战国时期铜质的色泽显微红色;汉代铜质是从深灰色向银灰色的过渡;隋唐时期铜质呈银白色;宋金时期铜质黄中闪红;元代铜质的色泽为黄色;明代铜质的色泽为黄中闪白;清

图3-1-14 战国三山三兽镜背面

代铜质的色泽是黄中闪黄(图3-1-14~图3-1-20)。现代对铜锌合金颜色的实验也证明:当含锌量为10%时,铜颜色是红带黄;15%时是黄带红;25%时则是呈黄色;30%以上已呈现深黄色;所以铜质颜色的总体走向是:由橙红色→向金黄色→直到黄色的转变。

再从铜的锈蚀机理分析:紫铜、青铜、黄铜在大气中都很稳定,腐蚀速度小于0.00015毫米/年,而且铜表面还能生成各种颜色的稳定保护膜;第一种主要是碱式硫酸铜,呈橄榄绿色;第二种就是氧化铜的黑色,硫化亚铜黑色以及氧化亚锡的棕黑色;尤其氧化亚锡的黑色,其年代越久其锈层就越厚,而且颜色也就越深,因此古玩行称之为"黑漆古"。

图3-1-15 战国十二夔龙纹镜 口径17.6厘米

图3-1-16 汉代骑马狩猎镜 口径18.8厘米

图3-1-17 战国四虎镜 口径7厘米

图3-1-18 汉代羽人斗兽镜 口径19.5厘米

图3-1-19 隋唐安居乐业镜 口径22厘米

图3-1-20 汉代四兽象纹镜 口径18.2厘米

青铜器上"黑漆古"黑的来源，从分子结构看只有两种可能，即：氧化铜和氧化亚锡，虽然硫化亚铜也是黑色，但在青铜器上却很少发生。氧化铜的黑皮壳上是以产生绿色锈为主，但黑皮壳现象很少发生，而氧化亚锡则一定是棕黑色。特别指出：青铜器上的黑皮壳是黑色的氧化铜；而青铜镜上的"黑漆古"则是黑色氧化锡；两者分子结构不同，所以其黑颜色的表象有所不同。

特别指出：除"黑漆古"的镜面之外，还有一种"铅锡古"的镜面，这是青铜中的铜被锡和铅所置换，这与青铜器是一样可产生出"铅锡地"的现象，但由于青铜镜"金锡半"的配比，加之后期"磨镜药"的使用，因此要比青铜器的"铅灰地"偏黑、偏亮些。青铜镜和青铜器的有些表观，即使不做科学检测，也可利用其化学反应的产物进行鉴别，同样也具有科学性与实用性。

化学实验证明：氧化锡与自然界中的其他元素，可以发生化学反应，其反应后的沉淀物可以显现出各种颜色，这也是利用化学反应产物鉴定的基础。而且锡比铜、铅都要活泼，也不会被它们所置换，所以形成氧化锡的这层膜，起到了天然防腐的屏障作用。现代也有铜器染黑皮壳的仿古技术，但都是氧化铜这一种的工艺和配方。在本书出版前的铜器市场，造假者还没能仿到氧化锡的这个技术层面，所以科学检测就可以分辨其真假。

特别指出：反应后除生成氧化锡的"黑漆古"外，由于环境的不同还可能产生氢氧化锡，但它是属于一种两性产物，其中以碱性为主的是$Sn(OH)_2$白色粉末，以酸性为主的则是$Sn(OH)_4$微黄色粉末。所以在"黑漆古"的镜面上，除局部有天蓝色、豆绿色和绿色锈外，如果有的"黑漆古"镜面上，发现有点状的白色和黄色粉末的堆积物，甚至还有大片的黄色结斑，这是在三代青铜镜的锈色中所独有的真品特征。

特别强调：如果"黑漆古"镜面反应后，产生的是氯化锡的产物时，则同以上产生的氢氧化锡一样，也会出现白色或黄色的两种颜色形态。而且还会产生独特的天蓝色的层状粉末锈，有时还可形成豆绿色的锈，其豆绿色与"黑漆古"的面浑然一体，也使镜面的包浆润滑、光亮。

青铜镜因为是天然随机性的腐蚀，即使是已产生了保护层，但对微露铜的薄弱处，仍然还会有腐蚀的现象。所以"黑漆古"铜镜表面的细微处，如果出现黄色和白色的粉状物，或者呈现出分层的天蓝色，或者形成光亮的豆绿色，这些都可以作为辅助断定，这也是青铜镜的真品特征。对具有"白银光"的青铜镜，相对"黑漆古"的铜镜而言还有些稍许的区别。一般"白银光"的腐蚀要比"黑漆古"铜镜严重得多，而且与黑漆古的锈色也不同，通常都是碱式硫酸铜的橄榄绿色，有的局部还会出现红斑绿锈。

四、磨镜业一个古老行当的兴衰说明什么

从铜镜元素含量和制作技术方面解读，古代发明所谓的"玄锡"即磨镜药，主要是针对铜镜日后翻新和修复为目的，但不能认为制镜时为了成本，而节省合金锡的一种"后工艺"，古代还因此衍生出磨镜业的行当。宋·高承《事物纪原》所记载的"惊闺"一词，就是对磨镜这种职业行为的生动描写，它就像现在穿街走巷收废品或磨剪刀师傅一样，他们所发出的是不同职业的工具声响。而当时磨镜师手里拿的工具，是长约5寸、阔2寸5分的一种铁片，沿街是一边敲打铁片一边吆喝的行为，当妇女们听见这种铁片声后，便会出来让磨镜师来磨镜。那笔者为什么要专门提到磨镜行业呢？科学解读的结果："玄锡"与"黑漆古"和"白银光"息息相关，而且也是这两种现象能否产生以及优劣的直接原因。青铜镜藏家也都有这样疑问：战、汉、唐三代的青铜镜，为什么能出现黑漆古和水银古现象？而宋以后的铜镜，却没有这种现象呢？

1982年7月，在四川南宋虞公著夫妇的合葬墓中出土了一件磨镜砖，砖呈圆形为陶质直径26厘米、厚3厘米，磨面光滑平整。考古发现：在砖的磨面上，还残留有少许墨色粉末及水银细粒，砖背面凿有从外到里长约8厘米、宽6厘米的三条同方向的弧形斜槽。中国历史博物馆（现中国国家博物馆）收藏的一幅清代《磨镜图》，描绘一个老翁双手紧握毡团，正骑在一条板凳上专心致志地磨铜镜，板凳旁边放着一个瓶罐，里面装的大概就是磨镜药。以上说明：在清代玻璃镜还没出现前，磨镜业的这个行当还一直存在，因为铜镜不但要时时擦抹干净，还需常常磨光，这样才能够保持光亮如新，从而清晰照出影像来。

但各个时期铜镜的铜合金，以及与之配合的磨镜药是不同的。西汉·刘安《淮南子》载："粉以玄锡，摩以白旃"；唐末《上清明鉴要经》中载：在磨镜药的配方中已经有汞的加入，这也是道士炼丹时的发明；宋·赵希鹄《洞天清禄》载：是以水银杂锡而制磨镜药，而且宋代出土的实物也证明，这个时期所使用的磨镜剂含有汞；明·刘基《多能鄙事》和明·冯梦祯《快雪堂漫录》中，也都载有水银加入制磨镜药的配方。

综上所述：战、汉、唐三代青铜镜的磨镜药，主要是以氧化锡（玄锡）为主；宋、元、明、清青铜镜的磨镜药，则是以金属汞为主。所以战、汉、唐三代的青铜镜，就有出现"黑漆古"和"白银光"现象的基础；而宋代以后的铜镜，磨镜药采用的是汞金属，则就没有这两种现象的发生；清代由于玻璃镜的出现，才导致了古老的青铜镜，彻底退出了历史舞台，磨镜行业也随之消失（图3-1-21~图3-1-24）。

图3-1-21　汉代西王母镜 口径22.3厘米

图3-1-22　隋唐十二生肖镜 口径21.8厘米

图3-1-23　唐代神鸟飞鹤铭文镜 口径38.8厘米

图3-1-24　唐代仙人驾鹤四飞天镜 口径38.7厘米

第二章
战汉金铜艺术的温良之韵

一、铜鎏金彰显皇家贵族的雍容华贵

1. 古法鎏金工艺

虽然距今三千年以上的三星堆文化中,就有铜与金结合的艺术品,但历史上随着鎏金技术的发明创造,才使铜与金的古典美达到了极致。鎏金是古代金属工艺装饰技法之一,考古发掘证实:战国时代就已掌握了鎏金技术。唐·李绅《答章孝标》诗曰:"假金方用真金镀,若是真金不镀金",这充分说明:古代流行器物镀金的装饰工艺。在青铜器物上的鎏金,不但彰显其瑰丽豪华,而且还是皇家贵族身份的象征。战汉时期的这类皇家艺术品每件都相当的精致,但存世量也相当的稀少,如图3-2-1~图3-2-3所示。所以了解古代的鎏金工艺,将有助于鉴别其与现代化学镀金的不同,从而帮助收藏家收藏到精美的古代铜鎏金艺术品。

(1)煞金。

将细碎黄金放入坩埚内,加热至400℃左右然后倒入汞,金和汞的比例为1:7,并且要不断搅动,使金完全熔融于汞中,然后将其倒入冷水中冷却,成为银白色的泥膏状,此物质称为"金汞剂",俗称"金泥",而这种炼"金泥"的过程称为"煞金"。

图3-2-1　汉代铜鎏金温酒奁　高24厘米　　　图3-2-2　汉代铜鎏金温酒奁盖　口径22.4厘米

图3-2-3 战国铜鎏金牛 长35.5厘米、高21.5厘米

（2）抹金。

首先用磨炭石将铜件研磨光滑，再将铜制的"涂金棒"用酸梅水涂抹后，迅速、反复多次地浸入汞内，使铜棒先沾上一层汞，晾干后再沾"金泥"与矾的混合液，将其均匀地涂抹于铜器的表面，边涂抹边用力推压，使其与器物粘贴牢固，这种工艺称为"抹金"。

（3）开金。

将"抹金"后的铜件，用炭火温烤，使其中的水银蒸发掉，而黄金则固着于铜器上，其色也由白色转为金黄色，此工艺过程称为"开金"。如果要求金层厚实些，那就要反复多次地进行"开金"，一般经过四次"开金"的铜件，金层的厚度约为36微米左右，而且这种厚度经压光后，可呈现出金碧辉煌的表观。

（4）压光。

最后的工艺是：用毛刷蘸酸梅水刷洗，再用玛瑙或玉制成的"压金石"，沿着鎏金面进行反复磨压，使鎏金层致密牢固，直到表面出现灿烂的金色，这一工艺称为"压光"。

科学鉴别一件器物表面是否运用了鎏金（不是电镀的金），主要是检测其表层是否残留有汞元素。如果以眼学观来鉴别，那就要看其鎏金层的厚度，以及金的成色和氧化膜状况。重点是：如果千年以上的铜鎏金器，由于局部薄金处鎏金工艺产生的气孔，所以必然会有沁蚀的绿锈点、红斑等，或者严重的脱金皮现象，但新近的鎏金器这些现象都没有。鎏金工艺发展到汉代已达到高峰，战汉时期铜鎏金的金都很厚重，这也是鉴别这时期铜鎏金的特征之一。汉代还出现很多大件的铜鎏金器，而且还有鎏金与鎏银、金银镶嵌等相结合的艺术品。

2. "化学金"是什么

一些鉴宝专家经常说：有的铜鎏金以及金铜佛像上的鎏金，是造假者施的"假金"，即所谓的"化学金"，但这是用电化学法镀的真金，还是用某种材料替代的金呢？可以肯定的是，这既不会是"真空镀钛金"，也不会是喷涂的"仿金涂料"，极有可能是现代的"仿金电镀"，但这也是一种"铜锌镀液"的仿"金饰"工艺，本质上依然是铜的合金。另外市场上最为接近鎏金的金饰工艺，目前只有电化铝膜（烫金膜）一种，如同在器物上热转印（贴纸）一样。

那么，这些专家口中的"化学金"到底是什么？笔者估计他们说的是一种"金水"，这是将黄金溶解于"王水"的化学法，所谓"王水"就是浓硝酸与浓盐酸的混合液，即使这样那也是真的黄金啊！

检验真金、鎏金、假金可利用重量与量杯来测量比重，这也是行之有效的简单方法，而现场快速鉴别之法则是：首先观色，一般电镀金普遍亮、薄且偏红，古鎏金是"抹金"，普遍都比较厚实，而且是呈自然的黄金色，但保存不好的表皮会出现红斑和绿锈；然后在疑似铜鎏金的局部上，滴上一点盐酸或硝酸液，如果变色或发紫红（黑紫）色的就是仿金，不变色的就是真金；最后，用打火机烧灼疑似"薄金"的点位，擦去黑烟后不变色的为真金，如果颜色变白的是银镀（鎏）金，变紫黑的则是铜鎏金。

但请注意：有的汉代鎏金厚处（应避开）火烧后很难变黑，新近仿的鎏金器擦去黑烟也是不变黑，因为表层都是真黄金。其实也不是金或铜本身变黑了，而是鎏金中残留的氧化汞（HgO）分解后呈黑色，或者是生成的氧化铜的黑色，但电镀金根本就不存在汞，所以烧黑的是打火机气焰产生的化学黑。

特别说明：现代的电镀金无死角且金膜均匀，因此铜镀金的表面即使火烧也不会变黑，但绝不能把它整体都看做是纯金。而铜鎏金则是手工涂抹棱角和沟槽，由于工艺缺陷和千年沁蚀，薄金处和气孔处会微微露出红斑绿锈，因此铜鎏金火烧后擦不掉的紫黑，才是生成的氧化铜（CuO）黑色。火烧的时间越长CuO膜就越厚，那黑色或者紫黑色就越重，所以烧后擦不掉变黑紫色的，而且烧后失去亮光变暗的为铜鎏金或假金。

特别指出：即使青铜器的表面是真金，那也不要被其仿品所迷惑。其实这种镀金工艺既简单又便宜，也并不是专家所说的仿金（化学金）。古代与现代真金装饰的不同点，就是古法鎏金与现代镀金的区别。其实镀金的成本并不是很高，比如在100平方厘米的面积上，即使想镀一层厚3μ（首饰镀金的厚度）的真金，以笔者写书时的"金盐"每克单价220元计算，其成本也就是5.2元，那么计算一下整件器物全部镀金的面积，即使以后"金盐"涨价，成本也不会太高。这就是造假者为什么敢向购买者保证或者陪同购买者到检测机构化验是否是真金的原因。

二、昨日的佛光——珍贵的汉传金铜造像

佛教自从传入就贯穿古代人们的精神世界，它是凝聚人们向心力的一种"观音信仰"。尤其在敦煌壁画和藏经洞的文献中，以佛教为教义所组建的弱势群体的"女人社"，以及类似慈善养老基金的社区机构，彰显出大唐盛世下社会的先进性。同时，佛教艺术又是中华艺术宝库中一颗璀璨耀眼的明珠，不论是哪个时期的石窟造像，都有工艺精湛、纹饰绚丽、造型优美、面目慈悲的造像精品，都显示出每个时期的创作者对佛祖崇敬的真挚虔诚的心，这与造假者急功近利的"商人心态"截然不同。

除石窟造像和敦煌壁画之外，汉传鎏金铜佛造像也展现出古代的宗教思维，那是一种被逐渐汉化了的东方美。虽然佛教传入中国迄今已有两千多年的历史，但由于古代金、银和铜这类金属的异常珍贵，而且材质本身在古代就是"钱"，所以只有在佛教发展的鼎盛时期，才能不惜工本的在佛造像上应用。虽然东汉晚期已乍现金铜佛造像的雏形，但只有到了五代十六国时，精美的金铜佛造像才开始大量涌现。

金铜造像早期都是汉传的佛造像，其造像思维与时代同步，而且已完成从模仿到本土化的演变，大都反映出人性觉醒、泰然自得的佛陀世界。比如：北魏清秀飘逸的"瘦骨清风"；唐代华严大气的"雍容华贵"；宋代世俗化的"典雅秀美"等；这些都展现出中华民族无与伦比的时代创造力。

由于汉传金铜造像具有题材丰富和工艺精湛等特点，历来都深受收藏家们的青睐，但遗憾的是存世量极其稀少。这是因为在当时铜本身就是"钱"的一种化身，也是制造钱币的原料。再加上制造时所需的成本和鎏金工艺的应用，这就必然会出现皇亲国戚与富裕阶层在使用上的差别，即：大与小、精品与普品的区别。但能流传至今的汉传金铜造像，都是具有很高的历史、艺术和收藏价值，其中又以南北朝至隋唐时期的佛像最为精美和珍贵，如图3-2-4～图3-2-7所示。

佛教发展到隋唐时期，达到了一个鼎盛期，其各种佛造像的艺术，也随之达到最繁荣的阶段。这个时期的金铜佛像，总体上呈现出雍容华丽的特点，面相饱满圆润，肌肉结实，装饰繁复，衣饰宽大，体现了隋唐的审美特点。对于汉传的金铜佛造像，由于历史上的几次重大的灭佛事件，以及多年的战乱和造币上的"铜荒"，客观上就决定了它的存世量极少，尤其是精美的汉传金铜佛造像，更是异常的珍贵！

图3-2-4 北齐铭文铜鎏金佛造像 高35厘米

图3-2-5　南北朝铜鎏金佛造像　高34厘米

图3-2-6　东魏铭文铜鎏金佛造像　高34厘米

图3-2-7 隋唐铜鎏金佛造像 高40厘米

第三章
独具匠心的战汉精工美玉

一、什么是战国青和汉代白

远古先民们在选择"石之美者"——玉时,都是本着就近、就地取材的原则,因为当时受到交通工具的限制,不大可能从几百乃至上千公里以外的山上去采集玉料回来进行加工;而且历史时代越久远,所采集玉料的地域越近。比如红山文化的玉器,当初一些专家认为是500公里以外的岫岩玉,试想在5000年以前的人们,怎么可能把它运到牛河梁来呢?最近的考古确认:红山玉器的石料,是出自北票市北塔乡的矿藏,笔者认为这才是符合和接近历史事实的真相。

在高古玉中,比如妇好墓中的巧雕玉龟,就是当地典型的南阳俏色玉,而不可能是新疆和田玉。还有一种至今也仿不了的玉种,就是古玩行所称的汉代白,如图3-3-1~图3-3-3所示,以及战国青,如图3-3-4~图3-3-9所示。

图3-3-1 汉代螭龙双联璧局部

图3-3-2 汉代龙凤璧 长21.8厘米、宽12.5厘米

图3-3-3 汉代螭龙双联璧 长28厘米、宽14.8厘米

而图3-3-10~图3-3-13则是青白玉，这类玉器古玩行家都是一眼断真，其中受沁少者十分稀有难得。但目前对此种玉料的研究，还没有弄清是什么玉种，以及何地所产。笔者推测：到了汉代这应该就是和田玉类，还也只是在几千年的墓葬环境下，才能出现的这种"沁润"效果，就如同树化石、田黄石的进化机理一样。还有一点应该明晰：战汉时期的运输能力，已比远古先民们先进的多得多。

从商周至战国大都用青玉制作各类玉器，只有与水和食物接触的玉器才选择用和田白玉，而且也只有到汉代时白玉才开始受到重视。其实战国青和汉代白都是和田玉料中最好的籽料，是和田玉中的纯青玉和纯白玉，而不是和田青白玉和别的什么玉种，因为这类玉的玉质任何地方的玉都不具备。因此，这类玉再经几千年地下环境的熏陶，才成为今天这样晶莹剔透的"鬼材"，就如同田黄冻石一样，虽然它也不是什么和田籽料，但它们都有一个共性就是"沁润"，只是时间和"沁润"的环境不同而已。

现代的和田纯青玉或和田籽料，虽然也都是取自山石中或沟壑的水里，但即使经过仿古的加工与打磨，也达不到那种质感。根据科学研究和反应机理研判，理论上可推测：假如将新近加工的和田玉器，跟古代一样放在某个墓中，再同样经过几千年的"沁润"，但一定是不要被脏土所掩埋，那它也一定会衍变成战国青和汉代白，而这又有谁能等待到那个时候呢？

图3-3-4　战国玉璜局部

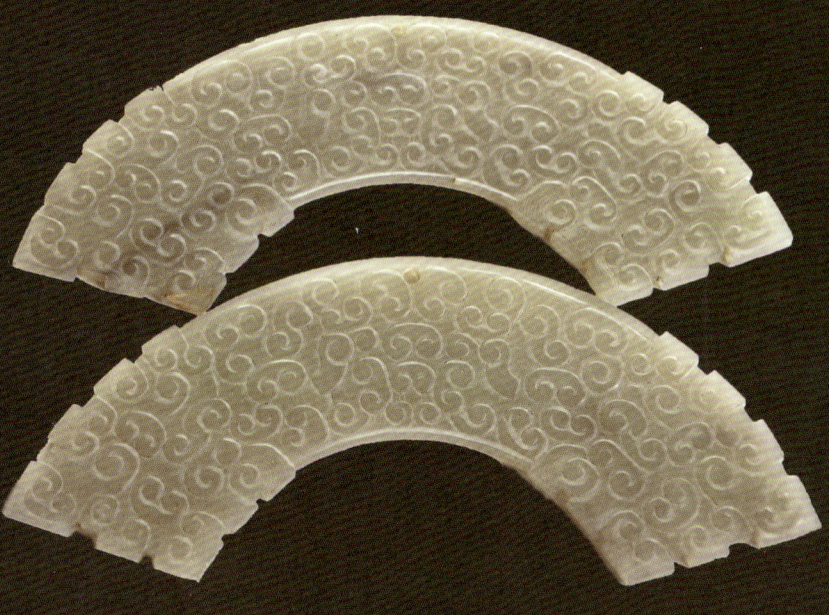

图3-3-5 战国玉璜一对 长21.2厘米、宽14.8厘米

图3-3-6 战国162字铭文玉册 单个长13.9厘米、宽1.8厘米

图3-3-7 战国鲁侯玉册 单个长14.5厘米、宽1.5厘米

图3-3-8　汉代青玉璧 口径30厘米

图3-3-9　汉代青玉璧 口径24.3厘米

图3-3-10 汉朱雀玉卮 高16厘米

图3-3-11 汉朱雀玉卮侧面

图3-3-12 汉凤雕玉卮 高15厘米

图3-3-13 汉双螭玉卮 高15.6厘米

二、高古玉有哪些痕迹鉴定学

大约成书于春秋中期的《诗经》曰:"它山之石,可以攻玉",所以古代玉石的加工主要是以石攻石。鉴赏时还要注意"琢"与"砣"的痕迹,这是纯手工与半自动的区别,也是不同时代的不同工艺。笔者在破译甲骨文的"琢"字时,其字形的简笔画 王ㄅ,就是手拿工具类的器物打制玉器,这也是原始冶玉的"琢磨"工艺。在红山文化的玉器中,也发现用玛瑙作为工具来加工玉器的证据,这些足以说明古代就是用石来加工。那么手动加工的玉石,与当代机械加工有什么不同呢?

1. 加工痕迹

(1)打孔。

新石器晚期已发明手动砣具,抛光用解玉砂、兽皮轮砣等,其特点:钻孔多为喇叭状,而长孔多为两边对钻,孔为中间细两端大,孔壁可见间距不等的螺旋纹,且表面光滑。而采用机械打孔,孔口则较为规整,边缘易有崩碴,孔壁留有细密且均等的螺旋纹。战国时代由于发明了铁器,其穿孔则较为规整,孔壁的螺旋纹虽然较为细密,但间距还是不均等。而电动工具的旋转速度较快,孔壁上留下的钻孔痕迹即使是时隐时现,也都具有螺旋纹一样的有序痕迹。

远古的玉器打孔是用头尖尾大的锥形物,慢速地旋转碾磨,旋转的方向也不稳定。所以在孔壁上会留下旋磨的痕迹,它是一种间隔无序、粗细不等的缠绕纹。高古玉器多在背后的平面以及柱状造型的两侧,对着开两个穿孔,孔形如漏斗状,也有人称为象鼻孔。仔细观察对开的两个孔洞,里面有时可以看到在孔壁上留下的尖锥状的小坑。

(2)线切割。

古玉的开窗镂空应用的是线切割工艺,细观都具有人工拉锯式的起伏感。它的工艺是在钻孔后,再用马尾等滚解玉砂浆,穿过孔手工切割玉。其特点:在窗口的内壁上,有线切割的平行拉痕,此拉痕必定是垂直窗口,而且边口锐利,且越古老的玉,切割面的波浪纹就越明显。

(3)雕琢。

手动砣工的接砣痕迹,尤其在转角、圆弧处,看似一刀雕刻所为,但放大镜下观察却是几刀砣工连接。铜砣的发展是在商代,而汉代铁铊的出现,使砣工更加精锐,不仅能够做到薄而精,还能刻画出纤细的线条,所以才将汉代的玉工纹饰,称为"游丝毛雕",以及所谓双沟碾法的深纹,如图3-3-14~图3-3-16所示。

图3-3-14 汉代龙纹佩件 长12厘米、宽6厘米

图3-3-15 战国总计73字铭文龙纹玉戈 最大长26厘米

图3-3-16 战国总计73字铭文凤纹玉戈 最小长20.3厘米

特别提醒：用解玉砂来琢玉是古代冶玉的一贯做法。所以老玉器平面看似很光滑，其实用放大镜看还是有一条条打磨的痕迹。此外由于用毛皮加石英类粉末的打磨方法，导致老玉器表面多有三角颗粒坑状及划痕等。而新仿品的打磨都很平整，因为是用砂条、砂纸或电动轮制而为，所以表面用放大镜观察，都具有节奏和规律性的打磨痕迹。

（4）减地。

虽然古老工艺的速度都很慢，但玉器沟槽内的线条纹路却都比较流畅。在线条的两侧沟边也没有崩口。老工沟底呈现的磨砂状，无明显长条形磨痕，底子也是用解玉砂精细平磨，有深浅不一或细微的波浪感。同时，平面与沟底都是走向一致的磨痕，且具有相同的包浆，如图3-3-17~图3-3-19所示。

图3-3-17　汉代宜子孙双龙珩 长26.4厘米、宽13厘米

图3-3-18　汉代龙纹玉梳 长18.3厘米、宽4.7厘米

图3-3-19　汉代双龙珩 长17.8厘米、宽7.6厘米

（5）抛光。

真品高古玉的面与沟，包浆都是一样的光亮，这也是人工"琢磨"的具体表观，而且与古老的"砣磨"不同。古代玉器的抛光，多用解玉砂、兽皮等为之，放大镜下观察，其粗细不均，但都是较为顺畅的细凹线，偶掺杂乱的细凹线。而机械抛光或仿古抛光，其凹线不但细密均等，且都较为平行，如图3-3-20、图3-3-21所示。

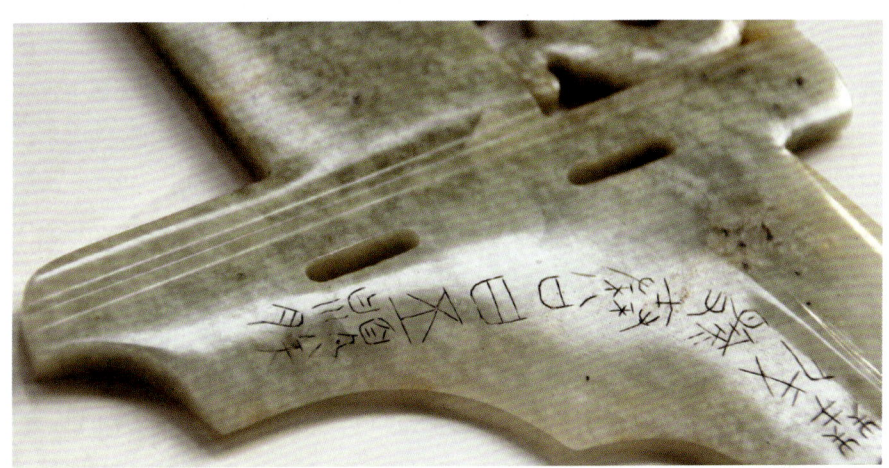

图3-3-20　战国龙纹玉戈 铭文总计73字

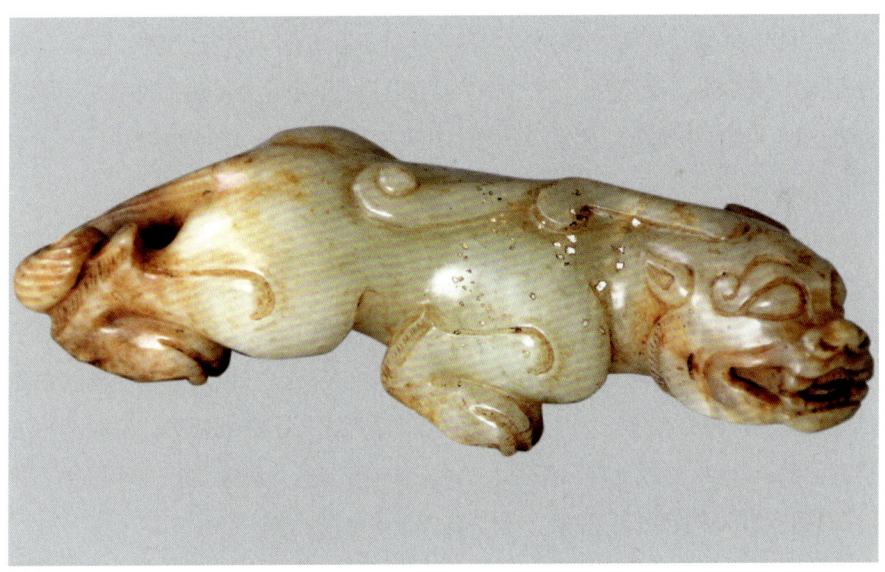

图3-3-21　汉代圆雕螭龙 长15厘米、高3.3厘米

2. 沁色与老化

古玉由于受到墓葬环境、土壤成分等众多因素的影响，会产生多姿多彩的非原生态色斑，古玩行称之为沁色。古玉器沁色一般发生在玉石的局部，比如：在玉质较粗糙部位或裂绺以及伤残处，这些部位的沁色往往色度较为浓郁。沁色是由外而内沁入玉内的，有沁色的古玉一定会在玉表面留下一些自然的痕迹。

古玉沁色形成的原因，首先是玉质本身有瑕疵，其次是玉器所处的墓葬环境，以及土壤和其他相接触的介质。土壤中的三价铁元素渗透进入玉器，会形成各种颜色的次生沁色。古玉的沁色不管东南西北，只要受到墓葬环境中水文条件、土壤性质等的影响，就会呈现出各种各样的表观，如图3-3-14所示，对此要具体情况具体分析。

此外，沁色也仅是鉴定方法之一。古玉的沁色也与其老化程度密切相关，大概率上说，玉器入土的时间越久，其沁色就会越重，覆盖面也就越全、越均匀。甚至无瑕疵和绺裂等的石料，可以衍变成像田黄、红山文化中的黄玉等单色石头。注意，和田玉中的"饭糁"，只有在水料中才被发现，而山料中却没有出现，这说明外界环境的干预，才是加速产生"饭糁"的原因，它也是玉石白化（钙化）的初级阶段，但它不属于沁色，因此远古人们最先采集的玉料，一定都是信手拈来的上等好料，这一点毋庸置疑。

特别注意：高古玉的"饭糁"极具层次感，是玉的里面生成的点状、颗粒状的白色结晶体，如图3-3-20、图3-3-21所示。而人为新仿的"饭糁"表皮上棉絮状过多，不自然、也无立体的层次感。这说明汉代以前的高古玉才能具有这种"饭糁"现象，所以"饭糁"也是鉴别千年古玉的方法之一。

三、怎样分辨古玉的真假沁色

对古代玉器的鉴赏和断代，一定要做到外观神韵、内看细节，而且主要是从料、工、型、纹、沁入手，尤其是古玉的沁色特征，它也是鉴别新老的必要条件。清·陈原心在《玉纪》中，对玉器的沁色进行了详细分类，其中就有这样的记载："受沁之源，难以深考，总名之曰十三彩"，就是说古玉有多种"彩沁"，直观典型的如图3-3-22～图3-3-25所示。

我国北方的土壤多呈碱性，玉器上的沁色多为黄色土沁；南方土壤湿润呈酸性，玉器上的沁色则多为白色水沁；而古玉出土之后，经过环境变化和人的盘玩，原玉性会慢慢地"吐灰"复苏，从而也使古玉的沁色发生意想不到的神奇变化，呈现出五光十色的丰富效果。

图3-3-22 汉代马拉车人物一套

图3-3-23 汉代马拉车内部人物

图3-3-24 汉代马拉车上盖的朱砂沁

图3-3-25 汉代乐舞组人的五色沁 高14厘米

由于玉石大都存在细微的绺裂，而环境中的有机物或金属离子，就会趁机慢慢沁入而产生沁色。所以透明古玉变成的红色、黄色等沁色，是有色离子均匀渗透的结果，不是二次氧化反应所得。古玉常见的沁色有：白色雾状的水沁，鸡骨白色的土碱沁，红色的朱砂沁，秋葵色或者栗子黄的土沁，灰黑色的水银沁，暗红色的铁沁，翡翠绿色的铜沁等，如图3-3-26～图3-3-29所示。

特别指出：古玉器中的沁色要经千百年才能形成，由于土质、时间、玉质的不同，受沁程度也会有所不同。受沁时玉器的表面也会遭到破坏，浅者的为蚀斑，也称为"橘皮斑"，深者的为蚀孔，俗称"土咬""土蚀"，重者还会变成"蜂窝巢"，更严重者不但如枯骨，而且还会发生形变。下面主要针对古玉中常见的几种沁色做简单概述。

图3-3-26　汉代玉角杯

图3-3-27　汉代玉角杯的铜沁与蚀痕

图3-3-28 汉代七节玉带钩

图3-3-29 汉代七节玉带钩的铁沁

牛毛纹：沁纹呈顺风式的同向排列，如牛毛般细密。蚂蚁脚：沁纹呈不规则网状，细如蚁迹，放大镜下可见凹陷现象，但自身天然的蚂蚁脚，比如齐家文化马衔山玉材，原始就带有蚂蚁脚，因此鉴赏沁纹时要格外注意。钉金沁：受沁处呈点状凹陷，有铁锈般的黄褐沁色沉积，犹如钉状。黑漆古：只有水银沁的古玉才呈黑漆或者微黑色，大则连成一片，小则局部成块分布，具有色泽黝黑光亮的共性；通常将黑色、棕黑色的沁色统称为水银沁。

自然形成的沁色与玉浑然一体，色层交错复杂，但之间的层叠关系明显。受沁的古玉，其沁色自然地由深及浅，尤其是在受沁与非受沁处之间容易辨别。自然沁色在器表呈连续分布时，不会因刻痕而中断，否则即有"老玉新工"之嫌。自然沁色的玉器表面能形成独特的皮壳，而假沁则多是浮在玉的表面。刻工比较繁复的地方，比打磨光滑的平面更容易受沁，沁色也会比较深，但一定与周围沁色之间有过渡，如果全器所有刻痕大部分都呈现的是深色，则多为染色做旧。

四、神秘的远古玉文化

中国的玉文化源远流长,已有七千年的辉煌历史。真正将玉文化转化为艺术的,则以分布于华夏南北的良渚文化和红山文化为代表,而艺术水平最高和琢玉最精湛的,则是战国和汉代的玉文化。玉器是中华民族自己的艺术,远古玉器那种神秘的美感以及所蕴含的独特宗教色彩自然使人们产生爱与敬。因此中国人自古就崇尚玉,在中华文明史上已形成了经久不衰的玉文化传统。

良渚文化的玉器种类较多,以浅浮雕的装饰手法见长(图3-3-30),特别是线刻技艺达到了后世几乎望尘莫及的地步。对良渚文化高深莫测的玉琮,以及神人兽面纹的刻画,笔者认为:这是《山海经》中"人面兽身"的神人形象,也是被巫师神话了的神人崇拜,其上部有凸出的头,而凹下的是线刻的手臂,下部由凸出的眼睛、鼻子、嘴以及凹下的线刻的兽脚,组成了神人骑兽的形象,从眼睛、凸鼻、大嘴来分析,这是神人骑猛虎示威的形象。

红山文化的玉器如图3-3-31所示,这是红山文化的玉猪龙项链,是十分罕见的仅见品,理论推测,这应是母系氏族社会中女首领的装饰品。而当进入到商代文明时,社会不仅以庄重的青铜器闻名,也以众多的玉器而著称,比如出现我国最早的俏色玉鳖。最令人感到惊讶和叹服的是,商代已开始有了大量的圆雕作品。而西周玉器在继承殷商玉器双线勾勒的加工工艺的同时,独创了一面坡粗线或细阴线镂刻的琢玉技艺。

图3-3-30　良渚文化玉璧 口径6.5厘米

图3-3-31　红山文化玉猪龙项链

第四章
解码汉代光武版兵书——《三十六计》

中国的古老智慧生生不息，并且还传播和影响到全世界，而《三十六计》就是其中之一。这是一部运用古代卓越军事思想和丰富战争经验所总结而成的作战兵书，也是中华民族悠久文化的遗产之一。《三十六计》不但是战略战术上的经典著作，而且也是各领域运筹帷幄的诀窍，是中国古代的智谋学。

遗憾的是《三十六计》的出处一直是个谜，尚无文献和官方出土文物的考证，这也成为世界公认的一道难题。笔者早年收藏有实物，而且已于十多年前完成对其研究与论证。这是以文献和科学为导向，是用"已知来求证未知"的典型案例，但为慎重起见论文始终没有正式公开发表。笔者的论点是将《三十六计》的现版本，至少向前推进到东汉，这个结论与学界将其定为春秋战国的理论判断，尚有一段历史上的时间距离。因为此课题的意义和影响重大，姑且以一个待鉴项目的命题纳入本书，以示公开。

一、《三十六计》现版本溯源

千古流传的民间传说和历史典故，经过各朝各代文人雅士的演绎，可以衍生出各种版本传世，比如：武术、医术、老字号等。但作为军事谋略或私家秘笈，古今中外都不可能是广而告之，而且也不是什么人都可以学会的，往往仅限于父子及师徒之间秘密地进行单传。

历史上兵书类的书籍，大都是由当时的军事家和谋略家所掌控，绝不可能成为大众的普遍读物，所以这类秘笈大都成为无源之本。同样的，《三十六计》在历代兵志中均无著录，在历代私家的藏书目录也不曾见到，这说明：古代对《孙子兵法》和《三十六计》这类兵书，决不会著书立传而广泛流传，主客观上注定是以手抄本或私家秘笈的形式，作为个人生存之道而存世。《孙子兵法》最早版本是银雀山汉墓中发掘整理的十三篇《孙子兵法》残简，但《三十六计》还没被考古发现。

关于《三十六计》的历史文献资料，现存最早的是见于《南齐书·王敬则传》："檀公三十六策，走是上计，汝父子唯应急走耳"，后面还附上一句"盖讥檀道济避魏事也"。这是讥讽"檀公三十六策"中，他最擅长的就是"走是上计"，而不是指檀道济所总结和编撰的"三十六策"。这也说明：从春秋战国到了南北朝时，"三十六策"在经历了1500年后，已出现在《南齐书·王敬则传》中。

因此《三十六计》在民国以前，一直是以"秘本兵法"的形式，在历代将相和民间私下里传抄。譬如成立于康熙初年的洪门（即天地会），是当时势力最大的地下反清组织，洪门的内部文件被称为"会书"，它就是将"三十六着"以手抄的方式，在严格限制的范围内秘密传播，这就是流传到清代所谓的"原著"。

而《三十六计》现版本的"原著"，是1941年在陕西彬州（当时称邠州）发现的"会书"，同年成都的兴华印刷所随即翻印了此手抄本，并由成都瑞琴楼负责发行，而且在翻印本的篇首中阐明："原本是手抄本"，此手抄本原为小32开的土黄纸，旁注小字"秘本兵法"，而且既无作者也无年代，推测就是康熙初年洪门的"会书"，其推理的思路是：手抄本的前半部都是一些养生之谈，而在末尾才附抄《三十六计》，说明《三十六计》在当时很可能就是一部禁书。

1943年叔和先生在成都祠堂街的旧书摊上，发现了兴华印刷所1941年的这个翻印本，新中国成立后，于1961年9月16日才在《光明日报》的《东风》副刊上予以介绍。而真正引起重视而推介《三十六计》的详细文章，则是1962年9月2日发表在北京晚报《燕山夜话》版面上。

1962年的8月叔和先生将这个翻印本赠给北京中国人民解放军政治学院，而该学院的无谷（姚炜）先生又根据此翻印本，对《三十六计》进行了译注工作，并在内部以油印本的形式传播，直到1979年才由吉林人民出版社正式出版，但译注者在《前言》中也明确阐明："目前手头尚未找到第二种版本"。

笔者获知，这期间还有武汉军区政治部于1973年编印了《三十六计》的另一个版本，并在说明中阐明："综合几种版本整理而成"，但并未交代这几个版本的来源，同样也没有作者和年代的记载。由此可见：现今市面上各种版本的《三十六计》，均源自于1941年民国期间的这个手抄本。

二、《三十六计》与《易经》的渊源

《易经》是中国古代一部神秘的哲理著作，因为流行在周朝所以也叫《周易》。《易经》的内容在春秋战国时就被认为相当深奥而不易读懂，为此古人还专门撰写《易传》来对其解读。现代所说的"周易"，通常是指《易经》和《易传》二者的结合。古人认为《易经》是揭示宇宙万物变化的规律和法则，变"易"为"不易"再到"简易"就是它的宗旨。

《易经》中把打开门户叫作"乾",关闭门户叫做"坤",一开一闭的就叫作"变化",有来有往的循环而无穷尽者,则叫作"贯通";事物呈现出来的叫作"象",具有形体的叫作"具",如果能从"具象"的事物中,推定出"抽象"的事理,就叫作"法",谁能利用这种"理法",出入于天地之间,而且使民众还都能接受者,那就把他叫作"神"。

《易经》产生的年代大约是在西周,《孙子兵法》与《三十六计》诞生的年代,应是在西周之后的春秋战国,这是在西周"礼崩乐坏"的衰败变局中,衍生出来的一种"战争艺术"。它们在年代存续上相互衔接,可以认为,《易经》是《孙子兵法》的理论基础,也是制定《三十六计》的根基。这些将《易经》的哲学思想衍变成的军事法则,也很好诠释了《易经》的精髓。因此,《三十六计》与《易经》密切相关。

《三十六计》的布阵和释语,都是来自《易经》和《八卦》。在《三十六计》的释语中,有二十九计直接引用了《易经》的原语言,其余七计的释语,也都涉及了"易理";同时,《三十六计》的释语中涉及和引用"易经六十四卦"的有二十二卦。可以说,《三十六计》流淌着《易经》的基因无可争辩。

《三十六计》每个计谋的释语中,都是春秋战国时的语义和文法,如图3-4-1所示的《隔岸观火》的释语。以此推理:《三十六计》应该是诞生于春秋战国,因为历史上每部文献的用语中的"语感语义",都相应代表了那个时代的言语,就好比现代人解释当今的新词汇只能用现代语一样。《孙子兵法》和《三十六计》是同时代不同时期所产生的两部兵书,而《孙子兵法》则是《三十六计》的基础,反之《三十六计》又是《孙子兵法》的灵魂。

再从历史上看:伏羲、妇好、姜太公、鬼谷子、孙膑,再到诸葛亮,他们既是出色的政治家和军事家,也是当时的卜筮大师。不同时期不同的"预测家",都有其各自不同的谋略与智慧,渐而渐之在不断战争中的古代,就产生出像《孙子兵法》和《三十六计》这样的兵书。《三十六计》是对社会现象带有哲理性、创造性的概括,它应该也是诸位高人的大智慧结晶。

图3-4-1 《隔岸观火》玉钟背面

三、"四九"才是三十六计的真谛

现今所有流行的各版本《三十六计》，是将三十六计分为六套战术，并在书的首页说明中将其定位为"六六"三十六计，对此从来没有人提出过任何质疑。笔者在深入研究这六套战术的归类和释语后，却发现有的计谋在归类中实在是有牵强附会之处，有的计谋既可以归到上套中，也完全可以归类到下套里，这种模糊、不确定的归属定位，不符合《易经》和兵法中的行为准则。

古代的占卜师或谋略家的思维定位，绝不会是无本无源地凭空想象，一定是有其规律和道法使然，要不完全可以增加或减去几种计法，所以我们设问：为什么不定《三十二计》或《四十五计》呢？反观这"六六"的六套战术划分，虽然每一计都可以单独应用，但在总体与每套和每计的归类上，既无根无据，又让人懵懂与费解。

《易经》曰："易有太极，是生两仪，两仪生四象，四象生八卦，八卦定吉凶，吉凶生大业。"因此在《易经》中阴阳合一是"太极"，而太极分化出阴阳"两仪"，阴阳"两仪"又分化出：少阳、太阳、少阴、太阴的"四象"，而且每个"象"再分化出：乾、兑、离、震、巽、坎、艮、坤的"八卦"，而"八卦"才能决定事物的吉祥与凶险。所以古人认为：谁能掌握和运用"四象八卦"，谁就能对吉凶的趋势做出准确判断，谁就能成就"大业"。

根据以上推理：溯源《三十六计》的思想与基础，那就是按《易经》中的"四象八卦"而产生出的三十六种计谋，这也是"四象八卦"的精髓所在，其中：少阳为守战，太阳为攻战，少阴为混战，太阴为分战。而"四象"则是一种表象，所以"四象"中的各"象"，即为"八卦"计谋的总纲和"领头羊"。特别说明："四象"中的每个以"象"类物，就是由此"象"所分出来的"八卦"，都是表象的器具，即：乾、兑、离、震、巽、坎、艮、坤，而针对这个"八卦"所对应的八种计谋，就是衍生出《三十六计》的整体思维所在。而且这种刚柔、奇正、攻防、彼己、虚实、主客，也都有着阴阳与攻守合一的太极理念，并含有朴素军事辩证法的思想，因此《易经》中"四象八卦"的占卜术，才是《三十六计》分类的根源所在。

所以根据《易经》中的"四象"，将《三十六计》划归为四套战术，即：攻、守、合（混）、分，这样既符合阴阳太极的理念，也能对应八卦中各分卦的思想与计谋。而笔者所收藏《三十六计》的"光武版本"，正是按四"大"和三十二"小"的玉钟形式，如图3-4-2、图3-4-3所示的两种大小是将《三十六计》分为四套战术，而每套兵法又包含有九种计谋，四套兵法总共三十六种计谋，即四个"象"和四个"八卦"。巧合的是，将"光武版本"中的四个大钟，再与现版本和"陈计版本"对照后发现，在前后顺序不变的情况

图3-4-2 隔岸观火与釜底抽薪正面大小玉钟对比

图3-4-3 隔岸观火与釜底抽薪的大小玉钟内膛

下,大钟正好是九的倍数,即到九的倍数时都是以大钟的形式出现。

在古代,"九"是最大、最吉利的数字。临沂银雀山汉墓出土的《孙子兵法》简牍中,原文十三篇中就有两篇是"九变"和"九地",都是按《易经》中"九"的理念来论述。如果将现版本的《三十六计》,按易经八卦的"四九"理念重新划分和归类,组合后的各套计谋与内容就更为相近、更加合理了,所以"四九"才是《三十六计》的真谛!

综上所述:在"光武版本"的四套战术中,可以沿用原版本中的二套战术名称,再更改另外二套战术名称,这样就会更加合情合理。笔者按"四九"理念重新进行归类，结果如下：

第一套是《守战术》，从第一计到第九计"隔岸观火"；

第二套是《攻战术》，从第十计到第十八计"擒贼擒王"；

第三套是《合战术》，从第十九计到第二十七计"假痴不癫"；

第四套是《分战术》，从第二十八计到第三十六计的"走为上计"。

在"光武版本"中以四个大钟形式出现的计谋，是《易经》中的"四象"，也是此套战术的总纲和精华，即：少阳"隔岸观火"；太阳"擒贼擒王"；少阴"假痴不癫"；太阴"走为上计"。

四、简牍传抄与雕版印刷

秦汉时期，很多兵书或者典籍的传播方式都是辗转传抄的竹木和简牍本。古老文字的载体从岩壁、甲骨、玉石等，发展到帛书和竹木简牍，这一过程中，人们若想传播和复制典籍文献，唯一的办法只能是手抄。虽然东汉蔡伦发明了造纸术，但因纸制品无法长期保存，至今也没有实物证明"纸册"的存在。直到唐朝发明了雕版印刷术，"学富五车"的个体竹简，才被手工印刷的大众纸质传媒取代。

1．传世本与原版本

众所周知：雕版印刷是千篇一律，而竹简的书写肯定是百人百面。所以简牍版的传抄最容易出错，而且在修改错字或词句时，因为是用"刀刮"的擦字方式，难免会有刮削不净的笔迹，这样就会出现新与旧重叠的模糊笔痕，容易使下一位阅读和传抄者产生误读和误解。而唐代雕版印刷术出现后，因为有了对母版"校勘"的这个职务，出错率也就大大降低。

可见，秦汉及以前的各朝代中，文人在所写的简牍本，可能迫于朝廷政治上的需要或个人见解，也可能由于单字的笔误和传抄过程中的误读，而出现这样或那样的添加及更改的情况，甚至还可能出现以讹传讹的现象。这种情况已经过考古证实，不但实例很多而且也很普遍，甚至包括官方正史的文献，也都会出现重大错误，严重时还会扭曲历史。

历史上最典型的成功考古案例，就是西晋时由中书监荀勖等人，对盗掘战国魏襄王墓的数十车简牍，进行整理编译的《竹书纪年》，按版本学理论这是战国的原版本，从而修正了汉代《史记》中"伊尹放太甲"的大事记。笔者对此事从观历史和人性的角度综合分析：《竹书纪年》的记载应该符合事实，这是一起商朝初四朝元老伊尹的异姓篡位案，伊尹本是陪嫁的奴隶厨师，逐以聪明颖慧得到商汤赏识而成为帝师。但伊尹在辅佐太甲时将其废黜，并囚禁在桐宫自立为王，七年后太甲逃出后诛杀了伊尹夺回王位。而《史记》等文献在这场争夺王位的政治斗争中，将伊尹美化成儒家的典范，以致后来发生太多效仿伊尹的例子，甚至到了宋代"程朱理学"一统天下时，还出现了篡改后的宋版《竹书纪年》。

再比如：出土的张家山汉简中，庄子的《盗貊》，与今传世的《盗跖》第一章的内容基本一致，除"貊"与"跖"字不同外，传世版比竹简版还多出了56个字。再如：现版本的《老子》一书，其中的"绝弃"几句词语，千百年来一直颇受争议，也成为道家批判儒家的典型依据，但自从考古发掘出郭店楚简的《老子》版本后，才发现与现版本的这些话大相径庭。毫无疑问：按现代版本学的理论，郭店楚简就是《老子》的原始版本，从而纠正了流传至今现版本中的错误，也为《老子》的儒家学说平反昭雪。

详细举例说明：现版本《老子》第19章曰："绝圣弃智，民利百倍；绝仁弃义，民复孝慈；绝巧弃利，盗贼无有"；同样的这段话，在郭店楚简《老子》版本中却为："绝智弃辩，民利百倍。绝巧弃利，盗贼亡有。绝伪弃虑，民复季子"。而郭店楚简《老子》版本中，所提倡的"绝弃"即"智和辩"与"伪和虑"，却被现版本中"圣和智"和"仁和义"所替代，只有"巧和利"这句相同。这说明：最初的道家与儒家学说，在社会伦理的道德观上根本就没有发生过分歧，这纯属为政治所需的、某后朝人为的更改。

老子的《道德经》已经传世两千多年了，但在战国的原版本中，则是"德"字在前的《德道经》。考古证明：长沙马王堆出土的甲、乙两种帛书版本，皆是"德"在前"道"在后；山东临沂银雀山出土的竹简本，也是"德"为上"道"在下；敦煌藏经洞中发现的《德道经》写本，也是以"德"为上卷"道"为下卷；西汉董仲舒《春秋繁露》载："……天人之际，合而为一。顺而相受，谓之德道"；"德"是人的修（德）行，"道"是自然的法则；"德"是"道"之本，古文字"德"同"得"。因此，"德道"也是"得道"，这也符合老子"淳德全道"的本意。

而《道德经》除了字面上看是本末倒置，其思想意义也完全变了，在此不做扩展论述。而且，传世版本与战国版本相比，文字的改动以及增减的字词也不在少数，除传抄中的错误外，大都也是出于政治需要为统治者而改变。比如：帛书本中是"道可道也，非恒道也。名可名也，非恒名也。"，而传世本则是"道可道，非常道。名可名，非常名。"。古代著书行文要避皇帝的讳，所以到了文帝刘恒时代，文人就将"恒"改成了"常"。《说文》曰："恒，常也"，这不但说明替换的字意义没有改变，而且也与汉文帝讳字之前的版本，譬如西汉马王堆的帛书本相符。再比如：帛书本的"大器免成"，传世本中则为"大器晚成"，这显然是古文字（形）的衍变行为，是将"免"（冕）自然的、水到渠成的"量变",改为只有到了"晚"(暮)年才能实现的"质变",但这种"冠冕"的含义还算比较接近。

为政治需要的修改还有很多,比如:帛书本中的"执今之道,以御今之有",传世本中则是"执古之道,以御今之有",虽然"古"和"今"的一字之差,但意义完全不同,老子的本义是要与时俱进,万事都要活学活用,这样人和社会才能进步,而不是传世本那样的因循守旧。再比如:帛书本中的"曲则金,枉则定",传世本中则是"曲则全,枉则直",老子的本义是说金属弯曲需要矫正,人的言行和错误也要修正,这样才能促进事物的健康发展,而不是传世本那种"委曲求全的阿Q精神"。

另外在内蒙额济纳考古发掘的汉简中,还发现新朝王莽登基的残简诏书,曰:"……父为(母)天下至,定号为新,普天莫匪……莫匪新土索(率)土之宾匪新臣……"历史上的王莽是以改革自居,最喜欢就是"托古改制",因此诏书引用《小雅》中的儒家经典,作为昭告天下的依据亦可理解。

经对比《小雅》的原文原义,如果说诏书将"王臣"改为"新臣"、"王土"改为"新土",还算符合王莽"篡汉建新"语言的话,那么"母"写成"为"、"率"写成"索",这无疑就是传抄中的一种笔误。但将现版本的"非"写成"匪",如果按版本学的理论则汉以前的就应该是"匪"字,而且《小雅》《大雅》等文献中也都是"匪"字,所以"匪"字不是笔误,反而现版本的"非"字,则是汉唐以后假借的"匪",因此可证明:即使是汉代的官方文件,也有发生传抄中的笔误。

再举例:南越第二代王是赵眜,这在考古发掘南越王的墓中,其尸骨下青玉名章为赵眜可得到佐证。但在《史记》《汉书》等官方文献中,却查不到赵眜这个人,相应的却是"赵胡"的名字,大有是"狸猫换太子"历史翻版的嫌疑。那么历史上到底是"赵眜"还是"赵胡"呢?显然墓葬中的赵眜印章是最准确无误的了!这是"简牍版"在传抄中发生单个字笔误或勘误的又一个典型案例。

同样,历史上正统的《明史》,竟然也把蜀僖王"朱友壎"误称为"朱友攦"。综合分析推理:这是在手写 壎(壎)时,因笔画交代不清,而误写为 攦(攦)。因为史书上已有明确记载,因此除偏旁部首出错外,大概率没有其他的犯错可能。这个直到1979年在考古发掘出"圹志铭"时,才得以纠正。

2."光武版本"与"陈计版本"

借鉴以上尤其是相同的汉代实例推理:由于现版本的《三十六计》传到民国时,不是线装书或其他的什么版别,而依然是以手抄本的形式流传着。可以想象:从春秋战国到民国至少已有二千多年非印刷品的传抄,这就像汉简与帛书一样,难免会产生写错和篡改的字,或是换成某当朝的"白话文"。所以如果在"光武版本"的《三十六计》中,发现有与现版本中不同的字,其语法语义以及古文字等,又都符合春秋战国的语言和文字特点,且将现版本的错别字替换后,其语法及释义即通顺又合理的话,那就反证了"光武版本"的正确性和真品性。

先将图3-4-4"光武版本"《三十六计》玉钟,同图3-4-5"陈计版本"的嵌漆涂金泥的玉册进行对比,虽然这两种都是目前高古玉器中的仅见品,但"陈计版本"是在平面上刻字后,再将字槽内镶嵌红漆,然后在其上再涂上金,因此字体沟槽和沁色纹理都是红色,这显然是借鉴当时漆器贴金箔的工艺。由于采用这种涂金泥的装潢工艺,背面又是古老的穿孔形式,种种迹象表明:这不但是高古玉中的奢侈品,而且手写的篆书古朴苍劲也绝非一般人所拥有。

但"光武版本"与"陈计版本"的平面凹字不同,它是弧面减地的凸字形式。"陈计版本"从字体、穿孔、沁色来看,推测是出自南北朝中的南陈时代。此外这两种版本中还存在着其他明显的不同之处,比如:"光武版本"和现版本中都是"美人计"和"打草惊蛇",而在"陈计版本"中却是"美上计"和"打草驚蛇"。"惊"虽然是"驚"的异体,但历史上所发明的"惊"字,要远远早于汉代

图3-4-4 《打草惊蛇》玉钟正面

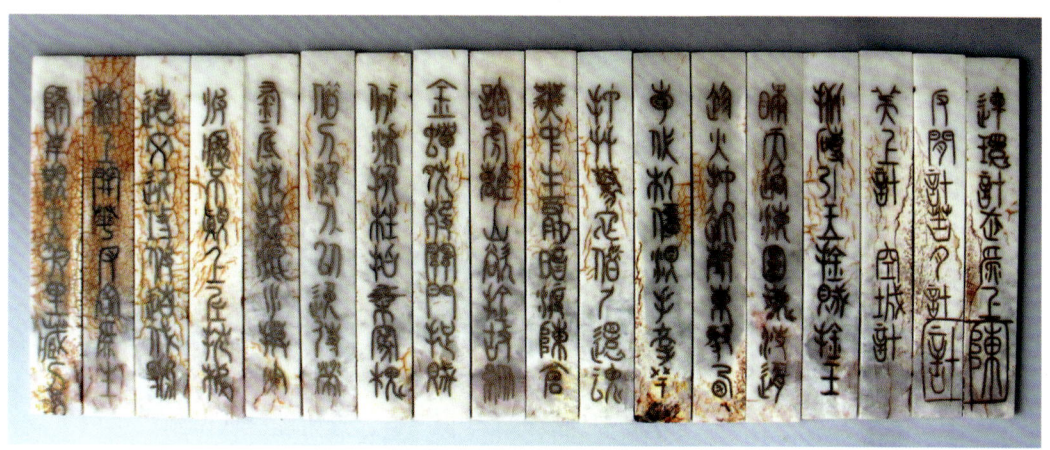

图3-4-5 "陈计"嵌漆涂金泥版《三十六计》玉册

才出现的"驚"字，所以"惊"是战国的原本字，而"驚"字是南北朝时的白话说。

但不论是"美上计"也好，还是"美人计"也罢，其整个释语都是围绕和针对着"美"而言。"美"是指一切美好愉快的事，而"上"则是指最高层的指挥与决策者，在作战中具体指的就是"将"。也就是说：要利用各种手段和计谋，把决策者现在的美事、好事都变成坏事，使其让"将"的心情与情绪，出现异常的低落或错乱。而施展美人计只是"美上计"中上上计的一种计谋而已。另外还有夫人子女、财产事业、上下级关系等，都是"美上计"所要考虑和攻击的范畴。

再比如："假痴不癫"中的"痴"和"癫"字。"陈计版本"是"癡"和"顛"，《说文》曰："癡，不慧也"，而《说文解字诂林》却曰："癡，说解恐误，癡俗作痴"，"癡"和"痴"、"顛"和"癫"在古代确实是同音、同义的异体字。但"光武版本"却与现版本一样，都是"痴"和"癫"字，而且在每个计谋的释义中，将现版本与"光武版本"对比后发现，有些难以辨认的古老字，确实超出了《说文》中篆字的范畴，而且还有几处明显的错字。如果把现版本中的无厘头解释，改换成"光武版本"中的字，则释义立即就变得通俗易懂，也使整体的释语与标题变成逻辑清晰和通顺达理。

五、修正现版本释语中的几点错误

众所周知：古代的文献没有标点符号，尤其先秦的原始古籍还都是竹木简牍本，所以古人在书写和阅读时，是靠当时的日常用语和语气助词来断句。因此，修正古文献在流传过程中的病句和字词，首先要判断其字和所组成的词是否符合当时的文字和语言，即"语义模式"或"语感"是否与时代相符。这也是验证和修改现版本中所出现个别错误字的理论基础。

1．第十三计 打草惊蛇

现版本释语：*疑以叩实，察而后动。复者，阴之媒也。*

现版本中"阴之媒也"一语，在有的版本中还是"阴之谋也"，但不论是"媒"字还是"谋"字，都与前句所关联的含义不相符，相互解释不通，所以学者才无厘头地认为"媒"为媒介，这纯属于现代版"今译"的"穿越语言"。由于受传统固有思维的束缚，至今也没有人研究和质疑过其中这个"媒"字有什么不妥，而且现代人对其所有的解释，还都是抱着保护性解读的心理。

甚至有的现版本还把"媒"字硬性地改写为"谋"字，这可能已认识到"媒"字的问题，但因考证不到原版本和无从溯源，故也是不能自圆其说，所以这纯粹是现代版的文字绑架，也是人为按自我意识而强行改成的"谋"字，从而勉强向"阴谋"的含义靠近，使其能与整句话的意思相符。不可否认：从某种意义上来说，这也算是一种认知上的进步。这种改为"谋"字的依据，大体上可推论：它是根据《说文》中"媒，谋也，谋合二姓"而来，认为"媒"的释义也是"谋"。岂不知在汉代以前此"谋"非彼"谋"也，它是指谋划两个不同姓氏的男女结合，即"媒婆"而非"阴谋"之意。

图3-4-6 《打草惊蛇》释语

反观"光武版本"的释语，既不是"阴之媒也"，也不是"阴之谋也"，而是"陰之媮也"如图3-4-6所示。《说文》曰："陰，闇也""媮，巧黠也"，"闇"是指昏暗无光、见不得人，"黠"则是指狡猾、聪慧，而"巧黠"是指精明而又狡猾；总之"陰"与"媮"所组成的词，两者都是指秘密的、暗地里的、不被人发现的一种狡猾行为。

但《说文》无"偷"字，至少说明东汉时"偷"字还未使用，古语逐渐衍变后，"媮"与"偷"字才通用，甚至发音还都相同，这说明已不是原始专指"ㄑ"（女人），而是变成了所有的人，而且"偷梁换柱"也是"媮梁换柱"。《广韵》曰："偷，盗也"，因此"偷"与"媮"不但发音相同，而且含义也基本相同，都是指偷偷摸摸的一种行为。但"陰"与"媒"所组成的"阴之媒也"，既不匹配，也无法正确地诠释，况且"媒"字是始见于篆文的 𪟝（媒），所以古代发明的"媒"字，不会早于《说文解字》的东汉。

而"媮"字则早在汉代以前，就已经出现和应用过，所以按版本学的逻辑推理：如果在春秋战国出现的话就应该是"媮"字，而不会是"媒"字，因为前人不会使用后人发明的字。况且"媮"和"媒"的本义，不论是字体框架还是含义，既不相同也不通用，这反证出"光武版本"其"媮"字的正确性。

在古陶文中发现有 𣱼（媮）字，在古文献和古老文字中，也存在 𣱼（媮）字和 𦣞、𧨦（谋）字，但却没有"媒"字，因为"媒"字的发明是在东汉，这点也可在《重订六书通》中得到验证。以此推理：组合字中带"俞"偏旁的"媮"与"偷"，其含义和发音就可以相同；但组合字中带偏旁"女"的"媮"与"媒"，在简牍版的手抄传承中，其字体就可能会出错；虽然古字已有"谋"字，但古字中"媮"与"谋"字的偏旁、部首两者都不相同，所以无论如何也不可能是"谋"字。

对"复者，陰之媮也"的解读，可形象地描述为：就像狮子捕捉小鹿那样（事件），狮子是利用树和草作掩护（陰），偷偷地（媮）匍匐前行，走走停停（复）地接近目标（鹿）。正确释义：反复小心谨慎地去侦查疑点或目标，去发现有没有隐藏着的险情或埋伏。所以用

"光武版本"的"媮"字,取代现版本中的"媒"字,也就非常容易理解"陰之媮也"的真正含义了,也很好地诠释了"打草惊蛇"的计谋,这也充分证明"光武版本"的正确性。

如果有人认为"媮"字是造假者所为,笔者则要说,这是连历史学家和古文字专家做梦都不会想到的事和字,难道造假者能有这样的水平和修养?本章对错字的修正论述,绝对是博士后和研究员级的社科项目。况且笔者自从收藏到手后,静观市场大约近30年,这期间既没有人提出,也没有同类藏品。

截至本书出版前,国内外也还没有任何媒介和文章,对"阴之媒也"的本源"媮"字,以及以下将要论述的几个错字,提出过任何的质疑。另外,图3-4-4所示的"光武版本"《打草惊蛇》的"惊"字,在"陈计版本"中却是"打草驚蛇",遗憾地是在甲骨文中,确实有还没被释义和认可的"惊"字,可参照本书对甲骨文 ᚙ 的释义。如果 ᚙ(惊)字某天被公认,那么春秋战国的这个"惊"字,就可证明是先于汉代的"驚"字而存在。

所以在《说文》中有"驚"字,但却没查到"惊"字,是完全可以理解的。《集韻》中解释:"惊""悢""憬"是同义字,而古代的"惊"字又是"驚之異體"。另外,还有"打"字等"光武版本"中的一些古老字,为保留其一点悬念以防造假,就都不在此论述了。

2. 第九计 隔岸观火

现版本释语:阳乖序乱,阴以待逆。暴戾恣睢,其势自毙。顺以动豫,豫顺以动。

释语开头的"阳乖序乱"一词,在所有现版本的释读中,都是秩序混乱、内部相互倾轧之意。那么这个"序"字究竟表达的是什么意思呢?《说文》曰:"序,东西墙也",其本义是指夫人、嫔妃、子女等分别居住的各房间,引申指排列的次序;《礼记》曰:"序,次序也";《周礼》曰:"序,谓次第先后";这说明古代的"序"字是指次第、次序、位次、开头等。

那么"序"之后链接一个"乱"字,组成"序乱"是何意呢?遗憾的是这个词在汉典中却查不到。但"序乱"从字面上看似乎也能讲得通,是指这个"序"发生了错乱,而且对释读"阳乖序乱"也无关紧要。但问题是:这是战国时的语言吗?"序"字又是哪朝哪代发明的字呢?而且"序乱"一词是否被后代的文献所引用了呢?

但对比"光武版本"后发现这不是"序"字,而是 醆(陵)字,而且"序"前边的字也不是"乖"字,而是 犇 字,如图3-4-7所示。难道是造假者真的"疯"了吗?还是工匠雕刻字时的错误?一般情况下这样的低级错误不会发生在造假的文物中。《说文》曰:"陵,大阜也","陵"字古代都是指高山、丘陵等地势高低之意，而且古代的"陵"与"凌"字通用，而"陵"和"凌"字的本身，如果引申都有高出、侵犯、欺压等含义。

那么如果将"陵"字之后，同样也连接个"乱"字，即组合成"陵乱"一词如何呢？可喜的是其"语音模式"与汉典相符，典籍中释义的"陵乱"是指杂乱、无次序，也同样有犯上作乱、相互倾轧之意，但是它具有纵横交错、全方位无序的"乱"。而现版本释语中的"序乱"，则是一种有序的"乱"，它是指程序上的错乱，具有次序、排位颠倒之意，是偏重于纵向单一的"乱"。通俗点说："序乱"是一种有序的错乱，而"陵乱"才是一种无序的混乱，如果将"序乱"换成"陵乱"的话，就更能突显出一团乱麻的表象。

图3-4-7 《隔岸观火》释语

另外在古代就有"陵乱"和"凌乱"，但始终却没有"序乱"，就是说：至今还没发现有"序乱"一词的流传，"序乱"只是出现在《三十六计》的现代版本中。而"陵乱"和"凌乱"，则在历史文献中比比皆是，例如：南朝·谢惠连《秋怀》诗云："高臺骤登践，清浅时陵乱"；唐·杨巨源《月宫词》云："藻井浮花共陵乱"；南朝·鲍照《舞鹤赋》云："轻迹凌乱，浮影交横"等。

再从古文字看：从商周金文到春秋战国的文字都发现有"陵"字，但却没有发现"序"字，这也是可以理解的，因为《说文》释义的"序"，在商周"后宫"中还没有发展到战汉"东西墙"的地步。再看"陵"字的进化：🦴 散氏盤（西周）、🦴 陈纯釜（战）、🦴 睡·为15（秦）、🦴 马王堆帛书（汉）、🦴 篆书（说文）；尤其是在马王堆的帛书上，其手写的各种"陵"字与"光武版本"所雕刻的"陵"字，其字形非常的接近和相像，但却与同是帛书中的 🦴，以及《说文》中篆书的 🦴，即"序"字风马牛不相及。这说明"序"不是一种笔误，而是汉以后的某个历史时期，某位大师的一种"序"说。

由此可知：因为有了"乱"字在后，所以前置词"序"也好、"陵"也罢，都不能左右"乱"的本义，只是大小轻重、程度不同而已，而且也并不影响此句的释义。但开头语"阳乖"则是"一反常态"的表象词，所以面对这种虚实和真假不知的"陵乱"现象，就需要下句"阴以待逆"的静观其变配伍，即在暗中观察顺时而动，这就是《隔岸观火》计谋的真谛，也是诠释了《孙子兵法》中："非利不动，非得不用，非危不战"的思想。

那么再说说 猈 字，《说文》曰："背吕也。象脅肋形"；《订正六书通》中还列出 猈（汗简）、𠦑、猈（乖）的古文字，看其字形的演变也比较相像；《康熙字典》曰："玉篇：乖本字。手字古文作 猈，有剔此无剔"；《说文》中的篆书 𠦑（乖）与 猈 字，其发音也都基本相同，本义也都是背离、违背。按版本学的理论：猈 是先于"乖"而出现，所以 猈 是"乖"的本字，而演变后的 猈 字，就成为"乖"的五个异体字之一。所以在"光武版本"中出现的原字，就理应是春秋战国时的 猈 字，而不应该是汉代时的 𠦑（乖）字，这也与 陵 字是同理，都是战国时的文字语言。

综上所述：抛开现代已被淘汰了的 猈 字，那么现代版"阳乖序乱"的释语，就应该改回到光武版"阳乖陵乱"的原话。这既反映了错综复杂的混乱之表象，也符合战国时的文字和语言，重点是：因"序乱"与"陵乱"的含义，表面上看还算基本相同，何况 猈 字也已消失，所以无论如何也想象不到，还能有人造这样"离谱的假"吗？

在鉴宝专家以及绝大部分收藏者的眼中，这种已被普及和有定论的文献，如果出现连文字都与现代版不同的话，那就是明显的"大假货"，而且也很难被人理解和接受，弄不好还可能会出现大笑话。但请注意：造假最终目的都是为了逐利，而照搬模仿是最保险的做法，那么如果您是造假者的话，您还愿意造这样的"假文物"吗？

3．第二十六计 指桑骂槐

现版本释语：大凌小者，警以诱之。刚中而应，行险而顺。

其中"大凌小者"的凌字，估计谁都不会提出任何的异议，但笔者对比"光武版本"后却发现，这是"大 臘 小者"的 臘 字，难道又要说"光武版本"是假的吗？假设：如果这是造假者所为，那他为什么要放弃公认的、无异议的"凌"字，而非要冒险替换一个很难被认知的 臘 字呢？这合乎仿制者的造假逻辑吗？

大约成书于春秋中期的《诗经》，其中旧《诗经》记载的是："纳与 䏍 阴"或"纳与 朕 阴"，而不是现版本《诗经》中的"纳与凌阴"。《说文·仌部》曰："臘，仌出也，从仌 朕 声""䒳（凌），䏍 或从夌，夌声也"；《经籍籑诂》曰："凌，广韵 朕 同，朕，仌也"；《故训汇纂》也曰："广雅·释言：朕，仌也"；《康熙字典》则更清晰地解释："朕，《集韵》闾承切音'陵'，与'凌'同，《韵会》今文作凌"。

由以上典籍可知：古文中的 朕 和 臘 字，本义都是指"仌也"的这件事，而"仌"字远古是指层层结冰的过程，古人是将液体水变成固体冰的这种现象称为"仌"，也与冰字通用。而"仌出"的代表字，则是 䒳、朕、䏍、臘等字，其含义是指与液体水分开的单独冰块，而且古代的 㒸、朕、䏖、臘 等字，都是与"凌"字含义相同的异体字，原义也都是指被凿出来的冰。

在考古发掘和古文献中，其 朕 字的衍变是：古陶文是 㒸 字；秦睡·日乙是 朕 字；以及传抄的古老字 䏖 字（四2.28陰）。但在古汉语中的 朕 与 勝 通用，而 勝、㒸 与 臘 则是同一个字的形变，且 㒸 与 凌（凌）又是同义，重点是：㒸 是先于 凌 出现和使用，这也是文字发展到汉代时，其汉字隶变后的 凌（凌）字，替代了春秋战国时的勝、朕、䏖、臘 等字，而且都有强压、优势、胜出、超越等含义。

由以上可看出：不论从字形还是字义，秦汉时的朕字和古老字 㒸、朕、䏖，都与衍变到篆书时 臘 的字形相似。所以随着手抄简牍版的传播，可能有的流传版本在经过某个历史时期时，某位文人极有可能将 朕 视为 㒸、朕 或 䏖。因古文中 臘 与凌字又是同义，所以经汉字隶变后的 臘 字，也都归类统一规范为"凌"字。

再从版本学角度分析：在汉代以前出现或应用的，就应该是 㒸 字、朕 字，以及到汉代篆书时衍变的 臘 字，就如同《打草惊蛇》中的"媮"字，理应出现在春秋战国文献中一样。况且在同时代的《孙子兵法》中，也都使用的是 朕 字，而没有发现 凌 字，按同时代同字的逻辑规律，也理应是 朕 字。如果在汉代以前还没出现的字，反而出现在汉代的文物中，从版本学的逻辑上就值得商榷，如果不是汉代时发明的替代字，那一定就是传抄中的错字。

由整句释语可知：因所发生事件的悬殊比，出现了强与弱、大与小、臣与民、官与兵的明显对比关系，关键是，前句一定要与后句的"警以诱之"相呼应，即以警告和诱导的词相匹配才对。因此，按战国时代的文人思想，采用这种威慑、旁敲侧击的字词，既符合《指桑骂槐》计谋的本义，也是春秋战国时代的儒家思维和语言。

综上所述：朕 和 凌 字的含义相同，都具有侵犯、欺压、强制等语义，但现代版的"大凌小者"的"凌"字，是汉代隶变、去异体字后，将 㒸、朕、䏖、臘 等类似的字，都合并与规范到 凌 字中，从而成为正规楷体的"凌"字。由此推论：春秋战国时的 朕（朕）字，到汉代之后才改写为 凌（凌）字。这也是在流传和衍变的过程中，某个历史时期的"白话说"。

所以追溯其衍变过程可知在所有的新版《诗经》中都是"纳与凌阴"，而不是旧版《诗经》中"纳与 㒸（朕）阴"的原因所在。假如能追溯到春秋战国时的原文，以及《三十六计》所产生的年代，那理应是"大 㒸（朕）小者"，而发展到汉代的"光武版本"，就应该是"大 臘 小者"。

4. 第二十七计 假痴不癫

现版本释语：宁伪作不知不为，不伪作假知妄为。静不露机，云雷屯也。

现版本"不伪作假知妄为"的"伪"字，释义时更是明显的牵强附会，既不通理也与本句不符。对比"光武版本"此计的释语，却是个"为"字而不是"伪"字，如果改回"为"字成立，那么在本节以上几处的正确修正基础上，这将又一次证明"光武版本"的正确性，如图3-4-8中"光武版本"的释语："宁伪作不知不为，不为作假知妄为"，显然这样的话的真正含义很好理解，普通人也一看便知。

对"光武版本"原话的解读：宁可假装糊涂而为之，给人以"不知不为"的"真痴"相；但不可故作聪明而为之，以免做出"假知妄为"的过度行为，从而暴露出"假疯"的真相；也就是说：当机会未到时，静屯似痴，乱癫生疑；"假痴者"确实能迷惑人，但"假痴者"如再装疯，那就容易被人识破而露馅；以中医和西医的病理学分析则是，痴不可能是疯，它是两种不同病态的表现，所以表象应该是"不为"不动，而如果轻举妄动地"妄为"乱动，那就很容易泄露天机。

但如果按现版本"不伪作"的语言，那就理应解读为："不可假装着糊涂而为之"，但这与前句"宁伪作"的意思完全相反，即"宁可假装糊涂而为之"，显而易见，发生这种"不可"和"宁可"的自相矛盾，根本就不能自圆其说。更何况与后半句"假知妄为"句也不相符，"假知妄为"的解读是：明知装的是痴呆的静态，怎么还要做那些又疯又癫的事呢？如果真是这样做的话，那还能被认为这是痴呆吗？

综上所述，现版本的"不伪作"，正解就应该是"光武版本"的"不为作"，即"宁伪作"的是"不知不为"，而"不为作"的才是"假知妄为"。由此可形成："宁伪"与"不为"相反；"不知"与"假知"相反；"不为"与"妄为"相反。这也与古语中的对仗相似，所以只有每个字词相反或对仗，不论古今，都是正确的文法和语言。因此只有将"伪"改为"为"字，才能做出正确的解读，这也符合《假痴不癫》的计谋。

特别说明：古代的"痴"与"癡"字，是同音、同义的字，古文献中"痴"也是"癡"的俗字。所以在"陈计版本"中就写成了"假癡不颠"，而"癡"中的

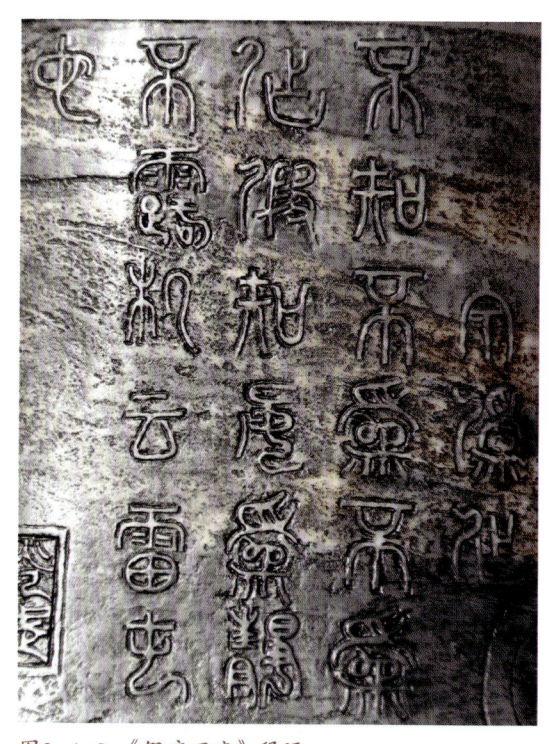

图3-4-8 《假痴不癫》释语

疑字本身就有迷惑的含义，正如《说文》曰："疑，惑也"。因此呆傻的行为是静而不动，而疯癫的举止则是狂躁的乱动，两者是不同的病症，况且如果是"假装假知"的话，那不就成"真知"了吗？

5. 第三十二计 空城计

现版本释语：虚者虚之，疑中生疑。刚柔之际，奇而复奇。

现版本"奇而复奇"的"而"字，一般读者不会有太大的异议，但对比"光武版本"后发现，这却是"奇之复奇"的词语，如图3-4-9所示。那么究竟孰是孰非呢？显然"奇而复奇"的"而"字是一个连词，表示事物的一种并列关系，而"奇之复奇"的"之"字则是一个助词，表示事物的结构关系，那么"而"字和"之"字，哪个更符合原义和古语法呢？

按古汉语的语法分析：在主语和谓语之间，加结构助词"之"字，方可构成一个词组，而不能用"而"字作助词；而且指示代词专指事物时，也是用"之"字而不用"而"字，"而"字大都是用做连词；

图3-4-9 《空城计》释语

所以这句话只有采用"之"字，才符合古汉语的语法，就如同古人写的文章不能说现代语一样。况且在同版本的《反间计》中，就有："疑中之疑，比之自内"的语句，与改后的"刚柔之际，奇之复奇"的文法是相同的战国语言。

《说文》曰："之，出也"，含有产生之意。战国时的 ㄓ（生）与 ㄓ（之）的字形极其相似，而且含义也基本相同，都具有产生、出现、发生等含义。所以"奇之复奇"与"疑中生疑"的字也可互换，即："奇生复奇"和"疑中之疑"。实际上的善用兵法与大变魔术一样，只有在已是"奇"中，生（之）出更（复）奇的事，这才是与众不同的谋略与神奇之道，故不能用连词的"而"字。

所以"奇之复奇"的解读是：惊奇中可再现惊奇；而对仗的"疑中生疑"的解读是：疑惑中会更加疑惑；其修改后的"刚柔之际，奇之复奇"的解读是：在"折断"与"折弯"的临界点上，这两种结果都有可能发生，但如果再巧施一些"神奇"的手段，就有可能发生不可思议的事，也许就会出现想要的结果，如果按你知我知的常规套路，就不可能再有什么奇迹发生，这也是对诸葛亮的空城计，给出"实"与"虚"的最好诠释。

6. 第三十五计 连环计

现版本释语： 将多兵众，不可以敌。使其自累，以杀其势。在师中吉，承天宠也。

释语中"将多兵众"一词，现代人非常容易理解，这种简单明了、近乎现代派的词，估计谁也不会有什么异议。那么春秋战国也是这样的语言吗？对比"光武版本"后发现，"多兵"实质是演变中的一个复合字 ![字], 即 ![字] 与 ![字] 的组合，如图3-4-10所示，那这又是孰对孰错呢？而且释语最后是《易经》中的师卦，所以在整个释语中，也看不出论述的是什么样的《连环计》，那这又怎么去解读呢？

在古文献中，均没有查到"将多兵众"一语，大都是"兵微将寡"一词。比如《东周列国志》中引用春秋时秦王的话："秦哀公曰：秦僻在西陲，兵微将寡，自保不暇"；《三国志》中也有"奈备兵微将寡"；而"兵微将寡"的反义词则是成语的"兵多将广"，但这却是元代以后才出现的词语，而不是春秋战国时的语言，比如元《楚昭公》云："凭着俺这里，兵多将广，马壮人强"。

翻开古代的各种文献资料，发现在元代以前的古文献中，经常使用的是"将""兵众"和"将兵众"的词，还没有发现"将多"和"将多兵众"的词语，这也仅是在民国手抄本《三十六计》中才出现。而近现代所要使用这样的词汇时，则是选用元代以后"兵多将广"的成语，也从来不用"将多兵众"这个词。

首先追溯"将多"和"兵众"一词。《说文》曰："将，帅也"，《周礼》曰："凡制军，万有二千五百人为军，军将皆命卿。二千有五百人为师，师帅皆中大夫"。所以在部队编制最高的"军"中，才能称为"将"，而在"师"中则称为"帅"，很显然"将"的军队人数，要比"帅"多出四倍。所以"将"和"帅"、"将"和"多将"，在古代是具有不同的含义和差别的，就是说：古代文献所说的"多将"，实际上是指多个军队的多个将领，而不是一个军队中有多个将领的意思。但古代在一个军队中可以有将帅的组合，而且在"将"的下边，可统领四个"帅"。

《诗经》云："多将熇熇，不可救药"，是指在暴君下担任各军的将帅，一个比一个腐败昏聩；东晋《法显传》曰："汝能如是者，我当多将兵众住此"，这也是指派驻多个军队；《汉书》载："……等十余人将，兵众万骑"；《后汉书》中"各惧不得保其土宇，守其兵众""遣将兵众万骑，屯兵塞下"。可见几乎所有的汉书和《三国志》，其"将"的前边不是"多"字，就是"十余人"的数量词，而"兵众"指的都是军队，"将"与"兵众"或是分开或是组合。由此可以推理："将""多将""兵众""将兵众"，才是春秋战国时的语言。

古代的"兵众"也是一个不可分割的词组，而"将多"这个词，则可能是后人在传承的过程中，改写成那个时期的俗语，至少它不是战汉时代的语言。可推测：这可能是某朝的某位大师，认为"将兵众"这组词，同整句所余下四个字的词不相称，故在简牍版的传抄中，认为"兵众"的前面，就应该与"将多"对仗，所以自以为是地添加了"多"字。

《孙子兵法》曰："将孰有能？兵众孰强？士卒孰练？"，这清晰地诠释了"将""兵众""士卒"三者的含义与关系。很显然"兵众"不是指兵和兵多，"士卒"才是指士兵，"将"就是指军队的首领。"兵众"的本义是"持各种器械的众人"，古代就是专指军队，《礼记注疏》曰："士师谓兵众"，而"士师"古代就是指军队，"士卒"则是指军队中各种兵种的士兵。《说文》曰："卒，衣有题识者"；而《尉缭子》所载战国时军队中的"士卒"，都要披戴不同颜色的"鸟羽"；因此古代在胸前和背后带标识字的"士卒"，是区分不同兵种的一种番号，就如同现代军队中所佩戴的袖章一样。

反观在"光武版本"中，与现版本分开的两个字"多兵"不同，它是在 𠂤（兵）的左边，又加个"多"的组合字，即 𠂤 的字形（图3-4-10）。古代的"兵"字，甲骨文中是 𠂤 的象形，即双手持"斤"，而古代的"斤"字，就是指用刀、斧、矛等砍斫的工具，因此 𠂤 的原义是指持有各种器械的（多）兵种，实际上是指军队的军力和武器装备。那么在 𠂤（兵）的左边，特意加

图3-4-10 《连环计》释语

个"多"字而创造出的这个古老字 𠂤，则代表古代"五兵"（多兵）的一个单元队伍，古代是五人（兵）为"伍"（队伍），包含着 𠂤（持戈的戒）、𠂤（持干的兵）、𠂤（持弓的弩）、𠂤（籀文的兵）等，也可看作是部队和兵械的总称。

因为古代文献都是竖写，这就排除工匠刻字时的低级错误行为。而且对比同版本《美人计》中的"兵"字，则是"持干的兵"，即 𠂤 字，实际上这也是在 𠂤 左边加个 𠂤（多），而逐渐衍变成 𠂤（亻）的结果，但这却说明：𠂤（多兵）与 𠂤（兵）字，原始的字至少在"光武版本"时，字不同，其原含义也略有不同，𠂤 就是指衍变后单个的兵。《说文》曰："𠂤，械也。械者，器之总名，器曰兵，用器之人亦曰兵"，实际就是指持有各种武器的兵种。而《说文》曰："𠂤，古文兵"，则是专指军队中的士卒，所以 𠂤 是代表古代一支最精锐的部队，而 𠂤 则是相当于一名普通的士兵。

战国时代的《孟子》曰："小固不可以敌大，寡固不可以敌众，弱固不可以敌强"；而现代版《连环计》的第一句释语就是："将多兵众，不可以敌"。

如果按此来解读，那么我们设问：连"将多兵众"这样的军力，或者是若干个军队（将多）还"不可以敌"的话，那对方是个什么实力？那么军力又是怎样来对比寡与众、强和弱的呢？难道还有比"将多兵众"更强大的词吗？而"将多"的"多"又是指多少呢？

综上所述：如果原释语是"将多兵众"的话，那就是一个"强大军事实力"的代名词；而"将兵众"则是一种"军事实力"的专用词，本身没有也体现不了强弱之分；但如果在"将"前加上了数量词，那就有了强弱的对比；另外在"美人计"的释语中，就有"兵强""将智""将弱兵颓"一语，但这些讲的都是气"势"，即军队整体上的士气与威望，而不是指"将兵众"，即整个军队的兵力与装备。

那么换成"将"和"兵众"这两个常用词的组合，来理解其释语的话，那就是说：以目前这名将军所率领的这支军队，如果交战对方的军事实力，明显比我方强大得多，并且已预测到"不可以敌"的话，那余下的潜台词就是，这时就不要强行的鲁莽出击对抗，而是按兵法谋划怎么去应对，这种以巧和计谋的取胜才是《连环计》的真谛。

正确的解读应是：在军力敌强我弱、"不可以敌"的情况下，先不要正面去交战和出击，而是按兵不动坐镇军营中（在师）指挥，谋划出一套"自累"与"杀其势"等计谋，所以要想制胜就要先拖垮敌人，杀其锐气，再把握好有利时机，即选择吉日（中吉）出战，祈祷上天助我（天宠）必胜。所以现代释语中的"将多兵众"，应该是"将兵众"才符合作者本义，这既符合战国时的语言，也与下句"不可以敌"相匹配。

7. 结语

本文所有的观点与论述，不是因为自己的学问有多高，也不是在学术中的突发奇想，而是基于有了《三十六计》的藏品，出于对现版本不同点的质疑，才进行有的放矢的考证与研究。由于新中国成立后《三十六计》现版本的普及，每个计谋的标题，人们都已熟记于心，所以也就无人再追究其释语是不是对本计谋正确释读的事，因为这已经不再重要了。

笔者之所以敢冒天下之大不韪，对此进行开拓性的研究，最初的出发点：一是为了证明藏品的真实性，二是基于溯源《三十六计》的好奇心，但最终却对先人智慧产生了敬仰。通过近三十年对《三十六计》藏品的研究与观察，市场上既无同器型和同类的藏品，也无相同释语的同款文字，这至少说明现在尚无仿造此类藏品。而擅闯无人敢质疑和触碰的这块"禁地"，不只是抛砖引玉，也是一种挑战，更是想激活专家学者们的神经，从而更有力地证明《三十六计》诞生于春秋战国！

特别指出："光武版本"中所有的文字，都是以汉代篆书为主的字，但其中还有一些古老字的写法，甚至是只有在春秋战国的金文中才能出现的个别古老字，已完全超出《说文》中的汉篆范畴，这也是由春秋战国发展到汉代时，其字形不断衍变的结果，以至个别的字形到清代已消失不见。所以在"光武版本"中，还有很多古老字需要仔细斟酌，但字形的时代特征非常明显。重点是：有些字在《说文》等文献中，其字形与字义还都能得到验证，因本命题太大、篇幅又有限，故不在此作扩展论述。

另外，市场上也曾出现过多种版本的《三十六计》，但仅限于平面刻字的玉册类，而且明显都是电脑版方正的篆书体，以及带有现代玉器的加工与做旧痕迹。尤其对现版本的"原著"释语，都是分毫不差地完全照搬，比如："阴之媒也""阳乖序乱""奇而复奇"等。重点是：所有的篆书字体均源自网上的篆刻字典，根本看不到与战汉古老字的存续关系，所以仿品不论是局部还是整体，都与本书的"光武版本"相差甚远。

综上所述："光武版本"将现版本中字不正确导致词不达意的个别字，还原成了原时代和原作者的本源字，这也是对千年手抄本的一次校正。本文主要是对现版本中明显不同的字所进行的研究考证与阶段性论述，不过仅从古汉语的语义模式和语法考量，以及战汉时期的文字来看，这也充分证明"光武版本"的真实性，何况还有其他的辅证。

六、《三十六计》玉钟鉴赏

前几节已从各方面论证和阐述了，玉钟上"光武版本"《三十六计》的正确性，但笔者深知：有些藏品不论从国内外的何处何人购得，都不是考古发掘和传承与著录的产物，所以尽管其推理和逻辑性都很强，但放在目前文博界中，其可信度依然会受到质疑。纵览国内外馆藏的一些重器，有的也是无从考证和存在传世之谜，所以如果再从客观上加以证明，其整套玉钟是属于高古玉器的话，那么从主观和客观的双证上，就更能验证其"光武版本"的真品性。

一般看玉器的年代都要通过这几个步骤：器型、纹饰、工艺（陀轮、打磨、拉丝、开孔）、文字、沁蚀、玉质等几方面来鉴别。从"光武版本"这套古玉器可看出，其文字与纹饰是由多个工匠雕刻而成的，因此可从玉质、沁色、雕工、书法等方面，来证明其到代的真品性。

1. 玉质与器型

"光武版本"玉钟实物的玉质为新疆和田白玉，而且基本都是由羊脂玉和

图3-4-11 "光武版本"玉钟上部

图3-4-12 《隔岸观火》左侧

山流水料雕刻而成,其莫氏硬度为6.5,简单的土法鉴定:用利刀刻画其玉钟表面,因硬度高而没有划出痕迹。从手摸与表观看:玉质密实油白、细腻莹润,露白处显现出油性,而且呈半透明状,如图3-4-11所示;以现代的审美观看其玉料,也是非常难得的上等和田白玉,这种玉料也符合战汉"非白即青"的用玉原则。

这套"光武御制"的器型为悬挂式的钟形样式,已开始脱离西周和春秋战国钟类的造型,具有汉代的造型风格,尤其是下端的造型设计,已由直筒形演变成喇叭形。钟钮也是由两条螭龙连接,中间过渡则是尾尾相连,填补了钟造型演变过程中的空白。尤其正面雕刻的"狮虎拱牌"纹饰,如图3-4-12、图3-4-13所示,这在战汉所有传世的玉器中,绝无仅有的器型与纹饰,本书也是第一次公开面世。

2. 工艺与痕迹

古代玉器加工的工艺,粗略可以划分为四大板块:其一为新石器晚期到商周时代,这是古代纯手工时期;其二是战汉到唐代的手与脚的砣工时代;其三是宋代到清代多种工具并用的工艺时代;其四是近代电动砣具工艺,以及砂纸、转轮的抛光工艺时代。考古证明:新石器时代晚期已发明了手动砣具,抛光是

图3-4-13 《隔岸观火》右侧

图3-4-14 "光武版本"玉钟内膛

用解玉砂、兽皮轮砣等;商周、春秋战国到汉代,抛光是沿用解玉砂、兽皮以及棉、麻布轮砣等。

本玉器工艺的痕迹鉴定,借助显微镜进行观察,可看到古玉的沟槽、孔、减地雕的古老手工特征,以及古代用解玉砂手工打磨的痕迹和古老的掏堂工艺,如图3-4-14所示。因古代的解玉砂颗粒大小不一,又因手工使用工具时,它是两点一线的重复运动,所以沟槽里是比较均匀排列的并行长直线,且直线有粗有细、深浅不一。古玉表面的打磨痕迹,也可从手凿字面和纹饰的工艺看,一般呈现出大小不一的平面和凹面,平面光亮、凹面阴暗,明暗反差极为强烈,界面的过渡部分很尖锐。大面积的古玉平面,其表面非常的细腻,并伴有微米级的并行直线。

3. 水银沁及其成因

因为古玉的沁色是长时间在各种环境下、与接触物接触而产生的颜色变化,所以它是自然质变到色变的具象变化。在强光下观察沁色,发现通常是在玉的自然解理以及绺等薄弱部位产生,然后沿着解理或裂隙处再进一步渗透,严重的可浸透全器,如同均匀地涂上一层漆,也可形象地称为满沁,而本小节重点阐述一下水银满沁的"黑漆古"。

《史记》载:"以水银为百川江河大海,机相灌输""齐桓公墓在临菑县……次得水银池,有气不得入";东汉·赵晔《吴越春秋》载:"(吴王)阖闾死……冢池四周,水深丈余,椁三重,倾水银为池,池广六十步";清·刘大同《古玉辩》云:"殉葬之水银,有大坑、小坑之别。大坑水银所沁者,即成黑漆古矣";清·徐秦基《玉谱类编》曰:"黑者为水银沁"。

文献和考古证明：汉以前，王侯大臣的墓中确有水银存在，那为什么要以水银入葬呢？古人认为：水银能防止尸体不腐、灵魂不灭。东晋·葛洪《抱朴子》曰："金汞在九窍，则死人为之不朽"。这种习俗流传到南宋，当重要大臣去世时，皇帝还都会依礼赐其水银，《宋史》载："张俊……赐水银二百两……其后杨存中薨，孝宗令赐水银、龙脑以敛"。

因此，古代是根据死者的身份和地位，决定墓葬中水银池的大小和多少，而且时代越早规制也就越严格。而"光武版本"这套玉钟的沁色，就是一种水银满沁的"黑漆古"，所以不论是器型还是刻"光武御制"的标签，一定是王侯级的墓中才能拥有。高级别的墓葬正如《史记》等文献中所说：墓中是一种"水银成河"的状态，而且这种水银沁的局部，即玉石瑕疵部分的沁色，也已渗透到表里。

图3-4-15 《釜底抽薪》玉钟背面

所以玉器形成水银满沁的条件：一是在墓葬中必须要有大量的汞；二是墓或棺椁必须密封得相当的好；三是玉器直接要与水银接触。只有这样才能避免墓中的汞分子氧化而缓慢地蒸发掉，从而使玉器在漫长岁月中受沁而变黑色，如图3-4-15所示。这种"黑漆古"与做旧和烧蚀，以及涂化工类的苯胺黑等，是截然不同的表观。

基于以上可知：这种水银满沁的"黑漆古"玉器，不是在什么墓葬里都能形成的，器型也不是什么人都能拥有的。即使个别有"黑漆古"的玉器，那也大都是在玉器的局部或绺裂处才有，所以市场上这种满沁"黑漆古"，是非常的珍贵且稀少难得。目前也有出版物中对此做介绍，台湾也有过这类"光武御制"的玉器，同样也是带这样的满水银沁，不排除是出自同一个墓葬。

4．刻字与篆书

汉代通行的字体约有三种，其中篆书是用于皇帝策书、刻石，以及高级官方文书和重要仪典如策命诸侯、柩铭，以及官铸铜器铭文、碑上题额、宫殿砖瓦文字等，所以篆书大都是官方文体；而隶书多用于中级的官方文书和经籍；草书则用于低级的官方文书和一般奏牍草稿。

《三十六计》玉钟的两面字体，均为典型的汉代碑刻篆书，字体刚劲古朴，结构长方，而且用笔挺拔疏朗、细瘦方硬,可以说是带有隶书意味的篆书,符合东汉时期的官方书写规则,如图3-4-16所示。而古代的印款都像是一种印章的形式,《三十六计》玉钟中的"光武御制"印款也符合其时代特征,而现代的底款往往省略边框。

5. 纹饰与雕工

玉器的古老雕刻工艺也是最难仿制的手工艺之一。在中国玉器制作工艺史上,每个时期都有其鲜明的特征和艺术风格,而且每个时期都是既有成熟的艺术,又有不成熟或成长中的技术。艺术水平高的玉器难以仿制,所以鉴定起来相对容易些,仿品往往有形而无神。

本玉钟就是典型的汉代圆雕作品,而且是不同匠人的集体作品,其雕工圆润、饱满、线条流畅。钟钮上的一对螭龙以及钟面上的虎豹纹饰,是典型的汉代纹饰。造型准确,单撤刀法,减地凸纹,老到利索,线条简练、刚劲有力,形神兼备,汉八刀的神韵显现无疑。

图3-4-16 《苦肉计》释语

第五章
不可思议的艺术奇葩——唐代银胎彩绘

一、银胎彩绘的溯源与考证

1. 唐代金银器

中国古代曾出现过西汉盛世、大唐盛世、康乾盛世，这三个历史时期的共同特点是：政治稳定、经济繁荣、艺术精湛、科技发达。太平盛世下的统治者，其精神享受和艺术追求也会随之不断地升华，所以历史上这三个盛世中的艺术品，不但制作精益求精，而且还推陈出新，艺术造诣达到了登峰造极的地步。而属于贵金属的金银器，历朝历代都是皇家贵族的专属品，它是一种高贵、奢侈、身份和权力的象征。其中唐代金银器的制作，不仅承前启后，还达到了金银制作史上的一个高峰，其造型赏心悦目，纹饰精美绝伦，技艺巧夺天工，装饰丰富多彩。

唐代金银器的工艺技术，是在我国传统金银制作的基础上，融入了波斯地区外来的金银器文化和加工工艺，使唐代金银细工制作及装饰手法，达到了一个非常完美的境界，也在我国的金银器历史上，取得了一个灿烂辉煌的成就。古代艺术品还有条重要的规律，就是器物的材质多是以低贱仿高贵，比如金银器中的胡瓶、五曲、把杯、唐马等，甚至连"珍珠地"都可转化为价廉的瓷器，所以唐宋时都是用陶瓷替代和模仿金银器。

目前所发现的唐代金银器物，主要是以实用器物为主，大多为食器、容器、日用杂品、妇女饰物、药具、金银锭等。而实用器物以外的礼器，以及金银陈设艺术品发现极少，比如像人物、动物等造型类立件。唐代的金银器非常稀少，由于金或者厚鎏金的表面不易氧化，故对古代金器的鉴定很难把握，除金色"偏红"以及千百年的氧化包浆外，还需其他诸如嵌件和工艺等来辅证。如图3-5-1所示的唐代五佛云莲纹铜鎏金钵盂这样的孤品，尤其"金佛钵"上的锤蝶痕迹，以及錾刻的云纹和眼、鼻、嘴之开脸等，都极具唐代的

图3-5-1　唐代五佛云莲纹铜鎏金钵盂 直径17.7厘米、高11.5厘米

艺术风格，正如初唐高僧道宣律师所说的"宫娃如菩萨"。此外，包括器底的整个纹饰，都是"唐化"了的纯粹中国风。

2. 银胎彩绘的考证

《唐会要》"葬"条载开元二十九年敕："三品以上明器……皆以素瓦为之，不得用木及金银铜锡"；唐宪宗元和六年："以前明器，并用瓦木为之，四神不得过一尺，余人物等不得过七寸，并不得用金银雕镂"；另载："所造明器，并令用瓦，不得过七寸"；唐武宗会昌元年："三品以上，数内四神，不得过一尺五寸，余人物等，不得过一尺"。

从唐代整个墓葬礼制来看，明器通常使用的都是"瓦木"，即使官为一品的也不允许使用金银器。此外只有在唐高宗时期的墓葬中，才开始出现天王俑，并且到唐武宗时规定四神造像最高也不能超过一尺五寸（约50厘米）。从考古发掘的实物来看，确实也都是陶胎彩绘和唐三彩，最高等级的也只是局部纹饰贴金而已，比如：灵台县博物馆所藏的唐代陶胎彩绘贴金天王俑，尺寸高达1.08米，应该出自唐初，从着装、腰带、臂上雕饰看，显然符合规定前初唐时的天王俑。

因此在唐代的窖藏或墓葬中，如果陪葬品中出现金银器，那一定是王侯级别的器物，其他级别则只能是彩陶、唐三彩等其他的材质。但唐初时所流行的四神造像，不论是唐三彩还是其他材质的，都是唐代最高等级和特殊规格的陪葬品，其中最高级别的材质与造像，那就非银胎彩绘莫属，这是唐代所独有的工艺技术，而且盛唐之后再无来者。

以此推论：图3-5-2、图3-5-3所示的唐代银胎彩绘四大天王像，应该是唐武宗之前的器物。由于保存不当和环境等原因，笔者每次欣赏时都有碎小的彩块脱落，因此唐代张彦远《历代名画记》所云的"千载不剥"，那也只是他的一种形容和揣测，但有保存环境好的也确实如此。进一步推测：像这样的银胎彩绘四大天王像，理应是唐玄宗李隆基开元盛世中的

图3-5-2 唐代银胎彩绘天王像（局部）

图3-5-3 唐代银胎彩绘四大天王像 高54厘米

产物，而且还一定是王侯级别的随葬品，而绝非是几品官这样的等级。况且按照唐武宗规定的天王像最高为一尺五寸，这种高54厘米的天王像，已超出墓葬礼制，试想谁有这个胆量敢僭越呢？

从发掘和出土的文物看，唐代这类的陈设品和随葬品，主要是以金银器、陶胎彩绘和唐三彩居多。按大唐盛世不同的时段，以及当时的国力和技术水平推理，应该有等级分明的、不同材质的陈设器存在，比如：莫高窟中的唐代壁画、泥塑彩绘等，以及考古发现的陶胎彩绘、木器彩绘和铜器彩绘等器物就证明了这一点。再比如：武则天孙女永泰公主的墓葬出土的彩绘骑马狩猎陶俑；孙子懿德太子的墓葬出土的贴金彩绘骑马武士陶俑；开国皇帝李渊孙女的墓葬出土的彩绘胡人骑马陶俑等。这些都只是孙子辈的陪葬品，那皇帝级别的就可想而知了。不可否认这种彩绘也可能出现在贵族墓葬中的陶俑上，但质量肯定是要相差一个级别。

在日本正仓院，至今还保留有类似的唐代艺术品，如铜鎏金彩绘烛台、绿地彩绘箱等。此类器物采用的就是唐代的彩绘工艺，尤其铜鎏金彩绘烛台的局部，在其金上的彩绘艳丽精湛。唐代的银胎彩绘器物，不论是宫廷中日常的陈设品，还是专门用于皇亲国戚的陪葬品，那都是珍贵无比的艺术品。遗憾的是，在官方已知的出土金银器中，唯独没有发现唐代银胎彩绘器物，这也许是一般的贵族墓葬与窖藏用品，而不是这个时期王侯级墓葬用品的缘故。

幸运的是，与唐代历史相连接的辽代的陈国公主墓随葬品中，出土了一对已使用过的银胎彩绘云凤纹鞍韂（挡泥板），这极有可能是父辈馈赠给女儿的陪嫁之物。鞍韂的局部纹饰，不但具有唐代的绘画风格，而且彩绘也与唐代传统的"五色体系"一脉相承，将它视为唐代文物不为过。

重点是，鞍韂不但银片（胎）上的彩绘工艺和纹饰与唐代相同，而且还有独具特色的"中国青"或者称"中国蓝"的颜色，如图3-5-2中的蓝色。"中国蓝"这一名称最早源于美国弗利尔研究所伊丽莎白·菲兹胡等人的研究，他们最先从汉代陶器、青铜器彩绘及颜料中分析出中国古代所独有的蓝色。这是以孔雀石与硫酸钡（重晶石）人工合成（混炼）的颜色，现代化学名为硅酸铜钡（$BaCuSi_4O_{10}$）。因此这种"中国蓝"同"埃及蓝""玛雅蓝"一样，都属于古法、古彩的"古来颜色"，而唐代的彩绘中必有其色，有其色也必老无疑。

既然在辽代皇家墓葬中发现了这种银胎彩绘的鞍韂，这极有可能是皇室贵族的传世品，且充分说明：只有皇帝及其子女才能享有这种奢侈品，那么在大唐盛世中开发的这种皇家艺术，也不可能其随葬品中消失，只是还无法考证而已。也许这类皇家艺术品，只能出现在唐代的某个时段。

3. 唐代银胎彩绘的珍稀度

目前已知全世界的官方和私人范围内，所发现的唐代银胎彩绘器物，仅有15件左右，而且大概率都是民国时期出土的文物，件件定为国宝（一级甲等文物）一点都不为过。其中除日本鸿篆美术馆收藏的骑骆驼双胡人俑，以及央视鉴宝节目中出现的骑马仕女俑外，笔者有幸于2003年在日本"东美オリエンタル馆"的古董商处，看见过7件不同风格的唐代银胎彩绘器物。

如果这几件唐代文物被日本某个博物馆收藏，极有可能会成为镇馆之宝。笔者虽然首次见到这类没有文献记载的文物与工艺，但器物的精美程度却让笔者叹为观止，当即就与后进店的日本藏家，竞争性地购买了其中几件，并以"几件唐代银胎彩绘器"为题撰文介绍，发表于2006年的《文物天地》上。

唐代的金银器物，在当时极可能是皇家贵族的专属品，其流传的数量也都屈指可数，而银胎彩绘器这种艺术品更是凤毛麟角，堪称"皇冠上的宝珠"，应该属于天子级别的器物。对银胎彩绘器的深度发掘，可以填补唐代金银器高档陈设品的空白，这种将宫廷绘画与钣金雕塑相结合的艺术，不仅是唐代金银器中一朵绚丽的奇葩，也是我国古代雕塑艺术品中一颗璀璨的明珠，它是唐代工匠聪明智慧的结晶，开创了唐代金银器工艺的先河。

随着近年来唐代银胎彩绘器被专家学者进一步研究和发掘，尤其对日本正仓院铜鎏金彩绘烛台、日本鸿篆美术馆的银胎彩绘骑骆驼双胡人俑，以及辽代陈国公主银胎彩绘云凤纹鞍鞽进行重新的考证定位，相信它的历史价值、艺术价值、科学价值必将得到国内外收藏界的高度认同，这才是真正可遇不可求的、可移动的国宝级文物。

毫不夸张地说，唐代银胎彩绘器可与莫高窟中的雕像相媲美，而且是有过之而无不及，重点是：不但银的材质贵重，可永久保存，而且绘画的人物及服饰、鞋履等惟妙惟肖，比泥彩塑、壁画更加的细致入微，也彰显出钣金的塑形艺术和"拟人"的唐画写实风格。唐代的银胎彩绘是大唐盛世发展到顶峰的一个见证，因为其工艺技术要求极高，盛唐以后这种工艺就失传了。现在所仿制的唐代银胎彩绘，不但彩料、工艺、造型、绘画等相差的特别悬殊，而且更有甚者还以《文物天地》上的图像为蓝本，制作仿品，简直是在糟蹋艺术、俗不可耐！

二、唐代壁画的颜料特征

1. 唐代的矿物颜料与植物颜料

唐·张彦远在《历代名画记》中，对颜料、用胶、着色等有过较详细的记述，书中除阐述朱砂、雄黄、铅丹、青金石、石绿等矿物颜料外，还包括海南之蚁铆、紫铆、燕脂等植物颜料的讲述。而且这些矿物颜料和植物颜料都是用动物胶进行调和，正如书中所说："云中之鹿胶，吴中之鳔胶，东阿之牛胶……百年傅致之胶，千载不剥"。唐代相关的文物也充分证明，这种"以胶调彩"含白色离子的矿物原料，历经千年之后仍原色不改，如果保存得好还真的是"千载不剥"。

鉴别的重点是：陶胎或泥土上这种古老的天然彩料，一定会出现氧化、疏松、粉化和脱落的现象，尤其是含铅（Pb）的红色铅丹会变黑，以及含钙（Ca）的白色会粉化。以白色打底的彩绘，时代越久其粉化程度就越明显，这是典型的"化学风化"现象，比如：汉代彩陶的白色和图3-5-3中唐代银胎彩绘四大天王像的白底色。这种白色的碳酸钙，还是现代食品和塑料降解的添加剂。而新彩料较为"密实"，根本不会出现"粉化"，且其作为现代化工合成的色料，20年以后就会渐渐地褪色。

隶属法国国立美术馆的科学研究所，曾对法国吉美博物馆所藏的一件盛唐时期的敦煌绢画，即《佛传图》做过颜色的科学检测分析，结果证明：在绢本质地的彩色绘画中，发现有朱砂、铅丹、青金石、石绿等矿物颜料；但彩色绢画中的黄色，则是在白色颜料之上覆盖的植物颜料藤黄，而紫褐色也是植物颜料胭脂。国内外的科学检测结果都进一步佐证了张彦远在《历代名画记》中对绘画颜料所总结和论述的真实性。

天然矿物颜料是人类最古老的绘画色料，它与动物胶混合之后，可彩绘于洞窟中、陶器上、墙壁上，以及纸、绢、木、石、砖、铜等各种质地上，从而创作出炫丽璀璨的文化艺术。科研考古人员对莫高窟的唐代壁画颜色也进行过研究和检测，同样也验证了张彦远的记载，而且还有新的发现，其中：红色颜料为赤铁矿（土红），黄色是钒铅矿，绿色是石绿，蓝色是植物染料靛蓝。此外在莫高窟五代时的第53至55窟中，还出土了当年作画时所遗留下来的青金石颜料。

2. 唐代银胎彩绘的颜料

唐代银胎上的底色和彩绘颜料，同莫高窟唐代壁画上的颜料相同，都是纯矿物颜料与植物颜料。如果保存的环境相对较好，那么各种颜色不但千年不变色，而且与银胎结合的动物胶也会非常牢固，正好符合张彦远所述的"千载不剥"的效果。图3-5-4～图3-5-7所示的彩绘，其各种工艺特征和材料迹象，

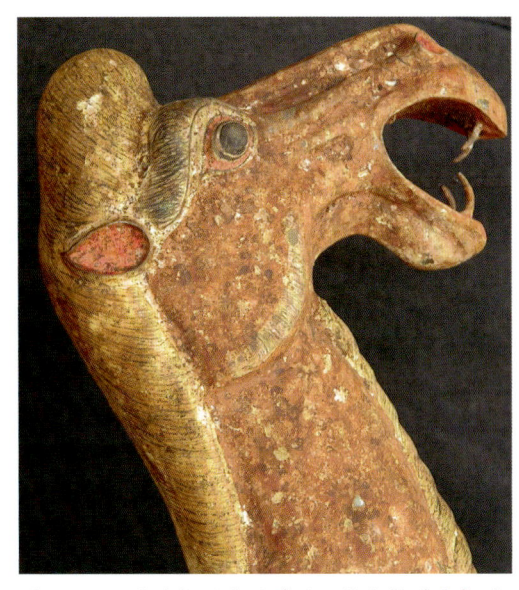

图3-5-4　唐代银胎彩绘骑骆驼仕女俑 高40厘米　　图3-5-5　唐代银胎彩绘骑骆驼仕女俑（局部1）

图3-5-6　唐代银胎彩绘骑骆驼仕女俑（局部2）　　图3-5-7　唐代银胎彩绘骑骆驼仕女俑（局部3）

尤其是其"中国青"的颜色，都表明这无疑是唐代早期的文物，这也与古代文献以及敦煌研究院所做出的科学检验结果相符。

唐代秉承中国传统的"五色体系"，尤其银胎彩绘中独特的"中国青"，是唐代壁画和彩绘真品的特征之一。经科学检测其矿物颜料中：蓝色是石青（蓝铜矿）；绿色则是石绿（绿铜矿）；青色就是进口的青金石（新疆克孜尔石窟曾出土过当时画家所遗留的青金石末）；红色采用的是朱砂、铅丹，以及少量的土红（赭石）；白色为铅白、石膏类；黑色则是唐代传统的"松烟黑"；但蓝色的颜料，早期是以青金石为主，不是石青和群青，中晚期则采用植物染料靛蓝。

唐代银胎彩绘和唐代壁画，其实都是同一类的胶彩绘画，但它不同于重彩画和工笔画，尤其是与银金属的粘接工艺，更显其工艺和技术的高超。唐代银胎彩绘器物根据墓葬环境和保存状况的不同，色彩鲜艳、完好如初的非常稀少，一般在潮湿的情况下，都会发生不同程度的污染或水解返铅，有的还会发生彩层剥离和破损的现象，但即使彩画剥落的已不算完整，这种工艺和造型的银制品也是非常珍贵的文物。

3．彩画之制

在宋·李诫《营造法式·卷十四》中，详细叙述了石青、石绿、朱砂这三种矿物颜料的制备程序，这是在古籍文献中最早记载矿物颜料的制作工艺与方法。具体是：将各种矿石处理后，"澄定倾去清水，候乾收之。如用时量度入胶水用之"。《营造法式》又载："彩画之制，先遍衬地，次以草色和粉，分衬所画之物"。

以上这段文字所阐述的内容，是宋代人对建筑彩绘的工艺流程所做的最简要的说明，即：先处理基底材，然后再打底色、上彩，最后作线描。这样我们就可从这种传承中，推演出唐代时各种胎上的彩绘工艺。根据以上的记载分析，客观上唐代就已完全具备了在任何材质上作画的可能，而且传世和考古发掘也证明，唐代时已在铜鎏金器、木器、漆器、石器、陶器、雕塑和墙壁上作彩绘装饰，而在银胎上彩绘的器物，则是最高级的皇家彩绘艺术品。

新岩颜料是一种非天然的人造矿石颜料，它的基础原料体系包括硼砂、长石等，在此基础上再添加金属着色剂，并在坩埚炉内经700℃～1000℃的温度烧炼，而成为人造的颜料，这与瓷器的釉上彩料、珐琅料的制作方法也基本相同。新岩颜料虽然本质上也是矿物颜料，但它不是天然的矿物颜料，而天然矿物颜料的颜色，因颜料粒子形状的不同，其效果比新岩颜料的发色还要更好些。新岩颜料的耐光性、玻璃质感都较强，而且其最大的优点就是颜色可控且丰富。

笔者对比过合成颜料、新岩颜料、天然矿物颜料，从表观上看，天然矿物颜料的表面有光泽，色调柔和、自然、深沉、内敛；合成颜料的表面无光泽，其色调浓厚、艳丽、单调；新岩颜料与天然矿物颜料虽然颜色上较接近，但在总体的表观上还是相差一个级别。

新岩颜料早年就流行于日本，笔者20世纪80年代初在日本学习生活时，就曾接触过这类颜料的彩绘作品。记得当时刚接触这种画片时，刹那间就有种焕然一新的震撼感。这种新岩颜料也已逐渐被国内所接受，并得到了不断的创新和发展，在纸绢和陶瓷等材质上，尤其在珐琅彩仿造上得到了应用。

三、银胎彩绘展现了壁画与雕塑的极致之美

1．银胎彩绘制作工艺

第一步：雕刻模型，首先制成所构思的器物形状的木模，即由工匠手工雕刻成木型。

第二步：银胎塑型，由金银工匠采用捶揲和錾刻的钣金工艺，将银片附在木模上，分左右两侧锤揲成型。再将成型的两面裁剪合并后，进行点焊、掐丝焊、二次焊、切削、抛光、铆、镀、刻凿等精细工艺处理。

第三步：彩绘，在整体成型后的银胎表面，先刷一层白色底涂，然后在底涂上进行彩绘。

这种在银器表面上的底涂，必须具备相当高的粘合力，就像莫高窟泥塑和壁画上的彩绘一样。然后再由宫廷画家在底涂上进行各种绘画的创作，如同在绢布和纸上作画一样，使其神、形、态三者达到和谐统一的逼真效果，如图3-5-7所示。唐代后期又发展出银胎彩绘与鎏金相结合的工艺，这是华丽装饰与色彩合二为一的创新工艺，是对银胎彩绘工艺的一种豪华补充。因为银胎已满足了高贵、轻巧、易成型等特点，而且在彩绘的覆盖下，也掩盖了金和银的材质，因此当手拿器物时感觉不到是金还是银，任何工匠都不会再采用金胎，最多也只是做局部镏金处理。

唐代的彩陶和唐三彩的局部等，也都有各种材质的彩绘，但从任何方面看都无法与银胎彩绘器物相媲美。银胎彩绘器物集唐代金银工艺之大成，是将雕塑工艺、唐代绘画集于一身的一种皇家高档艺术品，而且与唐三彩等其他"制造商"不同，它是宫廷金银作坊的产物。由于彩绘颜料的存在，它也不会作为食器和饮器来使用，所以与生俱来就是宫廷的高档陈设品。

2. 唐代银胎彩绘鉴赏

本章中的器物，充分展示了唐代大国工匠利用金银极好延展性的特点，以非凡的艺术才能，辅以高超的绘画手段，以极高的艺术概括力和想象力，塑造出了盛唐时期上流社会豪奢、富贵、安适、放达的生活景象，仿佛为我们描绘了一幅唐代社会各阶层人物生活的风情画。其中，银胎彩绘骑骆驼仕女俑、银胎彩绘女乐俑和骑马仕女俑，是分别属于两套不同的系列器物。这两套藏品共计七件。

而这两套中最大的银胎彩绘器，则是图3-5-4这件银胎彩绘骑骆驼仕女俑。此器高40厘米、长37厘米、宽12厘米、重1500克，通体施朱砂红、中国蓝、石绿、雌黄、铅丹、白碳酸钙等纯天然颜料，故千年后的今天仍不失本色。尤其器物上的黑色为唐代特有的松烟黑，如图3-5-8、图3-5-9所示女子发式，其特点是乌黑不亮，而且黑中显灰、无光泽。唐以前大都使用的是松烟墨，而尚不成熟的油烟墨到宋代时才完善，但与松烟墨的淡黑无光不同，油烟墨的色泽乌亮，与唐代相悖。而且还可以看出，各色颜料由于受当时制作技术所限，研磨的颗粒都显得较粗。

众所周知，银器表面的鎏金装饰，是高温下的一种"金汞剂"技术，能

图3-5-8　唐代银胎彩绘骑骆驼仕女俑（局部4）　　图3-5-9　唐代银胎彩绘女乐俑 高38厘米

使金附在银胎上而不易被腐蚀和脱落。但银胎与彩绘材料的粘接则是一种物理变化，由于地下各种环境的长期影响，彩绘非常容易腐化。像图3-5-4这样未经土蚀的银胎彩绘器，虽过千年，但彩绘与银胎的粘接还是相当的牢固，确实极其难得，具有较高的科学研究价值。器物整体造型准确，骆驼与人物的比例恰到好处，唐代匠人把自己对生活的喜爱和赞美之情，都融入了这件艺术品的创作之中。不仅将骆驼高大、吃苦耐劳、忍辱负重的神韵，通过实物呈现在我们的面前，还将骆驼头部、牙齿、耳朵及人物的五官表情，以及衣着裙褶和兽面袋等，塑造得极为立体。

骆驼高大威武，骨肉匀挺，四肢粗壮，颈上伸，头昂扬，张嘴嘶鸣露齿。双峰间所坐仕女手弹琵琶，胖圆脸、大盖发，发丝细如牛毛，圆领衣服上用红、蓝、白多种颜色绘制花纹。骆驼头和颈部的黄色鬃毛极为明显，在骆驼身体上又用红、蓝、绿等几种颜色画满连枝的唐草纹，给人以艺术感染力。驼背上还披有椭圆形毛毯，毛毯四周绘有蓝花边。峰间搭彩色兽面袋囊，兽面造型具有威慑力，粗眉大眼，凶杀恶神，咄咄逼人。这件器物是目前所知的存世中，体型最大、最重、彩色保存最完美，而且造型最生动的一件。

如图3-5-9所示是与骑骆驼仕女俑配套的三件女乐俑之一，俑高38厘米、宽14厘米、长19厘米、重1200克，她充分展现了盛唐时期的审美取向和情趣。原三件女乐俑都是梳发背髻,红颊粉黛,曲眉凤眼,丰肤樱唇,体态雍容。其五官及服饰图案,用笔劲健、色彩自然,从笔法看应该是当时的"应毫笔"所绘,具有唐代大家的绘画风范。

唐代女装讲究配套着装,妇女的发髻和佩饰千变万化。女乐俑的豪华服饰体现了唐代女服裙、衫、帔三件套的基本装束特点。当时还根据乐舞艺人的特点,将半袖设计为束果袖的形式,这是为了便于演奏乐器。而裙的设计是束胸曳地式的大幅长裙,面料绣以各种图案的团花,色彩艳丽、高雅华贵,裙带后飘,披帛腰带也绘有花纹。每件作品仿佛都注入了生命的活力,使人感到这不但是一件具有生命力的雕塑品,还是一个有血有肉、温柔娇美的唐代美女。

随着银胎彩绘的进一步发展和演变,出现了银胎彩绘和局部鎏金并用的装饰工艺,如图3-5-10所示,这是唐代另一时期的银胎彩绘品,是三件骑马俑系列之一的女仕俑,另外两件为骑马的男文官俑。该器物高27.5厘米、宽9厘米、长37厘米、重1200克。艺术家以马背上人物的瞬间表情作为写实表现手法,将飞奔的骏马与人物刻画得淋漓尽致,这是将历史瞬间的画面凝固在作品中。由于器物长期埋于地下,其黏土与彩绘粘接在一起,如果想要清除掉黏土,那就容易与彩绘一起被剥离,从而露出银胎而氧化变黑,目前还不知用什么方法来解决,可见一件造型完整、色彩保存完好的彩绘是多么的珍贵!

图3-5-10 唐代银胎彩绘骑马仕女俑 高27.5厘米

欣赏这件作品,其马镫、马腰带、马背垫等,都做了鎏金装饰处理,从而显得雍容华贵,这种局部鎏金也称为"金花银器",但根据马的头部、马身体的黑色条纹部位,以及人物手的姿势,再结合唐三彩的类型推断,当时应有类似真马一样的"马水勒"饰品,以及人拉缰绳的装饰物,只是年代久远已腐蚀掉而已。但在马背上的唐代妇女的形象,被塑造得栩栩如生,尤其唐代妇女低领款式的服饰,在飞奔的马上,疾风劲吹,半露出胸部,这在礼法严禁的古代社会绝对是空前绝后。这件实物也正说明唐代社会是一个高度文明和开放的帝国,唐代妇女随社会发展而思想开放,这也是唐代社会进步的重要标志。

如图3-5-11所示是唐代银鎏金马,高21厘米、宽7厘米、长23厘米、重384克,马颈部长而粗、扎尾辫,神骏矫健、比例匀称、膘肥体壮、肌肉清晰有力、是典型的唐马造型。工匠利用鎏金的次数即厚度,来体现黄金的不同色彩,而与前面两种装饰方法比较,这种装饰方法是用金覆盖脸部,但不能像彩绘那样细致刻画出人物、动物的面部表情,以及服饰图案的豪华,而且色彩单调、华贵但不高雅。

总之,这种在银器上的唐代绘画,比莫高窟的唐代壁画或者雕塑,显得更加精细和精美。这也仅是流行于唐朝的鼎盛时期,因为过于豪华奢侈,到唐晚期就被废止而失传了。但唐代金银器的这三种装饰风格,却代表了唐代金银器制作的最高水平。

如图3-5-12~图3-5-15所示是唐代银胎彩绘的四大天王造像,每件俑高约54厘米,其锤揲的纹饰细腻,绘画精细,栩栩如生,四大天王分别脚踏

图3-5-11　唐代银鎏金马　高21厘米

图3-5-12 唐代银胎彩绘四大天王造像1

图3-5-13 唐代银胎彩绘四大天王造像2

图3-5-14 唐代银胎彩绘四大天王造像3

图3-5-15 唐代银胎彩绘四大天王造像4

鹿、牛、虎、四不像神兽，手上分别拿琵琶、宝伞、蛇斧、宝锤法器，这种隋唐时期佛教体系的天王造像，与现代衍变的"封神榜体系"的四大天王不同，这才是唐朝天王造像的真容，值得佛造像爱好者深入研究。

四、盛唐文化与艺术的象征——唐三彩

1. 被愚昧冤枉了的唐三彩

唐代是中国封建社会中的鼎盛时期，社会经济繁荣昌盛，文化艺术欣欣向荣，而唐三彩就是在这缤纷盛世中所创造出来的彩陶艺术，它以造型生动、色彩艳丽和富有生活气息而著称，不但是唐代陶瓷技艺的巅峰之作，也是大唐风华的杰出代表。而这么多姿多彩的精美艺术品，长期以来却被渲染成一种明器，这可能是墓葬中有专属明器"镇墓兽"的缘故吧！而像"镇墓兽"、天王俑等的辟邪灵神，是由《周礼》中的官职"方相氏"演化而来，并不是专门用于地下陪葬之物。但这种现代人定格为"不吉利"的文物，使得唐三彩的身份变得很尴尬，这是对唐三彩的一种误解，是被近现代专家所冤枉了的艺术品，因此必须为唐三彩正名！

事实上流传于世的大部分古文物，都是通过陪葬这种方式保存至今的，因此从某种意义上说，它们都可称之为明器。实际上唐三彩作为一种彩陶艺术，与明器并没有必然的关系，就像瓷器一样，它可以制成宫廷用器，当然也可以做成明器，只是用途不一、质量不同而已，谁又把出土瓷器定性为"不吉利"了呢？唐三彩也无外乎是为了适应当时的厚葬之风，与主人生前所喜爱的其他物件一样，一起作为"事死如事生"的陪葬品而已。

《新唐书》载："有百寺琉璃为甓"，而这种琉璃砖瓦的"五色颇黎"的彩陶，按现在的称谓就叫"琉璃釉陶"，明代则按外来语音译为"珐华"釉，而唐三彩一词则是近现代人的称谓。东晋·郭璞《玄中记》载："大秦国有五色颇黎，红色最贵"；《魏书》载："世祖时，其国人商贩京师（洛阳），自云能铸石为五色琉璃……自此中国琉璃遂贱"；唐·温庭筠《菩萨蛮》云："水精帘里颇黎枕"（"精"同"晶"），这诗中所说的"颇黎枕"就是琉璃釉的唐三彩枕，且隋唐的宫廷建筑大都采用琉璃构件，琉璃瓦已然成为历代皇家建筑物的标配。因此，唐三彩作为一种多彩的陶瓷，它既可以作为生活日用品，也可以作为建筑物的构件，当然也可以同贵重的金银器等一起作为随葬品。

考古也证明：唐三彩不仅出现在墓葬里，而且现身于宫廷遗址、皇家寺院中，比如大明宫、大明寺、青龙寺等；新近的考古发掘中，在西安唐城、洛阳唐城、扬州唐城等遗址中也发现了唐三彩；此外，日本、韩国、西亚等地区，也都曾发掘出唐三彩。但这些唐三彩都是作为生活器皿遗存的，并不

是陪葬品。

因此可以说，唐三彩是宫廷生活之必需品，也是大唐盛世中的一种奢侈品。而且唐高宗时曾下令官民禁用一切黄色，至此黄色被皇家垄断，而蓝色则是皇家贵族的代表色。换句话说：有黄色和蓝色的器物必然精致无比。如图3-5-16、图3-5-17所示的唐三彩笔洗，内是蓝底、绿带围上的褐色条纹，外是全黄、蓝带围的足台平底，放置案桌上平视不露胎，注入清水时蓝底是一种"水墨有道"的意境，称为初唐时的高雅艺术品实不为过。再如图3-5-18所示的唐三彩的猎鹰型笔洗，不可思议的是与仰韶文化陶鹰鼎的造型几乎相同，这种相距5000多年不谋而合的器型重现，其文化意义非同凡响，值得深入研究。尤其是蓝色与鹰的造型都显示出皇家身份，而大唐对鹰猎的喜爱程度远超过其他朝代，甚至成为皇家贵族族彰显地位的标志，《新唐书》中曾有皇宫中还专设有五坊之一——"鹰坊"的记载，唐代考古壁画与鹰首陶瓷等也可佐证。而这种陶瓷类文房雅器，就是起源于唐代，所以能收藏到这种稀有的皇家笔洗，无关价值大小，都是值得的。

图3-5-16　唐三彩笔洗　口径10.2厘米

图3-5-17　唐三彩笔洗　高3.6厘米

《新唐书》载："甄官署：掌琢石、陶土之事。供石磬、人、兽、瓶、缶之器。敕葬则供明器"。说明一下，唐代的"甄官署"属将作监，而每当朝廷的重臣死亡时，帝王差遣宫中内侍监护丧事，这时才能称之为"敕葬"。可见，唐三彩平时都是供宫廷或官员日常使用，即使"敕葬"时作为特制的随葬品，那也并非一般人能拥有的。唐玄宗时代官修的《大唐开元礼》载："（官员）明器并用瓦木，偶人不得超过七寸……（庶民）所造明器，只准造素瓦"，因为唐三彩不是"素瓦"，所以不会出现在平民的墓葬中。

唐·李肇在《国史补》中曰：邢瓷"天下无贵贱通用之"，可见我们现在所珍视的邢白，在唐代是官民通用的普及品，只是存在精细与普通之分、器型之分，而唐代的秘色瓷才是专属的"供奉之物"，法门寺出土的瓷器中就没有邢白。但处于不同时期却与秘色瓷相当的唐三彩，

图3-5-18 唐三彩猎鹰型笔洗 高15厘米

由于时代背景、釉色、器型和工艺等原因,只能限制在皇家贵族中使用,而并未普及到官民通用的地步,即使其他窑后期也都在相继烧造,但其质量无法与宫廷所制的唐三彩相比。

带"苏麻离青"钴料的蓝彩器物,不论是在元代的至正,还是明代的永宣,都具有极高的经济价值和历史价值,从这一点上足见唐三彩钴蓝的贵重程度。因此,精美无比的唐三彩制品,尤其是带蓝色和黄色的唐代制品,主要是作为皇家贵族的日常用器,或许都是主人生前的钟爱之物,而作为随葬的冥器只是少量的而已。

2. 第一次进口"苏麻离青"

唐三彩所用的"苏麻离青"钴料主要来自进口。史料记载:唐代航海家杨良瑶于贞元元年(785年)四月,受命出使"黑衣大食国",即现在中东的伊拉克和伊朗地区,这成为古代第一位持唐朝诏书,从广东南海下西洋的外交使节,比明代郑和下西洋还要早620年。

此外，1998年在西安老机场建筑工地上，出土了一批唐三彩的支烧架、陶范，以及刻有"天宝四载"（745年）铭文的陶片，这说明西安窑、巩县窑等，在初唐到盛唐时期，就已开始进口中东地区的"苏麻离青"钴蓝。

因此，如图3-5-18、图3-5-20所示几乎"全蓝色"的唐三彩，以及图3-5-16局部涂蓝的唐三彩，只要有蓝色在当时就是珍贵的奢侈品。而且进口这种蓝色钴料后，也不会随便和轻易地使用，只会为皇家贵族所用。唐三彩有模制、捏塑、堆塑、雕刻等造型工艺，真品唐三彩的马肚中间都留有开口，透过开口可清楚看到内壁上留有一些不规则的手指抹痕。唐三彩一般需要两次烧造，第一次是经1000～1100℃的素烧，取出后施彩釉再次入窑焙烧，第二次是800～900℃的低温釉烧。唐三彩的施釉方法也有两种，即分区施釉法和点彩施釉法。唐三彩的胎质有白陶胎和红陶胎两种，但皇家贵族使用的大都是精品白胎。

有一个有趣的问题：为什么唐三彩人物的脸没有釉，而动物的面部却都施釉呢？考古证明，唐三彩动物的脸部与身体都是同釉一次烧制而成。而唐三彩人物的脸部，都是特意地露胎不施釉，这是为脸部彩绘的二次工艺"留白"，因为只有用色彩来描绘人的面部，才能充分展现出唐代贵妇雍容华贵的形象：在面部浓淡有致地涂色，弯弯眉宇一笔勾画，粉彩勾勒出鲜艳的红唇，还有各种变化的黑色发式。

3. 唐马是大唐盛世的杰出代表

唐三彩是大唐风华的艺术象征，而唐三彩最典型的代表就是马，尤其像图3-5-19中的金黄釉汗血嘶鸣马、图3-5-20中的蓝釉马，都堪称唐马中的极品。《史记·大宛列传》载："多善马，马汗血，其先天马子也"，汉武帝刘彻的《天马歌》云："太一贡兮天马下，沾赤汗兮沫流赭"。那么《史记》中所称的"大宛汗血马"，它是形容身"沾赤汗"、嘴"沫流赭"的表象，而《史记》中还将其称为"金马"，则是指"金黄色"的皮毛表观，笔者将原来所称的"汗血宝马"，更正为"汗血金马"。

陕西茂陵出土汉武帝时代的鎏金马，就是以大宛金马为模型仿铸的一匹"金马"。而唐代的杜甫有诗云："胡马大宛名，锋棱瘦骨成。竹批双耳峻，风入四蹄轻"，同样李白的《天马歌》吟："背为虎文龙翼骨，嘶青云……口喷红光汗沟朱"。唐朝人歌颂的"汗血金马"比较写实，显现的是体型纤细、"锋棱瘦骨"的"筋马"，而非丰腴且肥硕包骨的"肉马"。尤其是那种"竹批双耳"仰天"嘶青云"的特质描述，与伯乐《相马经》中"筋马"的"形骨"，以及"小而锐、状如削竹"的马耳相符。而且，唐代所描述的与汉代的鎏金马以及汉画像砖与瓦当上"汗血马"的体态极其相似，实际上即使是现在的"金马"，也

图3-5-19 唐三彩嘶鸣马 长40厘米、高34.3厘米

图3-5-20 唐三彩蓝马一对 长36.2厘米、高33厘米

第一章
物化机理与指纹元素

一、火气的燥与玉石的润

1. 瓷器"燥光"产生的原因

笔者经常会接到藏友们的咨询,就是怎样辨别"宝光"和"贼光"等问题,尤其对"玻璃光""温润如玉"等方面的理解,更使初学者处在云里雾里的懵懂中。众所周知:历代所有陶瓷的胎和釉,在烧造前都是含有各种各样的H_2O(水分子),而且除泥胎和浆釉人眼可见的含有水分外,还有阴凉风干后的素胎裸坯,其胎和釉中的瓷石本身,也含有14%左右看不到的结晶水。比如:南阳玉本身就含有0.23%~0.74%的结晶水。所以瓷器在烧造之前,胎和釉一定都会含有各种的水分子,只是随工艺和季节的不同有所差别而已。

科学实验证明:当烧造温度达到125℃时,可脱去胎釉中的结晶水,初期也叫水的汽化,但这时水在排出时没有破坏其原结构;当温度达到525℃时,可脱去各种瓷石中的结晶水,而在排出结晶水的同时,瓷石结构也发生了变化;当温度达到1300℃的高温时,已全部脱净瓷器的胎和釉中所含有的各种水分,即脱去含有–OH(羟基)结构的分子,这就是新烧造瓷的"脱水效应"。

我们在中学时都学过水的分子式是H_2O,而它的结构式是"H–OH",化学上把这个"–OH"结构称为羟基。再直白点说,新烧成瓷器胎和釉的表面,就是一种不含水分子的"裸瓷",而且胎和釉中原有的水分子,都会被烧失或成为釉中的气泡。如果陶瓷的釉面不含有羟基即水分子的话,就好比人体没有了血液一样,而人体一旦缺血或者失血,那么人的面部和皮肤就会显得苍白,毫无光润感,也不再是红光满面,甚至变得死气沉沉。

这种新烧成陶瓷的"裸瓷"釉面,就像皮肤无法"保湿"而失去水的"滋润"一样,也就没有了那种湿润感,因此刚烧出不久的瓷器釉面,一定是飘浮着一层无水"燥光",而且釉面呈现的是镜面般的全反射光,所以视觉上也非常的刺眼,显得火气重、有种烧灼感,这就是业界俗称釉面"贼光"的根本原因。

从汉语音译到英文的外来语文化中，代表中国名片的是Silk（丝）、Tea（茶）、china（瓷），其中陶瓷承载的可见史，不但能追溯历史的变迁，同时它也象征着社会发展的文明指数。在中国陶瓷"泥火坐标"的时间轴上，代表着单色釉、青花瓷、彩瓷最辉煌的四大品牌无疑就是徽宗官汝、徽宗官窑、"苏氏青花"、清三代珐琅彩，而历史上"后周柴窑"的琉璃釉臻品，还尚处于"待字闺中"之态。但要想解开这些泥与火的时间标尺和智慧密码，真正收藏到这样的皇家瓷器，那就要具备超常的胆识和认知力，这不但是知识和经验的累积，也是财力、眼力与机缘的叠加。

传统的"瓷学"是以眼学为主的"匠人思维"，但它不是"眼学＋科学"的综合"眼科"诊断。传统瓷器鉴定的五要素是：造型、胎骨、釉面、纹饰、款识，诚然这些都是静态的工艺表象，但世间万物所呈现的静态表征都很容易被模仿得惟妙惟肖。然而流传至今的古陶瓷，经历了漫长的岁月，经历了一个动态的、内在变化的非显性过程，也就是说，它们都带有共性的动态痕迹，但如何认识和破解瓷器"老龄化"的基因密钥呢——唯有"改变"才是突破和解决"疑难杂症"的通用法则。

对中高级水平的收藏者来说，笔者给予的粗略经验是：高古瓷要先看釉，彩瓷要先看彩，铜花、青花要先看"花"，雕塑、剔刻看的则是"韵"和"工"，而观察各类老化特征时，有无自然的"过渡色"则是关键，这些过关后再言其他。尤其在与静态视点和惯性思维碰撞时，不妨以动态思维和新技术的手段，做一次逆向的思考和交流，用科学与"改变"的方法打开"第三只眼"，对内在的"动态痕迹"进行深化审视。但方法的改变不是真的改变，认知的改变才是真正的改变，所以要先在确定哪些是岁月痕迹以及什么不能仿的共识基础上，再研判其他次要的静态表征，以便对"未见过"的宝物做出科学准确的鉴别。但对造假者而言，有的是认识到而仿不了，比如：苏麻离青、进口珐琅料、姹紫、黄金圈、彩晕、铅锡光、金箔纹、戴临书法等。有的则是还没有认识到，比如：曜变、鹧鸪斑、锡光斑、硅凝胶膜、晶花气泡、土沁斑渍、吐筋线等。而今天还没读懂的汝窑天青色、徽宗官窑等，那就更无从谈仿了。

而本篇就是利用"文物指纹学"的相关知识，以及"微观痕迹学"等动态信息，为眼学提供一些"化验单"和"X光片"，进而解读这些为什么和怎么样的问题，也可以说这是古文物动态的科学指南。笔者认为：凡是说不清道不明的那就不是科学而是玄学；科学与真理只会迟到但从不会缺席；只有掌握了真正的"科学武器"，才能走遍天下都不怕；只有搞清楚和运用好各种机理，才能胸有成竹地做出正确判断；只有先人一步地读懂和认识，做到举一反三，才能收获精品与绝品。

第四篇
瓷器指纹学概论

不是膘肥颈宽、臀部浑圆那种夸张的艺术形象。

"汗血金马"学名也叫"阿哈尔捷金马",自古以当地产的"金色马"而著称,中科院考古所对新疆汉墓五匹马的DNA检测中,惊奇地发现其中只有一匹马的基因是"金黄色",这充分证明:汉代张骞在大宛国看到的就是第一代"金色马",衍变到现在颜色有淡金、枣红、黑亮、银白,但至今仍然还是以2000年前的"金色"为贵。

而像图3-5-19这件"汗血"嘶鸣马的仅见品,不但具有现在"阿哈尔捷金马"的显著特征,而且在罕见金黄釉的"金马"身上,还特意淋些点滴状的深褐色釉,意在表现汗流如血的"沾赤汗"状。但如果马是深棕色或其他颜色的话,那"金马""赤汗""汗沟朱"的描述都很难表现,而且还是"完成任务"兴奋时的那种嘶鸣马。特别说明:"汗血宝马"的"宝"字,是现代人所赋予的称谓,理应回归到汉代和唐代"金马"或"天马"的称呼上去。

4. 唐三彩快速鉴别法

(1)唐三彩釉的开片,是比较典型的"蝇翅片"网格纹,而且开片都微微上翘,犹如泥塘在干旱时,表面开裂后多边形的翘曲状。陶瓷琉璃釉的表面,不但呈玻璃光泽,而且都有明显的细裂纹。

(2)唐三彩的真品光泽柔和,局部大都伴有蛤蜊光,有的还呈现出一层银灰光,这也是判断真假的一个重要标志。用口水涂抹釉面,其银光待水干后再泛出的是真,水干后银光消失的为仿。

(3)唐三彩绝大部分的胎,都是粉白色或藕粉白色,敲之坚硬如铁。露胎处明显干枯,滴水检测就像海绵那样极易吸水,所以胎面不会形成具有张力的水珠形。而且胎遇水或者沾湿后,变为浅粉红色,干后复白。露胎处粘附的土斑用手很难抠掉,但用高锰酸钾做旧的土斑,轻轻摩擦就会去掉。

(4)动物及陶俑的腹腔,常常留有陶工碾压模型后的手印痕,而假的通常是注模成型,没有手印痕。

综上所述，新烧出窑的"裸瓷"因没有了水分子（羟基）的"硅凝胶膜"，不但失去了温润如玉感，而且用手抚摸新瓷釉面还仿佛有一种涩感。而具有一定年代感的老瓷釉面，不但釉面的"包浆"润亮而不燥，而且釉中的"宝光"内敛，如果是在雾天观其"宝光"，古瓷周围还能散发出大而圆的白光。同时用手抚摸其釉面，还具有婴儿皮肤般的细腻滑嫩感。以上这些就是在眼学的鉴定中，新和老最直接的感观区别。

2. 玉质感与水解反应

根据以上所述：如果釉面中没有了水分子，即新烧造陶瓷釉面的分子结构一定不存在$-OH$（羟基），而是一种均匀无序的硅氧四面体的化合物，即SiO_4的分子结构。但瓷器在日常或墓葬的环境下，其釉面一定会发生可逆反应，即又重新与含有羟基结构的水分子结合，而在表面形成"硅凝胶"式的一层薄膜，这也是彩瓷上蛤蜊光与彩晕形成的必要条件。借用古玩行的老话，这就是瓷器的"包浆"，但它不是瓷器的"宝光"。

如果说烧造前釉面的结构式是含n个H_2O的SiO_4的话，那么烧造后就会失去这n个H_2O，老瓷在经过新烧后也同理，其瓷釉与彩釉也都会失去羟基。但这种新烧造的"裸瓷"釉面，在以后漫长岁月的可逆反应中，会形成$Si(OH) \cdot nH_2O$结构的"硅凝胶"式的"水膜"，通俗点说就是釉面形成了一层水的"包浆"，类似于人的面部涂上一层化妆品。以此还可以证明：釉面上的羟基同微量元素法一样，不但是瓷器指纹学的一种，也是最典型"眼科"中"包浆"的实用鉴别法。

但釉面上的这种"包浆"，会随周围环境、陶瓷年龄的不同而不同，如果釉面分子结构的硅氧四面体上，完全被羟基化而达到饱和状态，那么这时瓷器釉面上的水"包浆"，就会变得肥润而显现出一种"润光"，或称"釉水光"，但请注意瓷器不会或很难出现"亚光"，因此对所谓的老旧"亚光"要格外小心。而釉面上这种润亮的"釉水光"，与宋官窑釉中的"宝光"还稍有不同，"釉水光"（包浆）是一种"硅凝胶膜"，而"宝光"则是晶体结构的物理现象。

值得庆幸的是，传统的科技手段完全可以检测出这种羟基结构，而目前检测分子结构的仪器中，拉曼光谱分析仪最为合适，而且它也适用于瓷器上。拉曼光谱检测证明，古陶瓷釉面中羟基的含量，与周围环境的潮湿度关系极大，但它最大的缺陷是瓷器达到饱和状态的时间无法确定，所以也不能根据羟基的含量对器物的具体年龄（或年代）做出科学准确的鉴定。虽然总的大趋势是与陶瓷的年龄成正比，但这并不是绝对的客观规律，因为墓葬和传世的环境不同，釉面所吸收的水分也不同。

此外，瓷器的釉面，早晚都会达到水"饱和"的极限状态，但不论"何时"，一旦达到"饱和"，那就会锁定了羟基的含量，因无法检测出这个"何时"的具体时间，所以也就无法做出科学的判断。但可以肯定的是，新烧成的瓷器釉面一定是不含羟基的结构，所以仅利用这一点就足够了，完全可分辨出瓷器的新与老，但至于老到什么程度，就需要眼学和其他的科学检测了。

众所周知，任何矿物质都是结晶体，其结构都是能呼吸的，也包括"人工造岩"的瓷器。所以瓷器经过这种漫长的水解反应，釉面上自然产生出的这种"硅凝胶"式的"水膜"，使釉面这种"包浆"的玉质感极强，而且也显得肥厚透亮，其宝光内蕴、手感十分的温润舒适。由于"硅凝胶"中含有大量的结构水，而且水是处于离子状态，所以用手抚摸才具有湿润（水滑）感。如果对瓷器再次加热到500℃，若是老瓷新彩或烘箱造假等，那么"硅凝胶"的膜层就会被破坏，这种水分子则再一次全部失去。

可以肯定，因为Si（硅）是非金属的惰性元素，而且也不可能被"水解"，所以这种"硅凝胶"式的"水膜"，需要潮湿环境和漫长岁月的"洗礼"。但就目前的科技水平来说，还没有人研究、也无法仿制出符合其相应年龄段的羟基含量。笔者曾做过模仿"春夏秋冬"的盐雾试验项目，但毕竟设备环境与大自然的环境不同，所以这也只能是一种比对的量化评级，无法在短时间内实现羟基的可逆反应。

综上所述，如果釉面检测不出来羟基，那一定就是新瓷无疑；如果羟基含量过低，而且与眼学中的年代相差悬殊，那大概率上也是烧造不久的瓷器。最起码拉曼光谱就可以检测和判断出，这是不是新瓷或者是近几十年所烧造的瓷！再通俗点说，瓷器刚烧完出窑时的釉面，因为没有了水分子就如同白炽灯泡那样的刺眼；而长期逆反应后所形成的这种"水膜"，就如同磨砂灯泡那样柔和。

旁证解读：田黄石或和田籽玉，它们不是在地下就是在水中，而且已经进行了亿万年的水解反应（也叫沁润）。假设这些石头裸露在地上，那么即使经过了亿万年，它也还是像普通的山石那样，绝不会有田黄与和田籽料的效果。再比如玉树石也称硅化树，它是树木经过石化后，再经地下漫长的沁润，才衍变成的"玉石"效果，瓷器的釉面也是同理。

二、麻仓土与瓷石

陶和瓷的最大不同点在于胎，而不是釉，其具体区别：一是原料的不同，陶胎的成分就是各类黏土，瓷胎则是瓷石和高岭土；二是烧成温度的不同，陶器一般在600℃~800℃的范围，瓷器则需要1200℃以上的高温。当中国陶瓷发展到了元代，瓷器的胎骨由此前的一元配方，开始向"瓷石+麻仓土"的二元配方转变，而且瓷石也发展为多元组成，至此瓷器胎和釉的基因就发生了根本性的变化。这也是在瓷器的指纹学中，分析一元配方中的多种瓷石与组合，以及二元配方中的不同矿物原料所含的地域元素、痕量元素及其含量的一种方法。

1. 麻仓土与二元配方

（1）胎土与"黑痣"。

作为"二元配方"其中"一元"的麻仓土，其实是一种高岭土，因产地在麻仓山而得名，元代时也称为"御土"，到明代时则改叫"官土"，总之都是由朝廷官方垄断。当麻仓土逐渐枯竭后，又在高岭村发现了"类麻仓土"，到了明代后期，都冠以"高岭土"而传之。但不论是麻仓土，还是类麻仓土，都是白色的黏土块，实质是夹在岩石中的一种白色粉末体，通俗地说，就是瓷石风化后了的瓷土，类似于宜兴矿石夹层中的紫砂泥。

明·王宗沐《江西省大志》载："麻仓官土一百斤，淘净泥五十斤，曝得干土四十斤"。就是说，"麻仓官土"经过精细淘洗，其出土率也仅有40%。"类麻仓土"的高岭土分布较广，但即使上等岩石中所含的高岭土，最多也仅有10%～15%的产量。其实瓷石也都是要粉碎的，只是当时舂打（土法）粉碎的细度，没有自然风化的瓷土好而已，所以狭义上来说，瓷石粉碎后的粉末，也可称为人造的"瓷土"，比如业界俗称的"祁门土"。

景德镇所产麻仓土的最显著特征，就是本身含有高达35%的铝元素，因含高量铝，表观上胎骨既白又坚质。用硅酸盐的理论来解读：不论何地出产什么样的"高岭土"，铝的含量越高，说明胎土的质量越好，其瓷胎和釉也就越白、越坚硬，光亮度也会随之越好。就是说：铝能增加瓷胎的强度与光泽度，这不但能使制作的大型瓷器不易变形，而且烧出来的胎和釉薄且白。比如：唐代的邢窑、巩县窑，宋代的定窑，虽然它们都不是采用景德镇的麻仓土，但都因当地蕴藏着铝含量高的原料，所以瓷不但烧得洁白如玉，而且胎骨还足够的坚硬，且薄。

麻仓土的质地非常细腻，纯净的麻仓土白度也非常高，而且官窑所采用的这种"御土"，一定都是加工成上等的麻仓土，所以元明时期官窑的胎质，大都是呈滑腻感的特白色，尤其是成化朝称为"神品"的胎质，达到了顶峰的"卵幕"和"夹青"的瓷胎水平。中科院测试的雍正官窑结果显示：其瓷胎的铝含量为30%，而且白度高达77.5%。但如果是含了杂质的各类高岭土，则呈淡黄色、灰色或灰褐色，一般都是用于民窑普品和低档消费品。

元末明初配有景德镇麻仓土的胎，如果麻仓土淘洗得不精、不净，就必然会留有明显的"黑痣"现象，这是麻仓土含有铁元素的固有特征，甚至有的元末明初的瓷胎，还会出现"黑芝麻点"的独有现象。这种"黑痣"在胎里和胎面都应该存在，所以有的还可以透过釉面观察到胎。但胎骨中这种"黑痣"现象是随机分布的，其颜色的深浅、数量以及大小都不尽相同。所以不能只依据瓷片的某一断面有无"黑痣"来判断是否是麻仓土，因为某一断面只能代表千分之一的截面。

（2）裂缝与"妊娠纹"。

在胎和釉的二元或者多元配方中，不论麻仓土的比例多少，其胎质一般都具有滑腻感，而且麻仓土的比例越大，滑腻感也就越强。但由于古老工艺和粉碎技术的原因，二元配方混合后的胎体并不十分的密实，普遍存在着气孔、缝隙等现象，而且胎体还都略显疏松，这与采用了近代机器加工的高岭土和瓷石相比，致密性明显较低。

采用麻仓土二元配方的胎体，尤其是无釉覆盖的裸露胎底，一定会出现大小不等的孔洞、缝隙，严重的甚至还会出现扁狭形的裂缝，这种元末明初的显著时代特征，也是烧造时"异相基底"结晶后的表象。科学分析：出现这种特征的原因在于胎和釉的配方中钙含量和铝含量高；还可能因为Al_2O_3（氧化铝）与CaO（生石灰）的性质不同，铝不是助熔剂且具有2050℃的高熔点，因此在烧造过程中会出现针状的钙晶体和莫来石（铝硅酸盐）的结晶现象。这不是利坯烧造前的胎体瑕疵，但仿品大都利用烧前的这些特征特意去造假。

胎体在烧造时如果出现裂缝，其釉面就会出现类似"妊娠纹"的表象，与宋代钧窑"蚯蚓走泥纹"的机理相同。这也是在胎体上的裂缝中，被熔融的釉料填入后的结果，严重时往往会伴随着"釉裂""鼓包""爆釉"等瑕疵。而这些瑕疵都是由于麻仓土二元配方的最初工艺与配比不成熟所导致的特有现象，因此元青花上的这些特征要比永宣青花严重得多，这也是因为元青花釉中的钙含量比永宣青花高出2倍还多，而釉中的钙则是产生"异相基底"的主要因素。

（3）火石红。

元青花以及明清时期的二元配方，在胎釉的结合部以及胎底的露胎处，有明显的火红石现象。尤其在元青花瓷的露胎底部，还有手抓釉的痕迹。而且在釉的周围还会包围着一圈火石红的现象。底部的露胎处如果刮削平整的话，不但会有火石红的片斑，用手抚摸还会有滑腻感。关于火红石的详细解读，请参考本篇第二章中《火石红与黄金圈》一节。

2."白不子"与高岭土

明代文献所说的"白土"与清代文献中的"白不子"，实际上都指的是"祁门土"，其实它本身就是一种瓷石，因此用祁门石所制造的坯料不属于高岭土，所含元素和成分的含量也不同。明末崇祯十年《天工开物》载："景德镇从古至今为烧器地，然不产'白土'，土出婺源、祁门两山：一名高梁山，出粳米土，其性坚硬；一名开化山，出糯米土，其性粢软。两土和合，瓷器方成。"清·唐英《采石制泥》曰："'石'产江南徽州祁门县坪里、谷口二山，距窑厂二百里……舂细淘净，制如土砖，名曰'白不'"。

明万历十四年《续文献通考》曰："陶土之种类极多，最纯粹者西人称高岭土。高岭土虽多供输出，用者多来自祁门……景德镇所用上等原料，亦多取于此"。清·朱琰《陶说》也云："饶窑陶土，初采于浮梁新正都麻仓山。万历时麻仓土竭，复采于县境内吴门托至祁门"。以上文献说明，祁门土其实就是一种瓷石，也是瓷土中的上等原料，是供应明清景德镇官窑的瓷土。元、明、清瓷器的胎质，按史料记载来推理：元末到明万历年间使用的是麻仓土和瓷石；万历之后到清代，使用的则是祁门土和高岭土。唐英对祁门土的评价是："色纯质细，用制脱胎、填白、青花、圆琢器"。

祁门土的特点是含大量的长石和绢云母。《天工开物》将高岭土与"祁门土"进行了对比，认为：高岭土似粳米（大米），"其性坚硬"；而"祁门土"似糯米，"其性粢软"。明清官窑的瓷胎就是由"白不子"与高岭土混配，难怪业界评价清三代是一种糯米的胎。唐英对高岭土的评价是："别有高岭、玉红、箭滩数种，皆出饶州府属境内，采制法同'白不'，止可掺和制造，于粗器为宜"。

以上说明，祁门土由于含高量的 Al（铝）、K（钾）、Mg（镁）等元素，不但高白，而且还比较细腻。而高岭村等地所出产的瓷土，虽然也能制作相似的"白不子"，但质地和颜色都还是有区别的。正如此"白不子"才有了高白、中白、普白之分，如图4-1-1所示。而图4-1-2中的紫砂泥与红陶泥也是有区别的。清三代官窑都是采用特选的高白泥，而中下等之"白不子"只能混配其他料用作民品。这是在鉴赏明清瓷胎的演变规律时，需要格外注意的。

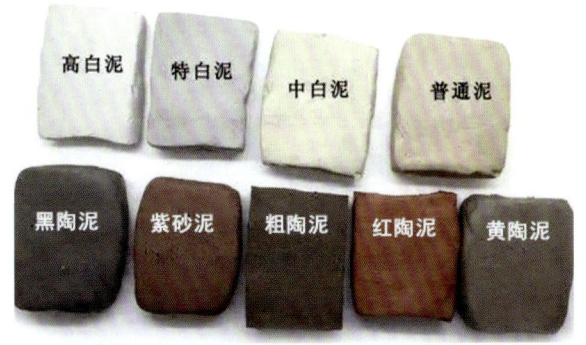

图4-1-1 烧造前的泥料对比

图4-1-2 明代陈子畦款紫砂张良像 高16.8厘米

3. 麻仓土与瓷石

首先要分清这两个概念：瓷石是石质原料，莫氏硬度4～7级，因此古代必须采用古老的舂打方法制成粉，只有成为瓷土后才能与水混合做成"白不子"；而高岭土或麻仓土则是土质的粉块原料，所以不需要特别的粉碎加工，仅用淘洗即可获得净泥。瓷石主要是以石英、绢云母为主，高岭土则是以高岭石为主。

法国人殷弘绪形象地评价道："高岭土可比作瓷器的神经"，并且他还借用当地商人的话，说瓷石就像是骨架，高岭土就类似于肌肉，只有将肉填充到骨架中，才能使整个身体健硕。所以元代以前单一瓷石的胎，加上粉碎得不好、不细，胎的空洞和缝隙比元代的要多，而清代民国的瓷胎就相对密实，现代机械化的就更加细碎。元代所创烧二元配方的胎骨，就是由瓷石和麻仓土的不同配比构成。

特别说明：瓷石是一个广义的概念，而古人是把"美石"（瓷石）都统统归为玉类，即把就近产的白色或者带颜色的宝石，应用到当地所烧造的瓷器中，因此古代各窑口所用的瓷石比较复杂多样，而且还存在高低贵贱之分。这里仅对各朝代官窑的瓷石做大体概括：宋代时有玛瑙、玉髓、水晶、钾钠长石、白云母、紫金土等；元代时景德镇有湖坑、坳岭、南港、三宝莲等；明清时的彩釉部分，更是选用了青金石、水晶、碧玺等各种有色宝石。

虽然都是同一地点的同一种瓷石，但五代和北宋时的一元配方，比如那时景德镇的影青瓷，采用的是矿山中最初的地表层；而到元末明初时，其所用瓷石的矿场层，则是地表层以下的第二、第三层。地质专家郭邦相、张伯周先生对景德镇瓷石的矿床，进行过科学的调查和研究，并撰写了《高岭村高岭土矿地质简介》的报告：经过科学考古验证，地表一、二层的瓷石中Al的含量高达18%～19%，K和Na的总含量，却因其地表的严重流失而低至3%。

而处在地表三层以下的瓷石，Al的含量已降到13%～15%，但K和Na的总含量却明显上升到5%～7%，这也基本符合明代烧造瓷器时开采到第三层后，其胎和釉的元素含量指标。如果是采用现在所开采的瓷石，那肯定是在地表三层甚至四层以下，所以元素含量一定与宋代、元末以及明代不同。即使传承的配方相同，但器物表观和次量元素含量等指标肯定会发生一些微变化。

关于瓷石与麻仓土（高岭土）的配比问题，可参照殷宏绪1712年的书信记载："要作细瓷，则将高岭和白不子等量相配；要作中等瓷，则高岭和白不子的配比为四比六，但高岭和白不子的配比，最小为一比三"。这里"白不子"指的就是瓷石，而"高岭"是指"类麻仓土"，这种古老传承足以证明高岭土（麻仓土）在配方中的重要性，也说明各类瓷胎的元素含量有所不同。

三、釉灰与釉果

1. 陶瓷的釉是什么

笔者认为：要想看懂瓷首先就要读懂釉，古陶瓷釉中所呈现出的各种"相态"，也是辨识瓷器新老与窑口的一个重要标志。虽然胎为"骨"，釉是"衣"，但釉才是陶瓷的灵魂，而且古人所追求和玩味的"颜值担当"，却是外表这层美丽的"嫁衣"。宋·丁度编纂的《集韵》曰："釉，物有光也，通作油"，这说明宋代时的"釉"与"油"字已互通，而且也有别于"油"或"泑"，它是将偏旁的"水"改为"采"（彩），表明已由原来的单一色衍变为多颜色、有光泽的物质。

"釉"的配制与烧成，在历朝历代都是具有神秘感和挑战性的一门学问，因此古代也把它称为"釉药"，寓意是一种釉有一种釉的"药方"（配方），而这通常都是在父子或师徒之间传承。但万变不离其宗，"釉"（油）简单概括就是黏附在陶瓷的表面，一种无色或有色的玻璃质薄层，再通俗点说，"釉"就是用火烧烤的一种"涂料"或"清漆"。

纵观中国古陶瓷上的釉，宏观上可分为石灰釉、石灰碱釉、高碱釉和琉璃釉四大类，但不论什么样的釉都必须有碱性助溶剂相伴。琉璃釉也可称为含铅的高碱釉，元明时期由琉璃釉又衍生出一种珐华釉，它与琉璃釉不同的是采用牙硝作为助熔剂。而在石灰碱釉中还可细分为乳浊釉（宋钧、宋汝天青等），以及各种颜色釉等；如果按烧成温度来划分，则可分为高温釉、中温釉和低温釉三种。大体上如表4-1-1所示。

表4-1-1　　　　　　　　古陶瓷釉的温度与助熔剂

釉类别 \ 氧化物	Ca+Al+Mg（%）	K+Na（%）	K_2O（%）	PbO（%）	B_2O_3（%）	烧成温度（℃）
石灰釉	14~22	1~3				1150~1250
石灰碱釉	6~10	5~8				1190~1300
有铅高碱釉	5	12	9	5		1000~1100
无铅高碱釉	7~9	12~15	9~11			1200~1300
铅釉（琉璃釉）	4	1~2	1	30~60		800~1000
五彩、粉彩	6~9	4~9	2~8	30~60		800~850
珐琅彩、洋彩	0.8~5	4~6	2~4	30~40	适量	800~850

2. 釉的成分与特点

明·陆容《菽园杂记》载："油则取诸山中，蓄木叶烧炼成灰，并白石末澄取细者，合而为油。"清·朱琰《陶说》曰："釉无灰不成。"通俗点说：石灰釉主要是由熟石灰和草木灰组成，化学语言表达是：由生石灰（CaO）→熟石灰（CaOH$_2$）→灰釉（CaCO$_3$）的陈腐熟化过程，因此石灰釉主要的功能指标就是钙含量。而石灰碱釉则是"合而为油"，是在釉灰中添加长石类的碱性氧化物，所以也可称为"碱釉"或"长石釉"。

笔者特别指出：古代的传统"釉药"大都是"铁系釉"和"铜系釉"的各种变异，而徽宗时代的"玛瑙釉""绿玉髓釉"，元代的"钴系釉"，清代的"锑系釉"等，都是划时代的特例。而且每个朝代都有皇家的专属釉，诸如：北宋的玛瑙釉、天青釉、高碱釉等；元代的枢府釉、钴蓝釉等；明代的甜白釉、祭红釉、浇黄釉等；清代的蛋黄釉、美人醉、冬青釉、茶叶末等。

通常将草木灰类的都称为釉灰，但当它与石灰石烧炼后混融，就成了一种灰釉。长石类瓷石也被称为釉果，其主要成分就是碱性氧化物，其实它们就是一种助熔剂，其助熔的强弱顺序是：Li（锂）＞Na（钠）＞K（钾）＞Ba（钡）＞Zn（锌）＞Ca（钙）＞Mg（镁）；在宋以前的陶瓷釉中，大都采用的是石灰釉和琉璃釉，其主要助熔成分是Ca和Pb，直到北宋才开发出石灰碱釉和高碱釉，而且率先在宋初的建窑等其他窑开始应用，然后才是在"徽宗官汝""徽宗官窑"中发扬光大。

科学检测证明：宋史文献载"袭故京遗制"的南宋官窑，采用的就是北宋官窑所创制的石灰碱釉，但由于所选用的原料产地不同，主要碱金属氧化物（K+Na）的含量大都在5%左右。而河南"北地"独特的"徽宗官窑"，则是在12%左右，相差近一倍，宋代南北官窑的差别可能就在于此。以下是各种釉的主要特点。

① 石灰釉的特点：高温下易流淌，釉面稀薄、釉色浅淡，白里泛青。釉光不刺眼，釉面相对像"弹性"体；而加铅则呈玻璃体。

② 石灰碱釉特点：高温黏度大，不易流釉，可使釉层增厚。釉面的光泽柔和，且失透易成乳浊状，表观能呈现温润的玉质感。

③ 釉料成分对比：石灰碱釉与石灰釉相比，实质上就是添加了K$_2$O（氧化钾）、Na$_2$O（氧化钠）等碱性氧化物成分。

④ 高碱釉的特点：K$_2$O、Na$_2$O的碱性氧化物含量比石灰碱釉高出50%以上，其黏度更大，开片也更多，而且光泽度好，玻化程度高，玉质感更强。

3. 釉灰与釉果

其实古代的传统釉灰对石灰碱釉的整体性影响有限，关键是在采用不同的釉果上。鉴定的重点是，要抓住不同时代特殊的釉果成分。比如：北宋汝窑玛瑙釉（绿玉髓）中的Ni，北宋官窑中黏度高、膨胀系数大的K，南宋官窑与宋龙泉釉中的Ca，宋代建窑釉中大量的Al，元末明初麻仓土中的Al，以及明清官窑中白不子的Al、琉璃釉和彩釉中助溶剂的Pb、珐琅料中韧性高、膨胀系数小的B等。

根据前面论述可知：宋代以前的传统灰釉都是以石灰石为主的助熔剂，是用石灰石与狼尾草或凤尾草，经过层叠"烧炼"数次后陈腐而成。正如元·蒋祈《陶记》所载："石垩炼成，杂以槎叶木柿，火而毁之。"所以古代各时期的灰釉，都是围绕CaO（生石灰）、MgO（氧化镁）和P_2O_5（五氧化二磷）三者之间的含量在变化，虽然Ca的助熔能力较弱，但比起SiO_2（二氧化硅）熔点1710℃来说，它仍然起到了一种助熔的作用，因此灰釉中Ca的含量，也是断代和判断窑口的重要指标。

大体规律是：Ca的含量高，釉的熔融温度就会下降，黏度也会随之降低。唐和五代时Ca的含量在12%～14%，宋元时降到6%～10%，明清时则是在6%以下。一般Ca含量超过10%时就被称为高钙釉，当含量达到18%左右时，釉面就呈玻璃光泽，而且裂纹也随即增多；如果Ca的含量过多，就会使釉面形成高结晶态，后续还会出现大量的次生晶体。各种天然矿石和草木灰的对比，如表4-1-2所示。

表4-1-2　　各类矿石和草木灰的元素含量（%）

名称	Si含量	Al含量	Na含量	K含量	Mg含量	Ca含量	Fe含量	颜色
钠长石	68.8	19.5	11.8					灰白色
钾长石	70	10.6～14	2.4	9.5～15			0.03～0.11	白色
南召长石	65	18	2.86	11.78	0～02	0.29	0.15～0.57	白色
紫金土	63.87	22.91	0.35	2.88	0.44	0.32	7.86	棕褐色
瓷石	66.40	23.63	0.13	3.50	0.56	0.36	1.99	浅白色
云母	45.2	38.5		11.8				白色
新疆软玉	57.6	0.25			25.1		0.66	白色
白玛瑙	97.13	0.30	0.26	0.07				白色
南阳绿玉	41～45	30～34		2.50	1.70	18～20		绿色
绿玉髓	88.95	1.08	6.50	0.30	1.18	0.12	0.02	绿色
釉灰部分								
石灰石	2.34	0.17			0.76	54.62	0.14	白色
松树灰	26.93	8.15	2.98	7.92	3.62	36.52	3.67	灰白色
稻草灰	84.12	2.96	0.38	4.68	0.97	3.79	1.62	灰白色
备注	1. 紫金土和瓷石的数据，来源为杭州老虎洞遗址出土原料。摘自2016年江西美术出版社所出《南宋官窑》一书，杜正贤、周少华著，耿宝昌主编。 2. 石灰、松灰、稻灰都是现代材料成分，摘自叶佳星等人发表于《中国陶瓷工业》21卷6期论文。石灰石是普通低镁"石垩"，古代则是采用高镁"石垩"。 3. 绿玉髓的自色元素：Gr1.22、Ni0.23；南阳绿玉：Gr0.01～0.5、Ni0.23。							

4. 石灰碱釉与高碱釉

如前所述，石灰碱釉就是在原釉灰中减少了部分石灰石的量，而且是采用含K_2O和Na_2O等长石来替代，同时也降低了烧造温度。比如：元代的青白釉，其釉灰含量为25%～30%；而在卵白釉中，釉灰的含量却只有10%。通常釉果中，是以K、Na、Ca为主，而且这类长石都是一种碱性氧化物，所以才称为石灰碱釉。到了清三代，因更加注重在纯白釉上的彩绘，雍正后期还研制出一种特有的高白釉。据殷弘绪的书信记载："这种创新的白釉是用滑石取代高岭土，其白色被称为象牙白，窑工说，必须往八份滑石中掺入二份白不子"。

石灰碱釉中所添加的长石类瓷石，又分为钙长石、钠长石和钾长石等，但大体上"K+Na"的含量大都是在5%左右，如果超过10%的话，笔者都将其归为"无铅高碱釉"。在石灰碱釉中，如果K元素的含量越大，其釉的黏度也就越大，气泡也就很难逸出釉面，故在釉中可形成"聚沫攒珠"的表象。而且实验还证明：釉的光泽度与釉果中的Al含量有关，其光泽釉的釉式是：$Al_2O_3/SiO_2=1:6\sim10$，比如南宋官窑、刘家门钧窑等；无光釉的釉式是：$Al_2O_3/SiO_2=1:3\sim4$，比如天青色汝窑、黑釉建盏等。

由于釉果采用了不同的矿物材料，所以釉面所呈现的特征亦不同。比如：水晶、萤石、方解石等釉面就具有玻璃光泽。但有些矿物质由于集合态的不同，会产生一些特殊的光泽，比如：玉髓、玛瑙、碧玺等，其釉面所呈现的是脂肪（或绸缎）光泽；白云母等呈现的是珍珠光泽；石棉及纤维石膏等呈现的是丝绢光泽；高岭石等呈现的是土状光泽。

在宋代的有些汝釉和官釉中，由于配方和烧造温度的原因，釉中还会有残存的未熔石颗粒，或者是形成钙长石类的次生晶体。这种晶体结构所形成的釉面，在光线下所形成的漫反射，会使釉面呈现出一种柔和、温润的酥光表象，而且瓷器这种酥光的现象时代越久远就越明显。而乳浊现象，除釉中密集的小气泡外，还有在此温度下的未熔微粒，以及钙长石类的析晶体，这些会使釉面的"晶化"形态变得乳浊而不透明，但却呈现出一种温润如玉的视觉效果。

我们常说元青花是二元配方，实际上这专指胎骨，是"瓷石+麻仓土"的二元（或者多种瓷石的多元）配方，而不是指釉的配方，釉料是含有多元体的釉果。其实石灰碱釉的发明与应用，已使传统青瓷产生了巨大进步，在宋代就已有"釉灰+釉果"的二元或多元釉果配方。比如：宋代的南北官窑、建窑、汝窑、龙泉窑等的瓷釉，都与时俱进地采用了石灰碱釉或高碱釉，尤其是青釉，呈现出青玉般的质感。可以看出，中国陶瓷发展到了北宋，由于徽宗皇帝追求"以瓷代玉"的审美艺术观，以及针对御用官瓷的釉料研发，致使瓷釉发生了革命性的变化。

四、单色釉与釉下彩、釉上彩

古代瓷器不论是釉料,还是釉下或釉上彩料,其材料本身都是天然的矿物质。而瓷胎以及所施加的釉和釉上彩,自古以来都是工匠在长期的实战中不断摸索和创新的经验科学,也可以说是一种实践科学。在这层"嫁衣"上所施的各种釉上彩绘,则是古人从绘画的矿物颜料中领悟到技法和启示后,联想在瓷器上,所做的尝试与应用。釉上彩经过古人的不断探索和试验,终于在成化年间大获成功,发展到清三代的珐琅彩,则是达到了顶峰。

矿物的天然色调与火的艺术结合后,这种蜕变后的矿物釉彩的自然美感,是现代合成颜料无法比拟的。而矿物釉彩经调和再次焙烧后,所呈现出的意想不到的表象,则是古人技艺和工匠经验的积累。所以宝石釉、玉髓釉等单色釉,以及五彩、珐琅彩、洋彩(粉彩)等釉上彩,在古代没有化学知识的前提下,都是古代各时期匠人的智慧结晶。

1. 化学色与物理色

自然界中的各种颜色,可分为化学色和物理色两种,即:以金属离子着色的称为化学色,而以晶体结构形式呈色的称为物理色。化学色是属于分子(离子)形式的范畴,它是光的其他颜色被吸收后,选择性地反射出的某种单一颜色,学术上也称其为"色素色"。但化学色不是指化工合成的颜色,而是金属离子以及变化了的颜色,但在其任何角度观察都是呈一色,像釉里红、青花、粉青釉等等,这些都是金属离子的化学色。

而物理色则属于晶体结构的范畴,它是随观察角度的改变而变化的颜色,这种可变色(或彩虹色)也叫"结构色",它与"薄膜干涉"现象一样,都是由光的波长而引发的一种颜色光。所以物理色是由于本身的微观结构使光波发生折射、漫反射的一种色泽(或宝光),但并不是所有的"结构色"都能形成多色的彩虹色。如果是一种无规则的"微米结构",或是有序的"光子晶体"周期性的微结构,那么光就会发生散射而形成单色,就像建盏"油滴"的银色、"曜变天目"中的蓝斑、"苏麻离青"的锡光斑等,都属于"微米结构"或"光子晶体"所产生的单一物理色。

通过理论和实践,笔者认为:"结构色"(物理色)是最难仿的,"色素色"(化学色)则是最容易仿造的。而瓷器中有的颜色釉或彩釉,不但是各种化学色互相混合而成的色,而且有的还包含着化学色和物理色的叠加色,就像汝窑天青色、"徽宗官窑"、珐琅彩等。因此这种由不同折射率所形成的"光子晶体"色,如果配方和烧造工艺不符,其釉面的微观结构那是很难仿造成功的。矿物料的精细提纯后仍然属于天然原料,只是杂质少含量高更加纯而已,而化工料则是人工合成的原料，例如铝酸钴（蓝色）、氧化亚铜（红色）等化工料，已是绝对纯净、无须再反应的"终极"色料，比如颜色均一、亮丽的现代陶瓷品色釉。如果釉料与釉上彩料的颜色，都是以名贵的天然矿石为主，或者是混配各种有色宝石，那么这种天然的自色离子，就会呈现出鲜艳、亮丽、柔和的特点，永不褪色，而现代化学合成的原料，就会出现不自然、艳俗、失润的特点，容易褪色。

2. 致色与自色

致色是烧造时矿物中离子的反应色，像粉青、釉里红、绿釉、酱釉等。而自色则是矿物中离子本身的体色（本色），自色也可通过焙烧来浓缩含量而"固色"，"宝石釉"和"琉璃釉"等都是自色的典型代表。而矿物本身自有的颜色，又细分为自色（本色）、它色和假色（锖色），一般将矿物中固有的着色离子在釉中所呈现出的颜色称为自色（本色）。不论是自色还是它色都属于化学色的范畴。具有自色的天然矿物材料，如果无外界环境和人工干涉，其颜色大都会固定不变的，但如果条件发生了变化，当离子本身得到或失去电子时，其颜色就会发生变化。矿物中的代表色：Ni^{2+}（镍）呈绿色、Cr^{3+}（铬）也呈绿色；Mn^{2+}（锰）呈紫色，而Mn^{4+}则呈黑色；Fe^{3+}（铁）呈樱红色或褐红色；Cu^{2+}（铜）呈蓝色或绿色，Co^{2+}（钴）呈蓝色等，如表4-1-3所示。

表4-1-3　　十大致色元素与矿物体色（body color）

名称	符号	衍变颜色	矿物代表	备注
铜	Cu	绿色、蓝色、红色	孔雀石、蓝铜矿	还原反应可"绿变红"
铁	Fe	青、绿、黄、红色	橄榄石、铁铝榴石	Fe^{3+}樱红色或褐色
钴	Co	蓝色、红色	辉钴矿、钴华	
锰	Mn	粉红、紫色、紫黑	菱锰矿、蔷薇辉石	Mn^{4+}黑色、Mn^{2}紫色
镍	Ni	绿色	绿玉髓、南阳翡翠	
铬	Cr	红色、绿色	红宝石、祖母绿	还有绿玉髓、南阳翡翠
钛	Ti	蓝色	锐钛矿、蓝宝石	
钒	V	绿色、红色	沙弗莱石、钒铅矿	南宋官窑特征
金	Au	红色、粉红、紫红	金矿	珐琅彩，清代引入
锑	Sb	黄色	辉锑矿	同上

古代工匠正是巧妙地利用这些自色元素，创造出单色釉以及釉上、釉下等五彩缤纷的陶瓷艺术。另外有的矿物质材料，因含有其他的杂色离子，所呈现的则是混融后的各种颜色，因此学术上把这种颜色称为它色。比如：原本无色透明的水晶，当混入不同的杂色离子后，就可呈现出紫色、粉红色、褐色、黑色等，但变成各色的水晶后，其颜色也就成为自色。而且在历代古人的实践科

学中,"宝石釉""水晶釉""碧玺釉"等,直观看:"宝石釉"或明代彩釉相对表现得不太通透(含Al),而清代彩釉(含K)或进口珐琅彩(含B)则不但通透,且明亮,因此其元素组成也是科学检测中的"指纹元素"。

瓷器传统的釉下彩是铜(红)、铁(褐)、钴(蓝)的金属呈色剂,而丰富多彩的釉上彩,则比这些金属的呈色要复杂得多。古人要想在瓷器的釉面上呈现出脑海中某些大自然的色彩,首先考虑的是用有色水晶或玛瑙(玉髓)等各种彩石来实现,即:将其粉碎或煅烧后再加入到釉料中。比如:北宋·张耒曰:"碧玉琢成器";南宋·周辉《清波杂志》曰:"内有玛瑙末为油";元·马祖常《上京翰苑书怀》云:"官窑磁盏玉为泥";明·谷应泰《博物要览》载:"宣德年造红鱼靶杯,以西洋红宝石为末"。

笔者特别指出,有学者认为宣德红釉是粉红色的"寒水石"所为,因《明宣宗实录》载:"(宣德五年)上闻中官,督江西泰和县采寒水石者,虐民特甚,命急召还,岁令民自采纳",所以认为:"中官"即督陶官强迫"虐民"开采的"寒水石",推测是与烧造宣德红釉有关。但科学分析表明,江西产"寒水石"主要成分是$CaCO_3$(碳酸钙),而且其含量高达98%,但Fe_2O_3(氧化铁)的含量却仅为0.02%,还含有其他的镁、锰、锌等元素,因此其"红"的自色元素Fe_2O_3及其含量,不足以撑起宣德那样的宝石红,但可以作为釉料或视为一种助熔剂,与配方中"西洋宝石红"一并使用。因此宣德红这种富含高钙的釉,其红釉会呈现出宝石级的玻璃光泽,这也是宣德红之后,为什么历代很难仿造和超越的原因。

"碧玉""红玉""玛瑙""红宝石""玉泥"等,这些就是历史上在最著名的瓷器中,用各种"美石"入釉的具体记载,也是釉料中的宝石级釉果,重点是:它们不是传统Fe和Cu的离子反应色,而是主要成分为Al的Cr、Ni、Fe、Ti等,构成自色离子的不同晶体结构。而且经过烧造后就相当于"宝石"类的热处理,其共同点是:能使自色离子更均匀地扩散,从而得到更加深邃纯正、不透明的颜色,尤其"红宝石"的釉会更加的明显,这也是鉴定这类"宝石釉"的看点之一。清代《南窑笔记》载:"今仿观窑,咸用砒子玛瑙等料配之,亦可混真"。而像唐三彩和后周柴窑等特殊的琉璃釉,进口的则是像后文中卡西姆描述的那种"类宝石"琉璃母。

3. 烧造气氛与致色元素

烧造气氛是指烧窑时的氧化气氛和还原气氛。氧化气氛是指烧造时,窑内升温时能够充足的供氧,所以也叫氧化焰;还原气氛是指烧造停火时,窑内在缺氧、断氧下的保温和降温,这种燃烧不充分的称为还原焰。从陶瓷工艺角度讲:颜色釉可分为高温(1200~1350℃)、中温(900~1200℃)、低温

（600～900℃）三种。

有的颜色釉只能在特定的温度和气氛中才能烧成，这就是郎窑绿比郎窑红更珍贵的原因。再比如：呈蓝色调的孔雀蓝釉，其着色元素虽然是铜，但它只能是在中温下才能烧成，高温和低温都不可能呈现蓝色，重点是配方体系必须呈高碱性。所以配方、窑位、气候等条件虽然影响着颜色釉的呈色，但有时起决定作用的却是温度和烧造气氛。着色元素与烧成气氛，如表4-1-4所示。

表 4-1-4 　　　　　　　　　　着色元素与烧成气氛

名称	符号	烧成温度	呈色	
			氧化气氛（开闸）	还原气氛（封窑）
铜	Cu	高 中 低	绿 蓝 绿（弱氧化焰）	红
铁	Fe	高 中 低	黑（6%～8%）、棕、褐 棕、褐（4%）、茶色 红、黄（1%）、浅棕	绿 青（2%） 蓝灰色
钴	Co	高 中 低	蓝 蓝 蓝	青、褐、蓝
锰	Mn	高 中 低	紫、赤褐 灰紫	褐、黑褐
锑	Sb	高 中 低	黄	无色 无色 无色
金	Au	高 中 低	紫红、蔷薇红、粉红	粉红

矿物彩料的粉碎与调和，也是影响彩色变化的重要因素，彩料原则上都要调成均匀的"悬浮状态"，形成一种非常细致的粒子胶体。例如：黄金原本就是金黄色，但是当它呈胶体状态时，因其粒子大小的不同，就会呈现出红色、粉红色或紫红色。而铜的胶体在极细小时，就会呈黄色，稍大点的呈红色，更大些时则呈青色（孔雀蓝）。因此，现实中有的釉彩，可能与传统的认知相反，这得到了科学检测的验证，也与表4-1-4所示的情况相符。同时这也佐证有些着色元素与配方和烧成气氛有关。比如：检测釉里红的瓷器，有的不是铜离子而是铁元素；唐三彩的绿，有的是铜和钴，而不是单独的铜元素（可

能是混融）；宋磁州窑黑花壶上的孔雀绿或"土耳其青"色，不是铜却是铁元素。

再比如：传统的青釉，它的呈色剂是由釉中的Fe所产生，但像秘色、梅子青等纯正、鲜嫩的青色，研究表明，这是由反应后FeO（氧化亚铁）和Fe_2O_3（氧化铁）的比值所决定的，其比值越高（即还原的FeO越多）则青绿色越艳丽，而比值低的就有"青中泛黄"的发展趋势。比值的高低还与还原气氛息息相关，升温氧化阶段的Fe_2O_3与降温还原阶段的FeO，是以铁作为呈色剂的关键烧造技术，所以汝窑烧造中的还原气氛，是能否产生古秘色的秘籍所在。

另外，独步古今、绝版的雍正和乾隆冬青釉，如图4-1-3、图4-1-4所示的乾隆冬青釉浮雕描金福寿长庆梅瓶，其釉水莹润肥厚、青翠欲滴，视觉与触觉都有冰肌玉骨之感，浅浮雕的纹饰灵动飘逸。而冬青釉浮雕再描金，是乾隆御制瓷的一种，而且这种青釉绝非是单一的铁系釉所为，只可惜唐英之后已不得其法，正如乾隆年间《南窑笔记》曰："釉水配法，非有书传，亦无定则，法多配试，自有独得之妙。五金八石，皆可配入……"虽然"五金八石"是个形容词，但唐英"亦无定则"的"独得之妙"法无从复制，因此有的成为雍乾二朝的唯一。

图4-1-3　乾隆冬青釉浮雕描金福寿长庆梅瓶一对 高33.5厘米

图4-1-4　乾隆冬青釉浮雕描金福寿长庆梅瓶瓶底

　　以上现象还说明：着色离子在温度与烧成气氛中，有的呈色是可变化的，有的烧造后的色彩，也不再是单一的着色离子色，而是各种着色离子相混后的"第三颜色"。着色离子在不同釉料和温度下，也会发生一些化学变化，而古人则是在艰难的实践科学中，才逐渐认识到这些色彩的学问，并熟练掌握这种呈色的技巧，从而成功创造出美丽的单色釉和釉上彩。

　　而对金属的着色离子，科研人员也进行过多项的研究，比如：在碱性环境或酸性条件下彩料中加入多少铅，以及对其氧化和还原反应的影响如何，等等。尤其是对现代测温软件的精准控制，使瓷器的釉色，不论是埃及青还是翡翠色，也不管是铜红釉还是橄榄绿等，都能较好地呈现。所以现代科学与古人苦苦的摸索试验不同，可以轻而易举地创造出这些颜色，在此就不做扩展论述。

　　由于古人想实现自然界中的颜色，要经过千百次的探索实践，所以某种技术或工艺一旦获得成功，就会成为祖传秘笈。那么由于战争、皇帝喜好以及改朝换代等，致使有些工艺失传就在所难免。现代人能轻松仿制出清代和民国瓷器，则是因时代、原料、传承的时间相距太近的缘故，而时代越久远的越难仿制。

4. 自然光与人造光

　　科学研究证明：在正常的情况下人眼是看不到颜色的，之所以能看到绚丽多彩的世界，是物体反射光的原因。因此我们眼睛所看到的各种色彩，其实不是物质本身的颜色，而是物体反射出来的颜色。而且在特殊光源如紫外光下，有的矿物或"微米结构"不能反光，人眼也就看不到这种颜色，故可用紫外光法来检测矿物的成分，比如天青色的汝瓷等。

特别提示，只有自然光的光波，才能真正反映矿物本身的固有颜色，只有在阳光下，才是矿物的自色，这也是我们脑海里和眼中的颜色。自然光也是人的肉眼看清矿物本身色彩的三要素之一。因此，室内如果没有自然的白光，那就鉴别不了彩釉、蛤蜊光与彩晕。古玩行常说的"灯下不看瓷"，也是基于这个科学原理和实战经验。

再次指出，在博物馆隔着玻璃所观察到的器物颜色，都是在人造光源下的颜色，那不是自然光下的原色，所以发展人造光源的终极目标，就是要造出逼真的"自然光"。此外，各大博物馆里的射灯等，其光源的颜色还都不同，再加上一层玻璃颜色的微干扰，就有可能产生视觉差；各种媒介所传播的画面颜色，由于是存在于电脑和摄影设备中，也会受呈色软件、屏幕分辨率以及印刷调色等的影响，总之都与自然光下的真颜色存在着不同程度的色差。彩釉还好，釉会更加明显。

这由此还引出一种"文物现象"，即：真品实物都比其照片和影像漂亮；而仿品却普遍比照片和影像要逊色得多。这就不但是光源颜色与像素、软件的差别问题，还与矿物颜色与化工合成色的光波反应有关。所以原料和光源的不同，其呈现的颜色也不同，而我们往往看到的，大都是在自然光下的颜色。无论如何，自然光与人造光源的光谱，都会存在一定的差异，因此多看真品，才能辨色、悟色。

特别强调，瓷器表面不论是单色釉还是釉上的彩釉，因为都是天然的矿物材料，所以还都具有二色显性，只是在不同的矿物种类中，二色显性具有强弱之分罢了。此外，绝大部分矿物质是不发光的，所以我们眼见的各种颜色，都是光源照射后的反射光，而光源也都是有颜色的，只是随着科技水平的不断提高，研发出的光源颜色越来越接近自然光而已，但目前的技术水平不能完全达到自然光下的效果。

矿物釉料或彩料的本色，受光的强弱、环境冷暖等因素影响很大，就是不同的摄影师在拍同一件器物时，照片的颜色也存在着差别。尤其对汝窑、宋官窑、珐琅彩、洋彩等而言，因为有的是宝石类的矿物质，所以还隐含着一种类似荧光的"磷光效应"。比如：汝窑天青色的绿玉髓釉，在黑暗环境中用紫外光照射，天青色会呈现出与众不同的现象，但这还需要做进一步的深入研究，才能证明紫外光可以作为检测和判断的一种依据。

特别提醒：只有在自然光下，所观看到的器物的颜色和拍的照片，才是最接近器物本色的，因此在鉴赏单色釉和彩上彩时，一定要注意不同灯光下原色彩的微变，这时需要调出脑海中自然色的"影像"记忆。而我们上手观察的大部分藏品，往往都是在自然光下，因此鉴赏时要根据自己的悟性和经验加以判断，以上观点适用于所有瓷器的单色釉和彩釉。

五、青花与钴料

世界上最早的钴料可追溯到公元前2000年左右的西亚，其清真寺墙上的壁砖和蓝色琉璃等制品，就是当地出产的钴元素呈色所致。而在国内的考古发掘中，也曾出土过战国的钴蓝色琉璃制品，根据检测数据分析，其钴蓝元素也是来自于西亚。而之后的唐三彩、元青花、永宣青花的"苏氏青花"，钴料也均是来自伊朗的"苏麻离青"。如图4-1-5所示是由当时的文化部艺术服务中心等单位举办2010年上海世博会的参展品，为一件元青花瓷。

众所周知，青花瓷的关键是在青花与绘画上，而青花发色的优劣则完全取决于钴料，本书重点论述的则是"苏麻离青"钴料的特征。考古发掘的湖田窑和落马桥窑的元青花瓷片，不但被证明使用的是"苏麻离青"钴料，而且其胎

图4-1-5　元青花尉迟恭救主故事罐　高29.2厘米

釉、纹饰、画工等，也都符合"准官窑"的"西亚型"元青花标准，那么如何才能鉴别"苏麻离青"钴料呢？

1."苏麻离青"的溯源

有资料证明，波斯著名工匠阿布尔·卡西姆（Abu'l-Qasim）于720年前（约相当于元朝的1301年），就已总结和完成了关于伊斯兰陶器与琉璃的《陶瓷笔记》。但其完整的手抄本则是于40年后的1345年（元代的至正年间），才在德黑兰公开。除波斯文以外的翻译版本最早见于1935年《伊斯坦布尔通报（三）》上，实际上是部分章节的德文译本，直到1973年才出版英文译本。

阿布尔·卡西姆在论文中写道：在距卡善（Kamsar）两英里外具有铜脉矿的卡姆萨尔山村，出产一种"坚硬的黑色外壳下，闪着银光的石头"，当地工匠们称它为"苏莱麻尼"（Sulaimani），它主要是用于当地寺庙建筑上的装饰。而当时此矿被说成是"自古就开采的钴矿"，因此元代时伊朗人所说的"自古"，也佐证了中国"自古以来"的钴料也可能是从波斯进口，甚至从唐代开始进口的"苏麻离青"钴料，均是来自伊朗卡善地区的卡姆萨尔村，重点是：这是具有"指纹元素"的辉砷钴土矿。

阿布尔·卡西姆写论文时，西亚的大部分地区已属于成吉思汗的孙子旭烈兀所建立的伊利汗国（1256—1335年），所以与元朝的商贸往来和技术交流毫无障碍，而且一直发展和延续下去。而卡西姆所论述"苏莱麻尼"钴料的开采与制作情况，也与元代"至正型青花"的年代相近。

国内研究元青花的许明博士，在《2007伊朗馆藏元青花考察亲历纪》中载："伊朗国家博物馆伊斯兰部主任Rohfar女士说，在德黑兰以南的卡尚市（卡善）出产'苏莱麻尼'。许明一行人还亲临该矿山考察，并听村民说60年前矿就被封了，而且矿洞也坍塌了。"这就完全证明：不论是伊朗的古代文献，还是伊朗博物馆人员的考古发现，都认为中国进口的"苏麻离青"钴料，就是来自于伊朗的卡善，而且当地因资源枯竭早已被封矿。

非常可贵的是，阿布尔·卡西姆在论文中还详细论述了用于釉下彩钴料的制法，经对该论文的综合分析，笔者认为，在当时，当地市场所销售的钴料，是分为高、中、低的三个档次，其制作方法和分类整理摘录如下：

（1）高档的是深蓝的焙烧钴料。

钴土矿经过开采和淘洗后先制成初始的钴矿饼，这就是原始的最低档钴料。而精品钴料的制作是：将10份钴矿饼加5份硼砂，混配后研磨成粉，再加入5份草木灰，然后用葡萄汁制作的浆（shireh）调和成糊。特别说明：伊朗钴料这种以"硼＋葡萄汁"等的配方材料，与国内的钴料配方完全不同，理论上说，所捣碎的葡萄汁液是含钾、钙、磷、镁等的一种酒石酸，这也是进一步

图4-1-6 元青花尉迟恭救主故事罐（局部）

反应生成碳酸类化合物的前提。因此将这种浆料与硼、草木灰混合，制成小球状放入炉中焙烧16小时，外观烧结后会出现呈蓝玻璃状的硬壳，这时重量已是原钴矿饼的1/20，这就是伊朗卡善产的精品钴料，如图4-1-6所示。

这种伊朗人所称"自古以来所制造的球状蓝琉璃"，就是被北宋·蔡绦称为"珂子"状的"玻璨母"，陕西博物馆就有出土的实物为佐证。另外在本书柴窑篇《鲜碧色的科学解读》中也曾论述过，因波斯地区盛产"泡碱"（natron），而它也是制作"玻璨母"和"苏麻离青"的原料之一，经对文献中伊朗"泡碱"的科学解读，它其实就是含Na的一种"苏打"，因此伊朗制作的"玻璨母"或"苏麻离青"，其另一个特征就是高含量的Na和B元素，这也是分析"苏氏青花"中的"文物指纹元素"之一。

（2）中档的是浅淡的二合一钴料。

用上述焙烧后所制成的1份精品钴料，加4份钴矿饼混合后再粉碎，这就是二合一的中等钴料。这显然是以原始的钴矿饼为主，而这种配方所添加的精品钴料，就好像是一种工业"味精"，而且也不再进行焙烧了，因此钴含量比第一种相差很多。

以上这两种钴料的区别是，高档精品钴料是经过焙烧的伊朗"蓝琉璃"，而且这种"蓝琉璃"不需再添加原始的钴矿饼，所以浓缩后的钴含量相当的高。而中档钴料则是少量的焙烧钴料与大量原始钴矿饼的混合，也可以说基本就是钴土矿料，所以钴含量就相对很低。

(3)低档的是廉价的钴矿饼。

阿布尔·卡西姆的论文中记载：在伊朗古代的卡善市场上，不但销售高档精品钴料和中档的二合一钴料，而且还出售更廉价的钴矿饼（低档）。卡西姆对低档钴料这样评说："这种钴蓝颜色的效果并不好，只能用于非常廉价的陶瓷"。所以不能说这些是"掺假"和"山寨"行为，而是针对高、中、低端客户的一种商业运作。

阿布尔·卡西姆的论文还记载：在当时的卡善地区，钴矿饼的售价是每磅一先令六便士，而经过加工焙烧的精品钴料，大约是每磅二十八先令，显然这近26倍的巨大价格差，也限制了高端精品钴料的应用。而出口到西亚和国内高端市场的元青花，则一定是高档的精品钴料，而针对国内元青花中的普品市场，大多使用的是中档或廉价的原始钴矿饼钴料，所以在鉴赏"苏氏青花"时，这是特别需要注意的点。

另据《明宣宗实录》载：宣德六年"礼部奏：卡颜耷法等进'苏莱蛮'石一万斤，多不堪用，今还"，而且"上曰"：退货要"厚往薄来，可加厚遣之"。这说明：宣德官方进口的"苏莱蛮"，即"苏麻离青"的标准是第一种高档精品钴料；而这一万斤"苏莱蛮"验收时"多不堪用"，但为表"厚往"的诚意加钱退货；所以这种大明朝的官方贸易，就完全不同于元末至正时期市场经济下的民间商业行为，当时元末是不同的阶层需要不同的青花瓷。这也充分证明：永宣瓷器完全不同于元青花，而且也不存在"苏麻离青"的民窑产品。

特别说明，1335—1343年（至正年间）的裴哥罗梯（意大利），在其所著《通商指南》中载："汗八里都城商务最盛，各国商贾辐辏于此，百货云集"；在此之前的《马可·波罗游记》也有同样的记载：元大都外城"建有许多招待骆驼商队的大客栈，……旅客按不同的人种，分别下榻在指定彼此隔离的旅馆"。以上充分说明：元朝时国内外的通商非常繁荣，"苏麻离青"和元青花的商品理应在列。

2. 钴料的指纹元素

众所周知，青花呈色的因子来源于钴元素，而钴又来自钴土矿，所以钴土矿中含钴元素的多少决定该钴土矿的品质。世界上不论哪种钴土矿，都存在着钴的不同伴生元素，而且都具有产地标志的矿物质，也就是说，只要知道所含元素及含量，就能确定其钴土矿的原产地。因此在各种钴土矿中，除主要伴有Mn（锰）、Fe（铁）等微量元素外，还伴有Ni（镍）、As（砷）等痕量的"指纹元素"，如表4-1-5所示。

需要阐明：钴料中即使含有Ni和As的元素，那也是仅为百万分比（μg/g）级别的伴生量，通俗说就是百分之零点零几的痕量。特别指出：单质As的熔

表 4-1-5　　　　　　　　钴土原矿（未煅）化学指标（%）

名称	Co 含量	Mn 含量	Fe 含量	As 含量	Ni 含量	Mg 含量	Mn/Fe 含量	特征
云南珠明料	2.29	16.84	2.64	无	少量	0.68	6.38	高锰低铁
浙江钴土矿	1.86	30.12	6.96	无	少量	0.2	4.32	同上
江西上高青料	4.15	29.87	5.38	0.04	0.12	0.14	5.55	同上
赣州钴土矿	1.26	20.03	4.65	无	少量	0.48	4.31	同上
钴硫精矿	0.25	0.04	45	0.22	0.19			不适合青花
伊朗钴土矿	11.8	0.65	4.72	少量	无	Cu1.20	0.14	高铁低锰
备注	伊朗钴料的数据，选自林嘉炜等人的《钴土矿的PIXE和XRD研究》。								

点是817℃，所以当加热到613℃时，便可不经液态直接升华为蒸汽，因此As不但是痕量级的伴生量，而且高温下易挥发，甚至消失掉。如果青花中存在痕量级的As，那就增加了判别"苏麻离青"的砝码，但有无As元素的存在并不是绝对化的一个指标，这一是要看仪器的灵敏度，二是要看有无Ni元素。

因"苏麻离青"中几乎不含Ni元素，而国产钴料却含有Ni元素，因此钴料中如果含有伴生的Ni，而且Ni与As的817℃熔点不同，Ni的熔点是1453℃，那么Ni是无论如何也烧失不掉的。因此As和Ni的这两个微量元素是否合理存在于钴料中，也是识别钴料原产地的重要"指纹元素"。

国产钴料分为钴硫精矿和钴土矿两种，前者是"高铁无锰"型且含有大量的硫元素，虽然个别矿是含有微量的As，但不适合用于制作青花钴料。而青花所用的则是后者的钴土矿，《天工开物》则称为"无名异"（清以前的称谓），其主要化学成分是MnO_2（二氧化锰），其钴和铁的含量较低，明天启以后由以前的水洗法，改为提纯先进的煅烧法，这样才使钴含量大幅度提高，发展到清康熙达到最佳。主要国产钴土矿的化学指标，如表4-1-5所示。

从表4-1-5可看出："苏麻离青"原矿中的钴含量，比国产钴土矿要高出几倍，而且是"高铁低锰"的含微量As型。特别提醒，钴土矿中的钴含量，是影响青花发色的重要指标，这就好比黄金中50%含金量的呈色，与99.9%纯金的颜色不同一样。但利用现代技术提炼后的国产钴料，也可达到"苏麻离青"钴含量的标准，所以其青花的颜色也很蓝艳，只是固有的伴生元素不同而已，可这对初学者来说具有一定的杀伤力。但如果对青花进行科学检测的话，则立马就可以分辨出是苏料还是国产钴料，尤其是伴生元素的含量和比值，国产钴料无法达到"苏麻离青"钴料的指标，以及钴料中各元素之间的原生态比。

上海复旦大学现代物理研究所利用PIXE方法，对景德镇和内蒙古元上都等97片元青花瓷片，以及河北省博物馆的两件元青花完整器进行了测试。结果表明：所测试的元青花样品，不论是精品还是普品都是"高铁低锰"型的进口钴料，这也与卡西姆论文中所阐述的存在高、中、低的三档钴料相一致。至于"高铁低锰"型的"苏麻离青"铁高到什么程度，锰低至什么范围，可参照表4-1-5伊朗钴料的数据。

但藏友们往往对静态痕迹争论不休，说明还没有跳出眼学中的"匠人思维"，甚至有些持经验主义的专家也在据守"旧念"，不过钴矿中和青花中的伴生元素指标，最终都将会成为科学鉴定中的重要一项。但"苏麻离青"的钴土矿和青花钴料，由于检测方法的不同，一定还会存在着仪器上的"系统误差"。可以肯定的是，Mn和Fe的比值一定是<0.2。其中可细分如下：钴土矿原料是0.14，而青花钴料是0.07；但与国产钴土矿料>4、青花钴料>0.6的比值相比，根本就不在一个级别上，而且相差的也非常悬殊，更何况还存在As和Ni不同元素的辅助鉴别。

实践证明：钴料产地的不同，釉下青花的呈色亦不同，而且青花颜色的好坏，直接取决于钴和锰的含量比。"苏麻离青"钴料中的Co、Fe和Mn的含量比，是天然的、不可复制的大自然杰作，其他地区所出产的钴料以及仿品的钴料根本无法与之相比。根据卡西姆的阐述可知：进口钴料分全焙烧、混配部分焙烧和钴土原矿三种，而景德镇工匠把钴料又分为"头青"等几种，落马桥考古发现的元青花残片中，就有写"头青"字样的瓷片，这显然相对应就有"下等青"的存在。而明初国内已开发出"无名异"的钴料，实质是"高锰低钴低铁"的钴料。

六、釉里红与"铜花"

1．釉里红的溯源

瓷器红釉分"红宝石"类的自色（Cr）和铜花的铜离子反应色（Cu）以及洋彩中金红色（Au）三种，而本节只阐述铜离子反应色的釉里红瓷器。铜作为陶瓷的着色剂，最早是应用在汉代含铅的"铜绿釉"陶器上。而唐代长沙窑所烧造的白釉"铜红彩"碗，经对其残片的科学检测证明，它就是以铜作为着色剂烧造釉里红的鼻祖。早期釉里红工艺由于瓷胎表面较粗糙，需要先在坯胎上，施一层"化妆土"——底白釉，然后才能在白釉上用铜料进行绘画，最后再罩上釉入窑烧造。"化妆土"作为改善胎质粗糙和呈色的底釉，在两晋和南朝时就已比较成熟和普及，发展到宋代，在磁州窑中就更加突出。因此最早利用铜离子的呈色，是在两层白釉之间，属于釉中夹彩的一种工艺，故才形象地称为"釉里红"，而不是像釉下青花那样称为"釉下红花"。

韩国新安元代沉船是从宁波到日本的贸易商船，其中也出水一件釉里红的瓷器，同时还出水墨书"至治三年六月二日"的木牌，这至少证明：在1323年的元代就已烧造出釉里红瓷器。而从元代至治年到至正年间，还要经历四代皇帝、约45年的历程，我们可以想象一下不断发展中的釉里红技术。所以元代早中期的釉里红技术，是沿用这种釉中夹彩的工艺，其釉面几乎也都是卵白釉，而且所施的釉还都非常的薄。内蒙古乌兰察布市集宁路古城遗址出土的元釉里红玉壶春瓶，观察其薄釉面的晕散红彩，也可看出是介于里外两层釉之间的红。

元代的卵白釉也叫枢府釉，其实就是在卵白釉的官窑瓷上，模印上"枢府"等专属标志而已，"枢府"瓷还有其他的釉色和工艺，且《格古要论》中有"内有枢府字者高"的价值评说，就如同定窑中有"官""尚食局"的刻款一样。元代卵白釉的特点是：釉面乳浊、失透，白度不高，有的微微闪青，就像鸭蛋壳的颜色，直到元代后期白度才有所提高。元代中晚期，有的卵白釉还呈淡青色，这是卵白釉向青白釉的过渡色。元代末的青白釉与元青花的釉基本相同，而现代的仿品大都是青白釉，如果仿元代卵白釉的釉里红，那就会露出很多的破绽。

据元·孔克齐《至正直记》载："在家时（至正癸卯年），旧御土窑器……云：是三十年前（至顺初）所造者，其质与色，绝类定器之中等"，这说明元代的卵白釉还达不到上等的绝类宋定；另外传世卵白釉"天顺年造"的铭文瓷器也可佐证。这些事实都说明：元代釉里红初期（1328年）的卵白釉，是类似于宋定窑白釉的"中等"水平。而韩国新安沉船的诗文碟釉里红，就是这种早期卵白釉的代表。

元代后期青白釉的二元配方，与唐代和元初的相比，瓷胎变得非常白腻与致密，因已适宜绘画，省略了底釉（化妆土）的工艺，所以也就同元青花一样可以直接在坯胎上采用"一笔点画"来绘画，然后再罩釉入窑烧成。这时它与元青花一样，都属于釉下彩，而且采用的也都是青白釉，但约定俗成地还称为"釉里红"。早期的元代"釉里红"，采用的是一种涂绘与拔白的绘画技法，采用小笔线描和中锋"一笔绘"则是在元末，如图4-1-7所示。故元末继"釉下青花"后的"釉下红花"，也属于元末青白釉的又一创新工艺，其"釉里红"的成熟期与元青花同步，但其烧造工艺却要难于元青花。

综上所述，元代釉里红至少是经历了近50年的发展过程，所以在鉴赏时就不能以某件为标准，去判断50年中各时期的釉里红作品，况且就是同一时期的釉里红，烧造时也还存在着千差万别。总体看烧造得都不太成熟，因此文献上还将釉里红称为"元紫"。元代釉里红与洪武釉里红相比，不但在器型和纹饰上有明显的区别，而且元代中峰的"一笔绘"与洪武的"小笔绘"，以及釉里红的发色，都不尽相同。

图4-1-7 元釉里红荷塘纹瓶一对

元代釉里红与明清两代相比，其烧造的合格率也相当的低，发色好的成品更是稀少难得。而且如果是釉上彩的纹饰，大都是"铁锈花"而非"铜花"或釉里红，因此鉴赏时请注意转换中的残留痕，即：氧化焰时色调是赤褐色，还原焰时色调是黑中发绿，熄火时才完全衍变成"铁锈花"。

2. "铜花"与指纹元素

古代所称"铜花"是铜熔炼时，浮在其上的"铜皮"经粉碎后的铜粉。最初制作的"铜花"还都不十分成熟，采用的铜矿和冶炼的铜，都具有产地和配比的地域性，因此"铜花"的成分肯定存在着差异。而正是铜矿中伴生元素及含量的不同，才对釉里红的断代起到重要的指导意义。同青花中"苏麻离青"的钴料一样，这也是釉里红"铜花"中的"指纹元素"，只是目前文博界的科研人员，还没有人对此做系统的研究而已。随着对釉里红认知度的提高，毫不怀疑今后的某个时期，一定会有专项的研究成果公布，但对目前的藏家来说，很有必要先一步探究"铜花"是如何制作的。

借鉴康熙六十一年（1722年）殷弘绪在给奥日神父信中的记载："请这行的手艺人，将含有银铜的矿石，置于熔炉里烧炼，然后分离其中的铜和铅。即在液态铜凝固以前，将小帚轻轻沾水再拍打帚柄，将水洒在处于熔融状态的铜上，使其表面产生一层薄片，接着用铁镊子把铜片夹出来，放入冷水中冷却后，再将其粉碎成铜粉，按理铜粉中应含有微量的银或铅。"

由以上可推理，由于古代铜冶炼的技术水平有限，还分离不出铜矿中所伴生的贵金属物，根据古文献分析："铜花"中"含有微量的银或铅"，才导致元末明初的釉里红出现一种"红银灰"的特殊表面现象。而且因为"铜花"制作的不同，元代釉里红的发色，呈现紫红色、褐红色、灰红色的较为普遍，难怪釉里红当时被称为"元紫"。而景德镇高仿古代釉里红的瓷器，所采用的则是现代的工业紫铜，是将其煅烧（不是古代的熔炼）后，取其表面所形成的黑色（CuO）薄皮层，再将其粉碎研磨加工成细粉。

因此，现代与元、明、清古法制作的"铜花"相比，因为铜料和加工方法的不同，其元素成分及含量肯定也不同，可以说：这就是"铜花"的指纹元素。而低一点档次的仿品，则是直接采用工业化的纯CuO粉料，釉里红呈现出均匀一致的鲜红，可见，与元、明、清的"铜花"料相比，元素成分及含量的出入很大。但不论是哪种方法所获得的CuO原料，其粉碎和研磨的细度，会对釉里红发色产生很大的影响。其工艺制作原则是：研磨越细越好，杂质越少越好。

3. 釉里红与烧成气氛

从化学机理分析：常温下CuO（铜花）比较稳定，但高温下却不稳定，而熔点1446℃的CuO（黑）转换成Cu_2O（红）的"焓变"，则需要1300℃左右"共结点"的高温，而温度就成为衡量分子动能的一把标尺。高温可提高CuO分子的动能，即增大反应速率，因此这种"黑变红"的氧化还原反应，不但需要更多的分子达到"活化"（高温段），而且还要有足够的还原剂（$CO\uparrow$）。

"铜花"在升温的氧化气氛中是绿色和黑色，而在高温和保温的还原气氛中，呈现的才是Cu_2O的红色，所以在最初的釉里红颜色中，黑红中大都还带有绿苔、黑斑、银灰等瑕疵现象。釉里红的还原理论比较简单，即利用止火后的封窑，产生出未完全燃烧的$CO\uparrow$，这也是CuO完全生成Cu_2O反应中的还原剂，也可形象地称为"闷红"，由于反应后释放出的都是$CO_2\uparrow$，所以釉里红中都含有零星的大气泡。对于釉下的氧化还原反应来说，釉层处于"气体交换"不能"结冰"（玻化）的高温非常重要，但这对古人来说则是一种高超的技术。

理论和实验都表明：采用柴窑的烧成温度，在950℃以前都是升温的氧化阶段，而且$CaCuSi_2O_6$（硅酸钙铜）的"铜绿釉"大都是在这种温度下烧成；1000℃升到1320℃为中性焰（$O\uparrow$为主），高温点也是胎、釉和"铜花"的"低共熔点"阶段；其实釉中铜离子在窑温约1000℃左右时，是呈氧化态的绿色和灰黑色；而封窑后从高温1320℃到1000℃，则是保温和降温的还原阶段（CO↑约7%），重点是：还原反应的时间是有限的，因此止火后保持1320～1300℃高温段的时间非常重要，这时密闭的窑炉形成的是负压，产生CO↑的量也逐渐达到最大，从而满足高温下氧化还原反应"绿变红"的必要条件。

极致的还原气氛须达到三个条件，即：氧气归零、高温平稳、还原剂量最大，笔者尚不知古人的烧窑技巧，但理论推测：这应该是柴火与炭火相结合的完美工艺。那么如何在强还原性的高温下，使CO↑的量达到最大化，则是"把桩"师傅的烧窑技巧，这种封闭窑炉在缺氧下的燃烧，是匠人观察温度、时间、炭火的超高经验的一种技艺。因还原气氛中不纯的"铜花"，在分步的反应中不能完全反应，而古老的工艺对此又难以控制，所以元末明初釉里红所呈现的红色调，从深红至淡红不等，有的还会呈现淡黑红甚至褐红色、绿苔等。

因此，"铜花"的研磨技术、烧成温度，以及控制还原焰的技术，对釉里红的呈色至关重要。实践证明：釉里红所用的铜量很少，一般是在0.3%～0.5%的范围；但如果所含的铜离子超量，达到1%时就会呈绿色；当达到3%左右时，就会变成混沌的黑红色；当超过5%达到饱和状态时，就呈现出铜金属状的黑色。

特别要指出的是，虽然铜和钴的呈色都有"晕散"，但都是属于结晶热力学的范畴，是跟釉料的成分与配比有关，而且与金属元素"水解"的强弱也有一定关系。但"铜花"与钴和铁的呈色相比，在胎和釉的烧造初期，其"水解"（分散游离）的强度是：铜＞钴＞铁。所以釉里红要比青花和铁锈花的迁移和晕散现象严重得多。

此外，实物也证明：铁的"水解"偏弱，所以几乎没有晕散；钴是处于中等偏上的"水解"，所以是呈"锯齿状"和点滴状的晕散，如果胎釉的干燥程度特别好，青花也可能没有晕散；铜的"水解"最强，所以是呈"喷雾状"和"天女散花式"的晕散。可见，铜和钴的"晕散"现象，与制作工艺和釉料成分与配比关系极大。

特别强调，"铜花"在窑内氧化和还原的转化，对温度升降和烧造气氛极其敏感。而且与钴和铁的一次氧化反应不同，"铜花"是在窑内先发生氧化再还原的二次转换反应。因此可以说，釉里红和铜红釉的瓷器，因烧造技术要求太高，铜红色很难烧好、烧匀，还容易出现晕散和"烧飞"的现象。

但请注意，元代釉里红与元青花一样，即使线条的晕散严重，那也不失精湛流畅的大师级画工。另外釉里红同元青花一样，在重笔道的点和线处，也会出现下凹的凹凸感，这种现象直到康熙年间还存在。如果个别处的还原不充分，比如：在堆积铜料的纹饰处，由于局部氧化铜的超量，就容易出现绿苔和黑斑等瑕疵，这也是一种还没有被完全还原的时代特征。

七、"曜变"与"油滴"和"鹧鸪斑"

1."曜变"的科学分析

宋代建窑所烧制的、被日本称为"曜变天目"的黑釉建盏，其"曜变"呈现的蓝紫色等，不是"薄膜干涉"的彩晕现象，而是蛤蜊光的后天"变彩效应"。如果室内没有或仅有微弱的自然光，是很难呈现"薄膜干涉"彩晕现象的。因此，在室内人造光源下观看日本和杭州出土的"曜变"碗，转动时其蓝光特别明显，可以判断这是蛤蜊光的变彩效应。

一个很有趣的问题：不论是日本的传世品，还是杭州南宋"行在"出土的"曜变"建盏，为什么"曜变"都是明显在碗内，而碗外却很少产生"曜变"呢？而且"曜变"的部位还都是在"铁锈斑"的外围？这类碗为什么都没有"供御"的刻款呢？另外在南宋"行在"的遗址上，既有"曜变"和无"曜变"的建盏与黑定，又同时有"供御"款的黑釉建盏，且这几件黑釉瓷在可产生"曜变"的时间上是等同的。

以上现象说明，千年后偶然出现的特殊"曜变"建盏，与烧造时所指定的"供御"款，以及不同的黑釉盏其分子结构不同，这与是否是"供御"和地域窑口无关，但与元素成分和烧造温度有关。而在建盏当时烧造后的黑釉表象，眼看没有什么太大的区别，所以南宋"行在"中的"供御"款，只是为皇帝所专用的、精细加工的、在高温区烧造的而已，而宫中官员所用的则是普通的黑釉盏。然偶尔"曜变"的正是这种不经意的普通盏，它绝不是当时先天烧造所得，而是大自然和岁月后天的杰作，就像彩瓷产生的蛤蜊光和彩晕一样，当然宋代人不可能穿越看到现在的"曜变"。

考古发现：建窑从唐代开始烧造的是青瓷，五代末到北宋初时，建窑才开始全面烧造黑瓷，至北宋中晚期达到高峰，而到南宋中期开始走向衰弱，南宋晚期至元初时已转烧青白瓷。考古发掘出的龙窑遗址十座最长的达135.6米，其装烧量也高达十万件。其中发掘的宋代龙窑仅窑门就有十个，装烧量也可达三万件，重点是：龙窑内各处温度和氧化气氛是不一样的，这是建盏产生"曜变"和"油滴"的根本原因，也是温度与气氛两个极端窑位上的产品，而且在多个投柴口的整个龙窑内，其烧造温度都保持在1300℃以上，因此注定需要900℃氧化焰的"曜变"，要比1320℃还原焰的"油滴"数量更为稀少。在龙窑附近，还发掘出带"供御""进琖"字样的印款垫饼，这应该是建盏二代产品的标志。

由此可知，宋代的建窑是采用龙窑和匣钵来烧造，而不同位置的窑温一定存在差异。观察"曜变"的茶盏：不但釉面普遍黝黑而不亮，因其釉式Al/Si是0.29，显然是无光釉的配比，胎质虽然也是呈建盏的灰黑色，但不是"供御"盏那种高温的黑缸胎，而且胎体的烧结度也较差，这明显是烧造温度不高所造成的。这也是极个别处于900℃以下低窑温位的氧化，但这却是使之产生"硅凝胶颗粒"的必要条件，而先天"油滴"则需要1300℃以上的高温来还原。

另外，从宋初建盏的"供御"款算起，到徽宗时代，即便是具备条件，"吸水"时间不够的话，也很难出现"曜变"的现象。但从南宋到现在已过千年，那么同一件胎体在同样条件下，就完全有可能出现"曜变"。再从宋徽宗御笔《文会图》上看，茶盏的器型均是明显的束口圆形，而且也延续到南宋初期，因此撇口、斗笠和锥桶形的茶盏，都不属于北宋晚期宫廷所使用的造型。

建盏"供御"的排序是："鹧鸪斑""柿釉""油滴""玉毫条达"（兔毫），而普通版的黑釉、铁毫等，则是士大夫与文人雅士阶层用来斗茶和"点试"茶的用盏。南宋·程大昌《演繁露》载："今御前赐茶，皆不用建盏，用大汤䤹色，正白"，而且建窑考古也只发现刻有"绍兴十二"的匣钵残片，因此宋·程大昌所说的这个"今"，至少说明：宁宗庆元年（1201年）之前的某年，南宋朝廷已"皆不用建盏"，通俗点说，南宋这时已流行白色大碗茶，至此黑釉建盏随斗茶之风而消逝。

2."曜变"产生的机理

众所周知，铁元素是最"善变"的，它不但可烧造出多种青色，而且还可衍变成红色、黄色、黑色、褐色，所以铁与其他元素的组合，以及烧造温度与窑内气氛等，是影响铁离子化学变化的重要因素。而"铁锈斑"上无"曜变"的原因在于：其局部的"铁锈斑"与整体的黑釉相比，虽然同样都是铁元素所致，但一个是在釉中一个则是在釉外，而且因"铁锈斑"上不存在硅元素，所以也产生不了"硅凝胶"式的薄膜，因此蛤蜊光的变彩和"薄膜干涉"的彩晕现象，都不可能在"铁锈斑"上产生。

特别指出，"曜变"和"油滴"的表象不同，"油滴"是"铁锈斑"本身呈银色，而"曜变"则是"铁锈斑"外围的色彩。其实"曜变"就是釉层的变彩效应，如同千年古陶的低温釉面，也会产生同样的"蛤蜊光"（曜变）一样，只不过是建盏因"铁锈斑"的阻隔，形成独特的"日全食"现象。但建盏"曜变"是以"蓝斑"为主的"彩虹"，它是一种"硅胶粒"堆积的、蜂巢结构的物理色，因此烧造低于900℃以下的陶和瓷的厚釉时，这是产生"曜变"的一个必要条件，而且釉越厚"曜变"就越严重。"硅凝胶粒"的大小决定其光学颜色，通常是小的"硅胶粒"会产生蓝色和紫色，而大的"硅胶粒"折射率小，就呈红色和橙色。还因Si的颗粒或表面需要漫长的"吸水"过程，所以"曜变"也不会在短时期内出现。

由于徽宗时代产生"曜变"的时间不够，因此当时也不存在"曜变"盏，不然既懂艺术又追求创新的宋徽宗，不会对"曜变"视而不见。宋徽宗《大观茶论》曰："盏色贵青黑，玉毫条达者为上"，这就是当时皇帝引领的审美标准，即："青黑"建盏的内外，都要具备一种"玉毫"（银白）的"条达"（经纬交错）状。"玉毫"请参照宣德炉"玉豪金栗"的解读，而"条达"古代原指一种丝织品，唐·杜牧释义："条达，纵横断绝貌也"，显然"玉毫条达"是一段一段错开的有序排列，就是现在所称的"油滴"或"鹧鸪斑"状。

有人会问：大部分建盏或其他窑口的黑釉碗，按理低温釉面也能形成"硅凝胶"的粒和膜，那为什么没有出现"曜变"呢？首先应该明确，"硅凝胶"的膜与"硅凝胶"的颗粒不同，但"曜变"一定是变彩效应，而不是真正的"蛤蜊光"和"彩晕"现象，其黑釉中各元素的配比及烧造温度，是形成"曜变"和"油滴"的必要因素。建窑为了出类拔萃的"供御"需要，其建盏的配方总是在标新立异，甚至有的在黑釉中，还添加纯金粉等贵金属，因此建盏的配方具有各种的可能性，出现宋人所说的"异毫盏"，不足为奇。

但非常神奇的是，"曜变天目"表面形成的是一种另类，即：褐色"铁锈斑"的圈外变彩后，而反射出蓝色和紫色的光晕，就如同日全食的曜环一样。如果在龙窑的低温区及气氛控制不好，那极个别斑不但可形成"硅凝胶"的颗粒体，而且还容易产生"异相基底"的结构。因此这种烧造上的"瑕疵"，会产生原生晶体（褐色圆斑）以及后生晶体（褐斑外围Al、Ca、Mg、Na等析晶）的双重效应，但这种褐色Fe_3O_4（四氧化三铁）的"铁锈斑"，与银色Fe_2O_3（氧化铁）的"油滴"斑，完全是两种不同结构的晶体。

福建南平地区的"红土"，其实是Fe_2O_3而不是含单质的Fe，所以在高温的氧化阶段就容易形成Fe_3O_4分子，而这种"磁铁"会相互吸引而集聚。Fe_3O_4分子的这种"磁化"作用很复杂，其吸引不了而被排除在"铁锈斑"圈外的，则是Al、Mg、Na、Ca等白色氧化物。而现在仿"蓝斑"的建盏，像"油滴"盏那样是在高温煅烧造，那即使千年以后也不会产生"曜变"。而且仿品大都添加绿色的致色元素铬（Cr），其实还可以采用绿色的致色元素镍（Ni），但这是铬（Cr）或镍（Ni）在釉中的化学色，与"曜变"后的物理色截然不同，甚至有的还利用电光水来仿"曜变"，这些在鉴赏时需要特别的注意。

按形成机理分析，"曜变"是在900℃以下低温区的氧化焰烧成，而"油滴"则是在1300℃以上高温区的还原焰得到，在龙窑中的这两种特殊窑位与气氛,都不会是轻易就可形成的"常品",所以偶尔产生这两种现象就非常的难得。相对来说:烧造建盏的龙窑都是高温窑,即使低温窑位那也要比900℃高很多,因此日后的"曜变"现象就很少能产生,但高温的"油滴"相对产生的概率就大很多。

建窑也好,吉州窑等其他窑口也罢,如果配方与建窑的相差不大,那肯定偶尔也会有"油滴"或"曜变"产生。根据对吉州窑配方分析可知:因与建窑的元素成分和含量相近,宋代的吉州窑或怀仁窑,也能烧出仿建窑的"毫变盏""油滴"等现象,这与考古发现的事实也相符,只是Al和Fe的含量等不如建窑的多,烧造温度也不如建窑的高,所产生的这些现象多少而已。

那为什么"曜变"大都会发生在碗内呢？理论推测:不论是中国的茶还是日本的茶,其主要成分都是"茶多酚"和"咖啡碱"。而这种多酚与釉中的Al、Fe、Mg等氧化物,长期接触会发生微妙的化学反应,能形成一种多酚的金属络合物,这样再与"硅凝胶"复合形成的"膜",可比碗外壁,加快其变彩效应。有的裸露和快要凸出釉面的"铁锈斑",经点茶的长期不断摩擦后,就会使碗内的"铁锈斑"若隐若现,再经过漫长的时间(或出土后)就会出现。

点茶时用的是"茶筅",即竹丝刷,这就是唐宋茶盏的碗底,都有较重摩擦痕和亚光的原因,这有点像故宫成化斗彩中的"姹紫",其表面的彩釉被擦洗而磨损一样。碗内的中底部"曜变"就严重,上边缘部的"曜变"相对就轻,而碗外却很少出现"曜变"的现象。如果"铁锈斑"全部突出釉面,那就会呈现圈外完美的"曜变",但如果是半突或者点凸,那么"曜变"就好像覆盖在部分的"铁锈斑"上。

根据对建盏残片的化学分析,证明它就是一种石灰碱釉,其中:瓷石中Al的含量高达19%,Mn含量为0.7%、Ti含量为0.7%、Fe含量仅为7%,而且釉灰中P含量高达1.3%、Mg则为1.9%。重点是:水吉镇当地的红泥中,铁含量高达11.87%、铝含量达25%,这种原料在宋代也是绝无仅有的,景德镇也只有到了元代末,才找到了Al含量高的白色麻仓土。而建盏显然是采用水吉镇当地的原材料(红泥和黄泥),但对这种原料的配方而言,理论上需要1300℃以上的温度来烧制,而且也只有这种高含量的Al,高温下才不会使黑胎发生炸裂。

3."油滴"产生的机理

如果说黑釉是铁离子的一种分子形式的化学色,那么"油滴"就是铁分子的一种晶体结构的物理色,也可以说是形成"光子晶体"的结构色。形成"油滴"的条件有三个:一是要具备"红泥"中主要元素Fe、Ti和Al(高温氧化还原);二是要保证石灰碱釉配方中的高温黏度(厚釉);三是要控制高温下的还原温度(冷凝速度)。

因此，先天的"油滴"与后天的"曜变"不同，"油滴"是现代的工艺就完全可以仿，但"曜变"则无论如何也仿不出来。如果各种条件都具备，不管古代的什么窑口，还是现代的哪位大师，都可烧造出铁系釉的"油滴"现象。所以宋金时代就有山西怀仁窑、临汾窑以及江西吉州窑等，它们都能烧造出黑釉的"油滴"盏，只是存在着"油滴"的大小与分布问题而已。

在古代黑釉上"油滴"的产生可以说是一种偶然现象，但现代各位大师的仿品，似乎是掌握了这种成形机理，绕过了古代釉面自然露出铁的小概率，直接利用二次的人为"点铁"行为，从而变成了一种出品率高的必然现象。其反应机理是：铁系釉在高温下（保温）的还原阶段，裸露在釉外黑褐色的Fe_3O_4分子，可还原成宝石级的Fe_2O_3六方晶体，从而形成釉上的银色"油滴"状，或是釉下的褐色"铁锈斑"，也可称为釉下还没冒出的"油滴"。

银色"油滴"经科学检测是一种ε-铁的六方晶体，而且这种釉上的银色"油滴"现象，还类似于元青花中的"锡光斑"，这是因"苏麻离青"的钴料中，具有"高铁低锰"、铁含量聚集的缘故。但这种Fe_2O_3六方晶体的"油滴"形状与多少，则完全取决于高温氧化下，其所形成Fe_3O_4分子的多少，即：配方中添加"红泥"的多少，以及还原温度（高保温）下的控制时间。

有人会问：火石红不也是Fe_2O_3吗？那为什么没能形成银色的六方晶体呢？简单地说，那是因为露胎处的火石红，是Fe"在空气中"氧化成Fe_2O_3的红色，而"红泥"的主要成分则是Fe_2O_3"在釉中"氧化成黑色的Fe_3O_4。所以这种磁性分子是以"含铁量多"的点为中心来吸引和凝聚周围的Fe_3O_4，从而以不同的积聚形状涌现而凸出釉面，这些控制好就应该会呈现出星罗棋布、大小不等的圆形"油滴"。

电子探针测定表明，油滴中铁的含量，比油滴之间黑釉的铁含量高出10倍，所以暴露在釉外的Fe_3O_4才能在高温还原的气氛中，产生银色的ε-铁（Fe_2O_3）六方晶体，这也是稳定的宝石级结构。如果Fe_3O_4没能露出釉面，那就产生不了ε-铁的六方晶体"油滴"，而成为隐藏在釉中的"铁锈斑"（釉下油滴），就像普通的黑釉建盏那样，但有的可能会成为"曜变天目"。

形成"铁锈斑"晶体结构的比重较大，而异相液滴形成的过程，一定是在釉中整体的微微下沉，就像元青花中下凹的"铁锈斑"一样，但如果"铁锈斑"全部被釉覆盖的话，那就产生不了"油滴"（锡光斑），只有积聚的"铁锈斑"露出釉面，才能在高温下被还原成"油滴"（锡光斑）。因此，建盏这种当地特有的原料和配方，也完全有可能产生"油滴"状、条带状（俗称西瓜皮）与兔毫等的神奇现象。所以大量烧造的主流黑釉建盏，因碗底没有刻写"供御"的款识，才在士大夫和寺庙中、在饮茶和"点试"茶的时尚中流通，也正因此才被"入宋僧"得到而带回日本。日本的实物也证实：不论是"曜变"还是"油滴",都没有"供御"款。古代的日本经常派人到中国来学习,隋唐时称为"遣隋使""遣唐使",到宋代时则改叫"入宋僧"。

特别说明,建盏中"油滴""天目"和"曜变"的词都是日语,日本的"曜"也与中国的"曜"相同,都是指日、月、星的光辉照曜,日语还让日、月、火、水、木、金、土的"七曜",分别代表一周的七天,所以"曜"字与天象有关。日本文政十三年(1831年)《嬉游笑览》载:"建盏之釉中有斑点者,谓之'星建盏',因其有'星'故称天目"。最早则是在日本应永年间(1394—1427年)《禅林小歌》中载:"胡兹盘以建盏居多,有油滴、曜变……",而在1424年的《满济准后日记》中,还将"油滴"描述为"涌滴"。成书于1511年《君台观左右帐记》中,在记载流传"唐代"文物时则评鉴:"曜变,建盏之无上神品",重点是:作者认为传世"曜变天目"烧造于"唐代"(五代)。

北宋·蔡绦在《铁围山丛谈》载:"伯父君谟尝得茶瓯十,兔毫四散,其中凝然作双蛱蝶状,熟视若舞动,每宝惜之"。而蛱蝶(蝴蝶)物象的特征,就是有明显的"豹纹斑",蔡绦的记载说明:在十件"茶瓯"(茶具)中,其中就有:静看似"双蛱蝶状"(双色斑纹),细看则是"舞动"状(彩斑变化),这其实描述的就是"油滴"随光线的变换。而其父蔡京则在《延福宫曲宴记》中云:徽宗皇帝不但"茶瓯"的标准是"玉毫条达",而且亲自点茶过的汤花,也调为"如疏星淡月"状。

曾出身和任职于福建的北宋名臣蔡襄,在《茶录》中载:"茶色白,宜黑盏,建安所造者,绀黑,纹如兔毫"。南宋时建阳的当地人祝穆,因为有身临其境的便利条件,所以他在《方舆胜览》中云:"然毫色异者,土人谓之毫变盏,其价甚高,且艰得之"。《大宋宣和遗事》载:徽宗皇帝有"茶道三宝",其中之一就是"建溪异毫盏"。重点是:"毫变盏"与"异毫盏"可谓异曲同工,科学表明以当时的工艺技术,"油滴"这种银白色(六方晶体Fe_2O_3)的"毫色"非常难得,而"铁锈斑"那种铁褐色(Fe_3O_4结晶体)的"毫色"易得。

4."鹧鸪斑"究竟是什么

唐中期(约780年)陆羽《茶经》曰:"邢瓷白而茶色丹,越瓷青而茶色绿,邢不如越三也……寿州瓷黄,茶色紫。洪州瓷褐,茶色黑。悉不宜茶"。这充分说明:唐代时兴的是"煮茶",崇尚的是越窑青瓷;而黑色建窑则更"不宜茶",也不符合唐代的饮茶习俗,因此唐代也没有对建盏的赞美之词。大约在《茶经》200年后的五代末至北宋初,陶穀(903—970年)《清异录》则云:"闽中造盏,花纹鹧鸪斑,点(茶)、试茶家珍之。"北宋·蔡絛《铁围山丛谈》载:"茶之尚,盖自唐人始,至本朝为盛"。而且宋代文人有诗为证:北宋·黄庭坚诗曰:"建安瓮碗鹧鸪斑,谷帘水与月共色";北宋·惠洪《无学点茶乞诗》曰:"盏深扣之看浮乳,鹧鸪斑中吸春露";南宋·杨万里创作的七言诗"出闽"诗曰:"鹧斑碗面云萦字,兔褐瓯心雪作泓"。

以上说明,北宋初已流行"点茶"和"试茶"(斗茶),而这时黑釉建盏及其保温性,与"点茶"形成绝配,因此"鹧鸪斑"建盏烧造的下限不会晚于970年(陶穀卒年),也许就是北宋初所创烧的第一代"供御"品。因为宋代"鹧鸪斑"是载入史册的名贵品牌,也是建盏最初立足于瓷界的扬名之本,且深受宋代宫廷和文人雅士的厚爱,也理所当然成为宋代"供御"的首选。非常遗憾的是,真正建盏"鹧鸪斑"的传世品,如图4-1-8中这种带"供御"款的则是凤毛麟角。

毫无疑问,宋代文人形容建盏的"鹧鸪斑",仿佛描述的是一种膏状的乳汁,或是月白色、白雪色的。而洛阳西郭城出土的北魏黑釉白斑盏,明显是仿波斯风格的陶盏,这应该是"类鹧鸪斑"工艺的始祖。而且唐宋时期的文人对鹧鸪的表述也很清晰,唐·孔志约《唐本草》云:"鹧鸪生江南,臆前有白

图4-1-8 北宋"鹧鸪斑"建盏"供御"款

圆点如真珠"；唐·刘恂《岭表录异》曰："鹧鸪……臆（胸）前有白圆点"；宋·范成大《桂海虞衡志》也说："鹧鸪……惟胸前白点正圆如珠"。总之，各位大文豪异口同声说的都是"白圆点"。

因此，在黑釉建盏中，银灰色的"油滴"不是"鹧鸪斑"，"曜变天目"更不是鹧鸪的黑白配，而只有类似鹧鸪鸟胸前的"白圆点"，具有这种参照物象的才能称得上"鹧鸪斑"。1988年福建省博物馆采集到一块"鹧鸪斑"建盏残片，作者曾凡在《文物》1990年第10期上，特撰通信文《建盏的新发现》，予以介绍，至此证明"白圆点"才是历史上所描述的建盏"鹧鸪斑"，而不是"油滴"这种偶然烧造现象。

宋代在底足上刻写"供御"的瓷器，非"鹧鸪斑"建盏莫属。而由"供御"性质决定，这指向帝王级别的御用。而且是有令则供，绝不是批量烧造，因此完整器稀少难得亦可理解，这也是开创中国陶瓷史上"供御"款的先例，因此其历史价值非同一般。但目前对"鹧鸪斑"与"油滴"的学术争辩，还处在"纸上谈兵"和"自认为"的认知区，其实都是在各自为营，不亦说乎。

5."鹧鸪斑"的工艺与特征

出土和传世的实物证明，"白圆点"有两种工艺，一种是"镶嵌式"的手指碾压的"贴塑"，原本工艺设计是"白圆点"嵌进黑釉中，因此"白圆点"周边涂抹得像是无缝衔接，以期达到与黑釉相熔在一个平面的效果，就像高丽青瓷镶嵌纹和珐琅彩纹那样。而且这种人工刻意追求的"鹧鸪斑"装饰，底足上都有手工刻写的"供御"款，并且在黑釉的"施釉线"处修剪得整齐划一，因此黑釉即无明显的"啤酒肚"，更没有流淌的釉滴。但普通的建盏大都是没经过修剪的釉，因此在胎釉的结合处，就会形成自然的"啤酒肚"与"泪滴"，这也是建盏的普遍特征之一。

另一种则是"点白式"的二代，甚至是三代的"鹧鸪斑"，也包括窑址的"供御""进琖"的印款，因为300年中任何一种工艺和技术，都不可能一成不变、始终如一。笔者推测，这是经过十几位皇帝后、处于衰退期的产品，也是后世工匠为简化最初"鹧鸪斑"的烦琐而烧制的产品。而采用下一等毛笔"点白"的"先进"工艺，也与其他二次"点铁"的褐彩道理一样，估计这时的工匠也可能没见过宋初"鹧鸪斑"的实物。

根据笔者对"鹧鸪斑"实物的分析，这种"镶嵌式"、贴塑式的"白圆点"，工艺流程大体如下。

① 先将灰黑胎的建盏蘸上特制的红泥釉后阴干。
② 制作特种白色的"白膏泥"，并做成半球形大小珍珠待用。
③ 在阴干的浅褐色釉上，剔除出圆形的露胎面。

④ 将大小珍珠的"白膏泥",碾压式地"贴塑"于圆形露胎处。

⑤ "白膏泥"抹平、修饰后自然成椭圆形,上边缘普遍外扩且很薄,超薄处隐见黑釉。

⑥ "供御"盏都是束口,底足是外稍斜削而非平切,修整折腰施釉线处的釉滴痕,刻写"供御"款入窑高温位烧造。

特别指出,"白圆点"是呈温润的乳浊膏状,而且这绝不是一般般的"白釉",其表观似一种"糯米糕"状,观察其"白圆点",几近"无气泡"感,实则是密集的小气泡沫。而且均是外围薄、中间微凸的椭圆形,手抚摸碗内几乎是一个平面,而碗外的一周有种微凹凸感,眼观白釉与黑釉的交接处,仿佛是交融在一体的一个平面,但微观看,多少都有"嵌入式"的"贴塑"修饰痕,如图4-1-9所示。由于是"贴塑"式的"白圆点",它是胎与釉的结合而不是釉与釉的交融,因此烧造不好的"白圆点",容易从胎上脱落而成为废品。

根据科学检测推算,建盏黑釉的釉式是:Al_2O_3/SiO_2为0.29,远大于有光釉的0.1,显然这是无光釉的配方。对此用语言描述则为:建盏是半亚光的"青黑"(徽宗语),而且从表观上看,与定窑的亮漆黑和吉州窑的偏褐黑是截然不同的两种黑釉,它是一种纯黑、乌亮的"绀黑"(蔡襄语),像是古代制墨时的那种油黑,也无一丁点的"兔毫"和杂斑,这应该是一种四方晶体的黑色硅化铁($FeSi_2$)。

图4-1-9 北宋"鹧鸪斑"建盏 口径12.5厘米

重点是，"供御"建窑属于黑灰色的"铁胎"，而且这种缸胎露胎处似"颗粒"状，表面呈"类金属"的幽光，尤其"绀黑"的釉面犹如浅的"皮革"纹，碗内底都有用"茶筅"（竹刷）抹茶时的刷磨痕，这些特征都是极难仿造的。由于白釉与黑釉这两种不同的釉，都是在同一高温下一次烧成，再加上"白圆点"、黑釉、"铁胎"三者的收缩比不同，且镶嵌的"白圆点"大都是厚釉，因此黑釉与"白圆点"裂纹自然贯通，且"白圆点"还易被土蚀。因仿品是二次烧成的"点白"工艺，其致命缺陷是：白釉很薄且在黑釉之上，相当于釉上彩的"白圆点"，边缘凸出釉面且呈乳浊，因为工艺原因很难产生裂纹，即使有隐约的开裂也无沁色痕，而且还是一种没有沧桑感的"特白"。

6．"鹧鸪斑"与供御

当今学界已渐成的主流观点是：将自然的、有金属光泽的"银斑"称为"油滴"，而把黑釉上二次"点白"的"白圆点"称为"鹧鸪斑"。实际上手工镶嵌"贴塑"的、亚光柔润的"白膏泥"，才是真正"供御"的"鹧鸪斑"，这种一代"嵌白"与二代"点白"，是截然不同的两种工艺，而且这种"黑釉白斑"的配搭，与鹧鸪鸟的特征极其相像。而建窑中"类鹧鸪斑油滴"的烧成，则纯属一种"毫变盏"的偶然所得，因此，这种当时万里挑一的"油滴"，存世量也非常的稀少，这也是徽宗所推崇的"玉毫"式"条达"状的产品之一。

但这种"油滴"就像钧窑的窑变一样，烧窑时不知道能出现什么色彩和图案，因此窑工不知哪件能烧成，故"油滴"盏都不会事先去刻写"供御"的款识。仿自然界鹧鸪鸟的黑釉嵌"白圆点"，在当时已是"供御"品中的时尚奢侈品，但它毕竟是人为装饰的产物，所以相对就容易烧成。由于"鹧鸪斑"在烧造前已知是"供御"品，因此事先都会刻上"供御"二字。观察实物发现：由于都是阴干后的"白泥"与黑釉，所以胎和釉的结合处以及"白圆点"的边缘，都有修整的痕迹，因此"鹧鸪斑"的黑釉既没有"泪滴"痕，"白圆点"的边缘也没有散开的毛刺痕，如图4-1-10所示。

特别指出：利用现代的技术成功烧制出油滴盏，甚至烧出比宋代建盏还好的各种油滴盏，再好也都是现代的艺术品；即使宋代"鹧鸪斑"的工艺没有想象的那么神秘复杂，但按当时的工艺和技术水平看，在宋初时都将其视为"珍之"，那流传到现在则更是稀罕的珍品。自从1930年美国人詹姆士·马歇尔·普朗玛去建窑遗址雇人挖掘建盏瓷器及其碎片，并回国编著出版《建盏研究》后，建盏才被文博界和收藏家重视。国家也在1960—1992年期间组织了三次考古，但直到2013年才争取到专项保护资金，建立起专门巡查队打击盗挖行为。

因此，古窑址上"漫山遍野"的瓷片，在没有受保护的相当长的时间内，

图4-1-10 北宋"鹧鸪斑"建盏 高7.1厘米

由于民间自发地去窑址考察或当地居民的不断光顾，不可避免地会流失一些重要部分。因此毫不怀疑民间的藏家手中肯定会拥有窑址的"鹧鸪斑"等残片，只是不能作为官方科学考古的证据罢了。根据曾凡在《建盏的新发现》文中的介绍，笔者也认为，博物馆1988年的这个"鹧鸪斑"残片，并不是来自窑址，而是在建阳瓷厂溪水边的平地上采集。而且笔者与上述研究者的观点一样，它是属于二次"点白"的工艺，因为用毛笔类"点白"必须是蘸稀稠的白釉，所以整个圆点的周围既有扩散现象，也有圆斑的中间凸出感，而且几乎都是不规整的非椭圆形，这种黑釉之上的二次"点白"，即使与黑釉不在一个平面上，也不容易产生裂纹。

但是不管残片的珍稀度如何，笔者与其认识点有所不同的是，这种非自然而人工可控的"点白"工艺，却是一种随意的、"排列无序"的集中堆积，这既不是什么艺术，也从来就不是官制的，不应该成为"供御"之物，"供御"的建盏只是借用"鹧鸪斑"的艺术，而绝不是"为了鹧鸪而鹧鸪"，正如前所述，这应该是200年后的南宋后期，在模仿宋初时的"鹧鸪斑"产品。即使有"供御"的刻款，那也是南宋"供御"的末期之物，或是像元代人在杭州原修内司的窑址上仿宋代官窑那样，底足上墨书写上"官窑"款识，而后期仿"鹧鸪斑"的建盏，同样也刻印"供御"款和"点白"工艺。

综上所述，除"油滴"与"鹧鸪斑"属当时就能眼见外，个别低温区的黑釉建盏，出窑后经长期吸水而形成"硅凝胶"后，所反射蓝绿色彩晕的"曜变"现象，是经过漫长岁月才能出现，刚烧造出来的建盏则不会出现。而日本最早记载的"曜变"以北宋初为基点计算,那也至少经过了450多年,可见日本的"入宋僧"当时带回国内的建盏,既不是"供御"的建盏,也不是什么"曜变"的建盏。此外,国内外发现所有的"曜变"建盏,都没刻"供御"的款识,说明原本就是一个普通的黑釉盏。

这种后天"曜变"的产生,如同明清五彩瓷上的"蛤蜊光"和彩晕一样,需要时间和潮湿环境,如果按照以上解读来烧造黑釉建盏的话,那么也许几百年后,市场会出现大量的"曜变"建盏。正如建盏藏家所说的"懒人养盏"法,也只有这样才能"养出"建盏的"七彩光",但现在的藏家和仿烧者所追求的那种"曜变"效果,对新烧造的建盏而言,如果科学原理和解读不清不楚的话,也许这辈子都不会看到"曜变",而且现在的所有仿品就是如此,仿品所谓的"曜变",都是着色离子的化学变化产物。

八、指纹元素与断源断代

1. 指纹元素与量化指标

瓷器中所谓的"指纹元素",是指胎、釉、钴料、铜花以及彩料中,具有排他性的"独一无二"的元素及含量。从法律和逻辑层面上讲,这是一种指向性的、用数据说话的确凿证据。而本书将这类"指纹元素"分为"区域指纹元素"和"窑口指纹元素",这些内在"指纹元素"所涉及的表观,以眼学观来鉴赏和考量的话,那是很难、也无法做出真假判断的,然而这对科学检测而言很简单,完全可以做到一锤定音,所以一定要坚信:不能证伪的科学就不是科学;而瓷器中特殊的和微量的"指纹元素",完全可以作为断源断代的依据。

通过能量色散X荧光分析,不但可查找出瓷器的"指纹元素",而且利用所检测出的数据,还可分析和判断出是人为添加的还是自然伴生的量化指标。能量色散的检测法可分为主量元素、次量元素以及微量(痕量)元素三大类。但主量和次量的元素,尤其是硅(Si)、铝(Al)等元素的量,相当于人的高矮胖瘦,但它不是人的DNA指纹,因此这只能作为参考,不具有比对意义。而只有微量元素及其含量,才能称得上是"指纹元素",大致划分范围如下。

① 主量元素:指单一成分含量大于10%,且合计总量占70%以上的几个主要元素,比如Si、Al、Ca等元素。

② 次量元素:指含量在10%~0.1%的范围,比如K、Na、Mg、Fe等元素。

③ 微量元素:指含量是$\mu g/g$(0.01%~0.0001%)的痕量级别,而且"指纹元素"大都会出现在这里。

对现代陶瓷鉴定专家来说，一般给出胎和釉中的几个主要元素，即：铝、钙、钾、钠的含量，那么即使不看器型和纹饰，也应该从宏观上大致判断出年代和窑系，因为瓷器的这些基本元素与含量，都是伴随着中国陶瓷的发展而变化的。掌握这些基本知识和规律，对陶瓷粗线条的断代与鉴别，可以起到快速准确的辅助作用。

2. 天然元素与人造元素

特别强调，所有在元素周期表中能查到的元素，可分为"天然元素"和"人造元素"两大类。"天然元素"自古以来就存在于地球中，但"天然元素"可以自然天成，也可以人工合成。自然界中不存在"现代元素"和"古老元素"之说，只有"天然元素"和"人造元素"之别，而且在周期表的118种元素中，只有27种是近现代才有的"人造元素"。可以肯定的是，因为"人造元素"大都是由加速器或核反应生成，因此都是稀有价高的元素，所以决不可能，也没有必要，将其添加到瓷器中。

特别说明，"人造元素"与人工合成的元素，在本质上是截然不同的两个概念，重点是：同一种的元素，由于在矿物中天然的痕量伴生，以及与现代化工合成后的人为添加，也成为两个不同概念和数量级的元素。由于某些专家一知半解的错误认知，从而导致对瓷器检测中，对有的不常见的陌生元素，进行了断章取义的分析解读，不分青红皂白地将其原有的伴生元素，统统视为人工合成而称为"现代元素"。

目前对元素的量化分析，通过能量色散X荧光分析仪，就可检测出钠（Na）至铀（U）之间的任意一个元素，但包括原子序数11钠（Na）之前的元素，比如：含原子序数5的硼（B）就检测不了，但硼（B）却是进口珐琅料和"颇黎母"（进口琉璃）的指纹元素。分析判断指纹元素，以及是伴生元素，还是"人造元素"或化工合成的元素，那就要看分析师如何去解读了！但可以肯定地说，任何矿物中所伴生的特殊和痕量元素，都可视为该物质的DNA，这在各种科学检测中，是极其重要的比对和分析指标。

特别指出，在古代传统的釉灰和瓷石中，根本不存在超出伴生量的所谓"现代元素"，比如：锌（Zn）、铷（Rb）、锆（Zr）、钯（Pd）等。但请记住：所有矿物中伴生元素的含量，都是非人力所为的，如果出现异常含量的伴生元素，那大概率是人为添加的化工合成元素。因此，古代即使存在这类的稀有元素，但其自然伴生的标准含量，也仅仅是百分之零点零几至百分之零点零零几的正常痕量级。而对常规元素自然伴生的标准，比如：钡（Ba）、铅（Pb）、钛（Ti）等，也只不过是百分之零点几的微量级。

综上所述，读懂瓷器胎和釉的主、次元素及其含量，应用"区域指纹元素"的粗略判断,就可大致区分出同时代南北各地的瓷器;应用微量元素和"窑口指纹元素"与含量,再辅以传统的眼学标准,那就可以做到断源断代。这就是"眼学+科学"的"眼科"诊断法,假如有一天"国宝会说话",那它最后的独白一定会告诉我们:要相信科学!

3. 釉料、彩釉与"指纹元素"

从宋代南北区域的瓷器元素成分及含量上看,釉灰主体采用的是高镁方解石(石垩)和各类的草木灰,而釉果则各显其能,较为复杂。比如:"徽宗官汝"采用了玛瑙和玉髓;"徽宗官窑"采用了玛瑙、玉髓和钾长石,玛瑙和玉髓都是精致的青白色、绿色和黄色;而南宋官窑和龙泉窑是玛瑙及当地瓷石和石垩;"后周柴窑"则采用伊朗产的"玻璃母"等。

由于石垩、高岭土和瓷石的产地不同,其矿物中的伴生元素和含量亦不同,所以其釉料中的特殊微量元素及其含量,可以作为区分各窑口的指纹元素,如Ba、Zn、Zr、Pb、Pd等。特别指出,在指纹元素中没有现代元素和古代元素之分,因为都是矿物中自然存在的,而不是人工合成的元素,所以只有原矿的伴生和人为的添加之别。而人工所添加的元素,才是利用现代的工艺和方法,在工厂所生产的高纯度元素,即专家所说的"现代元素"。

在元、明的文献中,所记载的"饶州御土"和麻仓山的"官土",已基本锁定景德镇官窑釉果的大致范围。由于当地各种瓷石的不同等级,所以釉果中的次量元素及其含量,也是区别官窑或精品瓷的重要指标。釉灰中石垩的选择出入较大,而且石垩中的稀有元素和含量,也是判断宋、元、明官窑的次要条件。元青花时代的釉灰,采用的是普通的低镁方解石(石垩),而釉果采用的则是当时处在地表上的瓷石和高岭土,这与以后所采用中层或下层的元素含量肯定不同。所以在釉料的组成中,釉灰的指标主要是看Ca和Mg,而釉果的指标则是要看Al、K、Na,这些次量元素的含量多少,也可作为认定时代和窑口的"指纹元素"。

清乾隆时期的《南窑笔记》载:仿古釉色是用甜白的"祁邑之昌水春";瓷石是以平里"有柏叶纹、青色者为佳";高岭土以东乡"深坑之土,有银星,入水带青色者佳";釉灰是由"浮梁之长山,火炼成灰,復用蕨炼之",而且"合泥"与"配釉"更是有不同的比例。所以从以上的选料与用料亦可简单解读元、明、清的瓷釉会呈现出不同"鸭蛋青"色的原因。而且由于原料产地和地层的不同,也可作为细分其年代的"指纹元素"。

4. 南宋官窑与龙泉窑

南宋官窑与龙泉窑所产瓷是南方古陶瓷的代表,也是收藏界的热点之一,它们的瓷釉也都是"石灰碱釉"。学术界称为"石灰碱釉"、笔者叫作"高碱釉"的瓷器，则是从北宋晚期才开始的创新，其制瓷技术也传承到了南宋。但南宋官窑即使全部按照北宋的胎釉配比，但由于原料的产地与北宋不同，其相关的元素及含量等肯定会发生变化，这也是作为"指纹元素"判断的方法之一。由于原料的不同，所以南宋官窑釉中RO（主要指Ca）的含量，明显提高到了15%～18%的水平。同时R_2O（主要指K和Na）的含量，与北宋时期相比又明显下降，其中K和Na的含量都降低了50%以下，这也是南宋时浙江的"区域指纹元素"。

由浙江大学周少华教授所承担的，香港城市大学的关于浙江宋代瓷器研究的基金项目，对南宋时期三窑址的典型样品进行检测，从分析的13个微量元素可知：有6个元素及含量，可作为瓷器窑口的"指纹元素"，即V_2O_5、ZrO_2、PdO、BaO、As_2O_3、MnO氧化物。科学检测表明：五氧化二钒（V_2O_5）和三氧化二砷（As_2O_3）是南宋"郊坛官窑"所特有的"指纹元素"；而二氧化锆（ZrO_2）和氧化钯（PdO）则是"修内司官窑"所特有的"指纹元素"；在南宋龙泉窑的胎釉中，没有PdO、V_2O_5和As_2O_3的氧化物，重点是，氧化钡（BaO）是宋龙泉窑独有的，南宋官窑两处窑址样片的胎和釉都没有BaO，所以其可作为区分南宋官窑和宋龙泉的"指纹元素"。

从南宋两处官窑所含的稀有元素分析，因为含有V、Zr、Pd、Mn、As等稀有元素，推测釉料中使用了玛瑙和玉髓类的原料，而龙泉窑还属于民窑范畴，没有必要也不会采用昂贵的宫廷用料。现代仿宋官窑和仿南宋龙泉窑瓷器，从外观的胎、釉和器型上，已达到"以假乱真"的水平，因此就需要科学检测来鉴别真假。

现代仿南宋龙泉窑的瓷器，有的虽然也不含BaO和As_2O_3元素，但却含有V_2O_5和PdO的元素，这也与宋代龙泉窑明显不同。两处南宋官窑的釉中都含有MnO的氧化物，所以可以用Mn元素区分"修内司官窑"和现代仿品，用Pd元素区分"郊坛官窑"和南宋龙泉青瓷。

5."苏麻离青"与"苏氏青花"

青花中最贵重的就是元青花和永宣青花，其所用的青花钴料都是进口的"苏麻离青"。所以"苏氏青花"中的Co含量以及Mn/Fe比和Mn/Co比，这三者是"苏麻离青"钴料的量化指纹元素。"苏麻离青"的另一个指纹元素则是Ni和As元素。科学检测证明：在"苏麻离青"钴料中是不含Ni元素的，但却含有微量的As元素；而国产钴料正好与此相反，是有Ni元素而不含As元素。

常识告诉我们，要想改变矿石中伴生元素的含量，只能做加法而不能做减法。所以青花中可人为添加As和Fe元素，但要想做到μg/g微量级的加法，就目前的科学技术是办不到的。况且As元素的熔点和沸点都较低，因此原有的或者添加的As也可能会完全消失，而人为降低和去除Co料中Ni的含量，也是根本不可能做到的事。所以在科学检测的数据面前，就其现在仿品的制假水平，目前还没有这样的"神仙大师"。

如果采用加法，人为地添加Co、Fe、As的含量，那检测时将是一个数量级的增长，与伴生元素所含的微量相差甚远。在目前的元青花仿品中，虽然也检测出含有As的元素，但其含量却远超出伴生量的范围，可疑似人为的添加，如再参考其他的元素指标和表象，就可立马断定是否为仿品，具体请参照《以科学数据解读元青花》章节。

6. 珐琅料与洋色

珐琅彩和洋色是彩瓷中的桂冠，也是收藏家梦寐以求的藏品。珐琅料分进口和国产两种，在进口的珐琅基料元素中，主要是含硼（B）和砷（As）的功能元素，而国产珐琅料中则是以钾（K）元素为主导，这就是进口和国产珐琅基料的最大区别。另外在各种洋色中，"洋绿"色还含有Sn元素，这也是与传统"中国绿"的最大不同点。其他如"洋黄"色的着色元素则是金属锑（Sb）等。总之，清三代的珐琅料，因都是采用自色元素的宝石类矿物，所以其彩釉都可以成为"指纹元素"。

在央视《探索发现》的"秘藏之珐琅迷雾"节目中，对其民间的"黄地珐琅彩"藏品，进行过X荧光无损检测，其中锌（Zn）含量达到了7.65%，锆（Zr）含量也达到了0.74%。就其矿物中稀有元素的自然伴生而言，这已远远超出其痕量的标准，明显是为其达到某种表象而人为添加的化工合成的量。而且釉中镁（Mg）的含量竟高达6.35%，这在任何一种的矿物中都不可能出现，显然添加的是现代工业制造的氧化镁。分析以上的这些检测数据，从科学角度就完全可判定，这件珐琅彩为仿品无疑。

以上各标题中所述的"指纹元素"及其数据，都是科研人员的研究成果，而本节所述的内容只是画龙点睛而已，这仅是对重量级的典型窑口或瓷器，做了简单扼要的"指纹元素"阐述。其实像"徽宗官窑"、天青色"徽宗官汝"、珐琅彩、"姹紫"等的"指纹元素"，还需要文博界深入研究，以求共识。

第二章
物化表象与指纹痕迹

任何理论都应遵循"实践→理论→再实践→新理论"的反复循环过程，其最终所揭示的真理和规律，是科学与智慧的结晶，而实践则是检验真理的唯一标准。每个历史时期的代表作不同，就像五代十国各国都有各自的御用瓷一样。收藏者也许不太知晓各时代窑口的具体特征，因为其老化痕迹和物化表象的共性大同小异，就像世界上各国的人种虽然不同，但老龄化的迹象则都是相同的一样。

由于当今的造假技术，是将传统仿古与现代科技相结合，是集历代仿技之大成的产物，因此传统眼学已明显跟不上时代的步伐，对一般专家和藏家而言，第一时间也就很难对文物做出真假的判断。然当今的收藏者中，随波好事者众，真知灼见者罕，似懂非懂的"专家"多，读懂识货的行家少，又或因贪求"捡漏"的超高回报，而迷惑了本已缺失科学判断力的双眼。

实践证明：要想真正掌握和融会贯通古瓷的乾坤，除纹饰和器型等时代特征的静态范畴外，还需要多了解一些动态和本质上的科学真知，即"文物指纹学"和"微观痕迹学"等相关知识。对收藏鉴赏和研究来说，它不但是一种科学观和系统工程，这些通用的和共性的基础知识，也同样适用于所有窑口的陶瓷，希望这些"瓷言片语"对您的收藏能有所帮助。

一、老化气泡与土沁斑渍

如果您很难记住所有窑口的瓷器特征，也不是研究陶瓷史的专家学者，那么您只要相信科学和各种机理，用"拿来主义"的结论来指导收藏就足矣。千年瓷器一定会经历"物理风化"和"化学风化"的双重作用，而老化气泡、土沁斑渍、吐筋线等，这些古瓷釉面上"老龄化"的表象，就如同人皮肤上的老年斑和皱纹一样，是瓷器鉴赏中双眼可见的"年轮"。重点是：瓷器与人一样，其老龄化是集多形态于一身的，因此瓷器老化痕迹也并非单一的"变色气泡"，至少要有几种以上综合性的"老龄化"特征，所以正确认识和理解这些老化现象，对普通收藏者鉴别瓷器的新老来说非常实用。尤其是区分物理沁和化学沁及吐筋线等，当您还处于似是而非和取舍两难时，这些可以起到"一锤定音"的心理作用。

1. 老化气泡

用松柴窑烧造的瓷器，在窑炉逐渐熄火的阶段，由于窑温是一种缓慢的保温下降过程，这时已被熔融的釉料，或釉料处在玻璃化温度前时，其逸出釉面的气泡是不一样的。所呈现出气泡的现象是：有刚冒出、快破壁以及悬浮釉中的各种状态。这就造成釉中和釉面的气泡，其透气率和易腐蚀及磨损的程度不一样。而且在烧造的不同时段，胎、釉、色料中所产生的气体也都是不一样的。其中色釉中CO_2、SO等气体，它们都是产生在高温段，而且都是大气泡。而水蒸气类的是在低温段，矿石类中的结晶水则是在中温段，且它们释放出的都是小气泡。所以各种气泡在釉中碰撞融合，方能出现大小不等的气泡群。

而瓷器的釉面在自然界中一定是要受沁和老化的，所以到了一定年限的釉面就会出现老化气泡，即俗称的"死亡气泡"。其实气泡形态在出窑前就已经固定并存在，没有死亡与活泼之说，只是利用显微镜观察时，表面是一个没有破壁的"变色气泡"而已，但这与胎和釉所含的成分无关，同塑料（膜）一样，是与结晶体的"透气性"有关，它属于渗透性的"膜科学"范畴，实质是薄壁气泡脱玻化后的"微孔"侵入了微生物，从而使气泡慢慢的氧化变色，才有了褐色与黑色、满圆或圆环、圆缺等形状。

特别指出：这种无针眼变了色的"死亡气泡"，甚至气泡周围还出现"白晕"（灰白圈）的现象，也是釉面最典型的老化特征。虽然"变色气泡"是鉴别新老的最直观表象，但它却不代表"老龄化"的时间，因此只能是作为断老的一个重要辅证，至于老到什么年代则要参考其他因素。显微镜下观察"死亡气泡"的表面，是无磨损、无人工针眼、无化学腐蚀的变了色的"闭口"气泡，这也是气泡"老龄化"的不二特征。

划重点："变色气泡"一定是在类如玻璃（或润亮）釉面上的一个点，而且是零星的黑色或黄褐色气泡，它与仿品鲜艳一致的染色气泡不同，真品的气泡与气泡之间存在着色阶，或者称为衰亡时间不同的状态气泡。对"哑光釉面"或大面积的"死亡气泡"，大概率都是化学腐蚀的做旧，所以千万不要以1%的概率去对赌99%的赝品。极个别老化和沁蚀特严重的薄壁气泡，还会出现火山口、棕眼、针眼等自然的腐蚀现象，其老化的破泡内有黑色、褐色等微生物残留，有的还呈现出放射状的晶花裂纹。

特别提醒，对待破壁的气泡一定要小心谨慎，人为用工具摩擦清洗时，或者化学腐蚀较严重的釉面，也会出现气泡的破壁现象。化学腐蚀的假破壁气泡不是零星的、随机的自然分布，往往是成片的、大量的、破壁的空洞气泡，但这类假的"死亡气泡"对初学者来说，却具有相当大的杀伤力。自然老化的气泡与人为制造的假"死亡气泡",以及人工摩擦釉面后破损的个别大气泡,有其截然不同的区别,鉴别时一定要切记"细心"二字。再次重点强调:变色气泡一定是出现在类如玻璃(或润亮)釉面上的一个点,而且是零星的黑色或黄褐色气泡。

对于同一时代的瓷器,有无"死亡气泡"不是绝对的,这取决于釉质和气泡壁的厚薄,以及使用状态与周围环境等因素,所以"死亡气泡"有可能存在,也可能还没到出现的时间点。但对于这种超临界釉面的气泡,迟早都会出现的,只是因为它很"健康"而延长了"死亡"的期限。也可以认为:这是瓷器的一种"老年斑",试想刚出生或40岁以下的人有老年斑吗?至于这个人的真实年龄和具体身份,那就要根据其他方面来做判断了,瓷器也是如此,虽然确定了是老,但老到什么年代、是不是皇家艺术品,则是另一回事。

综上所述,自然老化的变色气泡,是无规律的、零散的随机分布,但一定是浮在超临界釉面中的薄壁气泡,或者是在釉面开裂处的破壁气泡,而且整个釉面还一定是光亮如新。"死亡气泡"内是微生物聚集,而不是土污垢及化学或植物的颜色,从釉面的表观上看:颜色有黑色、黄色、褐色,形状有整圆、半圆、圆缺,这些都是微生物从被晶化的微孔处,逐渐侵入到泡中的结果。

2. 土沁与斑渍

现代人视土沁为"瓷中宝",好像除此之外就不能"证古"一样。这是对于市场现状和一些需要保留的重器,现代藏家无可奈何的一种选择,也是鉴定体系和流通市场不成熟所致。但这种渐成的鉴古和收藏"心魔",却引来市场上的诸多造假者为迎合买家的这种心态,而进行做旧和大造假土沁的高潮。

特别指出,土沁与斑渍是无法仿造的,它是鉴定瓷器特别是高古瓷的一个要点,如果真实存在就与"死亡气泡"一样,绝对是断真的不二选择。大自然绝不会故意弄脏文物,而只会使它慢慢地自然变老,所以从宏观的大概率上判断,瓷器在墓葬的环境中如果超过500年,其釉面一定会有"死亡气泡",局部也一定或多或少存在着土沁,那么如何认知和识别这些真假土沁呢?

(1)沁蚀形成的机理。

土沁分为物理沁、化学沁、中间沁这三种沁蚀状态,但不论是哪种土沁,其前提的条件是:必须要有水介质的存在。土沁在瓷器釉面的物理附着或化学沁蚀,既取决于胎和釉的配方和烧造温度,又取决于墓葬环境和土壤成分。而土沁形成的难易程度,是随着土壤的酸碱度、电化学的强弱而变化,理论上讲,年代越久远这种富集层就越厚、越牢固,而且土沁是松散式的颗粒堆积,不是那种靠张力的流动物。

❶ 物理沁。物理沁是釉面的一种附着物，它存在于土壤介质与釉面之间，但这时还没有发生化学反应，即没有形成新的分子键构。所以釉面上附着的钾、钠、钙等各种离子物，都还是富集在釉面上的独立分子团。物理沁大都发生在釉面的低洼和裂缝处，以及圈底的胎釉结合部。当器物处于倒地的状态时，还会发生在釉面接触土壤的部位，竖立时，则发生在器物的上部。

物理附着是一种牛顿力，所以用水浸泡或用硬尼龙刷等物理手段，就可以破坏这种牛顿力，从而去除瓷器表面上的土沁。物理沁的渗透强度，依据环境外力和釉面张力而定，但都是向着釉面的薄弱晶格处渗透。由于渗透的时间尚不够，所以大部分的表面分子，仍然是处于化学沁的途中状态，尚没有达到化学沁的程度。

❷ 化学沁。化学沁蚀是指在物理沁的过程中，富集在釉面上的各种离子，与釉面的原各晶构发生了新的键合，从而形成了不同的原子、分子和离子的过程。化学沁是第一阶段物理沁的升级版，但这种新建构的形成，需要经过漫长的时间过渡。所以化学沁的土蚀（俗称土咬）一般都会渗透到表面的釉里，放大镜下可观察到釉中的土颗粒。

也可以说，所谓的化学沁蚀就是外界各种物质，向釉面晶格缺陷处的弱势群体发起的进攻，所以这也是一种无规律的随机分布。瓷器表面一旦形成这种化学的新建构，则是轻易不能除去的结构土沁，只有采用氢氟酸等破坏性的方法，才可以除去，但会损伤其釉面。

化学沁除土蚀外往往还伴随着微生物沁，它会使釉中气泡或者裂缝里的气泡逐渐从淡茶色变成褐色和黑色。这种在瓷器的同一个釉面上，既有土沁又有"死亡气泡"的表象，这样的多重老化痕迹也是确真无疑的真品特征，而且无论如何也清除不掉。如果非要强制清理的话，那也只能是破坏性的清理，实际上化学沁根本也不用清除，这才是验证瓷器新老的最好证据。

❸ 中间沁。中间沁介于物理沁与化学沁之间，大部分都是以中间过渡状态存在着，比如：瓷器上的灰白色、灰黄色釉面，就是水碱沁、水土锈等的痕迹特征。这时釉面与附着物的分子之间，大部分还处在一种不稳定的键合态，暂时是以"范德华力"相互平衡着。但有的却因为墓葬环境，其中间态已严重偏向于化学沁，所以要结合瓷器年代和釉的特点，再做具体分析与正确判断。

如果这种中间态的吸附物稍偏重于化学沁一面，比如局部已形成了"土疤"状或"蚕卵斑"等，这时如果采用普通的物理方法，是很难清除干净的。再比如釉面产生的水碱，如果达到严重的沁蚀态，那么釉面就会形成一层白"雾膜"，即所谓"遇水即清，水干即浑"的假象。

但中间态若偏重于物理沁一面，比如轻度的水碱、土锈类的釉面痕迹，则用离子型洗涤剂、弱酸和弱碱等溶液，就可破坏中间态所形成的这种弱碱，那就完全可以将釉面清理干净。这就是古玩行常说的用"84液",或者其他的去污剂类清理釉面的通常方法。特别提醒,对釉上彩的瓷器,千万不能用84消毒液来清洗,它会不同程度地损伤其色彩,但釉下彩不受此限制。

（2）釉面与沁蚀的状态。

❶ 玻璃釉。玻璃釉的具象特征是,烧造的熔融温度越高,其硬度、耐磨性及抗腐蚀性就越好;理论上也是釉面的玻化程度越高,其釉面晶构的抗腐蚀能力就越强;有的高玻釉面的硬度指数,可达到7而接近玉的硬度,所以用肉眼很难观察到,而且在这种釉面上所形成的土沁,往往都是物理沁或处在中间态的沁蚀。

除去表面腐蚀特严重的中间态沁蚀,比如除掉覆着在釉上的土斑块,往往会留下似小孩褥垫上的"尿渍"斑痕,而且在这种所谓"尿渍"斑痕的边缘,还会带有一种"类彩晕"的现象,但在其他低玻化的釉面上却很难见到。在高玻化的釉面上,一旦发现这种"古老年轮"的现象,就可以毫不犹豫地断定,这是一件具有"历史沧桑感"的古瓷。

釉面玻化程度一般在去除土沁后,会显露出与土沁相同形状的"疤癞"痕,当用指甲轻轻划过这种斑痕时,它会有一种微凸的"阻涩"感,而不是那种酸蚀掉的凹坑感,那么这一定是化学沁斑,这也是墓葬环境下老龄化瓷器的特征之一。以上这些化学沁斑的表象,都是建立在"介质扩散"理论的基础上,所以沁斑自然的分子堆积一定形成的是:釉面上无规律的凹凸不平的丘陵感,而且这种沁斑是除不掉的,即使采用离子溶剂也清洗不掉,除非用破坏性的打磨方法。

❷ 乳浊釉。瓷器如果是一种乳浊的釉面,其玻化程度相对就低些,这也是最容易被沁蚀的对象。由于烧成温度和配方等原因,釉质中多伴有半融熔状态的钙长石晶体,所以在这样的晶格间,水介质和活性分子等粒子,就非常容易渗入其中,并能与其发生化学反应,比如:在1200℃左右下烧造的豆青色汝窑,其釉面就很容易被沁蚀。

事实上陶瓷的这种中温乳浊釉面,也确实容易被土沁,亦称土咬,而且沁蚀严重的话,还真的能沁到釉里。如果用20倍放大镜观察,就可以看到釉面的表层中,含有细小的土颗粒等杂质。即使釉面除去土沁后,不论是釉中的颗粒,还是留下来的沁斑,都是去除不掉的。

❸ 高碱釉。对于像"徽宗官窑"一类的高碱釉瓷器,其烧造温度也相对较高,釉面也更容易被烧成高玻化,所以这类的出土瓷器,最容易被专家和藏友看成是"大新货"。但理论和实践双证明:这种高碱釉烧成的"高玻釉面",好像是"水光波"的釉面附上了一层"硬膜",因此既不容易被沁蚀,也不易发生"沁斑尿渍"等现象。

特别提示，由于中原地区地下水含量少，而且土壤pH值为7.62，属于中性，所以出土瓷器很少有土锈和土沁斑渍等现象，其釉面的腐蚀都不是很严重。重点是：柴窑、汝窑、官窑、钧窑等重器，大都出现在中原地区的墓葬中，因为后周、北宋官员大都出身于中原地区，而中国传统遵循的是死后"落叶归根"的理念。

虽然这种"高玻釉面"光亮如新，但一定还会有零星的黑色"死亡气泡"，而且粉青釉相比米黄釉的圆黑点，不但要大而且还要多。因米黄釉的气泡是密而小，所以就不太容易产生"死亡气泡"，但有的也存在，这需要仔细观察。认知这种玻璃釉光下的"黑点"现象，就如同古玩行常说的话：旧货如新必是宝，看懂才是真专家。

不论是自然的土沁痕迹、老化表象，还是人为的使用摩擦痕迹等，这些都要遵从"痕迹逻辑性"的常规法则，而且还要清楚"痕迹"与"包浆"的区别。对于古物的凹凸处、整体性或大面积，如果存在均匀一致的老化"痕迹"，而不是整件统一的氧化"包浆"，首先就要打上问号。但也不能机械性地生搬硬套，要对具体的问题做整体的综合分析。

如果全方位判断准确无误的话，还须留意一下其他方面，诸如：在圈足凹洼处、胎釉结合处、裂缝和破釉处，去寻找是否有中间态的"沁象"和"吐筋线"。尤其在宋官窑等器物的"高玻釉面"上，如果有黑褐色的、随机自然的"死亡气泡"，那就不必在乎专家所说的"大新货"结论了。

（3）为什么说化学沁仿不了？

化学周期表的规律表明：周期表中金（Cu）的惰性最高，而在无机氧化物中唯独硅（Si）的惰性最高。那么任何陶瓷所烧造的釉面，其主要成分都是含有惰性的氧化硅（Si），而且经过高温的"人工造岩"的瓷器，酷似火山喷出岩浆冷却后的岩石，所以其化学惰性就可想而知了。

那么对于这种高惰性的釉面，目前只有用氢氟酸这一种方法可以腐蚀它，而且在室温下也不需要加热就能使其慢慢地溶解，其化学反应式是：$SiO_2+4HF=SiF_4\uparrow+2H_2O$，这也是传统的玻璃刻蚀工艺。而就是这种腐蚀玻璃的工艺方法，却被造假者用简单的稀释技巧，对瓷器釉面进行微腐蚀来造假。但这种化学造假的方法通过视觉和手感，还是能感觉到是化学腐蚀的产物。

有的专家在鉴定时常说：这是利用高锰酸钾、硝酸、硫酸等的化学方法，将陶瓷釉面进行的"酸咬"做旧，但常识告诉我们：这些酸都是用玻璃瓶装的，那么请看哪个玻璃瓶漏了？哪个瓶罐又被腐蚀得一塌糊涂了？陶瓷和玻璃的本质都一样，那这岂不是自相矛盾吗？有人会问：如果是放进塑料桶里进行"酸咬"做旧呢？请注意，这类物质化学反应最基本的要求即需要高温和时间等条件的限制。想一想塑料桶能耐高温加热吗？而且到目前为止，还没有发现用"特氟龙"和钛合金等昂贵的耐蚀材料作为内胆的反应釜来做旧。

需要指出，在陶瓷釉料的配方中SiO_2的含量都是在68%左右，这与玻璃中90%以上的SiO_2含量是不同的，因此釉面有可能在某些酸中，这是因为釉料还有其他的元素成分，所以在其不是SiO_2的弱势结构中，局部极有可能会被化学建构。划重点：不要涉猎那种釉面"全亚光"的瓷器，也不要抱侥幸心理去赌"盐化"了的"海捞瓷"。要知道即使是几百年的高温瓷，"吸水"后也会产生润亮的"水包浆"（硅凝胶膜），而不会呈现出盐碱浸和土沁后的"全亚光"，这大概率都是釉面的化学消光，因此对"磨砂"和"哑光"的釉面，要格外的小心谨慎！

特别提示：在微观看釉面的沁蚀斑时，分析是否有酸蚀、喷砂等人为做旧的痕迹，就要看鉴定人的真正水平了。对于用氢氟酸将陶瓷做旧而言，鉴别时切记以下三点。

① 釉面会出现凹坑点，高倍放大镜观察坑内有粉末体。

② 有刺激性酸味，摸上去会涩手。

③ 如果用酸腐蚀后，再用碱中和的话，其釉面会有油腻感。

（4）物理沁不能鉴古。

物理沁可以自然形成也可以人工仿造，而化学沁和中间沁则一定是长时间的自然形成，以目前的科技水平，人工是仿不了的！所以瓷器表面上的物理沁，可能掩盖了化学沁和中间沁的一面，但也有可能是假的物理沁一面，所以说：物理沁是遮盖瓷器真与假的一个"面具"。而有的人却将釉面上的物理沁，作为出土瓷的一种表征，但这仅是个人审美和市场卖相的问题，从科学角度来说这无疑是两个概念。

现在伪造古瓷土斑的方法有很多种，一般用氢氟酸和水混合的表面做旧法，如果用放大镜观察其釉面，一定有微坑。而用高锰酸钾与褐色物质的混合法，虽然对釉面的影响较小，但对釉面裂纹和露胎处会产生一定的作用。对釉面涂泥后的二次烧造而言，其土斑的烧色就更好鉴别，可用硫酸将釉面局部进行处理，然后涂上胶再撒上墓葬土，或将墓葬土与黏合剂（或者鸡蛋清）混合，涂覆在瓷器的釉面上。一般来说，人造土斑是不自然的块状，也没有过渡层次，剥离时形成的是大块和片状，有的用手一抠或触摸时，泥土很容易就会掉落，用水浸泡后，也极易清除干净。

瓷器的高温釉和露胎的底部，能自然形成"蚕卵斑"和"蚯蚓屎斑"之类的黑色土斑，这类土斑是出土物的不二证据，而且具有自然的随机性，其黏合强度很大，用手指是剥离不掉的。但"蚕卵斑"一定是点与点的颗粒累积，就像桑蚕的卵子一粒粒堆集那样。而"蚯蚓屎斑"则像蚯蚓的屎，是呈细而弯曲状，这种现象大都发生在裂缝和无釉的胎底表面。

有时还会有釉面堆积的片状物，但与人工喷涂不同，它好似自然的、丘陵式的凹凸过渡状。有时釉面还可能出现水碱沁，表面像涂刷的一层白色涂料，但它却是颗粒状的点与点的堆积。水碱沁一般是大面积分布的有规律的圈形和流状形，非常均匀，几乎没有过渡。而人工造假的水碱沁，则是采用喷漆手法仿的水碱，但这种方法用刀就能刮出卷来。还有用喷砂的方法来仿土沁的凹点。有的出土瓷器的里外，还有墓葬滴落的褐黄色的流痕，清洗时视釉面玻化程度要酌情处理。

从科学角度看，我们真的要感谢"两时"现象，即：时代和时间。陶瓷史中每个历史时代，都会留下特定的指纹痕迹，而经历过了漫长时间的器物，则一定会有"老龄化"的时间表象，这更是造假者的一个致命杀手锏！

如果抛开市场行为和商业表述外，没有人愿意看到覆盖在皇家艺术品之上，那种所谓的"满目沧桑"感，因此如果不是因急功近利而造假的话，那就要像清末民初洋人清理青铜器那样，能清理的就清理，能清洗的就清洗干净。现在就拿清理后的青铜器来说，在经过了百年氧化后的今天，难道我们不认为它比出土时更漂亮吗？

特别强调，瓷器真品是不怕清洗的，所以要想识别真假物理沁，确定是否有化学沁的存在，从而做到真正的鉴古，那就要将瓷器清洗一下。笔者建议：除专业的考古发掘（因不需要鉴古），以及藏家需要以后为之证明的真品国宝（待鉴），或者须进一步科检的、特殊的重器要保留外（科鉴），对待瓷器上的土沁和污渍，只有一种科学态度：坚定不移地清除物理沁、毫不吝啬地清除物理沁。

二、火石红与"黄金圈"

1."火石红"与氧化性

火石红是Fe_2O_3的牙黄色或棕红色的结晶体，也可形象地称为"火石晶红"，它是附在露胎表层上的"结晶红"。火石红的颜色深浅与形成Fe_2O_3的量以及堆积的厚度有直接关系，就像一片玻璃似白色，三片就显现浅蓝色一样。火石红没有真假之分，但绝对有新老之别，而形成的火石红越久远，其表面覆盖的"硅凝胶膜"就越重，所呈现的亮晶晶"伪金属膜"也就越明显。

自然界中存在的Fe_2O_3红色，大体有两种形式：一种是地壳运动的"自然造岩"所得；另一种则是火烧的"人工造岩"所获。前者的火石红是自色，而后者则是反应色。根据反应机理特别指出：不论是哪种生成Fe_2O_3的火石红，都不会无条件地再次发生氧化，比如丹霞地貌的红色砾岩等，几万年了它反应变色了吗？

而"人工造岩"瓷器上的火石红颜色也是深浅各异，一般是呈牙黄色、棕红色、褐红色等。瓷器上产生火石红的前提条件：一是瓷胎和釉料中，一定要含有Fe元素和水分子，仿烧古瓷所添加的黑泥和红泥，其目的就是增加不同比例的含铁量；二是瓷胎自然晾晒与干燥的程度；三是要在高温氧化气氛的环境下。此外还有垫砂物质氧化性的强弱因素，氧化性强的火石红就重，反之就很轻淡。

特别说明：火石红是氧化反应的产物，是瓷器在烧造的氧化过程中，胎釉结合部以及露胎处由外向内的一次性的定型反应，正如古玩行老话所说的"窑红"，虽然窑工不知其化学原理，但他们知道是在窑中产生的红。而不可能像鉴宝专家所说的那样，火石红是出窑后的二次氧化而成，通俗点说就是某物质的"窑外红"或者是之后"长出来"的红。以科学观无法想象：Fe离子在窑内已具备了氧化的条件下，它能"强制自己"不去发生反应？而是等待出窑后再"创造条件"去反应？因此火石红与时间无关，但表象却与岁月相干，虽然新仿的瓷也能烧造出来，但表面的"伪金属膜"却无法呈现。

用化学原理解读：因为Fe_2O_3的铁为+3价，通俗地说，分子已具备了足够的结构能量，绝不可能无条件地再失去电子，从而生成更高化合价的分子。而且火石红一定是在胎的外表面，并不是鉴宝专家所说的由内向外产生，而由内向外的那是地壳熔岩后的赤铁矿石。实际上出窑后的瓷器，在通常环境下的Fe_2O_3分子也不可能再发生二次的氧化反应，而只有是单质的Fe、Cu等金属元素，才有可能发生锈蚀的氧化反应。

2．火石红与二次氧化

首先强调：不论是哪种Fe_2O_3的红色，或者是胎和釉中的Fe离子，都不会在出窑后的无条件下，发生所谓的二次氧化反应，而能发生反应的必要条件是：有氧条件下的高温和铁元素，缺一不可。因火石红在低温阶段就已反应成型，所以有的瓷器在胎釉处，甚至会被后期高温段流淌的白釉覆盖上一点，成化和清三代的彩瓷常有此现象，而且火石红越重就越明显，这也是到代的辅助鉴定点之一，也充分证明火石红就是在窑内产生。所以如果不是烧造时的一次定型，我们看到的瓷器上的火石红，就不会是淡红色或牙黄色等颜色，而且也不会有"一线圈红"的现象。假设出窑后能发生所谓的二次、N次的氧化，那应该是整体的重火石红才对，就如同青铜器上的红皮现象那样。

再举个例子，烧砖的黏土中也含有Fe，所以在烧造时的高温段，Fe氧化为Fe_2O_3而使砖变成红色。如果趁热向已烧成红砖的窑内喷洒水，使之产生水蒸气，这时的窑内就形成了负压，迫使窑中的氧气全部排出、排净，然后立即封窑使之密闭，通俗地说这也叫无氧下的"闷青"。重点是：这时的窑内会产生CO↑和H_2↑，而这种气体具有很强的还原性，可将750℃左右窑温下时Fe_2O_3的红色，还原成Fe_3O_4和FeO的青色。实际上Fe_3O_4也是FeO和Fe_2O_3的化合物（FeO·Fe_2O_3），这就是将红砖变为青砖的反应机理。

有人会问：历代陶瓷的胎和釉中，或多或少都会含有Fe元素和水分子，那为什么瓷器上的火石红，会产生有和没有的两种情况呢？其实原理都一样，只是每个时期的生产工艺不同而已。如果瓷器的胎质粗松，通透性就好，再加上长时间的阴干晾晒，以及气候和干燥等季节环境，这时胎中的水分子就少，所以产生火石红的概率就低。实践证明，采用室内的烘干技术后，火石红现象就完全消失了。

还有人会问：在止火后的还原过程中，如果将窑内换成氧化气氛的话，那青砖还能变回到Fe_2O_3的红色吗？答案是肯定的，但高温和氧化剂这两个条件缺一不可。因为FeO的青色很不稳定，在高温和含氧的条件下，还会被进一步的氧化，比如：阳光下的墙壁青砖，它会慢慢地氧化褪色而变成灰色。如果窑体内某处密封不好，使外边的氧气进入的话，就会造成青红砖或灰砖的"花窑"现象。

同样在窑中止火后的瓷器状态，也是处在一种密闭的保温和降温环境中，而这种封闭后的无氧"闷烧"过程，就是产生还原剂的必要条件。但即使在准高温的条件下，如果没有"开闸"的氧气进入，那它也根本不可能发生氧化反应。实践证明：即使是四面完好的青砖，其内芯依然是红色，这种"青衣红心"与火石红"红衣白心"一样，因为不是自色而是一种反应色，所以都是由外向内所形成。

实际上已被还原的青砖或者青瓦，如果不是在烧制的过程中，也很难再被氧化回到Fe_2O_3的红色。试问：已经是稳定结构的氧化铁分子，以及没有单质Fe的胎和釉，而且还是在常温的状态下，它能发生二次氧化或者还原反应吗？但肯定的是，瓷器烧造后的胎和釉，可以产生二次乃至多次的再结晶体，但绝不可能发生二次氧化反应。

特别提醒：凡是疑似"二次氧化"后的"火石红"，它不是做旧（涂黑色FeO烘烤）生成的红色Fe_2O_3和黑色Fe_3O_4，就是Fe_3O_4（涂黑色）在潮湿状态下，常温反应所生成的红色Fe_2O_3。而瓷器所烧成的Fe_3O_4都是有条件的，所以也只能是用涂抹的方法去做旧，因此对黑色或与其相邻的部位，如果出现不是原始的"火石红"，而是疑似出窑后二次氧化的"火石红"，那收藏时就要格外的小心！

3. 自（本）色与反应色

以上论述还涉及一个技术点，那就是矿物的自色性和反应色的问题，而本小节也只能是点到为止，具体请参照《单色釉与釉下彩、釉上彩》一节。举个例子，我们知道赤赭石的本身也是Fe_2O_3的红颜色，但这种褐红色是矿物的自色，而且这种矿石内外的整体，都是这种红颜色也叫土红，这与胎底上高温氧化的火石红显然不同。

但是不管什么样的物质、在什么样的条件下，一旦形成的是Fe_2O_3的红色，通常状态下无论如何也不会再发生什么氧化反应，就像莫高窟壁画上的赭石颜料（Fe_2O_3），经过千年后是氧化了还是变色了？可以设想一下：因为岩石和黏土等都含有铁，如果都能在通常环境下反应，那岂不是变成"全国山河一片红"了吗？所以说，大自然所产生出的自色矿物很少，而且各种自色的稀有矿石，几乎都成为各品类的宝石和颜料。

凡是具有自色的矿物质，原则上都可以作为釉料或者釉上的彩料。所以古彩料和珐琅料的基础原料，都是选自于天然的矿物原料，即本身就是带有自色元素的彩石，而且釉上彩都是中温烧造的工艺，所以原色调也不会发生大改变。

4."黄金圈"与"黑痣"

如果瓷胎比较致密，胎体的内外又都是全部施釉，那么在烧制前半段遗留在胎骨中的水分子，因瓷胎的内釉和外釉的屏蔽作用，而且物件装窑时又都是竖立状，所以烧造时胎中的Fe离子和水分子，就都会集中涌向胎釉的交接处，以及向沿重力方向的、无釉露胎的底足部位迁移。而这种在露胎表面所聚集的游离铁，很容易发生氧化反应，从而生成有深有浅的火石红。如果瓷器的胚胎采用素烧，那么在其无釉的型胎内外表面，也都会形成均匀火石红的微红色。如南宋官窑出土的素胎等，这种现象也符合"介质扩散"的理论。

所以瓷器在胎釉的结合处，经常会出现"黄金圈"的现象，笔者称其为"一线圈红"，这一点对宋元明瓷尤其重要，而有的涂芝麻酱釉的底，胎釉处显现的是"一线圈褐"，如宋代耀州窑等青釉酱底的胎釉结合部。重点是：真品牙黄色的"黄金圈"，仿佛是跟随着釉水流淌的一道"海岸线"，尤其是宋官窑上的火石红，在胎釉的结合处呈现出逐渐变淡的色阶状特征。

实践证明：在粉青色"徽宗官窑"底足的胎与釉交接处，以及元青花底足或手指黏釉的边缘，都有火石红的"黄金圈"现象。在明清瓷器胎和釉的结合部，特别是清三代的官窑，不但出现深浅不等的"黄金圈"现象，而且底足的整个无釉"泥鳅背"有一层亮晶晶、浅淡不等的"牙黄包浆"。虽然明代瓷器也有此现象，但由于修足工艺不同，眼观和手摸明代的，普遍比清代的毛糙。以上所说的"黄金圈"及"牙黄包浆"现象，都是那个时代瓷器的必有特征。

特别强调：瓷器烧造出的自然火石红，没有真假之分，只有新老之别，所以现代高仿的火石红也都具有极强的杀伤力。但一定要记住：具有历史年轮的火石红上面，一定是覆盖着一层油润的、光亮的、"伪金属"式的膜，但这不是氧化反应，而是"硅凝胶"膜；而且这种膜表观是呈亮晶晶的、淡淡的牙黄色，也可以认为这是火石红上具有沧桑岁月感的一种"包浆"，而且年代越久远"金属光泽"也就越重；但新烧出来的火石红就不会产生、也不可能有这种现象，尤其是"黄金圈"的上边缘覆盖在釉里的火石红。难怪景德镇仿古的行家们都在感叹：唯独这样的"黄金圈"难以仿制！

所以火石红真品一定是浓淡不一的结晶体，而且雍正、乾隆瓷器的圈足上，这种全包裹的、微氧化的、深与浅的"牙黄膜"，是珐琅彩和洋彩的重要特征之一。现代新仿的胎与釉结合部，其所谓"黄金圈"则是将FeO的浆水，用毛笔在圈足、胎釉结合部上涂一圈，烧成后也有类似火石红的感观，以此达到仿真的目的，但火石圈红既不自然，又有"特红特重"感，只要多上手仔细观察，就很容易分辨出这种假的"黄金圈"。

另外如果在匣钵的底部洒的是谷壳类的物质，则是古代为避免烧造时瓷器粘黏，而采用的一种"垫砂"隔离层。因为谷壳灰主要成分是碱性碳酸钾（K_2CO_3），所以在加热反应时会释放出$CO_2\uparrow$的气体，$CO_2\uparrow$与还原剂$CO\uparrow$不同，是一种氧化剂，能促进露胎处Fe的氧化，所以它会加重胎底的火石红现象而不是像有些鉴宝专家所说的那样，是烧成了垫圈的作用。

特别指出，当新鲜的谷壳灰经过反复使用后，碳酸钾反应所释放出的$CO_2\uparrow$气体，会逐渐减少甚至到没有，而这时的"垫砂"就会由碱性逐渐转变成为中性，火石红也会由大片的重红向浅淡红变化，甚至还会消失。所以长时间所烧造的谷壳灰，最终会烧结成黑色的碳（C）灰状，这会导致瓷器的胎底或圈足上，黏上"黑痣"一样的碳斑，或是出现碳灰黏釉和黏胎的现象。

因此，在元末明初景德镇瓷器的胎底上，时常就会出现这种"黑痣"和"黏灰"的"融碳"现象，这是胎底的时代特征，也是行业俗称的底釉上的"黏灰"现象。这种"黏灰"现象当代可以仿制，所以一定要综合其他特征进行鉴别判断。但目前液化气窑炉所烧制的瓷器，为防止器物与碳化硅板的粘连，大都撒的是耐高温的石英砂或氧化铝粉，所以鉴赏时要注意这种现代的垫料。

特别提示：谷壳烧焦的碳（C）斑"黑痣"与麻仓土中的"铁斑"不同，"铁斑"是胎中零星的点状随机分布，而"碳斑"则在胎底的露胎处出现，有时也会在胎底的黏釉上出现，且是呈一种点、块、片的集中分布形态。但如果用当今的石英砂做垫底，胎底就不会有这种草灰般的"黑痣"现象。

综上所述，露胎底的片状火石红与"黄金圈"不同，因此胎底是否有火石红，以及火石红的轻重、面积大小，不能作为真假断代的评判标准，还必须要结合其他条件做最终评定，但"黄金圈"可以作为断定真假的辅助证据。

三、釉面"石花"与脱玻化

研究和指导鉴定学,就是要解决"只知其一不知其二"的鉴赏问题,尤其是那种只强调流传有序和标型物,而不识同类到代非标物的鉴赏通病,如果能举一反三、触类旁通,那则是理论的最好实践了。可能有的人读不懂其物化机理,那么只要记住结论就足够了,能运用它来指导收藏实践,才是科学收藏观要达到的最终目的。

1. 原生晶体与后生结晶

自然界中的大海可以消失,岩石也可以变成"土"(粉末),"土"还可以再变回岩石,这些自然的轮回都只是时间问题。其实瓷器的烧造过程,是一个"人工造岩"的短暂轮回过程,也是"矿化还原"的再生过程。这种原已被大自然粉化了的岩石,其分子结构还处在亚稳定的状态。而人为的"二次造岩"所烧造出来的胎和釉,是将原来亚稳定的无序状态,向稳定的结晶状态转变的过程,理论上把这一过程称为"脱玻化",亦称"晶化",字面上也是指"脱离玻璃"的失透过程。

如果在陶瓷的釉中,所添加各种瓷石的熔点不一,那么就会产生未融化的瓷石小颗粒,或者是一个大气泡,从而就会在釉中的这个点位上,形成一种不均匀的"异相基底"结构,而"晶化"就是从这里开始"成核-生长"。如果高温下还能保持原晶体的结构,那就会形成微米级球粒结构的物理色,而釉中随岁月不断增强的漫反射,也会使釉面呈现出宝光,就如同整块玻璃可形成全反射,但如果将玻璃打碎呈颗粒状堆积,那就会呈现一堆光线散射的绿色或白色。

假如釉中不存在这种"异相基底",那么"微米结构"和"晶化"也就无从发生了,就像高炉中被熔化了的铁水,在冷却形成铁块后,就不会产生分相结构一样。所以高温和原料与配方是避免产生"异相基底"的必要条件,比如:像玻璃和琉璃这样的"均相基底",即使经过几千年也不易被"晶化";像琉璃釉中的唐三彩、疑似"后周柴窑"等,其釉层形成的是三方晶系的"人造水晶",而这种稳定的结构就不易被"脱玻化";像"徽宗官窑"等高釉质的釉面,也是绝不可能被腐蚀得一塌糊涂;像建盏"油滴"那种宝石级的六方晶体,再过一千年也还是这种稳定的结构。

特别指出:"石花"并不是"腐蚀斑",而陶瓷的脱玻璃化程度并不等于它的老化程度,这除了年龄之外,还与釉的成分和烧成因素有关。所以陶瓷这种釉面"脱玻化"的现象,因其元素组成和配比与烧造温度的不同,有的就存在,有的暂时还没有出现。这种"结晶动力学"的"成核-生长"理论,如果在显微镜下观察就可验证其"晶化"的过程，其最容易成核的地方无疑就是在"异相基底"处，而且"晶化"也是从颗粒或气泡的表面，向内部方向逐渐生长，而不是由中心向外围扩张式的生长。这也充分证明，陶瓷釉的配方与烧造温度，是直接导致釉中"晶化"的根本原因。

实际上，古陶瓷的自然"老化"与表面上的"旧貌"是有区别的，前者发生在物质的内部，是自身结构逐渐"退化"的结果，所以很少受外界环境的影响。而后者则主要是由外部侵蚀的结果，因此它的做旧可以是自然的，也可以是人为的。实质上瓷器烧造后的釉面，依然还处在一种微弱的、亚稳定的玻璃质态，但随着温度和压力等外部环境的变化，其釉面会逐渐转化为更加稳定的次生结晶态，这就是所谓的"脱玻化作用"。但这是一个"时间老人"的漫长转变过程，表观上是由最初的颗粒状雏晶，逐渐向球晶、串珠晶和针状晶等多种晶形的转变。

以上也符合"热二定律"（熵增原理），俗称"熵变"，即：瓷器在烧窑高温段向低温段，或者是自然室温向墓葬低温转化再由墓温向室温的过渡中，其胎釉会发生不可逆的各种"熵变"现象。但对于完美结晶体的釉面而言，"热三定律"则将其熵值视为零，比如：越是排列有序的琉璃釉或高玻釉面，发生这种自发"熵变"的概率就越小。原生晶体具有流动感和定向排列的有序特征，而发生"熵变"的后生晶体，则是从原生晶体的有序状向后生晶体的无序状转变，而且还具备发散和无规则的特点。通俗点说，原生晶体就像是有序的笔直树干，而次生晶体就像主干滋生出的、无序的杂乱树枝。

2. 宋元古瓷的"石花"现象

老古玩行常说："宋元古瓷开石花"，这种古玩行家所称的"石花"现象，科学的称谓就是"后生结晶"，俗称"晶花"，也类似于和田古玉中水料的"饭糁"。观察宋元时期瓷器实物的釉面，也往往会出现冰花、菊花状、团粒状、玻璃碴状、棉絮状的后生晶体，尤其有的气泡周围还存在"晕圈"的初期老化现象，即：围绕气泡或"晶花"所形成的圈和带状，且随釉色呈白色、黄褐色等颜色。

古陶瓷中的石灰碱釉是由高岭石、长石类等成分组成，其中透辉石类的熔点是1392℃，钙长石类的熔点是1550℃以上，莫来石（铝硅酸盐）的熔点是1850℃，而玛瑙、宝石类的温度则更高。由于古代瓷器是采用松木等木材烧造，其温度一般不会超过1320℃，因此很难达到多元配方中的"低共熔点"，这就是要添加助熔剂的原因。而发生这种"脱玻化"次生晶体现象的轻重，与高温下生成不稳定的莫来石的多少有关，但主要还是取决于配方中天然"高熔点"钙的含量。

钙（Ca）在与硅氧四面体（SiO₄）的键构中，因为所连接的键较弱，容易断裂，形成针状、纤维状的结构，产生的次生结晶就会出现"石花"。如果釉中钙的含量大，而钾、钠等强助熔剂含量少的话，那么未熔化的"钙长石"，以及其他"高熔点"矿物的颗粒就越多，产生"异相基底"的面积就越大，其"脱玻化"的次生结晶也就越严重，这也符合宋元时期瓷器配方含钙量大的时代特征。

科学研究还表明：当麻仓土加热到950℃时，产生的是尖晶石结构；当加热达到1250℃时，就变为长针状的晶体结构，这也是烧造过程中的原生晶体。像玛瑙、石英类的矿物质材料，则是以白硅石的形态存在。绝大部分产生异相结构体的釉面，其所析出的次生晶体，都是以钙长石为主而形成的晶团，这也是"脱玻化"作用后的结果。

特别指出，一般瓷器上的釉在1270℃的熔融状态下，晶核会重新排列和生长，再经过缓慢的降温过程后，这时的釉面分子结构就会形成一种原结晶的现象。而这种结构的原结晶体经漫长的"脱玻化"作用，就可形成后结晶的现象。所以这种次生晶体的"石花"现象，可以作为鉴别宋元古器的一个辅证。

釉面发生次生结晶的这种"石花"，如同高古玉中的"饭糁"一样，虽然一个是短暂的"人工造岩"，一个是漫长岁月的自然形成物，但都是后结晶的产物。对瓷釉中"石花"的衍变趋势还无法预测，好在有五千年高古玉的"彩排演示"，即：那种逐渐将"饭糁"衍变成棉絮状，甚至到最终的钙化状态，就是不同阶段的多次再结晶过程。

因为陶瓷与玻璃属于同根同源，所以这种釉面的"脱玻化"现象，就如同现代制造玻璃产品时，在透明的玻璃上会出现"白毛状"的析晶现象一样，是瓷器和玻璃的同一种烧造缺陷，只是存在透明与半透明或乳浊的釉质上的区别，而且"脱玻化"还会加重其次生结晶，所以现代企业在出厂检查时，都将其视为不合格品而淘汰。但瓷器釉面上的这种缺陷，反而成为判断宋元古瓷的一种特征，其他时期瓷器的釉面却很少出现这种现象。

3. 釉面"石花"的一般规律

"人工造岩"所产生的"石花"，是与釉的烧成温度和配方中的高熔点元素成正比，而且与釉中有无"异相基底"的关系极大，与短期内的时间关系不大。比如：琉璃釉、灰釉很少产生，而宋元时期的石灰碱釉就容易产生，到明代中期以后和清代的瓷器，已经没有这种现象和特征。所以汉代青瓷、唐三彩、清代瓷等釉中就没有这种现象，但长时间是否能出现就需要科学实验来证明。

理论上推测，随着时间和环境的变化，其釉面脱玻化的程度会越发明显，就如同树木生长的年轮一样。而且古陶瓷的"矿化还原"与"釉面老化"不同，就目前的科学技术而言，尚未找到人工干预釉中矿化还原的方法。由于釉的配方与元素成分不同，以及粉碎加工等工艺的限制，其所产生的原晶体和形成的次晶体会呈现出各自不同的表象。而釉中发生"石花"的一般规律是：宋、元、明初瓷器的釉中会经常出现；明中期和清代瓷器的釉中就很少出现。这也符合理论上的推测，即：如果釉中的钙含量低于5%的话，其釉中就很难发生"晶花"现象。

实际上釉料中的钙含量，也佐证了"成核-生长"的结晶理论，即：宋代钙含量是17%左右；元青花钙含量在9%左右；明洪武初期钙含量大，中期出现低钙型，为4%左右，而宣德钙含量大约是6%，到成化时钙含量也只有4.5%。所以反映在实物的表观上，正好体现的是：宋、元、洪武初期，其次生析晶现象较容易产生"石花"现象；而成化青花和以后各时代的釉中，因釉料中钙含量低，钙长石析晶的现象就少，釉中也就基本没有了"石花"现象。

特别指出，通过对釉中的原生晶体和次生晶体的判断，可以十分有效地鉴别新老瓷器，但这种微观痕迹的鉴别，需要专业人士和仪器来做支撑，一般鉴赏家很难做出正确的判断，本文在此也不做扩展论述。其实这些瓷器釉面的白釉部分，也都存在着"晶花"现象，只是在视觉的观察上，没有色地那样的明显而已。虽然瓷器的"晶花"是一种古瓷特征，只是反映出釉料配比的时代特点，但这并不代表是皇家瓷器。而这种"脱玻化"中的"晶花"现象，尤其对宋元明初瓷器的新老和断代，可以作为辅助判断的科学依据，特别是1200℃烧造温度且土蚀严重的宋瓷，会首先在"石花"上出现"针眼"。

如果瓷釉中存在"石花"的话，则是率先在气泡中出现晶花，这个现象在元末明初的釉里红产品，或者宣德青花的瓷器中尤为明显，而且这种釉中的"晶花气泡"，犹如点亮后的磨砂灯泡，在放大镜下都可观察到。比如：黑色的地，就如同条状的"夜空中的流星雨"，或者像油滴状的"花斑狗"，再高级点就是"耀变天目"；青花的地，就像"湛蓝色天空中的一朵朵白云"；釉里红的地，就恰似"红地毯上散落的白茉莉花"。

四、吐筋线与后析晶

1. 高古瓷的"吐筋线"现象

在高古陶瓷釉的裂纹上，凸出釉面的、白色颗粒状的堆积物，像手臂上鼓起的"青筋"，被老古玩行称为"吐筋线"，近代也俗称"折盐"现象，这是古老痕迹的特征。如果瓷器是处于干燥的环境下，那"青筋"就是"白线"纹，如果被锈水或者土壤污染的话，那就会变成一种"锈线"纹或者"金丝线"纹，但与造假的裂纹"夹灰"现象截然不同。因为中原地区都是中性土壤，北方地区属于碱性土壤，所以一旦发生污染，那大概率上出土的瓷都是一种白色的覆盖物。即使长期把玩后这种"凸线"被磨平，裂纹里仍残留着白色的离子物。目前古瓷上的这种"吐筋线"，造假者还无法仿造。

"吐筋线"是基于"固体扩散"的理论，亦可以认为它是一种"析晶"现象，即：当温度高于绝对零度时，任何物系内的质点都在做无规则的热运动。简单地说，如果物质内存在任何梯度，如温度、应力、浓度、化学位等，那就会导致质点做定向的迁移。但这种迁移需要绝对漫长的时间，比如：几千年的青铜器、高古玉的鸡骨白或者是田黄石，等等，"硅化树"类甚至需要上亿年。而千年的汝瓷或者高古陶瓷的釉，到目前也只能是出现这种"吐筋线"。

因此当瓷器的胎和釉在烧造时存在"热应力"（膨胀系数差）的话，那么在出窑后的漫长岁月中，胎釉中钙、钾、镁等离子的质点，就会向无阻力、应力差为零的近地迁移，即所谓的慢"扩散"行为，这也符合菲克扩散定律。但这种"空位扩散"的"顺扩散"，一定是在釉面近地的裂纹处，以及胎釉结合处的无阻力的空旷地带，且可导致在裂纹上和胎釉的边缘处出现堆积的、凸起的、白色颗粒状的离子物，这就是老话"吐筋线"产生的根本原因。

这种"吐筋线"的特殊现象，虽然适用于所有瓷器的鉴定，但目前却只表现在高古瓷和有细裂纹的釉面上，尤其是在琉璃釉、天青色汝瓷和宋官窑瓷器上，以及瓷器胎与釉的结合处，因为它符合"时间"与"空位"的必要条件。"吐筋线"经过清洗和把玩后，几乎会全部的消失掉，但就像老年人的皱纹一样，这种"瓷器老人"才具有的"吐筋线"，至今造假者都无法、也无从仿造。

2. 陶瓷的后析晶现象

实质上陶瓷的釉都是一种结晶釉，而结晶体又可分为离子晶体、原子晶体、分子晶体和金属晶体。但硅酸盐类的矿物质大都属于离子晶体，经烧造后才能形成分子晶体或光子晶体，以及各种形态的晶系结构。总之，釉中的各种结晶体属于"结晶热力学"的范畴，与配方中的元素和含量，以及"液线温度"下的工艺控制有关。所以玻璃和陶瓷上的釉，在常温下的自然"脱玻化"现象，与"结晶动力学"中的结构和时间有关，而动力学研究的就是这种变化的速度与结构。

根据"热二定律"瓷器烧造过程中的冷却阶段，其胎釉中所生成与析出的结晶体，学界把它称为原生的结晶体。而根据"结晶动力学"的理论，瓷釉在漫长的岁月中必然会发生"脱玻化"的现象，这种现象是使釉面从亚稳定状态，向稳定状态结构的一种转变，通俗地说也叫二次"矿化还原"，即形成了稳定的新结晶体，学界把它称为后生晶体或次结晶。析晶也属于一种次结晶的现象，后析晶可以产生在釉中的次结晶，也可能发生在露胎处（或陶胎）和裂纹中的析晶。

不可否定新烧造瓷器的釉面，也能人为烧造出原生结晶的形态，但这种菊花状原生晶体的特点，其结构具有初始特征的定向排列性，而釉层中后生的次结晶体就没有了这种定向性。因此在鉴别瓷器的釉面时，其形成的是原生晶体，还是在历史长河中衍生成的后生晶体，是微观鉴别新老瓷器的关键！

特别指出，原生晶体是釉面在凝固过程中，在出窑前所析出的结晶体，所以釉中显见的气泡，都是与结晶同时共生共存的。因此观察釉中的原生晶体，其所呈现出的菊花状等晶体，是出现在气泡与气泡之间，而在气泡的内壁上却没有次生结晶的"晶花气泡"现象，这就是新（原生）与老（次生）的区别。

次生的结晶体，是在釉面固化后的漫长时间里，在环境影响下的"脱玻化"现象。因此观察釉面的次生晶体，则都是出现在气泡的内壁上，或者整个气泡都有可能被"晶化"，即所谓的"晶花气泡"现象，而且这种气泡就像失透的"石花"一样。所以釉面的次生晶体，可以穿过原生晶体或者开片的裂隙，也可以覆盖在气泡的内壁，而且这种结晶都是在釉下发生，但造假者却往往是在表皮上的人为"敲花"，这也是鉴定老瓷的标志之一。

有时瓷器釉中的后生晶体，需要500倍以上的微观放大才能辨别，这仅限于瓷胎的次生结晶。而有的无釉陶胎的次结晶体，因为陶的900℃烧结温度与瓷器1300℃无法相提并论，所以两者胎体的密实性不同。由于陶胎在碱性土壤或泥水中的长期浸泡，其胎体是处于吸水的高度饱和状态，如果出土后没做盐化的脱水处理，胎没有了釉层的阻挡，就会在温湿度适宜的情况下，在其原来光滑的胎表面出现"析盐"长毛或霉变的现象。

更为有趣的现象是，如果原来的瓶罐装的是"酱菜"等，那阴天下雨还会渗出点"酱汤"来。以上这种胎表面的析晶（析盐）和长霉现象，用肉眼和嗅觉就可感知到，这是毫无争议的"老掉牙"的真品特征，目前还没有仿这种后析晶现象的瓷器。

五、苍蝇翅与冰裂纹

1. 釉面产生裂纹的机理

陶瓷釉面开裂的原因，实质是一种"热应力"的释放行为，也可以说是瓷器的"热胀冷缩"现象，是由于胎和釉的热膨胀系数不同，而导致在降温冷却的过程中因收缩比不同而出现的开裂，这也是典型的"物理风化"现象，而且时间越长开裂程度越大。尤其是胎体经过素烧后，或者多次上釉反复烧制的瓷器，这种现象还会更加的强烈，而且胎和釉的收缩比越大，其釉面越容易开裂，裂纹的多样性也就越丰富。但对釉层厚度较薄的釉面而言，会出现大小不等和长短不一的细纹，对多次上釉的超厚釉层来说，釉面就会出现鱼鳞纹或冰裂纹。

实践证明：当釉的张力超过其强度极限后，其釉层在冷却的过程中，就会产生自然的、自发性的开裂。而且在以后相当长的时间内，由于在窑内热胀时形成的"热应力"始终存在，出窑后常温下一定会释放出来，所以胎和釉是处于应力平衡的"后冰裂"状态。例如：有的瓷器在出窑或者出土后，几年内还依然在适应周围的温度环境，时不时地就会崩裂出几个短裂纹（惊纹）。

综上所述，瓷器釉面的裂纹形式主要是取决于釉料中所含碱性氧化物的组成和比例，而所形成胎与釉的收缩差和釉层厚度，才决定其釉的"开裂纹样"。在相同条件下的通常状态是：釉层较薄时裂纹多形成的是"蟹爪纹"，或者是小开片即百级碎；而釉层较厚和多层施釉时，就容易形成的是冰裂纹、鱼鳞纹或者大开片纹。

2. 釉面的蝇翅纹

民间收藏界素有"千年老窑显蝇翅"之说，其实这在烧造的当时就已经产生了"蝇翅纹"，只是我们千年以后出土才看到而已，因此现代仿品也很容易烧成，这就需要掌握"千年"和"一年"新与老的"蝇翅"特征，而且这也仅限于陶胎或者灰釉与琉璃釉，而同样是千年的瓷胎和石灰碱釉就很少发生。从实物上观察：唐三彩和疑似"后周柴窑"类的瓷器，尤其是"类琉璃釉"的古陶瓷釉面，确实存在着"蝇翅纹"，或叫"蝉翼纹"，这是由"玻璃母"类制作的琉璃釉所致。纵观宋、元瓷器中的釉面，确实也存在着"石花"的现象，而宋代官窑、豆青色汝瓷等的釉面，大都是开冰裂纹类，天青色汝瓷则是开"蝉翼纹"。

通常釉面上的苍蝇翅主要是指陶胎和琉璃釉，以及釉上彩料和釉厚的部位，这类瓷大都是经过素烧的工艺，这样出窑后再经过漫长的时间，其釉面在高温下所集聚的应力，为适宜环境会不断地开裂。比较典型的就是："后周柴窑"和唐三彩的琉璃釉，以及斗彩中的釉上厚釉彩。唐三彩是经过素烧的陶胎，而釉上彩也是要经过二次烧造，所以这样状态下的胎和釉以及瓷胎和彩釉之间，由于热膨胀系数的不同，高温下一定存在着收缩差。但不论收缩差的大与小，其釉面常温下一定会产生裂纹。而且高古瓷的这类陶瓷釉，还最容易发生脱釉现象。

唐三彩大都是陶胎和琉璃釉，而施琉璃釉或石灰釉的陶和瓷，由于当时的胎土和加工工艺等原因，在蘸釉分界线的流止处呈圆弧状的明显阶梯。而且陶胎和釉的热膨胀系数与收缩比，相对于瓷胎而言还要大很多，所以导致蝇翅纹会更密、更多些，这与新仿琉璃釉烧造后，立马所形成的网状大开片，以及做旧后那种的"夹灰"现象不同。经过千年以上的陶瓷釉面，其苍蝇翅仿佛就像湖水枯干后，河底所裂开的泥面那样，呈现出不规则的四边形上卷。

尤其是琉璃釉和天青色汝窑，往往在伴随釉面"蝉翼纹"的裂缝上，还覆盖着迁移出的白色粒子物，而不是一种"夹灰""黏灰"的造假现象，这是一种钾、钡、钙、钠等活泼的金属离子物，也就是前文所说的"吐筋线"，这也是现代造假所无法仿制的古瓷特征之一。而有的没有白色覆盖物的局部裂纹，用手轻轻抚摸其釉面，还会有一种轻微的刮手感。

3. 釉面的冰裂纹

宋官窑的开裂纹和冰裂纹也一样，古瓷的釉面经过千年的沉淀，有的胀裂纹会一裂到胎底，有的裂缝还逐渐地加宽、加深。如果是刚出土的宋官窑瓷器，其釉表面如果用手轻轻抚摸，一定会有明显的刮手感觉，以及每层开片与气泡的釉下叠加现象，这些都是真品的不二特征。但对于石灰碱釉的薄釉而言，由于不是胎釉收缩从底层的开片行为，而是人为干预的敲打或冷热炸裂现象，其开片就不是自然的大开片，而是一种细小的、浅薄的表面开片纹。

古代瓷器上的所有裂纹都不是人工的特意所为，而是根据原料和烧造工艺的不同具有不确定性，所以从科学意义上讲，不能以"开裂纹样"来左右鉴赏，但中国人自古以来的习惯，都是以表观和"开裂纹样"来认识和描述它们，所以南方文人所记述的文献中，将宋代汝窑和官窑的开片称为"蟹爪纹"。例如：明初居住在上海松江的曹昭，在《格古要论》中就说汝窑："有蟹爪纹者真"；杭州高濂《遵生八笺》也云："隐若蟹爪""官窑质之隐纹如蟹爪"。

但这与北方文人所描述的"蝉翼纹""冰裂纹"相比，表面上看是形容的语言不同，实则上其现象却是相同的。"鱼鳞纹"和"冰裂纹"也一样，其实都是同一种的裂纹形式，只不过是南北文人的笔下，所表达的不同形容词而已。这也是南方和北方在语言表述上的差异，就如同南方人称釉为"肥厚"，而北方人叫"滋润"一样。也可能是明代的文人，针对不同汝窑、官窑颜色的如是说。

再深入分析：由于当时交通和信息没有今天发达，可能冬天的南方人，大都没来过北方生活，体会不到北方冰冻三尺后的冰面视觉，因此也不可有这样的语言。反观生活在北方的文人墨客，就完全能感受到冰面上的这种结冰现象，故将其形容更为贴切的"冰裂纹"。所以清末民初的北方人赵汝珍，解释其南方人曹昭所说的"蟹爪纹"时，就直截了当地说成是一种大开片，而"鱼子纹"则是小开片。在此特别指出："蟹爪纹"是针对汝窑天青色而言，而"冰裂纹"等是针对汝窑和官窑中的豆青（粉青）色而语；除"冰裂纹""鱼鳞纹""龟背纹"是斜开片外，其他的"蝉翼纹""蟹爪纹""鱼子纹"等都属于直开片。

因为冰面结冰的厚度并非一天一次所形成的，正可谓"冰冻三尺非一日之寒"。这就像宋官窑的多次上釉一样，其结厚冰与施厚釉的道理极其相似，都是一层一层地累积叠加，正如古文字中用"仌"表示结冰的"冰"字一样。所以宋官窑釉面所产生的裂纹，有内有外、有先有后、釉中和釉下的"仌"（结冰）现象，但无论如何，在短时间内，大都不会有一裂到底的古老特征，这也是鉴别开裂纹古与新的方法之一。

六、蛤蜊光与彩晕

1."银灰釉"的解读

老古玩行有这样一个经验："百年可出蛤蜊光，千年能生银灰釉"，蛤蜊光可谓人人皆知，但"银灰釉"大都很懵懂，它是专指高古瓷中绿釉、褐釉等釉上的一种颜色层，其实是羟基磷酸铅钙（返铅）的一种表象，如果是水坑墓葬，釉面有可能形成"白霜"式的碱性氧化物。由于发生过"北魏陶俑"的颠覆性认知，鉴别时要特别注意：在千年高古瓷的"银灰釉"上，包括唐三彩和辽三彩的蓝彩、绿彩、黄彩等，其真品的局部多少都会有蛤蜊光相伴。

我们知道：元素周期表中金属的活泼性是从左到右依次减弱的，即：钾、钡、钙、钠、镁、铝、锰、锌、铬、铁、钴、镍、锡、铅、锑、铜、银、金。理论上说：这类金属不分强弱，在水溶液的条件下，排在前面的金属可以置换后面的金属。理论和实践证明：只有"铝→银"之间的金属阳离子，才有可能发生水解反应。而"水解返铅"最严重的则是雍正柠檬黄，如果保存不当就容易出现"锈斑"。但水解反应是相当复杂的，在此就不做扩展论述，通俗点说：只有"铝→银"之间的这些金属离子，才能促进或对光的衍射产生作用。

因此，金属活泼性和被置换是一回事，而水解的强弱则是另一回事。"水解"与溶于水又是两个不同的概念，但水解强度与活泼性却截然相反，它是从左到右逐渐增强的，也就是说银最强，而铝是最弱的，那么离银最近的铜和铅，显然也是最容易被"水解"的。而在"铝→银"之间的两头，最强的两种反应则是Mn和Cu，因此绿色和紫色也是最先被氧化和水解的。而在"水解"

（潮湿）的环境下Pb相比Cu还要活泼，故Cu是最容易被置换出来的金属。在绿彩或各种复色中，只要是含有Cu的彩釉，就会最先或者与Pb同时被"水解"和置换，从而使彩釉上产生强弱不等的光谱，但这种"水解返铅"所形成的"银灰釉"，需要漫长（千年）的时间。

举个例子，因银的水解程度最强，所以银币或含银的硬币以及唐代铜镜中，如果含银，那这种银就容易被置换或氧化变黑，并与铅形成行家所说的"五彩光"。通俗点说，就是能把Pb、Cu、Mn、Co等置换出来，而且还能"水解"的体系，表面就能氧化成一种"金属碱性膜"，从而使颜色釉"返铅"成"银灰釉"，以及在彩釉上叠加成"镭射"的蛤蜊光。

因此，在陶瓷或书画的色彩中，因为潮湿（水解）和氧化，其纹饰中含铅的颜色表面，都会存在着"返铅"（被置换）的现象。而在古代书画和敦煌壁画中，由于环境因素的影响，在含铅的颜色纹饰中，红色的铅丹就会变褐、变黑，而铅白就会衍变成一种特殊的沉白。

2. 蛤蜊光与变彩效应

"蛤蜊光"不是真正意义贝壳上的"蛤蜊光"，它是概括这种光波现象的代名词。一些专家学者大都认为"蛤蜊光"是光的"薄膜干涉"现象，但这很难解读彩釉上呈现的彩晕，以及类似"镭射"光的"金属膜"现象。笔者认为："蛤蜊光"同彩晕的形成完全不同，"蛤蜊光"是由于结构原因所产生的光衍射，而彩晕则是彩釉"楔形等厚"的"薄膜干涉"；彩晕需要彩釉"楔角"的厚度和透明度，釉面要形成"硅凝胶"的"光屏膜"，而"蛤蜊光"则需要足够量的Si，以及Si/Pb的比与烧造温度。

因此，彩瓷上的"蛤蜊光"与彩晕，都需要形成"硅凝胶"的"球粒"和"面膜"。就是说Si的分子结构都有"吸水"（-OH）的可逆反应，但由于釉上彩是"高弹态"以下还没"烧结"的釉，形成的是"硅凝胶粒"的蜂巢结构，而瓷器釉面是"高弹态"已被玻化的表面，形成的是结晶釉上的"硅凝胶膜"，因此"硅凝胶球"比"硅凝胶膜"的"吸水"要快。打个比喻，空巢结构的釉层似"沙滩"，结晶玻化的釉面似"镜面"，所以彩釉一定比釉面的"吸水率"要高，因此"蛤蜊光"就要比彩晕出现得早。再通俗点说，只有Si的颗粒或表面，经过"吸水"的可逆反应后，才能实现"蛤蜊光"和彩晕的现象，原则上，有"蛤蜊光"就应该伴随彩晕，只是出现的早晚或强弱而已。

科学分析表明，"蛤蜊光"就是一种变彩效应，它是由体色（金属离子色）和变彩共同构成的叠加现象，因此"蛤蜊光"怎样形成、什么时候能变彩，以及"变彩度"轻重与否，都与SiO_2胶体和环境有直接关系，这也是有待深入研究渗透性的"膜科学"。值得注意的是：釉上彩都是在900℃温度下烘烤，而合成欧泊也是在900℃中退火,而且"蛤蜊光"与合成欧泊的"火彩"极其相似,只是"蛤蜊光"需要漫长岁月的"吸水"过程,不像合成欧泊仅需一年的培植时间。因此满足"蛤蜊光"的条件包括:一是釉层能形成SiO_2的纳米级球粒(结构),但不能烧成玻化的结晶体(温度),而是"硅胶粒"的堆积体(蜂窝状);二是长期的"水解"环境(潮湿),使之硅胶体完成吸附水和结构水的过程(硅凝胶);三是含快速能被水解的金属阳离子(铅、锑、铜、锰)。

欧泊石的矿物学名称叫"蛋白石",其主要成分是含水的SiO_2,也可称为"硅凝胶"的颗粒体,化学表达式为$SiO_2 \cdot nH_2O$。那么欧泊石为什么会变为彩色呢?科学家用两万倍的电镜揭开了其中奥秘,如图4-2-1所示,它是由直径约150~300纳米的SiO_2微球粒,均匀排列而成的三维空间体。因这些微球粒形成的空隙像光栅一样,可使射入光线发生衍射,能把白光分解成五颜六色的光谱。重点是,"透明的卵石"(Si)粉碎的细度,不但影响形成"硅胶粒"的直径大小,而且也决定变彩的颜色分布范围。

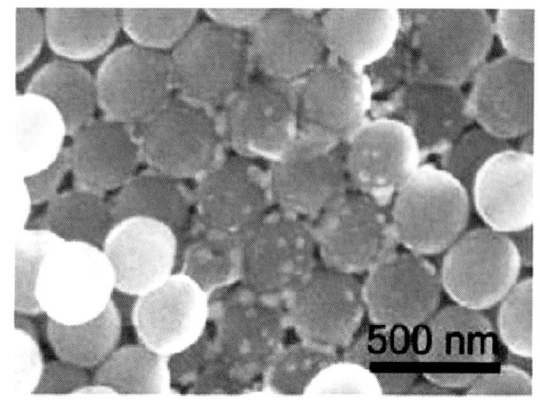

图4-2-1 SiO_2在900℃下的分子结构

研究表明:瓷器彩釉与欧泊石的结构相似,也可认为它们都是陶瓷的"光子晶体"。如果"硅胶粒"的直径在160~200nm之间,可出现蓝和绿的二色变彩,在220~360nm之间的三维效果最好,可呈现出红至蓝的全彩,而在370~460nm之间,则只会出现红色的单色变彩,但如果"硅胶粒"<160(无缝隙)或>500(结晶体)那就不能变彩(保持原色)。通俗点说:小的"硅胶粒"会产生蓝色和绿色,反之就会产生红色、紫色或橙色。颗粒大小的不同,其折射率亦不同,那么反射光的颜色也不同。

由此可知,欧泊石就是由无数个含水(2%~10%)的SiO_2单球粒,堆积而成的非晶质矿物集合体,而且变彩与含水量关系极大,如果不含水那就不会变彩。即使经低温"烤花"后的彩釉,这时也已失去了羟基(水分子),因此新彩(仿品)不会出现变彩现象。举个例子:生活中的天然欧泊饰品,如果保存不当失去了水,那么"火彩"就会变差,但用湿布包一段时间后就可慢慢恢复。而明清彩瓷中"蛤蜊光"较重的色斑,与合成欧泊石的典型特征一样,表面都是存在"蜥蜴皮"的现象,其色斑间的边界呈镶嵌状,显示出"蜥蜴皮"或"蛇皮"般的色彩结构,尤其雍正、乾隆时期的彩釉,表面还呈现出易裂、易碎的特性,这种清代特有"激光膜"般的"蛤蜊光"目前还无法仿造,如图4-2-3所示。

"蛤蜊光"既然是一种变彩的结构色,那么就跟Si/Pb的比值和烧造温度有关,理论上与色彩(原料)和朝代(时间)的关系不大,因此不论是明代、清代,还是民国甚至是近现代,都会出现有和无或极弱的"蛤蜊光",因此蛤蜊光只能作为参考的辅证。但彩晕却与朝代(时间)

和环境的关系极大，如果没有形成"硅凝胶膜"的"光屏"，那肯定就没有彩晕，因此彩晕可以作为到代的主证。

笔者认为，大概率是明代的"蛤蜊光"与彩晕并存，只是"蛤蜊光"或彩晕有强弱之分；清代的"蛤蜊光"比明代的要强烈，但彩晕却存在着有和无两种。以成化斗彩和乾隆粉彩（洋彩）的绿色为例，实物表明：清代绿彩覆盖下的线条，普遍比明代的要清晰和明亮，因为清初多添加了牙硝，是将明代低温彩料的配方，由$PbO-SiO_2-Al_2O_3$的系统，改为$PbO-SiO_2-K_2O$的体系。

3. "蛤蜊光"与"铅锡光"

明代以宝石类制作的彩釉，主要成分是Al而不是Si，由于Al不是高温烧造，而是900℃以下的低温，因此大部分的表观不通透，好似朦胧的雾霾状，玻璃质感也不强，尤其绿色系会更加的突出，因此"蛤蜊光"普遍都较弱。笔者分析，Al_2O_3不是助熔剂，且熔点2050℃比SiO_2还要高300℃，因此无论如何体系中的Al，都会影响到"硅胶粒"蜂窝结构的形成。而硝石即硝酸钾（KNO_3）它是白色的结晶粉末，不但易溶于水而且也是很强的助熔剂，加热到334℃就可熔化分解，加上适合的Si/Pb配比，因此清代釉上彩的体系，是最容易形成"硅胶粒"的蜂窝状结构，那么"蛤蜊光"也就随之越强烈。

具体还是以绿彩为例分析，明成化绿彩料的配方：Si含量27%、Pb是64%、Al是3.5%；而乾隆绿彩料则为：Si含量40%、Pb是50%、K是2.3%。清代不但Si含量比明代高，而且还用K取代了Al，因此明代彩釉的表观肯定没有清代的通透和明亮，显然多少也阻碍了光的传播；明代彩瓷上的蛤蜊光，没有清代那种强烈的"火彩"，而且所形成彩晕的彩虹，不但弱和窄，还不清晰，反观清代的蛤蜊光似"激光膜"，彩晕的光环也是宽而分明。

那为什么高古瓷颜色釉上、唐三彩的彩釉上，以及明清的传统五彩瓷上，都会产生"蛤蜊光"的现象呢？笔者认为，它们都有一个共性，就是含铅以及低温下烧造。由于釉中含Pb的原因，以及800℃的低温下Si不会熔融，从而形成微针状或球粒状的非晶结构，也只有这样才能产生变彩现象。反之，Si如果是在1300℃的高温下，或彩釉中含大量Pb助熔剂B、K、Ca，就会使Si完全熔融而变成完美的结晶体，这种情况下无论如何也不会产生蛤蜊光。

彩釉中Si/Pb的配比，以及烧造的温度和时间，是决定能否产生蛤蜊光的关键。大概率是：Si/Pb在0.3~0.9之间，如果比值越趋于下限，那蛤蜊光就越弱，反之越强；当Si/Pb＜0.3或＞0.9时，这时就很难产生出蛤蜊光。此外彩釉层越亮、越通透，彩晕环也就越大、越清晰，通俗点说，就是能让釉层形成硅胶体的玻化体系。剩下的就是将烧失的水再吸收回来的问题了，但这就要靠时间和环境了。

那为什么绿彩系和紫彩系蛤蜊光现象都较重呢？而红彩和黄彩却没有蛤蜊光呢？分析表明：前者涉及金属阳离子水解的问题，而后者则是与硅和铅的含量有关。由于蜂窝式的空隙结构，使离子的吸入或"逃逸"功能，比高温熔融的玻化釉面强大得多，因此相应的"吸水"效果（羟基反应）也最快。因此绿色系和紫色系上的蛤蜊光，不但出现得最早也最重，尤其是褐色系树干上返的"铅锡光"。重点是：在同一个枝干上前端绿枝梢的蛤蜊光，与其相连的褐枝"铅锡光"并存，如图4-2-2所示，以及呈现出类似光盘的"激光"般的"金属"蛤蜊光，如图4-2-3所示，这两种与彩晕一样，是判断真品的不二特征。

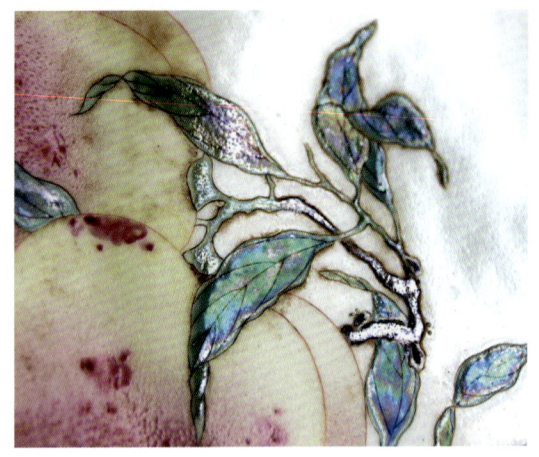

图4-2-2　雍正粉彩蛤蜊光与"铅锡光"

而铁系的红彩和黄彩，由于Si和Pb的含量与配比，存在过高或过低的原因，就是说：如果彩釉形成不了硅粒的蜂窝结构，那就谈不上产生蛤蜊光的问题。由于古老矾红彩的含硅量不足，因此如果发现彩瓷上的矾红彩玻化，那一定是现代工艺所为，而且红彩既无蛤蜊光也无彩晕，这也是鉴别古红彩的关键点。但这与同系的铁黄不同，因古老黄彩含Si量稍大些，如

图4-2-3　乾隆飞鸣食宿瓶彩晕与激光

果条件具备就有产生彩晕的可能，甚至个别高玻璃质的黄彩，还可产生微弱的蛤蜊光现象，因此在有的黄彩边缘，也会有隐约彩晕的萌芽出现，这就是与红彩所不同的玻璃质与厚度的体现。

4. 彩晕的解读

如果说"蛤蜊光"相对的容易产生，那出现彩晕就非常神奇了，可把两者视为相辅相成的"彩虹姐妹"。然而科技发展到今天，还仍然没深入研究搞清楚，瓷器上产生彩晕的机理，但彩晕一定不只是与自然光有关。笔者曾做过将纹饰贴上不透光胶带的实验，可瓷器上的彩晕却没有消失？而且彩晕也是擦洗不掉的，这可能涉及铅、铜、锰的水解"出溶"，且与"硅凝胶膜"同步生成的包裹体（光子晶体）有关，这也是待研究的渗透性"膜科学"，

而且"蛤蜊光"的"变彩度"越重,彩晕也就越明显。

但无论如何请记住:瓷器上的彩晕是无法仿制的"老龄化皱纹"就够了!彩晕的表现形式:发育成熟的彩晕,在弧形和V形夹角的白釉处,可形成多条明晰的宽彩带,如图4-2-3所示;其他则根据"变彩度"和成熟时间的不同,有"压缩"(窄)和"伸展"(宽)或刚冒出"毛绒"状的萌发期。

笔者论点是仍先以光干涉的机理来解读,从光学角度看:出现的彩虹有光栅、薄膜、棱镜、光弹性等几种方式,所以在天空、贝壳、银币、肥皂泡、光盘上,甚至在电焊的金属件上,只要条件具备都能产生出彩虹现象。笔者认为,彩瓷上的彩晕并非是由光栅或"棱镜"所为,所以不可能立即就能反射出彩晕,它是属于楔形的"薄膜干涉"现象,需要一定的成熟条件配合。

所谓的"薄膜"只是一个代名词,它可以是固体、液体、空气等,只要能使两种不同折射率的光波相互增强(不是抵消),相互干涉,形成新的光波就行。而楔形干涉就是在"空气膜"中,由两种不同反射光的干涉。但楔形干涉的性质决定它一定是"定域干涉",因此它必然是在彩釉所折射光的附近。由于彩晕形成的机理很复杂,但可以肯定,无论是由哪种光学机理产生的彩晕,其白釉面都必须要具有"硅凝胶膜"。学术上的"硅凝胶膜",就是行家所说的瓷器"包浆",化学表达是$Si(OH) \cdot nHO$。因此,彩晕绝对是鉴定真品的不二特征。

有人会问:既然是"楔形等厚"的"薄膜干涉",那刚烧的瓷也应该会立马呈现,可为什么却没有出现呢?这就涉及"硅凝胶膜"和"镜面反射"的问题。"镜面反射"是在一个方向上的全反射,因新烧瓷表观呈"类玻璃"面,釉层不但透光,还是"镜面反射"。由于观察光源都是扩展源,那么"劈尖"在"空气楔"中,因白釉与彩釉主要成分都是Si,所以两者的折射率和光波基本相同,就是说这两束光没有光程差,因此也就无法产生光干涉。那也就产生不了彩晕。

通俗点说:透明料、金属阳离子、"硅凝胶膜"、"变彩度"是产生彩晕的必要条件,所以个别明代(或出土)的彩瓷上,如果白釉面或彩釉上粘上"液体"物,固干后周围也会产生不规则的"散彩晕",只是不像彩釉纹饰边缘那样的规整均匀而已。而"四要件"中最难实现的则是:在白釉面上养成"硅凝胶膜"透明的"吸收光屏",这需要漫长岁月和湿环境,只有这样才能形成一个慢反射光出去,因此,这时的彩釉和"硅凝胶膜"这两种不同的折射率,就会在"楔板"的特定区域内重叠相交而出现彩虹。但这种"定域干涉"随着"劈尖角"大小(彩釉坡度)的不同,彩条会出现紧密和稀疏不等的现象,而且随着"硅凝胶膜"厚度的增加,彩条也会随之增加多个条纹。

特别指出:彩晕大小和清晰度与彩釉厚度、"楔角"、透明度关系极大,尤其是还要等待漫长岁月的"硅凝胶膜"形成。它就如同还不成熟的蛤蜊，时间不到就不会有蛤蜊光一样，也像滴落在地上的汽油，如果没有遇上雨水，那它就没有漂浮的"彩膜"的道理一样。如果彩釉添加的是卵石、水晶、云母等原料，尤其是蓝、绿宝石类等，那么这种彩釉面，就能既透明又有厚度，其彩面与白釉面就能形成一个大"楔角"。就是说在彩釉的台阶处，形成了L形的弧度空间，这也相当于"曲楔形"类中极端的"牛顿环"彩虹。

如果彩釉的纹饰是点而不是面，那彩晕只会出现一点点，如图4-2-4中绿色树叶的尖部，它与白釉面形成的就是点与面，而不是面与面的接触，因此彩晕也就渐渐变窄甚至消失，这也很好地诠释了"牛顿环"的光学现象。因矾红彩和绝大部分的黄彩，都不可能产生哈利光，尤其是平涂的红彩几乎没有厚度（无梯度），因而构不成"楔角"，那也就形成不了彩晕。但黄彩如前所述，它与红彩的配方不同，所以黄釉相对的不但厚一点，且透明。理论和实物也都证明，彩釉中"玻化"的黄彩，局部可以产生弱彩晕和弱蛤蜊光。

实践中也验证：在彩釉周围的白釉区确实有一圈均匀的彩晕，如图4-2-3、图4-2-4所示。彩晕大趋势是：如果彩釉边棱的角度，形成的是40度左右，那么彩晕就会越密、越清晰；如果彩釉边棱的弧度不大，或者几乎形成的是直角，那么彩晕也就越窄、较弱，也就很难清晰呈现出彩虹的效果；在自然背光（去环境光干扰）的放大镜下，彩晕是"绿-红-黄-蓝"的彩虹条状带，类似于树木年轮的生长带，如图4-2-3中自然光下的彩虹。

图4-2-4　雍正粉彩彩晕、蛤蜊光、吹红釉

5. 蛤蜊光与彩晕

根据以上论述也可简单的这样理解："蛤蜊光"是以"年十进位"级别的事件，而彩晕则是以"年百进位"级别的现象，就是说两者在时间标尺上，存在着"数量级"的差别。而且彩瓷上的"蛤蜊光"与彩晕，在表观上稍有不同。彩晕是与彩釉平行的条纹，它是彩釉下"薄膜干涉"的光学现象，所以高出白釉面的透明彩釉，可看成是产生彩晕的"根"。而"硅凝胶膜"的漫反射则是另一束光，二者缺一不可。尤其彩晕生长期特有的边缘"毛刺"现象，目前造假者根本就无法仿制！特别提示：彩晕是属于物理现象，但凡物理变化的表象，都会因条件不具备了而消失，就像雨后阳光下的彩虹一样，既不是雨后都会出现彩虹，也不会有永不消失的雨后彩虹，因此要保护好这层"硅凝胶膜"。

"蛤蜊光"实质上是一种变彩后的金属氧化膜，属于化学-物理的变化范畴，是在彩釉的硅胶体结构表面，虽然又"水解"氧化成了一种新物质，但微观上实质还是"蜂巢结构"的变彩效应。纵观传统古彩的釉面，都好像似"珍珠面"那样的表观，尤其明成化御用的斗彩瓷，其彩釉里还闪烁着星光，偏蓝彩还要特别地突出。而清代彩釉上的"蛤蜊光"，则是变彩与"水解"金属氧化膜的复合体，仿佛像一种碎彩片上的"镭射"光此外，雍正和乾隆褐色类的树干上，那种特有的"铅锡光"与"蛤蜊光"相辅相成。

特别指出：不是所有釉上彩都能产生"蛤蜊光"，也不是所有彩釉周围都能出现彩晕，但若具有强或弱的彩晕和"蛤蜊光"，都是经历过了漫长岁月。很有趣的现象是，同样都是相同年代的彩瓷，有的存在较重的"蛤蜊光"，而有的却很弱或者刚刚一点点，更奇怪的是有的"蛤蜊光"和彩晕会同时存在，有的却只有"蛤蜊光"，而在彩釉边缘并没有彩晕，或者没有"蛤蜊光"而只有彩晕，那这又是什么原因呢？

具体针对珐琅彩和古彩来说，如果采用进口透明的珐琅白（砷白），以此来打底或覆盖其表面的话，那就没有"蛤蜊光"和彩晕，即使绿彩和蓝彩上渗出些"蛤蜊光"，但其周围也不会出现彩晕，因透明珐琅白覆盖彩釉边缘处，从而阻断其要形成的"硅凝胶膜"。但如果纹饰能形成高低错落的堆垛，比如蓝色的山石、绿色的树叶、衣纹褶皱等，那就构成了产生"彩晕"的必要条件，那珐琅彩中的这类纹饰，就会在沟底和侧面出现"彩晕"现象。重点是：彩晕随着釉面羟基（–OH）"硅凝胶膜"（光屏）的形成，才能出现彩虹的现象，因此新烧的瓷或出窑时间短暂的瓷，表面根本就形成不了"水膜"，那也就不可能产生出彩晕。

需要指出，观察"蛤蜊光"和彩晕一定要避开直射光，而明清彩瓷上弱的彩晕（萌芽期），则须借助50倍放大镜才能观察到，而强的彩晕肉眼侧光即可见。彩釉周围的自然彩晕现象，就目前的科技水平还无法仿造，因此不论强弱，一旦彩瓷上出现彩晕，那无疑是真品的不二特征。尤其是四字蓝料的"宫款"笔画周围若出现彩晕，那毫无疑问应该为珐琅彩真品。如果采用"玻璃白"（铅白）打底，或者使用雍正国产的珐琅料，那就会容易同时产生"蛤蜊光"和彩晕。如果采用的是进口珐琅料，那肯定就没有这种现象。所以在鉴别时一定要做全面分析，从这点意义上来说，没有或局部有"蛤蜊光"或彩晕的珐琅彩和洋彩，才是清三代中最好的御用彩瓷。

笔者认为，这大概率是：年代越久远的釉上彩，不但在彩釉上有蛤蜊光，而且在彩釉边缘的白釉上，还会出现1~3毫米均匀不等的彩晕，这是可一锤定音的老瓷的不二特征。如图4-2-3、图4-2-4所示绿叶边缘的白釉，其彩晕呈现出"绿-红-黄"的彩虹状，尤其是图4-2-4"吹红釉"的独有特征。有的刚出土瓷器的釉面，也会有一层"蛤蜊光"的彩膜，而唐三彩绿釉和蓝釉以及乌金釉、酱釉的古瓷表面，通常也会有局部的"蛤蜊光"现象。

理论和实物都可证明，彩釉中的"蛤蜊光"以绿色系、紫色系的较重，其余的衍生色则次之，但黄色和红色没有"蛤蜊光"，如图4-2-4中的红色，即使在绿叶较重的"蛤蜊光"边缘，也不会产生"蛤蜊光"，这是辨别真品的特征之一。再次强调：彩晕的产生要比"蛤蜊光"难得多，彩晕受环境的影响较大，所以其临界点不能"一刀切"。而且明清彩瓷即使没有"蛤蜊光"，也要有微弱的彩晕，两者必备其一。"蛤蜊光"与彩晕两者相伴，这是真品所特有的岁月痕迹，现在造假者还无法仿制。

这种光的衍射和"薄膜干涉"现象，在日常生活中也较常见，比如：浮在水面上的汽油、吹出的肥皂泡以及光盘等。假如没有上层的这种"硅凝胶膜"，那也就没有光的"薄膜干涉"现象，所以即便是天然的贝壳，其原来壳上的蛤蜊光（彩晕），也会随着膜的逐渐消失而消失。比如：唐代青铜镜上镶嵌的螺钿，有的蛤蜊光就已基本消失，因此保持原状不擦洗、不把玩、不磨损的"懒人"保养法，是产生和保持蛤蜊光与彩晕的不二法则。

实践证明，密封在包装盒里的彩瓷，或者刚从墓葬里出土的彩瓷，蛤蜊光和彩晕的现象都相当明显，这是所形成的"硅凝胶膜"没有被破坏的缘故。而在室内阳光（干燥）下长期放置，以及经常手摸把玩，或者不断擦洗的传世彩瓷，其蛤蜊光就会显得很弱，甚至几乎看不到彩晕现象，因为上层的"硅凝胶膜"已被磨损了，而且除珐琅彩原料因素外，其他年代的彩釉由于外部环境和时间不够，暂时还没有产生出彩晕现象。

6. 真假"蛤蜊光"和彩晕的鉴别

人们既然知道了"蛤蜊光"和彩晕形成的机理，那当然也就能仿造出"蛤蜊光"和彩晕。这可以利用高分子学"时温等效"的原理造假，通俗点说，就是短时间高温的化学方法。但是真品的"蛤蜊光"，如虹似霞，其"镭射"表面呈现的是金属光泽，而且在彩釉的边缘处，形成的是自然生长中的彩虹，真品的彩虹带条纹清晰、灵动自然，尤其成长发育中的"毛刺"状，更是对付造假者的"杀手锏"。真品"蛤蜊光"和彩晕的特点：除彩料纹饰上有蛤蜊光外，在彩料周围的白釉部分，还有一圈"压缩"或"伸展"均匀的宽窄彩晕，如图4-2-4是较重的"蛤蜊光"和彩晕在阳光下拍照的真实效果。

而假的"蛤蜊光"釉面，它是呈不自然的、无序扩散的片状彩，显得呆板、生硬、无规律。特别是在彩釉的四周看不到彩晕明显的均匀带环，这是现代版利用电光水、光学镀膜等手段仿制的彩晕假象。注意，电光水的"蛤蜊光"是"眉毛胡子一把抓"的一片彩晕，而且红彩和黄彩上也都有"蛤蜊光"，这与真品彩瓷上的"蛤蜊光"不符。

举个例子，电光水也叫彩光釉，它是一种金属化合物的彩膜，但只有无色电光水才具有虹彩效果，可它的致命缺陷是：只能由人工来刷涂或喷涂；要在

750℃～900℃温度下，烘烤2小时左右，即使采用简单的"热喷"工艺，那瓷器也需要在580℃以上先预热；由于电光水的扩散性也较大，因此描线纹容易散开，"彩晕"的形根本无法控制。重点是，再次入炉后原来的矾红彩，一定会发生不同的变化，因此无法保证原彩与新彩虹的自然，而且虹彩会出现大面积、厚薄和条纹不均，或者散开、有灰尘、白粉等，这种现象一定是人工电光水的造假所为。

总之，人工制造出的"蛤蜊光"和光晕，就像刷油漆那样非常的呆板，而且也根本无法控制其自然状态。所以只要是看到彩上或者釉上，呈现的是一种无规则、不自然、刺眼，或者是整体大面积的"蛤蜊光"和彩晕，尤其还覆盖在红色和黄色上的"蛤蜊光"，那大概率都是造假者所为，这也是仿制"蛤蜊光"和彩晕的死穴。如果这样还辨别不清或者对此产生疑问的话，那就要结合其他方面进行综合鉴别。

古瓷经人的手长期摩摸后，也可产生浅淡的、油性的、无金属光泽的五彩油光，这种通过人手所产生油性膜的"蛤蜊光"，老古玩行称为"后天蛤蜊光"，但它不及出土器物和密封传世那样的明显，也不能作为鉴定真品的依据。"蛤蜊光"进一步反应和迁移，釉面就会形成一层"银釉"（银色膜），这种现象一般多发生在高古瓷的含铅彩釉（绿釉、酱釉）上，但釉面上的这种"银釉"会出现遇水即消、水干即现的真品特征，而且多少还要有"蛤蜊光"伴随。

特别指出，"蛤蜊光"不能成为鉴定新老瓷器的主证，可以作为鉴别瓷器真假的辅证，但"彩晕"可以作为鉴定真品的不二特征。原则上来说，百年以上的彩瓷不管周围的环境如何，那都或强或弱、或多或少会有"蛤蜊光"，甚至具有几十年瓷龄的彩釉，如果"硅胶粒"达到了半饱和吸水的话，即使不用特意地去造假，那彩釉也会产生微弱的蛤蜊光；因此民国时将"蛤蜊光"和彩晕，作为新老判断的绝对标准完全可以理解，因为当时民国产的新彩绝不会出现"蛤蜊光"和彩晕，如同今天的新彩也不会一样，可是再过百年后今天的"新彩"也会出现，正如民国时的"新彩"现在出现"蛤蜊光"一样，也许现在真品彩瓷的不二特征"彩晕"，到那时也会失去现在鉴定时的唯一性，所以传统鉴定法也要与时俱进。一般的规律是：相同条件下的瓷龄越长，"蛤蜊光"也就越重，彩晕也就越明显。

七、金箔纹与描金

1. "戗金五色花"与孔雀蓝釉

贴金箔（戗金）和描金，是瓷器的两种金彩装饰工艺，也是古代皇家和贵族们的专利。《元典章》载:"至元八年…钦奉圣旨:今后诸人但系磁器上并不得用描金",因此元代贴金箔的瓷器,不但是宫廷专属的精品瓷,而且传世稀少、异常珍贵。当然瓷器上的这种金饰工艺,也是借鉴了漆器、壁画、木雕等贴金箔的技术。其实这种在各类材质上贴金箔、贴银箔的工艺,也是源自于古代"沥粉贴金"的技法,在敦煌223窟的菩提树干及人物身上,就是运用了这种"沥粉贴金"的工艺,在宋元时期,则将贴金箔的技术移植到瓷器上。

元《至正直记》载:"红绿古彩古来有之,金以来时为上物,多定烧、限烧,为上用";明《格古要论》载:"有青花及五色花"和"五色花者与拂郎嵌相似";清《景德镇陶录》载:"枢府窑:元之进御器,民所供造者,有命则陶……亦有戗金五花者,器内皆作'枢府'字号……俱千中选十,非民器可逮";以上说明:宋金元的红绿彩不是"五色花",而"拂郎嵌"(沥粉)才是"戗金五色花",这也是元代五彩衍变到明代五彩、斗彩的基础。考古发现:湖田窑刘家坞的"枢府窑",与烧造元青花的窑一样,属于"有命则供"的元代供御窑。

元枢府瓷"戗金五色花",或称"堆花(沥粉)贴金",如图4-2-5~图4-2-8所示。"五色花"(五彩)是指砖红、金黄、橘黄、天蓝、草绿五种矿物色,它同时具有元代壁画沥粉以及明景泰蓝"珐琅釉"的颜色特征,放大镜下观察:砖红条的边缘处,有相隔微距离的"珐釉痕";只有金黄条在阳光下像"宝石"粉碎后那样,闪着红和黄的星光点;绿色系条中都有绿点;唯独蓝色和淡蓝绿色(混白)条存在开片;除"沥粉"老化的沧桑感外,都具有砂眼和泡坑的特征;现代仿元代枢府瓷的"沥粉",都是无实物而以照片颜色勾兑的现代料,颜色不但相差太远,而且无一点包浆老气,尤其还省掉烧钱费工的贴金箔(非描金)一环。文献有"枢府窑"的记载,但却没有卵白釉专指"枢府釉"的现代说法,因此"枢府瓷"不仅仅限于卵白釉,还有釉里红、钴蓝釉、宝石红釉等,甚至有更为稀有的铜蓝(孔雀蓝)釉。而且元代官窑沥粉必贴金箔,甚至可以说孔雀蓝釉上的"戗金五色花",是元代原创性枢府瓷中的"上用"绝代珍品。

研究表明:铜氧化后的CuO一定是黑色,而且无关温度,就如同高温下无釉的CoO也是黑色一样。但黑色CuO在釉中的氧化焰下反应后是呈硅酸钙铜($CaCuSi_2O_6$)的绿色,就如同釉中CoO反应生成铝酸钴($CoAl_2O_4$)的蓝色一样,而只有在还原焰下才能还原成Cu_2O的红色。而且孔雀蓝和孔雀绿的化学式都是硅酸钙铜($CaCuSi_2O_6$),着色机理是由"人工合成"的"钙铜硅胶粒"所致,它是光经过"硅胶粒"蜂巢结构折射后的颜色,而不是氧化焰下单一CuO分子的自色,只是蓝釉含100%CuO的"硅胶粒",而绿釉则是含70%CuO和30%Cu^0的混合胶粒而已,所以对瓷器中孔雀蓝和孔雀绿的颜色,

图4-2-5 元孔雀蓝戗金五色花玉壶春瓶 高35.7厘米

图4-2-6 元孔雀蓝戗金五色花盘口瓶 高34.8厘米

图4-2-7 元孔雀蓝戗金五色花八棱尊 高32.3厘米

图4-2-8 元孔雀蓝戗金五色花梅瓶 高33厘米

其色差不明显的就很难界定，就如同"洋红"中所形成的"金胶粒"，因其大小和含量不同呈色不一样相类。

重点是：烧造温度不能使釉呈完全的"玻化"态，即：不能是单一CuO分子的晶体结构，而是要形成硅酸钙铜的"硅胶粒"蜂巢结构，而且蓝釉比绿釉的配方体系碱性要强，它是预先焙烧的一种高钙、低铅或无铅的高碱料熔块，然后再粉碎研磨制成釉料。因反应机理很复杂，但只要记住：珍贵的"郎窑绿"就已很难烧成功，而铜蓝比铜绿还要更难烧就够了！西亚孔雀蓝釉是高Na高Ca低K无Pb型，而元代陶胎孔雀蓝瓦则是高K低Pb型，元代还创烧出二元瓷胎的孔雀蓝釉，如图4-2-9局部所示具有古"埃及蓝"的颜色，精美的蓝釉即均匀也没有开片，尤其沥粉（堆花）原料如同进口的"珐琅釉"，细腻润亮、鲜艳醇厚，笔者认为：元代

图4-2-9　元孔雀蓝饸金五色花玉壶春瓶

"孔雀蓝"与"珐琅釉"均来自西亚，如果科学检测立马可辨。

由此还引发思考：明初《格古要论》记载"食窑"的"拂郎嵌"，即现代所称的"掐丝珐琅"，中外学者大都认为起源于元代，而且是从阿拉伯传入的原料和工艺，那么是否可作为一个实物佐证呢？因为孔雀蓝不但是起源于西亚的传统釉色，而且从御窑厂出土元孔雀蓝以及明初已断烧来看，推测铜蓝料与钴蓝料等都是从西亚进口的，而且从此开启了元青花的新篇章。当然元早期进口与国产化是有区别的，明万历《工部厂库须知》琉璃构建载："蓝色一料：紫英石六两，铜末十两，焇十斤，马牙石十斤，铅末一斤四两……"，重点是：这与故宫元代孔雀蓝琉璃瓦的检测结果相符。而近现代仿烧的孔雀蓝，由于"铜末"高温和低温都有可能烧成绿色，所以因配方等因素烧成"中温翠蓝"的难度大，采用了"钴＋铬"容易烧成的"高温天蓝"。可问题是，"钴＋铬"混合的蓝与"铜末"反应的蓝，两者不但色调不同，而且釉层没有铜蓝釉那样的匀质、清澈、莹亮，蓝色也不青翠且显得比较生硬，重点是还含有钴料未熔的蓝点。

2．金箔纹的工艺与特征

历史上瓷器的金彩装饰，经历了嵌金釦、金箔、泥金、洋金（金水）的四个发展阶段，而嵌金釦只是针对瓷器口沿、足部的镶边，而瓷器上贴金箔的工艺，则是针对瓷器上的纹饰而言，清乾隆年间的《南窑笔记》中还被称为"炙金"。但像吉州窑的剪纸、树叶纹等，这

种在瓷器上以廉价实物的新颖装饰法，则是寻常百姓家物美价廉的大众喜好。这其实就是将瓷器贵族化的金箔纹饰，衍变成了喜闻乐见平民化的剪纸或树叶纹饰，而且这种奇特新颖的装饰艺术，皇家贵族也不见得不喜欢。

追溯瓷器上这种描金和贴金箔的装饰，考古证明最早的是在宋代，如河北定窑、福建遇林亭窑等。在遇林亭窑出土的瓷器上，发现有描金、描银的纹饰。而在瓷器上贴金箔的工艺也是从宋代开始，它是描金工艺的升级版，一直延续到元明时期。虽然宋元时贴金箔工艺已较成熟，但最流行和贵族化的时期，则是在整个明朝。明·宋应星《天工开物》载："凡色至于金，为人间华美贵重，故人工成箔而后施之。凡金箔每金七厘，造方寸金一千片，粘铺物面，可盖纵横三尺"；宣德二年进士王佐在《新增格古要论》中云："今有青黑色戗金者，多是酒壶、酒盏，甚可爱"。这些文献都说明：在明代初期的瓷器上，就已开始流行贴金箔的工艺。

唐英《陶成纪事碑记》中则非常明确地指出："仿古采今之各种装饰手法，金彩只有描金、抹金，而未见贴金"；康熙年间的传教士殷弘绪，在给奥日神父的信中，也详细阐述了清代"描金"的方法。而且文献和实物都证明：清代确实没有贴金箔的工艺，清代是以金粉描金替代了金箔贴金。

如果在瓷器上发现有金箔纹饰或者贴金箔所残留的纹饰痕迹，且兼具其他老化和时代特征的瓷器，那一定是清代以前的古瓷，至于是明代还是宋元时期的瓷器，那就要看具体的器型和纹饰了。因此，瓷器纹饰上不同时期的金彩工艺，不但是各自朝代中的精品瓷器，而且还有其鲜明的时代分水岭。贴金箔工艺对鉴别瓷器的年份，有着极其重要的辅助作用，以目前造假者的学识与技艺，基于此点就完全可以明确地断代。

瓷器纹饰上的所谓戗金，实际上就是一种贴金箔的工艺，古代的金箔、"金胶油"以及打制所用的乌金纸，都是民间作坊中的祖传秘籍，因此传统制造的金箔作坊，不论古今都可谓独一无二，而且贴金箔也必须由专业匠人来完成，金饰也是皇家贵族的一种身份标志，所以瓷器上贴金箔的出土和传世品都很少，绝大部分藏家也很难接触到，故对此类鉴别容易产生混淆和困惑，这需要深入的研究和认知。

明代以前，即使官窑中需要金饰，那也是根据需要随时聘请专业匠人，在窑场工作坊中进行现场加工，或者转移到专业作坊里去完成，正如《南窑笔记》载："成窑有炙金一种，随用即落"，就是说如需要贴金匠人可随叫随到。贴金箔的金饰技术虽然复杂，但可以重复的进行修饰，不会轻易地废弃掉，所以在景德镇官窑遗址中，极少有此类的瓷器出土。因为贴金箔是室内专业作坊的手艺，并非为宫廷垄断和独有，所以不论是皇家贵族，还是民间土豪，对瓷器都拥有金彩的装饰权。而国内外各大博物馆的藏品中，除宋元时期个别瓷器有金饰外，在明代官窑和非官窑器中，也都发现有贴金箔的瓷器。

明代官窑款金饰出现，与民窑有明显标志上的区分，但明代民窑已出现带金饰的瓷器，就像清代粉彩的描金一样，这也充分说明此种技艺也可能出于民间的手工作坊，遗憾的是这种工艺到清代就失传了。如果在明代或明以前的瓷器中，有这种贴金箔的金饰出现，则无疑是为鉴定增加砝码，有的瓷器甚至以此就可断定为真品。虽然这个特征非常灵验，但贴金箔的瓷器毕竟是少之又少。

贴金箔工艺的特征如下：凡是贴金箔的纹饰都带着纯金那种金灿灿的亮（擦除表面氧化层后）。纹饰的边缘整齐无毛边，但在边角或转折处却显得比较生硬，有些地方还存在明显的断接痕。采用泥金的金色纹饰，则完全没有金箔那样的灿亮，而是金粉压光痕的那种亮光，而且还有笔道的涂抹痕，以及金饰被磨损后的毛边。

金箔是纯金的延伸，而泥金、金水则都是碎金的再聚，一个是亮片，一个则是漫反射的亚光；显微镜下"泥金"是密集的金黄色小颗粒，而"金水"则形成的是块或片状，既薄又透且边缘易变色、易磨损；科检其含金量也有所不同，金箔是90%以上、泥金是50%～65%、金水则是20%左右、仿金为0或者抽条为5%左右；而且瓷器上贴金箔的纹饰，即使金箔被磨损掉了，其釉面还依然残留原金箔纹饰的痕迹，甚至若用现代的钢丝清洁球，把釉面的锈迹和污渍刷掉，其金箔的纹饰也不会被磨蹭掉，而金泥、金粉就不一样了。比如：台北故宫博物院明代红釉碗贴金箔的龙纹，虽然金箔被磨损掉了，但依稀可见其纹饰的痕迹。

贴金箔所用的黏结剂也不是鉴宝专家所说的"大蒜汁"，而是大漆和桐油配制的"金胶油"。宋·李诫《营造法式》载："贴真金地，候鳔胶水"，说明贴金箔是要用鳔所熬成的胶；宋·周密《癸辛杂识》中载："金花定碗，用大蒜汁调金描画，然后再入窑烧之，永不复脱"。虽然都是同时代的宋代人，但所说的金饰不是同一回事，用"大蒜汁"来"调金"粉是用于"描画"（绘画），而用"鳔胶"则是用来贴金箔（戗金），这是瓷器上两种不同的金饰工艺。

而宋·周密所说的"永不复脱"则是个相对论，现在看来显然是一种假说，因为宋代人不知道未来的现在，这种金饰自然会老化成什么样？而发展到明代时的宋应星，则在《天工开物》中更加明确地说："先以熟漆布地，然后粘贴（金箔），贴字者多用楮树浆"，不论是漆树浆，还是楮树浆，它们都是古代的天然"浆糊"，显然明代的记载更符合永宣时期，但这种"浆糊"却容易"复脱"。

特别指出：这种贴金箔所用的"金胶油"黏结剂，经红外光谱检测证明，其图谱是带有羟基和亚甲基的峰值，而这种结构正是生漆的主要成分。因目前仿品大都是成熟的现代描金或泥金工艺，还没有采用古老"金胶油"的贴金箔技术，至少若干年前笔者准备执笔写书时，仿品还依然是描金或泥金工艺，还没有采用古老的"金胶油"贴金箔技术，以此完全可作为鉴别和断代的依据。换句话说：造假者根本就没认知或者还不知道，金饰中还有用"金胶油"（非化工胶）的技术，但本书出版后在瓷器上，这种仿贴金箔的技术就不得而知了。

古老的贴金箔工艺：用毛笔蘸上调好的"金胶油"，在瓷器釉面或青花纹饰上，进行绘画或描摹纹饰，然后将金箔用竹钳夹起，贴在"金胶油"所描绘将干未干的纹饰上，稍后再用羊毛刷"扫金"。如图4-2-10、图4-2-11所示就是贴金箔的纹饰，这种古代戗金的金饰技术，不但在没擦亮的金箔还保持氧化（赤金）状，而且即使金箔磨损没了，也还依然残留"金胶油"的纹饰痕迹，甚至在元代"戗金五色花"的堆花边上，还有当时描绘出廓的褐色"金胶油"痕迹，如图4-2-9所示。

3. 描金工艺与特征

图4-2-10 宣德青花梅瓶金箔纹与锡光斑

图4-2-11 宣德龙纹梅瓶金箔与晕散、渗青

从清康熙朝开始，瓷器金饰就采用相对简单的泥金工艺，这其实与金箔一样，也是一种"本金"工艺，甚至高纯度与厚度的泥金可"以假乱真"，从而全面取代明以前贴金箔的高难技艺。殷弘绪在书信中对泥金工艺有过详细记载："将金子磨碎，倒入瓷钵内与水混合，直至水底出现一层金为止。当使用时取其一部分，将其溶于适量的皮胶中，然后再掺入铅粉，金和铅粉的配比为30：3，在瓷釉上描绘金彩的方法，同施彩色料的方法一样"。

所以在雍正、乾隆时期的珐琅彩和洋彩中，其金彩全都采用的是金泥（金粉）工艺，不是戗金的贴金箔工艺，也不是清末民初的"金水"工艺。因此这时期的金彩，显得非常的厚实和光亮，仿佛像是镶嵌的"金丝条"一样，如图4-2-12所示。这也是鉴别清三代珐琅彩和洋彩纹饰金彩工艺的关键点。这种用金粉绘制的金彩纹饰，描金后经低温烘烤，再用玛瑙棒反复打磨，使之泥金与釉之间更加牢固，并且还显现出原有的金光。因此涂抹一定厚度的泥金，经压光后会呈现出金子的光芒，可以达到镀金的乱真效果，这也是清三代金彩的特征。

图4-2-12 乾隆洋彩花口尊的金饰

泥金工艺与明代以前的贴金箔工艺相比,描金的图案更加精致细腻,而泥金的金粉与金箔材料相比,虽然都是本金和"类本金",但金粉相对更容易脱落。笔者认为:金的这种特殊金属极易与毛刷类物质产生静电反应而脱落,而金粉末相对整片金箔而言,是金粒的集合体,即使烤烧后也容易脱落,因此不论是金箔、还是金粉的纹饰,切忌用鸡毛掸子去掸扫金彩。注意,泥金脱落的金彩,与明代贴金箔相比,不会留下纹饰痕迹,有的也只能残留隐晦的碎点状金粉。

1830年德国居恩发明创造了"金水"(也称洋金)工艺,这是将黄金溶解于"王水"的化学方法,即:将浓硝酸与浓盐酸按1:3配制,再与金粉混合熔融,然后用此液体进行绘画。这种制作方法,大约在鸦片战争后传入中国,并应用到景德镇的瓷器装饰上。这种用"金水"所画的纹饰,比用金粉的耗金量更低,这是金饰工艺的一种进步,也是鉴别古代金饰与近现代金饰的重点。在近现代瓷器的金彩中,"金水"工艺得到了普遍的应用,因此笔者一再强调:在鉴赏瓷器的金彩时,一定要看其金色和厚实度,以及金彩磨掉后的痕迹!

4. 金银釦与锡釦

《汉旧仪》载："太官尚食，用黄金釦器，中官私官尚食，用白银釦器，如祠庙器云"，《后汉书》还载："其蜀汉釦器……"而《说文解字》曰："釦，金饰器口"，这说明汉代就有"器口"镶嵌金银的工艺。发展到唐代和宋金时期，其瓷器的边缘、口部、足底等，已流行镶嵌金属釦的奢侈工艺。

比如：法门寺二件"金银平脱"秘色瓷的嵌银釦，这也是陶瓷"釦器"的原创实物，但古代文献都是以"金稜""金釦"和"银稜"的词来表达。晚唐钱宽夫妇墓出土的白瓷杯托嵌银釦，北宋吕大临墓出土耀州瓷嵌银釦等，都说明这是从唐代的皇家装饰开始，到宋金时代彰显贵族化的一种时代特征。这不但能解决覆烧、口壁薄和易破损的缺点，重要的是唐代发明这种金银釦的浮华装饰，目的是显示皇家贵族的身份和地位。

宋金时除皇室瓷器镶嵌金银釦及银鎏金釦外，北宋中后期由于朝廷颁布政令，还有镶嵌铜鎏金釦、锡釦下一等的替代品，而且后期的"稜"边也明显的变窄，但因铜的延展性稍差，镶嵌难度也相对大些。而当时的宋代社会已开始普遍使用锡器，锡器也是当时日常生活的必需品，所以在宋代的锡作坊已成为重要的民间手工艺，并且也开始在瓷器上得到应用。因为锡的外观不但与银相似，价格也比银便宜，所以瓷器上出现"以锡代银"就不足为奇，当然与金银装饰相比要差一个等级，而且锡的柔软度也比银高，也易于加工打制成型。

宋金时期的白银已具备了货币的各项职能，商品也开始出现以白银作为等价货币来使用，所以锡金属在日用品上的大量使用，其实已是水到渠成的事。在宋代和金代后期的瓷器，是由嵌银釦逐渐衍变成镶嵌锡釦，虽然从使用功能和外观上，银换成了锡没有太明显的变化，但对传世和随葬的环境却影响巨大。因为纯金属锡有一个致命的缺陷，就是环境温度低于13℃时，这种已成型的白锡制品，可自然转化成粉末状的灰锡，这种现象也被称为"锡疫"。

凡是宋金时期镶嵌锡釦的瓷器，大都剩下的是锡金属的粉末，或者是残破的锡金属碎片的痕迹。那么有人会问：在南海一号的考古发掘中，为什么大量的宋代锡器却保存得很好呢？笔者认为，这是古物在墓葬中有氧与无氧（水中和密闭）的不同结果，而且南海一号沉船位置是在水深23米、温度为20℃左右的区域，而且还是在无氧（水中密闭）的环境下，其平均温度也要高于13℃，因此不会发生"锡疫"。但如果镶嵌的是金和银的装饰，即使有氧环境下也不会有此种现象发生。汉墓出土彩绘漆器奁上的镶银，就已证明银不会因时间和温度而粉化消失。特别提醒：瓷器上这种边缘"锡末化"的微观痕迹，目前造假者还没有研究到这一步，收藏者可大胆对这类藏品做一个真假鉴别。

八、松柴窑与煤气窑

1. 烧成气氛与"官搭民烧"

在鉴宝专家和收藏界的理念中,有一种渐成共识的主流观点,那就是:凡是眼学中"不到位"的仿古瓷,统统都归结到"烧成气氛"上,实际上有的与烧成气氛没有关系。那么什么是"烧成气氛"呢?广义上说,就是坯体在窑内烧造过程中,瓷器周围的温度变化,以及开闸进氧(氧化)与封窑隔氧(还原)的工艺。通俗地说:凡是升温阶段的窑火,大都是氧化气氛,而封窑后的保温和降温阶段,则大都是还原气氛。

唐代诗人陆龟蒙在《秘色越器》中云:"九秋风露越窑开,夺得千峰翠色来",虽然"九秋"(九月)是文人诗中的烧窑季,但它却是反映宏观上的烧窑气氛,客观上是指天气环境的大气压升高。景德镇也流传着"七死八活九翻身"的俗语,也就是说,七月是闷热和潮湿的季节,窑炉受环境大气压的影响很大,柴窑不像气电窑那样,是在室内由人工控制,所以柴烧瓷器的次品率较高,而九月的天空是秋高气爽,是松柴窑最好的烧窑季节。

我们再分析当年的"民搭官烧",以及"官搭民烧"这两种现象。首先应该知道:在用松柴烧造的窑内,各窑位的温度是不同的,官窑器或者重要的宫廷瓷器,都需要放置在窑内的高温窑位。在整个一座烧瓷的柴窑中,只有10%的窑位是高温位,其余的窑位则都是中温位,显然温度和气氛都不如高温位。

如果以经济利益来考量,每烧一次窑都很不容易,都需要耗费大量的人力和物力。而在"有命则供否则止"的元朝,窑场既要保证官方烧造的质量与计划,又要进行个人"税课"的核算。所以当所烧的官窑数量不够时,为了不浪费空闲出的窑位资源,在元代晚期出现向外出租部分中温窑位的做法,采用所谓的"民搭官烧"来生产民用瓷。而明嘉靖以后直到清代,数量与成本不成比例时,宫廷"钦限"瓷也是采用"官搭民烧"的做法。

2. 烧窑气氛与烧窑燃料

早在北宋时期的定窑,就已经开始使用煤作为燃料来烧造瓷器。从景德镇新中国成立后经历过的历程看,窑炉也是经历了从柴窑到煤窑、燃油隧道窑,再到液化气窑的发展过程。现代人在使用煤窑和天然气窑后,其烧成温度也已大大提高,而且气窑可在瞬间达到1360℃,煤窑也可达到1280℃左右。由于现代采用气压调节阀与测温锥技术,不但保证了窑温和氧化气氛的精准可控,而且还大大缩短了烧窑时间,窑内的出火口与温度也基本均衡。

实践证明,煤气炉是瞬间的高温和降温,熔化时间与玻化时间都很短促,气泡瞬间在第一时间就全部逸出了,因此釉面玻化前的气泡,不但是稀疏的小泡，而且也没有层次感。如果在烧造的氧化时段加长其氧化的时间，就是说在高温的时段延长釉面的熔融时间，那么这种工艺所烧成的瓷，表面上初看与柴窑烧造的瓷器已没有太大的区别，这对初藏者而言极具杀伤力。

那么细微的区别在哪里呢？当然在气泡和釉面以及胎釉的交界处。但也不像一些鉴宝专家所说的那样，用气泡密集度和大小的鉴别方法就能判断是否是煤气窑所烧。当用气泡鉴别而犹豫不决时，建议采用釉光等加以判断，实际上老瓷温润的光感，虽然也与烧成气氛有一定关联，但不是绝对的关系，而是与胎料、釉料的配方有直接关系，也与后天釉面羟基的可逆反应有关。另外柴窑慢火烧造的瓷器，其胎釉结合处的变化具有丰富多彩的时代感，而煤气炉的烧瓷则是呈单一的现代感。

用球磨机制成的釉料颗粒细小且均匀，而且圆形颗粒与古代呈棱角形的颗粒不同。这种经过机加釉料的釉面，其反射光的方向一致，加之烧失掉水分子的羟基结构，所以就会使人感觉异常刺目。而古老的手工制釉，其颗粒的大小不等、形状各异，这就造成反射光呈漫反射状态，加上水分子可逆反应所形成的"硅凝胶膜"，使釉面呈现出一种玉石般的"保湿"润泽感。

3. 氧化气氛与还原气氛

在松柴烧窑的燃烧初期，窑内的空气是完全起到助燃的作用，这时窑中的环境是氧化气氛，所以升温阶段都是一种氧化气氛。但随着温度的逐渐上升，当松木柴完全燃烧之后，接着再投入下一批木柴时，就自然形成了一次还原与氧化的交替反应过程，最终达到氧化气氛的最高温度。也可简单粗暴地理解：开门烧窑多进空气，形成的是氧化氛围；封门焖窑隔绝空气，造成的是还原氛围。

如果需要较强的还原气氛时，理论和实践上的方法都是多加木柴或燃料后，当窑温达到一定的高温时，再将窑口的闸板关闭或封严。其实这时窑内的氧化和还原温度都一样，只不过这时所燃烧的木材，会变成一种焖烧的炭火，这样就在保温和降温的状态下，产生出大量的还原剂$CO\uparrow$气体，这就相当于烧煤时的一氧化碳（$CO\uparrow$）中毒。所以封窑熄火后的保温和降温阶段，已迫使窑内逐渐形成的是微负压，从而营造出饱满的还原气氛，同时也使产生出的还原剂快速参与还原反应。

烧窑时的氧化气氛与还原气氛，对釉的颜色能起到决定性的作用，尤其对铜离子发色的"铜绿""铜蓝"和"釉里红"而言，所以古代把桩师傅的"火候"经验就显得非常重要，这也是实践科学产生的沉淀与结晶。其基本原理是：若需要中温较弱的还原气氛时，就少加些木柴，而且要稍微打开闸板，让其进入新鲜的氧气，这样会使抽气循环加快。总之，使用木柴做燃料，控制其还原焰还是比较稳定的，但这需要具有相当丰富的经验。

还原剂产生的理论也很简单，其化学反应式是：$2C + O_2 = 2CO\uparrow$，在高温时CO及C都是较强的还原剂，可使釉料中的氧化物发生还原反应。但瓷釉中的硅、铝、钙、钡、钾等，这些氧化物的化学性较稳定，特别是Al_2O_3、SiO_2等几乎不会被还原，其他如钴、铜、铁等金属氧化物则完全可以被还原，所以釉才能产生出各种颜色。

4. 气泡形态与釉面表观

有人根据上面的观点会问：不论用什么样的方法烧造，只要胎和釉达到了烧成温度，瓷器不就都可以矿化了吗？答案是肯定的，但这只说对了一半，达到烧成温度是绝对条件，但烧瓷时急与慢的火候，使釉面显现的效果却是不尽相同的。柴窑烧与煤气窑烧最本质的区别，就是"慢升缓降"与"急升快降"两种工艺。虽然都是同样的化学变化，但与其采用更高的温度用很短的时间烧成，不如用较低的温度延长其烧成的时间，这样往往会得到很有趣的结果。

以上涉及的是气泡产生的效果问题，所以瓷器釉面会出现麻点和缩坑等的原因在于气泡逸出时工艺控制的瑕疵现象。而又为什么宋官窑的釉面是那么的好呢？这除了素烧以及多层施釉致釉厚外，气泡的生成也是一个关键因素。而且除去现代机加的釉料与古代半机械手工的釉料区别外，瓷器釉面气泡的生成也会影响到其表观的效果。特别指出：烧松柴虽然起火较慢，但火焰较长升温后火力柔和，燃烧时热量可达8000大卡。

由于古代的烧窑都是柴烧，而柴烧的最大优点就是：升温曲线和降温曲线都较平缓。这与煤窑的烧造截然不同，柴窑没有急升与突降的过程，正如乾隆年《南窑笔记》曰："烧法必须遛火缓烧，渐次上顶"。在烧造过程中，如果是缓慢的、呈阶梯式的到达升温和降温的温度区间，在烧造工艺上就叫慢火。这也是松柴窑烧造的特点，这时气泡就会分期、分批地逸出，从而形成大小不等、疏密相间的泡沫集群，并使釉面呈现出乳状、柔和、润亮的效果。

如果烧造的过程中是瞬间到达的温度，工艺上叫急火，这就是电和煤气的特点。但这会使釉中的气泡，在某一个集中的时间段，同时大量逸出，进而使釉面产生小而疏的表观，以及整体釉面上的均匀的麻坑点，这是瞬间集中释放和冷凝的原因。实际上用现代煤气炉的烧成品，也确实釉面的气泡呈现的是密而小，而且其釉层的体积（厚度）因为小气泡的原因相对变薄，形成的是煤气化的"紧皮亮釉"，其釉面显得燥光强、死气沉沉。

观察气泡一定要走出认知的误区，首先应明确：不论柴烧还是电烧和气烧，气泡是瓷器烧造过程中的必然产物！而形成的气泡则是来源于水、结晶水、反应物气体这三种，但气泡产生后的"去留"多少，却与配料、温度、时间相关。当窑温达到525℃时，水及矿石中的结晶水会全部释放出来，但此时仍处在"玻态"向"液态"的转化过程中，而气体是随时在等待"液态"时逸出，那第三种就是色料中高温反应的各种气体。所以前者都是水汽化的小气泡，而后者则是反应的SO_2、CO_2等大气泡，因此色釉和白釉中的气泡，只是疏密程度、大小多少、均匀与否上的区别，或者是气体接近排尽时的"泡"，微小到不明显而已，就如同现代玻璃生产工艺，必须要控制和消除"熔化泡"一样。

笔者认为：气泡在瓷器鉴定中，是非主要特征只能做为参考判断，大概率是：灰釉和铅釉类因釉的黏度小，气泡容易逃逸而很难观察到，但如果是厚釉或在积釉处，也可观察到不明显的小气泡。石灰碱釉和高碱釉因黏度大，而且柴烧的升降温又缓慢，其"玻化"高弹下的气体，大都会包裹在釉层中，因此会形成大小不等的立体气泡阶层，甚至无数小气泡碰撞会聚成"攒珠"的超大气泡。

而电烧和气烧的气泡，不但小且稀松均匀，甚至升温快时会整体同时瞬间逸出，所以电烧和气烧的釉层，因其呈稀和小或视为"无气泡"，那么这种釉相对就会薄些，也没有通过气泡后漫反射的柔和效果，但鉴别这种"薄釉紧皮"煤电时代的特征需要悟性，而且对白釉而言也很难观察到气泡，但这种微气泡在高倍显微镜下还是能显现。

重点强调：对初学者或一般藏家来说，由于柴窑烧与煤气窑烧，还尚处在混沌且不易判断中，因此不建议用气泡大小和疏密的理论，对瓷器进行鉴赏与判读。但可以肯定地说：对于"死亡气泡""晶花气泡"和"聚沫攒珠"现象而言，仅以这单一观察气泡作为研判，那是具有一定的参考价值。

第五篇
单色釉的创世之作
——柴窑、汝窑、徽宗官窑

第一章
前无古人、后无来者的鲜碧色——柴窑

一、"瓷秘色"的衰落与"后周柴窑"的创新

本章推出"后周柴窑",思想上经过了反复的斗争与考量。它既没有考古发现,馆藏也不见其实物,只有零星的文献以及传说中的"皇帝梦"。因此,若论述这样的课题或者将疑似实物推出,岂不是"引玉"不成,反而自找"飞砖"吗?但考虑最终,还是本着艺术第一、学术先行的原则,推出关于"后周柴窑"的阶段性论述,仅供读者批判式的研究与探讨。

首先按逻辑链推理:"后周柴窑"历史上有没有记载?其特殊的釉料又是什么?证据链与实物(包括原料)是否相符?有没有指纹学中独一无二的数据?再从艺术角度看:疑似"后周柴窑"的实物,不论新与老和到代与否,它都是一件不可多得的艺术品,让人无法抗拒它的诱惑。如果读者认为:本章的疑似"后周柴窑"的论点和实物,是个伪命题或者是臆造品的话,那您完全可以越过或舍弃本章节。出于学术研究和探讨之目的,笔者非常愿意与同仁交流,共同解开陶瓷史上的"后周柴窑"之谜。

1."秘色"与"瓷"或"器"

唐代有邢白、越秘、三彩、花钧、青花等各类陶瓷,而越窑的秘色瓷在很长时间都是吴越国的"外交贡瓷",直到宋太宗以后才归北宋管辖。《宋会要辑稿》载:"……越(州)饶州……瓷器,真宗景德四年诏:瓷器库,除拣封桩供进外,余者……估价出卖"。这说明:朝廷瓷器库御供的越窑秘色瓷也是可以买卖流通的。五代·徐夤《贡余秘色茶盏》的诗写得非常清楚,其"贡余"指的就是宫廷之外的达官贵人,而本标题"贡"后多出的"余",则是专指诗中的"贡吾君"。"吾君"在古代则是指夫君,所以归隐后的文学家徐夤才有可能见到秘色瓷。

我们知道,铁系釉在烧造时并非整窑都是一种颜色,而"秘色"只是其中百里挑一的"供奉"颜色。正如北宋·赵德麟《侯鲭录》载:"今之秘色瓷器……为供奉之物,不得臣庶用之,故云秘色";南宋·周辉《清波杂志》也云:"越上秘色器……供奉之物……故曰秘色"。而且上林湖还曾出土带"秘

色椀"铭文的匣钵，这充分说明：定烧"供奉之物"的"秘色"瓷，虽然有着与普通青瓷相同的"制造商"，但特殊的配方和原料以及工艺决定其肯定不普通。直到今天，历代仿烧的唐"秘色"也确实都不是很理想，因此当时淘汰下来"贡余"的"次秘色"瓷，才成为不同阶层的"臣庶"所使用的"越器"。

　　法门寺地宫《物帐碑》载："唐懿宗恩赐……瓷秘色椀……瓷秘色盘"，是以"材质+颜色+器物"的语义描述，重点是"前置词"都是指材质，例如"水晶枕""玻璃茶碗""白藤箱""银白香炉"等。可见"瓷秘色碗"类是指：材质是"瓷"，颜色为"秘色"的物件（器），因此"秘色"就是越窑"供奉"的专属代名词，而非其他的什么颜色。这也是首次出现"瓷秘色"的用语，而且《物帐碑》中的描述也与地宫中"椀"（碗）和"盘"的实物相符，这才是毫无疑义的越窑秘色瓷的"标的物"。而唐代陆龟蒙诗的标题《秘色越器》，则更是明确地指出：是某颜色（秘色）的某瓷器（越器）。"瓷"字在古代最早是专指瓦罐类器物的名称，而"磁"是"瓷"后来的俗字，本是指磁州窑所产的"瓷"制品。

　　《新唐书》载："邢州巨鹿郡土贡磁器，越州会稽郡土贡瓷器"。显然"磁"与"瓷"指向的是地域化，"瓷"是指材质，"器"是指形状，唐宋则是以"器"代替"瓷"或"磁"，如宋·叶寘《坦斋笔衡》中的"秘色窑器"。到元明清时，大都使用"磁"字，放弃了古老的"瓷"字，正如明·谢肇淛在《五杂俎》中的解释："今俗语窑器谓之'磁器'者，盖'磁州窑'最多，故相延名之"。因此笔者认为，唐和五代时的称呼，应该是"瓷秘色""秘色越器"，而延续到宋初时则称为"祕色器"，如宋·叶寘《坦斋笔衡》云："遂有祕色窑器"，陆游《老学庵笔记》也曰："谓之越器，似以其类余姚县祕色也"。而"秘色瓷"则是近现代把"祕"换回唐代的"秘"，"器"改为"瓷"的称呼。

　　古人描述物象一般都是借喻，实质上"秘色越器"与"瓷秘色"都是指主语"越器"或"瓷"的颜色为"秘色"，而绝非是其他的颜色。《说文》曰："祕，神也，从示"，但《说文》却没有"秘"字，而有隐秘之意的"密"字。"秘"是"祕"，也就是"示"衍变成与"禾"相似的俗字，隋唐《百官志》都置有"祕书"类官职，而现代语则称为"秘书"。

　　《集韵》曰："秘，音毖。密也。通作祕"。《转注古音略》曰："秘，音鳖。香草也"，而且隋唐那时的发音是"秘（bì）色"而非"秘（mì）色"。所以汉以后发明的"秘"字，本意是指香草（从禾），虽然"祕"和"秘"与"碧"的发音相同，但"碧"（从石）是指美玉，而"秘"（从禾）则是指植物，所以"碧玉色"与"香草色"都是指不同物象的绿色。"秘"开始也没有"神秘""秘密"之意，古代是以"祕密""密奏""密秘"的"密"为主，而近现代则完全淘汰了"祕"字，将"秘"的"秘密"之意彻底扶正。

古人所称的"秘色"就是借喻香草色，客观色是带黄的浅绿色，因此"秘"不能按现代的"秘密"之意来诠释。举个例子：假如翠鸟的羽毛当时是草绿色，而非像蓝绿色那样显"翠"的话，那它也许会被称为"秘鸟"了。再举个例子，唐·刘禹锡诗《洛中送杨处厚入关便游蜀》曰："王城晓入窥丹凤，蜀路晴来见碧鸡"，这完全证明，古代所称的"碧鸡"，其实就是现在的孔雀，而后文中图5-1-2所示的孔雀纹尊，反映的也正是这种"鲜碧色"。

在唐朝和五代时期，清澈碧绿的"秘色"瓷，在一般季节和一般的窑中都很难烧成，而灰青、土青等颜色的瓷，却比比皆是。因此"秘色越器"和"越器"是不同的两个概念，在《十国春秋》《吴越备史》等文献中，"秘色越器"都是"五十事""二百事"等的限量，而"越器"则是"一万""五万"等的巨量。所以一色难求的"秘色器"不是因"供奉"才叫"秘色"，而是特制的"秘色"配方和工艺，烧造后挑选出来的"秘色器"才能作为"供奉之物"。

虽然唐懿宗时代已有法门寺"瓷秘色"的实物作证，它虽然不是吴越钱王（钱镠）时代所烧造的瓷，但也不会相差多少。通过对宋·王钦若《册府元龟》的文献统计得知：从唐同光元年（923年）钱镠进贡"秘色器"开始，到广顺二年（952年）最后给周太祖进贡"秘色（兹瓦）器"为止，在这有记载的30年的"秘色器"的进贡中，却是经历了钱元瓘、钱弘佐、钱俶几代越王，但总计才有过四次进贡"秘色器"的记录。

《册府元龟》的统计还表明：从周太祖广顺二年十一月以后，有记载的十三次进贡中就再也没有"秘色器"。这说明：广顺二年以后，后周已有比"秘色器"更好的柴窑器，不然没有理由就此停止进贡。而且周世宗在位时钱俶所在的杭州宫殿失火，几乎全部家产被烧光，周世宗因怜缅还送去了慰问品，也没有像传说中的那样，是将越王钱俶"软禁"在开封，而去做烧造"柴窑"这件事。

北宋·蔡绦《铁围山丛谈》载："开宝末（976年）吴越王钱俶始来朝，……宿共账内殿矣，宜创作南食一二，以燕衍之"。因此，钱俶实则是被赵匡胤"软禁"12年，直至（988年）客死在开封，但这跟周世宗（960年以前）没有一点关系，而是跟宋太祖赵匡胤的"人质政策"有关，但即使"软禁"，也不是为了烧造什么瓷器。

那么吴越国的王牌贡品秘色瓷，怎么瞬间就停止进贡了呢？一般一个文化符号的消失，必然会有另一个新生事物的诞生，而新事物要么是继承，要么就是发扬光大的替代。阅读那段陶瓷史，笔者认为：在以越窑青瓷为魁的末期，不仅已开发出唐三彩类的陶瓷，而且还开创了一项琉璃釉的新技术，使琉璃釉一时间取代了传统灰釉，同时也打破了青、白、黑、褐等一成不变的传统色调，在重色、重型而不重质的古代，这种靓丽多彩的琉璃釉无疑是一场陶瓷革命。

唐三彩以及唐钧瓷的出现，为以后的"后周柴窑"创新，做好了工艺和技术上的储备，实践证明：各领域中的技术革新，是取代与被取代的先决条件。同理，五代瓷器上的镂空、浮雕、捏塑、刻画、印花等先进工艺，也一定会在先进与时尚的"后周柴窑"上，得到进一步应用和发扬光大。

2. 周世宗视察"柴窑"说明了什么

《册府元龟·帝王部·巡幸》载："（显德）六年二月辛丑，幸迎春苑及新蔡河，因就陶家观其陶器，既而赐陶人物有差，三月丙午朔丁未，公务辛未幸造公务壬申宴於广政殿"。这是宋真宗景德二年由王钦若所编撰，也是距后周才45年的史料。由这段史料可知：郭荣在巡视迎春苑后，又特意到新蔡河的陶瓷作坊（御窑厂）视察，并赏赐了做出贡献的陶工。如果不是当时的柴窑影响面太大，还在南征北战中的郭荣，怎么还有闲情去陶瓷厂呢？而且不是去奖励士兵和将领，而是去奖赏区区一个陶工。

《册府元龟·帝王部》载：后周状元扈载"睹其庭竹翠色可爱，乃抒碧鲜赋"，而世宗闻后命人前去抄录，阅后"览而称善"。这说明：周世宗非常喜爱翠竹的碧色，不但庭院里种植翠竹，而且对赞美翠竹的诗也饶有兴趣，可想而知对鲜碧色的瓷器那更是厚爱有加。"后周柴窑"的面世和柴氏的这种"独门绝技"，由于时间太短，以至于在历史上还没来得及详细记载就消失了。根据《册府元龟》的记载，笔者推测：如果"后周柴窑"的窑址存在，那一定是在五代后周的版图中，而且是在开封到郑州的后周行政区内，并且还要靠近古代新蔡河的某地。这是出于对运输原料和成品的考量，这有待官方进一步考古发掘。

五代十国时，社会流行的是"抑佛扬道"，而且显德二年还发生过"世宗毁佛"的铸钱事件。《旧五代史》载："诏禁天下铜器，始议立监铸钱"。这说明世宗在全国实行毁铜，也包括铜佛在内来铸钱。但作为祭祀和陈设器，哪朝哪代都不可能没有，所以这次"毁铜铸钱"的事件，也促进了"后周柴窑"瓷器的发展，"以瓷代铜"的祭祀器物以及道教题材的瓷器相继产生，如图5-1-1就是疑似"后周柴窑"的方鼎。《帝王部》载："（显德元年）……载见清庙，荐陶匏之质，对越玄穹"；《礼记》载："器用陶匏，以象天地之性也"。那么在古代何谓"陶匏"呢？唐代的《孔颖达疏》载："陶谓瓦器，谓酒尊及豆簋之属，匏谓酒爵"。这就佐证了在显德元年时，朝廷中就曾有人建议过，用瓷器替代青铜器来祭祀天地。

特别重申，古人辨别宝石是重色不重质，色相近但质相异者也能得到认可，故柴窑的碎片完全可以做金镶宝石的配饰。《归田集》《五杂俎》等记载也都说明，柴窑的碎片可与"金翠"搭配来做装饰品。美国大都会博物馆的藏品

图5-1-1 疑似"后周柴窑"1 高33.2厘米、长32厘米

中,就有一个镶嵌瓷片的牌饰,从表观上看,这件疑似柴窑或汝窑瓷片的装饰牌,犹如宝石装饰的另一种风格,同时也说明古代确有此类瓷片可做配饰,而且与记载的这件事相符。没有侵蚀的疑似"后周柴窑"的鲜碧色,可以与绿松石、水晶等宝石相媲美,其颜色鲜艳、表面有"水光波",堪比珠宝,可见"后周柴窑"的釉面表象一定是"明如镜"(图5-1-2、图5-1-3)。

每当市场上出现没有见过的文物,我们不禁要问:它是谁?它从哪里来?它要用来干什么?而我们在研究这类文物时也可以采用排除法,要么是古代要么就是现代。如果确定是古代文物,那就要归类看符合哪个时代,或者干脆就去对号入座。试问:疑似的这种"后周柴窑"器,如果确认它是古代器物,而又对应不到考古发掘的已知窑口,那它又是何时存在的何物呢?如果不是柴窑,那它又是什么呢?这里,仅以一首诗代表笔者心中所感。

蝶恋花·寻柴
柴窑惑惑惑无局?
代代相传,
迷雾罩天际。

图5-1-2　疑似"后周柴窑"2 高46厘米　　图5-1-3　疑似"后周柴窑"3 高47.2厘米

> 史籍传记踪无迹，
> 烟雨渺茫世宗器。
> 天晴雨过云逝去，
> 众星拾柴，
> 周柴露真谛。
> 披荆斩棘何所惧，
> 笑摘星月惊天地。
>
> （本诗是笔者在2008年探讨柴窑的论坛上所作）

二、欧阳修写过"汝窑花觚"吗

　　对古代任何文物的任何研究，都要基于古文献以及传世和出土文物的多维验证。像明代曹昭的《格古要论》、清代的《南窑笔记》等，这些古代鉴赏家的笔记和言论，就是那个时代的"证人证言"，其中的真实性和可信度，就要看作者的水平和社会影响力了。这些文献资料越接近那段历史的源头，价值和真实性也就越可靠。

但是真正搞研究、做学问者，也绝不能道听途说的去做研判，想要融入自己的判断，最好的方法就是阅读原文，否则就会以讹传讹、人云亦云。比如：欧阳修的"汝窑之说"就是个例证，现在研究"后周柴窑"的各种文章，大都引用欧阳修的"归田集"来解读汝窑，但一些张冠李戴、"乱弹琴"的反对者，因文中出现"北宋汝窑"一词，以及整段毫无欧阳修文笔的诗句，就指出这不是欧阳修所写，甚至将相关资料列为伪书。

确实，在中国历史上有西汉、北魏、北齐等的方位划分词，但这些都是在这段历史结束后，史学家对前段历史分期的命名。难道活跃在宋神宗时代的欧阳修，知道还有一个南宋的赵构？况且在欧阳修去世前（1072年），汝窑还处在不成熟的朦胧初期，到了"徽宗时代"，汝窑才成为魁首。因此带着各种疑问和不解，笔者查阅了欧阳修的《归田录》、清代乔莱所著的《归田集》，以及《四库全书》等文献去求证。

然而非常遗憾的是，所有文献都没有查到欧阳修"汝窑花觚"这段话，但却在《四库未收书辑刊》中查到了清代高士奇撰写的《归田集》（康熙刻本）第11卷中的"汝窑花觚"条款，随后还有"镜""宣德鳅耳炉"等条款。说明此《归田集》非彼《归田录》也！清代高士奇也非宋代欧阳修是也！笔者推论：宋代欧阳修这位大文豪可能就没有写过"汝窑花觚"这件事！

《归田集》中与"汝窑花觚"相关的原文如下："柴氏窑色如天，声如磬，世所稀有，得其碎片者，以金饰为器。北宋汝窑颇仿佛之，当时设窑汝州，民间不敢私造。今亦不可多得。谁见柴窑色，天青雨过时，汝窑磁较似，官局造无私"。这是清代高士奇所撰写，所以历史到了清代由清人写"北宋汝窑"那就不为过了。在南宋时，南方人就把金国占领的河南区域称为"北地"，而在其生活的人则称为"北客"，那么在宋朝结束后，后人将首府分别在南北两地的宋朝，划分为"南宋"和"北宋"也就无可厚非了。

但从高士奇的诗中可知，当时清代没有传世柴窑的实物，他也没有见过真正的柴窑，所以高士奇发出感叹：有谁见过柴窑那种雨过天青色呢？只能想象是与"汝窑磁"相似罢了！所以笔者认为，"汝窑花觚"的这段话，不是欧阳修所写，其模糊想象的"天青"色，也不能作为疑似"后周柴窑"的参照依据。特别说明：图5-1-4和图5-1-5是疑似"后周柴窑"不同风格的壶，图5-1-5是里带内胆、外镂空的壶，而图5-1-4是明确有模印为"禹壶"的底款，这说明那些仿战国、被命名为"宴乐渔猎攻战纹图"的青铜壶，其实是在传颂和赞美"大禹治水"的丰功伟绩，以此可以修正春秋战国时期同类纹饰的青铜器的研究方向。

图5-1-4　疑似"后周柴窑"禹壶　　图5-1-5　疑似"后周柴窑"4

三、"姓柴氏"与避讳制度

　　研究柴窑有一个避不开的问题，那就是"后周柴窑"是御窑还是姓柴的匠人烧的窑呢？笔者认为这点很重要，因为它不但展现出当时最高的陶瓷技艺，而且从瓷上文字和纹饰上看，也能反映后周皇帝的治国理念。曹昭版的《格古要论》曰："世传柴世宗时烧者，故谓之柴窑"；而王佐版的《新增格古要论》曰："世传周世宗姓柴氏时所烧者，故谓之柴窑"。这两个文献一个是忠实复述式的记事，一个是严谨治学式的"较真儿"。所以在王佐的新版本中，将原版本"柴世宗"更改为"周世宗"，完全符合史料的称谓和事实历史。那么王佐为什么非要在"周世宗"与"时"之间加上个"姓柴氏"以及之后的"所烧者"呢？关键是，"所烧者"又是指谁呢？

　　曹昭认为：传说"柴世宗时"的官方是"所烧者"，而王佐经考证后，似乎是解开了"后周柴窑"是哪朝、何地、何人所烧的疑问，他认为："所烧者"是"周世宗（还是）姓柴氏（柴荣）时"所烧，就是说柴窑是在周太祖郭威在位期间或在位前创烧的。《册府元龟》记载，在显德六年时，周世宗"幸迎春苑，因就（靠近）陶家，观其陶器"，并对"陶人"进行了赏赐（物有差）。对曹昭的官家与王佐的私家之别，笔者经过研究和推理后，认为有三点可思考：曹昭和王佐的依据虽然都是传说，但至少说明历史上存在"后周柴窑"；从周世宗前后的人生阅历来看，没有也不可能去烧窑，但相同的柴姓或者柴氏家族中，有人可能是在烧窑；也不能排除"后周柴窑"是"官搭民烧"的官私混合窑，因为文献明确是指"陶家"而非"官家"。

那么"后周柴窑"是属于官方体制呢？还是一种官私混合制呢？北宋·蔡绦《铁围山丛谈》载："奉宸库者，祖宗之珍藏也，玻璃母者……云柴世宗显德间大食所贡"，这从侧面说明：宋太祖赵匡胤虽然敬重周世宗柴荣，但从心理上根本就不重视瓷器，所以一直也没有动用周世宗所留下来的宝物。由于进口的"玻璃母"只有朝廷才能拥有，因此可以证明"后周柴窑"属于官方性质，是由朝廷监督私家烧造的"官控民烧"窑。再借鉴《格古要论》中"烧者"的其他论述，即：书中在接下来说"汝窑"时，也采用"宋时烧者"的相似语言，而现在考古已明确汝窑属于朝廷监督的"供御"制，因此推理"柴窑"也类同于"汝窑"的性质。而同样在说"官窑"时，曹昭和王佐的观点则完全一致，都用了"宋修内司烧者"的语言，这时的"所烧者"非常明确是指宋官窑。

冯先铭先生所著《中国陶瓷》中说："以统治者之姓冠于窑，在陶瓷文献记载中，实际的称呼都乏前例"。如果是以本朝代统治者的姓称呼其窑名，当时任何人都无此胆量。但按王佐新增本的解释，因不属于同一个朝代，那就比较合情合理，后人用前朝统治者的姓来称谓，或冠以窑名亦可以理解。历史上也确实有过这样称呼，所以对后人来说这种称谓就习以为常。

中国的封建社会中，人们看重的是宗族观念，古代人如果改姓，就标志着宗族关系将会彻底改变，这对官场和名人而言绝非小事，对登基的柴荣来说更是天大的事。在《五代史》和《资治通鉴》中，就始终称其为郭荣而不是柴荣，郭荣的儿子在被废除皇位前的名字也是姓郭，叫郭宗训，这些都充分证明了这一点。

但是如果郭荣要想恢复本姓，按根深蒂固的封建礼制，他将丧失对后周的继承权，这也意味着他必须要改国号，同时还要对柴氏的列祖列宗尽义务，首先就要追封太上皇。但周世宗郭荣当上皇帝后，既没有改国号（改朝），也没有追封自己的柴氏祖先，只是按惯例改了年号为"显德"，这段历史出自《道德经》第十五章"显德"篇，从这点上也可看出：这是出于讲感恩、懂道德的表现形式，也彰显出郭荣这位养子的品德和忠诚度。如图5-1-6、图5-1-7便是后周柴窑，其中图5-1-7"后周柴窑"上的图文，就是歌颂郭荣皇帝"孝感动天"的美德。

但无论如何郭荣的身世，还是改变不了柴氏本姓的问题。那么"后周柴窑"的"所烧者"，不论官方也好，民间人士也罢，到了郭荣为皇帝时，都要

图5-1-6 疑似"后周柴窑"5　　　　　　　　图5-1-7 疑似"后周柴窑"6

涉及这种复杂微妙的避讳制度。历史上所谓的避讳制度，首先就要避讳皇帝和圣人的名与姓，避讳制度在唐代最为严密，到宋代则最为盛行，所以唐宋交接的后周时代也不可避免。

避讳制度的一般规律是：汉、唐、五代十国时期，以同音字和添笔造字居上，而宋朝以后则以减笔为上。比如武则天所造的字，都是添加偏旁部首；古代思想家孔子，因他名丘字仲尼，为避讳圣人，"丘"姓就加上"阝"旁改为邱；赵匡胤登基后，其弟匡义、匡美的"匡"字，即改为"光"，叫光义、光美，但当赵光义登基后，其弟又将"光"字改为"廷"，叫廷美。

《册府元龟·帝王部·名讳条》曰："世宗讳荣，周太祖讳威"。因为周世宗身为养子的历史特殊性，除避讳其"荣"的名字外，还应避讳其隐含的"柴"氏本姓，当然避讳"荣"字不成问题，那么怎样才能避讳这个"柴"字呢？

有差)。对曹昭的官家与王佐的私家之别，笔者经过研究和推理后，认为有三点可思考：曹昭和王佐的依据虽然都是传说，但至少说明历史上存在"后周柴窑"；从周世宗前后的人生阅历来看，没有也不可能去烧窑，但相同的柴姓或者柴氏家族中，有人可能是在烧窑；也不能排除"后周柴窑"是"官搭民烧"的官私混合窑，因为文献明确是指"陶家"而非"官家"。

那么"后周柴窑"是属于官方体制呢？还是一种官私混合制呢？北宋·蔡绦《铁围山丛谈》载："奉宸库者，祖宗之珍藏也，玻璃母者……云柴世宗显德间大食所贡"，这从侧面说明：宋太祖赵匡胤虽然敬重周世宗柴荣，但从心理上根本就不重视瓷器，所以一直也没有动用周世宗所留下来的宝物。由于进口的"玻璃母"只有朝廷才能拥有，因此可以证明"后周柴窑"属于官方性质，是由朝廷监督私家烧造的"官控民烧"窑。再借鉴《格古要论》中"烧者"的其他论述，即：书中在接下来说"汝窑"时，也采用"宋时烧者"的相似语言，而现在考古已明确汝窑属于朝廷监督的"供御"制，因此推理"柴窑"也类同于"汝窑"的性质。而同样在说"官窑"时，曹昭和王佐的观点则完全一致，都用了"宋修内司烧者"的语言，这时的"所烧者"非常明确是指宋官窑。

冯先铭先生所著《中国陶瓷》中说："以统治者之姓冠于窑，在陶瓷文献记载中，实际的称呼都乏前例"。如果是以本朝代统治者的姓称呼其窑名，当时任何人都无此胆量。但按王佐新增本的解释，因不属于同一个朝代，那就比较合情合理，后人用前朝统治者的姓来称谓，或冠以窑名亦可以理解。历史上也确实有过这样称呼，所以对后人来说这种称谓就习以为常。

中国的封建社会中，人们看重的是宗族观念，古代人如果改姓，就标志着宗族关系将会彻底改变，这对官场和名人而言绝非小事，对登基的柴荣来说更是天大的事。在《五代史》和《资治通鉴》中，就始终称其为郭荣而不是柴荣，郭荣的儿子在被废除皇位前的名字也是姓郭，叫郭宗训，这些都充分证明了这一点。

但是如果郭荣要想恢复本姓，按根深蒂固的封建礼制，他将丧失对后周的继承权，这也意味着他必须要改国号，同时还要对柴氏的列祖列宗尽义务，首先就要追封太上皇。但周世宗郭荣当上皇帝后，既没有改国号（改朝），也没有追封自己的柴氏祖先，只是按惯例改了年号为"显德"，这段历史出自《道德经》第十五章"显德"篇，从这点上也可看出：这是出于讲感恩、懂道德的表现形式，也彰显出郭荣这位养子的品德和忠诚度。如图5-1-6、图5-1-7便是后周柴窑，其中图5-1-7"后周柴窑"上的图文，就是歌颂郭荣皇帝"孝感动天"的美德。

但无论如何郭荣的身世，还是改变不了柴氏本姓的问题。那么"后周柴窑"的"所烧者"，不论官方也好，民间人士也罢，到了郭荣为皇帝时，都要

图5-1-6　疑似"后周柴窑"5　　　　　　　　图5-1-7　疑似"后周柴窑"6

涉及这种复杂微妙的避讳制度。历史上所谓的避讳制度，首先就要避讳皇帝和圣人的名与姓，避讳制度在唐代最为严密，到宋代则最为盛行，所以唐宋交接的后周时代也不可避免。

避讳制度的一般规律是：汉、唐、五代十国时期，以同音字和添笔造字居上，而宋朝以后则以减笔为上。比如武则天所造的字，都是添加偏旁部首；古代思想家孔子，因他名丘字仲尼，为避讳圣人，"丘"姓就加上"阝"旁改为邱；赵匡胤登基后，其弟匡义、匡美的"匡"字，即改为"光"，叫光义、光美，但当赵光义登基后，其弟又将"光"字改为"廷"，叫廷美。

《册府元龟·帝王部·名讳条》曰："世宗讳荣，周太祖讳威"。因为周世宗身为养子的历史特殊性，除避讳其"荣"的名字外，还应避讳其隐含的"柴"氏本姓，当然避讳"荣"字不成问题，那么怎样才能避讳这个"柴"字呢？

四、是"爿柴"（牂）还是片柴值千金

上节提到如何避讳"柴"字的问题，本节首先对疑似"后周柴窑"的底款，所出现的"大周"、牂 等主要款识，进行深入分析和论证。从五代后周所制定的"大周刑统""大周通礼""大周正乐"等礼制看，这时期的朝廷上下，都在使用"大周"这个官方称谓。当然瓷器也不能例外，所以疑似"后周柴窑"上的款识有"大周"的底款亦可理解。

但原本疑云重重的"后周柴窑"，其底款为什么还要印上个 牂 字呢？这种画蛇添足的复杂"游戏"，岂不是额外增添更大的疑惑吗？难道造假者违反"从众和易接受"的造假原则，而造出一个连字典和文献中都查找不到的、蹩脚的异体 牂 字？难道造假者不怕仿品出现滞销？

假设这不是故弄玄虚地添乱，且造假者也没有这么高的学问，那么怎样来解读这个 牂 字呢？按上节的观点：凡是带 牂 字的，一定是周世宗继位后的瓷器，这也是遵从唐代的避讳规律，既体现出"柴"的姓，又要避讳"柴"的字，所以在原"柴"字旁，添加了"片"这个有寓意的偏旁。这也是后周文人所创造的一个新的避讳字，就像武则天造的"曌""坴"等字一样。这也是唐朝到后周时期，统治者和文化人的一种时尚学问。

这个新造的 牂 字，也反映出当时的朝廷文人或者"所烧者"柴氏匠人，既有学问又很聪明，既讨好了现主郭荣（本姓柴氏）皇帝，又区别于旧主郭威皇帝的"大周"时代。这也是对"柴"字的再创造。另距离后周最近的唐代的李阳冰《说文》云："木右为片，木左为爿，音牆"，而"爿"字在东汉《说文解字》中，也是用"柴"筑成的墙。对远古社会的建筑（板筑）与造字来说，"爿"是代表坚固和强大的基材，汉墓中"黄杨题凑"的木围墙，就是对"爿"字的最好诠释。

因此，用"爿"字来添加偏旁，将"柴"与"爿"组合在一起，从而创造出的避讳字 牂，不论是今人还是古人，都是最合适不过的了。牂 也可以理解为坚固和富有，或是为保护江山，或是为创造更多财富寓意多多。反之用减法去造避讳的"柴"字，那么去掉任何一个偏旁都不合适，所以笔者认为，当周世宗登基后，将前期底款上的"大周"改为 牂 字，应在情理之中。

在金文和古文字中，没有发现这个 牂 字，说明原始的"柴"字在汉代时已基本定型。而在后周以前和北宋以后的时间段，不论是《说文解字》还是其他文献，也没有发现过这个 牂 字。但也不能无故解读为这是窑工的笔误或异体字，因为它不是一件器物。笔者认为，这是后周文人所创造的一个避讳字，这也只能是在周世宗的时代，到北宋以后的"疑似宋柴"，将 牂 字又改为"柴"字了。

民间素有"片柴值千金"的千古流传，其实就是指底款带 柴 字的完整"后周柴窑"，是传说中带 柴 字款的"后周柴窑"值千金，而不是指所谓柴窑的破瓷片，《南窑笔记》则明确说成是"瓷值千金"。笔者推测：因后周所创造的这个短暂的 柴 字，后人还未普及，故将流传中的整体 柴 字，分开而说成了两个字即"爿"和"柴"。所以"爿柴"不是指柴瓷的碎片，实际上是 柴 字的分解读音，是指带"爿"字偏旁的"柴"瓷。因为再珍稀的碎片，不论在哪个年代也不可能值千金，这也是民间对异体 柴 字的误读，以此可以推理：带 柴 字款的"后周柴窑"，早早就流传于民间了。

疑似"后周柴窑"应该分为前后两个阶段：前期是大周建立前和郭威在位时，这时期因没有继位，还是称为"柴荣"，而作为"姓柴氏"的民窑，并非后周御窑，所以堂名款和实际用意的闲款居多；中晚期则是在郭威死后，其义子继位称为郭荣的时期，这时才将私家的"柴氏窑"，收归或改编为朝廷的"专属窑"。

综上所述，笔者认为疑似"后周柴窑"的底款，先是以郭威时的"大周"款（图5-1-8、图5-1-9），以及图5-1-10这样的"闲章"款为主，而到郭荣时则是"大周"与 柴 并用，最后才全部改为 柴 字款。像图5-1-11的 柴 字款和图5-1-12御制的"御龙"款，以及前期柴氏私家的闲章款，在瓷器的侧旁、底面、正面是应有尽有，但对外的语言都是"后周柴窑"。

图5-1-8 疑似周柴大周款与绿豆糕足1

图5-1-9 疑似周柴大周款与水光波

图5-1-10 疑似周柴禹壶款与绿豆糕足2

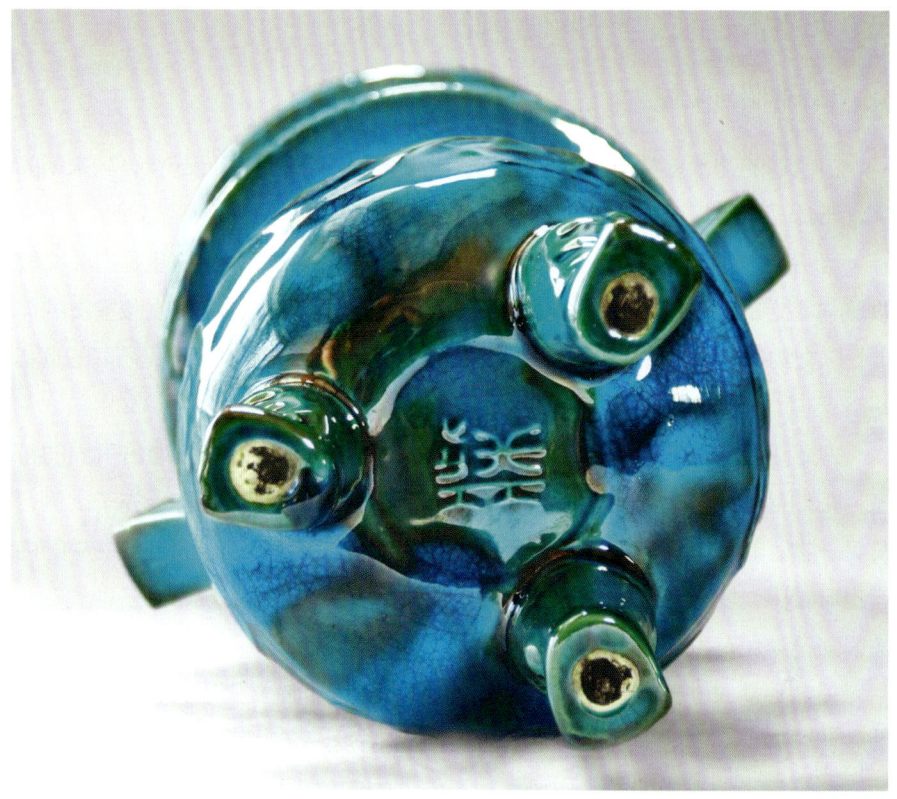

图5-1-11 疑似周柴的柴款与圆珠支痕

图5-1-12 疑似周柴方鼎的御龙款与胎质

五、《格古要论》与"北地"说

1. 曹昭与王佐

古代时的艺术鉴赏与收藏,也是随社会繁荣与帝王喜好而起伏,到宋朝的"徽宗时代"达到了一个峰值,而在元代则是急转直下,明代则又出现了一个高峰。曹昭版本和王佐新增版本的《格古要论》均成书于明朝,这也是有关文物收藏与鉴定的第一部专著。《格古要论》是根据当时古物交易和收藏鉴赏的需要,以文物价值为衡量主线的一本实用书,是作者的文物修养和所见所闻的真实写照。

曹昭出身于古玩世家,从小对文物的耳濡目染使之最终成为古董界的行家,正如他在《格古要论》自序中所述:"自幼性本酷嗜古,侍于先子之侧,凡见一物,必遍阅图谱,究其来历,格其优劣,别其是否"。而且从书中的内容也可看出,曹昭完全具备鉴赏家的条件和天赋,但因为古玩中的各种类专业性很强,难免有生疏与遗漏之处。

王佐则是一位士大夫,官至刑部主事,王直《抑庵文集后集》中记载他是"以勤慎著闻"。工作之余的王佐是古玩的狂热爱好者,同时刑部官员的工作性质,造就了他严谨的学术作风。从王佐书中的"后增""新增""增""原本缺""不可缺其一""不可不知"等注语来看,其学术和考证严谨认真,足以说明王佐新增本的可靠性。

《格古要论》现存世的最早刻本,是英国大维德基金会所藏曹昭洪武二十一年(1388年)的原版本。现存最早的王佐修订本则是天顺三年(1459年)的版本,这两本书相隔了七十多年。王佐的《新增格古要论》一书是根据原《格古要论》的残缺本,以及舒志学的增补版本,再结合自己的认知综合编撰而成。根据现代版本学的理论,王佐的《新增格古要论》版本,才是我们引经据典的首选,而曹昭《格古要论》的版本,应作为次要的参考辅证。

比如王佐书中"古漆器论"之"螺钿"条:王佐不仅修正了曹昭的"钿螺"为"螺钿",而且在曹昭的基础上还增补了庐陵的具体制造地址;"古窑器论"之"古定窑"条:王佐的增补内容至今仍然是我们鉴赏宋代定窑的依据;"古琴论"之"格琴要诀"条:王佐在新增的条目下特标注为"见广记",说明经考证其出处是源于《事林广记》。上述这些细节足以证明:身为当朝官员吏部尚书的王直,对手下主事的王佐"以勤慎著闻"的评价实至名归。

2. "北地"到底指哪里

明代的曹昭是江苏松江人,因写书时他的所在地和他本人都认为"北地"一词是常识,因此未再作解释。南宋时南方人所说的"北地",泛指北宋时的河南区域，所以曹昭才将柴窑和汝窑的窑址，都写成"出北地"。但王佐是江西吉水人，两部书又相差70多年，近两代人，书籍流传到全国各地，难免有不同的地域和跨代人对书中广阔的"北地"不甚了解，这其中也可能包括王佐。所以王佐在新增本的"古窑器论"中，对他认为较模糊的"北地"概念，也增补了详细的具体地址。

王佐对"北地"进行考证后，已明确了曹昭所说的"北地"，不但确认"北地"是在河南区域内，而且还具体指出：柴窑出在郑州，而汝窑则在汝州。笔者经过对"古窑器论"所述十种瓷器出处考证，认为都符合当时明朝政府对行政区域的划分和地区的命名。

另据《册府元龟》载："汉文帝三年五月，匈奴人居北地河南为寇"。除了汉朝，"北地"在南宋文献中也经常出现，比如宋·李心传《建炎以来系年要录》载："渡江之后，北地衣冠，接袂而南"，是说自从临安定都后，大街上故京的人日益增多。更有南宋《百宝总珍集》记载汝窑曰："此物出北地新窑，修内司自烧者"。以上说明历史上的"北地"即是指河南区域。

而北地"耀州说"的根据是：某专家引用了历史上的"北地郡"一词。很明显这是指古代的郡名，但"北地郡"是从秦朝开始设立，到隋朝初年就已经被废除，况且隋朝以前所称"北地郡"的范围，是指甘肃、宁夏、陕西等地。而《格古要论》作者所说的柴窑出"北地"，不可能指的是相隔600多年前的，且已被废除了的"北地郡"。何况宋朝时的耀州窑也不是在"北地郡"所创烧，就好比北京产的牡丹牌彩电，能说是北平生产的吗？

有的鉴宝专家在东拼西凑后，甚至还怀疑起《格古要论》的真实性，在电视上振振有词，理由是：洪武版的《格古要论》中，在"古窑器论"下面有两列小字："窑有……本朝宣尤上，成化次之，永乐又次之"，因此认为：洪武年间怎么可能知道成化年间的事？并以此来质疑《格古要论》的真伪。笔者听后感到非常的疑惑，因为《格古要论》事关重大，必须考评其原版本的真伪。

笔者在目睹英国大维德基金会藏的原洪武版本后认为：在一个竖格内，有两行并列小字，这不但违反了古时一格一列字的排版格式，而且也与原刻本的字体和大小不一样，这显然是后人用毛笔所书写的读书笔记，同时手写的毛笔字与刻印版的字体，也存在着较明显的差异。因此笔者认为：《格古要论》的真实性毋庸置疑。

六、鲜碧色的科学解读

1."颇黎"与琉璃

在唐代，"颇黎"（或"玻璨"）与"琉璃"，显然是两个不同概念，不能以现代的观念将两者混为一谈。三国·万震《南州异物志》载："琉璃本质是石，欲作器，以自然灰治之"。所以之后的唐代应该是把"颇黎"的制成品，称为"琉璃"器，而把制作"琉璃"器的原材料，叫作"颇黎""琉璃"，或称"玻璨母"。

比如：何家村出土的银罐上有墨书"颇黎等一六段"，而罐里确实装有"颇黎"等16块宝石，用现代语称谓是：绿玉髓6块、黄宝石1块、蓝宝石7块、红宝石2块。银罐上还有墨书"琉璃盃碗各一"，相对应的现代语称谓是"玻璃杯碗各一"。以上就是不同称谓的不同物件的有力证明。而法门寺地宫中的20件玻璃制品，也被《物帐碑》记作是"琉璃"。北宋·蔡绦《铁围山丛谈》曰："奉宸（库）中，琉璃缶、玻璨母二大筐"，更加明确了"玻璃罐"与"玻璨母"两者的区别。

在我国，曾出土过战、汉、唐、辽各时期从波斯进口的琉璃（玻璃）制品。《汉书》载："罽宾国……出珠玑、珊瑚、虎魄、壁琉璃"；《旧唐书》云："（西域）支汗郡王献碧玻璨"。在《旧唐书》和《新唐书》中，把西域这种原料称为"碧玻璨"或"壁琉璃"，这其实是古梵语"壁流离"（vaidūrya）的音译，翻译成汉语则是"青绿宝石"，《新唐书》也称：吐火罗有"红碧玻璨"，翻译后应是指"红宝石"。

唐·慧琳《一切经音义》曰："瑠璃，梵语'宝'名也，字体无定，或作琉璃。……青绿色，莹徹光明"。可见梵语音译的"碧玻璨"是个无定型的字，可以写出发音相同的不同字词，重点是，只要有"碧玻璨""颇黎"或者"颇黎母"的原料，就能制作出"琉璃釉"及其"琉璃"制品。

宋·赵汝适《诸蕃志》载："琉璃出大食诸国……大食则填南硼砂，故滋润不烈"，书中也是分别用"颇黎"和"琉璃"的词描述。硼砂的主要成分是$Na_2B_4O_7$（四硼酸钠），大食国制作时还常用当地的"泡碱"（含Na的苏打），因此硼（B）和（Na）是区别国产和进口琉璃制品的关键，如后文中表5-1-1所示。大食国传世品的"碧玻璨"，如日本正仓院所藏的唐代碧玻璨杯以及陕西历史博物馆的蓝"玻璨母"，其表观就像绿色和蓝色的宝石，特点也是强度高、透明、色正。

2．"碧玻璨"与鲜碧色

首先应明确鲜碧色的色调，它是一种以绿为主色调的颜色，而绿的自色元素之一就是铜离子，是一种蓝、绿宝石的表观。这种将铜和钴等焙烧后所制作的"玻璨母"，再经粉碎可调和成各色的琉璃釉，由于所伴生的元素和釉的组成不同，也可产生出青、绿之间的各种色调。笼统地说：釉中的铜离子，若在富含碱的金属中便呈青色（孔雀蓝）；若酸性成分较多便呈绿色（孔雀绿）。

实际上孔雀蓝与孔雀绿的色调基本相同,但青色比绿色的烧造更为不易,所以在碱性金属(K、Na、Ca)制成的釉中,加入煅烧的铜并烧至1300℃左右时,就会出现像"埃及蓝"那样美丽的青色。

那么还是以铜离子为例,若将釉中的一部分碱金属用铅的氧化物来替代,这种主要由铅与碱金属组成的釉,其熔点比进口的"玻璃母"还低,而这也是一种很好的低温琉璃釉,唐宋时伊朗"玻璃母"的仿制品就是采用的这种配方。研究表明:如果不加铅或者铅含量少的话,就能呈现出波斯绿或宋瓷中的翡翠色;如果铅的含量过多,那就成为中国式的孔雀绿釉;如果只含有铅和硅酸盐,那就成为像汉陶及唐三彩、宋三彩中的绿色。

汉绿釉及唐、宋、辽的三彩器都是现代人的叫法,古代对此类釉彩的称谓是琉璃釉。科学检测证明:唐代和五代中特殊颜色的琉璃釉,大都是采用波斯进口的"玻璃母",比如唐三彩中"苏麻离青"的钴蓝色,以及在五代蓝釉器的微观检测中,发现还没被熔化的钴蓝颗粒。而唐宋仿琉璃釉彩中的最高技术,就是烧制这种名贵的孔雀蓝铜蓝,因为铜蓝釉彩的配方复杂且制作难度较大,所以历代工匠都将其视为绝技。特别指出:用现代化学颜料制作的琉璃,其色彩寿命一般只有20年,这以后就会慢慢褪色;而采用古法制作的各色琉璃,其色彩能保持千年不褪色,而且在阳光下,颜色是那种带有天然、柔和的艳丽。

卡西姆在笔记中,论述了各种釉下和釉上彩的制作方法,根据其所描述的工艺分析,这种彩料就是我国文献中所称的"玻璃母"。比如对蓝色料的描述:将用于釉下彩已焙烧好的钴蓝料磨成粉,加入40倍的无色水晶或者旧玻璃,再加入2倍的硼砂磨碎,以及加入"苏打"和葡萄汁调合成糊,最后入炉烧成蓝色的"玻璃母"。其他颜色的"玻璃母",也是将各种颜色的矿石粉碎,再混合其他的助剂来调和,这就是进口的含B和Na等的各色"玻璃母"。比如:日本奈良正仓院所藏绿琉璃十二曲长杯,就是唐代从波斯进口,再由遣唐使带回日本的。重点是:这可证明卡西姆所说的是事实,而且当时还能制作出各色"碧玻璨"。

由于从唐代到五代十国和宋代,还制作不出这种颜色的"玻璃母",所以可以肯定地说:这种进口"玻璃母"所烧造的瓷器,都是独一无二的高端产品。而且卡西姆还阐述了釉上彩料的制作方法,即:以透明熔块(另加工的)粉碎为基料,10份中加1/4份焙烧过的铜矿石就可成为绿色;40份中加1份"拉杰瓦德"(高含量的苏麻离青)就能成为宝石蓝色;10份中加1份锰就成为黑色,少一点就成为茄紫色,等等。

《新唐书》载:"武德二年,(罽宾国)遣使贡宝带、金锁、水精盏、颇黎(状若酸枣)",《太平寰宇记》载:"劫国,唐武德二年遣使……玻璃四百九十枚,大者如枣,小者如酸枣"。宋·蔡绦《铁围山丛谈》的记载,则更接近史实:"玻璃母者,若今之铁渣,然块大小犹儿拳。……柴世宗显德间大食所贡。玻璃母诸珰,以意用火煅而模写之,但能作珂子状,青、红、黄、白随其色"。

如果伊朗卡西姆和北宋蔡绦所说的这种东西,都是伊朗产的同一类"玻璃母"的话,那么"后周柴窑"就具有独一无二的指纹元素!非常幸运的是:我们今天仍能看到北宋·蔡绦在《铁围山丛谈》中所称"玻璃母"的原料真容,比如陕西历史博物馆的"玻璃母"藏品,这种考古发掘出的蓝色和茶色"玻璃母",其形状正如蔡绦所描述的那样,是婴儿拳头大小的"珂子"状,也与1301年卡西姆所描述的钴蓝"小球"相仿。

清代《南窑笔记》所记载的"火玻璃",与蔡绦所说的"诸珰"(各色)的"玻璃母",以及卡西姆论述的"玻璃母",都是"意用火煅"的"玻璃母",其实物的形状、性质与描述事实,不但相互佐证,也都与实物相符。重点是:这是制作"后周柴窑"琉璃釉的原料,而且同"苏麻离青"钴料一样,这也是无法重现的古代进口"玻璃母",如图5-1-13~图5-1-18所示的碧色琉璃釉。

图5-1-13 疑似周柴十八罗汉1

图5-1-14 疑似周柴十八罗汉2

图5-1-15 疑似周柴十八罗汉3

图5-1-16 疑似周柴三足筒

图5-1-17 疑似周柴元宝罐

图5-1-18 "后周柴窑"双凤瓶

3．鲜碧色的科学分析

蔡绦在书中提到：在宋太宗的宝库中，存有周世宗时代留下的"玻璨母二大筐"，但在当时的北宋末期却不知何用。按卡西姆所论述的应用，以及明代斗彩和清代珐琅彩的工艺，其方法是：先将这类"玻璨母"破碎成粉末，再加进其他矿石等辅料，从而制成各种彩色的琉璃釉。以此可推断：陕西历史博物馆所藏的蓝色与茶色的"玻璨母"，就是用来做疑似"后周柴窑"的釉料，这也是古代波斯地区烧造陶胎孔雀蓝釉的原料，而鲜碧色则是绿色"碧玻璨"母。

在本书《瓷器的指纹学》的章节中，也引用了卡西姆论述的"苏麻离青"钴料，以及制作釉下和釉上彩料的方法。那么绿色"碧玻璨"有什么特点呢？根据卡西姆的论述得知，在伊朗卡善周边的矿山，其黄铜矿、铁矿、钴土矿的矿脉都是相近、相连，而黄铜矿是一种铜铁的硫化物，再根据"苏麻离青"钴矿的元素分析，推测伊朗的黄铜矿中应伴有Fe、Ti、As、Mn等微量元素。重点是：在中国的古代，至少到明代，还没能勘测和开采到黄铜矿，所以可将其作为"指纹元素"来看待。

因波斯地区盛产泡碱，而它又是制作"玻璃母"的原料之一，笔者认为，伊朗的泡碱其实是含Na的一种"苏打"，与硼砂（也含Na）等其他原料一起，经调和混溶后焙烧，才成为"玻璃母"。因此进口"玻璃母"B、Ca和Na的含量相当高，这不但与古代国产琉璃K和Sn的含量有明显的区别，而且与国产琉璃釉特意添加的铅也不同。进口"玻璃母"所含的是伴生的微量铅，因此高钙、高钠、高硼、无铅，这才是进口"玻璃母"的指标特征。特别指出：理论上琉璃中的蓝绿色是由Cu、Co、Fe三元素共同决定的，而检测表明Cu是来源于一种矿物，Co和Fe则来源于另一种矿物。

有藏家对疑似"后周柴窑"的鲜碧色，以及现代仿鲜碧色的柴窑，进行过X荧光色散的检测分析，结果几件"后周柴窑"的鲜碧色，其铜/铁之比均小于14，而现代仿柴窑的铜含量是小于3%，钠含量也都是小于3%，因此铜/铁的比大于200，具体数据如表5-1-1所示。这说明：国产铜矿与伊朗的黄铁铜矿不同，国产的几乎没有伴生的Fe元素。请不要忽视这伴生的Fe元素，Fe是黄色调的源头，是黄铁铜矿绿中闪黄、呈现鲜碧色的关键。以上这些数据仅供参考。

表5-1-1　　　　　　　　　古代孔雀绿釉化学组成（%）

	Si含量	Al含量	Fe含量	Cu含量	Ca含量	Na含量	K含量	Mg含量	Pb含量
波斯9世纪孔雀绿	65.5	4.97	1.06	3.66	5.56	10.8	2.92	1.87	0
伊拉克9世纪土黄	76.2	3.04	1.11	0.21	5.49	5.94	4.04	3.31	0.01
宋磁州窑孔雀绿	70.8	5.06	0.36	5.62	1.99	2.93	8.93	1.16	4.18
后周柴窑鲜碧色	62.8	11.1	0.41	5.72	10.6	5.54	0.87	1.96	0.01
备注	前两项数据摘自熊樱菲等人《中国古代孔雀绿釉的研究》论文。疑似"后周柴窑"鲜碧色，是X荧光色散检测的数据（南辛提供）。								

科学检测证明：我国古代的琉璃是硅、铅、钾体系；进口的波斯琉璃则是硅、硼、钠的体系（但X荧光色散检测不到硼元素）。笔者在此解读其着色元素：伊朗的天蓝色"玻璃母"主要是由钴元素所决定；鲜碧色的"碧玻璨"母则主要是由铜和钴以及铁三元素所决定。如果想呈现出碧色，理论上是减少Fe元素增加Cu元素的量。重点是还检测出鲜碧色含有砷（As）

0.05%，锰（Mn）0.08%，铁（Fe）0.41%～1.83%，并显示出高钠、高钙、微量铅的波斯"玻璃母"特征，这些才是"大食所贡"的指纹元素（包括还检测不出来的硼）。

五代南汉刘华的墓葬中，曾出土过波斯产的孔雀绿釉陶瓶，经对其检测结果分析：唐代波斯地区的陶胎孔雀绿釉，其K、Na、Ca的含量达到19.28%，而且是不含Pb元素；宋磁州窑瓷胎孔雀绿釉，其K、Na、Ca的含量为13.85%，且含有4.18%的Pb；所以不论是宋代还是清代，我国孔雀绿釉中B、Na和Ca的含量，普遍都要比波斯产孔雀绿釉少很多，这也是区别国产和进口琉璃的关键指标。

如果没有"大食所贡"的"玻璃母"，来制作疑似"后周柴窑"釉料的话，那产品也根本达不到那种"碧玻璨"的鲜碧色。从宋代到现代的各类仿柴窑看，因为采用的都是国产琉璃釉，颜色不是偏绿，就是偏蓝，所以均达不到疑似"后周柴窑"的那种鲜碧色。疑似"后周柴窑"绿宝石般的鲜碧色，是那个年代独有的原料和工艺所为，也是无法超越的时代经典。

4．疑似"北宋柴窑"的点评

历史告诉我们：官窑瓷器在换代时，可以继承，也可以发扬光大；但如果是改朝的话，虽然可以沿袭前朝的工艺和技术，但一定是要摒弃器型。笔者以此推测：宋朝是"陈桥兵变"以"温良"、非武力的方式所建，那么这种优秀的疑似"后周柴窑"技术，大概率不会被摒弃和瞬间消失，但它会"变异"成另一种形式存在，而且还要符合"赵氏艺术"继续生存。

所以疑似"后周柴窑"的这段历史结束后，在北宋初期的短暂时间段，笔者从逻辑和理论上推测："柴窑"依然还在续烧，但这时已脱离"后周柴窑"那种烦琐精致的器型，以及"后周柴窑"那种以鲜碧色为主的颜色，而是采用国产的"五色琉璃"原料。重点是：产品开始是以小型器为主，后逐步转向大型简约和釉面模印的工艺，而且造型一定是具有宋辽时期的时代特征，以及除鲜碧色以外的"青、红、黄、白"，进而开发出红、蓝（青）、绿等多种颜色"后柴窑时代"的制品。

因此，具有宋朝生活特征的模印纹饰，以及颜色丰富的疑似"宋柴"应运而生，如图5-1-19～图5-1-21所示。这应该是宋初烧造的疑似"北宋柴窑"，而且其老化和土沁等特征非常明显，我们可先以学术探讨的角度来看待。而具有模印纹饰的宋柴釉面，大都是以反映人们日常生活为主，图5-1-19、图5-1-21中的人物骑驴和打鱼等纹饰为罕见，因"废周改宋"无须再避讳什么，所以底款已回归到正常的"柴"字。

在当今的古玩市场上，这种"宋柴"的瓷器疑问最大，而且在仿制时也比

图5-1-19 疑似宋柴骑驴纹　　　图5-1-20 疑似宋柴腐蚀痕

图5-1-21 疑似宋柴打鱼纹

"后周柴窑"进口的鲜碧色要烧造得相对容易些,因为这种国产的"五色琉璃"在魏晋时期就已研制出来。因此市场上带"柴"字款的各类疑似"北宋柴窑",以及"穿越"时代的彩绘和带有"宝石"镶嵌等的瓷,特别是还呈现电脑字体的喷砂工艺字,都是现代仿品的重灾区,这些仿品甚至因"无证可考"而杀伤力极大。所以读者在收藏和鉴赏时,需要认真、仔细的甄别,强烈建议初学者避开此类收藏。

七、"宝库火"能烧出柴窑的新工艺吗

1. 古文中没有顿号的误解

乾隆年间,官员兼学者张九钺撰写《南窑笔记》后,"图书渊主人"手录《南窑笔记抄》,其上载:"柴窑:周武德年间〇宝库火〇玻璃玛瑙诸金石〇烧结一处〇因令作釉〇其釉色青如天〇明如镜〇薄如纸〇响如磬〇其妙四如〇造于汝州〇瓷值千金〇",原版如图5-1-22所示。一直以来专家学者大都认为是因宝库失火,将各种宝石材料烧在一起,而引发柴窑制釉的新工艺。笔者认为,有两种可能:一种或许是《南窑笔记》的作者对柴窑传说的误读,另一种就是手录者的一处笔误。因无法考证图书渊主人抄写的原稿是否有"〇"号,笔者推测:有可能是"宝库火"一词,也有可能是"火玻璃"一语,而且前句"周武德"明显是一个病句。

因为古代文献都没有顿号,致使后人解读时会出现很多误解,总的来说:这段是描述柴窑和釉没错,但它是指釉的成分和烧造后的表象,而非其他的"火灾",如果烧成一体那又是什么料、什么颜色呢?本义应解读为:在宫廷藏宝的库里,有"火(赤)玻璃、玛瑙、诸金石"等宝物,是专用于烧造"后周柴窑"釉的原料。假设认定"宝库(失)火"是件真事,试问:在这仅仅几句话的柴窑条款里,为什么非要提宝库的大火呢?而且作者通篇都是在说瓷器,如果是火灾引发的柴窑新工艺,那怎么一个"火"字就能概说呢?

再从技术角度来分析:像这类宝石类原

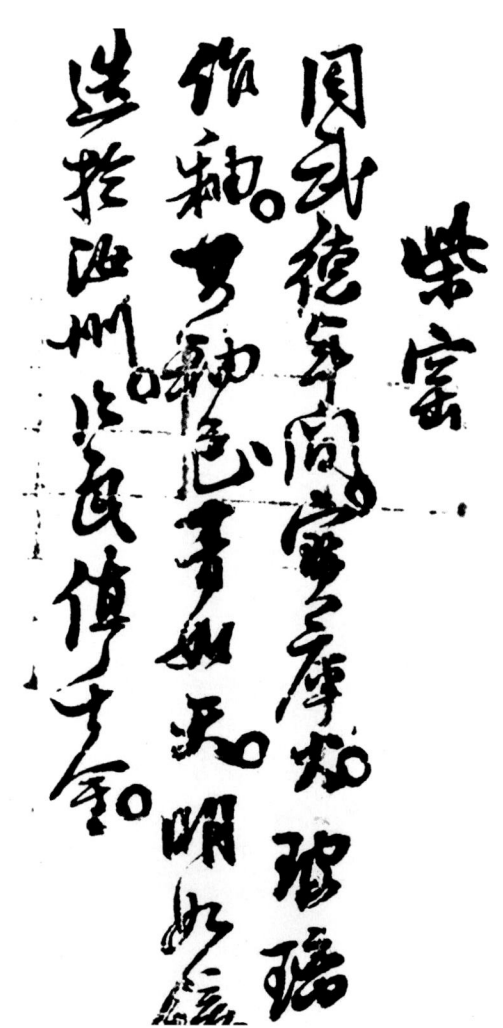

图5-1-22 南窑笔记原版书影

料的熔点大都在1600℃以上。因为古代都是土木建筑,这就决定了失火也都是松柴的火,而不是现代的化学材料,松柴火最高的燃点也仅是1390℃,这种温度根本达不到"诸金石"的各熔点,况且如果没有碱性氧化物(钾、钠、钙)助熔剂的话,这些原料也绝不可能被熔化,更不会有将它们"烧结一处"的事发生,显然失火之事和结果不符合事实。

北宋·蔡绦《铁围山丛谈》载:"奉宸库,玻璃母者……云柴世宗显德间大食所贡。"因为后周与北宋是"和平交接",而且宋太祖赵匡胤非常敬重周世宗柴荣,这就说明:在朝廷的"奉宸库"中大概率还一直储藏着周世宗时的很多宝物。可以推论:宝库中的一种叫"碧玻瓈"也叫"玻璃母"的原料,就是当时作为"后周柴窑"釉料的最有力佐证,这也是古代制造琉璃器的原料。从工艺和原料角度看:这也透露出柴窑工艺及其神秘配方的特点,它就是在唐三彩琉璃釉的基础上,以进口"碧玻瓈"为釉的一次瓷器革命,足见"后周柴窑"原料和配方的独特性。

《魏书·西域传》载:"世祖时其国人商贩京师,自云能铸石为五色琉璃,于是采矿山中,于京师铸之,即成,光泽乃美于西方来者";《新唐书》载:"有百寺,琉璃为甓"。以上说明:在魏晋乃至唐代时就已能制作出琉璃制品,东晋时称为"五色琉璃"的唐三彩釉,也就顺理成章地应运而生。而"烧结"的本义是指把粉状物料转变为致密体,而"处"的本义则是中止,所以"烧结一处"应解读为:将"火(赤)玻璃、玛瑙、诸金石"各自粉碎后,按配方再将各自粉末煅烧成一体(一处),然后根据需要(因令)"作釉"去烧造。而且从图5-1-23、图5-1-24中的龙纹与龙凤纹看,也佐证了朝廷利用进口玻璃制釉的官方行为。

图5-1-23 "后周柴窑"龙纹　　　　　　图5-1-24 "后周柴窑"龙凤纹

2."火玻璃"与"周武德"

前面已阐述"颇黎"或"玻璨"与"琉璃"的概念,因梵语音译都是"字体无定",所以只要是发音相同,字可以不同。而古代"璨"和"璃"的字又通用,因此北宋文献所称的"玻璨母",就是指制造琉璃的原材料。"玻璨母"是对各色琉璃釉母体的称谓,到清代则都称为"琉璃"或"料器"。还因为"五色琉璃"是用"火"来煅烧成型,故古代也俗称为"火玻璃"。另外关于"火玻璃"一词,《唐会要》则载:"贞观十七年……王波多力遣使献赤玻璨、石绿、金精等物",贞观二十三年"谴使献火珠";晋·吕静《韵集》曰:"琉璃,火齐珠也"。

笔者根据相关史料分析:"石绿"是绿松石、"金精"是青金石;单一颜色的就在"碧玻璨"词前加上其色,比如东晋·郭璞《玄中记》中的"红碧玻璨"等;而诸颜色的"五色颇黎"统称为"赤玻璨"或"火齐珠",其本义是用火(赤)煅烧的各色琉璃的总称。古人认为"大火"为赤,"火齐"也是指利用"火候",如《荀子》曰:"工冶巧,火齐得,《尚书》载:"赤者,火色也"。因此可推测:"火玻璃"是清人看到某些史料,而所写的清代人能读懂的当朝笔记,这既尊重了历史的原文,也加进了个人的理解,所以"火玻璃"就是唐代"赤玻璨"的"清代说",这也是当时制作琉璃釉的原料。

关于"周武德"一词,显然这是一个病句,或者是认知上的错误。从历史角度看:不论什么样的文献,都是国号在前年号在后,所以"周武德年间"肯定于理不通。而有关历史文献所记载的"玻璨",都是说"唐武德二年",所以要么"周"是错误,要么"武德"是错误。结合该书开头部分有"陈至德元年"的相似语,而"至德"是南朝后主陈叔宝的年号,作者也是把"陈"字放在了年号前,强调的是陈朝(南朝)的至德年。在所有的古文献中,一般"国号"都不会错,而"年号"则较乱,最容易发生混淆。

然而不论什么时代的作者,其写作的思维都应贯穿全文,所以文中的"周"同"陈"一样,理所当然指的是"国号"周朝。然周世宗有"显德"年号,而没有"武德"的年号,除了是笔误或者历史知识较差,理所当然就应该认为是"显德"。再从后句"造于汝州"来分析:如果是"唐武德年间"的事,那唐代所烧造名瓷的地域根本就不在汝州,显然"武德"也不能成立。

大约同时代的《景德镇陶录》云:"柴窑,五代后周显德初所烧,出北地之河南郑州。"这是同时代的蓝浦刊印本,也更正了《南窑笔记》手抄本"周武德"的错误记载。另《铁围山丛谈》所记载的"柴世宗显德间"也同样可以作为"显德"年号的佐证。笔者推测:这是清代作者将文献中的"唐武德"误以为是唐代武则天而写为"周朝",又自以为是地写为"周武德"。

由以上推理可知:"武德"显然就是一个误笔,或者是作者对历史概念和年号不清所致，正解的应是"周显德年间"。特别指出：《南窑笔记》明确标明是"手录"，而且是乾隆年间景德镇艺人的陶瓷笔记，这种随感而发的心得笔记，且是手写的转抄录，其字词以及知识难免会发生一些差错。

综上所述：五代的后周朝廷所藏宝的"宝库"，根本就没有失火这件事，而且在朝廷的"宝库"中，也确实贮藏有制作"后周柴窑"琉璃釉的原料。作者的这段话实际也是在间接揭示"后周柴窑"的重要工艺和配方，以及烧造后产品所呈现出的特征。再次指出："玛瑙"和"诸金石"是指各色矿物彩石，而"火玻璃"就是唐代的"赤玻璃"，也可称为"珂子"状的"玻璃母"。而这些就是制作柴窑的釉料，其工艺正如蔡绦所说的"意用火煅"，因此这段话不能解读为宝库失火，更不能与武则天的周朝挂钩。

八、一个至今无法超越的鲜碧色

1．青山绿水话"天青"

当今的文博界一提起柴窑和汝窑，几乎都要说到"天青"这个词。那么古人眼中的天青与近代人所认定的天青，是不是相同的概念呢？这里我们可穿越回到唐宋时代，体会一下唐宋文人的诗情画意与举止言谈，或许对"天青"一词有新的认识和理解。

古人所描绘的物象基本都是借喻，就是以大自然的参照物来定色，而且是将五色体系中的黑、赤、青、白、黄视为正色。翻开古代文献中对"青"的描述，就有黑、蓝、绿的三种文字表达方式，随即还衍生出相对应的苍、碧、翠三个物象字。有人不禁要问：为什么柴窑或汝窑都要用"天青"色来描述，而不用"天绿"和"天蓝"色来表达呢？"天"字又包含着什么寓意呢？如果以天空的青色为参照物，那么把"天"字放在后边，比如青天、苍天、蓝天，那又是表达什么意思呢？

古汉语中的青、苍、碧、绿、蓝这五个字，同样在表述颜色时也是有所区别的，比如："青"表示的是蓝绿色，而"苍"的本义是草色，具有深蓝或深绿色的含义，"碧"的本义则是青绿色，表示浅蓝或浅绿色。而且这三个字有时也可以混用，比如：青天又叫苍天，青草也叫碧草，青苔也叫苍苔。而"蓝"在古汉语中最初只是作为"蓼蓝"的名词用，到后来才有了"蓝色"的含义。

我国古文字发展至今，不得不说，有的字已演变或脱离了本意。笔者曾在日本学习和工作过，多少了解点日本文化，我们从日本的汉字中也可能会得到一点启发。因为日本的汉字保留了中华文明特征，其汉字的本意几乎没变。比如：日语中也有"青"和"蓝"的汉字，而翻译"青"时是指青色和绿色，但却不是指蓝色；交通路口"红绿灯"中的绿灯，日语汉字是"青信号"；而日语中"蓝"字的本意才是指真正的蓝色。

荀子在《劝学》中曰:"青,取之于蓝而青于蓝"。这说明"青"在古代颜色观中,既不是纯蓝色也不是纯绿色,而是一种蓝绿的复合色。如果形容是"青天"那就偏向蓝,如果形容是"青山"就偏向于绿。况且唐代以前的"蓝"字,也不是颜色名而是物象的植物名,但"青"却是颜色名,所以一般都用"青"色代替"蓝"色。

我们也可以从唐宋诗词中,得到一点古人思维和语言描述的启示。古人对色彩的描写不像现代人词汇那样丰富,甚至对一种颜色有几十种的描绘词语。古代是将相似或相近的颜色,都统统划归为一类而一言以蔽之,正如《饮流斋说瓷》曰:"古瓷尚青,凡绿也、蓝也,皆以青括之"。再如宋·郭熙《林泉高致》云:"水色:春绿,夏碧,秋青,冬黑";唐·雍陶在《斋招赏十二韵》中云:"千年孤镜碧,一片远天青";唐·杜甫在《伤春五首》中云:"天青风卷幔,草碧水通池";唐·许敬宗云:"锦鳞文碧浪,绣羽绚青空",等等。这些唐宋诗词都包含有"碧"和"青"的对仗,这也是最接近五代后周时的语言。

有人还根据传说中的"皇帝御批",认为柴窑是雨过天晴的七色彩虹。设想:窑工接旨后,他怎么拿彩虹色怎么去对比?因为不论是古代还是当今,想看到彩虹是不容易的,也许几年都看不到一次。更何况古代描写的彩虹是用"五云"的词语,比如:白居易在长恨歌中就有"楼阁玲珑五云起",而这里的"五云"就是指现代的七彩虹。所以说"后周柴窑"是彩虹的复色,绝对是一种误读。但发展到北宋初续烧宋代的"后周柴窑"时,由于工艺技术的创新与进步,烧造出各色单彩的宋柴则是完全有可能的。

综上所述:古代"青"的主色调应该是蓝,辅色调是绿彩才符合古义。"天青"则是一种客观颜色的表述,而"天青"的"天"字则锁定了它是蓝色的基调,是介于蓝和绿之间的一种浅淡的嫩绿色,包括汝窑的天青色亦是如此。但对"碧"色的形容则是蓝中含微绿的一种色调,宋人形容青山绿水为"夏碧",就是对"碧"的最好诠释。

2. 碧草蓝天话"鲜碧"

《说文》曰:"碧,石之青美者",显然"碧"是"青色",而"鲜碧"则是指"翠青";明·张岱在《夜航船》载:"柴窑,柴世宗时所进御者,其色碧翠,赛过宝石,得其片屑,以为网圈,即为奇宝";又载:"遂命于汝州造青色诸器,冠绝邓、耀二州"。由此可见,在《夜航船》作者张岱的眼中,汝窑是"青色"而柴窑是"碧翠"色,显然柴窑与汝窑的釉色,是完全不同的两种色系。明·谢肇淛《五杂俎》也载:"今人得其碎片,亦与金翠同价矣。盖色既鲜碧,而质复莹薄。可以妆饰玩具而成器者,杳不可复见矣"。清·高士奇《归田集》记载:"得其碎片者,以金饰为器",而其他的古文献记载均为辗转传抄,没有新意。

上述文献说明:柴窑的颜色既不是汝窑的青色,也不是越窑的秘色,而是独特的"鲜碧"色。其"鲜碧"色的瓷片可与"金翠"相比,这也说明釉面似宝石,古人的装饰品历来都是重色轻质,不论什么样的材质亮丽好看就可视为珠宝。所以只有具备其颜色和光鲜亮丽的表面条件,才可配以金器镶嵌,故可以此为依据,判断其是不是"后周柴窑"器。

古文献对柴窑描述可归纳为:色泽"鲜碧"、胎质"莹薄"、表观似"金翠"类宝石,如图5-1-25、图5-1-26所示。其实在"后周柴窑"的琉璃釉中,"鲜碧"与"天青""玳瑁"一样,都是同一类的进口"玻璃母",只是铜、钴、锰主要着色离子不同而已,但都具有"大食所贡"的指纹元素,这是区分"后周柴窑"与现代仿品的关键。

图5-1-25 疑似"后周柴窑"7

九、注浆瓷起源于哪个朝代

1. 注浆瓷的现代说

媒体上的鉴宝专家将注浆瓷器视为现代瓷器与古代瓷器的分水岭,其根据是《景德镇陶瓷古今谈》的记载,即:1953年德国陶瓷专家,帮助景德镇瓷厂掌握了进口设备的注浆成型工艺,以此认定注浆瓷器是新中国成立后的工艺。但科学考古却没有给出这样的结论,这也是不同专家认知上的不同点。

再比如:对青铜器的焊(铸)接技术,鉴宝专家认为青铜器如果出现焊接痕,那就一定是现代技术,但科学考古已证明:(纯锡或铅锡)"镴"焊和铸接工艺起源于战国;同理注浆瓷器就一定是现代技术吗?难道商周青铜

图5-1-26 疑似"后周柴窑"8

器的陶范工艺，以当时人们的智商能傻到没有借鉴到瓷器上吗？那么秦兵马俑、唐三彩等这种模制化的工艺又是什么呢？难道陶瓷的注浆工艺是跳跃式发展起来的吗？世上的任何工艺与技术，都是在不断进步和发展的，虽然不同时期的科技水平，会导致手工作业、机械自动化、原料精细化的程度不同，但其原理都是一样的。这就像毕昇发明活字印刷后，直到近现代才有了自动化印刷设备一样，但您能说是近代发明了印刷术吗？

殷弘绪就明确记载过清代的注浆工艺。《唐山陶瓷》也曾记载过，早在1914年就已经进口了先进的注浆生产设备。按逻辑和工艺发展来分析其注浆成型，应该是从古老的模制工艺而来，但古代的注浆工艺不是现代这种的一次成型工艺，而是多次拼接成型，如图5-1-27至图5-1-29所示瓷器即是分段"注浆"拼接而成。唐三彩就是原始手工的模制成型，其

图5-1-27　疑似"后周柴窑"9

图5-1-28　疑似"后周柴窑"10

图5-1-29　疑似"后周柴窑"11

显著特征是：里外凹凸纹饰不一致，而且里面采用的是"手按挤压"法，然后再将成型的两半黏合在一起。

2."巧如范金"与"楷模"

北宋元丰七年（1084年）"德应侯碑"记载耀州窑："巧如范金，精比琢玉。始合土为坯，转轮就制，方圆大小，皆中规矩"。北宋崇宁四年"德应侯百灵翁之庙记"碑，也载当阳峪窑是"造范磁器乃其始"。古代的模制工艺多用于兴建宫殿的秦砖汉瓦类，如《孔子家语》曰："范金合土，以为宫室户牖"；宋·罗泌《路史》云："遂人氏范金合土为釜"；西汉·戴圣《礼记》载："合土者，谓和合其土，烧之以作器物"。这些都很好诠释了"范金合土"的深刻内涵。

安阳孝民屯铸铜遗址出土的陶范，以及侯马出土的陶范，这些战国的文物也都与其青铜器纹饰相对应，而且除陶范铸造技术外还有石范、金属范。"范金"是往模具里浇铸金属，这属于金属模制工艺，"巧如范金"就是指仿照这种金属工艺而成型的瓷器。"范金合土"就是用"合土"制作的陶范模型，"合土"是经过处理的特殊的"和合其土"。

宋代文献制瓷有"楷模"一说，那么具有"楷模"的瓷器是怎样成型的呢？秦兵马俑和唐三彩是怎样成型的呢？宋官窑又是怎样成型的呢？考古已经证明：唐以前的中空异性陶器都是模塑结合的工艺。先是由单片"楷模"制作，然后将两片单模组合粘接，再进行局部捏塑和精细雕刻。"楷模"根据制品的要求，可以采用手工注浆和压制两种成型工艺。

陶瓷的"楷模"最初是借鉴青铜器的制作方法，由于原材料和工具的缺陷，唐以前没能实现一体化成型，而是采用分半式的"楷模"，然后再合并的半模半手工的工艺，分半的"楷模"也是采用"手按挤压"法，从半段到整体分段组合的发展过程。由于古代没有吸水渗透型的模具，所以注浆的泥料与现代石膏模不同，古代是将制好的泥模先低温进行烧制，但这无意中成就了注浆模具所需的孔隙率。

古代是用手和工具碾压泥料，以达到充满模腔的目的，所以"楷模"都是烧好的素胎模，这样吸水效果会更好。实验也证明：生烧温度不高其胎体也并未烧结，这时的气孔率高，胎体密度低其虹吸现象明显，而且非常适合浇铸的泥浆成型。所以我们提到注浆工艺，一定要抛开唯有石膏模型和机压才可成型的现代注浆法思维。

3. 手工注浆

我们先分析康熙年间殷弘绪所描写当时的注浆工艺："先制母模，然后将泥土在母模上摁压，将分模在火旁进行烘烤，根据所要求的厚度，往里倒入一定量的制瓷原料，再用手摁在里面的各个部分，继而用火烘烤片刻。从模型内逐个取出瓷坯的各个部分，用较稀的制瓷泥浆把它们粘接起来，成形完毕就进行施釉和素烧"。上述这段描写的是1712年景德镇手工注浆成型的工艺，这也可联想到柴窑、汝窑、宋官窑的成型工艺。因粉碎和淘洗技术所限，唐宋时期所制造的泥浆不易充满型腔，所以古代几乎没有一次成型的瓷器，而是采用分段注浆再拼装的工艺，这样既解决充填不足的问题，又能满足复杂结构的脱模难题。

特别指出：注浆瓷器在古代大多是以拼接为主，由于技术和工艺原因一次成型的较少。但宋徽宗时代的官窑因为技术进步，工艺和原料都有所改进，楷模制作不但规范而且原材料也做到了精益求精，所以不论是模印还是注浆基本都一次成型，极少是模制后的分段黏结，但导致其制品的壁也都较厚，这反而彰显出"徽宗官窑"的大器厚重。

4. 注浆瓷器的特征

如果是楷模和"范金"工艺制瓷，其器物的外部有纹饰，器里是手的按捏痕或是轮制痕，则为模制成型的陶瓷。如果器里和器外的纹饰凹凸一致，则一定是注浆或是压模成型，宋代的汝窑和官窑都采用的是后一种注浆工艺。从疑似"后周柴窑"胎的断面可看出：采用的是粉碎的矿石，添加的黏土极少或者几乎没有，所以其流动性好，而且在瓷胎里还有尖棱状的没熔化的晶石颗粒。

传统手拉坯工艺的特征是：器物的底部较厚，然后向上逐渐趋薄，器物的口沿处为最薄；有的在器物圈足的露釉处，还可看到细密的旋纹，以及器壁薄釉处有轮指痕。但不论手工还是机械，只要是注浆瓷器，其局部都要具备以下基本特征。

① 胎体不论厚薄，其壁厚均匀。
② 内外壁图案的凹凸痕完全相对应。
③ 内外壁光滑平整无任何拉坯痕。
④ 有合缝线和分段黏结痕。
⑤ 底足的内外底都光滑平整。

综上所述：注浆瓷器是来源于古老的模制工艺，分为手工和机械两种工艺，真正手工的注浆工艺，始于后周时代的柴窑，或者更早。柴窑、汝窑、宋官窑的注浆瓷器均不同于唐三彩，它们里外纹饰凹凸相符，器里也没有唐三彩那种手的摁压痕，但都是分段、分片黏结的合模工艺。

十、"四如原则"与"皇帝戏言"是判断柴窑标准吗

关于柴窑的描述大都集中在明代,明·张应文《清秘藏》载:柴窑"闻其制云:青如天,明如镜,薄如纸,声如磬";明·谷应泰《博物要览》也有同样的描述,只是最后加上一句"是薄磁";明·谢肇淛《五杂俎》则云:"世传柴世宗时烧造,所司请其色,御批云:雨过青天云破处,这般颜色做将来",至此将柴窑"青如天"的描述,又添加了美丽的故事和戏剧色彩。

1. "四如原则"和"世宗戏说"不可为

对疑似"后周柴窑"的研究,一定要坚持客观的唯物主义论,对耳熟能详的"四如原则""柴荣御批"等,只可作为模糊概念的第一判断,而将其视为绝对标准去鉴别周柴,那将是一个理论误区。"四如原则"是形容词,既然是形容那就只能作为参考而不能成为标准。尤其是"世传"的郭荣御批:"雨过青天云破处,这般颜色做将来"的这句话,也只能是作为一个旁证,或者是一个演绎的故事来对待。而且还要特别指出:"青天"不是"天青",更不是现代改编版的"天晴"。

退一万步说,即使有郭荣皇帝的御批,按当时的工艺和技术水平,根本也做不出"雨过青天"的颜色,那只是郭荣的一厢情愿而已。难道皇上批什么就能实现什么吗?这反而说明当时没有这种颜色,其实疑似"后周柴窑"器,在当时也只能有鲜碧、玳瑁、淡青这三种颜色,而发展到北宋初的柴窑续烧时,才有可能创烧出多种颜色。

"明如镜"和"薄如纸"的描述,可以作为柴窑的首选判断,但"声如磬"的形容,则不符合五代时期的制瓷工艺。按硅酸盐理论解读:能形成"声如磬"的这种效果,其胎和釉不但需要同质,而且还一定要采用高温烧制。就像永乐蛋壳瓷等高温瓷那样,即使今天我们敲之,也仍然有"声如磬"的效果。但弹叩疑似"后周柴窑"瓷器的边缘,发出的却是锈蚀后的薄铁皮声,好一点的也与磬声相差甚远。但反观现代仿柴窑的瓷器,却是在按此工艺来仿制,而且也确有"声如磬"的这般效果,这正好可以作为判断真假的辅助依据。

2. 疑似"后周柴窑"的工艺

本章所展示的疑似"后周柴窑",其时代特征非常的明显,是前无古人后无来者的巅峰杰作。当笔者看到疑似"后周柴窑"时,根本无法抗拒它的艺术魅力和诱惑,难怪千百年来从皇帝到文人,都会用最华丽的语言去赞美它。比如:第一节中所展示的大件"后周柴窑",即使说它们都是现代品,那也是登

峰造极的大师级杰作，何况现代的陶艺大师很难做到。

如图5-1-30、图5-1-31展示的疑似"后周柴窑"，全部是模制与分段模

图5-1-30 疑似"后周柴窑"和合二仙

图5-1-31 疑似"后周柴窑"脉枕

制的粘接工艺，镂空器均有内悬胆瓶配套，而每件器物的装饰都附有各种人物、动物、植物等图案造型。其装饰工艺运用了镂空、透雕、浮雕、刻、划、捏塑、凸印等相结合的技法，而且采用先素烧即微生烧法，然后挂釉，再二次低温烧制，基本是仿制唐三彩的工艺。但疑似"后周柴窑"的工艺又与唐三彩有所区别，成型工艺及胎和釉配方都有所创新和改变。疑似"后周柴窑"不但胎釉结合得较紧密，而且釉的透明度也好。其釉相对唐三彩的琉璃釉而言，流动感不强但会有点滴的流泪现象，这是进口"玻璃母"的特点，也是"后周柴窑"的时代特征。

其实着色的铜离子源于孔雀石，它是$CuCO_3 \cdot Cu(OH)_2$（碱式碳酸铜），因此原料在高温分解时会释放出黑色的氧化铜，故疑似"后周柴窑"的鲜碧色，会出现串烟式的铜锈斑，所以在乾隆咏柴窑的诗中，就曾写到这种黑斑和铜口的现象。浅黑斑在阳光下斜角度看时，有的会出现黄铜色，釉面似镜面，能映射出影像，这是疑似"后周柴窑"的又一个特征。

十一、疑似"后周柴窑"的特征

不论是考古发掘还是专家学者的研究，都还没有对"后周柴窑"打开问号，尤其面对疑似的"后周柴窑"实物，在说不清道不明的情况下，将其判为新仿品就不必感到惊讶了。但奇怪的是，在现代的文物市场上，居然还出现了仿疑似"后周柴窑"的再仿品，这就应该引起足够的思考，为什么本就是疑似还要再去仿疑似的呢？然而从另一种角度看，仿者不会是无中生有的"臆造"，也可能是有绝对把握的出土标型物。

真正的疑似"后周柴窑"器，收藏者不是很多，全国不会超过100名，并且大量藏品，大都还集中在少数的藏家手里，因为他们先知先觉、敢认可。所以笔者非常渴望考古发现的那一天，或者公认的科学检测早日到来。

1. 疑似"后周柴窑"的特征

笔者认为：工艺和特征等都是表象，其特殊元素及含量才是"文物指纹"的DNA，只有将表面特征与科学数据相结合，才是鉴定文物的真谛。而疑似"后周柴窑"的特征，与现代仿疑似"后周柴窑"的产品有着明显的区别，以下是笔者总结的疑似"后周柴窑"的具体表象：

（1）造型和工艺。

疑似"后周柴窑"的造型、纹饰、工艺等，均符合五代十国时的瓷器特征，是分段模制的粘接工艺，尤其是设置内悬胆和镂空的纹饰，如：器型、高圈足以及龙凤纹、文字、服饰、流行纹等。

(2) 薄如纸、声如磬。

疑似的"后周柴窑",内外满釉的薄胎,且胎体莹薄,小件器手托时,有轻如鸿毛之感;瓷胎为灰白色,胎体有粉碎的宝石状的细颗粒;手弹疑似"后周柴窑",不论大小和镂空与否,均无"声如磬"的金石之音,而是锈蚀后的薄铁皮之声。"后周柴窑"一定是薄瓷,但薄瓷不一定就是柴窑,现代仿品无一不是薄瓷,甚至蚀刻字、彩绘、镶宝石等是应有尽有,因此需要综合判断分析。

(3) 明如镜。

疑似的"后周柴窑",其釉面细润,光亮如镜。鲜碧瓷在阳光下,闪烁出旋转的、流动的宝石光芒,犹如钻石般的璀璨夺目。凡镂空瓷器,均能找到其釉滴落或淌满镂空处的珍珠泪,迎光看其泪痕处,就像透明的蓝宝石,流光溢彩,时代特征明显。这是因为波斯进口的琉璃母中,含有大量的B、Na、Ca元素,这些都属于碱金属氧化物,也是一种很好的助熔剂,所以在高温烧造时,其釉的黏度会变得很低,容易滴泪。这种低黏度釉中的气泡几乎会全部逸出,有的会集聚在釉的堆厚处,所以釉面的气泡少而稀,而且其釉完全玻化透明,这样就使鲜碧的釉色像宝石蓝那样亮丽。

(4) 釉色与表观。

疑似"后周柴窑"的釉色,有鲜碧、天青、玳瑁三种颜色,鲜碧色为上品,是蓝中微带绿的孔雀蓝色,别具一格。但鲜碧色的釉面,均有深浅不一的铜锈或黑斑现象,浅黑斑迎光看,有的显现出黄铜色,极具时代特征。

因为琉璃釉中含有B和Na,其膨胀系数也较大,所以胎釉之间会产生应力,而胎釉在自身消除应力的同时,釉面会不断地产生小裂纹,以此来达到一种应力平衡。釉面的开片纹类似唐三彩,为极细的短线条交错,且细短线条与裂纹变化多姿。独特的纹片极富艺术美感,时代特征明显,而且轻轻抚摸其细纹,仍有刮手感,这是千年裂纹的晶体结构所造成的表象,也是瓷器判断真假的标准之一,仿品是绝不可能仿出来的。

(5) 底足与款识。

底足的露胎处呈现的是"绿豆糕"色,这既是现代工艺所无法仿造的,也是疑似"后周柴窑"所独有的特色。有的器物底足,还是独一无二的圆珠形支烧痕,这也是有别于任何朝代的支烧方式。疑似"后周柴窑"的瓷器,都有底款或者旁款,并且又都是阳文凸印的古老字。比如:大周、燦、金玉堂、禹壶、安宅、御龙、龙凤等款识。"后周柴窑"中的有些款识,则是柴氏匠人的私家款。尤其不论是款识还是诗词,使用的都是很难识别的古老字,不是电脑字库中的字,这绝非一般文人所为!

2. 疑似"后周柴窑"的老化特征

根据晶体学的晶相分离理论，如果胎和釉的材质既不同源也不相近的话，那么烧制后的瓷器随时间和墓葬环境等的不同，其胎和釉朝相反方向分离的速度也会不同。所以唐、宋、辽的三彩釉就非常容易脱落，而"后周柴窑"相对就好些，这种伊朗进口原料制作的琉璃釉，由于玻化结晶度高，釉面轻易不会被腐蚀，因此很难有老化气泡和土沁，但局部裂纹一定有刮手感和吐筋线。

图5-1-32　釉的沁蚀与脱落

而同样是疑似"后周柴窑"，因内蒙古地区和中原地区的土壤与环境不同，导致出土器物的釉表面的腐蚀程度也大不一样，如图5-1-32～图5-1-34所示的藏品，据传是内蒙古（原辽国）地区出土的疑似"后周柴窑"，其局部的化学沁非常严重，这与河南、山西地区出土的样器相比，外观和局部的腐蚀呈现出天壤之别，尽管如此，其"鲜碧"色和胎釉的本质却几乎没有一点改变，这足以证明疑似"后周柴窑"具有历史沧桑的年代感。

图5-1-33　严重土沁痕与圆珠支痕

图5-1-34　清理不掉的局部土沁

文物

鉴赏与科学解读

姚 义 著
张庆杰 摄影

下册

中国轻工业出版社

第五篇
单色釉的创世之作
——柴窑、汝窑、徽宗官窑

383

第二章　心如止水的秘色升级版——徽宗官汝/384
　　一、宋徽宗行为心理学的研究/384
　　二、北宋瓷器流行的趋势是什么/388
　　三、徽宗时代"三停九似"的龙纹是什么样/393
　　四、大维德藏汝窑火照真伪再商榷/399
　　五、宋徽宗哪年开始"弃定用汝"的呢/406
　　六、汝窑真的是"宫中禁烧"了吗/414
　　七、"徽宗官汝"釉中有玛瑙吗/418
　　八、为什么说天青色是"绿玉髓釉"呢/423
　　九、为什么说"徽宗官汝"只有两种御用颜色/430
　　十、台北故宫博物院对几件宋汝和宋官的否定说明什么/438
　　十一、"徽宗官汝"的鉴赏要点/440

第三章　登峰造极的单色釉——徽宗官窑/449
　　一、两宋三大官窑的再思考/449
　　二、为什么说"宋哥窑"是一个模糊的伪命题/454
　　三、"哥哥窑"——需要重新认识的元代名窑/459
　　四、"徽宗官窑"是哪年烧造的呢/466
　　五、董窑、乌泥窑、龙泉窑与宋官窑的区别/469
　　六、"徽宗官窑"和"高宗官窑"是双胞胎吗/479
　　七、为什么郊坛下要"别立新窑"/484
　　八、"徽宗官窑"开创了无铅高碱釉的新时代/490
　　九、为什么说"铁线纹"是北宋工匠的创新工艺/492
　　十、为什么"徽宗官窑"至今仍无法复制/496
　　十一、疑似"徽宗官窑"与"高宗官窑"的数据分析/499
　　十二、"徽宗官窑"的鉴赏要点/502

第六篇
商品经济高度
发达的产物
——元青花

515

第一章　以科学数据解读元青花/516
　　一、为什么说元青花是"后浮梁瓷局"的创新商品/516
　　二、如何解读元青花的胎骨特征/522
　　三、如何认识元青花的釉料表象/524
　　四、如何解读"苏麻离青"钴料/527
　　五、怎样解读元青花的科检数据/531

第二章　元代瓷器的特征/536
　　一、元青花的特征与解析/536
　　二、釉里红的特征与解析/545

第七篇
不断追求艺术创新的大明王朝

552

第一章 简朴而不简单的洪武瓷器 /553
　　一、洪武青花是"苏麻离青"钴料吗 /553
　　二、洪武瓷器为什么没有战争和佛教题材 /559
　　三、朱元璋时代有"洪武年制"款吗 /562
　　四、洪武瓷器的时代特征 /564
　　五、洪武釉里红的特征 /571
　　六、故宫藏洪武青花执壶的盖是原配的吗 /573

第二章 叹为观止的永宣青花 /576
　　一、永宣青花胎和釉的特征 /576
　　二、元青花和永宣青花有什么区别 /581
　　三、宣德瓷器底款是皇帝御笔吗 /582
　　四、永宣青花瓷器的鉴赏要点 /584

第三章 独一无二的成化斗彩 /588
　　一、成化斗彩"值钱十万"到底是多少 /588
　　二、成化底款是宪宗皇帝御笔吗 /591
　　三、"姹紫"究竟是什么颜色 /597
　　四、斗彩中为什么黄和红没有蛤蜊光 /607
　　五、成化斗彩的特征 /608
　　六、失传的"夹青"斗彩是什么工艺 /613

第四章 明代景泰、正德、万历 /617
　　一、大明景泰与正德青花 /617
　　二、绚丽多姿的万历五彩 /619

第五章 宣德炉——至今无法超越的艺术瑰宝 /621
　　一、"宣炉三谱"是伪书吗 /621
　　二、"风磨铜"到底是什么铜 /623
　　三、宣德炉含有金和银吗 /625
　　四、"铅砖"是用来"铺地"的吗 /628
　　五、如何解读"玉毫金粟"和"红榴甘黛" /630
　　六、为什么说"涌祥云"和"鎏金"是御用金饰工艺 /632
　　七、什么是宣德炉的"真书"和"匾印" /635
　　八、宣德炉的"型"与"色" /637
　　九、宣德炉的"沉"与"重" /640
　　十、宣德炉的特征与量化指标 /641

第八篇 大清盛世的青花与彩瓷
644

第一章 青花与古彩/645
一、明青花与清青花/645
二、康熙五彩是"康熙美术"的代表/647

第二章 珐琅彩与洋彩——无与伦比的彩瓷巅峰/655
一、"宫窑"珐琅彩的界定/655
二、珐琅彩和洋彩的文献汇编/661
三、中华人民共和国成立前文物流失的状况分析/666
四、为什么说洋彩是珐琅彩中国化的产物/677
五、为什么说粉彩是洋彩的"山寨版"/680
六、怎样解读洋彩中的"洋色"/685
七、"洋白"与"玻璃白"有什么不同/693
八、进口和国产珐琅料有何区别/696
九、"多尔门油"与芸香油有什么不同/702
十、为什么说调色是珐琅彩的重要技法/705
十一、珐琅彩和洋彩的风格特点/711
十二、珐琅彩和洋彩的鉴赏要点/724
十三、珐琅彩有蛤蜊光和冰裂纹吗/731
十四、为什么说珐琅彩的绘画和书法无可企及/739
十五、对雍正珐琅彩初期书法的研究/746
十六、几件特殊珐琅彩的学与问/752

第九篇 书画与杂项
762

第一章 再论书画中的"双胞胎"/763
一、书画有"双胞胎"吗/763
二、古代书画鉴赏/764
三、田黄石是上帝赐给的礼物/776

第二章 古泉名品赏析/780
一、古代的珍稀钱币/780
二、马蹄金与金饼/786
三、清代第一枚机制币的金质样币/788

第十篇 朝鲜瓷器鉴赏与研究
791

第一章 堪比元代"至正型"的李朝青花/792
一、李朝开国纪年的青花标准器/792
二、几件珍贵的"李朝至正型"青花瓷/793

第二章 李朝瓷器鉴赏/797
一、李朝青花瓷的分期断代/797
二、独具特色的李朝铁锈花瓷器/801

第五篇
单色釉的创世之作
——柴窑、汝窑、徽宗官窑

第二章
心如止水的秘色升级版——徽宗官汝

本章把宋徽宗时代宫廷御用的汝瓷，称为"徽宗宫汝"或者叫"徽宗官汝"，其实"宫"与"官"是有差别的，"宫品"一般是御用品或宫内陈设器，所以一定比"官品"的要求更严格些，就像清代"宫窑"的珐琅彩和清代"官窑"的"粉彩"一样，但本书统称为"徽宗官汝"。其实"徽宗官汝"也是作为先期铺垫，是在为后续真正的"徽宗官窑"打下良好的官窑基础。而且这位天才的艺术皇帝，在开创的所有艺术类工程中，都在其历史上留下了浓重的一笔。

纵观国内外博物馆的藏品和阶段性研究成果，大多出自体制内个别专业人士的研究，虽然各自的研究起点不同，但最终的目标都会殊途归一。而本章则是以科学态度和第三视角，本着实事求是和相信科学的精神，逆流且以与众不同的视角审视一下北宋汝窑，笔者抱着百花齐放才能春满园的愿景，借鉴乾隆收集和认为的汝瓷以及考古发掘，对汝窑进行全方位、多角度研究，希望能在学术界保留一点不同的声音。笔者在此特别指出：本书所展示的"徽宗官汝"和"徽宗官窑"制品，绝大部分为没公开的仅见品。

一、宋徽宗行为心理学的研究

无论是政治家、历史学家还是媒体人，不管其对宋徽宗政绩上有如何苛刻的评价，但具有"专利"性的、可歌可泣的、独具禀赋的"徽宗艺术"，在中国的历史长河中都值得为之大书特书，都应该骄傲地为其大唱赞歌。而研究宋徽宗的性格行为，则对鉴别"徽宗官汝"和"徽宗官窑"，可以起到主观上的辅助作用。

1. 宋徽宗的真实性格

从已知的历史资料分析，宋徽宗从出生到登基之前，根本就没有想成为皇帝的心理准备，而是每天都沉浸在笔砚、丹青、图史、射御之中，显然，这些都是积极向上的嗜好，这些造就了他多才多艺的奋进青年形象。所以青少年时代的宋徽宗普遍受到朝野上下的一致好评，如果他没被选为皇帝，那一定会成为历史上出类拔萃的艺术大家。

按照现代心理学分析：像宋徽宗这样才华横溢以及具有超人灵气和文化素养的艺术天才，不但会蔑视一切传统的价值观，而且也看不起世俗的规范，他只会服从自己内心的感受，完全按着自己的喜怒哀乐行事。所以现实中他的为人处事既不冷静也不理智，办事极易冲动和情绪化，且带有浓重的感性色彩，始终追求的是一种完美和浪漫主义。

可想而知：这种性格再加上拥有无上权力的帝王身份，那么发生在宋徽宗身上的许多故事，以及他所做出的肆意妄为的决定就顺理成章了。比如，人工建艮岳、宫中建官窑、设内道场、皇家书画院等，所以按现代心理学的分析，宋徽宗能做出这些事也不足为怪了。但如果他能像万历皇帝那样选对人和用好人，那么宋徽宗统治时期的历史将是另一番轨迹。

再从宋徽宗绝笔《宴山亭·北行见杏花》看，即使处于哀怨、伤感、绝望之中，而且词中自语"愁苦"与"凄凉"，但他还是能以格调高雅的拟人手法，去赞美"杏花"及询问"双燕"的冷暖，重点是：这种骨子里的艺术之魂，不但伴随其一生的审美与创作，而且也必然反映到各类"工艺美术"品上，宋徽宗时期标志性的汝窑和官窑更是如此。

2．宋徽宗的治国理念

从供职于"翰林图画院"的张择端画的《清明上河图》看，宋徽宗时代开封的市井，呈现的是店铺林立、人烟稠密的一派繁华景象，难怪美国学者罗兹·墨菲在其著作《亚洲史》中说：宋朝是"中国的黄金时代"。北宋·孟元老在《东京梦华录》中载：人们当时过着"太平日久，人物繁阜"的富庶生活。南宋·李焘在《续资治通鉴长编》中也载：真宗朝宰相王旦说"京城资产，百万（贯）者至多，十万而上比比皆是。"所以说，如果没有稳定繁荣的社会，也不会有北宋后期的文艺复兴。

而且处于历史上的北宋，实际在当时的世界范围内，也是祥和富饶的大都市之一，那时就有施药局、慈幼局、养济院、漏泽园等福利设施，况且宋代时的多项发明创造，都领先于世界几百年。用现代语通俗地说：当时社会与科技相当发达，上大学免费，煤炭的使用，有24小时便利店等，这些都是城市高级化的象征。

基于这种气象万千、蒸蒸日上的社会境况，对意想不到而又匆忙登基的宋徽宗来说，时年才十八岁的他还略显稚嫩，但一派英气勃发和励精图治的青年皇帝形象，以及开始就想建立一个安定和谐的中兴之国的理念，给当时宋朝举国上下，留下了太多的想象空间和无限的希望。比如在他的"施政演说"即第一份诏书中，就可以清晰看到：一位年轻天子的坦诚和谦恭，以及希望人们能畅所欲言地品评朝政，这也是怀揣着一种良好愿景，一份带有理想和浪漫气息的告书，就是现在我们读起来也还会觉得感人至深。

而徽宗皇帝当政之初的"三把火"，即：大刀阔斧地整顿朝纲、平反冤狱、提拔贤良等举措，也的确称得上是出手不凡，他首先破格启用的三个人，都是为人正直、出言无忌的贤臣。并且宋徽宗还做了两件事：一件是将被贬到永州的老宰相范纯仁请回京城；另一件则是赦免苏东坡并恢复其官职，实际上是为他们平反昭雪；只可惜宋徽宗锐意革新的政策，随其满腔热血和激情的殆尽，在历史舞台上也只是昙花一现。

3. 宋徽宗的错

历史上只有两位皇帝开创了在皇城内烧瓷的先例，即宋徽宗的官窑和清康熙的珐琅彩，实际上这都理应称为"宫窑"，而且这两位皇帝及其继任者，也同样成就了中国陶瓷史上单色瓷和彩瓷的两个艺术巅峰。但在安邦治国上，两位皇帝的结局却迥然不同，然而一些史学家和舆论场却把国破家亡的罪责，都归结到宋徽宗的昏庸无能，甚至还给他扣上"艺术亡国"的帽子，笔者认为这种片面性评价是不公平、不公正的评价。

纵观历史，唐太宗也曾疯狂崇尚道教，并把它定为国教，但贞观政绩却流芳千古；艺术皇帝明宪宗以"怠于政事，不见大臣"著称，但却是一朝天下太平的艳阳天；万历皇帝更是28年不上朝，然而国家仍能正常运转；乾隆帝对古玩和艺术的追求达到了近乎疯狂的地步，却造就了清朝最鼎盛的时期；这些皇帝都能成就太平盛世，但却跟"玩物丧志"无太大关系。

而宋徽宗连孔雀走路先抬哪条腿，都能观察得十分清楚，可谓细致入微，但他缺乏的却是政治家的洞察力，从而导致用错了人和在重大决策上的致命失误。所以在宋徽宗执政期间，比起万历皇帝重用一批响当当的朝臣，其身边涌现出的不只是一个蔡京，而是豢养了一大批奸臣，这在历史上也是绝无仅有的。面对危局束手无策的宋徽宗，虽然假以"中风"患病的禅让方式，为弃城南逃而快速转让权力，但对于朝野已根深蒂固的奸臣势力来说，临危受命而又无能的长子赵桓，再也无法挽回北宋灭亡的命运。

《续资治通鉴·宋纪九》载："帝意方欲兴文教，抑武事"，因此偃武修文是宋太祖确定的基本国策，但它却是攘外安内的一把双刃剑，这主要还是看继任者如何运筹和把握的能力。当历史处在冷兵器的时代，则马背上的军力和技能至关重要，然而宋徽宗沿用"重文轻武"的国策，不但忽视和削弱了军队建设，而且在军队中还重用了大批文官，这也是他致命的错误之一。这也可从《清明上河图》的城门和城楼上无一兵一卒，没有设防的景象得到佐证，甚至《宋会要辑稿》中还记载，当时对一般军职还称其为"贱职"，这些从侧面反映的都是"重文轻武"。所以宋徽宗时代的军队担任将帅的文官，既无谋略，其士兵也缺乏战斗力，甚至派到黄河抗金的所谓精锐"禁军"，战时也毫无招架之功，基本上闻风而逃。

宋徽宗所犯的另一个错误就是痴迷与高度的信教，这导致金军再次兵临城下时，崇信道教的宋徽宗及受影响的宋钦宗，居然把最后守城的重任交给了道士，鬼使神差地相信郭京这位大仙，竟然用打开城门的做法来御敌，更可笑的是从市民中按生辰八字挑选出7777名"天兵天将"，这种黑色幽默直接导致了"靖康之变"。

4. 客观评价宋徽宗

从宋徽宗在位25年更改五个年号的心路历程看，他听信谗言、理想化、易冲动的行为暴露无遗。宋徽宗开始还决心要有所作为、变法图强，但随着年龄的增长以及社会与环境的变化，他深感天下已是太平盛世，可以"功定治成，礼可以兴"了，从而按文人治国的思维，大力推崇道教和礼制来安邦治国，遂于大观元年置议礼局，还做出"京师自置官窑"的惊天之举。

我们从宋徽宗御笔绘画，而让蔡京在其画上题诗来看，这种君臣颠倒的现象，足以预见后期朝廷的政策走向。再从徽宗20岁御笔"崇宁通宝"和25岁"大观通宝"分析，从这两次时隔5年的书法对比看，虽然都是本人所写的瘦金体，但"大观通宝"更显刚劲、成熟和洒脱，笔者认为，这正说明宋徽宗执政的后期，其性格已变得主观和固执。

再从宋徽宗的画押签名"天下一人"看，可谓独具匠心、个性十足。所以他的这种个性导致在政治路线上，废弃了司马光的保守主义，而采用王安石变法的激进主义，这也符合宋徽宗的艺术家性格。但从王安石给予政敌欧阳修的最高评价看，宋徽宗时代可谓"君子时代"。然而宋徽宗在政策上，却总是情绪化式的朝令夕改，而且还滋养出了一大批奸臣，这在中国历史上可谓空前绝后。

注重文治的宋徽宗时代还通过考试录取英才，成立了皇家的翰林书画院，编辑《宣和书谱》《宣和画谱》《宣和博古录》等美术史书。宋徽宗诠释老子的《御注道德经》见解独到，编辑的《政和万寿道藏》是我国第一部"道藏"书，直到今天，以上这些仍然是我们研究历史的宝贵史料。在丹青造诣方面，正是由于他狂妄的性格，才成就了历史上独树一帜的帝王艺术。宋徽宗摒弃了一贯的传统与世俗，所以他独创的瘦金体以及工笔花鸟画，才能特立独行于天下。而在宫廷的陈设和祭祀上仅"弃定用汝"还不够，还要在皇城内设窑烧瓷，所以无论是"徽宗官汝"还是"徽宗官窑"，绝非当时民窑和二流工匠所能企及的。

总之，宋徽宗理想主义的倾向伴随其一生，诸事都按照艺术家的审美取向，一切都要做到尽善尽美。正如宋徽宗的驸马蔡京之子蔡绦在《铁围山丛谈》中的评价："然世事则益烂熳"，其概说一针见血。然而宋徽宗所追求的富邦安民的中兴之国，不仅没能实现最初的愿景，最终还落个亡国之君，客死他乡的悲剧。

宋徽宗应用瓷器大事表，见表5-2-1。

表5-2-1　　　　　　　　　关于宋徽宗应用瓷器大事表

年号	建中靖国 1101年	崇宁 1102—1106年	大观 1107—1110年	政和 1111—1118年	重和 1118—1119年	宣和 1119—1125年	说明
在位25年	1	5	4	8	15个月	6	1125年让位
年龄段（岁）	19	20~24	25~28	29~36	36~37	37~43	时年的岁数
延用期							供御拣退制
造作局		1102年					设在杭州
应奉局		1105年					设在苏州
置尚食局		1105年					文献和考古
汝窑火照			1107年				弃定用汝
设仪礼局			1107年				步入宫廷体制
宣和博古图			1108年				徽宗下诏
罢议礼局				1113年			筹建官窑
置礼制局				1113年			官窑接棒汝窑
令造新器				1113年11月			徽宗手诏
置制造所				1113—1114年			制"新成礼器"
新器已造				1116年			宋会要稿·礼
坦斋笔衡				政和间京师自置窑			南宋·叶寘
负暄杂录				宣政间京师自置窑			南宋·顾文荐
备注	修内司：北宋时与瓷器无关，南宋时有关。窑务：北宋时与瓷器有关，南宋合并于修内司。						

二、北宋瓷器流行的趋势是什么

1. 艺术风格与时代气息

文物既是时代文明的坐标，也反映了那个时代皇帝及整个社会的审美取向。几千年来所烧造的瓷器也不例外，堪称一部不腐烂的历史教科书。所以总结北宋瓷器的流行趋势，可为汝窑和官窑的研究提供参考依据。中华文明和艺术的表现力，最具代表性的就是唐宋两朝，虽然它们都有无限遐想的活力空间，但唐朝的气质是外露的张扬，而宋朝的审美却是含蓄的内敛，唐朝表现的是遒劲的奢华，宋朝展现的则是低调的高雅。

纵观唐宋两朝的艺术风格，从恢宏气魄和豪迈的气概上，也非常像唐诗和宋词那样的泾渭分明，而且从其语言的表达上也是如此，比如：唐朝的版图称为"天下"，而宋朝的地域则叫作"中原"；从全球美学的视角看：如沐春风的宋瓷独步天下，这种简约而不简单的人文美学，其内在的釉色和线条的道韵令人如痴如醉，比起明清瓷器上彩绘的外在美，更能代表中华民族的含蓄与典雅，以及那样深邃祥和的文化精髓，所以说，宋瓷犹如一首高雅的交响曲，而明清瓷就像一曲时尚的流行乐。

但无论是哪朝哪件文物，在其所处的"原时代"中，都不可能"独善其身"，所以文物鉴赏一定要进行横向对比，而宋瓷那种文人荟萃的中国美学，尤其宋徽宗时代那种宁静飘逸的禅意艺术，在其社会生活中都会有竞相反映，甚至连宋朝官服也简洁到无任何花纹图案。正如同时代苏轼所感悟的那种境界，即："绚烂之极归于平淡"，以及南宋·严羽在《沧浪诗话》中所感言："言有尽而意无穷"。

2. 北宋瓷器的流行趋势

我们再将北宋瓷器简单做一个横向对比，比如：定窑、耀州窑、越窑、景德镇窑等，其主流颜色大体归纳为：白色、青色、褐色、黑色；无论是供御还是民间用瓷，青釉都是在仿秘色瓷的颜色，而装饰工艺采用的都是"半刀泥"的剔刻法，以及刻画、模印等装饰工艺。我们目前尚无法考证这是朝廷引领还是民间独创，但可以肯定的是：北宋宫廷不会将这样工致的工艺排除在外，而且杭州南宋"行在"遗址出土的瓷片，完全可以佐证"北宋末南宋初"的这种流行趋势。

宋·王存的《元丰九域志》中载："耀州华原郡上贡瓷器五十事"，《宋史》也有耀州贡瓷的记载，在发掘耀州窑址中也有剔刻龙纹，以及刻画"龙"字的"贡瓷"残件；耀州窑装饰是以剔刻、印花为主兼有镂空和刻画，而剔刻花为当时宋瓷装饰之冠；1989年在铜川黄堡镇的耀州窑址上，曾出土一件刻花的牡丹纹碗，碗内方框内就印有"政和"的年号。无独有偶，在汝官窑发掘窑址，也出土过一枚"政和通宝"钱币，同样也出土了刻画花的瓷片。

北宋时期的定窑装饰，也是以高水平的剔刻、划花以及印花为主，在定窑遗址的考古发掘中，还出土有"官""尚食局"等瓷片，以及馆藏传世模印龙纹的定瓷。宋代还有白釉剔花和贴金箔的纹饰，但定窑的印花是在宋瓷中技术最好的。北宋影青瓷器的纹饰也以剔刻、划花、印花为主，还有少量的堆塑花纹，但比起耀州窑和定窑尚有差距。北宋早期的越窑器，装饰上也是剔、刻、划、印等技法并用，美国大都会就藏有越窑龙纹盘，其龙纹刻得犀利、画得灵动。

所以北宋时期这种新颖的剔刻装饰手法，在瓷器无法进行彩绘的时代，成了一种前卫时尚的艺术潮流，而且无论考古发掘品还是馆藏品，也都有汝瓷剔刻、刻画和堆塑的纹饰和器物。所谓"刻画"实质是"刻"与"画"融为一体的表现手法，而"刻"是用片"刀"类工具，以"剔"为主；"画"则是用竹"尖"类工具画，这是宋代以刀代笔的"中国功夫"。

南宋绍兴三年（1133年）庄绰的《鸡肋编》中载："处州龙泉县……宣和中，禁庭制样需索，益加工巧。"这说明到北宋末南宋初时，龙泉窑才按朝廷的样式烧造了"供御"瓷，但这时的龙泉青瓷也多以刻画花为饰，龙泉窑到了南宋中期已发展得相当成熟，其梅子青莹润的厚釉，因不能清晰地透出剔刻的线条，而采用堆贴和浮雕的装饰手法，这与"徽宗官汝"的天青色一样。

北宋时期的定窑是以印花工艺为最，其印纹清晰，题材丰富，印花替代刻画工艺显现出生产效率的提升。北宋中后期印花装饰渐成主流，但最完美与成熟的则在北宋晚期，耀州窑的印花可以与定窑相媲美，但不如浮雕的剔刻工艺，而景德镇的印花相对就比较模糊、粗糙，刻花手艺也没有学到位，到北宋末的龙泉窑刻画渐趋成熟。北宋期间的磁州窑、吉州窑等其他窑口，也同样以其特色而得到蓬勃发展，如磁州窑剔花梅瓶、吉州窑树叶纹茶盏等。

综上所述：瓷器上"以刀代笔"的修饰手法，是由五代高凸的浮雕剔刻，过渡到北宋平面的浅浮雕剔刻，随后再转向大众化的刻画花，最终到追求高效率的模印工艺，就是说：纹饰是从高技艺手工向低难度印模的发展趋势，因此凡是带印花的瓷器，大概率都应划为北宋晚期及南宋的范围。

高浮雕剔刻以耀州窑为最好，而到北宋的平面剔刻，则是采用"刀刀见泥"的所谓"半刀泥"手法，通俗点说：就是利用偏刀深剔的技法，使纹饰凸出像"浅木雕画"那样。"半刀泥"的艺术特征："剔刻"的刀法层次有序，"刻画"的纹饰纤细如丝，其犀利的线条流畅豪放，总体上具有浅浮雕的艺术效果，清凉寺考古发掘也出土过这类豆青瓷片，毫无疑问"徽宗官汝"存在剔刻工艺的汝瓷。

特别强调，当时的北宋朝廷与上流社会无论采用什么样的瓷器，都离不开剔刻、刻画、模印、堆塑和浮雕等时尚工艺，尤其对粉青色的瓷器而言。汝窑的天青色和官窑的粉青色，因釉色不能展现出剔刻和刻画的纹饰，所以多以釉色、堆塑和各种造型展现其美好。

3."水仙盆"与"猧食器"

笔者顺便对现在汝窑"水仙盆"的称谓提出不同的观点。"水仙盆"是由方形器衍变而来，是随宋代文人流行插"花头"而诞生，但椭圆形"水仙盆"

为徽宗时代所独创。理论推测：这应该是"徽宗官汝"，作为道教祭祀时所使用的一种特殊祭器，也包括其他汝瓷的器型。因为在道教仪式中有"五供一节"之说，即：香、花、灯、水、果的五供道具和实物，再大胆推测：上香用双耳尊类，盛水用棒槌瓶类，供果品类用洗，呈奏章则用盘类，而供花才用插花的"水仙盆"，如图5-2-1～图5-2-4所示。

经笔者考证，北宋时确实有养水仙的时尚，但并没有普及到社会大众中，而只局限于文人和权贵阶层的小范围内。水仙分为水养、沙石养和土养，大约40天开花、花期15～20天，水仙生长温度在8～12℃，要天天换水，温度高时，或者到夏季时，水仙就处于休眠状态。宋代既有歌颂水仙的众多诗词，也有关于水仙的绘画，但直观看，所绘水仙都是在草地中，比如赵孟坚的《墨水仙图》等。而宋·杨万里《添盆中石菖蒲水仙花水》一诗，标题就清楚阐明是在"盆中"，用石头和菖蒲衬托来养水仙，重点是称为"盆"的那就一定有边沿。宋·许开《水仙花》一诗："定州红花瓷，块石艺灵苗"，这是在说用定窑的红瓷器，但也要与"块石"搭配来养水仙。另外，北宋晚期的邵伯温在《闻见录》中曰："定州红瓮器"，而苏轼在《试院煎茶》中也云："定州花瓷琢红玉"。

问题是，无论是"盆"还是"瓮"，或者是"花瓷"，宋代为什么要用红色的器具来养水仙呢？从艺术角度出发：一是在室内陈设供观赏时赏心悦目；二是北宋时期培养的水仙，从色彩搭配的审美角度讲，用红"漆盆"或者红定瓷，再配上白叶和黄芯的水仙花，是当时最佳的颜色标配。因为宋代的大漆就

图5-2-1　汝窑粉青龙纹水仙盆 高3.6厘米

图5-2-2　汝窑豆青釉龙纹水仙盆盆底 长22.9厘米

图5-2-3　汝窑天青釉水仙盆 高6.9厘米

图5-2-4　汝窑天青釉水仙盆盆底 长28.2厘米

为徽宗时代所独创。理论推测：这应该是"徽宗官汝"，作为道教祭祀时所使用的一种特殊祭器，也包括其他汝瓷的器型。因为在道教仪式中有"五供一节"之说，即：香、花、灯、水、果的五供道具和实物，再大胆推测：上香用双耳尊类，盛水用棒槌瓶类，供果品类用洗，呈奏章则用盘类，而供花才用插花的"水仙盆"，如图5-2-1～图5-2-4所示。

经笔者考证，北宋时确实有养水仙的时尚，但并没有普及到社会大众中，而只局限于文人和权贵阶层的小范围内。水仙分为水养、沙石养和土养，大约40天开花、花期15～20天，水仙生长温度在8～12℃，要天天换水，温度高时，或者到夏季时，水仙就处于休眠状态。宋代既有歌颂水仙的众多诗词，也有关于水仙的绘画，但直观看，所绘水仙都是在草地中，比如赵孟坚的《墨水仙图》等。而宋·杨万里《添盆中石菖蒲水仙花水》一诗，标题就清楚阐明是在"盆中"，用石头和菖蒲衬托来养水仙，重点是称为"盆"的那就一定有边沿。宋·许开《水仙花》一诗："定州红花瓷，块石艺灵苗"，这是在说用定窑的红瓷器，但也要与"块石"搭配来养水仙。另外，北宋晚期的邵伯温在《闻见录》中曰："定州红瓮器"，而苏轼在《试院煎茶》中也云："定州花瓷琢红玉"。

问题是，无论是"盆"还是"瓮"，或者是"花瓷"，宋代为什么要用红色的器具来养水仙呢？从艺术角度出发：一是在室内陈设供观赏时赏心悦目；二是北宋时期培养的水仙，从色彩搭配的审美角度讲，用红"漆盆"或者红定瓷，再配上白叶和黄芯的水仙花，是当时最佳的颜色标配。因为宋代的大漆就

图5-2-1　汝窑粉青龙纹水仙盆 高3.6厘米

图5-2-2　汝窑豆青釉龙纹水仙盆盆底 长22.9厘米

图5-2-3　汝窑天青釉水仙盆 高6.9厘米

图5-2-4　汝窑天青釉水仙盆盆底 长28.2厘米

是以红、黑为主,而北宋的红定瓷和红钧瓷的花口盆,除口沿有很好的"手把拿"功能外,其盆和花的颜色搭配也是最好、最时尚的选择。

特别说明:如图5-2-2所示的汝窑豆青釉龙纹水仙盆的底部,因豆青色是最先"弃定用汝"的,所以在最初的设计时,由于没考虑器底部圈足的设计,所以如果烧造掌握得不好,那么平底就会出现微变形现象。而升级版天青色的水仙盆,则是借鉴了这种豆青色的设计缺陷,不但增加了圈足防止其变形,而且还附加了四脚足,如图5-2-4所示,这也便于用手来扣底或腾挪摆放。

在养水仙的容器里,既要有石头还要加满水,而且要天天换水,那么假设用这种汝瓷"盆"来养水仙,其重量和易损程度就可想而知了。笔者经查阅资料得知,乾隆因此认为:这不是养水仙的"盆",参照清宫养宠物和养水仙的实践经验,以及其器物的尺寸和口沿光滑度等因素,综合判断这是"猫食器",虽然这也是"讹传",但却得到了乾隆的认可。

但在明代《粤绣博古图》中,却是用汝窑"水仙盆"养黄花枝头的,这种在佛前所供"花头"称为"佛花",也是唐宋流行插花的一种风雅时尚,宋·邵雍的一首《插花吟》,更是将宋代"四雅生活"中的插花艺术推向高峰。而宋·陈傅良在《水仙花》中描写水仙是"掇花置胆瓶";宋·袁说友在《江行得水仙花》中描写水仙也是"柔枝不怯胆瓶寒";这说明:宋代养水仙的方式,采用的是"盆""瓮""胆瓶"等容器,而明代人对"水仙盆"的传承认知,则是用来插养花头的一种器物。

但尚不知何时何人,将乾隆考证这件"讹传"不雅的"猫食器"名称,改换成高雅的"水仙盆"的称谓,这显然既没有可靠的证据支持,也不是科学的考古名称。笔者认为,这既不是"猫食器",也不是"水仙盆",而是在宋代的道教礼仪中,用来供奉"果品"或"花头"的一种道具。因只有具备这种功用的器物才有可能用来陪葬,否则按常理不会有"猫食器"这类物品,在无狗陪同下而跟主人下葬,这需要深入研究和考古证明。

另外,宋徽宗时代的官窑器型设计大多依典有据,所以"水仙盆"这种"圈足带四脚"的椭圆形容器,与西周祭祀用的青铜盨,无论是器型还是使用功能上都极其相像,应该是仿商周青铜器之一。所以像这样的瓷盆和造型,既不适合养水仙也不可能当"猫食器",笔者认为其作为道教供奉食品的祭祀用具,就较为合情合理,本文约定俗成笔者也延续"水仙盆"这种雅称。

三、徽宗时代"三停九似"的龙纹是什么样

北宋·郭若虚最晚于1074年编著的《图画见闻志》中,首次提出了独特的楷模论,他在论画龙纹时云:"画龙者,折出三停(自首至膊,膊至腰,腰

至尾，皆相停也），分成九似（角似鹿，头似驼，眼似兔，项似蛇，腹似蜃，鳞似鱼，爪似鹰，掌似虎，耳似牛。穷游泳蜿蜒之妙，得回蟠升降之宜，仍要鬃鬣肘毛，笔画壮快，直自肉中生出为佳也"。这是中国龙纹演变到北宋中后期，该时代的郭若虚从理论上对龙纹的画法，所做出的最经典的阐述和总结。从此这种"三停九似"的画龙理论，将之前随意刻画的各种龙纹，都纳入了统一规范化的轨道，使北宋龙纹的形态更具"拟物性"和形象化，其影响力非常重大和深远（图5-2-5）。

郭若虚所论述的画龙理论，对当时的画坛及对20多年后，既懂书画又具有艺术天赋的徽宗皇帝来说，毫无疑问，会产生直接影响和作用。首先应该明确：崇尚艺术的徽宗时代，而且作为"徽宗文化"中的一个符号，一定有其自己的宫廷龙纹图样，如果具象到"徽宗官汝"和"徽宗官窑"上的龙纹，那一定是具有"徽宗艺术"独特的排他性的，而且龙纹还应该有严格的规制。

《宋会要辑稿·崇儒》中载：宣和七年诏令"……拨盘龙汤盏一十只"，这说明：朝廷不但有带龙纹的瓷器，而且还是"盘龙"即团形的龙纹样式，因此，凡带有龙纹的宫廷用瓷，那一定是"徽宗官汝"和"徽宗官窑"中的精品。值得庆幸的是，活跃在北宋晚期建阳"北苑"地区的熊蕃，还著有《宣和北苑贡茶录》一书，重点是：书中有可供参考的龙纹和凤纹图案，如图5-2-6所示

图5-2-5　汝窑盘"三停九似"的龙纹

图5-2-6　宣和贡茶龙纹图

为"银模大龙"（宣和贡茶龙纹图）。

北宋·蔡襄在任福建转运使监制"北苑贡茶"时（1050年）曾著有推荐版的《茶录》，他不但向朝廷敬奉了比宋太宗在位时，其"龙团凤饼"更为精致的新品"小龙团"，而且蔡襄也是"点茶"和建盏的极力推动者，其《茶录》直接影响了徽宗的茶论。宋徽宗所著《大观茶论》中载："本朝之兴，岁修建溪之贡，龙团凤饼，名冠天下"，这充分证明：唐代的"煮茶"已完全被"点茶"所取代，因此宋朝选中的建溪茶和建盏就顺理成章了。

然而茶饼虽然不像宫廷御用品那样精致，而且压制的团茶也会随时消费掉，但宋初传承下来的压印"龙团凤饼"图，应具有北宋时代的龙凤纹共性。据《宣和北苑贡茶录》载："太平兴国初，特制龙凤模，遣使即北苑造团茶"，又载："元丰间，有旨造蜜云龙……绍圣间，改为'瑞云翔龙'"。宋高宗进士熊克是熊蕃之子，宋孝宗时官至起居郎兼直学士院，他于淳熙九年（1182年）在为《茶录》刊刻时，因其父在书中只列贡茶名而没有形制，故增补绘制了38幅贡茶图及御苑采茶歌十首，以示仰慕其父前修之意。

由于距先父《茶录》出版60年后的熊克"摄事北苑"情景依然如旧，即"阅近所贡皆仍旧"，还因"先子亲见时事，悉能记之"，故为完善先父之著传世，使"庶鉴之者无遗恨焉"而"几补其缺"。但现今因无法考证所绘之贡茶图，当时是否按原"银模"所绘，还是参照现实龙纹或凭记忆而画，况且也并非是"先大人"所绘制（已故），所以可能在一些细节上有所出入。但无论如何，虽不能确定此"翔龙"，是否真实反映了宣和时的龙纹模样，却绝对可以肯定作为参考，没有之一。分析图5-2-6中"盘龙"外圈的"瑞云"，这应该是熊蕃所说的绍圣时的"瑞云翔龙"，而"翔"本义就是指盘旋的飞，而且到绍兴戊寅时"所贡皆仍旧"，所以这种新贡茶理应延续到徽宗时代。其中，"银模大龙"的张嘴吐舌、"⊥"字眉、肘毛、两条长须等，与郭若虚的画龙理论极为吻合，尤其还有别于其他时代的"龙"的特征：龙头额下的几撮胡须和火球纹。再对比图5-2-7所示的北宋末金代初的云龙纹，可视为北宋同时代磁州窑黄釉剔刻云龙纹梅瓶，釉面吐筋线、死亡气泡、破口泡、土沁等老化特征十分明显，而且有别于民间物品，是突显神性的宫廷龙纹、瑞云和火球纹，且与宣

图5-2-7　金代磁州窑黄釉龙纹梅瓶 高31.5厘米

和贡茶龙纹和"徽宗官汝"的龙纹如出一辙，重点是：龙纹和黄釉不仅代表的是金代皇家御制，同时也佐证与"徽宗官汝"相同的"三停九似"龙纹，而且也证明定窑和磁州窑是金代指定的"供御"官窑。

在经历了《图画见闻志》百年之后，南宋·罗愿（1174年）于《尔雅翼》中同样照搬北宋·郭若虚的画龙理论，这充分说明：从北宋·郭若虚到南宋·罗愿，这100多年里，社会和朝廷不但肯定其龙纹的描述与画法，而且画家也在遵从这种画龙理论。而在南宋·罗愿的《尔雅翼》成书60年后，虽然画家对龙纹的理解已有所衍变，但画龙理论还是能体现出来，比如，南宋·陈容的《云龙图》中记载龙"似鹰"的四爪、鲇鱼的两条长胡须、眉毛等，尤其是一直延续到明代圆睁的阴阳"鬼眼"，因陈容是理宗端平二年（1235年）的进士，这至少说明经过160多年后，画龙理论仍在沿用。

然而非常遗憾的是，在官方考古发掘的文物中，还没有一件清晰的"徽宗龙纹"图，那么在传统标型学的眼中，一旦民间出现疑似徽宗时代的龙纹，可以想象专家除怀疑和否定外，不会做出任何有积极意义的研究和探讨。而且纵观各时代所展现的龙纹传承史，一个值得思考，也使人疑惑不解的问题是：从南宋后期到现在的近800年中，怎么就从来没有人按"三停九似"的理论，去模仿和再现那个时代的龙纹模样呢？难道北宋·郭若虚是脱离实际在高谈阔论吗？而宫廷中的"徽宗龙纹"究竟是什么样的呢？

可以肯定的是，"徽宗龙纹"不会远离那个时代所总结的龙纹理论，而且还一定具有其独特的艺术性。如图5-2-6所示《宣和北苑贡茶录》中的"大龙"，以及图5-2-7所示金代初磁州窑的龙纹，就已给出了比较明确的答案，可能瓷器和其他陈设品的御用龙纹，比茶饼上还要更加精细和艺术化些。我们也可以想象着对照：除要遵从"三停九似"的理论外，还要对"穷游泳""得回蟠""鬓鼠肘毛"等，这些细致入微的描述进行深刻解读，就是那种：躬曲（穷）的游泳姿态，犹如团形（回蟠）升降式的"盘龙"形象。而豆青釉是最适合刻画龙纹等纹饰的，清凉寺也出土过豆青色残缺的龙纹瓷片，但无法拼凑和还原其整个龙纹的真貌。

现在所有的书也好、画也罢，普遍模仿的都是元、明、清时代的龙纹，这也为徽宗时代的龙纹继续保持着一种神秘的姿态，拓宽了人们对其真容的想象空间。况且现在仿制者的历史修养和剔刻水平，还远远达不到北宋匠人的境地和水准，更想象不出"三停九似"的这种境界，而且采用"半刀泥"的手法，如果达不到宋代的剔刻水平，还会弄巧成拙。特别指出：本书"徽宗官汝"剔刻"盘龙"纹盘的釉色，与大维德汝窑火照的颜色极其相似，但先暂且抛开胎釉等特征，仅就其"半刀泥"剔刻的龙纹加以对比和阐述。

如图5-2-5、图5-2-8和图5-2-9所示，疑似"徽宗官汝"豆青色的剔刻龙纹图案，也是按照北宋·郭若虚所论述的特征，即符合"三停九似"的龙纹理论，尤其对"游泳""回蟠""肘毛"等形象的描述，其理解刻画的形体可谓入木三分，另外还继承了唐"鎏金铁芯铜龙"的下颚五撮须，而且也与宣和贡茶龙纹和金代磁州窑龙纹的颚下几撮胡须相符，这也是在唐→宋→金的时间轴内，其宫廷一脉相承且其他朝代绝无仅有的特征，而且豆青色的玛瑙釉、器

图5-2-8　汝窑粉青镂空龙纹枕　长25.5厘米

图5-2-9 汝窑粉青镂空龙纹枕正面 高9.3厘米

型、支钉痕、土沁、老化痕迹等（图5-2-7），完全符合汝窑的基本特征。对汝窑这种动态"盘龙"的剔刻，不但说明徽宗时代龙纹艺术性得到了极大发挥，而且还赋予了"徽宗龙纹"形象思维，即威严又不失秀美的崭新时代特征。

豆青色"徽宗官汝"除釉色外，还展现了宋代的另一种装饰手法，即当时流行的"半刀泥"剔刻技法，它与刻画、篦划的手法完全不同，是以刀代笔的半坡式"减地剔"，如图5-2-5、图5-2-9所示，其刀工娴熟流畅、笔道遒劲，使徽宗时代所剔刻的龙纹，在跳跃中展现出清秀矫健，在舞动中彰显其威武洒脱。这种半坡"减地剔"的高超手艺，也额外增加了造假的难度，而且本书的这两种动态龙纹形象，还都有别于任何时代的龙纹，其具体特征是：龙爪似鹰为四爪、鹿角、牛耳、鬼眼、蛇腹，张口状上卷舌，另外多配有火焰球；尤其下颌还留有几鬃胡须，胡须与肘毛的画法相同；两根龙须舞动、鬃发后飘、肘毛随动。

推测"徽宗官汝"应该分为：最初（旧窑器）的素纹、早中期（豆青釉）的剔刻纹、后期（天青色）堆塑三种表现形式。而"徽宗官汝"中的剔刻纹和堆塑产品，则在其各阶段的汝瓷中独领风骚，而且汝窑中的豆青色龙纹和天青色，也是徽宗宫廷的独享和垄断产品。很多实践都证明：考古新发现会不断地冲击传统的思维，而本文也只是给出藏品的具象和老化表观，以及结合文献所进行的逻辑推理。但笔者深知：民间藏品被认可的唯一方式，也只能依赖于完善和成熟后的科学检测。

本书所阐述的"徽宗官汝"的龙纹，既无法，也无力去改变客观现状和固有观念，而且文博界的好多疑难问题，也都只能期待考古发掘和科技进步来逐一证实。但笔者始终坚信：随着科学检测的认知度和科技发展，未来的科学鉴定一定会使文物"一锤定音"。到那时就像秘色瓷早就在您身边一样，有时是清者自清而不迷，有时则是"不识庐山真面目，只缘身在此山中"。

四、大维德藏汝窑火照真伪再商榷

在研究"徽宗官汝"的过程中有一个非常重要的历史节点，是不能回避的、一件非常珍贵的文物，那就是大维德收藏的一件汝窑圆环形"试火照"。遗憾的是这件流传有序的历史文物，却被国内文博界定性为"著名赝品"。笔者见过此文物的现场照片和刊物图片，因此对文博界的这种定性结论产生诸多的疑惑和不解，并为此对清凉寺文化进行了深入考证与研究，最终认为：大维德收藏的"试火照"为真品，而将其定为"著名赝品"值得商榷。

1. 大维德爵士与中国情缘

笔者从内心非常敬佩大维德爵士，因为他不但自学中文和中国历史，还将1940年购入的《格古要论》1388年孤本，翻译成英文版，名为《中国鉴定学》，成为享有盛名的西方鉴赏工具书。大维德还于1928年担任北平故宫博物院的顾问，他也是故宫首次国内展的最大赞助者，翻开1937年《故宫博物院指南》，上面这样说："这些捐助使得博物院可以修复许多建筑，用以展示馆藏各类珍品。感谢他们给予的慷慨帮助……来自珀西瓦尔·大维德爵士……"而且大维德还联合其他名人在英国举办了《中国艺术展》，将其所筹措的资金资助中国国际和平医院的医疗。

大维德爵士毕生收藏了1400余件中国瓷器，而且绝大多数是历代的官窑精品，以及带有重要款识的标型器，其中收藏的汝窑和珐琅彩瓷器，无论在质量上还是数量上都仅次于中国台北故宫博物院。尤其是收购溥仪在1924年抵押给北平金城、盐业银行的清宫瓷器，使其一举成了中国御用瓷器的收藏大家。当时的"盐业银行"实际上是"沙逊银行"，而"沙逊银行"就是现在香港金融公司的前身，所以这就很容易理解大维德为什么相对他人能买到这些宝物。

大维德爵士在1934年出版的《大维德所藏中国陶瓷图录》中，他不是把最值钱的瓷器纳入这本书有限的页数里，而是把最具有学术价值的、带铭文的藏品纳入其中，真正体现出这位陶瓷专家的学者风范。而这件汝窑"试火照"与其他带铭文的瓷器一样，都是大维德同期的重要收藏品，例如：磁州窑"至和三年""张家造"瓷枕；"元祐年造"龙泉窑盘、"洪武五年"青瓷砚、明"内府供用"蓝釉尊等；尤其是以他的名字命名的一对元青花瓶，现在是陶瓷界公认的"至正型"元青花的断代标准器。

值得一提的是：比起没有被收录其中的宋官窑，以及珐琅彩等高价值的瓷器而言，区区一件小小的圆环形汝窑"试火照"，却被收录其中供大家研究，这足见大维德爵士的品德与学识。而大维德于1937年在"东方陶瓷协会"的会刊上，发表《汝窑评鉴》（A Commentary on Ju Ware）的研究论文，堪称汝窑研究史上的一个里程碑。重点是：1937年此文发表是大维德领先于他那个时代的，首次提出并确定汝窑属于北宋官窑，此后国内外的文博界才把汝窑中，深的或浅的天青色与豆青色一起，都归类到汝窑的御用瓷器中，而此前的最初观点则认为，汝窑只有"试火照"那一种豆青色。大维德对汝窑深入系统的研究，以及从版本学到实物的翔实论证，其观点已达成业内的普遍共识，而且所阐述的理论也影响至今。

2．真赝两种观点的溯源

为追溯被定为赝品的观点的来源，笔者查到的资料如下所述（部分人的观点大多照搬转摘没有新意，故不予引用与评说）。1935年在中英两国政府的支持下，由英国皇家艺术研究院第一次举办了"中国艺术国际展览会"，此展仅当时的中国政府，就同意借展800件文物，而在其中352件瓷器里就有10件汝窑、17件官窑。郭葆昌先生作为伦敦"中国艺术国际展览会"的中国瓷器专家，毫无疑问他接触到了这件汝窑"试火照"，以及大维德收藏的其他汝窑真品。因此郭葆昌先生通过现场与其他汝瓷对比，认为这件汝窑"试火照"为真品无疑，并在《瓷器概说》中加以论证和引用。

大维德爵士在发表于1937年的《汝窑评鉴》中，不但引用了这件文物，还对萧服其人进行了考证。郭葆昌先生在民国二十四年（1935年）的影印本《瓷器概说》中云："其监窑专官之可致者，太平兴国中则有监越州瓷窑务之殿前承旨赵仁济，大观元年则有监设汝州瓷窑务之将作少监萧服"。而且大维德汝窑"试火照"上的萧服题记是郭葆昌亲眼所见，从而可以明确：北宋早期监督越窑的是赵仁济，北宋晚期监督汝窑的则是萧服。

1958年，英国学者冈珀茨（Gompertz）编著的《中国的青瓷器》书中，也引用了大维德的这件"试火照"。但他却在1980年再版中，似乎受到了不同声音的影响，将原版中大维德这件汝窑"试火照"，以及天青色汝窑圈足碗移除了，这应该是最早对汝窑"试火照"，莫名其妙质疑的最直接反应。但以现在对汝窑的鉴赏观来看，笔者认为冈珀茨将这件深天青（蓝）色的汝窑碗，排除在汝窑之外而鉴定为高丽青瓷，则是一种完全错误的观点！

国内首先提出反面意见的是耿宝昌先生，他在1999年《故宫博物院院刊》中所写的《蒋祈与唐英》文中，说："古窑的试火照没有这样规整，所见古窑址出土物，都是正三角或长条三角形的残破瓷片，一端少涂釉质，穿有一孔，很少有文字出现，汝窑亦然。联系上述乾隆时唐英仿古的一些特殊作品，此火照也应同属此类"。十年后的冯先铭先生也将此件直接断定为赝品，他于2009年在《冯先铭谈宋元陶瓷》中说："这件带铭文的火照，长时间以来被当成中国陶瓷史上的珍贵资料，这里应当指出，这件火照是伪造的"，理由同耿宝昌先生大同小异。又说："这件火照也一反寻常，字体规整，绝非出于工匠之手，是煞费心机与挖空心思精制出来的一件骗人的假古董"。

笔者尚不知两位前辈是否看见过这件"试火照"，但对于治学严谨的冯先铭先生来说，这种观点缺乏客观的调研和论证依据，另外先生于1963年为《文物》撰文，认为宋初"《清异录》记载的'闽中造盏，花纹鹧鸪斑'应为永和之误"，从而推翻宋代人的记载而得出现代派的结论，即"鹧鸪斑是吉安永和窑"，但这却是一个时空错位了的错误观点。笔者相信冯先铭先生如果看到今天的建窑考古，也会收回"永和之误"的错误观点，而时至今日的耿宝昌先生似乎已认识到，将"试火照"视为"赝品"有点不妥，因此在不公开的场合说还需要研究。

无论之前还是现在，由于耿宝昌和冯先铭两位先生以及其学生，具有中国瓷界金字塔尖上的绝对权威，而且国内尚处于这种体制下的学术氛围，因此大家都是明哲保身而不敢妄议，所以此件"试火照"定性为赝品的观点，在国内文博界已基本成为最终定论。而这之后的其他专家学者大多引用和默认此观点，因此至今也无人提出任何异议。

3."火照"与"试火照"

因笔者专业不属于文博领域，所以不享受文博系统的"待遇"，因此出于对中国陶瓷的尊重，才敢于对权威观点提出质疑。首先我们要搞清楚一个问题，即"火照"与"试火照"的概念，翻开历史文献溯源其"火照"一词，首先确定这是由宋代人所发明的词语，南宋·蒋祈在大约成书于1214—1234年间的《陶记》中载："火事将毕，器不可度，探坯窑眼，以验生熟，则有火照"。

从考古发掘的"火照"看，其实物正如耿宝昌先生所说的，全部是因陋就简的就地取材之物，而且普遍是利用废弃的胎坯，再经简单、随意的加工制成。而"火照"的实际功能就是一次性的测温品，也可看作一种古老的调温方法，所以"火照"本质上的概念，就是在胎土、釉色、器型都确定以后，窑工在烧窑时的一种测温工具。日本人把"火照"翻译为日语"色见"，从字面上更直观理解就是"看釉色"。

"火照"既然是烧窑时"以验生熟"的一种测温工具，那么"火照"根本就不用再去"试"，而"试"的本意则是：按照预定的想法而非正式的去做，只有"试"成功后才能按此去做。"试火照"一词经过几百年以后，清·蓝浦在《景德镇陶录》中给予更明确的解释："陶户收买釉不，先于船中提少许捏成块，上划各土客字号，烧窑日置之火眼内，待烧熟用铁钩探出，验辨货色，谓之试照"。以上说明："试照"实质是针对客户的"验货"而言，而"火照"则是针对烧窑工匠的"测温"专用语；其区别就在于："试照"是"验辨货色"，而"火照"则是"以验生熟"；"试照"即"试火照"，是指将胎泥和釉料，入火（烧造）来验证的留样，以备客户检验产品和验证"货色"时用，所以准备要"试照"的样品上，一定要写上客户的"字号"与"日期"。

直白地说，其实"试火照"就是买卖双方，以此来验收货物质量的一种标本，也是一种"封样"的实物合同。而"火照"则是窑工自测温度的一个方法，所以自己怎么着简单和实用即可。重点是：大维德收藏的这件"试火照"，不但正面记录的是一件事，而且在这么个小小圆环的背面，还有三个与汝窑一样的支钉痕，这说明绝对是按规矩的一种认真行为、特意行为。而同样的各种汝窑"火照"，则是因陋就简的随意而为之，仅从这点就可看出二者的功用不同。

以此可判断：既然"试火照"是客户的一种商业行为，是买卖双方留证的标样，因此相对于"火照"就要规整和严格些。那么如果是专为宫廷看样制作的呢？这不但需要更加严谨和规范，而且除具备"客户"和"日期"的基本信息外，就应该像同时代"百衲雷咸琴"那样具有相应的情况说明，而绝不是窑工简单随意的一般行为，所以"试火照"和"火照"是两个不同的概念。

再从宋元时期考古发现"试火照"的实物看，大多是满釉的釉下刻字的长方形小砖块，其上还有规整的墨书形式。但无论是刻字还是墨书，凡是"火照"有"试"的字样，就离不开日期和名称这两个基本要素，所以"试火照"既能测试胎土也能检验其釉色，而绝不是用来给某时的窑炉测温。再比如：宋钧窑遗址出土的两个"试火照"，就是满釉并在垫片上分别写上"王"和"温"的字样，因为这是给两位私家的试照，而且样片既没有钩孔也不是很规整。从各地考古发掘的"试火照"看，其"试泥"的样片大多无釉，而"试釉"的样片都是挂满釉，而且还要写上姓氏和日期。另外，在清代还要履行对钴料进行的"试照"，合格后才能用此钴料来绘画青花。

文献和考古都证明：宋代宫廷把所定制的器型统称为"官样"，如果宫廷没有核定的器型就不能再称"官样"，所以汝窑圆环形火照，用的是"试火照"的语言，而不是"官样"一词，也是正确的。从逻辑推理看：如果是官方的"试火照"其形状样式一定要规矩，字迹也要庄严规范，从而才能体现出朝廷的权威。笔者也在相关的资料中，看见过此件"试火照"的图片和照片，第一感觉就是：其釉色与图5-2-10、图5-2-11所示的豆青色的汝官窑一样，而且是特意制作规整的"玉环"形。再从颜色、字体、语言、背面三个小支钉痕

图5-2-10 汝窑豆青色龙纹盘 口径19厘米

图5-2-11 汝窑豆青色龙纹盘盘底 高4.5厘米

等多方面分析,它确实不是窑场随时测温的一件"火照",而是当时督陶官萧服"试火照"的标的物,接下来肯定还会有更高级的实物被当作"官样",只是我们还没有发现或者"消亡"而已。

4."试火照"铭文的解读

那么这件"试火照"写的是什么内容呢?因实物照片中的个别字不清,故引用《冯先铭谈宋元陶瓷》书中的记载:"大观元年岁次丁亥三月望日将作少监监设汝州瓷窑务萧服视合青泑初试火照",总共三十三字铭文。萧服经考证确有其人,《宋史》列传第一百七以及萧服家族墓志铭记载,萧服是元丰五年进士(1059—1114年),卒年官至宋徽宗时的御史台,这说明工作是有成绩而被晋升。御史台与将作监的官职虽同属一个级别,但从俸禄和排次上看,御史台要高于将作监半格。

那么三十三字铭文是否符合当时的官方语言呢?南宋周密在《志雅堂杂钞》的"诸玩"中,记载了李公略收藏的百衲雷威琴,其琴上的题记云:"大宋兴国七年,岁次壬午,六月望日,殿前承旨监越州窑务赵仁济,再补修吴越国王百衲雷威琴"。这说明:从北宋初就有对所供御的越窑,实行派遣制的监督窑务的官员,而萧服则是不同时间段的同一种官员;而且这段语言虽然是写在琴上,但与写在汝窑"试火照"上的铭文,其格式与语言基本相同;这也充分佐证:汝窑"试火照"上的铭文,符合宋代当时的官方语言及格式。

特别说明:在宋代的官职上,有一个显著特点是"寄禄官职"和"差遣任务"是分开的,就是说"官职"与"工作"不一定相配;"寄禄官"指的是该官职的级别和俸禄,"差遣任务"指的是该官员去执行的实际工作;而"殿前承旨"的官位,来源于唐代官职在宋代的延续;二者进一步比较,"殿前承旨"是赵仁济的"寄禄官职",而"差遣任务"则是"监越州窑务",涉及的工作和器物是"再补修吴越国王百衲雷威琴"。而萧服的"寄禄官职"则是"将作少监","差遣任务"是"汝州瓷窑务",涉及的工作和器物是"视合青泑初试火照"。所以从两处铭文内容对比看,各个方面都符合宋代规制。

那么这三十三字铭文具体是什么含义呢?"大观元年"是1107年,"岁次"是中国传统表示年份的用语,"岁次"也叫年次,一般后面都要附加干支。"将作少监"是宋代官职,"监设"的"监"是督察,"设"是安排、布置之意,而"汝州瓷窑务"很显然是宫廷的"差遣任务"。"视合青泑"的"视"是审察,"合"是符合,"青泑"就是专指青色釉,"泑"宋代以前是指釉。"初"是开始、原始、第一次,"试火照"与清代人解释"试照"为同一词,即胎和釉的样片。

解读这三十三字的意思是:大观元年三月望日,将作少监萧服奉命督察汝州窑务，审定符合宫廷标准的青釉初始样标。这件"初试火照"其胎和釉是否合格、有几件这样的"试火照"，以及试验过几次已无从考证。但可以推论：对豆青色（不是天青色）的"试火照"而言，不符合这个样标的颜色与釉质，肯定是要做"捡退"处置的，而与样标相同的就应该是"供御"合格品。

5. 疑问与分析

任何人无论做什么事都要有其目的性和动机，所以我们不禁要反问：乾隆时代的唐英或其他什么人，为什么要造这个"赝品"呢？如果能造出这样的"赝品"，那又何愁仿的汝窑不像呢？或者是不是民国时造假者要拿这个"赝品"去骗钱呢？如果按20世纪二三十年代的历史背景，以当时收藏界对汝窑的研究与认知来看，人们都还处在传统收藏的初级阶段，而且市场上的古玩精品和门类也较多，当时一些古玩艺术品，就如同元青花一样都无人可识，所以才出现用5块大洋买到一对元青花的事，而这类只具有研究价值的小东西，也不会引起过多的重视，肯定也不会值什么大钱，那么还有必要造这样的假吗？

我们假设是唐英所为，那么想一想在乾隆时期，宫廷里已藏有诸多真正的汝瓷，那又何必自找麻烦"以假乱真"呢？况且唐英所仿的豆青色汝窑，也已达到近乎逼真的程度，实在想不出还造这个"赝品"干什么？而且这个"赝品"的颜色也不是汝窑极品的天青（蓝）色，而是古秘色的豌豆青色，难道是想否定宫廷里所有的汝瓷天青色吗？那么会不会是某个汝窑仿家按这个"赝品"的颜色，去推销一批这种汝窑瓷器呢？然而民国时期所仿的汝窑瓷器与此件颜色相差很远，所以不可能拿这件"试火照"的文物，当作汝瓷标准器去烧制，使仿家自己为自己增加难度。

再问：无论什么时间烧造的这个所谓"赝品"，那么督陶官为什么要选择萧服呢？而不是其他（将作监）的什么人呢？又为什么是大观元年而不是其他年号呢？资料显示：在北宋的中晚期将作少监有很多人，比如崇宁二年提为将作少监的李诫等，而宋史中所介绍的萧服，也没有明确其出生的日期，只有卒时的年龄，那么选择没有生卒日期的萧服岂不是很冒险吗？

另外，大维德所购买的都是汝窑真品，难道唯独这个不值钱的圆环形"试火照"是赝品吗？而且还挤掉一些重器而编著在书中？这符合大维德的出版目的和那个时代收藏的逻辑吗？值得庆幸的是，这个"试火照"的出现时间不是仿品泛滥的当下，而是在1930年以前的民国，并且还是在外国人的手中。所以我们真的感谢大维德先生，否则在今天中国藏界出现的话，那就可能会毁在某些鉴宝专家的手中！

再从字体上分析，耿宝昌先生认为："隶书字体工整严谨，书写刻工风格清秀等特点看，很像清代雍、乾时的作品"。而冯先铭先生则认为："把印有瓷窑务官萧服的名字放入窑内去烧，这是不合情理的。"又说："凡带铭文的都出于工匠之手，字体比较生硬潦草，而这件火照也一反寻常，字体规整，绝非出于工匠之手"等原因。我们回顾当时历史官方有没有刻写隶书的可能？北宋中后期复古之风的形成，以及金石学的兴起使得隶书受到了相当的重视，而且研习者也大量增多，以汉隶为时尚的书法大量流行于北宋的上流社会。我们再从元丰到宣和时期官方造的钱币来看，就有不少是隶书体，可见隶书也是当时官方的书体之一。

再观察这种刻字的汉隶风格，与清代馆阁体以外的隶书风格，没有任何可比性，而且与乾隆时期瓷器上御题诗的隶书也不同。从这点来看：这绝非工匠所为是正确的，而且做这种"样标"的工匠，即使能书写好也不够资格，这很有可能就是萧服自己所写的。如果某种"试火照"的样片，是随意而为、书写潦草、语言简单混乱的话，那才不符合情理和朝廷的规矩，那才是非官方的工匠所为。再从实物和考古资料看，把各种人名和各朝代官名与年号，放入窑里烧造的这件事更是不足为奇。

综上所述：从岁次、官职、人物、语言、用词和用字，以及釉色、满釉支钉痕、刻字体来分析，以及这件是20世纪30年代以前，而且还是大维德所收藏的文物看，如果再按当代流传有序的观点来说，那毫无疑问断定为北宋汝窑的文物，而且是一件货真价实的"标的物"。如果再辅以科学检测来证真的话，那它将是一件非常珍贵的历史文物，也必将推动汝窑乃至"徽宗官汝"的深入研究。

五、宋徽宗哪年开始"弃定用汝"的呢

1．北宋何时是"汝窑为魁"的呢

无论研究何时何种瓷器，首先要理清在这段时期内都有什么窑口生产哪些高端的瓷器，然后再把它放到这段历史中进行比较。《宋会要》载："宋太宗淳化元年七月（990年），诏瓷器库纳诸州瓷器"；又载："瓷器库在建隆坊，掌受明、越、饶州、定州、青州白瓷器及漆器以给用"；而在太平兴国（976—984年）年间就已派遣"殿前承旨赵仁济"监督越州窑务，说明虽然有其他窑口"以给用"，但给朝廷"供御"的却主要是越窑。

再根据北宋吕大临墓中的陪葬瓷器，综合分析表明：宋徽宗之前的各代朝廷，在其所采用"供御"的瓷器里，既没有汝州的瓷，也没有龙泉的器，而且在此前"瓷器库"的"纳诸州"中，也没有汝州的一席之地。这也正好说明：徽宗之前的汝瓷还不成熟，至少这时的汝窑青瓷还没显露出如何的出类拔萃，还仍然不如越窑等地的青瓷。那么"故都"（徽宗时代）是何时"弃定用汝"

的呢？换句话说，"汝州新窑器"的仿古秘色瓷是何时烧造成功的呢？

北宋晚期这位重量级的官员吕大临，他既是当时古玩研究与收藏的大家，又是中国历史上的考古学鼻祖，他官至北宋太学博士、秘书省正字，于北宋元祐七年（1092年）去世，重点是，吕大临所随葬的器物并非"冥器"，而是他生前喜爱和收藏的心爱之物，而且就在他逝世八年之后，北宋才开启了徽宗时代的皇家艺术。所以考证和研究吕大临的言行，尤其具体到他所收藏的随葬品上，这也是还原徽宗皇帝登基前后，当时北宋朝廷的那段陶瓷史。

我们再从吕大临墓出土瓷器看，有越窑、耀州窑、定窑、湖田窑、建窑等，这也是作为北宋官员和考古鼻祖的吕大临，认为这些就是当时北宋最高档的瓷器，因此才在生前收藏和研究当时的顶级瓷。但在墓葬中的瓷器唯独没有汝窑和龙泉窑，说明这两个后起之秀的名窑，至少在吕大临生活的时代尚处在成长之中，而对此相同的佐证还有杭州宋高宗的"行在"遗址，虽然已有汝瓷但却没有龙泉窑的半个瓷片。

而历史上真正汝窑的辉煌期则是发展到徽宗时代，这时才成为当时青瓷的领头羊，而且也只是在徽宗时代的中期，才被宫廷选中成为"供御"用瓷，而这时段所烧造的汝供瓷，笔者将其称为"徽宗官汝"。"徽宗官汝"有着与众不同的精致和要求，而且通过改进原配方与工艺后，进而才打造成为与原汝窑不同的"汝州新窑器"，从而真正确立了"汝窑为魁"的地位。

所以一种由宫廷派人监督特制，集耀州窑的剔刻画和越窑古秘色为一体的"汝州新窑器"应运而生，这也暂时满足了宋徽宗尚青的审美观。北宋·惠洪于《无学点茶乞诗》中云："政和官焙来何处……点茶三昧须饶汝"，惠洪是卒于北宋灭亡二年后的建炎二年，而"饶汝"两地的瓷都是一种淡青色，这说明，发展到政和年间的汝窑天青色，才是汝窑繁荣发展的鼎盛期。我们再从其他的考古和出土文物看，北宋瓷器确实是以汝窑、耀州窑、越窑、定窑、影青瓷为主流，但这时越窑的秘色瓷已开始走向衰退，而龙泉窑尚在发展的初期还不能成为供御品。虽然在北宋末期龙泉窑才有了供御的记载，但也只有到南宋的中晚期，龙泉窑才真正达到一个高峰。

2."有芒"是"弃定"的原因吗

陆游（1125—1210年）不但是爱国诗人，还是一位史学家，他在《老学庵笔记》中载："故都时，定器不入禁中，惟用汝器，以定器有芒也"，这是最早记载"弃定用汝"的文献。南宋·叶寘在《坦斋笔衡》曰："本朝以定州白瓷器有芒，不堪用，遂命汝州造青窑器"。值得注意：以上文献都是说定器"有芒"，而不是现代称的什么"芒口"；而且"本朝"和"故都"两词相互佐证的时间，毫无疑问是指北宋晚期的徽宗时代。

余嘉锡在《四库提要辩证》中对叶寘有过考证，说："叶寘字子真，号坦斋，池州青阳人。隐居九华山，以著书自娱"；而且在嘉定十二年（1219年）著有《三学义举颂》《爱日斋丛抄》等书，这也是叶寘对《宋史》作了较翔实的补充；据清·陆心源《宋诗纪事补遗》载：叶寘是"宋末监司论荐，补迪功郎，本州签判"，宋代"迪功郎"官属九品，而州级"签判"品秩为从六品，王安石和苏东坡两位在中进士时，就曾被授予"淮南签判"和"凤翔签判"的官职，这充分说明：叶寘并非纯粹的文人，所以叶寘的文章同陆游的文章一样，都是具有可信度的史料。

叶寘的《坦斋笔衡》成书于嘉定五年（1212年）前后，也是在陆游去世不久后所著。当时面向平民百姓的日用定窑瓷，采用的都是覆烧工艺，口沿不但露胎而且还很尖薄。我们不禁要问：陆游和叶寘是根据什么文献，确定宫廷用瓷是"有芒"而不堪用的呢？还是看到民间日用定瓷后融入了自己的理解？毕竟他们都不是生活在徽宗时代，这或许是根据当时所见所闻的平民用瓷，自己推断而得出的结论吧！所谓的"芒口"是近代人对"有芒"一词的联想与扩展解读，"芒"字本义是指植物类的尖刺，引申指锋芒、光芒，显然用在瓷器上应解读为光芒。而北宋定瓷覆烧法的碗口，工艺上也确实像"刀口"那样太薄、太锋利，所以这对于日用瓷来说，既容易损坏也不好使用。其原因是所采用的石灰釉流动性特好，造成了瓷器口沿不包釉的工艺现象。

文献与考古都证明：描金银或镶金银扣的装饰在唐宋时就已流行，但并非针对所谓"芒口"的特别设计；法门寺出土"内二口银棱"的"金银平脱"秘色瓷，其器口和足底均包有银扣；河北定县宋代塔基出土的镶金口的定窑白瓷，其底部有墨书"大平兴国二年"（977年）的铭文；宋·范坰的《吴越备史》中《贡奉录》载："金饰玳瑁器一千五百余事……金银饰陶器一十四万余事"；北宋·吕大临墓（1092年前）出土的耀州和影青瓷的口部，也都采用金扣和银扣镶边的装饰。

以上事实说明：文献中"金银饰陶器"的金银装，既是唐宋贵族化的产物，更是一种特殊定制的奢侈品，当然也是解决所谓"芒口"的最好办法。再从吕大临墓中的镶口瓷以及有的镶口脱落后的瓷碗看，其瓷器的口边既没有破损，也不是有所谓的"芒口"，其边缘还都很厚实，而且镶银口也不仅限于碗类，还有壶嘴、壶口和底足部位。这说明：镶嵌金银扣的瓷器是当时北宋上流社会流行的一种时尚装饰，而不仅限于有"芒口"的才做镶嵌。

重点是：朝廷绝不会因为它有"芒口"才弃用，何况向朝廷供御的定瓷，更不会采用覆烧法来生产，因为宫廷用瓷追求的只是美感和独有，根本不会去计较其工本和产量，退一万步说：即使出现所谓的"芒口"，那也会采用金银扣来装饰。瓷器镶嵌金银扣的装饰，不但能增添皇家高贵的时尚感，还能掩盖口沿薄和容易破碎的缺陷，考古和传世定窑的金扣瓷就是一个佐证。

综上所述："弃定用汝"确实是因"有芒"的缘故，但它是指整个白瓷的光芒（闪光），而不是局部口沿的什么"芒口"。确实这种在诸器中夺人眼球的"闪白光"，也是与道教的颜色冲突不相符，这种道教认为压制"青色"或阳气过重的器物，而且与道教"光而不耀"的理念相背，这也是道家创始人老子所言的处世智慧之一，所以在道观和宗庙里，这种耀眼的白瓷才是"不堪用"的真正原因。

也可解读为："有芒"不符合老子"光而不耀"的道家思想，也不适于在道场和仪式中使用，但绝不是现代意义上的"芒口"。这也是宋徽宗疯狂的信道与崇道，逐步实行"弃白用青"的诱因。将以往供御的定窑白色瓷，改为道教所喜欢的汝窑青色瓷（图5-2-12~图5-2-15），也是宋徽宗审美取向转变的开始，至此，这种对瓷器尚青的审美观，贯穿了余下的徽宗时代。

3. "弃定用汝"的时间

宋徽宗18岁登基初始是以延续旧制和稳固政权为主，只有社会歌舞升平时，才会有精力和心情顾及其他。笔者在本篇已详细阐述了"汝窑火照"的真

图5-2-12　汝窑天青色葵花盘 尺寸27厘米×27厘米

图5-2-13　汝窑天青色葵花盘盘底

图5-2-14　汝窑天青色三足鬲　高11.3厘米

图5-2-15　汝窑天青龙耳匜　高12.6厘米、长21.3厘米

实性，从而证明：大观元年（1107年）三月是"汝州新窑器"烧造的坐标点，也是"弃定用汝"的时间节点。

道教的宫殿称为"观"而不是称为"寺"或庙，所以宋徽宗将年号由"崇宁"改为"大观"，也是基于崇宁六年的一次天文彗星现象，宋徽宗当时自封为"教主道君皇帝"，他能不带头遵守道规吗？宋徽宗当时也是听信了术士的"彗星"说教，从而改换了大观年号，这也充分说明当时的宋徽宗已经高度信教。所以汝瓷豆青色的剔刻纹也好，天青色的模印纹也罢，都有道教中的莲瓣纹、荷叶纹等，这还可以从宋徽宗在《听琴图》中身穿道家服装弹琴而得到进一步佐证。

据宋·王应麟的《玉海》中载：宋徽宗大观元年（1107年）下诏建观，御笔赐名显烈；大观元年敕封平江道岩为"葆真观"，并降敕书；另据《宋史》载：大观元年宫廷又设立了"仪礼局"，时年25岁的宋徽宗已开始步入权利的膨胀期，而且还以拥"观"为大。所以改元为大观元年也是宋徽宗笃信道教的开端，而道家推崇的是道法自然，崇尚的又是天然的青色，故"弃白用青"也是一个主观因素。

在定窑的遗址上曾出土底款刻有"尚食局"的瓷片，据《宋史》载："崇宁三年，置尚食局，太官令惟掌祠事"；说明定窑在1104年还在为朝廷供御定瓷；三年后的大观元年"汝州新窑器"的烧造成功，客观上已有符合主观色的新汝瓷，那顺理成章的"弃定"就成为必然；再根据汝窑"试火照"的推理，进而确定大观元年（1107年）三月，就是"弃定用汝"的开始时间。

宋徽宗于1107年撰写的《大观茶论》中，虽然曰："盏色贵青黑，玉毫条达者为上"，但却在茶论中没提到汝瓷。说明大观元年写书的这个时间段以及之前的汝窑，还没有成为宫廷的供御瓷。但北宋僧人惠洪（？至1128年）的《无学点茶乞诗》中却有："点茶三昧须饶汝，鹧鸪斑中吸春露"，这说明政和年间的点茶已流行饶州（景德镇）瓷和汝州瓷，当然还保留着鹧鸪斑的建盏。这也充分证明在北宋晚期，相比大观元年以前而言，这时的汝窑才名副其实地成为魁首。

那么"弃定"后为什么不用耀州窑或越窑呢？"汝州新窑器"与"旧窑器"又有什么不同呢？这正如宋·叶寘所说，当时的青瓷是"汝窑为魁"（而不是指现代定义上的五大名窑），而且是在"为魁"的基础上又要有别于普通民汝的"青瓷"，所以这才发明了"玛瑙末为油"的宫廷配方，从而创烧出与汝州"旧窑器"不同的"汝州新窑器"，这初显出宋徽宗与众不同的艺术行为。

综上所述：清凉寺豆青色"汝州新窑器"的供御，是从大观元年（1107年）开始到1114年，即建立并烧造出"徽宗官窑"时逐渐结束。所以宫廷使用豆青色的"徽宗官汝"，也只有短短的十年左右时间，而替代豆青色所供御的天青色，则是从宣和二年以后到北宋灭亡，这是研发和烧造天青色的时间段。清凉寺考古文化层也证明天青釉只出现在徽宗晚期，所以"徽宗官汝"的天青色，大概只有七年的时间，这也符合艺术家皇帝不断求新、求美的行为心理。

但民间所用的汝器则是自汝窑建立伊始就一直在生产，而且到北宋末、金代、元代从来没有间断过。而"汝窑为魁"本身就说明：在当下不但已烧造出汝瓷，而且超越了其他的"青窑器"，所以才在此基础上被朝廷选中。而对现阶段民间出现的大量"民汝"，也不必大惊小怪而全盘否定，这只是目前文博界的普遍认识观，还没有划清"徽宗官汝"和民汝的本质而已。

清凉寺窑址考古发掘出"元丰通宝"和"政和通宝"钱币，仅以这两枚钱币就表明：至少从"神宗元丰"到"徽宗政和"的这40年间，汝窑按市场需求也都是在正常烧造；再从发掘出的窑炉20座、作坊3座等来分析，以及Ⅳ区的5万多枚天青色瓷片来看，至少在北宋这40多年的经营中，谁能说清已烧造出多少汝瓷呢？其实创烧时的清凉寺汝窑，就是以民汝日用器为主的窑口，只是中间有被选为"供御"瓷的一段插曲而已。所以从开始到结束时所烧造的大量民汝，在市场上都是极正常的流通着。

4. "张俊献汝"揭示了什么

南宋·周密（1232—1298年）在《武林旧事》中载：绍兴二十一年十月，高宗幸清河郡王第，张俊进奉汝窑酒瓶一对、洗一、香炉一、香合一、盏四只、盂子一、出香一对、大奁一、小奁一合仗，记录共计16件汝窑瓷器，那么这批汝窑是不是"徽宗官汝"呢？张俊（1086—1154年）16岁参军时，正是崇宁元年（1102年），当时是三阳乡兵的弓箭手，到靖康元年（1126年），他40岁时，也只是名将种师中的一名"队将"。后来张俊辗转来到康王赵构麾下，才不断被升职，当晋升拱卫大夫后的次年北宋灭亡，而这时的张俊趁机力劝赵构即位，并逐渐受到赵构宠信被任命为御前军统制。

但此后的张俊为了陷害手下岳飞，与历史上最诡秘的"奸细"秦桧一拍即合，并在二次"宋金和仪"的绍兴十一年末将岳飞送上了风波亭，但在半年后的绍兴十二年，宰相张俊即遭到弹劾，此后他度过了十二年的忧郁岁月，于绍兴二十四年（1154年）去世，终年六十九岁，岳飞墓前的四大跪像之一就有张俊。而张俊所进奉的汝瓷则是在他去世的前三年，即"徽宗官汝"停烧20多年后。张俊为保住富可敌国的家产，为宋高宗举办了"史上最奢华的宴席"，时年66岁的张俊已退隐政坛九年。而这时的南宋已从"行在"转为"行都"，虽然修内司官窑也已建立，但也烧造不出来天青色的汝瓷，当时张俊为投其所好而进奉的汝瓷，也是宋高宗怀旧和钟爱的一种瓷器，这可从杭州东南化工厂疑似"行在"的遗址考古发掘出的汝瓷片得到证明。

根据以上对"徽宗官汝"供御时间的推测，参军10年还不到30岁的张俊，当时既没有官位也没有立过战功，故不可能拥有北宋时的"官汝"赏赐品，也不可能是"供御检退"的汝窑，因为依当时的张俊，论官位和财力，都不可能拥有"徽宗官汝"。如果这16件是"徽宗官汝"那也是张俊当宰相时的受贿品，说不准张俊如果没有这次的汝瓷进贡，三年后极有可能会随这批心爱之物一起下葬。

文献记载：宴席后，堪称南宋首富的张俊，奉献给高宗皇帝的礼物有："金器一千两、珠子十二号共六万九千多颗……"豪华贡品中也包括这16件汝窑器。此事还间接说明：北宋灭亡后的20多年里，虽然最珍贵的"徽宗官窑"已经不多见了，但汝瓷依然大量留存于社会各阶层。所以清凉寺生产的官汝，同宫廷"自置"的"徽宗官窑"相比，传世品相对会多些，但也不能排除是民汝或其他汝窑系的可能。

《武林旧事》成书于南宋灭亡10年后的元初，大约是至元二十七年（1290年）以前，这是作者按照"词贵乎纪实"的精神，依据耳闻目睹和故书杂记，来追忆南宋都城临安往事的一部著作。虽然"张俊献汝"这件事具有可信度，但书中也只是提及汝窑，可是不是真正的"徽宗官汝"？还是清凉寺或汝窑系的高档民汝？值得汝窑爱好者深入探究。

六、汝窑真的是"宫中禁烧"了吗

1. "宫禁"与"中烧"

长期以来，研究汝窑的专家和学者都在引用宋·周辉《清波杂志》中的一段话，而且几乎又都是同一种解读，即汝窑在宋徽宗时代朝廷实行的是"宫中禁烧"。专家的本意无外乎是在说，汝瓷如此稀少和珍贵而已，但谁也没说清楚为什么要"宫中禁烧"呢？更无法解释如果真是"宫中禁烧"的记载属实，那说明已经或将要在宫中烧造汝瓷，要不然何谈"宫中禁烧"呢？可问题是：为什么要把汝窑转移到宫中烧呢？言外之意是清凉寺的汝窑被禁烧了？但清凉寺与开封的皇宫可谓风马牛不相及，而且也与清凉寺考古的结果大相径庭。

再从汝窑（图5-2-17、图5-2-18）鉴赏的角度看：虽然"禁烧"与"不禁烧"；这件事，对汝窑的鉴赏和甄别关系不大，但实在是不能理解这种主流观点，故笔者对其进行批判式研究，结果却得到了一个全新的认识。其实汝窑不但没有"宫中禁烧"，而且还佐证了"徽宗官汝"的工艺，确实是按朝廷所要求的配方在进行烧造。

查阅网上的"文献数据库"存在两种《清波杂志》版本：一种是"宫中禁烧"；另一种则是"宫禁中烧"，而且清·蓝浦《陶录》转载时也是"宫禁中烧"，笔者也认为后一种才符合宋代的语法和文笔，其原文是："又汝窑宫禁中烧，内有玛瑙末为油，唯供御拣退方许出卖。近尤艰得"。特别指出：除"宫禁中烧"外，原文是"近尤艰得"不是"近尤难得"，古代的"艰得"要比"难得"这个词，更是加重了"难"的语气。而热衷于将原文"禁"与"中"颠倒的解读，则更符合近现代派专家的"自认为"和"想当然"，但其原本义那就截然不同了。

如果按照原文"宫禁中烧"的这句话，可拆分为："宫""宫禁""宫禁中""禁中""禁中烧""中烧"这样几个词组，但其中只有"宫禁"和"禁中"这两个词汇，在宋代和金代等文献中经常出现。而以这些常用词组为中心再重新进行排列的话，那就只有三种可能的组合，即："宫"和"禁中烧"；"宫禁中"和"烧"；"宫禁"和"中烧"；那么哪种组合既符合宋代的文献和文法，又能反映作者的原本义呢？

古代的"禁中"是指帝王所居住的场所，也叫"禁内"，所以古代的"宫"和"禁"都是指帝王的居住地，只不过"禁"比"宫"的范围更大些而已。比如：现在的"紫禁城"，古代则称其为"禁中"，而到近代才叫"禁城"。很显然"宫禁中"是一个重复组合，在语法和语义上毫无意义，而另一个"宫"和"禁中烧"也是同理，就是说：在"宫中"或在"禁中"如果没有皇上的圣旨，您烧什么、干什么都不合适，也不可能被允许做任何与此无关的事，因为那是皇帝下榻的寝宫!

再结合同时代的《宋史》《金史》等官方文献，发现其中经常出现的是"宫禁中事"这个词。所以综合以上的三种组合词组，得出的结论是：只有"宫禁"和"中烧"的组合，即"宫禁中烧"才最符合宋代词语和作者原本义。而且南宋临安皇城遗址的发掘也证明，修内司官窑就是建在"禁中"大内之外的老虎洞，而它又是复制北宋的官窑体制，这就证明无论汝窑还是官窑，都不可能建在"禁中"皇帝的起居地。

那么有人会问：康熙帝不也是在"紫禁城"中烧过窑吗？需要说明：康熙帝那是低温烧炭（几乎无烟）的小"明炉"，烧造的又是"考花"的低温釉上彩，重点是经过了康熙皇帝的御批。况且即使是这样的小"明炉"，最后也还是被乾隆下旨合并到圆明园去了。而宋代宫廷所"自置"的是官窑，烧的又是加了玛瑙的高温瓷，那么即便再小也得是"馒头窑"，可那也是烟囱冲天的一种高温窑，所以放置在宫中哪个地方都不合适。

2."宫禁中烧"与"徽宗官汝"

摘录宋代文献和语言：南宋·吴自牧的《梦粱录》中对禁廷、禁中、禁卫、朝廷、宫禁等词语，在书中也都有过多次描述，其中"大内"条写道："殿上常列禁卫两重……如宫禁买卖进贡，皆由此入"，这是一句话中"禁卫"与"宫禁"的两种意思表达；同样在《清波杂志》中也有相同的记载："本朝宫禁严密，内外整肃，此治内之法也"；在宋《东京梦华录》中的记载是："上至宫禁，下及民间"等。

《周礼》曰："士师之职，掌国之五禁之法，以左右刑罚：一曰宫禁，二曰官禁，三曰国禁，四曰野禁，五曰军禁"；这种"掌国之五禁"的禁规也一直延续到各朝代，所以"宫禁"既不是官府的"官禁"，也不是国家的"国禁"，而是专指宫廷和宫中的禁令。再分析以上同此书或同时代作者所说的"宫禁"一词，其原义都是指：宫廷所颁布的各种法令。另外从语法语义上讲，即在古汉语的"中"字后再加上其他的字，可释义为"合乎""符合"什么的意思，就连现代河南所流传的方言中，对什么事也都还是在说"中"和"不中"的话。

正确解读：《宋史》中的"宫禁中事"是指符合宫廷中所规定的各种"事"；而《清波杂志》中的"宫禁中烧"则是专指"烧"窑的这件事，就是说：在烧造宫廷用汝瓷的配方上，一定要符合宫廷的特殊规定，即"玛瑙末为油"去烧造汝瓷。确切地说：宋徽宗宫廷中的汝器应该称为"宫汝"，就像清宫里烧制珐琅彩的"御窑"一样；而其他如各官府和殿堂等用瓷，则应该是朝廷用的"官汝"，也可称为"准宫汝"，所以"宫汝"与"官汝"的品质，那一定是有所区别，至少在器型和纹饰上就可体现（图5-2-16~图5-2-19）。

图5-2-16　汝窑天青色琮式瓶 高15.6厘米

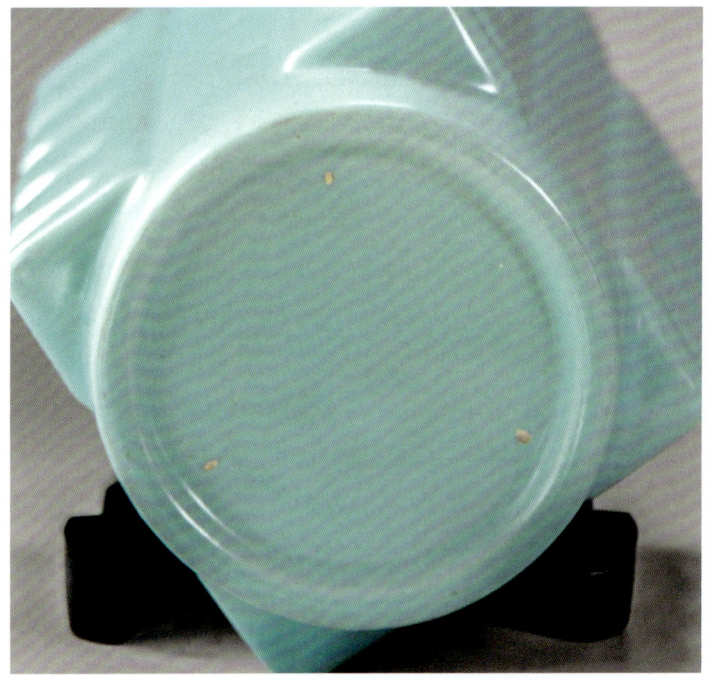

图5-2-17　汝窑天青色琮式瓶瓶底

图5-2-18 汝窑天青色托碗 高13.4厘米、口径17厘米　　图5-2-19 汝窑天青色托碗碗底

由于玛瑙入釉的高贵与特殊性，可以推测：北宋代表禁令的各词汇中"宫禁"是不能代表"官禁"的，正如上所说：宫外所使用的是"官汝"，皇宫才能使用"宫汝"，所以"宫汝"一定优于"官汝"，这应该是官窑中的官窑，更是与普通民汝不可同日而语的瓷，但为便于理解和区分本文都统称为"徽宗官汝"。

3. 正确解读"宫禁中烧"

《清波杂志》中《定器》条主要是说定器、景德镇陶器、秘色器、耀器，其中："又尝见北客言：耀州黄浦镇烧瓷，名耀器……又汝窑……"这里所说的"北客"，泛指当时金国"敌占区"（开封）的人，但"北客"说了两件事：第一件说的是耀器；第二件说的是汝窑；都是在说谁在烧瓷和给谁在烧瓷，所以"中烧"正确解读为：符合宫廷标准的烧瓷；重点说明：第二件事"汝窑"与第一件事"耀器"不同，整句话都是指"汝窑"而不是说"汝器"，请注意："窑"与"器"是不同的两个概念。按古代惯例所说的"窑"都是以属地来命名烧的"窑"，而"窑"所烧出来的"磁"，古代则称其为"器"，现代通称"瓷"。在汝州烧的窑是属地窑故简称"汝窑"，而"汝窑"所生产出的制品，则称其为"汝器"或者约定俗成叫"汝瓷"。

"供御"是指供给皇家的专门定烧之物，而不是宫外的进贡之物，而"命汝州造青窑器"的一个"命"字，就意味着"汝州造"是一种"供御"行为。所以仅以文献中"汝窑"和"供御"这两个词，就可断定所烧制的汝器绝不可能是在宫内所烧，因为宫中烧造是自用而不是它窑的"供御"。退一万步说：即使在宫廷内设窑烧瓷，那也不可能再叫"汝窑"，文献上也都是以"官窑"和"内窑"称之，即以朝廷的归属部门来命名，而且更不可能用"供御"一词，显然"宫中禁烧"不成立。

正确解读：汝窑是遵照宫廷用瓷的特殊指令，即以玛瑙为釉而烧造的汝器，而只有"供御拣退"后的这类汝器，才可以出卖或者转赠，因为稀少近来（南宋时）更加难得。这句话反而更说明"徽宗官汝",一定是按宫廷所要求的指令在烧造,所以"徽宗官汝"与民汝一定是:其"胎"基本相同,只是"玛瑙釉"和普通釉以及器型的区别。"内有玛瑙"而不是什么瓷都用玛瑙,更不能把汝窑"宫禁中烧"的原话,解读成"自认为"正确的"宫中禁烧"。

而且在汝窑系中,除严和店、临汝、文庙等地的民汝外,还有清凉寺非御窑区的准"徽宗官汝"等,这些都会大量流通于宋代和当今的市场。而且清凉寺窑本身就是一座民窑,并不是北宋朝廷"自置"的官窑,所以也不会像官窑那样随北宋的灭亡而消失,而是根据市场需求继续烧造,只是没有了宫廷供御的指标。考古证明:清凉寺汝窑在金代、元代直到明代,也还都是在持续烧造中,只是器型和颜色不同而已。

宋·周辉《清波杂志》是1190年所编撰,是距北宋灭亡才63年的文献,也是最接近徽宗时代的资料,它是一种笔记体的记事原著。周辉在出版此书时也已是64岁的高龄(宋代时),以此可推算:已是长者周辉的那位早年老师,应该是生活在北宋晚期到南宋初期,可谓是与宋徽宗同时代的人,因此所言之事具有相当高的可信度。正如作者在自序中所说:"辉早侍先生长者,与聆前言往行,有可传者"。说明作者很早就拜师学艺,虚心聆听老师的教诲,而且除老师的言传身教外,还亲耳"尝见北客言"予以验证,因此这件事比较真实可信,按现在的法理学说这就是当时的"证人证言"。

七、"徽宗官汝"釉中有玛瑙吗

1. 汝窑系与清凉寺文化

任何窑口的发展历程都要经历初创、成熟、衰败三个阶段,而且伴随着成熟期名气的影响,还会扩散和带动整个周边区域,从而形成一个相似的窑系,宋代的汝窑也不例外。从汝窑考古发掘来看:汝州有12个不同窑口,都在烧造同类的汝瓷,这就是广义上的汝窑系,所以不是所有的汝瓷,都是那么珍贵。而且各汝窑都有自己的原配方和品牌,那么汝州哪个窑才是文献上所说的"汝州新窑器"呢?

科学考古证明:在清凉寺窑址出土了刻画花、楷模雕塑,以及祭祀器型等瓷片和模具,特别是还有宫廷标志的龙纹瓷片和龙的雕塑。特别指出:清凉寺供御区总计有20座窑炉和三处作坊等遗址,重点是:三处瓷坯的成型场所,可能其中之一就是为避免混淆于民汝,而专供"徽宗官汝"单独使用的作坊以及部分窑炉。这也足以证明:只有清凉寺才是"汝州新窑器"的产地,而且一定是专用于"供御窑"20座中的那12座窑,除此之外,所烧造的都不是"徽宗官汝",其考古发掘"供御窑"的文化层,尤其是50多万枚天青色瓷片,都证明是徽宗时代的晚期。

　　清凉寺"徽宗官汝"遗址的发掘还证明：汝瓷是标准的楷模成型，而且豆青色表面有剔刻纹饰；天青色因不宜呈现剔刻的纹饰，则开发出模印与雕塑类的天青官汝；汝窑的烧造不但采用了素烧工艺，还专门建立窑中窑的"供御窑"，即椭圆形半倒焰式的小窑炉，目的是：减少窑内温差，确保汝窑均一的天青色。可以推定：在北宋末的暂短时段内，清凉寺20座窑中的"供御窑"就是"汝窑为魁"的魁中魁，而且是由宫廷选派督陶官萧服来监督烧造的，是一种定器型、定颜色、定配方的"徽宗官汝"。所以说：在清凉寺官汝和民汝并存的汝瓷中，只有供御作坊和"供御窑"所生产的汝器，才是宋徽宗"弃定用汝"的供御品。

　　清凉寺20座窑中除"供御窑"外的其他窑，或者供御后的其他时间段，以及汝州的其他汝窑系，虽然同样也在生产汝瓷，但都不是宫廷所要求的"徽宗官汝"，更无法与之相比。所以有些馆藏和民间藏家的传世汝瓷，包括清凉寺初期出土的大部分汝瓷片，都需要仔细甄别和区分，因为有的不是真正意义上的"徽宗官汝"，而是清凉寺或其他汝窑系中的民汝。

　　"两宫"和大维德传世的所有汝器大多源自于清宫旧藏，但还没有哪位学者深入研究过，究竟有多少承接的是明宫遗留还是清初后的历代募集？可以肯定的是：虽然有些并非流传有序到了清代，但却是乾隆认定的北宋汝器，因此除"徽宗官汝"独有的深与浅的天青色外，有的是不是真正意义上的"徽宗官汝"，确实值得我们批判式的探讨和研究。

2. 石英与玛瑙

　　古人没有化学知识，都是以原始和纯真的想法，靠实践来逐渐摸索前行，宋·周辉《清波杂志》记载："内有玛瑙末为油"，说明在"徽宗官汝"釉的配方中添加了玛瑙粉碎的石末，而玛瑙入釉的初衷就是从用矿物颜料在绘画中而得到的启发，从而联想到能否移植到瓷器上，用这种天然彩石作釉来创造一种有色的瓷器。所以利用玛瑙等矿物彩石入釉是发明者的最初思维，包括以后发明创造的斗彩和五彩瓷器。

　　有人认为：玛瑙（或玉髓）与石英一样，主要成分在其检测时，都显示的是Si（硅）元素及含量，但这只说对了一半，简单的科学解读：石英是没有结晶的SiO_2（二氧化硅），而玛瑙是多晶体的SiO_2，所以石英不属于晶体，比如烧造后的石英玻璃；当SiO_2胶化脱水后才成为多晶体的玛瑙，其实玛瑙与玉髓都是同源同质，玛瑙中98%是几微米的晶体玉髓；当SiO_2完美结晶时就成为单晶体的水晶；当SiO_2含水的胶体凝固后才能形成蛋白石。

　　再通俗点说：石英和玛瑙虽然成分都是SiO_2，但用石英可以制造出玻璃，而用玛瑙就生产不了透明玻璃。而玛瑙与水晶还不同，玛瑙是多晶体而水晶则是单晶体，甚至还可以推测：古人是在不能细分的情况下，将玉髓类都归结为玛瑙的可能。但具有晶体结构的矿物与普通矿石的SiO_2相比，经过高温烧造后其釉面肯定是不一样的，以"玛瑙末为油"的釉面，不但致色元素的化学色不同，而且还伴随着晶体结构的物理色，呈现出的是脂肪（丝绸）般的光泽。

3．玛瑙（玉髓）釉的特征

玛瑙能提高釉的黏度和脂肪感，但也相应提高了烧造温度，玛瑙釉中如果没有助溶剂的话，其裸烧温度也要在1600℃以上。而汝窑的烧造温度大多控制在1200℃，由于没有达到玛瑙的熔融温度，即使添加了助溶剂，由于人工混合的不均匀性，在其乳浊感的釉中，仍然存在未熔化的玛瑙晶体颗粒。特别指出：豆青色中所没熔化的玛瑙晶末，与釉中所产生的次生晶花不同，这需要对真品玛瑙釉的眼学感悟，而这些都是宋元瓷器的特征。

实验表明：汝窑在用松柴烧造时，由高温段向低温段的冷却过渡中，会产生釉熔融后的液相分离，研究台北故宫博物院水仙盆的微观图可知，当出现液相分离时，其天青色的绿玉髓釉面，就会产生"棉絮状"和"豆花状"的流动纹，以及釉中气泡外层的乳白状圈痕，或者是绕过气泡形成乳白色包围状的流动云纹。而老古玩行将汝窑的上述特征，称为"白云纹"或"豆腐花"，这与台北故宫博物院微观研究的说辞一样，这也是"徽宗官汝"中天青色所特有的表象。还因为玛瑙釉的黏度较大，釉中会产生大小不等的气泡群，这些都是造成汝瓷乳浊感的原因。

不可否认：清凉寺出土的汝瓷片有些是"玛瑙末为油"的"徽宗官汝"，有些则是没有"玛瑙末"的民汝。因目前文博界还没有达成区分和判断，其官汝和民汝的公认科学标准，所以如无特殊标明和考古定性外，学界大都"一视同仁"，视为珍贵的汝瓷。笔者高度怀疑明清和民国的鉴赏家们，因分不清玛瑙釉和民汝釉的微观区别，又因"天青色"是"徽宗官汝"的独有色（图5-2-20～图5-2-22），所以大多是以"天青色"为标准的鉴赏，从而忽略了"徽宗官汝"豆青色的特征。

特别说明：在对民汝瓷器进行检测时，其胎和釉的常量元素含量，几乎是与"徽宗官汝"的指标相同，所以这种主量元素的数据也只能作为一种参考，但对清

图5-2-20　汝窑天青色三羊尊　高19厘米

第五篇 单色釉的创世之作——柴窑、汝窑、徽宗官窑

图5-2-21 汝窑天青釉双凤尊 高19.2厘米

图5-2-22 汝窑天青色凤凰香薰炉 高38.5厘米

代仿汝的检测数据而言,那数据就会有明显的不同。笔者认为:只有分析汝瓷痕量指标中的指纹元素,即"玛瑙末"的自色元素和次量、痕量元素的含量,才能确定是"徽宗官汝"还是普通民汝的问题。

因为"徽宗官汝"有了玛瑙入釉,这才显示出官汝与民汝其釉的不同点,而在玛瑙为釉的配方中Si、Al(铝)、Ca(钙)、K(钾)等都是常量元素,其含量也与民汝基本接近,故以此很难做出官与民的结论,但玛瑙中所独有的痕量元素肯定存在,这就可作为区分官汝和民汝的重要指标。特别提醒:现代开采和加工玛瑙也很容易,仿品也一定会添加"玛瑙末",届时还要从釉的表观等其他方面进行眼学的综合判断。

需要指出:宋代文献中所说的"内有玛瑙末为油",本义是在说:汝窑中不是所有的汝器都采用"玛瑙末为油",言外之意也是在阐明:民汝所采用的配方不是以"玛瑙末为油"!甚至宫廷所垄断的天青色官汝,还要使用比玛瑙更高一级的绿玉髓。

以日常实用为主的普通民汝,在当时不需要,也没有必要以"玛瑙末为油",这也是区分"徽宗官汝"和民汝的关键!况且北宋时的玛瑙矿及其制品,还都是由朝廷独家垄断,民间也不会轻易就能得到,即使能买到,价格也相当不菲,所以也不会掺入"深不见底",也看不到玛瑙的釉料中。"玛瑙末为油"的宫廷独有配方,一直延续到"自置"的"徽宗官窑",比如在官窑炒米黄的釉中,就有黄褐色玉髓皮的未熔颗粒。

4. 玛瑙釉是官与民的分水岭

宋·蔡绦《铁围山丛谈》载:"政和初……汝海诸近县,山石皆变玛瑙,动千百块……山崩者,出水晶也";宋·袁褧《枫窗小牍》载:"政和四年,汝蔡有司上言……多变玛瑙……乞下诏封禁,以供御用";《宋会要辑稿》载:政和五年"近亲诣汝州龙兴县青岭,采到玛瑙二万五千斤,见起纲进纳";《宋史》载:"(政和)四年……玛瑙,尚方取为宝带、器玩甚富";宋《云林石谱》载:"汝州玛瑙石出沙土或水中,色多青白粉红莹澈,少有纹理如刷丝"。特别强调:玛瑙不是只有政和年间才产出,《云林石谱》中就记载有多地产的玛瑙,而汝州玛瑙好在是"少有纹理"的"青白粉红"色。

综上所述:汝州宝丰县不但盛产玛瑙而且还多是青白色,而太和山出产的则是各色水晶,重点是:玛瑙矿属于朝廷管控,民间不可能私有,就是说普通民汝不可能是玛瑙釉。考古发掘也证明:清凉寺窑址的宋代地层中,出土了一大块青白色玛瑙石和一些玛瑙碎块;在清凉寺窑址附近,不但发现了蕴藏丰富的玛瑙矿,还发现了古代人工开掘的遗迹;这也佐证了文献中记载开采玛瑙矿的事实,而且朝廷还立即实施"下诏封禁"的官令。这说明宋代开采的玛瑙石，不是"以供御用"就是"尚方"宝带等专用，但就是没有记载民间用玛瑙这一说，所以民汝不会采用"玛瑙末为油"。

特别指出：尚不能排除"弃定用汝"的初期，还没有开发出"玛瑙末"的可能，至少汝窑天青色还没有开发出来。但最初的豆青色和宫廷专有器型不会改变，即使有这种情况发生也不会存在太长时间。但有一点可以肯定：以"玛瑙末为油"的"徽宗官汝"釉面的表观和颜色，一定超过没有"玛瑙末"的民汝。根据文献推理："汝州新窑器"所发明创烧的玛瑙釉不会晚于政和初（1110年），这也与前节"弃定用汝"的1107年较吻合；如果按玛瑙开采的时间推算也可佐证前节的结论，进而可推论：豆青色的"徽宗官汝"只"供御"十年左右的时间，随后由创新的天青色所取代，从而豆青色退出"供御"的历史舞台。

清凉寺窑址考古也证明：天青色主要出现在徽宗、钦宗时期的文化层，而且在供御区还出土了"政和通宝"钱币，所以不能排除政和的某年已在研发天青色；再根据《建炎以来系年要录》中的记载，即宣和二年打击"烧造假秘色瓷器"来推理，其批量生产成熟的汝窑天青色，应该是宣和二年以后的事。所以"徽宗官汝"所独有的天青色，充其量也只是烧造了七年，也许还会更短，并且是伴随到北宋灭亡为止。

八、为什么说天青色是"绿玉髓釉"呢

1. 白玛瑙与绿玉髓

笔者始终在思考一个问题：在"徽宗官汝"和"徽宗官窑"釉的配方中，有没有添加绿玉髓或其他颜色的玉髓和宝石呢？北魏·郦道元《水经注》载："南阳有豫山，山山出碧玉"，北宋·张耒有诗云："碧玉琢成器，知是东窑瓷"，这充分佐证了"碧玉"就是南阳玉，也是北宋东窑的制瓷原料，宋末元初马祖常《马石田文集》也曰："官窑瓷器玉为泥"，这些都是对"官窑"公开的证人证言，关键是在"碧玉"和"玉为泥"这两点上，而且这还是具有"北宋"和"公开"的背景说词。需要指出：张耒所指的不是釉色而是用料，不然会形容是"翠色""秘色""甘绿色"等。虽然他没说是玛瑙（绿玉髓），而说成是"碧玉"（南阳玉），但至少说明：官窑的选料一定与众不同。

张耒是徽宗时代的太常少卿及苏门四学士，所以他的话具有较高的采信度，而诗词所言制瓷所用的"碧玉"，显然指的是一种"绿色的石头"，按今天的科学归类应该就是绿玉髓或绿玉（南阳翡翠），重点是：它们的致色元素都是 Ni（镍）和 Cr（铬）。《云林石谱》载："河南府白马寺……一种色深绀绿，类西蕃马价珠……色深绿者，价甚穹"，这佐证河南有这种绿宝石，而且颜色越深价格也就越高。

因古代没有玉髓的概念，所以将玛瑙矿中的各色玉髓，完全有可能归为单色的"玛瑙类"，这也必然都称其为以"玛瑙末为油"。而且工匠有可能对"各色玛瑙"进行过试验，实际上天青与豆青的呈色也确实不同，因为天青是以"绿玉髓末为油"，而豆青色则是以青白的"玛瑙末为油"。笔者认为：汝窑系的相似汝瓷不难烧造，"徽宗官汝"的豆青色也非难事，但唯有"徽宗官汝"的天青色，在青瓷中"出世即封顶"，后世如果解读不清就难以复制！南宋《百宝总珍集》这样评价玛瑙："无夹石（并绽纹）破相者为妙""此物多从北地来"，这是指北地（汝州）产纯一色的玛瑙石，极有可能就是现代称呼的玉髓，唐代时称为的"颇黎"。当然也不能排除宋徽宗时代，人工将其玛瑙中或"南阳翡翠"中的绿色，单独从矿石中凿取的可能，但这会导致釉面的颜色差扩大。

现代科学也证明：玛瑙和玉髓都是同种的同矿物，与古人实践科学的认知观相同，只是玉髓比玛瑙的外观更通透纯净和颜色单一而已。所以玛瑙釉与玉髓釉其特征也基本相同，只是因致色离子的含量不同（矿石颜色深浅），而使其呈色特异而已。实际上汝瓷深一点的"淡青色"应该称为"蓝绿色"，而浅一点的"淡青色"才能称为天青色。但本文约定俗成将深的"淡青色"，也称其为天青色或"天蓝色"，而不是生硬的"蓝绿色"，但在色调上读者心里应该明晰。

"徽宗官汝"是以"碧玉"（Ni、Cr）为致色的天青，因此与汝窑粉青的Fe（铁）以及钧窑青蓝的Cu（铜），这三者根本就不在一个色系上。收藏界普遍流传着一种说法叫"钧汝不分"，这也许是对钧窑和汝窑的民品一说，而且现代仿汝窑的大师们，其外在的特征也都是靠近天青的钧瓷。这实则是对汝窑的天青色缺乏足够的研究和认识，汝窑的天青色是青中含绿，是一种"天青犹翠"的感觉，而钧窑的天青色则是青中含蓝，原则上汝窑如果烧成钧窑的天青，那都应该是民汝或现代仿品。

上节论述了"徽宗官汝"的玛瑙釉问题，但这是针对先行先试"汝州新窑器"的豆青色而言，而后期则是超越了豆青色（古秘色）研发出升级版的天青色，试问：这是一味地青白色玛瑙所能及的吗？进而推论：这是不是尝试用了绿玉髓呢？以下就是根据呈色机理和检测数据，科学解读"徽宗官汝"的天青色，为什么应该是"绿玉髓釉"的研究课题。

2．绿玉髓釉的科学依据

科学研究表明：玛瑙中的主要成分是含94.8%～99.8%的玉髓，摘自张建等人《人工处理绿玉髓的宝石学特征》中的数据：绿玉髓含有Ni、Cr、Fe的自色元素，其中Cr是1.22%、Ni是0.23%、Fe是0.016%，另外还含有Na（钠）6.5%、Mg（镁）1.2%这个与众不同的含量；显然绿玉髓与白玛瑙元素的成分和含量不同，青白玛瑙中Cr的含量小于0.002%，而在以往所有的中子活化等检测中，其汝瓷天青色中Cr和Ni的含量，都要高出豆青色玛瑙釉几个数量级，这说明只有绿玉髓类才能有此含量的Cr和Ni。

"徽宗官汝"的天青色除绿玉髓外，也不排除采用的是独山玉，因在"南阳翡翠"的绿玉中，也含有Cr 0.01%～0.5%，以及Ni 0.1%的两种自色元素，只是天青色更加浅淡而已，这也符合就地就近取材的原则。但因古代"绿玉髓"资源非常稀缺，所以有可能将"绿玉髓"或"南阳绿玉"，都作为"美石"在"徽宗官汝"上使用过。虽然两种绿石都含有相同的Cr和Ni，但因为还存在其他的元素及含量，故在其表观上会存在略微的差别，以上这种科学分析和推断，还需要深入研究加以论证。

汝瓷含有绿玉髓的"玛瑙末"，经过高温下（相当于热处理优化后）各种自色元素间的微妙变化，才使其最终成为天青（蓝）色的原因。理论上则是：Cr和Ni的自色元素是汝瓷呈天青（蓝）色的根源。张斌早年在《宋代著名汝瓷着色元素的中子活化分析》一文中，也对10件各色汝州青瓷进行了科检，其检测的平均数为：Cr为57.1μg/g、Ni为51μg/g的含量，这说明与"美石"的碧玉有关。

虽然检测汝窑天青（蓝）色釉中，含有Ni、Cr、Fe等自色元素，但主要影响天青色走向的却是Ni和Cr，其痕量的Fe和温度控制则是次之。在以往的各种科学检测中，没有对釉中检测出的Cr和Ni元素，引起足够重视而深入研究，或者忽略而不做对比分析。甚至有人用中子活化检测汝窑深的天青色，其Cr含量高达0.428%，以及Ni含量高达1.252%，遗憾的是没有引起文博界的足够反响。

实践证明：如果配方不符或是以Fe作为呈色离子的话，那么再怎么去调控温度和烧造工艺，也只能是"瞎猫碰死耗子"的千里挑一。所以究其各时代仿汝窑的天青色，都没能达到理想颜色的根本原因，就在于没添加绿玉髓。否则从乾隆时期到现代的高端仿品，不也都是添加"玛瑙末"了吗？那为什么还都仿不到位呢？如果是工艺上和烧造气氛等问题，那无论如何也是能找出其中原因的。

赵青云先生在《汝窑概说》中云："清凉寺窑址附近发现蕴藏丰富的玛瑙矿，至今还遗留有古代人工开矿的巷道，地面上散乱的红、黄、蓝、白、绿五色玛瑙石依稀可见"。这也佐证了笔者观点：豆青色的"徽宗官汝"采用的是青白色"玛瑙末"，而天青（蓝）色则采用的是绿玉髓，在辽金时期江官屯窑的考古中，也发掘出"碧玉"（岫玉）可以佐证。

以宋徽宗的性格可延伸推理：徽宗官窑器除青和黄的祭祀颜色外，也不能排除对其他颜色的追求和尝试，比如：红色、蓝色等颜色"玛瑙末"的玉髓，即少量的"红汝"和"蓝汝"等，但这是非主流另类颜色的汝瓷。另外苏东坡

"定州花瓷琢红玉"的诗句，与同时代张耒"碧玉琢成器，知是东窑瓷"如出一辙，当然这些都是指"有颜色的美玉"，那么既然有"红定"就自然有"红汝"，但这还需要科学与考古验证笔者的推论。很显然"碧玉""红玉"等用"有色宝石"制作的釉，是借鉴唐三彩和"后周柴窑"釉的工艺，理论上相当于单色的"琉璃釉"。而之后"徽宗官窑"的粉青色，则是承续"徽宗官汝"的这种皇家工艺，同样也是采用青白色的"玛瑙末"，而米黄色则采用的是黄玉髓，而且在此基础上的"徽宗官窑"配方，还添加了钾长石等其他碱性氧化物。

特别指出：自然界中纯正的绿玉髓，在古代是非常稀少难得的一种宝石。虽然现代勘测和开采很容易，但在古代的发掘却是件非常困难的事，故在宋代就有"价甚穹"的天价记载。所以"徽宗官汝"的天蓝（青）色，必定要比豆青色更加稀少，而且天青色的颜色还深浅不一，深一点的天青（蓝）色则更加显得异常珍贵。

特别说明：绿玉髓与蓝玉髓还不同，而且蓝玉髓主要产于中国台湾，检测中国台湾产的蓝玉髓，其自色元素则是Cu，而且Cu的含量高达36%，这说明汝窑天青色与蓝玉髓无关。试验也表明：以中国台湾产的蓝玉髓为样标，经高温加热（是热处理而不是烧造）后，其外观变成了均匀的绿松石色；所以说：虽然北宋以后的历朝历代，都能仿造出汝窑的粉青色和豆青色，但唯独天青色却难以仿制，而且也从未超越过这种天青色。

由于釉中还有没被融化了的"玛瑙末"，因此显微观察釉面：在豆青色的釉中存在没融化的冰花点（很多）；而在天蓝（青）色的釉中绝大部分存在没熔化的"绿点"，更严谨点说它是"蓝绿点"，而且颜色深点的天青色其"蓝绿点"会多一点，反之浅色的就会少一些；由于绿玉髓颜色深浅（Ni含量）的不同，以及粉碎细度和熔融温度等原因，天青色存在着深和浅之分，但与以Fe呈色为主的各种青釉相比，在其色调上截然不同。

理论和实物都证明：显微镜下汝瓷的天青色釉中，会呈现出"棉絮状"和"流云状"及"蓝绿点"等特有现象。如果在天青色的釉中，添加"玛瑙末"的绿玉髓越多，并且烧造的温度越高，其釉面的脂肪光泽也就越强，也就越不容易产生裂纹，或者也只是极细的"蟹爪纹"，甚至釉面也可无纹，比如台北故宫博物院的天青色水仙盆。

因此，"蓝绿点"和凸筋线的"白线纹"是鉴别"徽宗官汝"天青色的主要特征之一，这是阶段性鉴别"徽宗官汝"的诀窍，但还要结合其他的特征辨析。老古玩行的前辈们也曾说过：汝瓷釉中确实有"绿点"（蓝绿点）的现象，而且也是作为鉴别天青色汝窑的独有特征。但老前辈们却分析不出是何因何故所产生，所以也只能说是用了道教的炼丹术，这属实是奇思怪想的一种推测，但通过以上的科学解读就应该清楚其中的原因了。

3. 对天青色独有现象的研究

如果说："徽宗官汝"前期的豆青色，与汝窑系中的严和店窑、临汝窑等，都比较接近的话，那么天青色则是其他窑系所没有的，而且已得到清凉寺Ⅵ区的考古证明。这种"徽宗官汝"中所独有的天青色，也是由皇家掌控原料和产品的供御窑，而且天青色还有别于豆青色的其他特征。由于玛瑙（玉髓）入釉后的晶体结构变化，"徽宗官汝"的釉色除化学色外，还存在"光子晶体"的结构色（物理色），以及衍生出其他的独有现象。

（1）"磷光效应"与"棉絮状"。

以玛瑙或绿玉髓为釉的本身，多少具有某种"磷光"和"棉絮状"等现象，尤其对"徽宗官汝"升级版的天青色而言。但绿玉髓本身并不具有"荧光效应"，而是其所含的Ni、Cr离子，在紫外光下"冷发光"的一种光电效应。依据北京珠宝研究所张键等研究人员在《人工处理绿玉髓的宝石学特征》中的数据，笔者认为：以天然绿玉髓的"玛瑙末为油"，存在着Ni和Cr的两类致色元素，其中以Ni^{2+}（镍）离子致色的天青色，在查尔斯镜下不会变色。但Cr^{3+}（铬）离子就比较特殊，烧造后的汝窑天青色就相当于对绿玉髓的"人工优化"，因此在查尔斯镜下呈浅的灰绿色，这也与镍离子的呈色相差不多。但以Cr^{3+}为主的天然绿玉髓，与化工合成的绿色（铬盐类）一样，在查尔斯镜下会变色而呈红色，因此这时就需要其他方法辅证。

绿玉髓经人工处理后的特征：颜色变得非常均匀而且呈微黄绿或微蓝绿色，这与烧造后的汝窑天青色极其相似。但天然绿玉髓本身因每块致色元素的含量不同，因此存在着深和浅两种自然色，所以烧造后的汝瓷，也存在着深的"天青（蓝）色"和浅的"淡青色"的彩度之别，这也是自色矿石所具有的共性。由于古代"色深绀绿"的"美石"，产出毕竟非常稀少，所以台北故宫博物院的大部分汝瓷，大多是浅淡的天青色，而像清凉寺出土的刻花鹅颈瓶，就是一件弥足珍贵的天青（蓝）色代表作品，而且还有Ⅵ区发掘出的巨量天青色瓷片。

天青色所独有的这种所谓"磷光效应"，可进一步解读为：绿玉髓中Cr和Ni的致色元素，在自然的可见光下显现的颜色是天青（蓝）色；而这种汝窑的天青（蓝）色，在紫外光下可发出与众不同的"磷光"，或者称为"冷发光"的现象，至少这种"磷光效应"使其釉面上，那种很难眼见的细裂纹会立马泾渭分明，这应该就是Ni和Cr离子对紫外光的反应。

笔者首次提出这种所谓的"冷发光"现象，目前还没人做深入研究，但实践证明：釉中含的Cu、Fe、Co（钴）等其他离子肯定都没有此种现象，比如铜绿釉、铜红釉、粉青釉等。鉴于本书出版前所仿造的汝窑天青色，对此还缺乏认识,故对"徽宗官汝"的天青色,可采用黑暗下的紫外光检测法,以此可作为简单的辅助鉴别,这也许会达到事半功倍的效果。即:判断是否含有Ni和Cr的元素,以此来推断天青色是否含绿玉髓,进而认定"徽宗官汝"是不是以"玛瑙末为油"。

特别提醒:鉴于目前这项研究还处于起步阶段,也是基于理论和民间藏"徽宗官汝"的天青色,所给出一种初浅的科学解读。但对于清凉寺Ⅵ区的大量瓷片,由于体制原因还没有查到公开的实验数据,故暂不建议用紫外光法或查尔斯镜法,作为"徽宗官汝"天青色的主判断,但可作为鉴别时的一种参考,或者视为汝窑天青色的一个特殊现象。还基于当今所烧造陶瓷的发光釉中,已采用了现代技术的荧光粉,但可以肯定的是:基本上都是些复合型的化学合成,以及含有稀土成分的夜光粉。

综上所述:汝瓷天青(蓝)色的釉面,气泡密集、稠如凝脂,有似玉非玉的质感。在阳光下的天青(蓝)色更加显得娇嫩与活泼,就目前的所有仿品而言,没有一个能达到本书天青色藏品那样的水平。这种"徽宗官汝"的天青色,同现代仿品的青白玛瑙和长石,这种以Fe为呈色离子的天青色,相比根本就不在一个色系上。所以历朝历代直到现在的仿汝瓷,还都没有仿出真正"徽宗官汝"的天青色。

(2)"吐筋线"与天青(蓝)色。

汝窑豆青色(非天青)釉面的气泡,正如老古玩行所说的"寥若晨星",而且阳光下还可观察到星光点。而在天青(蓝)色的釉面上,除"棉絮状"与"流云状"外,在釉面开片的缝线上,还有迁移出K和Ca等白色离子物,眼观是微凸出釉面的一条白色覆盖物。这种现象在中高温烧造的高古瓷中,也是一种常见的"老龄化"现象,老古玩行称其为"吐筋线",这是造假者无论如何也仿不出来的!如果一直是保持出土原状的汝窑天青釉,就都会存在着这种特殊现象。

而且汝瓷的天青色而非其他的瓷器,如果墓葬遭遇到特严重的地下碱水的环境,那就很容易会出现"白衣加身"的现象,如图5-2-20所示的天青色汝瓷,购藏时完全像个别出土的天青瓷那样,釉上满身都是水沁后的"白碱",而现图片则是经笔者清洗后的表象,但清洗时既没有带韧性的卷花,也不是化合物式的黏液,就是一种敷在釉面上颗粒堆积的碱性物质。如图5-2-23所示是阳光下采用的侧拍,虽然釉面裂纹上"吐筋线"的白线纹很难呈现,但也是比较接近实物的表观。

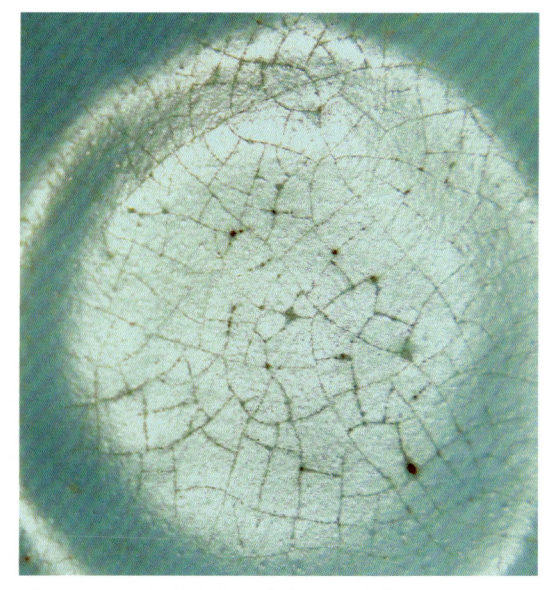

图5-2-23 本书汝窑天青色托碗内底

（3）矿物的二色性与汝瓷的"变色效应"。

再次重申：凡是矿物质都具有二色性，只是有强弱之分而已，尤其对有色宝石类而言，其二色性还会更加强烈些。但化工类的染料和普通的矿物原料，则完全不具备这种特性，因此所烧造出来的颜色也基本统一，而且明暗条件下的颜色几乎一样，即使发生一点变化也仅限于亮度，而不是色调上的"变色"，普通的仿汝瓷也是如此。

而且这种天然的绿玉髓经高温烧造（类似人工优化）后，其颜色会更加均匀。而器物入射光的光谱，比如日光或白炽光等，它会随着光源的不同而改变，并且还足以能改变其体色。所以汝瓷釉面的天青（蓝）色与豆青色截然不同，由于豆青色升级版的天青（蓝）色，含有Cr和Ni的自色元素，因此无论是自然光，还是紫外光，其变色性都会很大，所以天青色随着阳光的强弱，色调会发生"变色效应"。但豆青色主要是Fe元素，而Cr和Ni的含量极少可忽略不计，所以总体上的色调变化不大。

但无论如何，汝窑"天花板"的天青色（图5-2-24），都是"徽宗官汝"中所独有的颜色，当时的民汝绝不可能有此颜色。而且即使是相同的"徽宗官汝"配方，因绿玉髓中自色元素的含量（颜色深浅）不同，而且如果不是出自同一窑，其天青（蓝）色也会存在深浅之别。就是同一件汝瓷的天青（蓝）色，即使在自然光下，早、中、晚也存在颜色差。所以当您到台北故宫博物院观看汝窑和宋官窑的展品时，您会感到与脑海中的颜色有很大差异。

而对于豆青色"徽宗官汝"而言，由于采用的是青白色玛瑙，其他原料也与普通汝窑系相同或相类，所以汝窑中的粉青色或豆青色，能够烧造得基本一致，色差微乎其微，表观也与民汝颜色相近。而豆青色"徽宗官汝"与民汝的明显标志，就是由朝廷大工匠的剔刻纹饰，但对于素面无纹的汝窑豆青色来

图5-2-24　汝窑天青雕塑跪羊一对　高15厘米、长21.5厘米

说，就加大了在传统眼学中"徽宗官汝"和民汝的区分难度，难怪在有的博物馆中还将普通豆青色的民汝奉为至宝。

特别强调：天青（蓝）色的"徽宗官汝"，在博物馆的射灯下与自然的光波下相比，存在着不同程度上的色变或色差。而且在各种媒介传播上虽然是同一件器物，但由于印刷调色、色相衰减、不同电脑软件等因素，客观上一定会存在不同的颜色，就拿台北故宫博物院典型的汝窑温碗来说，仅官方的不同出版物就有好几种色调，那么您相信或被哪种天青色"误导"了呢？

九、为什么说"徽宗官汝"只有两种御用颜色

1．汝窑的颜色观

在中国人的美学世界里，美是一种天然的、朴实无华的表里，所以千年前凝聚诗意般的这一抹"天青"，至今依旧让世界为之魂牵梦绕。古人的审美都是重色、重型而不重质，所以釉面光鲜亮丽且同类颜色中的佼佼者，则是古代审美观"魁"的首选。而宋代文献所说的"汝窑为魁"，则主要是指在当时青釉中的"为魁"，是在"河北、唐、邓、耀州悉有之"的情况下，并抛弃宋初赵仁济所监督的越窑"新秘色"（宋秘色），而选择距皇城200公里外。相对较近的汝州，那么在文庙、临汝等汝窑系中，青瓷的领头羊清凉寺窑就成为必然，这也是排在北宋青瓷诸窑之首，但不是被现在演绎成的"五大名窑之首"。

但奇怪而又不怪的是：徽宗时代的各种皇家颜色，却不是中华传统中的黄色，而是钟情于一种天然的青色，这也是受徽宗皇帝高度信教的影响。然而在古代的各文献中，各时代作者对"汝州青窑器"颜色观的描述，却又不尽相同，特汇总如下：

① 北宋·徐兢看到"汝州新窑器"的釉色，是高丽青色和"古秘色"；南宋·太平老人《袖中锦》曰："高丽秘色"。

② 金·赵秉文《汝窑酒尊》诗曰："秘色创尊形"。

③ 南宋·叶寘《坦斋笔衡》曰：汝窑是"青窑器"。

④ 南宋·周密《咸淳起居注》曰："天晴汝窑"。

⑤ 南宋《百宝总珍集》曰："汝窑土脉偏滋媚，高丽新窑皆相类"。

⑥ 明·曹昭《格古要论》曰：汝瓷是"淡青色"。

⑦ 明代的张应文《清秘藏》、高濂《燕闲清赏笺》、谷应泰《博物要览》的先后记载一字不差，都是曰："汝窑余尝见之，其色卵白"；而明·刘艺衡《留青日札》却曰："色如哥，而深带黄"。

⑧ 乾隆定位汝窑是："嫩青"和"淡青"色，而且还在清宫旧藏的汝器上刻上了赞美汝窑的诗。

综上所述：按最接近北宋历史"时间轴"的逻辑推理，其文献的可信度依次是：北宋、金代、南宋、洪武；那么描述汝窑相同颜色最多的词，也最为接近"青窑器"的则是：徽宗前期为"古秘色"，后期则是深的"天青色"和浅的"淡青色"；至于明洪武之后的"色卵白"之说，则高度怀疑作者看到的是"供御检退"，或者就是普通的民汝。

徽宗宣和时代当事人徐兢的证人证言："古秘色＝汝州新窑器"≈"高丽青色"；所以说唐代越窑的"古秘色"（法门寺秘色瓷），不同于宋代越窑以及"汝州旧窑器"的"新秘色"；重点是："汝州新窑器"已成功仿烧出"古秘色"，因此才成为徽宗御用之首选。南宋慈溪人孙因《越问》云："滑镜流之香洁兮，贮秘色之新瓮"，这说明到南宋还在烧"新秘色"瓷。而杭州南宋"行在"的遗址出土的越窑青瓷也证明，确实与"古秘色"的颜色有明显差别，说明北宋末到南宋初时，越窑已烧不出唐代时的"古秘色"。

清凉寺考古Ⅵ区遗址证明：徽宗后期所独创的"天青色"，比"古秘色"颜色更加精美可爱，但"天青色"不像豆青色实行的是"供御检退"制，而是属于宫廷控制的"准官窑"性质，就是说：在当时就是独一无二的"天青色"，全部是由朝廷垄断而不存在"供御检退"，落选品也是就地砸碎掩埋不予流通。由于绿玉髓原料的深浅不一，而且深的"天青色"比浅的"淡青色"要少，台北故宫博物院大部分也都是浅的"淡青色"，极少有深的"天青（蓝）色"。难怪历来藏家对汝窑的鉴赏，都会这样如是说："天青为贵，粉青为尚，天蓝弥足珍贵"。

2. 北宋对秘色瓷的"打假"说明什么

南宋《建炎以来系年要录》载："因童贯入浙讨方寇，与其司属交结，特改京官周纲尝知，梁县烧造假秘色瓷器以事蔡攸"。童贯率兵讨伐方腊起义是宣和二年（1120年）的事件，而这次官府打击"烧造假秘色瓷器"的事至少说明：宣和二年或此更早以前，民间就已开始仿造古秘色的"徽宗官汝"，我们不禁要问：在北宋晚期的民窑为什么要烧造"假秘色瓷"呢？为什么宫廷还要派高官去"打假"整治呢？这只能说明：在汝州管辖的梁县（近宝丰、临汝），出现了高仿豆青色"徽宗官汝"的"假秘色瓷"。

此事件还间接证明：这时段"徽宗官汝"的颜色应该只有"古秘色"一种，因为天青色还没有生产出来，否则宫廷已能烧造出有别于民汝的天青色，那就不会再去干预民间所烧造的"假秘色瓷"了。以此推理：汝窑系最初都是在仿烧秘色瓷的豆青色；而文庙窑的淡青色、张公巷窑的天青色，都是在仿制"徽宗官汝"后期的天青色，它们都应该是金代（徽宗末南宋初）的产品。

如果从时间段上分析："天青（晴）色"的烧制一定要晚于"古秘色"，

而且鉴于"假秘色瓷"的事件,"天青(晴)色"产品则全部改由朝廷垄断,普通人更是难以见到,清凉寺出土的巨量天青色瓷片就已证明,它是禁止外流而人为的打碎销毁,所以少见于文献描述也可理解。特别指出:《格古要论》出版二百年后,明代其他各文献所记载的汝瓷,大多源自张应文《清秘藏》中"其色卵白"的描述,这是张应文本人大约在万历年间,自认为和所"尝见"(品鉴)汝窑后的论述。相信张应文那时不会有官汝和民汝之分,而之后的高濂、谷应泰等人也均是按此原话照搬转抄。

因为北宋·徐兢所说的"古秘色",已有法门寺出土的古越窑"标型色"为参考,更有大维德藏汝窑"试火照"当时的宫廷"标样",所以"徽宗官汝"的豆青色(图5-2-25)显而易见就可能做出鉴别,且图5-5-26所示的器底还有土沁等老化痕迹。但深的"天青色"或浅的"淡青色"则不同,目前业内外还没有达成统一的认知,所以才导致现代版的"粉青",以及清凉寺相同"制造商"的大量民汝"粉青",成为判断"徽宗官汝"的模糊标准,这确实值得深入研究和商榷。

3. 皇家颜色与清凉寺文化

考古发现:无论清凉寺也好还是其他汝窑系的产品,彼此之间都存在着传承与共性的关系,所以烧制出的汝器颜色,都会有各色不一的青色和类青色。但清凉寺"供御"给宫廷的汝瓷,一定是按朝廷所设计的器型和统一的颜色,即宋人所说的"供御检退"制度,但绝不会是民间所用的器型、纹饰和杂色,直白说,就是相同的"制造商",生产出不同配方的商品。

再次重申:古人描述的颜色都是客观色,而且都是以自然界中相似的参照物作为标准,比

图5-2-25 汝窑豆青色刻龙纹纸槌瓶 高20.8厘米

图5-2-26 汝窑豆青色刻龙纹纸槌瓶瓶底

如：耀州窑的"橄榄色"、龙泉窑的"梅子青"、越窑的"秘色"、汝窑的"天青色"等，这些都是有参照物的客观色。那么玛瑙入釉后的颜色是什么样的呢？"汝州新窑器"与旧窑器又有什么区别呢？什么颜色才是"徽宗官汝"指定的御用色呢？回答这个问题可先从道家的衣食住行，以及道家弃白纸用青藤纸来分析，众所周知：青色是道教的独有特色，南宋·洪遵《翰苑群书》载："凡太清宫道观奏告词文，用青藤纸朱字，谓之青词"，其实"青词"就是在"青纸"上写下的红色祝文，这是在道教的仪式中呈给上天奏章的最高礼节。

宋徽宗受道教的熏陶极深，不但在内苑设内道场，还聘请御用道士做专业指点，所以徽宗对青色是情有独钟，仅从《宋史志》第一百二与服条看其诏曰："工辂青质""亦用青色""色亦以青"等金口玉言。宋·蔡绦《铁围山丛谈》载："政和间，礼制局议改尚黄，而上曰：朕乘此辂郊而天真为之，见时青色也，不可易以黄"，这说明：礼制局原想把青色改为黄色，但徽宗皇帝没有恩准，而且用了不受礼俗拘束的"天真为之"一词。

史籍中不但有宋徽宗亲自作"青词"的记载，而且宋徽宗绘画和写字的纸也都喜欢用"磁青纸"，可见对青色是多么青睐！既然连奏章、绘画等都用青色纸，服装和装饰品也都要求用青色，这就可以看出：笃信道教的宋徽宗已逐渐实施"弃白用青"。所以北宋无论是在道场，还是在宫廷范围内举行道教仪式时，其呈表和贡品所用的瓷器，理所当然应该是用青色，而不会选用其他颜色。所以宋徽宗所要求"供御"中的汝瓷，也一定是他眼中喜好的青色，而且还是独一无二的"青窑器"。

古代人观察瓷器的釉色都是在自然光或油灯下，而且都是以自然界中的参照物作为标准。而青色在可见光谱中，是介于绿色和蓝色之间的颜色，所以汝窑的天青犹如"翠色"。而青色在古代时的本义是蓝色，青色实际上是淡淡的天蓝色，因古人都是参照客观色来描述，那么"天青"的参照物就是蓝蓝的天空色，但宋代时的天空与现代工业雾霾的天空，肯定存在着大自然的误差。但笔者也将汝窑的"天蓝色"，约定俗成地称为"天青色"，关于"青"和"蓝"的解读，请参照《一个至今无法超越的鲜碧色》一节。

宋·徐兢1124年于《宣和奉使高丽图经》中载："陶器色之青者，丽人谓之翡色""诸器惟此物（指狻猊出香）最精绝，其余则越州古秘色，汝州新窑器大概相类"，徐兢的言外之意是："徽宗官汝"（新窑器）的豆青色与古秘色相似。南宋《百宝总珍集》记载也可佐证："汝窑上脉偏滋媚，高丽新窑皆相类，此物出北地新窑"，重点是"北地新窑"的概念（新汝窑）。

后期的考古证明：在清凉寺大窑场的区域内，发掘出占地还不足1/60的面积，但却是一个配套齐全的集中生产区（Ⅳ区），而且还出土数以吨计的天青色瓷片。考古认为：这是天青汝官窑专门的生产地，而且与官民并存区的豆青色"供御检退"不同，天青色则明显是不准流通而故意打碎所为。而在前期另一处窑址的考古发掘中，则是零星的天青色与大量的豆青等色，这说明：此处最初是在研发天青色，成功后才在Ⅳ区另立新窑生产天青色。所以在"旧窑"区附近所开辟的"北地新窑"，就不会与汝州旧窑器相同，否则就不会称为"北地新窑"。

甚至可以说，"汝窑豆青色"是旧区官民混合窑中的"供御"瓷，而"天青色"则是新区（北地新窑）朝廷管控的"官窑"器。因为"徽宗官汝"独创的天青色，当时还没有可对比的窑口，而只有前期的"新窑器"与古越窑的秘色，才大概类同于高丽青瓷，这也说明：除汝窑天青色之外，现在公私所收藏的汝瓷豆青色，如果有别于"古秘色"的颜色，那就应该属于汝州旧窑器，而旧窑器就理应归于民汝，不应划归于"徽宗官汝"。

特别指出：因为天青色与古秘色是两个颜色体系，而高丽青瓷的"青色"也是"丽人谓之翡色"，这可能是当时朝鲜的高丽人，对"翡色"理解和翻译上的问题，实则应该是一种"秘色"的粉青。难怪早年英国的鉴赏家即《中国青瓷》的作者贡培兹，由于他对高丽青瓷与汝窑天青的认知问题，而将"徽宗官汝"中的天青色，错误地归类到高丽的青瓷中，如果读者对"翡色"还理解不透的话，可对照图5-2-27或韩国博物馆藏高丽青瓷的实物色。那么"徽宗官汝"中所独有的天青色，无论是高丽的"翡色"还是越窑的古秘色，因都无法与之相媲美，所以徐兢在无参照物的对比下也就做不了具体的描述。

我们再从徐兢写书的时间段上分析，首先他肯定是看到了当时宫中的汝窑和官窑瓷，也正因为高丽青瓷的颜色根本无法与"徽宗官窑"的粉青色，以及"徽宗官汝"的天青色相比，所以徐兢也只能是参照越窑古秘色来做比较，这也说明："徽宗官窑"的青瓷和"徽宗官汝"的天青瓷，与高丽青瓷绝不是一类瓷，而且一定还要远胜过高丽青瓷。

既然"徽宗官汝"实行的是"供御检退"制，其实这主要是针对前期的豆青色而言，但无论如何哪朝哪代的供御，都应该有其供御验收的标准。而大维德收藏的汝窑豆青色圆环形"试火照"，毫无疑问就是最初豆青色"供御检退"的标样，所以"徽宗官汝"中的豆青色，就不可能偏离汝窑"试火照"的那种颜色，而且还应该具备时尚的剔刻纹饰。而烧造后不符合

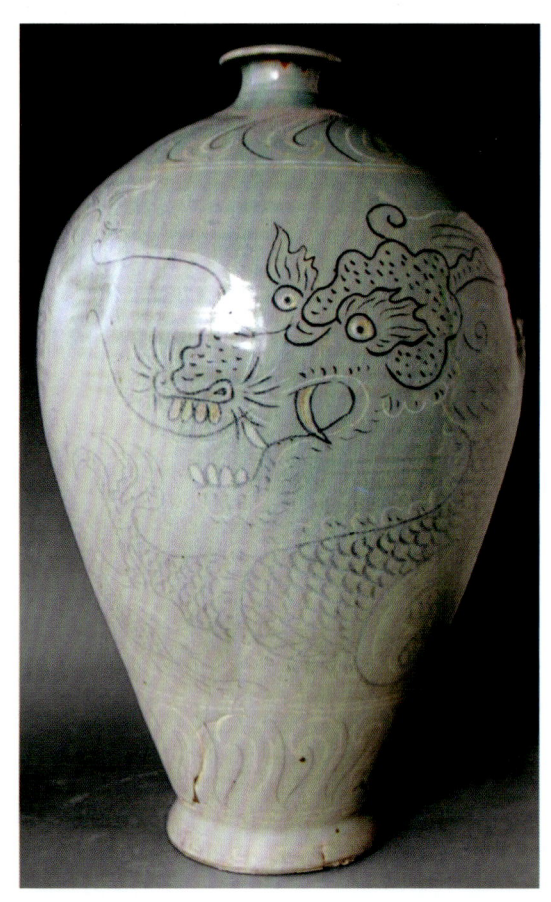

图5-2-27　高丽青瓷梅瓶　高40厘米

"供御"的其他颜色,就应该一律做"拣退"处置,当然也包括有缩釉等瑕疵产品。

特别指出:"供御拣退"制只限于豆青色,即使考古偶尔出现的天青色,那也是"供御"时"迭代"的试验品,成功后才转移到Ⅳ区集中生产,因为以铁为着色剂的颜色太杂,所以最初一定要规范"徽宗官汝"的颜色,而后期研发的深的和浅的天青色相差不大,而且由皇家垄断不予流通,考古也证明(Ⅳ区)就没有实行"供御拣退"。而且按规制带龙纹标志的豆青色,也不能用来"供御拣退",但可作为赏赐之物来处置,从早期遗址的考古发掘看,确实也只有极少量的龙纹以及其他刻画纹的瓷片,大多数是各种杂色的素面。而当时"供御拣退"的汝瓷相当于现代的"出口转内销",而且会率先"拣退"流转到皇亲国戚以及官府大臣们的手中。"弃定用汝"最初所标定的豌豆青色,在"自置"的"徽宗官窑"生产时就应该停止"供御"了,因为发生了与"徽宗官窑"的颜色交叉。

清凉寺的考古发掘还证明:5万多枚占99%的天青色瓷片,都是集中在Ⅳ区的T28内,这充分说明:这些大量正宗的天青色产品,绝非是由铁元素的偶尔烧成,而只有采用绿玉髓的自色元素,才能做到这样的批量和均一,况且,这种某时段集中生产的唯一产品,也注定是一种独有和垄断的朝廷行为。而且在这个区域的泥料层中,还发现了"政和通宝"钱币,这与本书证明的政和四年十月,是"徽宗官窑"开始烧造的时间相吻合,而且也与"弃豆青用天青"的推论相符。

综上所述:对"徽宗官汝"的鉴赏一定要分期、分区而论,实际上的"徽宗官汝"也是分两期的两种颜色,即:前期是古秘色的豆青色,后期则是单一深和浅的天青(蓝)色,而天青色是在"一场两制"的朝廷"自置"区,创烧出豆青色的升级版天青(蓝)色;因"徽宗官窑"生产不了天青(蓝)色,所以"徽宗官汝"所独有的天青(蓝)色,以及"徽宗官窑"的"自置"粉青色,成为北宋晚期宫廷用瓷的必然选择。

4. 御用颜色与烧制工艺

那么在汝窑的遗址发掘中为什么会有各种青色和卵白色呢?理论和实践都证明:以铁为着色剂的釉料,在不同温度和配方下会呈现出各种青色,例如:原始青瓷的发灰,东汉青瓷的发黄,唐代越窑的秘色,宋代耀州窑的橄榄绿等,而且测温实验也表明:窑温在1100~1200℃时,汝窑釉的玉质感达到最佳;当窑温达到1250℃以上时,不但提高了釉面的玻化度和透明度,而且釉色会随降温的析晶过程,出现由青中微黄的豆青色,或者闪蓝的个别天青色外,还可呈现出卵白、粉青、灰青或虾青等其他颜色。

特别指出：当玛瑙类的多晶集合体，与石英类单质或单晶的物质混熔后，那么在烧造的过程中，釉层就会形成"异相基底"的分相液滴，它也是决定颜色和棉絮状的关键因素之一。因这些微小的分相液滴，是在高温冷却阶段所形成的，所以停烧后的缓慢冷却，釉面所产生出的这种原生析晶和分相，将会影响其颜色和脂肪光泽的形成。但对于缺乏科学手段的古人来说，这确实是一个极大的挑战和实践活动，所以古人获得某种工艺的成功绝非一日之寒，而且一旦这种技术秘笈和工艺失传，那就还要再次进行大量的试验。而选择玛瑙（玉髓）和正确的釉浆配方，那只是汝窑天青色的关键秘笈之一，其烧造工艺也是汝窑成功的重要因素。

汝窑的豌豆青色（古秘色）Ca的含量高达15.16%，所以釉的玻璃质感强、透明度高，也非常适于刻画纹饰。而天青（蓝）色则不同，因刻画的纹饰显现不清，故以堆塑类的造型工艺为主。虽然豆青色相对容易仿制，但宋代匠人"半刀泥"的刻画刀法，现代人却极难仿制到位。而且要想仿天青（蓝）色汝瓷，如果不是原始的配方和绿玉髓，以及还原其当时的烧造工艺，则是不可能成功重现的。

综上所述：只有豌豆青色与天青（蓝）色，才是"徽宗官汝"不同时间段的两种御用颜色，如果"徽宗官汝"的颜色不对、不符，那其他的再好都无意义；"徽宗官汝"在烧造豆青色的后期，才真正掌握了天青（蓝）色这项技艺；而且后研发出的天青（蓝）色，则更接近于道教的青色，只可惜这种天青色的工艺随着北宋的灭亡而失传。汝窑天青（蓝）色比豌豆青色，因绿玉髓原料的稀少而昂贵，况且残次品还要打碎掩埋，所以其产品是少之又少。

历史上所有仿烧汝窑的天青（蓝）色，都没有达到真品那种淡淡的天蓝色，以及天蓝色中带有那种鲜活的灵动感，那种典雅高尚的、天然的唯美色。笔者研究后认为：究其原因就是没有添加绿玉髓，而那种只理解为"玛瑙末"是不够的。难怪乾隆在丙申春（1776年）年也就是唐英卒后的二十年，在认为仿天青色已无望的情况下，终于无奈写下："传闻玛瑙末为釉，而今景德无斯法"的感叹！而现代大师们所仿烧汝窑的颜色，大都偏向于普通钧窑的天青色，这也是误认为钧汝不分的导向所致。

如图5-2-28、图5-2-29和图5-2-30所示的这种"徽宗官汝"的天青色，即使认为是现代的仿品，那也是大师级的作品，这也是汝窑大师们梦寐以求的颜色。遗憾的是：以大师现在的认知和技术水平，很难烧造出这样的天青（蓝）色，但在本书出版后，仿汝瓷天青色的工艺技术，就不得而知了！笔者认为，目前市场上所有大师级的汝窑作品，还远远达不到这样的天青（蓝）色，以及豆青色纹饰的那种剔刻水平，何况还有科学检测这一道关卡！

图5-2-28　汝窑天青色双螭耳炉 高11.7厘米

图5-2-29　汝窑天青色双螭耳炉炉底

图5-2-30　汝窑天青色海棠式花盆 高7.8厘米、长22.2厘米

十、台北故宫博物院对几件宋汝和宋官的否定说明什么

进入20世纪新时代的文博界,关于汝窑的研究发生了两件大事:一是北京故宫博物院老一代的权威专家,否定了大维德旧藏的汝窑"试火照";二是台北故宫博物院新生代的科技型专家,否定了清宫旧藏的几件汝窑和官窑。虽然都是否定了以前著名的旧藏定论,但结果和意义却截然不同,汝窑"试火照"本章已有论述,现主要阐述所否定的清宫旧藏。

众所周知:台北和北京"两宫"所收藏的宋官窑和宋汝窑,大多以乾隆眼光定义的官瓷和汝瓷,以及《清室善后委员会》的点查档案记录,而不是官方以考古发掘为依据,所给出的现代科学鉴定的结论。所以随着对汝窑和官窑的深入研究,以及先进的科学检测手段的应用,一些传统的观念和模糊的定论,必然要接受"后科技时代"的N次检验。

实事求是、相信科学业已成为大家的共识,但率先打破这种沉默的却是台北故宫博物院,他们通过对宋汝窑和宋官窑的科学研究,其结果是:推翻了其中几件原有定论,而重新定性为清代仿宋代,实质是还原了历史本来的面目。这也使人联想到美国大都会博物馆,也是新生代的文博研究者,在对辽三彩大佛质疑和研究后,经科学检测也否定了100多年来,已被学界达成共识的"辽三彩"。

这种排除传统眼学和现代文化的干扰,既不盲目地崇拜,也不被传承有序所束缚,而是以质疑与科学研究的精神,来挑战传统定论和权威观点的学术行为,这不但是社会进步与理论创新的表现,也是还原真实历史的先决条件,更是树立开拓进取的典范。以此可见:如果一个严谨的学者,处在一个开放的学术环境中,如果再遇上一位勇于进取的领导,那可想而知该领域或部门的工作,一定会风生水起、硕果累累。否定之否定才能扬弃与发展,将传统眼学与科学检测相结合,其论点才会使人心悦诚服,这才是断源断代的必由之路。

台北故宫博物院于1989年出版的《宋官窑特展》,以及于2012年出版的《得佳趣——乾隆皇帝的陶瓷品味》,明显看出第一本是以"两宫"为代表的主流观点,而且依然是在沿袭先辈们的定论。而可喜可贺的是2012年这本书,它是台北故宫博物院新一代的专家学者,经过多年的科学研究,否定了第一本书中的个别传承定论,给出了震惊中外的科学结论,即:清宫旧藏的北宋官窑5件、南宋官窑4件,经过科检最终定性为明清仿品。还有北宋汝窑三牺尊和奉华尊,这两件教科书中的著名"明星器",也都将原定为宋代的修正为清仿。

值得深度思考的是:台北故宫博物院及各大博物馆的研究学者,始终秉承了这种科学进取的精神,而且不盲从、不迷信、不放弃也不听信名头,既不迷

信殿堂，也不崇拜传承有序，而是一切以实物为依据，对所质疑的问题敢于说"不"，这不但是认知上的进步，更是学术界倡导"质疑精神"的具体体现。尤其这种敢于对堪称镇院之宝的器物说"不"，这种对传承有序的清宫旧藏，不是在盲目的顶礼膜拜，更不是师徒式"近亲繁殖"的照搬转抄，而是融入自己思维的批判性接受。

纵观台北故宫博物院研究者们所发表的各类文章，都是些带着新意与创新性的观点，而且所阐述的论点和论据，都会使读者产生联想、深思，而回味无穷。而有些专家则多是注重藏品的表述与展示，明显带有权威性与垄断性，而且其论点与观念的阐述，大多是谨慎的、刻板的耐人寻味。所以总的感觉是：一个是"深入"，一个则是"浅出"；一个是在制造"子弹"，一个是在用"子弹"射击。

笔者认为：台北故宫博物院这种孜孜不倦的后续研究与跟踪，才是科学研究以及做学问的根本，而且这种回归真实历史的事件，随着科技的进步还会不断发生。台北故宫博物院这种敢于纠正错误的做法，不但丝毫没有影响其声誉，反而在人们的心目中更显得高、大、上。当然，具有这种的质疑精神，也是出于对文物认知的升华，以及科技进步和深厚的知识底蕴，这也是年轻一代文博科研工作者的使命。

这件事还说明：按以往的鉴赏标准，清仿品已达到眼学乱真的程度，这就需要对汝窑和北宋官窑的判定，重新进行反思和研究探讨。文博界某些人物的思维方法是：判断通常所说的经验值，如果是历史较近的文物则具有其参考价值，但越久远的历史文物其经验值也就越弱。笔者也曾在台北故宫博物院中详细观察过宋汝窑和宋官窑的藏品，但至今对有些馆藏品依然存有异议，期待台北故宫博物院以后的深入研究。

如果说"徽宗官窑"暂且还不能确定标型物，也没有可量化的指标从而无法定性的话，那么"徽宗官汝"和南宋官窑因有明确的考古瓷片，则就完全可以做到定性和定量了。因为南宋官窑既有传世品又有出土器，再经过眼学和科学检测，运用排除法完全可以得出科学结论，相信台北故宫博物院也正在做这件事，我们期待早日开花结果。

以此推论：对馆藏的汝窑、北宋官窑、所谓的"宋哥窑"等，还需要更深入的研究和认识。可以肯定地说：目前馆藏的汝窑和藏家的汝窑，有的也并非真正的"徽宗官汝"，汝窑系、清凉寺的民汝和历代仿汝都有可能混入其中。即使专家所说的世界上只有67件的汝瓷，其中也并不一定都是"徽宗官汝"，比如台北故宫博物院否定的这两件等。所以假如市场上再出现1000件汝瓷，大家也不要大惊小怪，如果了解这段历史就应该不足为奇，因为有可能是汝窑系所烧造出的民汝。

需要指出：当今的汝窑已完全被神化，它已不只是反映"磁"的属性，而是代表社会化了的一个"词"。所以对"徽宗官汝"的鉴定，不再是胎釉和认知上的问题，而是要先打开"元思维"和社会学的枷锁，这样才能回归鉴定的本源。以清凉寺Ⅵ区的考古发掘看，巨量的、几乎清一色的天青色瓷片，已说明后期天青色汝瓷是由朝廷绝对的垄断，已不再是前期豆青色的"供御检退"制，而且也绝非是传世这么几件。因此首先要实事求是地认知历史，再确定官汝与民汝的鉴别问题，相信民间一定有丰厚的汝窑收藏。

十一、"徽宗官汝"的鉴赏要点

1. 清宫传世汝瓷的溯源

明·王雄修纂《汝州志·古迹》汝窑条载："汝窑创世无考……窑已就废，但居民间于地中偶尔掘得，颇以为珍玩焉"，这说明：汝瓷在明代就能"偶尔掘得"。而在明末李自成败走京城时，不但带走了大量的宫廷珍宝，还火烧了部分重要的宫殿。据朝鲜文献《李朝实录》载："宫殿悉皆烧尽，惟武英殿岿然独存……"而且"掠夺盛况"还不仅如此，这时对宫中被李自成官兵搜刮后所抛弃的各种物品，又遭到京城各路强盗们的轮番扫荡。可以想象，在清兵接管前的战乱期，已是千疮百孔的紫禁城，不大可能留下太多值钱的东西，估计剩下的也仅是不便移动的物件。

而"徽宗官汝"这种昙花一现的匆匆过客，再经过现代人的鼓噪渲染，已完全脱离大维德研究汝瓷的初衷，已然成为当今收藏界的一个"社会词"，从而衍变成敬而远之的一种"神话"。即使在乾隆和郭葆昌那样的疯狂年代，对宋官和宋汝的收藏鉴赏，也没有像当今这般被"妖魔化"，也都是按《格古要论》等文献的描述在做自我研判而已。就连海外最早英文版的《中国鉴定学》，那也是大维德对《格古要论》的翻译版，是西方学者和藏家所使用的工具书！

可以确定，流传至今的清宫旧藏，大多是清朝官员募集和进献的藏品，比如《雍正十二美人图》中的汝窑水仙盆、三足洗等。另有乾隆四十一年御题诗为证："李唐越器人间无，赵宋官窑星辰看"，这说明：乾隆中晚期即使各地官员为迎合乾隆的喜好，在全国进行大肆搜刮后，进贡的唐秘色瓷一件也没有（认知问题），而且宋代汝窑和官窑也是星星点点。重点是所募集的大多是乾隆认定的汝窑天青色，但巧合的是这种或深或浅的天青色，正是"徽宗官汝"中所独有的御用颜色。

1930年，以盗宝为目的，日本"大谷探险队"的大谷光瑞，委派京都西本愿寺驻汉口的原田玄讷，曾到临汝县实地考察过汝窑址，说明汝窑早期就被发掘过。而清凉寺和老虎洞等地的考古发掘，则分别是1987年和1996年的事，尤其三十多年来14次对汝窑的考古发掘，现已基本呈现出北宋汝窑烧造的概况。当然，乾隆和在此发掘之前的各时代名人，谁都不可能知晓考古发掘后的结果，而且我们确实也不清楚，他们当时面对的是什么样的汝瓷。所以在此之前，见仁见智的解读都无可厚非，也因此这些人所论述的各种鉴赏言论，只能作为参考，不必"咬文嚼字"去较真，而清凉寺考古发掘的汝窑，才是当时官汝和民汝的真实写照。

考古发掘证明：清凉寺文化从宋初开始，直到金代、元代还在烧造百姓的日用瓷，而且仅宋代汝窑的中心烧造区，就出土将近50种器物造型，这远比清宫传世品的器型多得多。所以汝窑从什么年代开始烧造，以及何时停烧都不重要，而汝窑研究的重点则是：在建立"汝窑新窑器"的时间段里，分别"供御"了什么样的官汝，以及如何区分"徽宗官汝"与各时段民汝的实物与标本，这才是鉴别传世汝窑与真正"徽宗官汝"的关键。

2. 数量与本质

收藏界对汝窑的认知，长期以来让人耳熟能详的话，就是专家框定的65件半汝瓷（或其他数量词）的这一种声音。这种以数量而不是以事物本质的鉴赏，不但限制了文博界的"主观能动性"思维，而且也影响到还原汝窑历史的认知进程。所以研究"徽宗官汝"的前提，首先是摆脱数量词和有限的传世品的束缚，而且一定要以文献和考古发掘为主。根据两千年后考古可知：Ⅵ区是有意脱离原生产区域而为之，是特意开辟的另一功能齐全的"独立王国"，从这种"一窑两制"的供御区12座椭圆形窑炉分析，以及集中出土某时段50多万枚99%天青色的瓷片看，其"供御"和"检退"的销毁数量，可推演出的生产量就可想而知了。

然而，每当市场上出现"编制外"的汝瓷，除了质疑和否定的声音，极少有人推进学术研究和探索的新视点。而"汝不入葬"的说法，也随着时间而自消自灭了。抽丝剥茧对汝窑的存世量进行总结：冈珀茨于1958年统计是31件；汪正庆于1987年统计是65件；出川哲郎于2009年统计是70件；吕成龙于2015年统计是92件；那么您相信哪一次是准确的呢？因为随着人们认知度的全面提高，相信传世品会不断涌现，其数字一定会随时间而发生变化。所以数量不是文博界研究的目的，而什么是真正的"徽宗官汝"，才是事物的本质和研究的重点，而且豆青色（古秘色）（图5-2-33）与天青色都是某时段的"徽宗官汝"，因其配方不同，特征表象也不同，鉴赏时就不能相互混淆。重点是：供御汝窑的豆青色不是素瓷，都刻画有纹饰或是龙凤纹，如图5-2-31至图5-2-36所示。

其实市场上出现"徽宗官汝"和民汝精品都不足为奇，就如同出现宋代龙

图5-2-31　汝窑豆青色粉盒 高8厘米、口径17厘米

图5-2-32　汝窑豆青色龙纹折腰碟 口径17.2厘米

图5-2-33　汝窑豆青色凤纹折腰碟 口径17.2厘米

图5-2-34　汝窑豆青色凤纹折腰碟碟底

图5-2-35　汝窑龙纹盘的冰裂纹、支钉痕与土沁

图5-2-36　汝窑豆青釉刻画龙纹碗一对 口径17.6厘米

泉窑或耀州窑等精品民瓷一样，因为清凉寺汝窑本身就是官民并存的窑口，何况还有汝窑系的其他窑口呢？而真正认知"徽宗官汝"及其工艺与特征，厘清在北宋的汝窑系中，普通民汝和清凉寺中"徽宗官汝"的界限，区分汝窑与钧窑的模糊认识，才是对宋代汝窑的终极考古。前几节基本阐述了"徽宗官汝"的特征，现在民间也涌现出大量宋代汝瓷，这是因为汝窑系的汝瓷很多，也包括清凉寺非御窑区的汝瓷，还有文庙、临汝、段店等汝窑系的汝瓷，所以发现的这些有可能都是些普通民汝。

3．器型与胎骨

"徽宗官汝"的器型以仿制青铜器的祭祀用品为多，但也有结合道教供具而设计的新器型，这些大多以模制和雕塑为主，总之器型都很典雅、秀美，堪称经典。所以首先从器型和刻画的纹饰上，就可以区分出一些官汝和民汝。而官汝豆青色是以刻画纹饰为主，天青色则是以素雅和堆塑为主，比如清凉寺的汝瓷盘，其独有特征是：圆器之圈足圆润，为外撇、外卷呈八字足式。而官汝纸槌瓶的独有特征是：纸槌瓶的口部为平面，口沿是凸棱型的圆唇，但与张公巷和南宋官窑的口部明显不同。张公巷纸槌瓶的颈部与清凉寺的较接近，都是中间呈微内弧形，即")("形，显然这是模制成型的曲线和曲面，手握时非常舒适，这也是模制成型的曲线和曲面，而且与手工的完全不同，只是清凉寺的比张公巷的弧度稍微大些，但都是由二段楷模黏结成型，而到南宋时，纸槌瓶的颈部，则完全变成了直筒"‖"形。

由于汝窑是"楷模"成型，其瓶颈中间和腹部的上腹部位，有不易察觉的接痕。而张公巷窑纸槌瓶则是微弧颈，尤其瓶的口沿是呈漏斗形，南宋官窑则是直颈，但瓶的口沿为水平状，而且是无凸棱型的圈口。"徽宗官汝"的支钉痕无论是端正的椭圆形，还是长扁形的类椭圆状，都是相当规矩、有序、干净利落的（图3-2-35）。文庙窑的圈足与支钉痕与清凉寺窑相似，但与张公巷圆形小米粒状的支钉痕和圈足截然不同，而且文庙窑的颜色是淡青色，而张公巷的则以青绿为主。"徽宗官汝"和汝窑系的支钉痕大多呈白色的芝麻状，偶有支钉尖被折断后所留下的是褐色痕，这类异色是支钉器具的胎色痕，或是受周围环境影响的沁色痕，但与汝窑胎色没有关系，部分器物还采用垫饼或垫圈支烧。

"徽宗官汝"胎的Al_2O_3（氧化铝）含量很高，大多介于26%~31%，这种"高铝低硅"型的胎骨配方，工艺上至少需要烧到1300℃的窑温，才能使其完全熔融，从而变得致密、瓷实。但汝窑烧结的温度大多在1200℃，因此，在这种温度下所烧造的胎质，实质上还没有被完全瓷化，所以汝窑的胎大多为"微生烧"。虽然胎不像某些专家所说的有那样高的孔隙率，但其断面的分层堆砌状非常明显，而且胎的断面也没有玻璃光泽。

特别说明：汝瓷的胎色被称为香灰胎，实际是灰白或白中偏灰，这同北宋时期的官窑、钧窑、张公巷等窑口一样，都是基于河南地区当地的瓷土所决定的；有的出土汝瓷断面的茬口呈浅淡的红褐色，那是土壤侵蚀的结果；有的整体素胎呈淡淡的红色，如同南宋官窑的素烧毛坯一样，那是"微生烧"后的火石红色；而有的支钉痕是深褐色，那是支钉材质的痕迹，所以如果清除"胎衣"上的这些表象，"徽宗官汝"露出的真胎色一定是香灰色；而且烧造的温度越高，胎色就越白，所以从支钉痕就可以看出，天青色比豆青色的胎还要白些，这也是"高铝低硅"胎的特点。

而宋代文献所说的"汝窑为魁"，则指的是其釉色为魁，所以在检测汝瓷胎的元素及其含量时，民汝与官汝的数据基本出入不大，但汝瓷的釉与器型会有所不同。"徽宗官汝"器型是楷模成型，所以注定是厚胎薄釉，加之烧造温度在1200℃左右，导致其胎都较疏松，不够瓷实，用手指轻叩器物的边缘，豆青色发出的是木声，天青色发出的则是铁皮声。但汝窑的香灰胎、支钉痕、"微生烧"等，现代的仿品都已不是问题，唯独天青色以及豆青色剔刻纹还始终仿不到位。汝窑的胎体有轻有重，但总体来看：豆青色与天青色相比，胎和釉都要厚些，手感也重些，就如同"徽宗官窑"的厚重一样，体现的是不计成本的宫廷制瓷。

4．釉色与玛瑙

"徽宗官汝"的釉色不同于普通的民汝，一定是青白玛瑙（或绿玉髓）末入釉。但豆青色与青白色玛瑙有关，呈半透明的玻璃质状，而天青色则是与绿玉髓有关，呈现的是不透明的乳浊状。科学解读：任何瓷器的釉面想要呈现出玉质般的光泽，首先取决于矿物本身的平滑度或集合体形态；而像玉髓、玛瑙等这类矿物质，就会呈现出脂肪般的特殊光泽；但以前在鉴赏宋汝窑、宋官窑等釉面时，大多忽略了物理色（结构色）这一点，这种化学色与物理色的有机融合，才真正体现出与众不同的釉面特征，因此在解读"徽宗官汝"天青色釉面时，就能理解它是一种似玉非玉，而胜玉的表观了。

如果烧成温度稍高一点，那么豆青色的釉面，就会烧成类玻璃的质感，而汝窑中灰青、虾青、月白等副色，毫无疑问是"供御拣退"，那是被淘汰的首选颜色。一般玛瑙釉的高温黏性都很高，所以不会使口沿和凸棱处，因流淌而明显露出其胎色，而且抚摸其釉面有种光滑似玉感。放大镜观察玛瑙（玉髓）釉的标志性特征：除必备的脂肪光泽外，在豆青色釉中，有没熔化了的晶粒状的"冰花"；在天青色釉中，有没熔化了的绿玉髓的"蓝绿点"。

特别指出："徽宗官汝"的御用主流颜色，只有豆青色和天青色两种。其中，豆青色与民汝的胎和釉相近，只是民汝没添加玛瑙而已，所以从外观上看，只是器型和剔刻纹饰上的区别；而豆青色的龙纹和天青色，则是徽宗宫廷所独有的，重点是：在"徽宗官汝"深和浅的天青色釉上，有"绿玉髓"点并伴有"棉絮状"，尤其釉面上的"吐筋线"（白线纹）和"石花"现象，严重的甚至还会出现土蚀的非圆形"针孔"；那么"徽宗官汝"的豆青色，除表观具有脂肪般的特殊光泽与玻璃光泽外，笔者认为最大的区别就是：豆青色有剔刻的龙纹或者其他纹饰，而民汝大多是平素无纹的实用器；所以现代仿平素无纹的豆青色还算是马马虎虎，但其剔刻的纹饰却相差其远。

唯有"徽宗官汝"中的天青色，无论是文庙和张公巷窑等，还是历朝历代的仿品，也无论天青色的深浅，都还达不到故宫和清凉寺"徽宗官汝"那样的天青！就是那种灵动、幼嫩、淡雅、活性的天青（蓝），而仿品则是一种躁动、深沉、灰暗、死性的淡青，就是说根本就不是同一个色系，所以无论如何都仿不到位。

5. 开片与气泡

南宋时的《百宝总珍集》曰："汝窑土脉滋媚与高丽器物相类。有鸡爪纹者认真，无纹者尤好。"明初的《格古要论》也说："淡青色有蟹爪者真"；清末时的赵汝珍于《古董辨疑》中云："汝鱼子、蟹爪均有"，而且还把它作为鉴定宋汝的唯一特征；笔者认为以上可代表从宋代、明代到民国，各时代的资深鉴赏家们对北宋汝瓷的鉴真结论。

而且赵汝珍在《古玩指南》中，还详细释义："大开片之稀疏者，曰蟹爪纹，小开片细碎者，曰鱼子纹"；所以大家就不要再死抠其字眼，费心研究应该是蟹爪的"印"符合呢？还是鸡爪的"纹"才对呢？或者琢磨什么是"鱼子"的问题了。况且我们也不清楚：明代到民国的鉴赏家们，是不是以全世界这65件半汝瓷为标准，还是以其他汝瓷或民汝为客件来鉴赏？但笔者认为，可以肯定的是，他们谁也没有见过清凉寺出土的汝瓷。但经过各时期鉴赏家们的演绎，又把"蟹爪纹"比喻成"蝉翼纹""牛毛纹"，而且"鱼子纹"又演绎成只有在宋官窑中，才具有的斜开片的"鱼鳞纹"或"龟背纹"。

其实釉面的大小与开片都一样，只是每个人对不同颜色的各种汝瓷，在做自我的具象描述或转抄而已，正如《古玩指南》中曰："皆以其所似之也"。所以您不能说他们的鉴赏语言不对，重点是他们看到的是什么样的汝瓷颜色？高度怀疑他们当时是否能分得清，玛瑙入釉的"徽宗官汝"与普通民汝的区别？还因为汝窑的豆青色和天青色的开片纹，二者的釉面表象是不一样的。

"徽宗官汝"中的豆青色大多似玻璃的半透明状，所以呈现的是"冰裂纹"，如果釉厚时才能产生斜开片，那么也易出现宋官窑中的"鱼鳞纹"。而且豆青色釉中的气泡，是"寥若晨星"的大而稀疏，但大小气泡都很通透且具有一定的层次感，裂纹处还不时闪有星光点，釉中也存在次生结晶的现象。

但"徽宗官汝"的天青色，因其不透明而呈乳浊状，放大镜下的釉面是棉絮状，呈现的是"蝉翼纹"，直白来说就是隐约的细开片。有的在个别裂纹的末梢处，还会出现针点式的缩坑，所以也可以形象地称为"蟹爪纹"。而且釉中的气泡也是肉眼难见的小而密集的，这种稠密的小气泡和晶体的集合，使釉面变得瓷实而不透明，这种密集的小气泡，也不易产生黑点式的"死亡气泡"。

因此，唯独"徽宗官汝"或深或浅的天青色，尤其是在新出土的开片纹上，才会覆盖迁移出钙、钾等白色离子物。如果迎光斜看其白色纹（环境不同颜色也不同），隐约有微微凸出釉面的感觉，手抚摸有种微微挡手感，老古玩行称其为"吐筋纹"，但传世品几乎已抚摸殆尽。

6．剔刻与雕塑

从清凉寺出土的瓷片看，剔刻的纹饰和雕塑的模型也都有烧造，但已同各种汝瓷混在了一起。由于瓷釉的颜色原因，汝瓷的豆青色釉非常适宜和再现剔刻工艺的纹饰。而天青色则不适合，其刻画与模印的纹饰不清晰，所以才将天青色的汝瓷改为雕塑类的装饰工艺。因此在"徽宗官汝"的御用瓷器中，一种是豆青色的剔刻纹饰，采用的是当时的"半刀泥"手艺，特点是釉厚、刀纹深，其剔、刻、划的纹饰生动流畅（图5-2-36）。而另一种则是天青色的雕塑工艺，其雕塑与器型都非常精致，而且堆贴和模印也很唯美。

当然在"徽宗官汝"的生产中,也不排除有素面无纹的官汝,这是刚开始"弃定用汝"时,所短暂生产出来的汝瓷,但数量一定不会很多。从定窑的传世和其窑址的考古发掘看,当时的宫廷用瓷也均为刻画纹饰,这种剔刻纹饰的流行时尚,在北宋各大窑口中也在相互效仿和借鉴,而且还有传世品遗存。

当瓷器的彩色装饰,还处在唐三彩的几种彩釉阶段,且到北宋时进口钴料又已枯竭,而其他的彩料或彩绘技术,还没开发或者还不成熟之前,北宋时期瓷器上的主流装饰,就应该与当时的耀州窑、越窑等窑口一样,采用剔刻和雕塑这种时尚的工艺。当北宋全境都在欣赏和流行这种技艺时,无论如何作为皇家用品的"徽宗官汝",以及作为艺术家皇帝的"徽宗审美",对当时这种"摩登"装饰都不会视而不见,更不会拒之门外,而且一定还要比其他窑做得更好才是。

需要指出:传世宋汝器上的人工刻字,均是出窑以后的使用之人或是在乾隆时代后刻的;而像清宫旧藏的宋代钧窑瓷,其数字则是入窑前先刻写和铸印的,因此在笔道内都有釉水的烧痕,而后世按用途后刻的文字,釉面砣刻的字不但无釉且还有破损后的毛刺表象;既然北宋已有"供御""官""尚食局"等刻款,如图5-2-37北宋定窑的"官"字刻款,如果当时"徽宗官汝"上需要某标识,按徽宗皇帝的艺术家风格,以及北宋朝廷的规范用字行为,那也是采用模印工艺正规的宋体(即人工写的古宋体),而不会像建窑、邢窑、定窑等窑口的供御瓷那样,在烧造前随意用普通匠人的刻字。

《宋史》载:"元丰及内库财物山委(库名)……唐之琼林、大盈二库何异?"说明北宋

(a)北宋定窑刻花玉壶春瓶 高28.3厘米　　(b)北宋定窑刻花玉壶春瓶"官"款

图5-2-37　北宋定窑刻花玉壶春瓶

还在沿用晚唐时的"大盈"库名,在上林湖荷花芯的越窑遗址处,呈出土了四件模印的"盈"字款瓷片,标志着由北方邢窑、定窑随意的刻字款,向南方越窑批量、正规模印字转变的节点。所以笔者认为,"徽宗官汝"的瓷器上,如果显示朝廷用途的某种标记,那大概率就像这种模印"盈"字的形式,一定是朝廷规范后的行为,而且一定是有别于现代宋体的原始古宋体,如果与电脑上的宋体字一致,那就必假无疑。

而且考古还发现,甘肃崇信秦代陶器上"卤市"等印章式戳印;合肥出土的北宋"宣州官窑"印章铭;宋代龙泉窑"河滨遗范"印章铭、宋代磁州窑上的"张家造"印章铭等;这些款识说明:宋代"印章"(印戳)款的铭文形式,与烧造前工匠的手刻字并存;如果是在釉上的刻字,基本断定都是后代所为。

再次重申:对于市场上柴窑、汝窑、官窑上的"御题诗"(非模印底款),无论是宋体还是篆书体或者楷体,大概率都是电脑字体库里的字,这是用了广告贴纸再喷砂的造假方法,强烈建议不要去触碰这类东西!以此也可以说各种文物上的字,如果不是电脑里各版本的字,那也只是过了鉴定的第一道关卡,因此熟悉电脑中的各类字体,对初判各种文物的真假既简单也很重要。

如图5-2-38所示为台北故宫博物院纸槌瓶X光片。

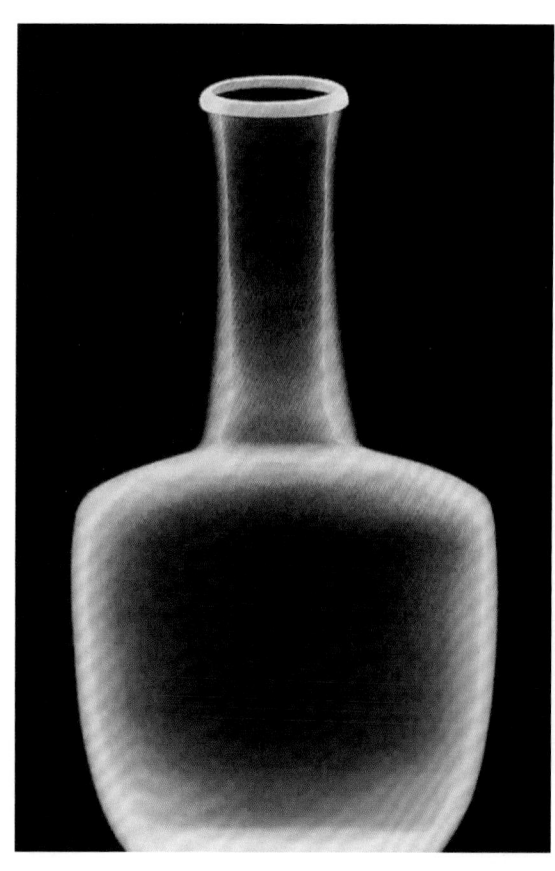

图5-2-38　台北故宫博物院纸槌瓶X光片

第三章
登峰造极的单色釉——徽宗官窑

陶瓷出自泥土，涅槃于窑炉，毫无疑问它属于泥与火的艺术，而但凡艺术都在追求着两个极端，要么简洁到多一点就赘，要么就华丽繁缛到极致。所以您不能说宋瓷极简有多么的美，也不能说乾隆华缛是那么的俗，因为它们代表的是不同时代的流行符号，也都是华夏文明独一无二的皇家艺术。可以毫不夸张地说：宋徽宗开创了皇城内御用"宫窑"（徽宗官窑）的先河，步其后尘的则是六百年后康熙珐琅彩的"宫窑"。

但无论什么瓷器的实物考证，不外乎有两种途径：一是窑址考古但都是些"不合格"产品的瓷片；二是"传世"的民窑普品和"供御"与"自置"的官窑瓷；前者是当时市场的流通品，一般墓葬中比比皆是，而后者则是朝廷二次分流的赏赐瓷，那么皇宫所在地以及贵族大臣们的高等级墓，应该就是历代官瓷的"出口"。但值得深思的是：宋官窑（或汝窑）除窑址的碎瓷外，不可能既没发现墓葬中有瓷片出土，也没有"传世"的完整器存在，否则烧造的那些合格品哪去了？还是"天女散花"撒向大海了？因为还没有到"瓷化为泥"的时间段，所以有的只是您还没有认知和不愿承认而已。

一、两宋三大官窑的再思考

1. 官窑与"供御"

从《宋朝仪注》和《宋会要辑稿》的记载看，宋神宗和宋徽宗都有谕旨，即：祭祀时的礼器是"器用陶匏"。因此一个繁荣稳定的朝廷，在发展中存在着"供御"和自置不同时期的客观需求。那么什么叫官窑呢？当朝的宋代人首次定义为："京师自置窑烧造，名曰官窑"；或曰"置窑于修内司，造青器，名内窑"；以及"后郊坛下别立新窑，亦曰官窑"；因此专指所谓的"内窑"，这是南宋"内诸司"自置窑的简称，所以凡是朝廷"自置窑"所烧造的瓷，本文都统称为"官窑"，这类官窑的共同点：都是朝廷的"自置窑"，而且专供宫廷自用和赏赐。由于近现代人对这三处官窑还无法厘清南官和北官，所以与《格古要论》作者统称为"宋修内司"一样，暂且都将其笼统称作"宋官窑"。

那么当时的"汝州新窑器"不是很好吗？为什么还要"自置窑"来烧造"新成礼器"呢？这就是艺术家宋徽宗当上皇帝后，其完美主义性格的充分体现。因为这时汝窑的粉青色，已满足不了其审美膨胀的艺术要求，以此观点还可以肯定地说："徽宗官窑"粉青色的表观，一定是超越"徽宗官汝"的豆青色的。

而自置"徽宗官窑"以外或以前的宫廷用瓷，则须是"禁庭制样需索"，南宋时的王应麟于《玉海》中载：宣和元年"诏诸州祠祭器，令礼制局绘图颁降，依图制造"，这说明北宋"供御"的祭祀器，包括汝窑都是由朝廷设计出样，古代文献将这类瓷器统称为"供御"品。但"贡瓷"与"供御"瓷是不同的两个概念，"贡"是贡奉的"献"，而"供"则是供应的"给"，因此本地窑口的"贡瓷"虽然是当地最好的瓷器，但不一定就是官窑瓷，"称臣纳贡"和"谢恩进贺"等都属于此类。而朝廷指定窑口的"供御"瓷，则一定是专为宫廷生产的准"官窑"瓷，而且质量和样式都由朝廷派员监督核准。

所以各窑口所"供御"的瓷，朝廷不但要绘图和审计，还要制定验收标准，并选派督陶官去监管实施。本书为便于直观表述的需要，将宋代三大官窑统一命名：北宋官窑称为"徽宗官窑"，南宋的两个官窑统称为"高宗官窑"，并将其一的"内窑"称为"修内司官窑"或称"高宗官窑"（图5-3-1~图5-3-4）；其二的"郊坛新窑"称为"郊坛官窑"。由《宋会要辑稿》可知，大观四年"仪礼局"强调祭祀天地与宗庙有别，需用"陶匏之器"并得到宋徽宗的御批。《梦粱录》祠祭条曰："天子祭天地，诸侯祭社稷"，这就更加明确了各祠祭的对象主体，所以历来各朝各代祭祀天地都是朝廷的重要典礼。

北宋宫廷设立"自置窑"的主要用途，就是祭祀、道观和宗庙的礼仪活动，其次才是"诸侯祭社稷"与宫廷的陈设，重点是它属于非商品的生产性质。而祭祀天地就要遵循："青色祭天，黄色祭地"的原则，进而也绑定了官窑的器型与颜色，因此"徽宗官窑"和"修内司官窑"一样，瓷器都必须要烧造出粉青和米黄这两种颜色。但要想读懂宋代官窑的用瓷规制，就必须要读懂礼器，因为官窑的器型大多以祭祀为主。那么笃信道教的宋徽宗在官窑瓷器的生产中，除效仿商周礼器和陈设器外，肯定还要有道教所用的供奉器具，所以还要读懂道观中的一些常识。

从"两宫三馆"所藏的汝窑瓷器来看，其纸锤瓶、三足盘、三足尊、鱼耳尊、鸭型尊等礼器，都应该是跟道教的"五供养"有关联，而在盛装的五供中如：玄水、水果、食物、油灯、香熏、呈表彰等，都应该有相应的器具来盛放，而且朝廷对庙堂、宫观的祭祀，也需要有不同的祭器，在此不过多阐述。

图5-3-1　高宗官窑三足炉　高15.8厘米

图5-3-2　高宗官窑三足炉炉底

图5-3-3　高宗官窑贯耳方口瓶 高18厘米

图5-3-4　高宗官窑贯耳方口瓶瓶底

2. 后"徽宗时代"的张公巷准官窑

陶瓷的烧造往往跟政治密切相关，窑口也是与政治中心的地位相呼应的。所以北宋时的汝窑、董窑、耀州窑、定窑等都是在北方地区，而相应的各窑也都随之兴旺发达。但当进入南宋时，其政治中心已南迁，龙泉窑、湖田窑、建窑等从此得到了快速发展和进步。

纵观陶瓷史上任何一个民间窑口，无论如何也不会在历史上"闪存"，而会根据市场需求顽强地生存下去，包括清凉寺的汝瓷一直到元代还在烧造。由于"徽钦二帝"被金国俘虏，所以"徽宗官窑"在历史上，因为战争的缘故也只能是灵光闪现，随着战后政权的更迭会自然消失或寿终正寝。但这种"快闪"的瞬间行为，也正好符合宫廷"自置窑"的性质，但复制的南宋修内司窑，因是非原产地之故而相形见绌。

这种官窑性质的制造工艺，虽然属于皇家秘籍，但也不会因京师的漂泊和南迁，在"北地"消失得无影无踪，笔者按照常识和逻辑推理：除南宋官窑继承烧造外，在这几十年的漫长岁月里，当时在"北地"轰轰烈烈的诸多窑场中，也绝不会没有一点承续的痕迹。而考古发掘的张公巷窑，从出土的北宋和金代"正隆元宝"钱币，以及底足圆形的支丁痕、釉色、窑具等来看，都强烈流露出宋官窑和天青汝窑的痕迹，也彰显出承袭了原"京师自置"窑的遗风，可视为"北地"区域内"后徽宗时代"的一个民间"准官窑"，从而再与清凉寺汝窑等对比，可推演出"徽宗官窑"的模糊草图。

但张公巷窑既不是宋代官窑也不是金代官窑，金国也不会在几千里之外设立官窑，北宋和南宋也都有"自置"的官窑，那么张公巷窑究竟是个什么性质的窑呢？又为什么它也是"闪存"呢？从客观上推理：因为当时开封等"北地"区域，还都是金国"敌占区"的傀儡政权，比如"伪楚皇帝"张邦昌与"伪齐皇帝"刘豫，两位"皇帝"也需要有"本朝"的"自置"或者"供御"瓷，另外还有大量没有南逃的北宋达官贵人，以及还处于战后恢复秩序的休整期，所以社会上的大事小情都需要瓷器，而且生活中谁也都离不开用瓷。

可是无论如何，在金国的"敌占区""伪皇帝"也好，汝州各窑按需生产也罢，要想效仿最高端的"徽宗官窑"的烧造，那都不是一件容易的事。首先要召集原烧造汝窑或官窑的人马，还要排除被认为是梦想"复辟北宋"的嫌疑人，所以从窑址和造型上就要有所区别或另辟蹊径，市场对张公巷窑的选择就是见证了最好的一个"时间错位"瓷器。

再从器型和使用上分析，笔者认为：张公巷窑是在宋与金的重叠时段，按市场需求应运而生的一座精品民窑。再从清凉寺考古发掘的汝窑遗址，其金代（相当南宋）文化层的汝瓷对比看，这种"似官像汝"带有汝窑和官窑的基因，是在刻意模仿"徽宗官窑"的一个高端民窑。张公巷窑由于受财力和成本的限制，其产品也不可能与真正的"徽宗官窑"相媲美，但它的市场需求和目标客户群却很特殊，其产品面向的是"伪皇帝"的"供御"和北宋遗老，以及那些具有怀旧情结与附庸风雅的文人。但金代统治区的这些达官贵人或"伪皇宫"，则是一个小众且高端的市场，所以制品中很少有国家祭祀类器型，而是以日常和民间用瓷为主。

3. 宋官窑特征与检测数据对比

如果说汝窑现在是一种文化现象的话，那么"徽宗官窑"尚处在学术范畴内。目前国内外学术界还没有令人信服的定论，或者说能被接受的鉴别"徽宗官窑"的眼学方法，重点是没有公认的标型器。那么现阶段利用科学检测对比和排除法，应该是鉴别"徽宗官窑""南宋官窑"的最好选择。

宋官窑特征与检测数据对比如表5-3-1所示。

表5-3-1　　　　　　　　　宋官窑特征与检测数据对比

	修内司窑	郊坛官窑	徽宗官窑	传世哥窑	龙泉窑	仿北官
金丝铁线	无	无	有	有		有
紫口铁足	凤毛麟角	凤毛麟角	青无黄有	有		有
冰裂纹	有	有	有			有
梅花片	无	无	有			有
圆支钉痕	有	有	茶黑色	有	垫饼垫烧	有
足内外堆釉			有		无	
气泡			聚沫攒珠			
胎	黑、香灰	灰黑	香灰		黑胎、白胎	
釉	粉青、米黄	粉青、灰青	粉青、米黄	炒米黄色	粉青、葱青	粉青
Si（硅）%	63	66.58	67	66.6	69	67
Al（铝）%	16	14.37	10	16.5	14.5	13
K（钾）%	3.5	3.04	10	4.5	4.8	5
Na（钠）%	0.63	0.48	2	1.85	0.4	1.9
Ca（钙）%	14	10.74	6.8	8.38	7.6	11
备注	南宋两官窑成分相差不大，仿北官是原轻工部复制北官瓷器项目检测数据。					

二、为什么说"宋哥窑"是一个模糊的伪命题

由于受乾隆在瓷器上题词的鉴赏导向，时任"故宫博物院瓷器馆馆长"及"古物审查委员"的郭葆昌先生，按照自己所认知的"郭氏理论"归类法，将

乾隆认定和宫中流传的某些瓷器，都冠以"宋哥窑"。笔者认为，虽然不得不说乾隆皇帝是真正的国宝保护人，但"高宗官窑"的考古发掘是二百多年后的"今生之事"，因此乾隆不清楚"宋哥窑"的"前世之谜"，而乾隆自认为一些似是而非的"先验之物"，至今仍误导着文博界，对此我们应该有一个清醒认识。

乾隆皇帝同郭葆昌先生一样，两个人都没有看到"高宗官窑"以及清凉寺遗址的考古发掘，而我们却非常幸运地见证了这段历史，从而也丰富了对宋官窑和汝窑的再认知。虽然至今仍然迷惑与遗憾的是没有发现"徽宗官窑"的遗址，追溯最早的《格古要论》文献，既没有说是"哥窑"，也没有认定为宋代，只是称其为"旧哥哥窑"，那么演绎到了近现代的文博界，怎么就能断出个"宋哥窑"来呢？

1."哥窑"北宋说

在宋代的所有官民文献中，既有"徽宗官窑"和南宋官窑的记载，又有汝窑、定窑、耀州窑、龙泉窑等各时期诸多优秀窑口的供御记录，唯独没有"宋哥窑"的一点蛛丝马迹。那么宋代连最普通的民窑都能以各种方式记载在案，怎么可能堪比"徽宗官窑"的"宋哥窑"瓷，却丝毫不见于宋代文献中呢？

在"重文轻武"的国策下，经济富庶与文化繁荣的宋朝，难道文人墨客都集体缄默了吗？尤其徽宗时代这种视而不见、失聪哑言的现象，既无法想象也不可理解，所以推论只有两种可能：一是所谓的"宋哥窑"根本就不存在；二是即使存在也是处于初创期，其造瓷水平粗糙低劣，根本无法与其他窑口相提并论；但按当今的馆藏实物和文博界的认知显然后者不能成立。

我们不妨退一步说：不管具有哪种可能性，在北宋即使有"宋哥窑"的存在，那它也仅是一个"供御梦"。因为按朝廷和官民的等级制度，而且以宋徽宗的性格，宫廷既然已有"自置窑"的官瓷，朝廷怎么可能允许其他的窑来仿制官窑在市场流通呢？而且还有南宋《建炎以来系年要录》宣和二年的记载为证，即：宋徽宗对汝州仿秘色瓷（官汝）的官方打假事件。

所以说，"徽宗官窑"是作为赏赐礼物和官方祭祀的用瓷，不可能允许其在当时的社会上流通，或有类同的官窑替代品的"宋哥窑"存在。"徽宗官窑"更不可能存在与其他窑区分不了的问题，否则宋徽宗就不会下令，以朝廷某部门的名义建立一个"自置官窑"，以此来费心耗力地烧造宫廷用瓷，那也不是宋徽宗艺术家的性格。

试问：谁和谁有这样的政治和经济实力，胆敢挑战宫廷权威和不计成本的官窑呢？而且这种宫廷秘笈的制瓷工艺，为什么还要另立其他的什么窑，用来重复生产相似的产品呢？可见"哥窑"北宋说是不成立的。更令人不能理解的是：为什么非要把属于"宋官窑"的瓷，说成是"宋哥窑"的瓷呢？

2."哥窑"南宋说

考古发掘证明："修内司官窑"和所谓的"哥窑"，都是出土于同一处老虎洞原"内窑"的遗址中，但它们却又分属于不同时期的文化层，而且"内窑"宋代层瓷器上的釉，比元代层所谓"哥窑"的釉要厚。上海硅酸盐研究所检测也证明：其出土于"内窑"元代层的"哥窑"，与清宫中传世的所谓"宋哥窑"，其元素含量基本相同。

南宋是于1279年被元朝灭亡的，试想一下：当南宋政权还在运转时，无论什么级别的人，谁都不可能在临安皇城的大内旁，而且还是在废弃的修内司窑址上再烧窑。更何况修内司窑已停烧了七十多年，即使南宋灭亡换成了元朝，也不会立马就有人来恢复烧窑，那一定是元代政权全面稳定后，而且还是在政治淡化后的一种行为。

《元史》载："至元十五年，置日浮梁瓷局，掌烧造瓷器"，这表明在南宋灭亡的前一年，即元朝执政了十五年（1278年）之后，在统治区的景德镇建立了官窑机构。《明史》载："瘗于杭之故宫，筑浮屠其上，名曰镇南，以示厌胜"，这说明：元朝在南宋都城的原故宫内，还建造了一座"浮屠（佛塔）"，其目的就是"镇南（宋）"。所以元朝不可能在南宋的皇城，而且还是在已被废弃的原官窑遗址上，重新恢复和建立第二个元代官窑，如果真是这样去做的话，难道寓意要复活和复辟南宋的旧制吗？

另外在南宋"内窑"的遗址地层中，也没有找到所谓"宋哥窑"的碎片，反而在元代的文化层中，出现了大量与"传世哥窑"相似的瓷片。这说明"哥窑"就是元代仿宋官窑的一个民窑，也许是南宋末旧官窑体制下的匠人，或者确实是从龙泉窑来谋生的章生一，在原宋官窑地址上仿烧的官窑，不然也不会出现像王婆卖瓜式的自称，而且是用墨书写的"官窑"二字，以及还写有元代才发明的八思巴文。所以有些专家对"哥窑"的南宋说，也是以南宋两官的遗址考古予以推翻。

3."哥窑"元代说

而今，所有的证据链都指向元朝，那么请问：您若是处在当时的元代，而且又是在原南宋官窑的遗址上，想复制和仿烧的还是被灭亡的宋代官窑，那您怎么命名这类瓷器呢？但有一点可以肯定：在元朝统治下的原皇城，绝不能与宋代有什么瓜葛。所以《格古要论》的作者曹昭，继承当时古玩圈里的衣钵，依旧把它称为"哥哥窑"，而且按以往的历史鉴赏与传承，还将其划分为："旧哥哥窑"和"元末新烧"的两种"哥哥窑"论。

我们知道：古代的窑都是按传统的惯例来命名，即以当事人或以烧窑地而称为"某某窑"，也可以用仿声和谐音来模糊命名，或者由社会公认和后人来起名。比如：五代的"越窑""柴窑"，清代的"唐窑""年窑"等，其实"哥窑"也是后人为前人所命的名，也是当时的流通市场或者文人，为这类还没有名称的瓷器所起的一个窑名而已。

溯源最早记载"哥窑"而不是"哥哥（洞）窑"的词，是明朝时陆深在《春风堂随笔》中的记载："宋时有章生一、生二兄弟，皆处州人，生一所陶者色淡，故名哥窑"。陆深是弘治十八年进士官至嘉靖太常卿，卒于嘉靖四十年，其所言之事具有可信度；嘉靖五年《七修类稿续编》也有同样记载："南宋时有章生一、生二弟兄各主一窑，生一所陶者为哥窑"；成书于嘉靖四十年的《浙江通志》也云："相传旧有章氏兄弟，二人未详何时人"；而在此之后的《龙泉县志》和《处州府志》等文献，也都是说不知二人的年代，但这三个县志却又都是官方文献。

以上文献说明：章氏兄弟的故事虽然都是传说，但也可就此推理：因哥哥"章生一"生于南宋末年，所以"章生一"的成年期一定是活跃在元代时的处州（或杭州）。而文献中所说的"旧哥哥窑"极有可能是在元代初，哥哥"章生一"在原修内司遗址处所烧的窑，因此才有了哥哥在杭州仿宋官所烧的窑，以及弟弟留在龙泉或者返回龙泉，同样也是在仿烧时髦的宋官窑瓷。而哥哥卒后，继承人的"元末新烧"，则远不及元初哥哥本人所烧的"旧哥哥窑"。

假如确定"章生一"的传说为真，那也许是哥哥"章生一"为了仿烧得更逼真些，而奔赴杭州借鉴祖传的龙泉工艺，在"修内司窑"的窑址上，也采用就近宋官窑时所用的原料，而仿烧的可乱真的高档宋官窑！这或许也说明元代的"哥哥窑"，真的是跟龙泉窑有关联，但这需要进一步的科学考证。而考古发掘宋末元初的龙泉窑，不但具有"哥哥窑"的基因，而且都是成熟期窑口的龙泉青瓷。

南宋《百宝总珍集》载："……修内司自烧者。自后伪者，皆是龙泉烧造者"，这也证明：南宋时已有龙泉窑在仿"修内司窑"，而文献称的"修内司窑"则是宋代南北官窑的统称，因为那时还没有南宋与北宋之分，龙泉窑系也因为区域胎土的原因，大多呈现"紫口铁足"的特征，而且玻璃质感比"哥哥窑"要强。

综上所述：笔者认为所谓的"宋哥窑"原本就是一个伪命题，在宋代根本就不存在什么"哥窑"！一些所谓官哥不分的瓷器，实质是对宋官窑认知上的混淆，从而导致划分上出现问题。有些理应是北宋或是修内司的官窑，比如图5-3-5~图5-3-8所示类型，但与"哥窑"的标签称谓没有任何关系，元末明初时所谓的"哥窑"，充其量算是仿南宋官窑最好的一个窑。而所有出土和传世的所谓"哥窑"瓷，都集中地指向同一个元代窑口。

图5-3-5 疑似"徽宗官窑"贯耳瓶 高21厘米

图5-3-6 疑似"徽宗官窑"贯耳瓶瓶底

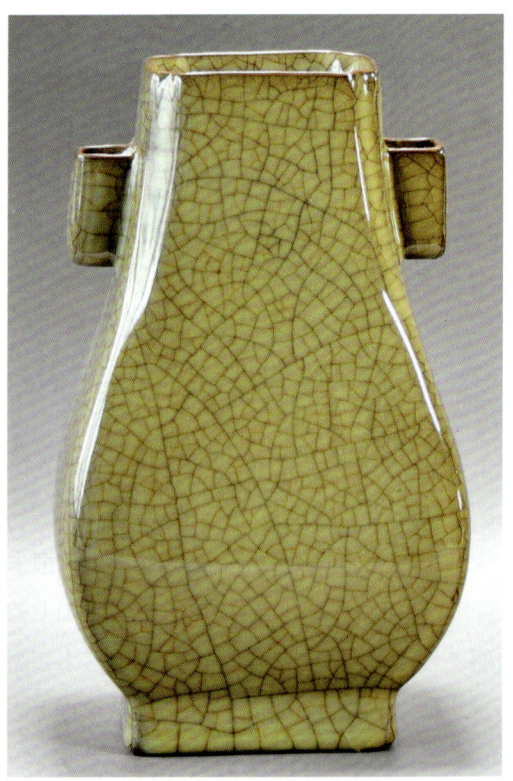

图5-5-7 疑似"徽宗官窑"贯耳瓶 高23厘米

图5-3-8 疑似"徽宗官窑"琮式瓶 高23.3厘米

三、"哥哥窑"——需要重新认识的元代名窑

当人们对某一事物的认知，还处在似是而非、混沌不清的解读时，说明还没有彻底揭开它的真面目，至少对此还缺乏足够的认识。如果古代某一个文化符号的密码，用现有所知的文化和历史还都解不开的话，那么能够打开这扇门的钥匙就一定非自然科学莫属。而科研经验和方法论告诉我们：要想解决这类疑难问题，最好的方法就是"归零"或者回到原点，再重新理顺和冷静地思考几个为什么？这也是走出历史迷雾的最好办法！

1. "哥哥洞窑"与"哥哥窑"

元代时的孔克齐是孔子第五十五代世孙，他在《静斋至正直记》中载："乙未冬在杭州时，市哥哥洞窑器者一香鼎，质细虽新，其色莹润如旧造，识者犹疑之。会荆溪王德翁亦云：近日哥哥窑绝类古官窑，不可不细辨也。今在庆元见一寻常青器菜盆，质虽粗，其色亦如旧窑"。这说明：当元末大约是至正二十五年（1365年）在写此书时，景德镇流行的是元青花和釉里红瓷器，然而在浙江却还依然是哥哥窑（仿古官窑）和龙泉窑的天地。

以上也是历史上首次记载"哥哥窑"和"哥哥洞窑"的文献，首先应明确：这是元代作者本人和书中的元代古玩行家，分别在杭州、宜兴、庆元三地，对当时"哥哥（洞）窑"器的所见所闻。显然"哥哥洞"是一个地名（窑口名），而且仅从元代人而不是宋代人，所说的"近日哥哥窑"的"近日"话来看，此窑此器就理应是出自元代，因为元代人是身处其中的见证者。

特别说明：孔克齐自己所说的"哥哥洞窑"，是八年前"乙未冬"（1355年）的这件事；而宜兴鉴赏家王德翁所说的"哥哥窑"，则是"近日"（八年后）的所见之事；重点是：八年多来经过两人的各自判断，都得出了一个相同的结论，即：虽然所见的瓷器各不相同，但都是"如旧造"和"亦如旧窑"；直白点说：就是所仿的"绝类古官窑"，可以达到乱真的地步！

综上所述：笔者认为孔克齐所说的"旧窑"或者"旧造"，不是指宋代的"古官窑"而是元初的"旧窑"，但其所烧造出的这种瓷器，却非常相似于"古官窑"；"哥哥窑"不只是"哥哥洞窑"的另一简称，而且近日（元末）"哥哥窑"的新烧器，可能是指新传承人的技艺，"亦如"元初的"旧窑"；所以在庆元的所见之物，与杭州的所见器物一样，都类似于"哥哥窑"的旧（元初）窑。而且如同前句"绝类定器之中等"一样，总之两类的仿品"皆不足为珍玩"，其实一个"古"和一个"旧"字的描述词，就已经阐明"哥哥窑"也不是宋代时所烧。

《静斋至正直记》大约经过二十五年后，在明洪武《格古要论》原版本的书里，以及又过了四十五年的新增《格古要论》版本中，都延续了"哥哥窑"

的这种称谓。而且在这两本书的瓷器排行榜上，也都是将"哥哥窑"排在了"董窑"之后的第五位，只是在时间的划分上有"新"和"旧"之说。

2．古文献中"新"与"旧"的解读

理解古文献中"新"与"旧"和"古"的概念，有助于更好地解读"哥哥窑"和"古官窑"一词。在阅读古代文献时要搞清楚，古人是将同一时期相同的某事物，分别称为"新"与"旧"，而把不同时期相同的某事物，称其为"新"和"古"。古代的"新"大多指"当时"，而"旧"则是指同时期事物的起点，重点是"古"字指向的是不同时期（时代）。

南宋（1211年）时的叶寘于《坦斋笔衡》中就有这样记载："后郊坛下别立新窑，亦曰官窑，比之旧窑，大不侔矣"。这里叶寘所说的"旧窑"，就是指南宋修内司的"内窑"，而后来另立的"郊坛"官窑，则称其为"新窑"，这就是南宋文人对同时代的相同事物，最典型的"新"与"旧"的解读。另据《咸淳临安志》载："青窑器在雄武营山上，圆坛左右"，这至少说明南宋灭亡（1279年）前，在咸淳（1265—1274年）年间郊坛下官窑还在烧造。

纵观离孔齐年代相近的《格古要论》全书中，对"新""旧""古""伪"的阐述，就更能理解两人所说的"新"与"旧"的本意。例如"新铜器"条："宋句容县及台州铸者，多是小雷纹花儿。元杭州姜娘子平江王吉铸铜器，皆得名"。因为青铜器都是以商周为魁，所以曹昭不但将元代造铜器称为"新"，即使是宋代造的也都叫"新"，说明这件事物所谓的"新"，是相对于原始古器物的"古"而言，是同一类器物的两个时间段。

在《格古要论》的"古窑器论"中，作者如果确定是宋代，就特别标注是"宋时烧"，不知道的就干脆不标注时间和地点，就在"××出"的词后，均以"□"方框来表示空白待考证。比如："旧哥哥窑出□"，说明"旧哥哥窑"的出处待考。又如"霍器"条到写书时的洪武年还在烧，是这件事（仿古定器）的正在进行时，所以既没有用"古"字，也没有用"旧"字，而以"新"来描述，即曰："卖古董者称为新定器"。

可以推论：按照曹昭当时的传承思维和认知，"旧哥哥窑"不是宋代时所烧，而是元代初时的烧造，老虎洞窑元代考古层也证明，元代文化层分早期（旧）和晚期（新）遗存，但曹昭不清楚其烧造的具体地址，所以用"□"来代替某窑址待考，而且还明确将"成群对者"，定为"元末新烧"的新"哥哥窑"。另有高濂的《遵生八笺》论官哥窑器曰："后若元末新烧，宛不及此"，重点是这里的"此"是指董窑、乌泥窑所仿的官窑。另外，从元初到洪武二十年的这个时间段，也将近有120年的历史，那也是要经历过几代人的传承，而曹昭的鉴赏强项又不是瓷器，所以难免会有不精和遗漏之处。

3. "哥哥窑"与"哥窑"

既然"哥哥窑"在元末和明初的文献中都有记载，那么现代称的"哥窑"一词又是怎么来的呢？距出版《格古要论》大约50年后的宣德三年，由宣德朝礼部尚书吕震所撰写的《宣德鼎彝谱》中，有过这样的记载："内库所藏柴汝官哥均定各窑器皿……"并多次提到"……仿宋哥窑款式……"这是在"准官方"的文献中，一改《格古要论》中"哥哥窑"的名称，而首次出现"哥"和"宋哥窑"的单字"哥"的称谓。

我们知道古代文献都是竖写，也没有标点和顿号，假设用"哥哥窑"的称谓，把"内库所藏柴汝官哥哥均定各窑器皿……"这句不带标点的文字，将其竖立起来写或者读的话，无论是在宣德年还是现在，其结果好像都有点别扭，所以若改成双字"哥哥"的话，即："柴汝官哥哥均定"，那也根本不符合文体与字韵。

所以到了永宣朝廷的"吕震时代"，他可能认为"哥哥"与"哥"都是一个概念，如果吕震也像当年的曹昭将孔克齐的"哥哥洞窑"，简化成"哥哥窑"那样，将"哥哥窑"的双字"哥哥"，再次简化成"哥窑"的单字"哥"即："柴汝官哥均定"，这样看起来既不影响其原义，又便于用单字统一称呼其各窑口，这种和谐统一的文体语言，也许是宣德时代文官的文笔再创造吧！

综上所述：这是在明代的文献中，将元末时孔克齐的"哥哥洞窑"，简称为洪武时曹昭的"哥哥窑"，又简化成永宣·吕震的"宋哥窑"或"哥窑"的一个衍变过程。至宣德三年以后，明清的各种文献和杂谈，均摒弃"哥哥窑"一词而引用"哥窑"这种名称，其中还隐含着吕震定性为"宋哥窑"的影子，并且也一直影响和延续到今天。

而将"哥窑"一词继承和定位的，则是景德镇御窑厂最后一任"督陶官"，也是时任国民政府故宫博物院瓷器馆馆长的郭葆昌先生，他在1935年筹备"伦敦中国艺术国际展览会"时，可能受到乾隆在瓷器上题词的影响，完全继承了乾隆对这类瓷的认知，而不是传承《格古要论》等古人鉴赏的思维，也不分宋、元及官私与否，都统统归类定义为"哥窑"，并在自己编撰的《瓷器概说》中加以论述。

但这种"郭氏理论"的归类法，在当时却代表了北京故宫博物院的官方观点，而且在"伦敦中国艺术国际展览会出品图说"中，将这类瓷都冠以"哥窑"而标注，并且随展出版的《瓷器概说》一书，还采用了中英双语印刷，这直接引导和影响了当时国内外的主流研究，当然也影响延伸到当今的文博界。实际上，1932年的国民政府在接收清宫遗存的文物时，这批青瓷在清宫档案中，既没有记载产地也没有年代记录，只是有几件被标上了"哥窑盘""仿哥窑盘"

或者写"宋哥窑"等标签，并没有清宫统一的归类定名。

确定一个窑口的存在需要具备三个条件：历史文献、考古窑址、传世藏品，而最早论述"哥窑"特征的是明朝的陆深（1477—1544年），他在成书于嘉靖十八年的《春风堂随笔》中载："哥窑浅白断文，号百圾碎"，而且明确指出：二兄弟是"主处州之龙泉窑"。明朝的高濂于《遵生八笺》（万历十九年著）中曰："官窑品格，大率与哥窑相同，窑在凤凰山下，哥窑烧于私家，取土俱在此地"，在凤凰山老虎洞的考古发掘证实，明朝的高濂所写的上述事实准确无误。而且明朝的曹昭在《格古要论》中，并没有将龙泉窑收录在"主条款"内，却将"哥哥窑"列入前五位。

但令人费解的是：在明代的四个文献中，分别出现了"哥哥窑"和"哥窑"两种不同的称谓，而这两个不同的词语，却又都表达了一个相同的事件。至于在某段历史上为什么被称为"哥哥窑"，是蒙古语发音也好或者是杭州古方言也好，还是传说中的章生一也罢，反正"哥哥窑"已有文献记载，还有传世与考古的双验证，至于简化到什么名称已经不重要了，重点是：历史上有没有这个窑口？其窑又是什么年代烧的呢？

4. 出土和传世的证据链

上海任氏元代墓出土的青瓷胆式瓶，与北京故宫博物院的标准哥窑胆式瓶，在造型和尺寸上几乎相同。这种胆式瓶的造型在宋代任何的窑口中，都没有发现过同类器，反而在元代的各个窑口中，这类型器却大量出现。而且在元代墓葬和窖藏出土中，通常是元代所流行的三供器，即香炉和一对瓶的风俗。任氏墓出土的器型和数量均符合这种元代风俗，而且任氏墓出土的这八件青瓷，也符合《格言要论》记载"成群对者是元末新烧"的结论。值得深思的是：包括任氏墓出土的粉青贯白瓶在内，都曾被体制内专家鉴定为"南宋郊坛下官窑"。

安徽繁昌元代出土的窖藏青瓷，同样也具有元代"哥哥窑"的特征。其中单柄把杯也叫"屈卮"，为元代创新品种所独有，而且与馆藏景德镇元代蓝釉器型相同，而蓝釉瓷器也是元代时所创烧。同理元青花高足杯也是元代首创，而且在老虎洞遗址的元代层，同样也发现了大量这类元代独创的高足杯。而收藏于台北故宫博物院的同样的高足杯器型，却被定为"宋哥窑"的高足杯，笔者认为值得商榷。

在韩国新安沉船中也发现了几件青瓷，同老虎洞元代层青瓷鬲式炉器型和釉色都相同，因在海水里侵蚀，釉面虽然还保留有"铁线"，但却没有了"金丝"。而此船是1323年（木牌上有"至治叁年"的墨迹）的贸易货船，相距南宋也有44年。但此船不是交流古董艺术品的运输船，而是元代载有两万多件普通瓷器的贸易商船，故不存在"收藏"宋代古董之说。

特别提示：被大家视为经典的大维德藏的"哥窑"鱼耳尊，其底足是用墨书写"程道具造，佛前供奉"的词，即使认定这件是"宋哥窑"，那也是当时"程氏佛堂道具作坊"的委托定制品，同样说明"宋哥窑"并非宋代的官窑。还有遗址出土的"哥窑"底墨书写"官窑"和八思巴的文字，重点是：八思巴帝师奉敕创造的"蒙古新字"，颁行天下的时间是在1269年，由于推广受到很大阻力，所以普及"蒙古新字"需要时间，但八思巴文铁证是元代瓷无疑。以此可以想象：修内司窑址中元代层的"哥哥窑"，是不是给元代朝廷供御过"官窑"器呢？还是"此地无银三百两"的仿"绝类古官窑"呢？

高濂于《遵生八笺》中载："……哥窑烧于私家，取土俱在此地"，这就说得非常清楚，即在同一地点的不同时间段，所烧造官私分明不同的"修内司窑"和"哥窑"，而且将其分为"官家"和"私家"。但处于南宋的统治期，此地仍然属于皇宫大内，所以绝不可能在原官窑地，允许私家再去烧造任何窑，因此"哥窑"即"私家"窑，就是元代效仿南宋官窑所烧的"哥窑"，难怪元代的孔克齐如是说："哥哥窑（和）绝类古官窑，不可不细辨也"。

以上关于"哥哥窑"的证据链，也足以说明：现代所称为的"哥窑"，就是孔克齐所说的"哥哥窑"，是元代在老虎洞烧造的仿宋官窑的"私家"窑，这也是瓷器史上一次最成功的仿"高宗官窑"。而学术界所说的"官哥不分"，纯属是认知和划分上的问题，是受宣德文献中"宋哥窑"和"郭氏归类法"的误导，也是对"徽宗官窑"、董窑、哥哥窑、乌泥窑、南宋官窑的"朦胧"认知。读者可参考表5-3-2的数据，加以判断。

5．科学检测与专家结论

科学检测证明：宋官窑和出土的修内司瓷片，以及"传世哥窑"和老虎洞窑址元代层的"哥哥窑"瓷片，其检测数据都是指向同一地点。特别说明：上硅所检测的"传世宋哥窑"样本并非清宫旧藏，而是1940年孙瀛洲先生从北京古玩铺所购得的残器，是一件被切削磨平的"哥窑"青釉洗的残底。而将其捐赠给北京故宫博物院后，故宫研究人员又将其锯成两半，一半送给上硅所检测，另一半调拨给景德镇陶瓷研究所。正因为此后的上硅所对其检测的数据，才引来了学术界的"狂轰滥炸"，其实标本没有错，科学检测的数据也没有误，问题是出在对"哥窑"的认知上。

考古专家结论：

① 按考古发掘文化层的叠压关系，老虎洞窑址可划分为南宋时期、元代前期、元代后期三个遗存期。

② 南宋时期遗存的是修内司官窑，元代时期遗存的瓷片则是仿宋官窑器

物。这也符合《格古要论》的记载：元代前期称为"旧哥哥窑"，而将元代后期称为"元末新烧"的"哥哥窑"。

科学检测结论：

① 上硅所结论：对老虎洞窑址出土瓷片进行科学研究，认为老虎洞窑的南宋层产品是南宋修内司官窑瓷；元代地层后期的产品，其化学成分和显微结构与传世哥窑相同。

② 复旦大学现代物理所测试结论：老虎洞官窑出土的瓷片，一半与郊坛下官窑的产品类似，一半与传世哥窑相似。

以此推论："哥哥窑"就是传说中的"哥窑"，而"哥窑"一词是宣德朝文官的简语称谓；"哥哥窑"是在南宋修内司窑的遗址上，烧造仿南宋官窑的元代窑；所以"哥哥窑"是需要重新认识的元朝一代名窑，笔者认为，凡是具有"铁足""紫口铁足"和"金丝铁线"的粉青瓷，即使带有官窑性质的"圆支钉"痕，但如果与"高宗官窑"和"徽宗官窑"有明显区别的，应该归类命名为"元哥窑"或者称为"元哥哥窑"。

综上所述：北宋历史上只有"官窑"而没有"哥窑"一说；所谓的"传世哥窑"准确说，大部分应该是"传世哥哥窑"；因此国内外各大博物馆定义的所谓"哥窑"，都应重新审视和检测论证，而像图5-3-9～图5-3-12所示的器型只流行于宋代，与"元哥窑"无关。现今大英博物馆的展品，也将原定为"宋哥窑"的典型器，大部分已改写为"元哥窑类型"的标签，就连有乾隆御题诗的也不例外。

表5-3-2　　各时期哥窑和宋代窑的检测数据对比

	传世哥窑	元大都出土	修内司元代层	修内司宋代层	郊坛官窑	龙泉黑胎	成化仿哥	雍正仿哥
Si %	66.6	63.5	60	59	65.4	63	71.3	69.5
Al %	16.5	17.3	18.8	18.2	14.97	15.3	14.3	16.4
Ca %	8.38	8.8	9.2	15.6	13.26	16.2	5.8	6.3
K %	4.5	5.24	6.5	3.58	2.92	3.4	5.5	3.96
Na %	0.9	1.68	1.8	0.17	0.27	0.41	2.96	1.96
备注	以上数据参考郭演仪《哥窑瓷器初探》中国陶瓷第34卷等。 故宫博物院的"传世哥窑"样本，并非清宫旧藏，而是1940年孙瀛洲先生从北京古玩铺购得。 "传世哥窑"和元大都是高铝（Al）低钙（Ca）型，而南宋官窑和龙泉窑都是高钙（Ca）型。							

图5-3-9 疑似"徽宗官窑"米黄色海棠洗 高7.3厘米

图5-3-10 疑似"徽宗官窑"米黄色葵口三足炉 高9.8厘米

图5-3-11 疑似"徽宗官窑"米黄色葵口三足炉内底

图5-3-12 "徽宗官窑"出戟尊 高19厘米

四、"徽宗官窑"是哪年烧造的呢

　　北宋汴京都城的"徽宗官窑"遗址,因皇城深埋于黄河泥土之下,现已无法进行科学考证。但能否从文献资料和有关考古发掘中,寻找出"徽宗官窑"的一些蛛丝马迹呢?"徽宗官窑"又是什么时间开始烧造的呢?因为这是继"弃定用汝"之后,再次"弃汝用官"(弃豆青色汝瓷)的重大事件,也是研究由"供御"转向"自置"的重要课题,所以有必要以第三视角重新梳理和解读有关文献。

　　相关实物考证:宋徽宗崇宁四年(1105年)设立的"乐器制造所"和"泻

务司",分别制造出了"大晟钟""政和鼎""宣和三年尊"等重器,这是徽宗时代还能保存至今的幸存之物。以此推理:这些部门都可以有所作为,那么朝廷设立的"礼制局制造所"制作的"新成礼器"用瓷,顺理成章也应该有相应的经典礼器。

有关文献梳理:据宋朝的顾文荐《负暄杂录》和宋朝的叶寘于《坦斋笔衡》中的记载,虽然都对"京师自置窑烧造"这件事确认无疑,但这两位不相干的文人雅士,却在创建的时间上略有差异。顾文荐说是在"宣政间",而叶寘则说是在"政和间",尤其顾文荐说是"袭徽宗遗制",而叶寘则是"袭故京遗制",这也充分证明:二人没有相互引用和抄袭,而是根据不同资料所做出的独自论证,因二位都是离北宋最近的南宋人,其文献的记载具有可信度。

那么在哪个时间段上才是更接近于史实的呢?另据宋史《职官志》载:"礼制局"设立于政和二年,所以应该是先有"礼制局",然后才有"礼制局制造所"。而且"宣政间"是指"政和"和"宣和"之间,在时间轴上当然也包括"政和间",按时间叠加的逻辑推理,其重叠部分的时间段才最符合二位所记载的事实,显然《坦斋笔衡》"政和间"的记载为正解,而且叶寘相比顾文荐而言,也是最为接近北宋的人。

《续资治遮鉴长编拾补》载:政和三年"七月己亥诏……御笔所置礼制局……聊将亲览……革千古之陋,以成一代之典",可见宋徽宗是决心要打造成"垂法后世"的一代经典;又载:政和四年四月"礼制局制造所乞进呈所制造冬祀礼器";《纪事本末》载(政和三年十月乙丑):"御崇政殿,阅举制造礼器所之礼器,并出古器,宣示百官"。

以上资料佐证:"徽宗官窑"从筹建伊始,就是按着宋徽宗"一代之典"的初衷展开的设计和烧造,如图5-3-13、图5-3-14所示器型,其时间是从政和二年(1112年)礼制局设立开始筹备,直到政和三年(1113年)十月完成并展示礼器,而且文献在政和四年和政和六年,都有"进呈"和"新器赏赐"的记载。

在《陶录》引《韵藻》北宋诗人张耒(1054—1114年)的诗句:"碧玉琢成器,知是东窑瓷",另据《宋会要》载:"大中祥符二年(1009年)复置东窑务",以上说明:具有官府性质的"东窑"烧瓷工艺,是以"碧玉"为主原料,重点是:张耒诗的下限是1114年。可以推论:张耒这首诗所描述的时间段,应该是1009—1114年间,很显然其创作至少不会晚于1114年,但也不大可能就是六十一岁去世的那一年所作。

张耒是苏门四学士之一,在徽宗时代任太常少卿官职,这说明:掌管朝廷社稷、祭祀的张耒,在1114年之前的某年写诗时,"徽宗官窑"还没有实施与烧制,否则张耒不会视而不见,将"名曰官窑"的皇宫"御窑瓷",写成下一

图5-3-13 "徽宗官窑"粉青豆式盘 高15厘米

图5-3-14 "徽宗官窑"粉青豆式盘盘底

等的"东窑瓷"。至于"东窑"是不是"徽宗官窑"的前身,或者"徽宗官窑"是不是借鉴"东窑"与"徽宗官汝"的工艺技术,以及"东窑"和"董窑"究竟是什么关系等,还需要进一步的科学考古证明。

综上所述:"徽宗官窑"烧制"新成礼器"的起始时间段,不会晚于政和四年四月(1114年),而且《宋史》载:政和三年"罢议礼局"随即七月又"置礼制局",并于十月已"阅举制造礼器所之礼器"。因此1113年7月—1114年4月的时间段,既符合筹建"制造所"和置窑试制的过渡期,也契合"礼制局制造所"的官宣。即:政和四年四月甲戌"礼制局制造所乞,进呈所制造冬祀礼器",更吻合《坦斋笔衡》的"政和间"文献表述。

五、董窑、乌泥窑、龙泉窑与宋官窑的区别

1."绝类古官窑"与"类官窑"

"徽宗官窑"纯粹是徽宗皇帝的艺术行为,是徽宗追求"以瓷代玉"和仿灵璧石纹的最高成就。而南宋时的两个官窑则是文献所说的"袭"或"依"北宋的"旧制"而已。事实上的疑似"徽宗官窑"确实也是鹤立鸡群,然后才是汝窑独有的天青色,其次是"修内司官窑"和汝窑的豆青色,再次之才是"郊坛官窑"。由于两宋官窑的型与釉及其艺术性极高,所以在"宋末元初"时就有各种"类官窑"的仿品出现。

我们不妨换种思维重新思考一下:什么是"徽宗官窑"?"徽宗官窑"与"修内司官窑"和"郊坛官窑"有什么区别?宋代有没有"哥窑"?"传世哥窑"到底是个什么窑?如果说"董窑"就是"东窑",那它的"真面目"又是什么样呢?与宋官窑有什么关联呢?其实把这些问题都搞清楚了,就能划分和鉴别"是什么"和"有没有"的问题。

市场规律是:当某个品牌名噪一时后,或许是失传消亡,或许又衍生出新品种,这是技术进步和市场的供需行为,这对宋官窑和仿品也不例外。而元末孔齐所说的"绝类古官窑"就是剑指宋代官窑。纵观明代各文献中所说的仿"官窑",都一致认为:"董窑"是淡青色,而且仿宋官窑最好;"旧哥哥窑"仿修内司官窑最好,而且其中"好者类董窑";具有黑胎的"乌泥窑"较差,而无纹的"龙泉窑"则是最差;明朝的高濂于《遵生八笺》中明确说:"后有董窑、乌泥窑,俱法官窑",并且指出这些仿宋官窑的瓷器,已"溷入哥窑,今亦传世"。这也佐证了流传到明代时,"董窑""乌泥窑""哥哥窑"都与宋官窑相似,而且出现了很难分辨的状况。所以在清宫的旧藏中,同样也不能排除这类仿品已"溷入"混淆其中的可能。

明初《格古要论》的作者在书中所云的"官窑",可能是没看到《负暄杂

录》或《垣斋笔衡》等文献，所以还没有北宋官窑的概念，或者当时认为开封和杭州的官窑体制一样，都是归修内司管辖，故将其各自所烧造的"官窑"统称为"宋修内司烧"，而北宋和南宋的划分则是后来历史学家们的称谓。

所以曹昭在《格古要论》中，既没有分南北和"郊坛下"，也没有说是"京师自置"，而且还将仿宋官窑最好的"董窑"排在了"官窑"之后，而将"哥哥窑"排在"董窑"之后，这也是反映当时收藏界和作者的观点。而之后的各种文献也都受此影响，即认为"董窑"和"哥哥窑"，虽然它们都不如宋"官窑"，但也是仅次于宋"官窑"的一代名窑。

2."龙泉窑"与"乌泥窑"

《坦斋笔衡》曰："江南则处州龙泉县窑，质颇粗厚"；南宋时的赵彦卫于1206年撰写的《云麓漫钞》载："今处之龙溪出者色粉青，越乃艾色……近临安亦自烧之，殊胜二处"；这说明：宋代的龙泉窑和越窑都不及南宋官窑；《格古要论》中也说："有黑土者谓之乌泥窑。伪者皆龙泉所烧者，无纹路"；特别说明：龙泉系中的大窑仿宋官窑比较好，而小梅窑仿的哥窑虽然也有纹路，而且还有白色的"凸筋线"，但它的釉色属于偏褐色的深青，表面上就好像哈密瓜的皮。以上的文献还明确："近临安"的"近"的时间段，是指"郊坛官窑"没建立前的"内窑"，而且要远胜过当时的龙泉窑、越窑，以及后来仿宋官的乌泥窑。

龙泉窑在北宋末到南宋初时，即使有"禁庭制样需索"的记载，但它仍处于不成熟阶段，这已从杭州东南化工厂"行在"遗址的考古中，没有发现龙泉窑瓷而得到佐证。而且从其他考古发掘的实物看，宋朝政治中心南迁到杭州后，到了南宋的中后期，龙泉窑通过学习和吸收修内司官窑的工艺，才羽翼丰满，达到顶峰，但上规模和数量的则是在元代。所以南宋《百宝总珍集》在评价汝窑时，如是说："此物出北地新窑，修内司自烧者。自后伪者皆是龙泉烧造者"，重点是：说明在当时南宋的流通市场，仿汝窑、官窑最好的产品均出自龙泉窑。

龙泉窑三大显著特点：黑灰胎、紫口铁足和玻璃质青釉；重点是如《格古要论》所说，当时的龙泉窑是"无纹路"；而乌泥窑虽然也属龙泉系，但考古发掘乌泥窑的瓷器，与当时的龙泉窑不同，则是有纹路；"乌泥窑"在历史文献中也有记载，它是在邻近宋龙泉窑场的东区范围，距离溪口也不远是地处小溪江的沿岸，四周山林环绕沿水道可直通瓯江，所以"乌泥窑"所处的地理环境、资源条件及交通运输，均是烧窑的最佳选择地。

而近邻"乌泥窑"西面的紧水滩，有一处"云和县紧水滩镇梓坊村宋窑遗址"，考古工作者认定：梓坊水碓坑为宋窑遗迹，同时也出土了与文献记载的"官窑"和"哥窑"相似的瓷片。这说明：云和县紧水滩一带的宋窑遗址，也包括"乌泥窑"都属于宋龙泉窑系的范畴，而且都具有仿宋官窑的特征，这也是南宋同时期仿烧官窑的窑口。

3. "董窑"与"东窑"

（1）"东窑"的溯源与考证。

"东窑"在《宋史》中有明确记载，也是北宋朝廷（非徽宗时代）所"自置"的窑，而且除烧"砖瓦"类外，还烧造些"瓶缶之器"，其中还有"青作匠""合药匠"等"匠千二百人"，可见其规模庞大分工巨细。但这不是像在南宋杂记中明确所指的"置窑于修内司"。假如考古能发掘出"复置东窑"的遗址，而且离皇宫外城又不远的话，那就有可能是"徽宗官窑"的旧窑址，但即使证明"东窑"就是北宋"官窑"，那也要分出研发前期和成熟期的两个阶段。

《宋史》载："窑务，掌陶为砖瓦，以给缮营及瓶缶之器"，又载："又时东窑务请以退材供薪"；《宋会要》载：元丰六年（1083年）东京段的汴河发大水，抗洪战线"自西窑务列两岸至东窑务"；以上说明："东窑"不但存在而且一定是在城的"东"边；推测"西窑"至"东窑"不会太远，其事务也都归朝廷管辖，属现代定义上的官窑；重点是："东窑"能烧造宫廷所需的"瓶缶之器"，而"袭故京遗制"的南宋在内诸司也设有"青器窑"。

《宋会要》还载："大中祥符二年复置东窑务……（京城西）受纳场改为西窑务"；又载：帝曰"……京城东去窑务……"以上同样指明："东窑"不但位于汴河沿岸，而且一定是在内城外的东边。再从北宋开封的古城图看，只有汴河才贯通城内外，而且也与由城西流经城东的记载相符。由此推测："复置东窑"的窑址按汴河自然流向和运送便利等考量，应该是在北宋开封城东的"旧宋门"附近，而且相比于"西窑"而言，距出入内城门应该更近些，可参照反映北宋末期《清明上河图》中的河流与城门，以及南宋临安皇宫旁的修内司窑址。

所以《宋史》记载非常明晰的"东窑"，而且还有北宋诗人为之赞叹的诗句佐证，怎么可能就此凭空消失了呢？追溯"董窑"一词的来源，首次记载是在《格古要论》中，而且还是将"董窑"与"官窑"放在一句话中做比较。但很难想象：在《格古要论》的这个节点上，横空出世一个前无出处的"董窑"，反而使"东窑"就此销声匿迹了？

那么"董窑"与"东窑"的关系，是不是同一个窑的不同称谓呢？遗憾的是历史文献和杂记都没有记载。但有一点可明确："东窑"是记载在宋史中，而"董窑"则是出现在明代杂记中，而且在明代的各杂谈里，还都将"董窑"视其为仿宋官窑。如果"董窑"是真实存在的一代名窑，那么这么好的窑应该继续烧造才对，或者应该留存一些蛛丝马迹。明代的资讯或者传媒没有现在这么发达，所以高度怀疑导向"董窑"一词的始作俑者曹昭，没有读过《坦斋笔衡》等宋代各杂谈与文献，所以鉴赏的眼界和认知度，会导致写书时的"自我"与局限性。

我们知道古代的窑名都是按照传统和惯例，以地名或姓氏来命名其窑口。然而在北宋史上却没有"东"这个笼统地名，虽然在北宋版本的《百家姓》中，靠后是有"东郭南门"的偏姓，但"董"姓却是耳熟能详的常用姓。所以推测：这极有可能是作者本人，自认为"东窑"是一种"音误"或是印刷刊版的笔误，自作聪明用谐音的"董"替代了"东"，从而把"东窑"篡改为"董窑"。

综上所述：无论如何"东窑"没有任何理由不被收录在《格古要论》中，这只能说明：作者当时还不认知何为"东窑"？或者也可理解为：作者是将原文献中的"东窑"，谐音译成自以为正确的"董窑"。同样，《新增格古要论》的作者，也没有考证出（也不可能考证出）"董窑"的出处，从而导致此后的各路文人，都以《格古要论》先入为主做标杆沿用其"董窑"的称谓。

北宋时的张耒（1054—1114年）有诗云："碧玉琢成器，知是东窑瓷"，这至少说明：张耒所云的"东窑瓷"在配方中有"碧玉"的成分，而且在政和四年（1114年）前还在烧造，所以"东窑"一定比"徽宗官窑"时间要早，只是明代人还没有认知而已。那么同为官府的"东窑"与"徽宗官窑"又有什么关联呢？显然"徽宗官窑"是借鉴了"东窑"和"徽宗官汝"的工艺，而且也便于宫廷亲自监督和管理，因此可大胆推测：废掉"东窑"的旧官窑后，在皇宫"旧宋门"附近，又"自置"了一处专门用于烧造"祀礼器"的小"官窑"，而且质量要比"东窑"有所创新和提高。

（2）疑似"董窑"的特征。

首先肯定"董窑"一词在明代书籍（非史书）上是真实存在的，那么"董窑"究竟是个什么样的窑呢？如果"董窑"是先于"徽宗官窑"问世，那"徽宗官窑"一定具有"董窑"的DNA，如果"董窑"是"俱法官窑"的后期仿制，同样也应具备"徽宗官窑"的特征，总之是："董窑"与"官窑"乃一脉相承。笔者认为：所谓"董窑"是先于"徽宗官窑"前所烧造，而且"董窑"的工艺与釉色也与"徽宗官窑"非常接近，只是在造型上略显笨拙些，"徽宗官窑"是在"董窑"的基础上更加精益求精而已。但"董窑"也分新烧和旧烧两个阶段，而新烧造的"董窑"总体上比旧烧造的要好，新烧改进型的"董窑"也是"徽宗官窑"试验品。之后可能就直接与"徽宗官窑"无缝链接了。

曹昭在《格古要论》中，是将"董窑"名列第四位，是仅次于官窑的地位。而且明代的文献都一致认为：在诸多的仿造品中，"董窑"也是与宋官窑相似度最好的瓷器。而且从疑似"董窑"的实物看：其釉面特征也确实与"徽宗官窑"基本相同，只是在颜色、开片，以及釉厚上稍有差别，如图5-3-15、图5-3-17、图5-3-19、图5-3-21所示。

《格古要论》对"董窑"的综合评价是："不逮官窑多矣，今亦少见"，这也是暗指"董窑"的多处还是不及（北）宋官窑。所以在传世品中除"徽宗官窑"和"南宋官窑"外，这类瓷都应归到"董窑"（东窑）的范畴，因龙泉窑和所谓"哥窑"的特征相对明显也好辨别。特别提醒：现代仿"金丝铁线"的宋官窑，大多与"董窑"的特征非常相像，可还是没能达到"徽宗官窑"的水平，但对收藏者来说具有一定的杀伤力。

"董窑"有粉青色，但炒米黄色是否有却存在着不确定性，但粉青色与"徽宗官窑"的粉青相比，颜色不但要深灰些，而且还略显暗淡。"董窑"虽然也有陈设器和日用器的烧造，但却无大型的祭祀器，而"徽宗官窑"却以大型陈设器为主。"董窑"比"徽宗官窑"的釉稍薄，釉面几乎没有大开片纹，全部是开"百级碎"的细碎纹，碎片既没有龟背纹，且比"徽宗官窑"更细碎，阳光下星光点也稀少，这与成型工艺和配方原料有关。

"董窑"底足也都是满釉支烧，但支钉痕有芝麻钉和圆形两种，就是说，也分旧烧和新烧，新烧的是圆形支钉痕，其形状大小与官窑相似，而旧烧的支钉痕有的类似于汝窑，有的虽然也是类圆形，但不像"徽宗官窑"那样特别规矩的圆形。"董窑"的粉青色无紫口铁足现象，而龙泉窑、乌泥窑或是采用紫金土的胎，即便是青瓷类也多有紫口铁足的现象，总体上看：只有"徽宗官窑"中的米黄色，以及具有紫金土的胎才具有紫口铁足的特征。《格古要论》的作者可能将"乌泥窑"与"董窑"相混淆了，而且那时还没有北宋官窑的概念。

（3）"董窑"就是"东窑"。

目前关于"董窑"的学术研究，都还处在回避的"鸵鸟战术"中，而且至今的学术界不知为什么还在为"哥窑"争论不休。学界需要对馆藏的宋官窑和宋代诸窑，进行一次再认识和重新梳理，应先采取对号入座和排除法的原则，再辅以科学检测的手段，将"徽宗官窑""南宋官窑""董窑"和"哥哥窑"等，进行眼学和科检数据比对，这样就能比较清晰地区分各窑口了。

如图5-3-15～图5-3-23所示，本节疑似"董窑"（东窑）的各器，可以作为学术研究和探讨，其中下节图5-3-27与图5-3-29的藏品，不但器型和釉色极其相似，而且各种老化特征都无法将其定为新仿，尤其是眼观老化特明显的图5-3-23所示藏品。但总体上与"徽宗官窑"相比，"董窑"就差那么"一口气"，就像是"徽宗官窑"的前身或者后世的作品，正如明朝的高濂所说"后有董窑、乌泥窑、俱法官窑"。所以仔细观察"董窑"，它只是在颜

图5-3-15　疑似董窑葵口托盘 口径22.7厘米

图5-3-16　疑似董窑葵口托盘盘底 高11.4厘米

图5-3-17 疑似董窑朝冠耳三足炉 高17.6厘米

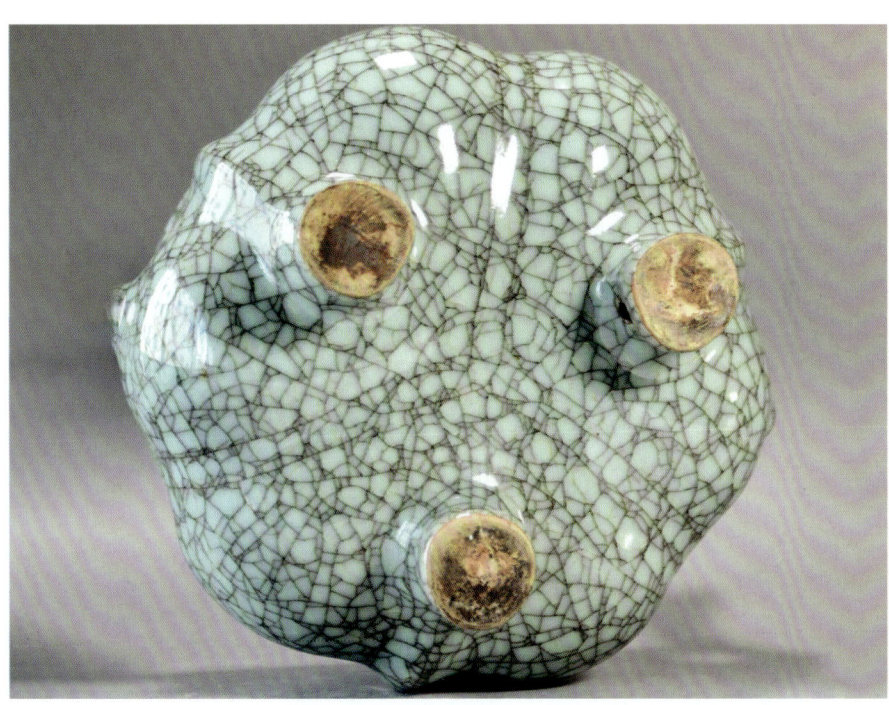

图5-3-18 疑似董窑朝冠耳三足炉炉底

图5-3-19　疑似董窑冲耳三足炉　高18.7厘米

图5-3-20　疑似董窑冲耳三足炉炉底

图5-3-21 疑似董窑三足奁 高7.8厘米

图5-3-22 疑似董窑三足奁奁底

图5-3-23 疑似董窑三足盘 高7.8厘米 口径24.6厘米

色上略有差别，以及器型和用途上的小不同，厚重感也要稍轻些，而且釉都普遍较薄，但老化痕迹和各种特征都基本相同，如果不是有"徽宗官窑"做对比，一般人是很难加以区分的，而且也有将其鉴定为仿品的可能。

笔者认为："董窑"就是"东窑"，也是北宋朝廷某一时段所烧造的宫廷用瓷，而且是先于"徽宗官窑"的朝廷官窑，只是被后来"徽宗官窑"的"官窑"，最终替代而销声匿迹罢了。或者说："东窑"就是在同一北宋官窑体制下，不同时间段的宫廷产品，可以推测：如果热释光检测"董窑"和"徽宗官窑"，也许都是在同一个年龄段的范围，而只有X荧光能量检测对比微量元素，才能细分出"东窑"和"徽宗官窑"。

六、"徽宗官窑"和"高宗官窑"是双胞胎吗

1. 宋朝的南北官窑制度

南宋政权在签订第二次《宋金和议》后，一夜之间南宋就变成了金国的藩属国，也就是说，按所签订协议的条款，不但每年要向金国供奉大量的银两和物质，而且南宋皇帝也要由金国来册封。至此回归中原与收复失地的心境，已悄然成为南宋人的一种渴望，所以这时的朝廷和社会上下，都掀起了一股"中兴复古"的正能量风气，这也为建立"高宗官窑"打下了基础。

我们再从《中兴礼书》卷九"依政和旧制"，以及《坦斋笔衡》"袭故京遗制"的记载中得到反证，即："高宗官窑"从体制、选址、工艺、器型等方面，都照搬了"徽宗官窑"的体系和工艺，真可谓是无缝链接一脉相承。虽然同属于宋修内司官窑，但性质却截然不同，"徽宗官窑"属于原创，而"高宗官窑"则是继承。也就是说，南宋官窑就是北宋官窑的"复制品"，只是配方相同原料产地不同而已，因此"高宗官窑"与"徽宗官窑"相比一定存在着差别。

北宋的管理体制是：设立内诸司和外诸司，而在外诸司下设有修内司和窑务等机构，其细分为："修内司，掌宫城太庙缮修之事"；"窑务，掌陶为砖瓦，以给缮营及瓶缶之器"；这说明北宋时的修内司是不管"窑务"的，而是由外诸司下设与修内司同级别的"窑务"管理，"窑务"就是专门负责管理陶瓷的事物。

南宋的管理体制是：将北宋外诸司下的修内司和窑务，统一合并为一体改由内诸司管理，其细分是：由"将作监"专门负责窑务，"将作监"下设修内司，随即又设立了"礼器局""青器窑"，统称为"内窑"。宋徽宗时代也是由"将作监"负责窑务，同样也设立了"礼制局"和"制作所"，但统称为"官窑"，这从《宋史职官志》将作监条，以及宋代的孟元老所写的《东京梦华录》

中得到验证。

那么现今老虎洞窑址的位置，是否与文献所描述的相符呢？根据南宋咸淳《临安府城图》对比考证，图中的老虎洞窑址正是在万松岭南坡，是位于两处修内司营区连线的中间，确实是属于皇宫禁苑的范围。考古也证明：老虎洞窑址的地望确与《坦斋笔衡》所说的"置窑于修内司"相符，重点是：这间接证明了"徽宗官窑"也应是在皇宫与宫城之间的范围。

宋代的吴自牧在介绍南宋临安城风貌的《梦粱录》中，又将临安皇城修内司的营地加以细分，比如"内诸司"还包括："内司纲房、青器窑、内司备内库"等，这表明：其制瓷所需的房、窑、库都相邻，也符合烧窑的生产要求。特别是所提到的"青器窑"，经考古发掘证明：有香糕砖铺地和馒头窑等遗迹，尤其还出土刻有"大宋国物"的烧窑垫饼，这些都是典型官窑的证据。由此我们完全有理由相信："徽宗官窑"不但存在，而且也应该是在开封的皇城附近。

2．解读"本朝""故京""京师"

正确解读"本朝""故京""京师"等词意，有助于理解宋官窑的体制。

"本朝"：指大宋的整个朝代，也是作者所处的王朝；历史上不管谁当皇帝或经历过几代皇帝，当时人们都称所在的朝廷为本朝，除非是改姓易帜了才不能称为本朝；而通常朝代中的代则是指本朝中的各位皇帝。

"故京"：因当朝人不可能有南宋、北宋之分，最多的也只是称为"北地"。所以杭州南宋人所说的"故京"，就是指北宋开封时的朝廷；而"故都"则是对北宋开封的另一种称谓。

"京师"：这里是指朝廷所在地的都城而不是指朝廷；"京师"有两层含义：宫廷里人说的"京师"是指朝廷；而第三者或者后代人所说的"京师"则都是指都城。

引用文献再重点斧正一下"京师"：东周《公羊传》载："京师者何？天子之居也"；唐·韩愈《御史台上论天旱人饥状》："京师者，四方之腹心，国家之根本"；宋·吴自牧《梦粱录》曰：凡临安城的官民也都叫"京师人"。

叶寘的《坦斋笔衡》成书于1212年前后，而叶寘于1219年被聘为"三学诸生"官职。所以叶寘在出版此书时仍然还是一位民间文人，而作为当时宫廷以外的非官方人士，显然顾氏和叶氏这两位所说的"京师"，按照官与民的习惯语言指的都应该是整个都城开封。

3．南北官窑的差异

从两处南宋官窑遗址中也得到验证："高宗官窑"的生产工艺是"澄泥为

范"的"楷模"制坯，坯胎首先是素烧后再多次上釉的制瓷技术，这也继承了"徽宗官窑"的工艺，而且都是薄胎厚釉的青瓷。但"高宗官窑"比"徽宗官窑"的胎还要薄，由于是采用紫金土的原因，所以与"徽宗官窑"的香灰胎明显不同，其胎呈灰黑色。

然而南北官窑青瓷的釉却有着极其相似的共性，釉面都是厚如堆脂，宛如美玉的一种表观，但"徽宗官窑"比"高宗官窑"堆脂的效果和厚釉的感官还要更好些。考古发现：在素胎坯上反复施的釉，最多的釉层可达到三层，一般至少也要有二层，这说明宋朝南北官窑的瓷器，其实都是经过了多次的焙烧，即：素烧和多次上釉而烧成的瓷。

明代的曹昭于《格古要论》中载："官窑器宋修内司烧者，土脉细润，色青带红，浓淡不一。有蟹爪纹，紫口铁足。色好者与汝窑相类"。考古发掘证明：修内司窑址的瓷片与《格古要论》所说的有所出入，这说明：曹昭所认知的宋"官窑器"可能已"溷入"了北宋官窑，也可能认为南北的宋官窑都是归修内司管辖，所以曹昭将南北官窑（那时没有分南北）统称为"宋修内司烧者"。

考古发掘还证明：老虎洞窑址二层、三层出土的修内司官窑器，釉面多呈粉青、灰青、蜡黄等主色，而不是"传世哥窑"那种典型的炒米黄色，纹片也没有一点人工着色的迹象。在两处遗址的几十万片官窑瓷片中，并没发现有金丝铁线、文武片、梅花片等纹理，而大多数是自然形成的无色的冰裂纹和蟹爪纹，紫口铁足现象更是凤毛麟角，说明这根本就不是"高宗官窑"的特征。在"南宋官窑"的瓷器中，老虎洞的修内司比乌龟山的郊坛下的粉青釉相对好区分一些，大体区别是：郊坛窑烧成温度较低，釉面气泡密集，玉质感强；修内司窑烧成温度要比郊坛下稍高，所以釉面气泡稀疏，相对比较肥厚，玻璃质感强；但两处窑址的米黄釉却相对比较接近。

综上所述：从考古发掘和现有资料分析，台北故宫博物院命名的"宋哥窑"与"宋官窑"，具有同根同源的同代关系，其米黄色和粉青色官窑，具有"一窑二器"的双胞胎特征。而"高宗官窑"的修内司官窑与郊坛下官窑，就像同父同母的亲兄弟一样，但与修内司遗址上元代层出土的"哥哥窑"，绝没有相同血缘的传承关系，它只是元代抄袭和效仿宋官窑而已，虽然工艺相似但不具有可比性。

只有"徽宗官窑"中的粉青色和炒米黄色，才是真正的双胞胎兄弟，其烧造工艺、原料、窑址、用途都相同，如图5-3-24、图5-3-25所示的米黄釉。而"高宗官窑"与"徽宗官窑"则是具有相同基因的传承关系，就像同父异母的兄弟一样，其工艺相同、窑址相似，只是所用原料不同而已，通俗说就是出生地和养育的水土不同。

图5-3-24 "徽宗官窑"米黄釉贯耳瓶 高22.7厘米

图5-3-25 "徽宗官窑"米黄釉出戟尊尊底

4. 宋官窑特征与数据对比

"高宗官窑"最初的器型都是在仿制"徽宗官窑",从出土修内司官窑的棒槌瓶看,南宋从最初仿北宋的圆肩、"X"形曲颈( )( ),发展为平肩、直(‖)颈。三足匜的中间旋纹也是从最初整面的多条旋纹,向中间的三条纹转变,器物上边口也是从花口向素口过渡。汝窑棒槌瓶为卧足底,到南宋时衍变成暗圈足,口从汝窑卷边到平口,肩也从广肩到平肩。

综合分析:从"传世哥窑"及元大都出土哥窑瓷片看,其釉中的铝含量都较高,大约在17%~19%的范围;而修内司官窑、郊坛下官窑、龙泉窑,其釉中的铝含量都偏低,大约在11%~14%的范围;更加明显的区别是:釉中的钙含量"传世哥窑"和龙泉窑基本相同,大约是8%,说明这二者釉灰的配方相似,有同根同源的可能,而且远低于17%左右的"高宗官窑"(表5-3-3)。

表5-3-3 宋官窑特征与数据对比

	高宗官窑	郊坛官窑	徽宗官窑	传世哥窑	龙泉窑	官仿官1号
金丝铁线	无	无	有		无	
紫口铁足	凤毛麟角	凤毛麟角	青无黄有			
冰裂纹	有	有	有			
梅花片	无	无	有			
灰黑胎足	有	有	青无黄有			
圆支钉痕	黑褐色	黑褐色	茶黑色		垫饼垫烧	
足内外堆釉	有少许	有	有多		无	
胎	灰黑	灰黑	灰白		黑胎、白胎	
釉	粉青、灰青	粉青、灰青	粉青、米黄	炒米黄色	粉青、葱青	
Si(硅)%	62.05	63.52	66.15	66.6	69	67
Al(铝)%	11.38	12.72	10.12	16.5	14.5	13
K(钾)%	3.83	4.55	10.43	4.5	4.8	5
Na(钠)%	0.00	0.12	2.10	0.9	0.4	1.9
Ca(钙)%	18.14	16.59	6.82	8.38	7.6	11
备注	1. 南宋两官窑数据,摘自耿宝昌主编的《南宋官窑》。 2. 官仿官1号,是原轻工部复制北官瓷器项目的湿法检测数据。 3. 其他选自上硅所的湿法化学检测数据。					

七、为什么郊坛下要"别立新窑"

南宋的管理体制是：内诸司管辖下的修内司主政"窑务"，并选在距皇城北墙不足百米的老虎洞，设置了烧窑场简称"内窑"（内诸司窑）。问题是：南宋为什么要废弃老虎洞窑，又何苦在离它不远处的郊坛下，"别立新窑"呢？其实研究"内窑"什么时间烧造，为什么还要"别立新窑"的问题，对宋官窑的鉴赏影响不大，但对于佐证"徽宗官窑"的存在与鉴赏，却有其特别重要的意义。

1. 南宋第一官窑"高宗官窑"

宋史《高宗本纪》载：北宋被金军灭于1126年，宋代的文人是以高宗"南渡"一词，掩盖其赵构实际逃亡的狼狈境地。而文人另一个"中兴渡江"的词，则是指辗转于扬州、常州、越州等地的概说。宋高宗赵构经流离颠簸12年后，终于在绍兴八年（1138年）选择定都于杭州。南宋德祐二年（1276年）临安城被元军攻陷，北宋"徽钦二帝"的悲剧，在南宋再一次重演，宋恭帝及谢皇太后被元军俘获，至此宣告南宋走向灭亡。

回顾与还原那段历史：南宋在漂泊还没有定都之前，举国上下都在想"复我疆土"和"迎还二圣"之事，到处体现的是"中兴复古"誓要回归中原之势，相应还涌现出大量爱国情怀的宋词。因此，宋高宗每到一地"逗留"时都称为"行在"，即使后来定都杭州的命名，也还是取"临安"（临时安顿）的名字。而这种濒临亡国"南渡之路"上的行政官府，或者是"行在"中附属后勤的"邵局"，首先就不可能考虑恢复和建立官窑的事，而游走不定之中唯一能做的就是"应付"，即优选各地的进贡瓷器。

杭州东南化工厂的考古发掘也证明，此处出土了大量的越窑、定窑、建窑等瓷器的碎片，重点是其地理位置极其特殊，这是距临安皇城遗址不远处，应该是宋高宗最先在临安"行在"时的所在地，也是在等待皇城建成后就地搬进宫中。经对比《南宋皇城图》判定：这是在"行在"转为定都（进宫）之后，才将此地改建为"都亭驿"的，相当于现在的国宾馆，这也是效仿北宋东京汴梁的设置。所以无论是行军打仗，还是到各地巡游，都要有后勤保障做支撑，那皇帝"行在"的规模就更不用说了。在浙江临海曾出土过一枚官印，即："建炎后苑造作之印"，背款是"少府监铸"，而"后苑造作"就属于"内侍省"，是专掌宫廷生活所需的部门，这是建炎年间游走在浙江的铁证。

由以上可推理：只有在临时的"行在"遗址上，才能出现像越窑、定窑、建窑、汝窑、高丽青瓷等瓷片，重点是瓷器是宫廷生活中的一项物化载体，而且瓷片上还刻有"后苑""贵妃""慈宁殿""尚药局"等款识，这也是只有朝廷（行在）才能具有的宫廷标志，也才能配得上这些最高端的进贡瓷。但遗憾且又符合历史的是：在"行在"的遗址中，没有发现南宋官窑和龙泉窑瓷器的身影，这充分说明两点：其一，南宋这时还没有建立官窑；其二，南宋初期龙泉窑还不成熟。

根据《中兴礼书》和《宋会要》记载，再具体分析和推理：当宋金达成第一次和议（1138年）的情况下，赵构当时认为已是太平天下，而且开封已划归为金国区域，因此在权衡利弊后丢弃南京的"行都"，而把现在临安（杭州）的"行在"，确定为大宋朝最终的"定都"地。但南宋"内窑"的设置与运行，则应该是1141年宋金第二次签订的"绍兴和议"之后，这也是在其内外大局已基本稳定，而且一定还是在皇宫建成后，才能有"闲情逸致"考虑建立"内窑"的事。

由《中兴礼书》可知：绍兴十三年之前的祭祀礼器，分别是由越州、余姚、平江府"制样需索"烧造的"贡瓷"，而且朝廷于绍兴十四年成立了"礼器局"。据《宋会要辑稿》载：绍兴十五年十二月二十七日"恭承处分……未有样制尊罍等五百九十六件副"，说明这时"礼器局"已能"制造"官窑瓷，但"检对御府《博古图》"后发现，竟有非"并从古制"的祭器而请求处分。《宋会要辑稿》又载：绍兴十六年十月"上曰：所用皆足备，今次祀上帝飨太庙，典礼一新，诚可喜也"，至此由"内诸司"自置窑烧造的符合"古制"礼器，已得到宋高宗的肯定与赞许。因此可以推定：南宋第一窑"高宗官窑"的筹建，不会晚于绍兴十四年（1144年）成立"礼器局"的时间，并且于1145年开始就不断试烧，但成功并采用则是在宋高宗认可的1146年。

据南宋咸淳《临安府城图》考证："内窑"是建在皇城里的皇宫墙外；《乾道临安志》载："修内司壮役指挥，在万松岭下"，所以"修内司营"是在青平山西北的万松岭；而且从考古发掘看："内窑"确实是在万松岭的老虎洞，窑址南距皇宫北墙不足100米，距郊坛下窑址也只有2.5公里。笔者也实地考察了南宋官窑的两地遗址，其中乌龟山郊坛下的官窑，是一座沿山坡修建的长50米的龙窑。而在修内司遗址的考古中，也发现有两座小龙窑和配套的三座馒头型素烧窑，以及三处瓷片堆积坑和紫金矿坑等"内窑"遗迹。

虽然南宋临安承袭北宋东京汴梁的旧制，但却没有考虑平原与山地的差异，而且修内司窑距离皇宫北墙又太近，还处在万松岭和清平山的夹口中，可以想象：在烧造像郊坛下那种龙窑时，宫墙外一定是黑烟滚滚，这可不是一道靓丽的风景线。况且如果刮东北风时，浓烟和尘埃还正好吹落在南临的皇城内，即使是刮其他的山风时，也会使皇城内烟熏火燎、乌烟瘴气，直接影响皇宫内外的日常生活，这是迁移到郊坛下的主要原因。

而处在半山腰的老虎洞窑，其水源困难也是其中的因素之一。但历来皇帝都是金口玉言，所以转移窑址出宫也绝非易事，即使大家都有此想法，那也必须等到皇帝故去后的某个时机，也就是说只能是换代后才有可能实施，只有这样才符合封建的礼制。可以推论：南宋的第二个官窑，即郊坛下官窑的建立，应该是孝宗到宁宗的时间段。

2．"郊坛官窑"的建立时间

宋高宗赵构在位时间是1127—1162年，孝宗赵昚是1162—1189年，光宗赵敦是1189—1194年，宁宗赵扩是1194—1224年。而南宋郊坛是绍兴十三年（1143年）所建，根据考古分析：建立南宋第二个官窑的皇帝，即郊坛下官窑，最有可能是在宁宗赵扩时所建成。

再从主观上分析：高宗赵构于1162年退位当上太上皇，禅让给孝宗赵昚继任皇帝，所以当太上皇赵构还健在时，谁都不可能动议迁移"内窑"的事。而且赵构于25年后（1187年）去世，这使得非亲生子的赵昚悲痛欲绝，为尽孝报恩他坚决要守三年之丧，而在守孝的过程中，已对朝政渐生倦勤之意，并于1189年禅让于光宗赵惇。所以孝宗赵昚在位期间，既不可能否定健在的高宗御旨，在守孝期更无心考虑建新窑的事。

而赵昚在传位于光宗赵惇时，赵惇是患有轻微的精神分裂症的，因病情反复发作，所以无法正常处理朝政，更不可能顾及其他政事，并且于1194年被逼让位给宁宗赵扩，从这之后的赵惇精神病加重，而且彻底变成了一位"疯皇"。根据现代遗传学理论，赵扩是赵惇的亲生子，精神疾病的遗传不可避免，而且从赵扩登基后的一系列行为看，也表现出天生"不慧"倾向。

赵扩的这种潜在的精神缺陷，表现在行使皇帝的权力上，那就很容易被"台谏"，即被人加以利用与控制。但从给岳飞平反，追究秦桧误国之罪上，以及更造《纪元历》新历，编修《庆元条法事类》等一系列的为政举措来看，当时辅佐赵扩的政坛阶层，其"台谏"的正能量很大，也具备更改"先朝令文"的基础。再从赵扩对所有大臣的奏章上，一律只批一个"可"字来看，也极具"别立新窑"的可能。

从客观上分析：在《宋史·五行志》记载中，临安城几乎年年失火。统计表明，仅在绍兴三十年的时间里，临安城就发生大火16次。又载："开禧二年（1206年）二月癸丑，寿慈宫火。四月壬子，行都火，燔民居数百家"；"嘉定元年（1208年）三月戊寅，行都大火，至于四月辛巳，燔御史台、司农寺、将作军器监……延烧五万八千九十七家"。

尤其"嘉定四年（1211年）三月丁卯，行都大火，燔尚书中书省、枢密院、六部、右丞相府、修内司……夜召禁旅救扑"。从1206年接二连三的行都大火看，这从主观和客观上，都具备把具有火灾的隐患源，即设在修内司的"内窑"，从近宫迁到远宫的要件。

3．科学考古的证据链

南宋时的潜说友撰《咸淳临安志》中载："青窑器在雄武营山上，圆坛左右"，显然"雄武营山上"是指修内司官窑（内诸司下属），而"圆坛左右"就是指临近八卦田的郊坛官窑。这至少说明：南宋灭亡（1279年）前的咸淳（1265—1274年）年间，郊坛下官窑还在烧造，这既不是凤凰山下的修内司窑，也不是仿烧的"哥哥窑"。1985年在乌龟山郊坛下窑址的第三层，也就是郊坛官窑遗址的最早期地层，出土了刻有"己亥年奉"的青釉平底钵残件。同样在老虎洞修内司窑址上，考古也发掘出"庚子年（1180年）……匠师口记修内司窑置"的铭款残器，另外还有三件带"坤宁殿"的铭纹垫饼。

"坤宁殿"存在于淳熙十二年（1185年）到庆元六年（1200年）间，这至少说明1185—1200年间，修内司官窑依然在烧造。所以在这个时间段，排除了朝廷已经有"别立新窑"的可能。而郊坛窑址上的"己亥年奉"纪年，虽然南宋在理论上有两个年号符合其条件，但只有嘉熙三年（1239年）才是正确的"己亥"年，而不可能是淳熙六年（1179年）已存在的修内司官窑。

热释光的科学检测证明："修内司……庚子年（1180年）"相同地层的瓷片，其年代是在1185—1190年左右；而郊坛官窑的瓷片，也经热释光检测，其年代是在1200年以后，这也与"坤宁殿"铭纹的下限1200年相吻合，这更进一步证明：郊坛官窑中的"己亥"年，不可能是1179年的结论。

综上所述："郊坛官窑"的建立，应该是嘉定四年（1211年）修内司被大火烧毁后，顺势迁出临近皇宫不远的郊坛下重建，这样既符合其政治背景，又合乎其客观逻辑，也在热释光科学检测的年代范围内。重点是，宋代的叶寘于《坦斋笔衡》中所说的"别立新窑"的"新"字，隐含作者离那个年代不远，而且从赵扩一系列的"不慧"行为看，"郊坛官窑"的质量肯定不如"修内司官窑"，就像图5-3-26～图5-3-29所示的疑似董窑一样，虽然都是粉青三足洗，但只有同台对比后，才能看出颜色、开片等一些端倪。

南宋官窑大事表见表5-3-4。

图5-3-26 "徽宗官窑"粉青三足洗 高7厘米、口径23厘米

图5-3-27 "徽宗官窑"粉青三足洗洗底

图5-3-28　疑似董窑三足洗 口径23厘米

图5-3-29　疑似董窑三足洗洗底

表 5-3-4　　　　　　　　　南宋官窑大事表

年号 事件	南宋行在 1127—1138年	高宗 1138—1162年	孝宗 1162—1189年	宁宗 1194—1224年	说明
建都前期	12年流浪				各窑供御制
邵成章被解职	1129年				
临安设为行在	1132年				
宋金议和		1142年第二次议和后，国事开始走上正轨			
修内司窑		1142年置，出土瓷片"戍""戍记"款			修内司窑遗址
置建郊坛		也称圆坛1143年建，《文献通考》等载			已烧官窑祭祀
设礼器局		1144年设礼器局			《中兴礼书》
邵鄂被解职			最晚1162年		绍兴十六年礼器局随即被撤销
庚子年修内司			1180年		修内司窑置款
坤宁殿铭垫饼			1185年8月		遗址出土3件
高宗驾崩			1187年11月		
临安亦自烧			《云麓漫钞》成书1206年		宋·赵彦卫
置郊坛官窑				1211年	郊坛窑设立
修内司瓷片			"庚子年"瓷片1185—1190年		热释光检测
郊坛下瓷片				1200年以后	热释光检测
哥哥窑	《静斋至正直记》				元·1306年
旧哥哥窑	《格古要论》				明·1388年

八、"徽宗官窑"开创了无铅高碱釉的新时代

1．"徽宗官窑"与高碱釉

纯的二氧化硅（SiO_2）即石英的熔点高达1710℃，而各种瓷石类的熔融温度，也要达到1500℃以上，因此平均柴烧1350℃的室温，需要配方中添加各种碱性助熔剂，这样才能降低釉料的熔融温度，以期达到多元体系中的一个"低共熔点"。而在碱性的助熔剂中，氧化钾（K_2O）的助熔能力仅次于氧化钠（Na_2O），而且比氧化钙（CaO）、氧化镁（MgO）都要强，但氧化钾（K_2O）、氧化钠的膨胀系数，却要比氧化钙、氧化镁大很多，所以当釉中氧化钾、氧化钠的含量过高时，往往会造成自然的釉裂开片。

如果钾和钠的含量超过12%，就完全脱离了石灰碱釉的常规范围，那就应该归为高碱釉。高碱釉又分为有铅和无铅两种，疑似"徽宗官窑"的表象显示：其釉不但采用了石灰碱釉，而且是添加了高含量的氧化钾的钾长石，其中，钾和钠的含量超过了12%，笔者将其命名为"无铅高碱釉"。在"无铅高碱釉"的配方中，虽然减少了釉灰Ca的含量，但却增加了钾和钠等其他碱金属氧化

物的含量。而含铅的高碱釉代表则是宋代磁州窑的孔雀绿釉，经检测其数据为：铅4.18%、钾8.9%、钠2.9%、铜5.6%、铝5%、硅70%，这属于含铅的高碱釉。

所以从机理上推论：这种经多次施釉而形成的厚釉，不但釉的黏度大、颜色也会加重，而且什么冰裂纹、鱼鳞纹、斜裂纹等表象，也会随之而自然产生，这种理论与传世的宋官窑以及疑似"徽宗官窑"的实物也相符（图5-3-30、图5-3-31）。那么在河南"北地"的区域有没有可提供高碱釉的原料呢？经考古调研发现：其附近矿物资源十分丰富，有神垕黏土、石坡黏土、李楼黏土等，还有临汝的黄长石、南召长石、神垕长石、神垕紫金土等。前面经常提到：古人将各色的"美石"都视为玉，而长石和云母又都是白色的通透石，所以按照古人"美石"的标准，当时也应该称其为"玉"。

2. 高碱釉的表观特征

我们再分析一下国家工程"官仿官"1号釉的配方，它主要是以钠长石和钾长石为主，其配方为：黏土18%、长石44%、石英16%、方解石15%、铜矿石2%、木灰5%。经计算：这种釉的配方可使铁含量控制在1.5%以下，铝含量控制在15%以下，钙含量在13%以内，可以看出：此配方是综合借鉴和参考汝窑和南宋官窑的配方元素及含量。

科学测试表明：这种"官仿官"釉的抗弯强度是290千克/厘米^2，而胎的抗弯强度却是585千克/厘米^2，其胎和釉的强度比值相差近2倍，这就表明：宋代时期胎和釉的原料不但不同而且相差太大。所以在烧造后的冷却过程中，它们之间一定会产生内应力，而且胎和釉在自然状态下，一定会根据环境再进行自我调节，从而达到一个应力平衡点，故在应力平衡的过程中，一定会导致釉层的各种开裂现象。

以此推理：如果釉中K元素的含量是"官仿官"的2倍的话，而且还是多次施釉，那么膨胀系数及收缩比将会更大，其开裂强度就可想而知了，而"徽宗官窑"恰恰就有如此的表观。"徽宗官窑"和汝窑与南宋官窑一样，最初的素烧胚和每次所施的釉，都是以能固定住釉为主的低温烧造，而最后一遍施釉才会采用高温烧制。

特别指出：每次上釉烧制釉面都要达到一个应力平衡点，所以当第二次或第三次上釉时，因为是釉与釉之间的结合，因此当应力再次达到平衡时，就会出现釉面整体"抓釉"的爆裂现象，釉层就会发生长裂纹和短小的斜裂纹，所形成的是通长形或圈形的裂纹，甚至还可能深入胎骨面。而所形成的微裂纹有的是与长裂纹相连，有的却是在二次或三次釉的下面，这就是行内俗称的釉下裂纹。

以南宋官窑中K含量5%为主要配方的瓷器，虽然已经采用了石灰碱釉，但还达不到"徽宗官窑"高碱釉的程度，所以修内司官窑即使施三遍釉，也不会形成像"徽宗官窑"那样的釉色和开片。而人工用橡皮锤敲砸的裂纹，则一看便知是非自然开裂的，而且其染色的"金丝铁线"也是均匀一致而无过渡感，这些都与疑似"徽宗官窑"相差太大。考古发掘也证明：南宋官窑极少有"金丝铁线"现象，纵观历代仿品或是现代仿品，其艺术效果无一能与"徽宗官窑"相媲美，充其量也只能看作是那个时期仿宋官的代表作而已。

九、为什么说"铁线纹"是北宋工匠的创新工艺

如果用一个词来形容宋官窑，那"美到炸裂"的双关语最为贴切，对实物而言这也是"徽宗官窑"最主要的特征之一，就是厚釉上的"金丝铁线"，而且"徽宗官窑"上的各种开片，在所有瓷器中是最严重，也是最丰富的，这主要由于釉中含大量的钾所致。如果说堆釉、"聚沫攒珠"、龟背纹（鱼鳞纹）等特征，都是由原料和配方而自然产生的话，那么无论是粉青釉的"铁线纹"，还是炒米黄釉的"鳝血纹"，都是在原裂纹上人为刻意一次上色的结果，只是各自所施的颜色不同而已，这是仿灵璧石表面纹理的必然选择，也是北宋工匠的一种创新工艺。

崇宁四年（1105年）在都城开封，为建造史上最大的园林"万寿艮岳"，徽宗皇帝在平江（今苏州）设置了应奉局，主要收集"异花怪石，奇兽珍禽"。宋·张淏《艮岳记》载："大率灵璧太湖诸石，二浙奇竹异花，登莱文石"从而还引发了历史上的"花石纲"事件，另外宋徽宗御画并书的《祥龙石》卷等，这些都是宋徽宗收集奇石和赏石的最好见证。而且徽宗皇帝赏石、鉴石的这种爱好，已然发展成为当时社会的一种文化和时尚，并且还涌现出像北宋大家米芾那样的"石痴"。

因此在政和四年（1114年）官窑瓷器生产时，由于皇帝痴迷于灵璧石的美丽石纹，进而也追求瓷器釉面的这种奇石纹理，好在当时的工匠以石表所形成褶皱和夹线的纹理为参考，成功研制出这种具有观赏石的"石纹"效果。这也是北宋工匠借鉴釉面镶嵌纹饰的技法，但不是"剔地嵌"各色的"泥料"，而是"裂缝渗"的黑红二色"汁料"工艺。所以说，粉青釉的"铁线纹"以及米黄釉的"鳝血纹"，就是北宋工匠创造的一种仿石纹的工艺，也是为迎合宋徽宗所追求的审美观，在瓷器上所创新的一种工艺技术。

特别说明：釉上"铁线纹"与"鳝血纹"的工艺效果，都是出窑后与胎骨第一时间所形成的，所以"徽宗官窑"原始粉青釉的"铁线纹"，以及米黄釉的"鳝血纹"都是只有一种一次的染色纹理，而且几乎渗透到胎，而且"铁线

纹"的裂缝两侧有黑褐的色阶气泡,而"鳝血纹"两侧则是零星的"锈色"气泡。这种千年后的重裂纹已是裂到胎底的颜色线,就像用钢笔在宣纸上的画线一样,具有向两侧自然扩张的模糊晕散,而且"鳝血纹"相对更加明显。

特别指出,"鳝血纹"与"金丝线"还有所不同,"金丝线"是第二次的裂纹,而且全部是自然的土沁,所以粉青釉和米黄釉的釉面上,都会有"金丝线"的存在,但形成的却是深浅不一的二次土沁纹。明·高濂于《遵生八笺》中曰:"冰裂鳝鱼为上",这与乾隆御题诗"纹犹鳝血裂冰霓"如出一辙,说明"鳝血纹"是外紫内红的"霓",而绝非是土沁的"金丝线"。除此之外的釉面上还存在零星少量的短小"惊纹",这是出土后的第三次"冰裂"的短白纹,其实粉青釉的"金丝"很少,而米黄釉的"金丝"却很多。

随着时间和环境的变化,其釉面脱玻化及矿化还原的加剧,在这种"物理风化"和"化学风化"的双重作用下,还会导致釉面的裂纹不断发育和生长,所以裂纹的开裂程度与陶瓷年龄成正比,时间越长其开裂度也就越深、越宽。而且"金丝铁线"的线纹如果沁透得越深,其晕散度与颜色也就越重,呈现的颜色与深浅也十分丰富,这与新仿的裂纹扩张的时间不够,所形成浮浅的"金丝铁线",以及颜色一致、黑红鲜明、无层次感有着本质上的区别。

特别说明:"铁线纹"跟传说中章生一的弟弟,在釉料中偷偷添加过多的草木灰,用以破坏其哥哥所烧的瓷器,进而衍生出龙泉"铁线纹"的事毫不相干。需要指出的是《格古要论》说龙泉窑是"无纹路",况且瓷釉上的裂纹与添加草木灰的多少无关,而是与釉果成分以及配比多少有关。至于弟弟为破坏哥哥所烧的瓷器,在瓷器出窑时向窑中泼水一事,则是现代人的推理演绎,实际上这是瓷器刚出窑后,为使釉面出现"冷炸裂"的一种工艺。

况且哥哥和弟弟的烧瓷技术,都是得到了父亲章村根的真传,而且哥俩又是跨地域分别烧的窑,也没有市场竞争和冲突之说,只是因产地的胎土不同,其所烧瓷器效果不一样而已。实际上"徽宗官窑"也只有两种的人为染色线,其规律是:粉青色系列染黑色,炒米黄系列染鳝鱼血色,这是为追求最佳的艺术效果而为。

科考证明:在南宋官窑的考古发掘中,很少有"金丝铁线"这种米黄特征,而这种现象大多出现在"徽宗官窑"中。但"鳝血纹"则在两宋官窑的米黄色系中,或者是在元"哥哥窑"中,都有这种现象存在。"徽宗官窑"粉青瓷中的"铁线纹",如果斜光观察其没经擦摸的釉面,可在其"铁线纹"的"吐筋线"上,看到离子迁移出的覆盖物。重点是"吐筋线"表面有锈色的弱金属光泽。实际在"徽宗官窑"的粉青瓷上,其"金丝铁线"和"死亡气泡"或者"葡萄串"等现象,都是在同一个釉面上相互并存的,这也是鉴别"徽宗官窑"粉青瓷的特征之一(图5-3-30~图5-3-34)。

图5-3-30 疑似"徽宗官窑"粉青葵口尊 高27.6厘米

图5-3-31 疑似"徽宗官窑"粉青葵口尊尊底

图5-3-32 "徽宗官窑"粉青花口罐罐底

图5-3-33 "徽宗官窑"粉青花口罐 高27.6厘米

图5-3-34 "徽宗官窑"粉青旋纹缸 高20厘米

将"徽宗官窑"的瓷器在水中浸泡24小时观察,其中炒米黄色釉的"鳝血纹",在其釉面"鳝血纹"的缝隙处,是以黄色黏稠状的圆珠形式渗出,且附在缝隙纹上,但不会溶于水,当人为刺破后才会与水混溶,使水变色。而粉青瓷"铁线纹"的墨黑色,虽然在清水中没有变化,但在极个别的"铁线纹"处,却渗出了细小的黑颗粒于水中,好似墨汁类的碳粒。

十、为什么"徽宗官窑"至今仍无法复制

宋朝已不再是反映朝代的一个名词,宋朝的"中国制造"已然演变成"中国美学"的代表符号,尤其宋瓷那种清逸素雅的型釉之美,简约而不简单的禅意之韵,都是在述说着整个宋朝文人化的精髓。

在对"徽宗官汝"和"徽宗官窑"真与赝的研究中,笔者反复思考着一个问题:为什么历史上最强的乾隆与唐英的组合,却没有仿烧成功呢?是乾隆时代的国力不够强?还是唐英团队的技术不够精?反而民间的龙泉窑给了我们一个重要启示,为什么现代比历史上烧造瓷器最好的宋代,烧造的质量还要好呢?究其根本原因:这不仅是烧造和工艺上的问题,而是"绝类"与众不同的原料与配方!

1. 新中国第一次的"官仿官"

"徽宗官窑"在中国陶瓷史上，是第一个真正意义上的官窑瓷器，这也只能是在经济繁荣和政治稳定的前提下，而且也只有具备艺术大家的徽宗皇帝才能做到。这种不惜工本只追求艺术的御用瓷器，集高贵、典雅和皇家血统于一身，开创了陶瓷史上官窑瓷器的先河，而且"徽宗官窑"已成为单色釉"绝类"的千古绝唱！"徽宗官窑"是以祭祀礼器和陈设器为主，所以无论其器型还是釉色，都要符合徽宗皇帝和宋代文人的审美情趣，即：崇尚简约与线条的美感，以及赋予禅意而又时尚的艺术风格，从而才能迎合这位艺术皇帝独特的审美观，因此，"徽宗官窑"即使在北宋时，也是不可多得的艺术珍品。

1981年，国家计经委和河南省轻工业厅划拨110万元，这在20世纪80年代初就是一笔巨资。当时是以开封市工艺美术实验厂为主，成立了开封市北宋官瓷研究所，并与中科院上硅所合作以汝窑和南宋官窑数据为参照，意在恢复烧造失传千年的北宋官窑瓷。该项目历经三年多的艰难摸索，研究所终于在1984年自认已研制成功，但鉴定会却将"北"字舍去改为"宋官瓷鉴定会"，鉴定证言如是说："仿制产品釉色如玉、风格逼真，可与北京故宫博物院、上海博物馆收藏的宋代官窑作品相媲美。"

以上事实说明：以仿北宋官窑为目标的国家级"官仿官"，最终鉴定结果却不被认可为"北宋官窑"。这使人不仅联想到王羲之的书法，即使面对真的王羲之《兰亭序》手迹，现代人也是高山仰止，也不会有人仿得成功，因为这除了具备天赋和功夫外，还没有人研究过他的书写方式。考古证实：长沙出土的东晋"青瓷对书佣"，以及东晋顾恺之的《斫琴图》和北齐杨子华的《校书图》等都证明，唐代以前的古人无论站立还是盘坐，都是右手执笔，左手托纸的凌空书写方式，采用的是"二指法"或者"三指法"，而近现代人则衍变成用书桌垫写的旋腕式手法。

古代书论强调：无论二指还是三指，都要求是"五指转动"的笔法。古人所用的毛笔也是细杆长毛，而且当时的纸张又是麻纸，即使我们知道这些又有谁能超越呢？联想到"徽宗官窑"，直到现在还没有一件被认可的标型器，也不知道是用什么样的原料和配方，那么人们又如何去复制呢？所以纵观所有仿"徽宗官窑"的作坊，既没有像"高宗官窑"那样是在"袭故京遗制"，也没有真正上手和研究过其馆藏品，最好的也只是"袭轻工部官仿官"的旧制而已。但实际上，国家"官仿官"的仿制基础，是以汝窑和"高宗官窑"为蓝本而进行的"徽宗官窑"仿造。

《科技史陶瓷卷》所列出的所谓"北宋官窑"的检测数据，也是以这种"官仿官"瓷器为蓝本，而给出国家级仿品的检测数据，因此这种改变配方、原料、工艺、年代的"四维标准",即便是南宋临安的"高宗官窑",那也不是北宋开封的"徽宗官窑"数据。所以如果现在证书上的检测结果,是以此版本中的"北宋官窑"数据为依据(目前也别无它据),则科检鉴定为"北宋官窑"的所有证书,都是值得商榷的。

2. 仿制"徽宗官窑"的关键是什么

纵观中国陶瓷发展史可知:无论官窑还是民窑,大多是因地制宜和就地取材的窑,这是古代大规模建窑的必备条件。然而"徽宗官窑"是宫廷自用的小规模"自置"窑,其所用的原料和燃料也都在力所能及的范围内,况且汴河还流经内城,原材料运输根本不是问题,再依据宋徽宗艺术皇帝的性格,首先应该排除开封不能烧小批量官窑的观点。

我们再分析"徽宗官窑"与"高宗官窑"的区别:二者既无工艺上的不同,也不存在烧制上的区别,关键是胎料和釉料上的不同,这才是破解"徽宗官窑"的秘诀所在。由于南宋时期的开封仍然处在金国统治的范围内,如果完全照搬"徽宗官窑"的原材料,这不仅是运输上的困难,关键是在"敌占区"的范围内,所以诸多不便和不得已的因素,南宋区域才作为选择替代"北料"的下下策。

因此,当时迫不得已的最好解决办法就是在杭州当地寻找出替代原料,这也是遵从原料就近就地的烧窑原则。所以南宋官窑虽然是"承袭"北宋官窑的旧制,而且其工艺和配方也都相同,但关键问题是:修内司官窑是将"北瓷北料",转换成了当地的"南瓷南料"。由于南方没有类似的钾长石,以及南阳绿玉或者绿玉髓,所以也只能以其他白玉和玛瑙来代替,因此宋代的南北官窑由于原料产地不同,所烧造出来的瓷器也有所不同。

北宋张耒的"碧玉琢成器"以及元初马祖常的"官窑磁盏玉为泥"的诗句,都是在说:北宋官窑瓷的胎和釉,其原料采用的是"碧玉"或者"玉"。辽金时期江官屯窑的考古发掘曾出土岫玉类的"碧玉",这可佐证那时瓷器使用过"碧玉"的釉料。《说文解字》云:"玉,石之美者",古代将晶莹剔透的石头,像汝州的钾长石、方解石、云母等统称为"美玉",但这些化学名称都是近现代的词。不得不承认乾隆仿的宋官窑"亦可混真",《南窑笔记》说"仿观窑"是添加了"玛瑙",而以现代的技术观点分析,这也是抓住了"徽宗官窑"配方的精髓之一。

那么"徽宗官窑"采用的是什么样的"美玉"呢?可以肯定的是:宫廷选择的所有原材料,一定是当时最好和最高档的材料,哪怕是在千里之外的某地。前面章节中所论述的"徽宗官汝",已经采用了"玛瑙末为釉",以及各类白色或者有色的"美玉",比如:河南的各色独山玉或者玉髓,那么更上一层楼的"徽宗官窑",必然也会借鉴这种御用配方,像图5-3-32、图5-3-33这种釉面,明显是采用绿玉髓等高端"美玉"的表现。

而南宋修内司官窑采用的则是凤凰山附近的紫金土,以及浙江所产的各种"美玉"。紫金土主要分布在浙江,盛产地则是在处州地区,其次才是杭州,河南神垕也出产"类紫金土",但各地产的紫金土所含的成分及铁的含量差异较大。由于景德镇不产紫金土,所以明清在仿宋官窑时,为了呈现出"紫口铁足"的特征,只能在口沿或足底的露胎处,涂抹酱褐色的釉汁。

综上所述:原料的选择与配比是仿制"徽宗官窑"的关键;实际上国家工程"官仿官"的致命败笔,就是采用相当于北宋时的河南原料,再仿烧南宋的"高宗官窑";虽然"高宗官窑"是继承"徽宗官窑"的配方,但却是采用杭州当地的相似原料,去复制开封故京的"徽宗官窑";虽然配方相同但原料却不同,这一定会导致瓷器发生微变,所以"高宗官窑"的二处官窑产品,是很难达到"徽宗官窑"那样的水准的,那么现代所仿南宋的新"官仿官"就可想而知了。

十一、疑似"徽宗官窑"与"高宗官窑"的数据分析

1. 揭开"徽宗官窑"的神秘面纱

众所周知,创新与模仿是两回事,而自从"徽宗官窑"创世之作问鼎以来,包括南宋官窑完全照搬在内,历代虽然都会使出浑身解数在模仿,但从来就没有完全成功过,而其中只有"高宗官窑"最为接近。仿造正如俗话所说:只有知道多少才能做到多少,而国家工程所研制"北宋官窑"的可取之处,就是采用了开封附近的本地原料,但仿制"北宋官窑"的配方却没有研究选配对路。这也是因为没有标准器和检测数据的缘故,这是典型照猫画虎式的、模糊概念的仿制,所以同真正的"徽宗官窑"相比尚有距离。

而且新中国这种"官仿官"的"北宋官窑",既不同于"高宗官窑",又区别于北宋清凉寺的官汝,其实它就是这二者嫁接后的"混血儿"。换句话说:南宋修内司官窑是赵构时代"北瓷南料"的配方;而新中国的"官仿官"则是现代版"南瓷北料"的配方;然而"徽宗官窑"研究的正确方向,应该是徽宗时代"北瓷北料"的配方,其次才是烧造工艺等其他要素。

常识告诉我们:单层玻璃显现的是白色,而将多块玻璃叠加就会呈现出绿色,就像水深则可增加青色感一样。如果想要使青瓷的颜色达到碧玉的效果,就得反复挂上厚釉,但要想施厚釉或者多次上釉,这在北宋以前是很难做到的。因为在这之前釉的配方都是石灰釉极易流淌,而不像高碱釉那样具有高黏性。实际上,现代烧制的龙泉青瓷,已远超古代龙泉窑的制瓷水平,虽然龙泉

窑原料与古代基本相同，但是当今使用的是现代粉碎设备，以及磁铁过滤器、窑温控制器等现代工艺技术，而且其挂三遍釉的厚度也已远超南宋龙泉窑，尤其是"梅子青"的釉厚度最少达到了1.5毫米以上，所以现代烧制的龙泉青瓷，是在继承传统工艺的基础上又将其发扬光大。

科学试验表明，在长石釉中如果Fe含量达到0.8%左右时，就可出现淡绿色；当达到1%～3%时就会出现青绿色；当达到5%时呈现糖稀般的米黄色；而达到8%时就呈赤褐色或者暗褐色，这是因为颜色太浓，如果釉累积到1.5毫米厚时，釉就会变成黑色了，成为所谓的"芝麻酱釉"或"天目釉"。

特别指出："徽宗官窑"的标型器，虽然文博界至今还没有达成统一的共识，但有一点可以肯定：如果仿造的"徽宗官窑"不是采用当地原料和当时配方，那是绝不可能仿制成功的；即使采用当时当地的原料，如果其含量配比不对那也是很难仿到位的；即使原料和配方都很接近，如果不是采用素烧及多层施釉的工艺，那也很难达到"徽宗官窑"的表观；所以至今仿烧的所谓"北宋官窑"，还没有成功仿制出真正的"徽宗官窑"。

2．疑似"徽宗官窑"的数据分析

宋朝的周辉于《清波杂志》中载：玛瑙"……至宣和以后，御府所藏往往变而为石，成白骨色……"需要指出："御府"是指帝王的府库，而玛瑙也不会变色，这说明"宣和以后"皇家的储物库中，已备藏有"白骨色"的玛瑙。再根据《建炎以来系年要录》的记载宣和二年打击过"烧造假秘色瓷器"的事，由此推理：因汝窑是在清凉寺烧造，而且是处在顾文荐所说的"宣政间"，因此"宣和以后御府"里的这些玛瑙，极有可能就是效仿汝窑的配方，而后又用于京师自置的"徽宗官窑"上。

清代雍正和乾隆两朝是历史上仿宋官最好的，据《南窑笔记》载："观窑，出杭州凤凰山下……今仿观窑咸用砧子，玛瑙等料配之"。这说明清代所仿的宋官窑，与"徽宗官汝"相同，也是采用玛瑙入釉。笔者经若干年的研究和困惑后，终于在2009年将所藏疑似"徽宗官窑"的诸瓷中，选择具有代表性的大小两件青瓷，即图5-3-26、图5-3-33所示的藏品，对其进行能量色散X射线荧光（EDXRF）检测，进而验证了笔者的推理，即：疑似"徽宗官窑"的脂肪（丝绸）般光泽，其高黏度釉配方中的关键成分，是玛瑙（玉髓）和钾长石的理论推测。

就疑似"徽宗官窑"的检测数据而言，其关键K（钾长石）元素的含量为10%左右，这明显高于所有窑口K的含量，且铝的含量也是10%左右，尤其还含有锆（Zr）、锌（Zn）、钡（Ba）、钛（Ti）、锰（Mn）等微量元素，这些也是玛瑙类矿物所含元素的特征。研究表明：南阳玉独一无二的玻璃与油脂光泽的双重特征，非常吻合"徽宗官窑"的釉面表观，因此推测"徽宗官窑"不但延用"玛瑙末入釉"的宫廷配方，而且还采用了钾长石等高黏度的釉果，以及高镁型的"石垩"釉灰。

调研中还发现：河南当地产的宜阳长石和南召长石，其主要成分就是钾长石，其颜色都是白色，并且河南禹州的神垕镇，自古就有"南山煤，西山釉，东山瓷土处处有"的传说。以此可推测："徽宗官窑"采用的应该是南召钾长石，这也符合古代就地就近的采料原则。因此"徽宗官窑"的这种釉灰，再与单一的或复合的"玛瑙＋钾长石"釉果配合，进而组成这种与众不同的、特殊的"无铅高碱釉"，从此开创了陶瓷史上高碱釉的新时代。特别说明：北宋及以后瓷器上的釉，大多是由釉灰和釉果所组成的石灰碱釉，而且其中釉果的变数也是最大的。

特别指出：河南产原料中镁（Mg）的含量，普遍比浙江产的原料要高，而且与"徽宗官汝"相仿，这说明两地所选用的瓷石（美玉）或者釉灰（石垩）有所不同。疑似"徽宗官窑"与"高宗官窑"相比，釉中K含量是"高宗官窑"的2倍以上，与此相反，钙（Ca）的含量却呈断崖式下降到50%以上，这是其不会产生"异相基底"结构，且釉面呈幽静淡雅的青色的原因所在。请参考表5-3-5所示的数据，以及《釉灰与釉果》表4-1-2各类矿石的数据对比。

表 5-3-5　疑似"徽宗官窑"与"高宗官窑"检测数据（瓷釉）（%）

	Si	Al	K	Na	Ca	Mg	Fe	Ti	P
青瓷三足洗	66.15	10.12	10.43	2.10	6.82	1.25	0.97	0.29	0.24
青瓷花口尊	67.75	10.73	9.37	2.03	6.52	1.17	1.10	0.13	0.20
南宋官窑1	65.40	14.97	2.92	0.27	13.94	0.67	0.95	0.13	0.26
南宋官窑2	67.19	14.41	3.31	0.65	12.47	0.70	1.15	0.20	0.32
清凉寺汝窑	58.80	17.02	3.24	0.60	15.16	1.71	2.31		
官仿官1号	66.81	13.31	4.89	1.90	10.76	0.56	0.91	0.12	0.08
修内司遗址	62.05	11.38	3.83	0.00	18.14	0.72	1.96	0.09	
郊坛下遗址	63.52	12.72	4.55	0.12	16.59	0.64	1.41	0.08	
刘家门钧窑	70.65	10.14	3.17	1.38	12.41	1.48	2.76	0.25	0.8
备注	1. 前二组是疑似"徽宗官窑"X荧光能量检测数据。 2. 接下四组是上硅所采用湿法化学的检测数据，显然与X荧光能量检测数据，存在着系统误差。 3. 修内司和郊坛下官窑遗址瓷片，是经X荧光能量检测的数据，摘自耿宝昌主编的《南宋官窑》，二处官窑代表南方瓷釉。 4. 钧窑摘自张茂林等人论文，但参照耿宝昌主编的《钧窑》，补充了钠、镁、钛、磷的平均含量（黑体），钧窑和汝窑代表北方瓷釉。									

3."徽宗官窑"真假的分水岭

笔者认为截止到本书出版前为止，市场上无论公与私、国内还是海外，所有仿制的"北宋官窑"或者说仿所谓的宋"哥窑"，都是在复制"高宗官窑"和清凉寺汝窑的配方，也包括新中国官仿官1号。其所有仿品釉中的K含量，无一例外都在5%以下，这还不包括其他微量元素的含量对比，这应该就是目前国内外的文博界，对"北宋官窑"的认知终点站。如果笔者再循环下一个20年秘而不宣的话，可以断言：也许"北宋官窑"的谜底，还要再等待一个相当漫长的岁月，也许笔者的论点仍然不被主流所认可，没关系那就拭目以待吧！

笔者预测，当本书上述研究成果和数据出版后，将会有大批K含量10%的"徽宗官窑"涌现，因此仿"北宋官窑"的胎和釉，将开始驶入"北瓷北料"的正确轨道。而且对其釉料与配方的研究，也将步入钙含量6%，以及铝和钾的含量各占10%的"双10"时代。因此本书将同烧制元青花的分水岭一样，之前的要么是到代的"徽宗官窑"，要么就是本书出版后的新仿，在科学面前真的永远假不了，时间和历史终将会证明：这应该是"徽宗官窑"的正确配方。

很庆幸截至目前，笔者既没有看到一件与本书中所示相类的"徽宗官窑"器型，也没有与其相近的检测数据出现。这也充分证明：本书没公开过的器型和数据，不但没人可仿，也无从仿制，而且就现在所有仿品的数据而言，也都还是在"高宗官窑"和国家"官仿官"的范围内徘徊，至于本书出版后就不好说了，可就算器型和数据你都可以仿，但其老化和釉面的特征是永远也仿不了的！

特别说明：本书所述的各论点和数据都已是十五年前的研究成果，只是没有公开发表而已。因为在市场还不完善的情况下，为避免出现仿本书中的藏品和数据，故一直没有发表而静观其变。因此可以肯定：时至今日的所有仿品还依然在原地打转，其实笔者已经等待和观望了二十多年了，假如再等N多年以后发表的话，相信仿品水平还会如故。

再次指出：本书中的所有敏感数据、图片和结论，均是首次公开发表，希望能推动文博界的多元化研究，也期待文博界和科学考古能尽快解开"徽宗官窑"之谜。笔者以此可立据：仿品现在无一能达到疑似"徽宗官窑"的数据水平，而且笔者将以坚定的信心，期待考古和科技发展的百年后，来见证本书中的各论点和数据。

十二、"徽宗官窑"的鉴赏要点

通过前面对宋官窑的论述，以及对"高宗官窑"和疑似"徽宗官窑"检测数据的分析，如果说"徽宗官窑"及其数据有待考古和科学验证的话，那么"两宫三馆"收藏宋官窑的表观特征和老化痕迹，应该已得到国内外学界共识！试问：如果遇上这样的宋官窑，您从思想和行为上真的能认可吗？譬如面对：远离南宋临安的河北定兴县出土的宋官窑旋纹长颈瓶；甘肃漳县的汪世显墓出土的宋官窑多棱直颈瓶等。问题是：这如果不是官方考古发掘的宋官窑，而是出自民间的藏品您还能相信？又有谁敢认呢？

因此，如果疑似"徽宗官窑"的表观和动态痕迹等，不但具有多种仿不了和极难仿的特征外，而且还具备国内外馆藏宋官窑的各项特征，那么就目前眼学共识所达成的鉴赏观而言，这类万幸之物"徽宗官窑"的真品性，其可信度就会大大增加。而本节就是根据馆藏宋官窑以及疑似"徽宗官窑"的具象，所总结出"徽宗官窑"的特征与科学解读，也供宋官窑爱好者研究和鉴赏时参考。

特别提示：现代仿宋官窑和汝窑等作品，从外观粗线条的静态特征上，而且远观来看都是很相似的，但上手后的近察和微观看则立马会原形毕露。故对此类器物的鉴赏必须在细节上运用动态痕迹来鉴别，尤其是对很难仿和仿不了的点，更要重点、反复比对鉴别。对此也可以说：当科学检测还没有主宰鉴定的情况下，您完全可以用批判式的眼学观，对本章的观点和器物进行各种评鉴。

1. 器型与釉色

收藏和鉴赏古代的艺术品，首先观察它的"气韵"，就是老古玩行所说的"望气"，而且理解和感悟"相面"这一点非常重要，乾隆与柴琼等人宫中鉴宝的故事，就充分诠释了柴琼这一语道破天机的"气场"理念，即：品鉴其有无艺术性和帝王气息，而且它永远都是收藏的第一要素。"徽宗官窑"就更不用说了，它虽然不是商品但胜似商品，它是依典有范的祭祀和陈设器，其"气韵"必然是：高贵典雅、精湛大气、颜色独到、釉厚似玉。而且在造型上：常伴有花口、乳钉、筋棱、弦纹等特征，因此对造型和釉色的品鉴，几乎是凌驾于其他要素的第一选择（图5-3-34、图5-3-35）。

《宋史》载：议礼局"诏求天下古器，更制尊、爵、鼎、彝之属"，说明这四类祭祀重器，将是徽宗皇帝"更制"后的经典。据《铁围山丛谈》载："天下塚墓，破伐殆尽矣，独政和间为最盛，尚方所贮至六千余数，百器遂尽……又获被诸制作"；又载："尝有旨，以所藏列崇政殿暨两郎，召百官而宣示焉"；而且徽宗还下旨编纂《宣和博古图》等典籍，正如《续资治通鉴长编拾补》载的仪礼局奏文："稽古而不迂，随时而不陋"，可见"徽宗官窑"不但有仿三代器"被诸制作"之据，还可能衍生出所独有的"徽宗器型"，这也是"徽宗审美"的具体表现。

图5-3-35 "徽宗官窑"旋纹缸缸底 口径26.8厘米

　　如果疑似"徽宗官窑"特殊器型有待考证的话，那么其外观所具有的共性特征，就一定体现在釉质上，而釉分为青色和黄色两大类。重点是：这绝非单一的铁离子就能呈现的颜色，所以无论哪种釉面因为有玛瑙（玉髓）入釉，故在原色上又附加一种晶体结构的物理色，因此大概率宋官窑的厚釉都具有羊脂般的酥油感，或者是丝绸般的光泽，如老古玩行所说"凝脂"与"酥光"一词，细品之令人回味无穷，这也是"玛瑙末为油"的基本特征。而作为艺术家的徽宗皇帝，对色彩的要求更是挑剔，可以肯定，"徽宗官窑"的"绝类"釉质与当时的汝窑、董窑、龙泉窑等，以及南宋官窑截然不同。

　　如果将历代各窑口的"青窑器"，摆放在一起做比较的话，那"徽宗官窑"立马就有排他性，其颜色、釉光和气韵鹤立鸡群，那种含蓄内敛的幽青色使人肃然起敬。由于"徽宗官汝"的豆青色采用的是青白玛瑙，天青色则是绿玉髓，但也不排除"徽宗官汝"的天青色或"徽宗官窑"的米黄色，都是采用各色独山玉的可能，显微观察"徽宗官窑"与天青色"徽宗官汝"一样，釉中有"绿点"，以及米黄色釉中有"褐点"的现象，这种釉中现象显然不是铁离子的反应致色，另有北宋时的张耒有诗为证："碧玉琢成器"，而独山玉中就有碧玉和黄玉的原料。

　　按理论和逻辑推理："徽宗官窑"的粉青色与"徽宗官汝"的豆青色一样，采用的也是青白色玛瑙或绿玉髓和绿玉；而米黄色则是黄玛瑙（黄玉髓），或是南宋《百宝总珍集》中称的"栗黄玉";在宋代玛瑙矿的考古现场,也确实发现了绿、黄、蓝等各色玛瑙碎石;但与"徽宗官汝"所不同的是:"徽宗官窑"釉的主体是钾长石,而"徽宗官汝"则是以钙长石为主,所以官窑粉青釉类的颜色,以及釉面凝脂、丝绸光泽等特征,就会显得与汝窑略有不同。

黄玉髓是含Fe^{3+}的玛瑙,但如果没有还原剂和还原气氛,那自色的Fe^{3+}离子在釉中是不会被还原的,就是说依然保持着原黄色。而南阳的黄玉是含钒(V)0.001%~0.1%黄色的自色元素,巧合的是在南宋郊坛官窑中,也确实检测出V和As这样的指纹元素,所以在宋官窑的米黄色釉中,不排除添加黄玉髓或南阳黄玉类的可能。还因为黄玉髓中由于Fe^{3+}含量的不同,还会导致黄颜色的深浅不一,所以最初"徽宗官窑"中的黄色,是很难像粉青色(青白色玛瑙)的那样,能烧造出近乎统一的米黄色。

笔者推测:事实上"徽宗官窑"的黄釉中,最初呈现的是米黄色、炒米色、棕黄色等各色的黄釉,虽然都是"类黄色"的系列产品,但却没有形成统一的黄色,如图5-3-5、图5-3-24所示。但在"徽宗官窑"的中后期,因严格规范了原料、配方以及工艺等,这才基本形成相对稳定如一的棕黄色,如图5-3-7~图5-3-9所示的那种黄色釉。

重点说明:"徽宗官窑"的粉青釉采用的是"青白色玛瑙"和钾长石,而米黄色则是黄玉髓类与钾长石,这与"徽宗官汝"天青色采用绿玉髓一样,这也是釉面为什么都呈腊脂(丝绸)光泽的原因。而且与汝窑天青釉或"徽宗官窑"粉青色釉中,所出现的"绿点"不同,"徽宗官窑"的米黄色釉中有时会出现"褐红点"。而且经多次上釉后的瓷器,不但具有酥油般"类玻璃"的釉面,而且还有一种沉重的手头感,就如同拿一块玻璃与拿三块玻璃的不同质感一样。

特别指出:"徽宗官窑"的主流颜色是粉青与炒米黄两种,而且是"徽宗官窑"所独有的颜色。而像图5-3-36、图5-3-37这种,目前仅见的豆绿色,在粉青釉的"徽宗官窑"中极其罕见,推测是由于所选玛瑙颜色不同所致。但这件"花口尊"无疑会被专家定为臆造品,而如果知道清凉寺还出土过"花口水仙盆",那就不足为奇了,而且即使想仿烧这种颜色,因不知其故也是望尘莫及,何况还有明显的鳝鱼血和老化痕迹等特征。

2."金丝"与"铁线"

"徽宗官窑"的琢器大多是"楷模"成型,很少是手工拉坯的轮制成型,但南宋官窑的存续时间较长,而且后期一般的器物是以手拉坯为主。如果瓷器立件上的开片纹,有明显单方向斜旋的纹路,那是手工拉坯所导致的,大概率可排除"徽宗官窑"的可能性。而且"徽宗官窑"粉青瓷的"铁线纹",是由墨汁

图5-3-36 "徽宗官窑"豆绿色花口尊 高26.4厘米

图5-3-37 "徽宗官窑"豆绿色花口尊尊底

类的天然染色液所为，而且其原始的开片纹，经过漫长的时间洗礼后，开裂的程度已变得既宽又深，这明显是区别于现代仿品的裂纹。

而"金丝铁线"的金丝，其粉青釉与米黄釉一样，有共同点：即入土后所产生的二次开片，再经漫长的岁月与环境洗礼，而形成了土沁色的"金丝"；二次开片的土沁色深浅不一，但都是细小的裂纹；而在"金丝铁线"之间，还存在零星的白色短细纹（惊纹），这是出土后的第三次开片，但这几次后开片的裂纹，都是胎釉适应周围环境的自然现象，这也是区别新仿北宋官窑的特征之一。

"徽宗官窑"炒米黄色瓷器有的也有"金丝铁线"现象，但"铁线"却是细而窄，"金丝"也都是后开片的土沁色。但对比粉青釉的"金丝铁线"，从裂纹到颜色都要逊色很多。而新仿的"金丝铁线"其"铁线纹"不但肤浅且模糊，根本形成不了深与宽的开裂程度，也没有"金丝纹"和"死亡气泡"等老化现象。虽然纹线大多是植物性颜料，但仿品是要在同一时间内，经过"铁线"和"金丝"的两道工艺处理，甚至有的高仿的每道纹、线还要再回炉低温烧制一次，这种仿品远观很像，但近观就不难鉴别了。

冰裂纹是在釉面上的开裂，北宋时的"铁线纹"和"鳝血纹"是经过了漫长的岁月的，所以大多能从裂缝处深入到胎的面。而且比较严重的裂缝还有向两侧逐渐张开的趋势，这是由时间导致的"大峡谷"现象。而且抚摸其釉面的开片还略有轻微的刮手感，这是老古玩行所说的"开芒片"，也被称为"手抚如触芒"的高古现象。从釉面上看"铁线纹"和"鳝血纹"，其延伸到胎底的线纹，就像水墨画般的晕散。本章对宋官窑特殊的"金丝铁线"有专论，请参照"为什么说'铁线纹'是北宋匠人的创新工艺"一节。

特别指出：迎光细看其线纹上，有的是在底足的胎釉结合处，还有钾、钙等白色碱性离子的附着物，这也符合"固体扩散"的机理，其迁移出的白色点状堆积物，老古玩行称其为"吐筋线"。但"徽宗官窑"的"吐筋线"，与"徽宗官汝"天青色的"吐筋线"还有区别，"徽宗官窑"的不是白色物，而是被污染成灰色的和"铁锈色"的"吐筋线"，其覆盖层有时还会有彩色光晕。但"刮手感"和"吐筋线"这两点对鉴别高古瓷的真假来说，是非常重要的，而且刚出土瓷器的釉面这种特征还会更加明显，新仿品至今都无法仿制。

3. 聚沫撺珠与宝光

前文提到，因为在釉料的配方中含有大量的K元素，这不但使熔融温度范围变宽，而且还提高了釉面的光泽度，但熔融后的黏度会变大，这样会造成气体很难逸出黏稠的釉面。所以小气泡在聚集和碰撞的过程中，有的会集合形成超大的气泡，好似吐沫簇拥中的浑浊"玻璃珠"，使釉面产生"聚沫撺珠"或"聚沫攒球"的现象。但这种"聚沫撺珠"的现象，大多发生在"徽宗官窑"

的粉青釉上，而米黄釉则都是细小的"聚沫"状态，如果能观看到微观图的话，那么"撰珠"和"葡萄串"似的"铁线纹"就非常清晰了。总体上观察："徽宗官窑"的粉青釉的气泡是大而疏，而米黄釉的则是小而密；但视觉上都呈温润如玉感，用手抚摸瓷器的釉面仿佛有婴儿的皮肤之感。

但"聚沫"的气泡比较密集，气泡大多是水汽化和结晶水所致，其次才是各种原料中反应时所释放出的氧气（O_2）和二氧化碳（CO_2）等气体。所以釉中的气泡存在大和小、稀和密的三维立体现象，而且形成这种多层的气泡群，需要高倍放大镜才能观察清楚，但大气泡和气泡的"撰珠"大多漂浮在上层。而形成"撰珠"的气泡，则是在这种熔体下各种气泡的偶然集合体，直径大约是小气泡的几十倍。"撰珠"现象也是宋官窑的特征之一，但在烧造过程中这种"撰珠"的机遇很少，正如老前辈所形容的是"寥若晨星"。

对"宝光"的解读："徽宗官窑"经多次施釉后，其每一釉层的大小气泡，无论是细碎的"聚沫"还是大小的"撰珠"，所形成的是层层叠加的状态，所以釉中的气泡具有三维立体感。加之玛瑙融和后这种"微米结构"的晶体，会使光线的入射角和反射角，产生一种"光子晶体"的奇妙物理光泽，也只有这样才能形成"宝石的光"，但釉层中的三维立体气泡，需要在高倍数放大镜下才能清晰观察到。

而且这种多层的气泡以及"次生结晶"的釉面，能使入射光产生多次反射和各种折射后的漫反射，就好像转动宝石时那样的光，即：能使光线在釉内有滚动般的"宝光"，而且釉面所形成的是水光波的"一片光"。而所谓"润光"则是表面形成的一层"硅凝胶膜"，这与由内部气泡和晶相结构所形成具有的"宝光"是不同的，经漫长水解反应（回归羟基）后的"硅凝胶膜"，其釉面呈现的是一种"和田籽玉"般的光润感，但不是低温釉面的那种"亚光"，更不是高温新烧瓷釉面的那种"燥光"，就像镜面般直反射后刺眼的那种"聚光"。

4．葡萄粒与"葡萄串"

虽然疑似"徽宗官窑"的釉面，犹如老瓷如新的一般模样，但用放大镜仔细观察其釉面，无论粉青釉还是炒米黄釉，也无论丝绸般光泽还是润亮的酥油光，都会有随机零星出现的黑色圆点，这也是高古瓷真品的不二特征。但粉青色的釉面因气泡大，所以"死亡气泡"表现得就特别明显，而米黄色的釉面因气泡小，所以黑圆点也小，不易被发现。

北京故宫研究员段鸿莺等人对馆藏宋官窑的研究也说明，黑色圆点和"葡萄串"就是所谓的"死亡气泡"，这也是釉表面的薄壁气泡，被微生物侵入氧化后的结果。而如图5-3-38所示釉面的"死亡气泡"和"葡萄串"现象，虽然不是显微拍摄但仍然依稀可见，如果在显微镜下观察会非常明显。特别说

图5-3-38 "徽宗官窑"粉青三足洗釉面

明：任何的"死亡气泡"都与整个釉面无关，是属于个别气泡的自身行为，其整体釉面没有被侵蚀，所以表面依然光润如新。

特别强调：真品釉面上的"死亡气泡"，是贴近釉面的个别气泡的自然老化现象，是随机的零星的圆黑点（葡萄粒），但丝毫不影响整个莹润如玉的酥光釉面，通俗讲：就是在玻璃光的釉面上，存在着散落的零星黑点。而人为造假的棕黑色圆点，则需要整个釉面的化学腐蚀，所以黑点是大面积大量分布，而且整个釉面腐蚀的是"无光如旧"，以上这点非常重要也是判断新老和真假的标准之一。

但在米黄色系列的釉中都是密集的小气泡，所以要比粉青釉的黑点小且极其稀少，这时就要观察"鳝血纹"上的"黄锈痕"与渗透度了。顺便说明一下："徽宗官汝"的豆绿色如图5-3-36所示，由于釉面同米黄釉相似，而且更瓷实些，所以气泡不但密集且极小。极个别米黄色的"徽宗官窑"瓷，因没有产生"死亡气泡"的条件，釉面上极难发生气泡变色的老化痕迹，有的甚至没有"葡萄粒"现象，这时就要观察其他条件。

有的"徽宗官窑"在铁线纹上，还会出现褐黑色的"葡萄串"（图5-3-38），这种在"铁线纹"上的"葡萄串"现象，有的釉面非常明显，但有的釉面则没有。而在釉面上的黑色"葡萄粒"是每件瓷器都应该有的。特别说明："葡萄串"现象与裂纹的开裂度有关，开裂度又与时间有关，所以时间越长其开裂度就越大，这种现象也就越严重。造假者虽在仿这种现象，但仿得却极不自然，相去甚远。

5．堆脂与缩釉

"徽宗官窑"是薄胎厚釉，其所形成的垂釉大多在底足的里外两侧。这种垂釉因为黏度大会形成圆凸形的环型圈,"徽宗官窑"的口部和足边缘的这种堆脂,笔者将其称为"啤酒肚"现象,而且往往伴随着这种"啤酒肚"还会出现局部"缩釉露胎"的现象,且"缩釉"的边缘特别肥厚,这也是"徽宗官窑"器底和圈足部位所独有的时代特征,如图5-3-39所示。

科学解读:"啤酒肚"是多次上釉烧造后,其器物边缘处所形成的堆脂;而局部"缩釉露胎"的瑕疵,则是釉中含大量钾的必然结果;釉中的K含量越多其黏弹性也就越大;这种高碱釉与一般K含量5%左右的釉相比,因高温下不易流动,所以其堆脂和缩釉的现象,就会更加突出,这既是"徽宗官窑"所独具的特征之一,也是历代仿造者所仿不了的不解之谜。"啤酒肚"现象也正如耿宝昌前辈所云:"垂釉多在口边缘的稍下处,形成略为高突的环形带,是为哥窑器之一绝,除宋'官窑'作品外,后世各窑口作品及历代仿宋哥窑器均无此特殊现象",这也是老前辈针对故宫的宋官窑,所进行的阶段性概况总结。

综合评述:底足分施釉裹足支钉烧以及露胎圈足两种形式;底足施釉几乎到底足的边缘,但所堆釉的厚薄及流淌的距离却不等;有的远看几乎包住了足墙,但细看却露出足墙大约1毫米的宽度,有的甚至远小于1毫米,而且是紧贴或者近乎包裹住其足底,这也是宋官窑的特点之一;宋官胎釉结合处的表象,不是像后世所仿的那样,是人为刮釉修整的好像是平直的一条线。宋官窑底足从来不刮釉,而且是自然的、"戛然而止"的、海岸线式的流淌至足脚边

图5-3-39 "徽宗官窑"花口罐堆脂与缩釉

缘上，这是至今仿品所无法做到的，尤其对大件器物而言更是如此。而且大件器物的底足里侧，会出现堆釉和缩釉的现象，其圈足里外两侧的"啤酒肚"，也不是很均匀，如图5-3-36所示。而小件器物圈足的里外两侧，"啤酒肚"却很均匀，而且其底足的里侧形成的是整齐的坡面，尤其黄色瓷器圈足的"啤酒肚"，很均匀且没有缩釉现象，以上这些高超的工艺与特征，历代都没有仿造成功。

6. 星光点与鱼鳞纹

"徽宗官窑"粉青釉面裂纹处的星光点，如同翡翠的翠性一样，只要迎光通过角度的变化就可观察到这种星光点。"鱼鳞纹"也叫"龟背纹"，是每层冰裂纹叠加后的一种开片，它是经过多次上釉后才出现的一种错落有致的开片纹理，所以说："鱼鳞纹"是宋官窑所独具的特征之一。釉面上的这种星光点与"鱼鳞纹"现象，跟釉厚以及多次上釉有直接关系，尤其在"鱼鳞纹"的斜开片处，星光点会更加明显。重点是：真品的这些现象会同时出现在同一个釉面上。现代仿品的"鱼鳞纹"也能达到乱真的地步，但却没有"金丝铁线""葡萄串"与"粒"等老化特征，尤其釉色与丝绸般的光泽更无法再现。

大型立件器开大片纹的较多，小件则开百圾碎或龟背纹的多。如果是经过几百年的传世品，则新裂纹（短小惊纹）就极少；如果是新近的出土器，则由于长时间埋于地下的缘故，出土后的温差会发生急剧变化，所以会不断出现新裂纹，不过相对于传世品来说，出土器新裂纹虽然也有，但也绝不会全身都是，这就是自然与人为的区别。

7. 火石红线与圈足

宋代官窑由于材料粉碎和素烧工艺，以及"范金楷模"的成型，其胎骨都不够密实，就像由大小石头垒成的墙一样，存在着空隙而不紧密，这样就造成胎骨疏松，所以弹指瓷器会有木声感。而现代仿品的胎，其粉碎的颗粒细且均匀，充填的密实度也较高，所以声音是响而脆亮的，而且宋代官窑的釉和胎骨相对较厚，每件瓷器都有沉重的压手感。因楷模成型的密实度不够，导致大件的个别器物，其圈足出现微变形，而且从圈足的露胎处，可观察到底足的修整工艺和胎色，也可从这点上判断是不是新仿品。

粉青瓷胎和釉的结合处，都会有渐变的牙黄色火石红，老古玩行称为"黄水线"，而且在圈足里外的露胎处，都会呈现出金黄色的一线火石红。凡是具有渐变式的金黄色火石红线，就一定伴随着一层亮"膜"覆盖其上，就好像涂上了一层"金属亮漆"，这是由于时间与环境综合因素而形成的"膜"，也是到代真品的又一个不二特征。

8. "紫口铁足"与支钉痕

以往的理论和认识都强调"紫口铁足"是宋官窑的特征之一，但在南宋官窑遗址的上万件瓷片中，一件器物上"紫口铁足"这二者并存的现象却是凤毛麟角，大多呈现的是"紫口"或者"铁足"的单一现象。这是由南宋官窑"铁胎"所决定的，而且"铁足"也仅占极少的部分，绝大多数是无"紫口"的。只有在"徽宗官窑"的米黄色上，才具有这种"紫口铁足"的现象，这也是区分北宋和南宋官窑的一个分界点。

南宋官窑米黄色系列的胎骨与"徽宗官窑"米黄色的胎一样，因配方中都采用了紫金土，所以在烧造的过程中紫金土中的Fe离子会迁移到胎面，而Fe离子经氧化后会使不挂釉的露胎足处，呈现出红褐色或黑褐色，行内称其为"铁足"。但是河南产的紫金土比浙江产的紫金土，其Fe的含量要相对低些，所以南方瓷器的"铁足"普遍比河南窑口的都要重。

与此同时，在口沿边缘的釉薄部分，紫金土还会呈现出浅褐色，行内称其为"紫口"，但根据配方不同，"紫口"可以有，也可以没有。比如：有的钧窑、米黄色"徽宗官窑"就有，但南宋官窑和粉青釉的"徽宗官窑"就没有。而且"徽宗官窑"的口部特征，大多呈斜上扬的收敛式，顶端的口沿呈相对尖薄的圆滑状，这明显区别于平沿直口式。

根据理论推测：其实"徽宗官窑"的粉青瓷，根本就不可能有"紫口铁足"现象，因为胎都是香灰胎，也没有采用紫金土。但"徽宗官窑"的黄色系则不同，它是分有"紫口"（深褐胎）以及没有"紫口"（香灰胎）两种现象，但无论是自然的也好，人为的也罢，却都存在着"铁足"（自然型和护胎釉型）的现象。"徽宗官窑"的米黄色高端瓷全部是裹釉支烧，其米黄釉的胎与宋钧瓷的胎相似。

特别指出：笔者不建议用"紫口铁足"的第一标准来判断宋官窑的真假，避免枪毙掉"徽宗官窑"，而且"修内司官窑"无论圈足的宽窄，都是切削整齐的平足；而"徽宗官窑"虽然也是平足，但有的圈足两边却略微有修整；南北两宋的官窑都是"楷模"成型，弹指瓷沿都有"沙哑"的木声；与"徽宗官汝"的一次釉不同，"自置官窑"要经过多次上釉，所以其胎体和手感都很重，正如民国鉴赏家赵汝珍所说："瓷胎极轻或极重也属贵品"。

"徽宗官窑"全部采用的是圆形支钉，其支钉痕非常圆且布局规整，而且无论多少都排列有序，如图5-3-40所示，南宋也继承了"徽宗官窑"的这种工艺。圆形支钉痕大多呈褐色，而且无论是底足还是器里，有支钉痕的器物基本上是里外满釉。"徽宗官窑"整器大多没有露胎处，可能是因为道教所供奉的器具，有其特殊规定和要求的缘故（图5-3-41）。

图5-3-40 "徽宗官窑"出戟尊底足与支钉痕

图5-3-41 "徽宗官窑"粉青四件茶盏

9. 结语

据《中兴礼书》卷十《郊庙祭器》载：绍兴十九年"有陶器共二千二百三十八件，内有不堪四百六十件，难以添修"。这至少说明两点：一是南宋"内窑"这个批次就有两千多件瓷器；二是由于"袭"（仿造）的是北宋工艺；因此可知：即使官窑成立几年后的烧造，还依然存在20%的不合格品，另据《宋会要辑稿》载：绍兴十五年"未有样制尊罍等五百九十六件副"，这是最初"其制非是"的试烧品。所以就目前在各大博物馆中，所流传的"歪瓜裂枣"以及"其制非是"的宋官窑，极有可能是"高宗官窑"中的淘汰品，这是仅以眼学观就可排除"徽宗官窑"的可能性，但这并不影响对胎釉和工艺的研究与鉴赏。

笔者将古玩行所说的"北宋官窑"或"汴京官窑"，非常明确清晰地称为"徽宗官窑"，而且本章所阐述疑似"徽宗官窑"的特征，即使是最接近的"高宗官窑"以及"董窑"或明清仿的宋官，那有些特征也是不具备的，这需要读者慢慢去领悟。北京故宫博物院的王光尧研究员在《清代宫廷对宋官窑瓷器的收集及影响》中说：雍正时期宫廷收藏宋官窑共21件，到乾隆时期合计为340件。截至目前，两宫收藏的传世宋官窑总计201件，其中台北故宫博物院143件、北京故宫博物院58件，重点是：其余的那139件宋官窑怎么消失了呢？

第六篇
商品经济高度发达的产物
——元青花

第一章
以科学数据解读元青花

瓷器上的青花是钴元素所致,世界上钴料率先在陶瓷上的应用,是在西亚建筑物墙壁上的"瓷砖",这也是借鉴琉璃工艺的陶制品。而我国从西亚进口的"苏麻离青"钴料,大体上将其分为三个历史时期,即:唐青花、元青花、永宣青花。笔者统称为"苏氏青花"。特别指出:无论哪个年代,陶瓷胎釉如何变化,其"苏麻离青"钴料的本质和特征,都没有随胎釉和温度的变化而改变。

本篇是根据2012年《上海国际元青花研讨会》所发表的论文整理而成,而且是以西亚型元青花为主旋律的论述,但其他各窑口的元青花则不作为本篇研究的主调,对所论述"苏麻离青"钴料的特征,也同样适用于永宣青花。特别指出:书中图片因光源、电脑、印刷等原因,其青花所反映出的颜色,不是阳光下真正"苏麻离青"那种宝石蓝色,因此笔者不建议:以各种媒介上的青花色,以及瓷器各种色釉和釉上彩,作为记忆中的参照物来鉴评。

一、为什么说元青花是"后浮梁瓷局"的创新商品

首先说明,历史上只有到了元代才设立"浮梁磁局",并且还赋予了工匠各级别的官位,而其他的朝代则只是选派督陶官;元代还是一个爱惜匠人的朝代,《元史》卷五十就载有"国兵屠许,惟工匠得免"的免死令,而且将工匠编入户籍来管理,且匠人可世代承袭。《元史》载:"浮梁磁局,秩正九品,至元十五年立,掌烧造磁器。画局秩八品,掌烧造诸色样"。可以想象,高端元青花的各种图案,那可是政府八品官员的画师所为,就像图6-1-1~图6-1-4所示。此外一些他窑的普品元青花,才是出自小窑的匠人之手。

《元史》又载:"凡朝廷烧制磁器,必由内府定夺样制"。清代的蓝浦于《景德镇陶录》中载:"至泰定(1324年)后,又以本路总管监陶,皆有命则供否则止,税课而已";明初《格古要论》载:"古饶器,元朝烧……有青花及五色花者,且俗甚矣"。以上文献说明,元代浮梁瓷局的官窑体制,不但是要"瓷局服从画局"(官职决定),而且实行的是内府定样烧瓷的制度。元代由于是马上游牧民族建立的国家,对瓷器的需求和使用就显得不是那么必要,因此

图6-1-1　元青花鱼藻纹罐 高29.4厘米

朝廷不太重视瓷器生产，而且元朝宫廷中的用瓷，也是以进贡或缴税的形式为主，因此从瓷工纳税的角度看，元朝实行的也是一种"计划经济"。

那么元代有没有元青花的记载呢？元·汪大渊《岛夷志略》是率先描述"青白花瓷器"的文献，而元末·施耐庵《水浒传》更是具体到"青花瓮酒"的实物，之后随郑和四下西洋的费信在《星槎胜览》中，也沿用了元代"青白花瓷器"的称呼，这就佐证了元代所说的"青白花瓷器"就是现在称为的元青花。明·曹昭《格古要论》云："元朝……有青花及五色花者，且俗甚矣"，而永宣时期的巩珍《西洋番国志》与马欢《瀛涯胜览》书中，在下西洋见闻中都说是国外"最喜中国青花磁器"，这就是元"青白花"与明"青花"相同瓷的不同称谓。

这也说明：伊朗的阿布尔·卡西姆于1301年的元代，在《陶瓷笔记》有关"苏麻离青"的记载中，阐述当地钴料市场是以高、中、低的档次售卖相符，因此也可以说：景德镇的元青花无论发色如何，都是不同种类的"苏麻离青"钴料。元代确实也有许多烧造元青花的窑口，因此高度怀疑明·曹昭所看到的元青花，不是西亚型的精品元青花，或许他当时根本看不到这种出口类型的高端元青花，而接触到的是湖田窑以外的普品元青花。

本书"后浮梁瓷局"是指：元统二年（1334年）顺帝时从撤销浮梁瓷局的税课启，到明朝建立之前的时间段；而"后浮梁瓷局"的前半段，是政府逐渐放弃的"半管期"，后半段则是从至正十一年到明朝建立前的这17年，是完

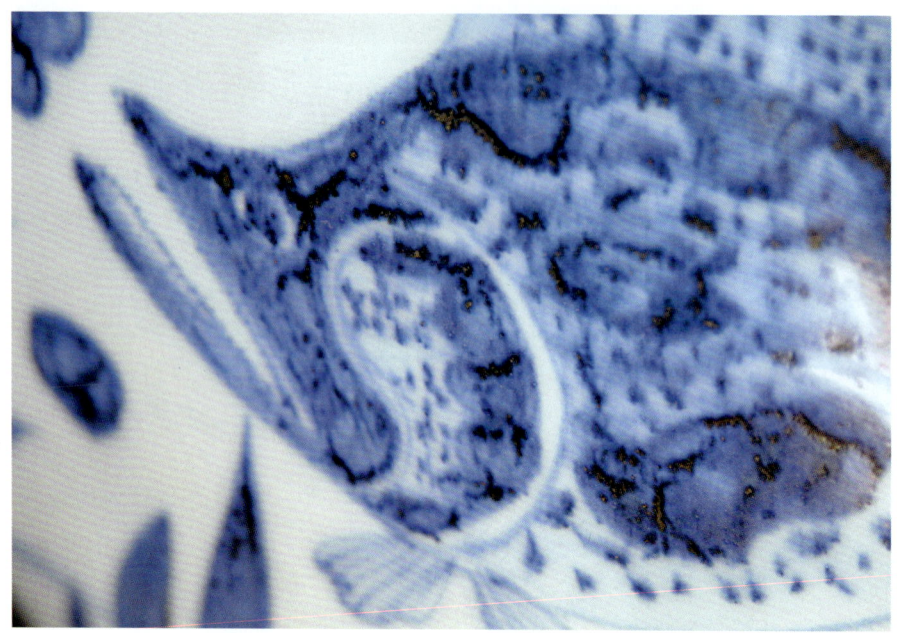

图6-1-2　元青花鱼藻纹罐渗青与凹陷

全处于"无政府状态"下的自由发展期,也正是这段权力真空的"弃管期",才研发出高端青花和釉里红的市场商品。这也可以解释为什么元明时的官方文献,没有记载这段"空白期"的历史,以及商品经济下外来文化元青花的原因,以至于让那位实事求是、不信邪的波普,成为奠基和研究元青花的开创者。

元代的蒋祁于《陶记》开篇中云:"景德陶,昔三百余座"。这也佐证了元朝的民间瓷业,实行的是商品经济下的匠户制度。而元末从至正七年始,各地农民就不断发生起义,到至正十一年徐寿辉在江西称帝时,景德镇已完全处于无政府的状态。但元朝中的汉人是处于歧视阶层,因此在整体的文化内涵上,艺术家都表现出隐晦的"反抗艺术",尤其对元末的制瓷业来说,更是爆发式的、淋漓尽致的疯狂展现。而这种"无政府"下的自由调控,不但加速了官窑技术的扩散,而且也迎来了市场经济下,产品创新的空前繁荣和发展。

景德镇的元青花生产,实际上是处在一个多元化的体系中,元代的"三百余座"窑厂,必然存在着垄断和品牌的市场竞争,但这却使元青花、釉里红等品种,进入了一个发展创新的高峰期。而元青花中的一系列战争题材,也恰好适应了当时当地的市场,其各路群雄争霸的思想需求。

特别说明:元青花中的人物画片,那都是面向国内高端市场烧制的,而且像蒙恬将军大败蒙古人等题材,既不可能出口,也不会在元代官瓷中出现。而且无论哪个朝代的历史故事,大多以宋代的形象出现,如官帽、腰带等;因此这种"信息混乱"的画片,也是认知中的"文化世俗化",甚至可以认为:元朝戏曲是14世纪中的"百老汇",但绝不是专家口中的"臆造"。所以说,元

第六篇 商品经济高度发达的产物——元青花

图6-1-3 元青花三顾茅庐梅瓶 高40.4厘米

图6-1-4 元青花三顾茅庐梅瓶

青花是商品经济高度发达的产物，是"后浮梁瓷局"时代的商品，而与元朝政府没有一点关系。

特别指出：元青花的概念首先是由美国人波普于20世纪50年代所提出的，实际上元青花的创烧与发展，则是由引进"苏麻离青"外来定制的商品开始，到逐步变成"出口转内销"的大陆畅销品，这也是景德镇无政府的元代末期，纯市场经济下的商品产物。难怪西亚出口型的元青花，大多是花卉和动物的图案，而国内市场出现的元青花则是人物故事的画片，所以精品人物故事的元青花，大多留存在了明代的高官贵人手中。

而且元代实行的是"匠户"制度，所以市场绝不可能由独家垄断，但高端的西亚型元青花也绝非哪家都能烧制的，一定是能够引进原官窑体制中，"画局"八品和"瓷局"九品的技术官员，才能达到西亚元青花那样的胎釉和绘画水平。仅以元青花罐高28厘米和30厘米左右的两种规格看，就不应该是一个窑口的产品，而且这种"一笔点划"的娴熟画工，也绝非一般匠人所能为。但元青花各匠户的品牌和配方，也像古代医术等祖传秘籍那样保密，就拿现在景德镇的高仿品来说，其技术也是不公开的。

特别提醒：元末的其他窑口，也在烧造市场上所流行的元青花，但大部分都是元青花的日用普品，其钴料、画工和胎釉，都无法同"西亚型"元青花相比。即使用的是"苏麻离青"钴料，那也是伊朗·卡西姆所论述的那种"廉价钴料"。雅安市博物馆藏有青花楷书"至正七年置"的铭文盖罐，说明这时已使用"苏麻离青"进口钴料，再比如，内蒙古等地出土的元青花类型，不只青花，画工和胎釉也都要相差一个等级。

从元青花馆藏征集地和出土分布看，有出处记录的高端精品瓷都是出自元朝版图中，其起义军南征北战时的区域，或是明朝开国将领的家乡所在地。再从陪葬品的角度分析：凡是有元青花的墓葬，都是明代王侯和将领级别以及"官二代"的子女，或者是元末动乱时期"后浮梁瓷局"时代的达官贵人。所以市场经济下的元青花，根据伊朗"苏麻离青"三种档次的市场销售，相应在国内市场也分出：西亚出口和达官贵人等高端市场，以及中产阶层中端和小市民等低端的三个档次。

我们不妨再分析张文进订制的供器，它是否为"至正官窑"器呢？首先这件成熟的"至正型"元青花，具备了"官窑"最基本的三要素：麻仓土、"苏麻离青"、一流画工，但它却是典型的"后浮梁瓷局"时代的商品。虽然这时已处于无政府状态，但在当地还没有稳固的"新政权"建立，实际上它是一件"非官窑场"烧造的"准官窑"器，所以瓷器上的纪年铭文，依然写"至正十一年"，其推论如下：

① 从至正五年起义军就利用白莲教密反，到至正十一年五月建立政权。

而张文进恰好是至正十一年四月定制的供器，这正说明元朝的此时此地，已完全处于无政府状态。这同样也证明瓷器的生产，已进入市场经济的高度发展期。

② 从62字铭文分析，张文进显然是当地的一位"土豪"信士，而这时的元青花已完全市场化，所以"非官窑场"可为王公贵族和中产阶层，烧造"准官窑"VIP式的定制商品。直白点说："御土""苏麻离青"等资源，这时是只要能出钱，什么都可以有。所以在无政府的商品经济下，谁都可以烧造元青花以及带龙凤的纹饰。

③ 考古发现：在珠山官窑遗址的元代文化层，没发现类似伊朗馆藏的"至正型"元青花的瓷片；而在落马桥、湖田窑的元代遗址上，却出土了西亚型的青花瓷片；这种在官窑遗址瓷片上的断档，也证明这时官窑已停烧，这与文献上顺帝撤除官窑相符。

综上所述：元顺帝在元统二年时已撤销浮梁瓷局的税课，说明这时珠山官窑厂已停烧。《明史·陈友谅传》载："至正十一年九月……遂即蕲水为都，称皇帝，国号天完"，而且元末在各地称王的起义军，使元朝到了至正年间，已完全失去了在江西的统治权。可是官府可以停摆，但市场需求却不会停歇，不同阶层的日常生活依然需要瓷器。停烧后珠山官窑中的能工巧匠，仍然还要养家糊口，自古以来就有"人往高处走"的俗语，这也是高级人才的流动规律，所以官窑中的一等人才，大多流向了具有深厚底蕴的落马桥窑和湖田窑，而且科学考古也证明了这点。所以堪比官窑的精品元青花，以及中下层的普品元青花，就随着市场经济应运而生，至此，景德镇的制瓷业，步入"后浮梁瓷局"的创新发展时代。

从某种意义上说，只有原官窑场的这些匠人，在某窑所生产的元青花，才能算得上是"准官窑品"；成熟的元青花就算从至正十一年开始，那至少也有近20年的生产周期，况且还不是政府的计划经济，而是面对国内外两个市场的旺盛需求，这样的畅销商品能少得了吗？仅以近年来官方公开报道分析：2010年山东菏泽"内河沉船"出土三件元青花；2019年辽宁阜新抓获一伙"摸金校尉"，其正在出售于河北盗得的八件元青花等；重点是，这说明元青花已在中产阶层中流行。所以笔者认为元青花的存世量，绝非只有馆藏这么几件，至于现在市场和专家认不认的问题，以及本书所展示元青花真假的结论，那都是科学检测成为主导和公认后的事。

而历史上对元青花最初的不识，也是基于元史中没有，也无法记载的事实，即：景德镇成"权力真空"的"后浮梁瓷局"时期。而珠山官窑的重新启用，则是洪武二年御窑厂建立时的事，历史上元青花的消失，这是政权更迭后的必然选择，而绝非朱元璋下令销毁所致，洪武只是停止进口苏料和对有关纹饰限制而已。所以流传下来的元末"西亚型"精品青花瓷，只是相对稀少而已，大部分是其他窑进口的下等苏料，所烧造出的一些普品元青花，其发色和画工相差的也很悬殊，难怪《格古要论》对普品元青花，有过"俗甚"的评价。

二、如何解读元青花的胎骨特征

元代的蒋祈于《陶记》中载："进坑石泥制之精巧。湖坑、岭背、界田所产已为次矣。比壬坑、高砂、马鞍山、磁山堂，厥土，赤石，仅可为匣模"。这说明当时景德镇用的瓷石分三等，"进坑石泥"为上等用以制作精品瓷，"湖坑、岭背"为中等，而最下等的只能用来制作匣钵。1977年在湖田窑的宋代地层中，也确实发现刻有"进坑""下项泥""郑家泥"的影青瓷碗残片，经景德镇陶研所对"进坑"等残片检测，其所含化学组分与当地的瓷石相近，这说明宋代影青瓷的胎是由釉灰与瓷石的一元配方组成，至少这时还没有添加麻仓土。而《陶记》所记载的中档泥"湖坑"，经考证属于现在称为"三宝莲"的瓷石。

元末时元青花的胎骨已是"瓷石+麻仓土"的二元配方，麻仓土的学名为高岭土，文献中还将其称为"饶州御土"。高岭土因其产地或所处地层的不同，其所含各元素的量也不同，这可以作为瓷器的"指纹元素"。麻仓土的显著特征是Al含量高达35%，所以在烧造的过程中瓷胎会发生一些相变化，会由钙长石等转变成高岭石。

特别指出，由于二元或多元结构的各种结晶体存在，导致元青花的胎体，必然会出现孔隙与裂缝的现象，而且在底部露胎处和胎体裂缝处，还能看到颗粒状的结晶体。胎体在瓷石相变的过程中，还会发生高温时体积增加，冷却时又收缩的自然现象，但这种现象会导致99%的元青花，其釉面产生针眼或缩釉的现象，严重时还会出现类似人体减肥后的"妊娠纹"，如图6-1-5釉面所示。

因为麻仓土含铁量相对较高，所以其胎骨就略显青白并伴有随机的铁质斑。不同品牌和窑口的元青花，其二元配方的配比肯定不同，胎底可呈现出：滑腻与坚硬、粉白与青白两种形态。其规律是：麻仓土的比例越大，胎体就越趋向于滑腻态，而且胎还显粉白色；麻仓土的比例越小，其胎体就越趋向瓷石的刚硬，而胎也显青白色。

特别强调：真正的麻仓土有其明显的特征，请参照"麻仓土与瓷石"一节。而且元青花的胎比洪武、永宣时期的胎，其麻仓土的特征更加突出。如图6-1-6~图6-1-9是本书元青花的部分罐底展示，仅供读者参考，虽然每个元青花瓷器的底不尽相同，但均离不开二元配方的基本特征，而且一定是螺旋式的切削纹（大逗号）或"肚脐"式宽大的旋纹，而不是现代仿品规整的细纹类同心圆。

图6-1-5 元青花鱼藻纹罐 高28厘米

图6-1-6 元青花鱼藻纹大罐罐底

图6-1-7 元青花唐太宗罐罐底

图6-1-8 元青花鱼藻纹小罐罐底

图6-1-9 元青花人物故事罐罐底

三、如何认识元青花的釉料表象

1. 元青花釉料与主导元素

元青花的釉是元卵白釉的升级版,主要是釉果的改变促使发生了釉的变化,而且由于釉灰和釉果选材与配比的不同,会形成不同性质的石灰碱釉,重点是釉大多呈"鸭蛋青"色,如图6-1-10、图6-1-11所示釉面。与元青花同时代的蒋祈于《陶记》中载:"攸山,山槎灰之制釉者取之。而制之之法,则石垩炼灰,杂以槎叶、木柿,火而毁之,必剂以岭背釉泥而后可用"。其中的"岭背釉泥"一语,是指瓷石淘洗后的"白不子",也是元青花所使用的釉果,而用"槎叶"等以"石垩炼灰",指的就是釉料中的釉灰。

因此釉灰大多由草木灰和"石垩"所烧成,而元青花所用的"石垩"与元釉里红一样,都是一种低镁型的"石垩",而洪武瓷器则是一种高镁"石垩"。"石垩"的现代学名叫方解石,高镁和低镁的"石垩"在技术指标的区别上,主要是镁、钡、铅、锌元素的含量多少。元青花釉的主要成分:因釉果是由瓷石和麻仓土所组成,所以除釉灰中的钙外,瓷石中钾和钠的含量以及麻仓土中铝的含量,才是元青花釉料配方中的关键元素。

重点是:釉料中如果釉灰含量少,釉料的呈色就较白,如果釉灰含量多,釉料的呈色就较青绿(鸭蛋青),而元青花的釉则属于后者。而且元青花的这种青白釉,由于流动性不好,因此釉层相对较厚,局部会有厚薄不一的现象,而且口沿和底部的积釉处或流泪点,会呈现出微微的湖绿色,有一种乳浊的半失透感。

麻仓土属于高岭土类,而添加高岭土的目的,主要是增加铝的含量,通俗说就是增强釉的强度。不同时代和不同配方中,其主量元素铝和钙的含量,以及次量元素钾和钠的含量,也都是有规律可循的。综上所述:元青花釉的好坏是由釉灰中的钙元素,以及釉果中钾、钠、铝这四个主导元素所决定的,各种材料元素含量如表6-1-1所示。

表6-1-1　　元青花釉料主导元素成分含量对比

	Ca	Na	K	Na	Al	Mg	P	用途
三宝莲(湖坑瓷石)	0.7	3.79	4.13	3.79	15.79	0.16		釉果
马龙塘瓷石		6.39	1.73	6.39	15.34			釉果
坳岭瓷石	0.64	1.13	3.36	1.13	23.43	0.18	0.12	釉果
南港(南不)瓷石	1.45	0.42	2.77	0.42	14.97			釉果
瑶里高岭土		0.30	0.25	0.3	36.65			釉果
方解石(石垩)	55				1	1.5~5		釉灰
普通针叶树灰	35		6				2.9	釉灰

图6-1-10　元青花昭君出塞图罐　高28.5厘米

图6-1-11　元青花三顾茅庐图罐　高28.2厘米

2．釉料的可变量与Ca/Na比

分析元青花的胎和釉，它是由宋影青瓷的技术发展而来的，元青花釉中钙的含量，从宋影青瓷的18%左右，减少到元青花时代的10%左右。而钾和钠的含量却从宋影青瓷的3%，增加至元青花时代的8%左右，这是由一元（瓷石）向二元（瓷石+麻仓土）配方转变的必然结果。麻仓土就是孔齐在《至正直记》中所记载的"饶州御土"，其标志性的指标就是铝>35%，由于"饶州御土"的开发与应用，也使釉中铝的含量相应增加。

根据表6-1-1数据的理论分析：至正年西亚型元青花的釉果，是含铝为15%、钾和钠之合为7%的三宝莲瓷石。而元末明初的釉灰则是一种高镁（镁>4%）的"石垩"，其显著标志是：釉中镁的含量都保持在1.4%左右，所以元青花呈现的是鸭蛋青釉，这也是使钴料发色最好的釉。综合分析判断：西亚型元青花的釉中钙含量为9%左右，钠含量≥2%时，其钙/钠在3%~6%的范围。

目前公认仿元青花较好的黄云鹏先生，其元青花胎的公开配方是：南不瓷石（74%）+瑶里高岭土（18%）+三宝莲瓷石（8%）；经笔者理论计算：这种瓷胎铝的含量为21%，钠的含量为0.47%，钾的含量为2.7%，其理论计算与实物检测数据基本相符，但都属于典型的仿品数据。

3．对比元青花的检测数据

特别指出：表6-1-2所示的两件仿品中的钠含量，均低于元青花2%的平均值，且钙/钠的比值更是相差悬殊。这也说明仿品的釉料所用的瓷石或配比，不同于西亚型元青花的釉。目前所发现的元青花的仿品，还有人工添加锌（Zn）、钡（Ba）、砷（As）、锆（Zr）等元素，最常见的是：在釉料中添加锌和钡的元素，在钴料中添加砷和铁的元素。

特别提示：如果釉灰采用的是高镁型"石垩"，则釉料中可能就含有钡、锌、铅等微量元素。但请注意，其伴生的含量也仅是：钡是百分之零点几、锌是百分之零点零几、铅是百分之零点二几的级别，这也符合至正型元青花釉的元素含量。而元末明初的釉里红基本也是这种釉的配方。识别这些元素是伴生还是人为添加，关键要看：其含量是不是μg/g的级别，即自然伴生的含量。

以上这些元素开天辟地就存在，没有现代与古代之说，只是含量多少和什么元素而已。所以元青花釉中的锌含量，普遍是在0.001%~0.06%，而钡的含量则更低，甚至到小数点的后4位，基本上可忽略不计。而人为添加的任何元素成分，其含量都会大大超过伴生的量，这就是鉴别伴生的痕量元素和人为添加的关键点。而不是像某些"专家"所说，不管什么元素和含量多少，也不做任何分析判断，只要是存在不常见的以及现代添加剂所使用的元素，就一概"判死刑"的"现代元素"论。

表6-1-2　　　　　　　　元青花釉的关键元素含量对比

	Ca	Na	K	Ca/Na（Ca>7）	检测方法
湖田窑出土元青花	9.28	2.62	3.11	3.54	湿化学法
珠山出土的元青花瓷片	6.5	3.54	3.70	1.84	湿化学法
元大都出土的青花瓷片	7.51	3.31	2.85	2.27	湿化学法
景德镇出土元青花	9.7	2.81	3.26	3.45	X射线荧光
高仿元青花（黄云鹏）	8.59	0.53	4.56	16.21	X射线荧光
网上搜鬼谷子元青花罐	10.18	1.01	4.46	10.08	X射线荧光
本章图4-1唐太宗元青花	11.49	1.94	5.95	5.92	X射线荧光
本章图6-7元蓝底白青花	11.35	2,07	5,62	5.48	X射线荧光
备注	前三组是由上硅所采用湿化学法有损检测数据。 黄云鹏仿品和景德镇出土元青花，是由香港城市大学古陶瓷鉴定中心检测。 鬼谷子元青花为百度上随机搜取，是国内某检测单位检测。				

四、如何解读"苏麻离青"钴料

1. 钴料的不变量与Mn/Fe比

在"青花与钴料"一节已详细阐述了"苏麻离青"的"指纹元素"，重点是，任何钴料中的伴生元素的比值都是相对的不变量，它不会因为添加多少或混合其他元素而改变。就目前科学技术而言，仿"苏麻离青"中的各元素含量，还无法达到"天仙配"的程度。北京正负电子对撞机的同步辐射装置，根据景德镇陶瓷研究所提供的样品，经过检测得出结论：钴、锰、铁三者的变化趋势十分接近；经笔者查找资料，2008年原子能科学杂志上程琳的论文也得出同样的结论：锰、钴元素含量的相关变化，与青花浓淡无关。

X射线荧光分析检测也同样证明：无论唐代还是永宣时代，也无论"苏氏青花"的浓淡与否，其"苏麻离青"伴生元素的比值变化不大，几乎趋于恒定值，这就是矿物的地域指纹元素。所以Mn/Fe（锰/铁）和Mn/Co（锰/钴）的这两个比值，可以作为元青花断源断代的重要指标。

表6-1-3　　　　　　　　真假元青花 Mn/Fe 和 Mn/Co 比

	Mn/Fe	Mn/Co	检测和论文单位	检测方法
湖田窑出土元青花	0.05	0.17	上海硅酸盐研究所	湿化学法
元大都出土元青花	0.06	0.19	上海硅酸盐研究所	湿化学法
全国的97片元青花	0.03~0.06	0.01~0.07	上海复旦现代物理所	PIXE技术
景德镇出土元青花D	0.075	0.57	香港城市大学	X射线荧光
珠山出土永乐青花	0.07	0.67	中科院高能物理所	X射线荧光
唐青花扬州出土枕片	0.09	0.22	上海硅酸盐研究所	湿化学法
黄云鹏高仿元青花	0.075	5.72	香港城市大学	X射线荧光
网上民间鬼谷子元青花	0.56	2.2	国内某鉴定单位	X射线荧光

很有趣的问题是：元青花、永乐、洪武釉里红，包括宋代瓷的白釉部分，经测试的Mn/Fe比也是0.08%左右。在此特别提醒：它的这个Mn/Fe比值，推测不是检测钴料的数据，而是白釉部分的指标，因为还给出钴含量百分之零点零零几和Fe含量百分之零点零零几的数值，毫无疑问：这是白釉部分钴和铁的含量。因为"苏麻离青"的钴含量，均是在0.4%~0.7%的范围，所以仅以钴含量这一点，就可否定不是进口的"苏麻离青"。

如表6-1-3中黄云鹏先生仿的元青花指标，虽然Mn/Fe比较接近，但其Mn/Co比却达到了2.2，姑且不论它是白釉还是青花部分（因没有具体标明），但就这个Mn/Co比而言，已高出"苏麻离青"五倍多，这显然不是进口钴料。民间"鬼谷子元青花"藏品的这两个比值，也都高出真品元青花数倍，同样也违反"苏麻离青"伴生元素常规。

2．"苏麻离青"的数据分析

元青花也好，永宣青花也罢，无论是白釉部分还是青花部分，其每个点位的元素含量都是不同的，多少都会存在一点差别。在此特别引用中国科技大学温睿的硕士学位论文，即《明代景德镇官窑青花瓷研究》中的数据说明这点，其中对同一永乐青花样片的白釉区域，选取不同的七个点位进行检测，也充分验证了以上这种观点。

检测结果还说明，白釉中各元素的均匀度都不同，但次量元素和微量元素其均匀度却表现较好，而且对平均值影响也不大。具体指标的百分含量是：铝含量17.26%~25.08%，硅含量63.8%~72.02%，钾含量4.71%~4.85%，钙含量3.64%~4.47%，铁含量0.73%~0.98%。如表6-1-4所示是针对永乐青花的检测，特别说明，青花在深色区域的锡光斑处，属于青花的特殊和极不正常的区域，也是铁离子的集中流向地，所以其钴和铁的含量会显著提高，导致Mn/Fe的比值出现异常，故对浓重的"锡光斑"部位，其检测的数据不能作为标准的比对数据，而没有铁锈斑的任何青花浓淡的部位，都可以作为比对的指标。

因为对于无"锡光斑"或"铁锈斑"的青花区域，无论青花颜色艳丽与否，都是青花的正常发色区。所以这六组不同样片所检测出的数据，虽然钴含量有所不同，但其Mn/Fe的比值却基本相同，这是伴生元素的正常数据，那么反映在釉面的青花上，只是造成表观颜色的深浅不一而已，可参照图6-1-12、图6-1-13来体悟。

再比较表6-1-3所示的各种元青花和表6-1-4所示的永乐青花，虽然科学检测的方法不同，但所得出的"苏麻离青"数据都比较相似。而温睿论文中的永宣青花数据，则是在中科院高能物理所的检测结果，其精准度应该更高些。重点是：两种检测方法中的Mn/Fe比值，却十分接近，也与湖田窑西亚型元青花检测的比值相吻合。而宣德青花钴料的数据，明显是钴料经过精细加工和

图6-1-12　元青花四爱图八棱罐　高31厘米

图6-1-13 元青花四爱图八棱罐局部

提炼的"头青"钴料,而且因为釉中的铝含量较高,导致"铝酸钴"的含量也相对较高,所以青花的呈色也就更加艳丽,但"高铁低锰"的特征没有改变,最低也是铁和锰的含量相同。

表6-1-4　　珠山出土六组永乐青花的钴含量和 Mn/Fe 比

永乐青花	Co	浅色青花	0.18	0.63	0.15	0.078	0.11	0.42
		深色青花	1.00	1.27	1.21	0.62	1.45	2.08
	Mn	浅色青花	0.12	0.18	0.092	0.092	0.093	0.16
		深色青花	0.46	0.40	0.39	0.25	0.093	0.68
	Fe	浅色青花	1.71	2.58	1.03	1.17	1.04	2.45
		深色青花	7.38	7.41	6.66	4.14	9.22	11.09
	Mn/Fe(深和浅)		0.07	0.07	0.09	0.08	0.09	0.07
	Mn/Co(深和浅)		0.67	0.29	0.61	1.18	0.84	0.38
备注	1. 以上是摘自温睿的论文,数据是经中科院高能物理所X-荧光法检测。 2. 瓷片都是珠山出土的到代官窑样片,本表省去宣德青花数据。 3. 因都是"苏麻离青"钴料,对元青花分析鉴定具有指导意义。 4. 无论青花浓淡,其伴生元素Mn/Fe几乎相同,但主量钴含量对其青花浓淡影响极大,其Mn/Co波动也较大,建议以Mn/Fe作为参考。							

五、怎样解读元青花的科检数据

1. 科检数据与科学解读

在所有仿品中,青花是最容易仿的,而且也是最能乱真的,如果高仿品与"苏氏青花"以眼学观很难分辨的话,那就要靠科学检测了。目前对瓷器的无损检测普遍采用能量色散X-荧光分析法,这种设备和检测的数据,也都被"两宫三馆"等主流机构引进和采纳,其先进性和可信度不容置疑。但无论是在哪里以及何人来检测,其检测图表中所给出的数据,都只能把它看作是一份检测报告,或者当成是元素含量的定性表征。就如同医院里的化验单和CT片一样,不能把它视为医生的诊断结果,它只是起到为医生提供辅助判断的依据的作用,X-荧光分析检测数据也一样,那么如何才能正确解读这份检测报告呢?

特别指出:仪器靶点所对应的釉面点位,所测出的数据是相对含量,这种相对含量又是一种变量,因广义上的元青花不是由唯一的窑场生产,不同窑口具有不同的配方。而目前检测比对的版本是《中国科学技术史·陶瓷卷》,这是由中科院上海硅酸盐研究所提供,是采用"湿法有损化学分析"检测的数据,而且"湿化学法"也只能给出10个元素,与能量色散X-荧光检测方法相比,不但存在着系统误差,而且特殊的痕量元素也检测不了。

伴随着时代和科技的发展,尤其在高仿技术日趋完善的今天,元青花用10个主量元素数据,已不能准确进行解读和判定。笔者认为,利用10个主量元素即:硅、铝、钙、钾、钠、镁、锰、钴、铁、磷,以及8个微量元素即:砷、镍、铅、钛、铜、锌、锆、钡,统称为十八般兵器,只有将这些数据进行科学分析和解读,才具有科学性和准确度。

另外对青花类别的检测一定要将"白釉"和"青花+釉"部分,分别进行检测,就像表6-1-5所示的具体表述,这样才能让分析师准确无误地进行判断。但注意在"青花+釉"中有的元素累加值会高一点,因为是"钴料和釉料"中同一种元素的叠加,但一般情况下会忽略不计。实际上检测"青花+釉"的部分,其铁、钴、锰、砷等元素含量,是"钴料和釉料"的合计值,这是元素双重累加的百分比含量。而"青花+釉"中的次量和微量元素数据,则主要是针对钴料中所含的元素而言,而白釉部分的主量元素数据,则是针对釉灰和釉果的判断。

特别说明:钴料中铁和砷等敏感元素,人工是可以制造和添加的。所以在检测中也可能出现高铁低锰型,而且也会含有砷的山寨版"苏麻离青"。这时首先就要看青花中的锰/铁比,其次还要看青花中单独的钴含量以及锰/钴比,另外还要看是否含有镍元素,以及是否有超量的砷元素。

特别指出："苏麻离青"钴料中的钴含量，均在0.5%左右或还要更高一点，总之"苏麻离青"的钴含量，要远超过国产钴料的钴含量。如果钴含量远低于0.5%，则要分析是不是白釉部分，或者就是国产钴料的检测数据。而元青花的另一重要特征：即"苏麻离青"钴料中是不含镍元素的，但却含有微量的砷元素；而在国产的钴料中却是含镍元素，不含砷元素，而且砷是μg/g级别的含量；另外，根据1301年伊朗人阿布尔·卡西姆的论文，在"苏麻离青"制作中还特意添加了B（硼）元素，但国产钴料是不添加硼元素的，遗憾的是：能量色散X-荧光检测不到硼。

需要指出：元青花人物故事画片的创作，是根据市场需求以及作者的知识空间所为，按逻辑也绝不会只有这么几组画片，只是有的故事因深受喜爱而流行，而有的不受喜欢的画片就会滞销。如图6-5-14所示的"李广"故事画片，市场上已有很多类似的图案展现，但像图6-5-15、图6-5-16以及元釉里红中图6-2-13所示的曹操的画片，均为元青花人物故事中的仅见品，由于从未公开展示过，为避免仿造暂不公布其背面。因这类不属于博物馆的"标型物"，虽然"苏麻离青"和胎釉等特征，传统眼学也都可以过关，但还需科学检测来验明正身。

图6-1-14　元青花李广故事罐　高29.3厘米

图6-1-15 元青花三国故事罐 高27.4厘米

图6-1-16 元青花单于朝汉罐 高28厘米

2. 易懂易记的元青花量化指标

如表6-1-5所示是近年来市场上各种元青花的检测数据。白釉中钠的含量和钙/钠比,以及钴料部分已在前几节阐述过。而表6-1-5虽然没有给出元青花胎的数据,但在检测中发现:元青花真品的胎和釉中钠的含量几乎相等,这说明用的是同一种瓷石,重点是:元青花B、C仿品的胎和釉中,钠的含量(0.53%和0.18%)彼此相差二倍多,而且与真品D的胎和釉相比,其中钠含量(2.81%)根本就不在同一个数量等级上。而且表6-1-5在B、C瓷器的釉中,还检测出超量的钡元素,实际上真品元青花几乎不含钡元素。

简单比对结果:仿元青花钡的含量均严重超标200倍;再根据钙/钠比16和52的数据看,也已远远高出真品元青花钙/钠2.5~5.5的范围。可以判断:元青花B、C是仿品,而仿品C的指标最差,又因同是香港大学和同一检测设备,所以与真品元青花D完全具有可比性。由于高度质疑元青花D的钴含量,以及唐太宗E、元青花F的钴含量,都是一种釉料而不是青花的检测数据,虽然这也是能量色散X荧光无损检测,但却是早年新手刚开始的检测水平,所以锰/钴和锰/铁,在这里就不作为对比的指标数据。

表 6-1-5　　　　　　　　　　真假元青花主导元素对比表(%)

	白釉					青花+釉				
	Al	K	Na	Ca	Si	Co	Mn	Fe	As	Ni
鬼谷子A	15.3	4.46	1.01	10.2	66.0	0.30	0.66	1.17	P 0.25	
黄云鹏B	9.1	4.56	0.53	8.6	73.3	0.28	0.16	2.12	Ba超198倍	
黄云鹏C	18.6	4.59	0.18	9.4	60.7	0.11	0.06	5.36	Ba超206倍	
元青花D	10.40	3.26	2.81	9.7	72.6	0.03	0.08	0.79	不含Ba	
唐太宗E	10.30	5.95	1.94	11.49	67.07	0.018	0.09	1.26	P 0.28不含Ba	
元青花F	10.73	5.62	2.07	11.35	67.14	0.007	0.07	1.00	P 0.26不含Ba	
湖田窑		3.11	2.62	9.28		0.77	0.13	2.91	P 0.25	
元大都		2.85	3.31	7.51		0.58	0.11	1.84		
唐青花		2.8	1.7	14		0.32	0.07	0.82	Mg1.5	
宣德青花	15.8	4.53	2.26	4.83		0.69	3.4	1.83	Mg1.30 P 0.24	
永乐青花	15.2	3.71	2.63	6.71		0.35	0.11	1.95	Mg1.23 P 0.15	

续表

第二部分数据省略	白釉				青花+釉				
	Al	K	Na	Ca	Si	Co	Mn	Fe	As	Ni
	微量元素（2%以下）				痕量元素（μg/g）			元青花特征比值	
	P	Mg	Pb	Cu	Ti	Ba	Zn	Zr	Mn/Co	Ca/Na
备注	1. 黄云鹏B、C和元青花D（真品），由香港城市大学古陶瓷中心检测。 2. 唐太宗E和元青花F是非正规的色散X荧光检测，钴料部分仅供参考。 3. 鬼谷子A（仿）是百度上搜的藏品，经能量色散X荧光无损检测。 4. 其他真品和数据，是中科院上海硅酸盐研究所，采用湿化学法的有损检测。									

小结：截至目前所有的高仿元青花均忽略了其中的某些细节，或者根本仿不了微量元素的伴生量，所以仿品与真品的检测数据相差很远。因此，在眼学过关的情况下，利用能量色散X-荧光检测，对至正年西亚型的元青花，可以给出易懂易记的大体判断：即"521010和0.07、0.7的两个比值，以及釉的Ca/Na比<6"。

具体解读"521010"即：K的含量是5%，Na的含量是2%（一般还要高点），Ca的含量是10%，Al的含量是10%；其钴料中的伴生元素比值，也是鉴定元青花的第一要素，其中青花钴料：苏麻离青Mn/Fe比是0.07，而国产钴料比值则>2；Mn/Co比是0.7（前提是Co含量0.5%左右，因为有的检测给出的是白釉中含Co的量），总之苏麻离青Mn/Co<1，而国产钴料比值则>3，再根据釉料的Ca/Na比>2.5、<6的范围，这就可以综合做出正确判断。

以上是在元青花的范围内便于记忆的数据，仅以钴料的硬性指标，即Mn/Co和Mn/Fe来看："苏麻离青"Mn/Co是0.7，Mn/Fe为0.07；而鬼谷子A的Mn/Co>2，Mn/Fe则是0.56，超出8倍，仅以此两点的比值看就可直接断为仿品，但遗憾的是某检测机构的结论却是："与元代指标符合较好"，这真的是使人哭笑不得。

再次重申：本文的"文物指纹学"的论点和数据，虽然被专家学者认可并予以介绍，而且观点还刊登在2012年12月7日的《中国艺术报》上，但笔者仍认为：由于还不具备统计学中的概率，因此在官方还没达成科学的公认前，该数据不具有指导性的鉴真意义，只能作为学术研究和鉴定时参考用。而且在实际的科学检测中由于设备和人员的差异性，其检测数据与本文易懂易记的量化指标，肯定会有波动与小出入，但无论如何，元青花的真品数据，绝不会有悬殊的误差和大出入！

第二章
元代瓷器的特征

一、元青花的特征与解析

元青花是楷模分段的胎接成型,所以大罐等琢器的内腔,是看不到手拉坯痕迹的,而是一种泥条挤压的手抹痕。由于是外浇釉和内荡釉的施釉工艺,所以内腔还存在荡釉不均的局部无釉现象。元青花罐的上口部不但向内稍微倾斜一点,而且口沿还要有唇边,其底足边部也是呈一点弧度稍微外撇。笔者曾现场亲眼观察元青花鬼谷子、至正型标准器、伊朗元青花等实物,其纹饰的最大特点:一是"一笔点画"的画风,没有重复和勾填的笔触;二是人物、动物的写实风格,所以才使元青花的画片栩栩如生(图6-2-1、图6-2-2);而鉴赏元青花的重中之重,就是所采用的"苏麻离青"钴料,以下就详细论述和解析元青花的具体特征。

1. 发色与呈色

按硅酸盐的理论:发色是色料在烧造过程中的化学变化,而呈色则是烧成后所呈现的直观感觉;所以发色与色料、釉料及胎质有着直接关系。钴料的发色是由氧化反应所决定的,而青花呈色的色调则是由着色离子钴和釉中铅铝所决定的;因此,"苏麻离青"浓艳的宝石蓝色,首先与钴的含量关系极大,其次影响发色的才是釉料中铝的含量。但呈色与烧造温度的高低没有关系,比如,唐三彩的烧成温度才800℃,但也没影响"苏麻离青"的发色;再比如,西亚的蓝色琉璃发色就好,而伊朗清真寺墙壁上的蓝色陶砖发色就差;"苏氏青花"中的元末精品与永宣发色都很好,但洪武青花的发色就呈现灰黑色;这些现象说明:青花的发色与钴含量和釉料有直接关系。

钴料是以包裹体形式存在的,它是Co、CoO及少量Co_2O_3、Co_3O_4的混合物。所以钴料在不施釉的情况下,烧造后它完全是一种黑色,实质上青花的蓝色是钴与釉中的铝氧化反应后的结果,它实际是"铝酸钴"尖晶石的蓝色,而不是无釉下Co氧化后CoO的黑色。化工合成的"铝酸钴"化学式表达:它是四面体$2CoO \cdot SiO_2$与釉中Al_2O_3的一种化学反应($CoO \cdot Al_2O_3$)。所以钴料中高含量的Co以及釉中高含量的Al,是青花呈靛蓝的、宝石蓝色

图6-2-1 元青花鬼谷子下山罐 高31厘米

的关键所在。

再通俗点说：形成"铝酸钴"（$CoAl_2O_4$）的分子越多，其宝石蓝的颜色也就越浓艳。国产钴料经精细加工提炼后，其钴含量也会大量增加，所以青花也会显得蓝艳，只是没有"锡光斑"、网格纹、晕散和下凹等"苏氏青花"的特征。理论和实物都证明，"苏麻离青"在原产地经焙烧过的钴料，比国产钴料的钴含量高出很多，所以青花显得非常艳丽；而同样都是采用了"苏麻离青"，因永宣青花比元青花釉中的Al含量高，所以大概率上永宣青花显得更加湛蓝。

也可以说，如果钴料中Co的含量越大，其CoO的分子也就越多，如果釉中的Al含量也是很高的话，那么所形成的"铝酸钴"（$CoO·Al_2O_3$）也就越多，因此无论什么年代，其蓝色也就越艳丽，科学检测证明："苏麻离青"青花的钴含量，比国产青花的钴含量高出一倍多；同样"苏麻离青"钴土矿的钴含量，比珠明料钴土矿的钴含量高五倍。

以上论述的具体表象是：元青花的鸭蛋青釉要比卵白釉发色蓝艳得多，可呈现出鲜艳的蓝宝石色；如果釉料是高Fe低Ca型的配方，则青花发色就呈蓝黑色，但这也是"苏麻离青"的一种颜色；"苏麻离青"在自然强光下，或是

图6-2-2 元青花鬼谷子下山罐

阳光下侧视及摄影拍照时，青花局部会呈现"紫红色"的折射光，如果用荧光灯照射时，也会有青花泛紫的特殊现象。这种迎光折射出的泛紫现象，国产钴料很难也不易呈现，所以老古玩行将其称为青花"紫光"，尤其是宣德青花更显"紫光"，并认为这种青花料自古就很名贵。

从吉布斯自由能温度图来看，氧化反应的因素虽然很复杂，但蓝色一定是Co^{2+}离子的发色，其色调和发色的强弱，完全取决于Co^{2+}离子的含量和配位。如果Al^{3+}离子或者Co^{2+}离子的配位，被活泼的Fe^+离子或者Mn^+离子取代的话，则"铝酸钴"$CoAl_2O_4$（$CoO·Al_2O_3$）就会变成$CoFe_2O_4$和$MnAl_2O_4$的结构，这种情况由于钴离子发生了分子结构的变化，因此颜色才会随之变成灰蓝色或蓝黑色。

举例说明：洪武青花的黑灰色一是采用了国产钴料，所以钴含量明显较低。二是釉料成分的不同，由于洪武釉相对是高Fe（2%）低Ca（4%）型，而且Al、Mn、Fe都比Co活泼，如果Co^{2+}离子的含量少，其$CoAl_2O_4$的配位就会发生变化，在1250℃以上的温度下，$CoAl_2O_4$就会转变为CoO和$CoFe_2O_4$的灰黑色。

2. 铁锈斑与青花下凹

实物表明：在元青花咖啡色的"铁锈斑"痕中，有的却没有明显的"锡光斑"，但在褐色斑或黑蓝色的渗青处，还具有一个共同特点：即明显或不太明显的自然下凹。这种凹凸的自然现象，是与青花笔道处的"渗青"，以及结痂状的"铁锈斑"共生的。由于Fe^{2+}与Fe^{3+}在分子结构的八面体上，基本处于无序排列，电子在Fe的两种氧化态之间可迅速发生转移，所以这种Fe_3O_4褐黑色的结晶体，具有优良的导电性和磁性，再通俗来说：Fe_3O_4本身就是吸铁石的主要成分。

图6-2-3　本书宣德花卉梅瓶上锡光斑与渗青

青花下凹的科学解读：Fe_3O_4可近似看作是FeO和Fe_2O_3的化合物（$FeO·Fe_2O_3$），但它绝不是二者的混合物，因此不会轻易把二者分开；而且Fe、Co、Ni同属于第四周期的第八族，是铁系元素中的三兄弟，因此它们都能被磁铁吸住；如果Fe_3O_4"成核—生长"的特好，那么产生Fe_3O_4的这种磁性分子，就会像"吸铁石"那样能吸引Fe、Co、Ni等金属，进而产生以"磁铁"为主的积聚效应，即出现上述"铁锈斑"和"锡光斑"的混融共存，也有人将其称为"凝聚斑"。

"苏氏青花"中的"铁锈斑"是很容易出现的，而且严重的可形成片状、条带状。但"锡光斑"却很难形成，即使出现也是在蓝黑的浓青花之上，形成的也是点状、块状的零星分布，如图6-2-3所示。因此"锡光斑"可作为"苏麻离青"的真品特征之一。通俗来说：就是由于这种"磁铁效应"，才吸引了铁和钴等金属积聚。而且在其热液成矿（人工造岩）的过程中，尤其是对高钴、高铁、低锰的"苏麻离青"来说，其积聚后所形成的磁性大分子团，因其比重大于熔融的胎料，从而就会自然下沉（吃胎），这种现象其釉越厚就越明显，而且它是以FeO和Fe_2O_3黑褐色化合物的形式存在，但微观则是Fe_3O_4八面晶柱的堆积体。

实践也证明："铁锈斑"和"锡光斑"都是在"渗青"（蓝黑斑）内，而且釉越厚"铁锈斑"处就越能呈现出，如同在咖啡中倒入牛奶后的自然混合状。而且在"铁锈斑"的周围，还可看到溶化了的黑色或黄褐色的流动体，有的还可以观察到蓝宝石般的蓝气泡或蓝黑斑点，以及在笔道的纹饰边缘，呈现出连串排列的大气泡，犹如珍珠项链，恰似磨砂灯泡。有的在釉厚下的青花，或在点滴状的晕散边缘，还可观察到深色的飘花，但对于薄釉下的青花而言，以上这些现象就不太明显。

3. 锡光斑与蜘蛛网

"锡光斑"也称"铁锈斑",是氧化还原反应中不该有的副产物,也是"苏麻离青"所独具"高铁低锰"的表观特征,通俗来说:被釉所覆盖下的是"铁锈斑",而露出或冲破釉面形成的就是"锡光斑"。显微观察和电子探针测定:形成"苏麻离青"的"铁锈斑",不只是在釉下青花蓝黑浓重的"渗青"处,而且还是一种黑褐色Fe_3O_4树枝状的结晶体;而"锡光斑"则是露出釉面那一小点的Fe_3O_4,在高温的还原气氛中,反应生成的Fe_2O_3六方晶体,就如同建盏中银白色的"油滴"。

而且在整体深褐色"铁锈斑"的表面,形成的是一种"蜘蛛网"状的"苏氏青花"特征。因此"铁锈斑"那种釉下咖啡色的云雾状,或者在"浓青重钴"蓝黑处涌现出釉面的"锡光斑",以及与铁锈熔融流淌状的"蜘蛛网"纹,是"苏麻离青"真品所独有的特征。观察"蜘蛛网"或"网格纹"的条件:一是在"浓青重钴"处或"铁锈斑"的釉上;二是用50倍以上的显微镜。这样就可看到夸张的"蜘蛛网"现象,永宣青花同元青花一样,只要是在"渗青"处有"铁锈斑",那大概率就有"蜘蛛网"纹,只是永宣青花中的"铁锈斑"没有元青花那样严重而已。但其他朝代或仿品元青花,因在"浓青重钴"处没有深浅的"铁锈斑",那肯定就没有"蜘蛛网"纹。

笔者特别指出:按理来说,有潜在的"铁锈斑"就应该有"蜘蛛网"纹,因此只要人为添加了FeO,就会产生"蜘蛛网"纹,所以"蜘蛛网"也可以造假!所以说"蜘蛛网仿不了"已成为过去时,只不过是仿品青花到处布满"蜘蛛网",满眼都是"铁锈斑"和"锡光带",而不是真品那样零星的"锡光斑点"。因此,"蜘蛛网"与"流淌纹"不但要区分开,还要结合"渗青"和"晕散"来做综合判断。钴料中所伴生的铁与人为添加的铁有着本质上的区别,所以真品"蜘蛛网"的表象,是在"渗青"和"铁锈斑"的釉上,形成一种熔融流动的、自然天成的网,是一种密集四边闭口形的"蜘蛛网"。

但对立件的元青花而言(图6-2-4、图6-2-5),在其凹下去的深色"铁锈斑"处,或者呈"锡光斑"的周围地带,有的仅用20倍放大镜就能观察到像钧瓷釉面那样,似"蚯蚓走泥纹"般线性的网状表观,其特点是:在"浓青重钴"和"铁锈斑"的笔道上,形成一种深色的、细线的"蜘蛛网"纹,而且其线纹具有自然的流淌感。但不是所有元青花和永宣青花都有此现象,它只是出现在相对面积大点的"铁锈斑"上,目前还无法仿制出这种熔融流动态的网格纹。

如上所述:形成单晶体的所谓"锡光斑",它的主要成分已不再是Fe_3O_4的结晶体,而是一种ε-铁(Fe_2O_3)的六方晶体,以及另一种微量元素Co金

图6-2-4 元青花蓝地花卉纹罐 高28.3厘米

属,它是一种剩余的和被还原出的Co。因为钴料中高含量的Co,或者即使被氧化成CoO,那也极易被CO↑还原成金属钴(Co)而存在。而单质Co在1493℃才能被熔化,所以如果存在高含量的钴,那就更容易出现"锡光斑"。

但"锡光斑"确切地说:它绝不是金属锡(Sn),而是90%以上的银白色Fe_2O_3六方晶系,它是一种Fe_2O_3晶体结构的物理色,以及微量"闪着银光"金属Co的混合体,因此它的主要成分是一种六方晶体的"银色结晶铁",而且"锡光斑"一定是在"渗青"的黑蓝色青花之上,是具有锡那样的金属光泽,实际上应该称为"银色铁光斑"。

笔者特别提醒:青花中的"锡光斑"不是随便凝聚在一起就能形成的,虽然"苏料"被说成是"高铁低锰",但那毕竟是相对伴生的微量铁,而不是人为添加的氧化铁,也不至于钴料满身都是铁,因此即使能产生"锡光斑",那也是星点状、小块状、"花斑狗"式的分布,而且一定是在"浓青重钴"之上相辅相成。如果是在不分青花的浓重和浅淡之上,出现夸张的、成片的、条带状的银白色斑痕,或者在整器的青花之上,到处都布满大块的"锡光斑",而不是混融在一起的、平滑的、银亮的、星点状的"锡光斑",那一定要打上问

图6-2-5 元青花雄狮罐 高28厘米、口径20.8厘米

号,那大概率是人为造假的"锡光斑"(是釉上的铁渣、锡或铝),而且只要面对科学检测,就会原形毕露!

有人会问:瓷器上同样都是Fe_2O_3,那为什么会产生不同的红色和银色呢?科学解读:在高温强氧化的环境下,只有露胎处的Fe元素,才能氧化成红色的Fe_2O_3,即呈现出火石红的现象;请注意:火石红都是发生在胎上,而"锡光斑"则是产生在釉的青花之上;火石红是Fe在空气中氧化成Fe_2O_3,而"锡光斑"则是在Fe_3O_4的基础上,其釉上高温还原而成的Fe_2O_3,也可以认为它与建盏的"油滴"相同;前者是氧化反应,后者是还原反应,不但二者的化学反应不同,而且晶体结构也不同。

综上所述:"蜘蛛网"确实很难仿,但不是绝对仿不了,而"锡光斑"是真的仿不了!这也是鉴别"苏氏青花"真假极其重要的关键点。现代造假的方法是:利用珠明料加FeO的黑色粉末,来调混冒充"苏麻离青"。而Fe在高温氧化气氛中,才能生成Fe_2O_3和Fe_3O_4,以自然钴矿中伴生的Fe,与人为添加的Fe或FeO,其反应和表观是完全不一样的。另外,在烧成后的青花上,二次"点铁"复烧(烤)后产生的类似斑痕,或者在钴料的笔道上,再用笔覆涂上铁、铝、锡类的金属氧化物,对初学者具有很大欺骗性。

笔者认为：真品是釉下"渗青"处混融中的流动态，而仿品则是"液相分离"后，或在青花之上"点铁"复烧后的表象，总之是漂浮在青花之上的铁锈渣。显微放大观察则是"两层皮"，是黄褐色加釉面上Fe的浮渣，是飘浮在青花之上的铁锈，而且既没有融合的"网格纹"的自然交集，也不是Fe_3O_4磁性的亮黑色晶柱体。钴料伴生中含铁量的多少，以及青花的浓淡、氧化是否充分等条件，才是决定产生"铁锈斑"多少的根源。

4. 晕散与渗青

很有意思的一个问题：同样采用的是"苏麻离青"，那为什么有的会呈现出"晕散"，而有的却很少出现呢？而所谓的"晕散"，用硅酸盐术语来说，就是色料从着色区向非着色区扩散所产生的自然现象。那么是什么原因影响青花的扩散呢？这无外乎就是钴料和胎釉以及烧造工艺的问题。然而"苏麻离青"钴料同国产钴料相比，其所不同的"高铁低锰"钴料，影响的只是"锡光斑"和青花的下凹，而煅烧和制作工艺的不同，呈现的则是：进口钴料"锯齿状"及"水滴状"的"晕散"，还是国产钴料"双影模糊式"的"晕散"问题，至于钴料中锰含量的高低，那就更没有什么关系了，因此，"晕散"与何种钴料的关系不大，但却与胎釉和烧造工艺密切相关。

科学分析与解读："晕散"属于结晶热力学的范畴，它是随胎釉一种"成核—生长"的结晶现象。如果釉灰中含高量的氧化钙，那么在高温段可转化成钙长石，而且钙和镁都是高熔点的长石，因此在釉层中就会产生"异相基底"。那么随着"液线温度"下"原生结晶"的生长，以及钴料最初在胎釉中的"水解"作用，那么粘附在结晶体上的钴料，也会随之互动而一起向外（或沿重力方向）扩散，直白地说：就是胎和釉高温下的熔动，是产生青花"晕散"的机理。所以国产钴料也可产生"晕散"的效果，只是"晕散"的形式不同而已。而有的釉面"苏麻离青"的"晕散"，可能不太明显甚至局部也没有，所以如果一味地追求"晕散"这一点，就容易犯错。

而釉中"异相基底"的产生与多寡，则是与釉中含钙长石的量和大气泡等因素有关，因钙长石的熔融温度较高，所以容易产生未熔化的颗粒，而二者是产生"异相基底"的根源。检测数据表明：元青花釉中Ca含量是12%左右，而永宣青花为5%左右，所以"晕散"的程度大概率是：元青花大于永宣青花；而宣德青花（因气泡大和多）大于永乐青花；釉厚的大于釉薄的；但对于薄釉的青花而言，因玻化程度较好很少有"异相基底"产生，所以"晕散"的现象就不十分明显，也不会轻易发生。

其实"晕散"就好比一滴蓝墨水滴在宣纸上，所产生出"纸洇"的自然晕散效果。而青花纹饰中的"晕散"，则大多是沿重力方向上的点滴状"晕散"，或者是针状、锯齿状的自然"晕散"。但"渗青"则是在青花的笔道中，呈现出的点状、线带状、块状的、集成式的深青色"苔藓"，老古玩行称其为变深的"蓝色点"（图6-2-6、图6-2-7）。特别指出：不是所有"苏氏青花"的"晕散"都是那么明显，但是其"凝聚式"的"渗青"和"下凹"却是无处不在。

显微研究断面表明：有的元青花晕散区是一种较稳定的高岭石的原生晶体，这显然是与高含量的Ca和高含量的（K+Na）的釉料有关。这也进一步佐证：元青花这种釉的配方，虽然是降低了釉的高温黏度，以及提高了流动性，

图6-2-6　本书宣德龙纹梅瓶青花上的晕散与金箔纹

但也极易造成"异相基底"的这种结构，从而使钴料伴随着原生晶体的生长，而向非着色区扩散，使之造成"晕散"的瑕疵现象。如果釉厚且流动性也好，而产生的"异相基底"又较严重的话，那么整体或者局部的"晕散"就会相当严重，反之薄釉且浅淡的青花，就较轻甚至没有。

钴料是不溶于水的，一般是加入碱类的增稠剂，使颗粒能形成悬浮状态而混合均匀。实践表明：青花的"晕散"与"渗青"不但与钴含量有关，而且与钴料的颗粒细度有关。有人还将"苏氏青花"这种"渗青"称为"凝聚斑"或者"蓝黑斑"，这也与国产青花"散而不聚"不同，虽然描述的表象都一样，但它与"铁锈斑"的"吸铁石"凝聚不同，"渗青"不单单是大钴料颗粒的熔化，而且"渗青"处容易凝聚出"锡光斑"。如果钴料颗粒粗且大小不均，加上色料混溶时饱和度的变化，那么笔道中的大颗粒钴料，就会在原地出现蓝黑的"渗青"点。如果颗粒是处在纹饰的边缘熔化，就会呈现出"点滴状"的晕散，如果钴料颗粒粉碎的细且均匀，则边缘就会呈"锯齿状"的晕散。

元青花的元素分析还表明：枢府釉的元青花以及其他窑口的白釉配方，就没有明显的晕散与流动；而越是呈鸭蛋青的厚釉，其青花的晕散与流动就越明显，反之青花就没有晕散或者晕散不明显；这就证明在釉料中，Al和Ca与K的含量多少或薄釉，不但影响青花的发色，还影响青花的晕散和流动。

综上所述：元青花积釉处的湖水绿状，青花"渗青"（凝聚斑）的笔道痕，以及"锯齿状"和"点滴状"的晕散，"锡光斑"和青花凹凸的自然共生状，这"四状一痕"与在釉中"铁锈斑"上所形成"蜘蛛网"式的流淌动态，是"苏麻离青"大开门的显著特征，而且永宣青花的特征同样如此。

笔者特别强调：元青花和永宣青花一样，其上述特征适用于钴料较重的笔道；对于浅淡

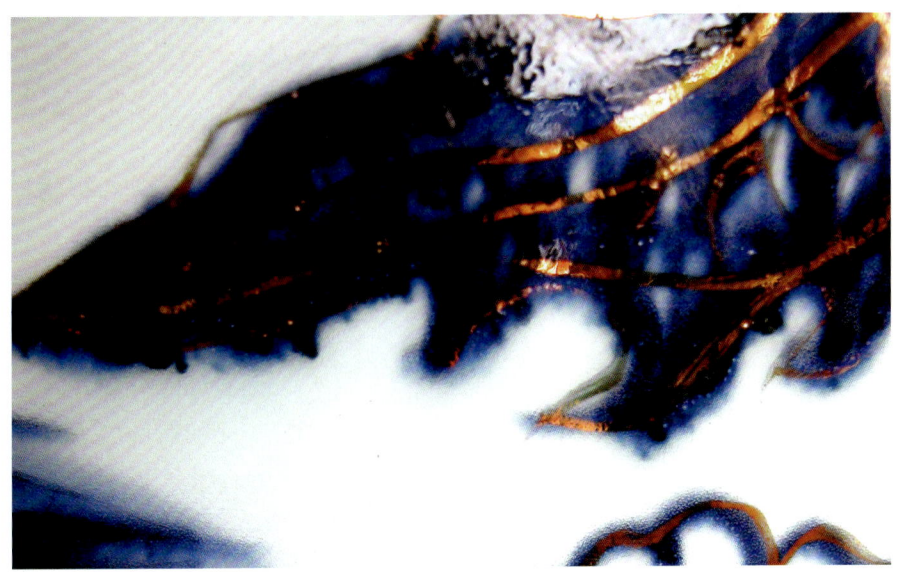

图6-2-7 本书宣德龙纹梅瓶青花上的晕散与金箔纹

的青花笔道处,其晕散和下凹以及"蜘蛛网"纹等现象,并不十分明显,而且也没有"铁锈斑"和"锡光斑"点;但笔道无论轻重都一定会存在"渗青"的点,而且"苏麻离青"的宝石蓝色调,也绝不会有一丝一毫改变;笔者现场也观察了鬼谷子罐、至正型元青花、伊朗元青花等实物,由于是非微观和角度与灯光的原因,眼观其"锡光斑""晕散""铁锈斑"等,有的也并不是十分明显。

如果对"苏麻离青"和元青花的胎釉特征,还是有点捉摸不定的话,笔者认为最后的眼学判断标准就是:一看青花是不是浓艳、靛蓝的宝石蓝色;二看整体的画工是否漂亮,是否表现出人物的神态,纹饰是否精细工整,笔道有无描痕和回笔。请注意:"描"是被动而为的"工匠精神","绘"则是由心而生的艺术创作。而元青花是"一笔点画"的画工,整体的画工非常娴熟流畅,所以高端精品和"西亚型"元青花的画片,绝不是小儿科似的"涂鸦"与"描图"。请记住:中国历来遵循的都是好马配好鞍,所以这么昂贵的进口精品钴料,也必须由类似于"画局秩八品"的绘画高手来完成。

二、釉里红的特征与解析

1. 釉里红呈色机理

元红花同元青花一样都是釉下彩,约定俗成称为釉里红,这是高温段封窑后所产生的还原气氛,其铜离子氧化-还原反应的结果,可使釉面呈现出二价Cu(蓝色)、CuO(绿色或黑色)、Cu_2O(红色)等多种颜色,而我们所要的红色仅需要还原成Cu_2O的颜色(图6-2-8)。但通常情况下都是还原不充分，而变为CuO的绿色和黑色，所以在元代和明初的釉里红中，不但发紫红色、灰棕色的多一些，而且还会掺杂绿苔、黑斑、飞红等现象。

科学解读：所谓"红云"或者"飞红"现象，其实与元青花一样就是一种晕散，一般是在纹饰边缘呈现均匀的"红晕"，但有的却是产生"飞红"和"烧飞"的现象。这与釉中含钙量的

图6-2-8 元釉里红荷塘鸳鸯纹大罐

多少，以及烧造温度的高低有关，由于釉中产生了严重的"异相基底"结构，从而使"液线温度"下的"铜花"，随着"原生结晶"体的生长，而形成外延式的扩散。检测也证明：元末明初时釉中的钙含量波动是最大的，在5%～18%大范围波动，所以这期间釉里红的"飞红"现象，就出现了严重与轻微，以及有和没有的冰火两重天。

但"铜花"同元青花钴料一样，笔道处CuO的"铜花"料越多，晕散与渗透的现象也就越严重，这是因为如果产生的"原生结晶"体越多，铜在胎釉中"水解"得又特强，那么"铜花"料随之被带走的也就越多，向周围扩散的也就越明显。所以在笔道轻细的地方，会出现浅淡、隐约的"烧飞"现象，而在纹饰笔道的重笔处，就会有"飞红"和晕散的明显迹象。

根据化学反应的动平衡原理，这也是"铜花"CuO转换为Cu_2O少的原因之一。所以笔道如果重一点，所用CuO的"铜花"料也就多一点，那么转换成Cu_2O的也就越多，其釉里红的红色也就越鲜艳。相反，笔道处的CuO用料刚刚好，或者笔道越轻淡、越细，其红色也就越浅淡，那就有可能出现"烧飞"的现象。

2．元末明初的釉里红特征

釉里红生成的Cu_2O红色是具有流淌性的动感，甚至可扩散、渗透到胎骨，而没有反应和亚反应状态的CuO，则呈原色的小颗粒状下沉，与"苏麻离青"下凹的现象一样。但是CuO的熔点是1326℃，比氧化钴1935℃低600多度，因此比元青花的晕散要严重得多，甚至出现"飞红"或者"红云"现象，而且CuO转化Cu_2O的氧化还原反应，是一种吸收能量的"焓变"过程，因此所需的"活化能"必须在1300℃以上。由于还原的不完全以及"铜花"中含有其他金属离子，因此在元末明初的釉里红中，就形成了有黑、有绿、有褐黄的斑痕现象。

图6-2-9 元釉里红人物故事壶 高29.2厘米

而且CuO在转化的过程中,其在高温段的氧化反应后,所释放出的是O_2和CO_2、SO_2等矿物反应的大气泡,已不再是最初水分子的小气泡。所以在笔道处红色区域的气泡,比白色釉面的气泡显得又大又亮,这也是产生"异相基底"的要件。而且这种大气泡会导致釉面的"死亡气泡",以及釉面的晶花现象极为明显,这也是元代后期青白釉的时代现象。

本章所展示的釉里红瓷器均为仅见品,而上述的釉里红特征,在图6-2-9~图6-2-13所示的青白釉中,与图6-2-14、图6-2-15所示的卵白釉相比则截然不同,而且特别明显,尤其是釉面还出现"石花"和"死亡气泡"等现象,这在卵白釉中确实也不太明显,但卵白釉的腐蚀和土沁现象,却比青白釉严重得多,尤其釉里红的纹饰会更明显,所以鉴赏时首先要区分釉里红是什么釉。

图6-2-10 元釉里红荷塘鸳鸯罐 高39厘米

顺便说明：日本梅泽美术馆收藏的一件元青花玉壶春瓶，与图6-2-15所示的釉里红玉壶春瓶尺寸和纹饰完全相同，这是典型楷模成型的缘故，只是青花和釉里红的区别而已。而且瓶底铁质斑和芝麻糊的底，如图6-2-16、图6-2-17所示，具有显著元代特征。因其人物故事待考和特殊性，本书为使其不被仿制而保留其另一面（带文字面）。现在仿品虽也有另一面的纹饰，但因日本出版物此面上的文字不清，导致仿品上所写的文字啼笑皆非。

特别强调：釉里红有一个显著特征就是在铜绿和黑斑处，相对的腐蚀就很严重，就是说："铜红"一旦露出釉面，就会发生自然腐蚀，就如同青铜器的"铜"裸露在空气中一样。所以釉里红的铜绿或个别的破壁气泡，就会出现严重的腐蚀痕迹，但釉面却完好无损，这也是鉴别釉里红的特征之一。尤其对元

图6-2-11 元釉里红龙纹四系扁瓶 高39厘米

图6-2-12 元釉里红《三顾茅庐》梅瓶
高54厘米

图6-2-13 元釉里红《捉放曹》梅瓶
高54厘米

图6-2-14 元釉里红龙纹玉壶春瓶 高32厘米

图6-2-15 元釉里红玉壶春人物瓶 高28.3厘米

图6-2-16 元釉里红龙纹玉壶春瓶瓶底

图6-2-17 元釉里红玉壶春人物瓶瓶底

代卵白釉的釉里红，因其整体施釉都很薄，所以还原反应后的"铜红"，在笔道痕或者铜绿处，其腐蚀就相对较严重，如图6-2-14所示。

综上所述：用古老"铜花"描绘的纹饰与元青花的纹饰一样，其显著的特征都是"一笔绘"，但如果是在浓墨重彩处的"铜红"，就会出现烧飞和晕散的现象。如果是轻描淡写那就有可能会被烧没，或是厚釉下的纤细纹饰与笔尾处，形成隐约的、淡淡的绿痕，这也是厚釉还原反应（CO↑不足）不充分的缘故。尤其是元末明初的釉里红，烧飞和晕散是常见现象。而且有的在局部的红色纹饰上，还附有形成"银＋铅"与铜混融的游离膜，这种"复合膜"更是无法仿造。虽然在清初的釉里红中，隐现或烧没的现象也是常见的，但后期经过改进的工艺，则基本上没有这种现象。

第七篇
不断追求艺术创新的大明王朝

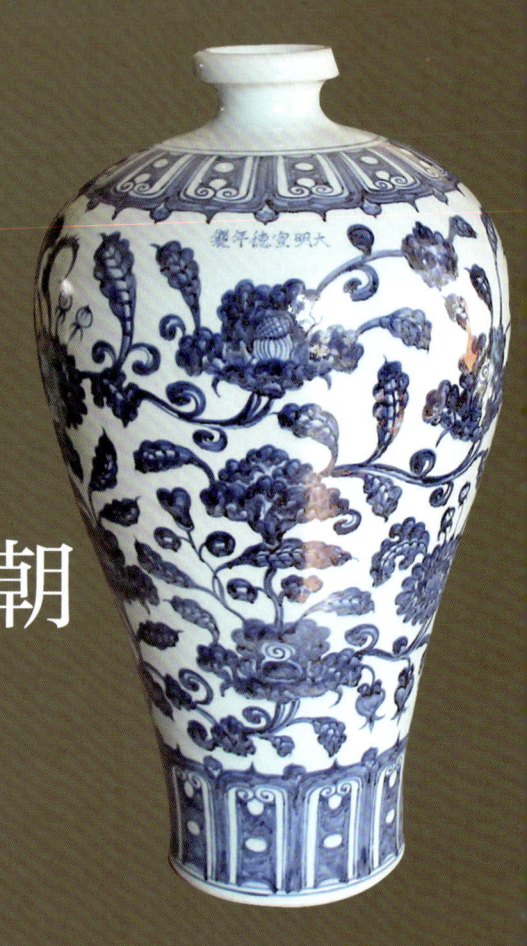

第一章
简朴而不简单的洪武瓷器

一、洪武青花是"苏麻离青"钴料吗

洪武青花采用的是哪种钴料？这问题一直困扰着鉴赏家和藏友们，但至今也没人能给出科学上的释义。中科院上硅所湿化学法检测的结论是"高铁低锰"型的进口钴料。而鉴宝专家的共识则是：进口和国产钴料的混合物，不知这种推论依据是什么？但问题是：洪武时代开采出合格的国产钴料了吗？又为什么好端端的"洋青花"非要掺和"土料"，使洪武朝青花瓷成为"四不像"的土青花呢？以下是针对洪武青花的钴料问题，初步进行的科学探讨和研究。

1. 洪武青花的检测数据

笔者认为：如果将洪武瓷器分期、分段来考虑，那么事实就会比较清晰。目前，除洪武青花的传世品外，在景德镇珠山官窑遗址上，还出土过24件洪武青花瓷片，其中有17件是典型元青花的蓝色，其余7件为灰蓝等颜色。20世纪末，上海硅酸盐研究所，对珠山出土的其中4件洪武青花进行过湿法化学检测，其结果是：青花是"高铁低锰"型钴料，此次检验样品的青花颜色是：蓝色、灰蓝色、暗蓝色、暗黑色，但在这四种色样中，却只给出前三种颜色的检测结果，并没有给出MH4暗黑色的检测数据。

长期以来，文博界专家和鉴赏家都是以这次检测结果来说事，认为洪武青花也是进口的"苏麻离青"钴料，而且还给出模糊的解释：这是国产钴料与进口钴料的混合型，虽然谁也没有给出可信的科学解读，但笔者认为：元末与洪武接续初期，应该是有留存的"苏麻离青"，中后期则是新开发的国产钴料。假如是国产与进口钴料混合的话，即使是1:1或者更高的配比，那检测数据也应该是"高锰低铁"型，因为国产钴料的锰含量超高，而铁的含量只是微量级。

本书在《青花与钴料》引用伊朗的阿布尔·卡西姆于1301年的论文摘录，并阐述过伊朗销售的是三种"苏麻离青"钴料。如果洪武瓷器是"高铁低锰"型的钴料，推测这极有可能是"苏麻离青"中第二种或原始钴矿饼那种发色不好的廉价钴料。即使是这样也会有人问：为什么"苏麻离青"钴料就呈灰黑色了呢？是不是检测时的误差呢？或者说就是一种国产钴料呢？

特别指出：上硅所湿法化学检测的瓷片是（青花 + 釉）综合的元素含量值。同时上硅所还用相同的方法，测试了永乐和宣德青花的瓷片，但宣德三件青花的测试结果，却与"苏麻离青"特征背道而驰，全部是"高锰低铁"型。其中具有可比性的如下：永乐和宣德青花的钴含量是0.35%～0.69%（湿法化学检测）；洪武青花的钴含量是0.13%～0.24%（湿法化学检测）。

特别说明：湿法化学所检测的青花，是所取青花样品中钴含量的平均值；而X荧光无损所检测的青花，则是靶点所对应青花的点对点的值，然后再把不同的几个点的值平均；纵观"苏麻离青"的钴含量，其湿法化学检测都在0.34%～0.69%之间，还没有低于0.34%的数据。同样用X荧光无损检测的官方数据，也均在0.4%～0.7%的范围，都符合"苏麻离青"钴含量的硬性指标数据。而对比结果很显然：上述湿法化学检测的洪武青花钴含量是在0.13%～0.24%之间，远低于"苏麻离青"应有的钴含量，理论上不属于"苏麻离青"钴料，如图7-1-1、图7-1-3、图7-1-4、图7-1-5所示，而图7-1-2具有典型洪武的底部特征。

图7-1-1　洪武青花盏盘 口径20.7厘米

图7-1-2 洪武青花盏盘盘底

图7-1-3 洪武青花茶盏一对

2. 技术解读与科学考古

（1）从技术层面分析。

钴料无论是国产还是进口，决定蓝色艳丽与否的是钴元素的含量，而钴矿中的伴生元素和瓷器的釉料，则影响色调的走向。所以如果釉料的配方是高Fe低Ca型的釉，而且钴料中Co的含量又偏低，则发色就会呈蓝黑色。

如果青花呈现灰蓝色或灰黑色的话，从理论上分析：这种淡灰色的青花，一定是钴土矿中含大量锰的缘故，也就是说：这是国产钴土矿的特征。而采用这种钴料的青花颜色，就不是Co_2O_3（三氧化二钴）和$CoAl_2O_4$（铝酸钴）混合物应有的蓝色，而是CoO（氧化钴）和$MnAl_2O_4$（铝酸锰）混合物的灰蓝色。由于洪武釉料是高Fe低Ca型，那么在1300℃温度下如果钴料中Co含量偏低，则配位的Co离子就显得不够用，那么配位就会发生变化。

因此，由于在配位中的Co不够用，一部分的Co位就会被Fe或Mn（锰）取代，或者在配位上失去Co。所以原本应转化为Co_2O_3或$CoAl_2O_4$的湛蓝色，就会转变为CoO和$MnAl_2O_4$的灰蓝色，或者是CoO和$CoFe_2O_4$（钴铁氧体）的蓝黑色。如果只是其中一小部分被Fe所取代，则青花就会变成灰蓝色，如果是大部分被取代，就会变成蓝黑色，甚至铁黑色或成为铁锈斑。

而"苏麻离青"的钴料无论是烧造工艺也好，或是任凭釉料配方如何变化，因其Co的含量都较高，而且伊朗卡善地区采用古老工艺焙烧的钴料，其实就是西亚的一种"蓝琉璃"，所以都能完全满足配位时的需要，并且还有大量多余的Co存在，故青花就呈现宝石蓝的发色，并且也不会有太大改变。比如："苏麻离青"中唐青花和唐三彩的蓝色，与元青花、永宣青花的蓝色相比，无论是陶胎还是瓷胎，也无论是琉璃釉还是碱釉，更无论烧造温度的高低，其"苏麻离青"的蓝色调，没有发生明显改变，这就是"苏麻离青"焙烧的钴料，以及高含量Co的原因所在。

所以青花的蓝艳与Co含量的多少关系极大，如果洪武青花的蓝黑色调，明显与"苏麻离青"发色不同的话，并且洪武青花Co含量这项关键指标，又远低于"苏麻离青"的平均Co含量，仅以此点就可以推论：这一定是国产钴料。对于洪武青花检测出"高铁低锰"的结论，应该从多方分析：首先，洪武釉料的本身就是高Fe低Ca型，不可否认在"白釉＋钴料"中，对钴料检测就包含釉料中高含量铁的因素。因为上硅所用湿法化学检测的洪武蓝黑色瓷片，取样本身就是"釉和青花"的一小部分，而不是X荧光无损所检测中的点对点。

（2）从考古层面分析。

在本书"明青花与清青花"中已阐述宋元时期青花的应用，以及考古界科研人员的检测结论。而最早记载"无名异"是在《宣德鼎彝谱》和《天工开物》文献中，虽然"无名异"是历史上的一个俗名，但科学分析这就是一种钴料。因为古代没有化学名称，而且"无名异"在北宋开宝七年，就有作为中医药里的药石记载，所以在宋元时期，有的窑口，也尝试过用"无名异"作青花原料，但因当时对钴土矿的提炼技术有限，对钴料的筛选和淘洗也不够精练，所以才导致青花呈色发土、发灰而不艳丽的情况。

明·正德年《瑞州府志》载：江西"上高县天则岗有无名子，饶州景德镇用以绘画瓷器"，"无名子"与"无名异"无论是字词，还是方言发音都十分接近，而且产地又都是在景德镇附近，由此推论："无名子"就是"无名异"的别称。至于洪武时期什么时间段采用"无名子"做青花呈色剂，又如何将"无名子"的提炼技术上升到了一个档次，则是留给考古界的一个课题。

3．洪武青花的辩证分析

《中国陶瓷史》也同样记载："明王朝在洪武二年就已做出祭器皆用瓷"的规定，以此推论这也是洪武官窑的开烧年，因为官方祭器用瓷就得是由本朝官方烧造的瓷器，这也就注定洪武初期的御窑厂，仍然保留着元末的工艺和原料资源。常识告诉我们：任何新王朝所用的瓷器，即使按照新皇帝的审美发生变革，那改变的也只是器型和纹饰，原料和烧造工艺不会马上就发生变化。所以从意识形态出发的洪武官窑，也一定是遵循朱元璋的思维模式，由于工艺技术和原材料不属于意识形态的范畴，因此在元末明初衔接时，原则上这些都不会有大的改变。

特别说明：任何工艺技术和产品形态，都离不开当时的社会和历史背景，因此在探讨洪武一朝的瓷器时，一定要用辩证和唯物的观点，进行分期和分段讨论。这也符合过渡时期的历史事实，下面就从科学角度结合经济原因来进行具体分析。

（1）从经济角度分析。

朱元璋既是平民皇帝又有出家当和尚的经历，世界观所形成的是节俭和实用，而不追求奢侈和豪华。洪武八年命令发行的《大明通行宝钞》，这种"以纸代铜"既节俭又便利的初衷，虽然目的明确但却没有按货币规律运行，重点是：这可以看出朱元璋的"节俭"无处不在。而且历史记载朱元璋的节俭，在历代皇帝中也堪称绝无仅有。例如，在应天修建宫室时，他只要求坚固耐用，而不追求奇巧华丽，所以用铜来代替黄金；朱元璋还在宫殿外命人还开辟了一片荒地来种菜吃；而且朱元璋的被单都是用小片的丝绸拼接而缝成的百衲单。

由此推理：在建国兴邦伊始时的朱元璋，虽然在主观上不会排除"苏麻离青"，但也不可能再进口昂贵的"苏麻离青"钴料，只能使用留存下来的进口钴料。当所使用的"苏麻离青"短缺后，也只能大量烧造"釉里红"瓷器，用以

图7-1-4 洪武青花执壶(一) 高39厘米

图7-1-5 洪武青花执壶(二) 高39厘米

替代钴料空白期的青花瓷,这也是自然的市场规律,直到发现国产钴料可以应用为止,所以笔者认为,洪武时代中后期的青花瓷,一定使用的是国产钴料。

(2)从政治层面分析。

朱元璋实行的是海禁锁国的政策,而且为防止元帝国下辖的伊利汗国等反攻,因此连接西亚的陆海两条贸易通道,基本被朝廷切断,所以朱元璋也不会再进口"苏麻离青"钴料。但洪武朝是处于元明交替时期,"苏麻离青"又是市场经济下的流通物,所以洪武初应留存"苏麻离青"钴料,但洪武初期的蓝色瓷存世极少,所以这种蓝色青花瓷更显珍贵。

(3)从出土文物分析。

元青花是近现代人的命名,在后浮梁瓷局时代就叫"青花瓷",如前所述:其元青花也并非出自元代官窑,所以在开国功臣沐英墓、汤和墓、郢靖王朱栋墓中,都曾出土过元青花的精品。这也足以说明:朱元璋没有下令销毁元青花,而且元青花在当时的贵族阶层,也是非常受欢迎的商品。所以即使采用残器为陪葬品,也不用本朝的洪武青花或永乐青花,而依然是生前心爱之物的元青花。

(4)从朝鲜李朝青花瓷分析。

在朝鲜李朝瓷器中有"洪武二十五年"的纪年瓷,这是堪比大维德元青花的极其珍贵的李朝青花瓷,而其釉料和青花的发色,也都非常接近洪武青花。因朝鲜王朝当时是中国的藩属国,而且其历朝历代的陶瓷,都在效仿那个时代的中国瓷艺,而李朝当时绝不可能进口"苏麻离青",应该是进口中国产的钴料,这也说明:景德镇在洪武二十五年,就已成功提炼出国产钴料。

综上所述:笔者认为洪武青花分几个阶段,如果是蓝色系,那是洪武初期遗存的"苏麻离青"钴料,属于"高铁低锰"型钴料;如果是灰黑色系,则是洪武时代的中后期,使用提炼尚不成熟的国产钴料,这也与元末一些窑口的青花相仿,与大量开采国产钴料的时间段相吻合。在洪武初期"苏麻离青"用完,国产钴料的开发和提炼技术还不成熟前,便出现了青花钴料的空白期,因此这期间的洪武瓷器,则是以釉里红为主。

二、洪武瓷器为什么没有战争和佛教题材

元青花上的人物故事画片,大多是三国演义等类的战争题材。而明初洪武与元末的元青花时代,其工艺和技术都是无缝链接的,但按照朝代更迭的规律,后朝会摒弃前朝的器型和纹饰等,一些具有前朝文化特色的元素不会被继承。但元青花并不是元朝政府的官窑器,况且《三国演义》等这类的故事,又都是中国的传统文化,那为什么在洪武的官窑瓷上,却没有这些反映战争题材的画面呢?

历史上平定天下的朱元璋一边实行海禁锁国的政策；一边实行发展生产的休养生息措施。但他在政治上，实行的却是"以猛治国"的铁腕政策，特别强化中央集权的君主专制。这从"文字狱"事件中就可以看出，他忌讳有关佛教的所有事物，并取缔了一切邪教。

而且从朱元璋建立明朝伊始，他就将守卫江山、巩固政权放在了首位，因为朱元璋就是在元末的农民战争中，打败所有的劲敌脱颖而出的，所以其言行都是在防止暴乱的发生，以及避免再次出现群雄争霸的各种隐患。因此朱元璋首先就禁止了邪教，以及清除鼓动宣传的一切战争因素，那类似元青花中的各种战争题材，理所当然瞬间就在洪武官窑中消失了。

有人会问：为什么洪武二十五年的沐英墓，会出土元青花"萧何月下追韩信"战争题材的梅瓶呢？沐英是在元至正二十二年（1362年）开始担当军事要任，并转战各地，直至明洪武二十五年病逝于云南任所。而朱元璋对这位养子的离世十分痛心，即令其命归故土厚葬于京师，还追封为黔宁王。所以这件沐英墓随葬的元青花，应是沐英在元至正年间所得到的心仪之物，并随军辗转到云南，直到跟随主人归京入土为安。

而郢靖王朱栋的合葬墓，也曾出土过四爱图和带龙纹的元青花瓷瓶，朱栋是洪武二十一年出生，永乐十二年（1414年）去世，那么出生在洪武仅活26年的郢靖王，怎么也没有用洪武和永乐青花，而是用元青花来陪葬呢？郢王妃是开国元勋郭英之女，郭英本人非常喜欢元青花，而这两件非战争题材的元青花，也应该是主人家传的陪嫁宝物，是郢王妃生前的心爱之物，所以王妃死后随之合葬于此。

在明朝的开国功臣汤和的墓中，也曾出土过元青花缠枝纹的大罐，汤和是在洪武二十八年去世，其元青花也应该是汤和至正年所得。尤其是洪武二十二年鲁荒王朱檀的戈妃墓，曾出土了一件元青花云龙纹的残罐，重点是：在其罐的残口处还镶嵌明初时所配制的银口。上述情况足以说明：在元末明初皇家贵族和"官二代"中，即便是残缺的元青花也都将其视为珍宝。

而且以上事实还进一步证明：元青花虽然是元至正时期的器物，但并非元朝的官窑产物，而是当时景德镇无政府市场经济下的一种商品。这也说明：经历过元青花生产高峰期的将领们，都非常喜爱这种青花瓷，所以或多或少都保存着"战乱时期"的元青花。而元青花一词是现代美国学者的命名，但绝不是元代人和洪武人给其的称谓，所以这类元青花的商品在明代依然可以留传。朱元璋也并没有禁止元青花的使用，更没有销毁元青花这一说，只是禁止洪武官窑的一些纹饰和题材而已。

那么洪武时期的瓷器，都有哪些纹饰符合朱元璋的政策呢？统计表明：普遍是花卉、竹石、龙凤、花鸟等纹饰（图7-1-6、图7-1-7）。朱元璋与马皇

图7-1-6 洪武釉里红孔雀盘 口径21.8厘米

图7-1-7 洪武釉里红孔雀纹盘盘底

后爱情如一，堪称历史上的模范夫妻，所以爱情故事、四爱典故等这类题材也绝不会被禁止。如下节介绍的洪武青花的西厢记梅瓶等，也是继承了元青花时的图案，但洪武朝始终还没发现有关佛教和战争题材的官窑瓷。

三、朱元璋时代有"洪武年制"款吗

在官窑瓷器上打上"logo"的官方落款，在元代就有大内定制的"枢府"等特供款，而在明代虽然也沿袭和借鉴"枢府"款的形式，但却改为指向性皇帝年号"××年制"的纪年款，以及宣德时又在前加上了"大明"的国号。而文博界将瓷器的纪年款定格在"永乐年制"上，这是基于目前的官方馆藏文物和考古发掘，也是基于当代的传统思维而作出的一种绝对定论。这虽然是一个超敏感的话题，但有个疑问：洪武青花与永乐青花相比，"永乐二年"已开始使用"苏麻离青"，那仅在青花发色上就已很好区分，为什么还要标榜炫耀写上"永乐年制"款呢？这是为了区分已有"洪武年制"款呢？还是延续继承了父辈的传统呢？

首先，在器物上刻画符号（古文字），这是有历史依据和传承的，而且在其他材质上刻写字，也不断被考古发现。商周及各代青铜器以及钱币，也都有各种铭文和纪年，汉代、唐代器物也有铭文和印章，只是所表达的意思不同而已。其实在陶瓷器底下刻写字在石器时代就有，早在7000年前的双墩遗址的陶碗底上就有刻画的文字，古人是想以此来表达一种感悟或记事符号。而瓷器上的纪年款和写诗作画，在唐、宋、元各朝也都有所发现，尤其元代原创的"枢府""太禧"等官窑款识，在明初官窑中不可能不借鉴和发展。

例如，印尼发掘的"井里汶"沉船中，就有在越窑刻花莲瓣碗上，写有"戊辰（968年）徐记烧"划刻款；河北定县出土的定窑白釉刻画双蝶纹盘底书"太平兴国二年"；福建建瓯出土的瓜棱罐内里书"庆历三年"；美国克利夫兰美术馆藏白瓷执壶底部墨书"崇宁四年"；美国布鲁克林博物馆藏虎形枕底墨书"壬庚正月"；河北巨鹿出土的红釉盒写有"元祐七年"；日本东京国立博物馆藏三彩印花长方枕写有"承安五年"；日本静嘉堂文库美术馆藏白地墨花水禽图枕写"泰和元年"等。

以上这些都是没有官窑时的非官方纪年和记事，馆藏中还有宋徽宗时代宫廷官方纪年的器物留存。而元末张文进写在青花瓷上的纪年，就是非官方记载事件的典型代表。现陈列于江西省博物馆的青白釉罐，就写有"洪武七年二月二十七日造此"的纪年款，这是明代最初的非官方纪年，但是否受到洪武官方的影响不得而知。重点是：1931年就职于大英博物馆的Soame Jenyns，他在1953年版《明代陶瓷》书中，就载有"洪武年製""洪武五年"等铭文的实物，

图7-1-8 洪武青花人物梅瓶 高51.2厘米

图7-1-9 洪武青花人物梅瓶局部

这也是本论点不争的重要佐证。

我们再分析朱棣为什么要写上"永乐年制"款呢？如果是为了区分与洪武青花的不同，那么从器型和"苏麻离青"钴料上区分就足够了。因为国产钴料在洪武后期的使用，是在洪武初期进口钴料用完后的事，所以越接近永乐时期洪武青花的发色，就越显现的是青灰色，但在永乐时期的青花器物上，没有发现青花发色是青灰色的情况。

朱元璋是平民出身，晚年时的他有很多回忆和想法，既想要珍惜自己打下的江山，还想要在历史上留下痕迹，就像他把在称帝前所铸的"大中通宝"钱，于登基

图7-1-10　洪武青花人物梅瓶

后改为"洪武通宝"一样，他所重视的是自己的"洪武"年号。所以一介布衣的朱元璋晚年，当江山稳固、天下归心时，在瓷器上写上"洪武年制"的纪年款（图7-1-8、图7-1-10），以此作为一种纪念形式，应该是顺理成章的谁当皇帝都想做的事，而这种标新立异的"国号"商标，当然也延续到了永乐年，到宣德年已完全被发扬光大。

科学的发明和进步是将社会向前推进，而考古的发掘和发现则是将社会往后推移。无数事实证明：文博界一些先前的定论总是会被新考古所推翻，人们总是要重新认识某种事物的发展路径。本文展示的洪武青花人物故事梅瓶，虽然还需要通过权威的科学检测来验证，但就目前以眼学鉴赏而言，通过对此件仅见品的分析，其胎、釉、青花发色、纹饰、老化痕迹等（图7-1-9、图7-1-11），该瓶已完全符合洪武青花的所有特征。

四、洪武瓷器的时代特征

《大明会典》载："洪武二年定，祭器皆用瓷"；卷六十七《舆服》又载："（洪武）三年，今国家呈元之后，取法周、汉、唐、宋，服色所尚，于赤为宜"；卷二百一载："洪武九年定，四郊各陵瓷器，圜丘青色，方丘黄色，日坛赤色，月坛白色"；《明史志》在"吉礼一"载：

图7-1-11　洪武青花人物梅瓶瓶底

洪武三年"今拟凡祭器皆用瓷，其式皆仿古簠簋登豆"；与《景德镇陶录》载："洪武二年设厂与镇之珠山麓，制陶供上方，曰官窑"相互佐证。

以上文献说明：洪武二年显示"已"或"正"设立御窑，但这时即使有官窑瓷器，那也只是宏观上"定"了要用瓷器，所以基本上还是元末至正时的器型和工艺。而洪武三年定调"于赤为宜"为"国服"色，显然这时的"赤色"已然成为国色，但直到洪武九年才完善本朝的规制。洪武官窑总体特征是：纹饰和画工精致，釉质肥厚润泽，器型规整大气；而洪武一朝新开发的器型，也极具时代特征。

1. 釉灰与釉果的元素分析

洪武瓷器的釉都比较肥厚，有种特别的柔和温润之感，釉面一般偏白，有些则是泛青的灰白色。洪武青花和釉里红的釉，其釉灰中石灰的选择以及添加量，将直接影响釉的白度。洪武瓷釉采用的是"钙碱釉"，即在釉的配方中减少了釉灰，同时增加了釉果的用量，用以增加釉的高温黏度以及白釉的温润之感，所以洪武的瓷釉都显得乳浊而肥厚。

宋代时，景德镇青白瓷的釉灰是高钙釉，其Ca的含量为15%~20%，而K_2O+Na_2O（碱）的含量却不高，在3%以下。但到了元末明初，由元代初期、中期的卵白釉，回归到了宋代青白釉的轨道。即便如此，釉料中Ca的含量，也普遍比宋影青瓷明显下降，而且Ca的含量波动巨大，是在5%~18%的大范围波动。但其K_2O+Na_2O的含量却提高了一倍，达到6%以上，这恰好反映的是卵白釉与青白釉之间，在转换中的摇摆性特点，所以首先要认准是什么釉。

元末·孔齐《至正直记》中提到的"饶州御土"，以及明代文献所记载麻仓山的"官土"，都是指官方所用的高岭土，这也与元青花的釉一样，其标志性指标就是Al含量高。对景德镇出土的洪武瓷片，经科学检测证明：洪武时期的白釉料，总体上延续了元青花釉的趋势，其K_2O+Na_2O的含量超过了6%，但CaO的含量却明显降至5%左右，Fe_2O_3（氧化铁）含量接近或大于1%，TiO_2（二氧化钛）含量是0.05%，请参考表7-1-1。

洪武青花的釉料成分，也与同期的白釉比较接近，采用了"钙碱釉"的配方，但配方中却减少了釉灰（Ca、Mg）的量，同时增加了釉果中瓷石（Na、K）的量，以及减少了釉果中高岭土（Al）的用量。因此，洪武瓷器在摇摆期Ca含量出现大范围波动，其次是Al含量的浮动，这对元末明初的青花和釉里红而言，在其检测数据的分析上会带来判断上的困惑。

"钙碱釉"不但增加了釉的高温黏度，而且容易烧成如玉般乳浊感的厚釉，所以洪武瓷器的釉都比较温润肥厚，但却都不是很通透，而且青花发色也有些灰暗，这与国产钴料有关。而到永乐时期的白釉瓷，其釉灰减少到了极限

图7-1-12 洪武釉里红执壶局部

图7-1-13 洪武釉里红执壶 高38.5厘米

值，Ca的含量更是降到3%以下，所以釉色就显得偏甜白，同时K的含量超过5%。总体上说：随着时代和时间的顺延，釉料中Ca的含量是在逐渐减少的，而碱（Na、K）的含量却是呈逐渐增加的趋势。

表7-1-1　　　　　　　　　　洪武瓷器釉中元素含量对比

项目名称	白釉							青花和釉里红		
	Al	K	Na	Ca	Si	Mg	Ti	Fe	Co	Cu
珠山出土洪武青花	15.0	4.12	2.70	4.03	69.0	1.42	0.05	2.23	0.24	
洪武釉里红花卉碗	16.3	3.99	3.03	3.41	72.7	0.83	0.03	0.82		微量
元枢府釉白瓷	14.6	2.89	3.31	5.33	73.4	0.16	0.08	0.78		
元末明初青白瓷	11.9	4.25	1.89	8.8	71.2	0.67	0.03	1.1		
元釉里红扁壶	11.7	2.66	1.95	8.89	70.8	1.28	0.18	0.89	0.00	0.41
洪武釉里红花卉盘	11.2	5.54	2.05	5.12	71.4	1.61	0.21	0.97	0.00	0.49
备注	1. 景德镇出土洪武青花瓷片，是早年上硅所采用湿法化学的检测，与现代X荧光无损检测存在系统误差。 2. 洪武釉里红碗、元枢府釉、元明青白瓷，摘自上海博物馆熊樱菲等人和伊利诺伊大学徐文鹏等人的论文，经能量色散X荧光无损检测。									

科检证明：洪武青花的瓷胎成分也确实与元青花较接近，其大部分瓷胎中Al_2O_3（氧化铝）的含量，接近或大于20%，这是单一瓷石中Al含量所无法达到的。可以推论：洪武青花初期瓷胎的配方，是沿用了元青花的工艺，即"瓷石＋麻仓土"的二元配方和配比，这也符合元末明初制瓷工艺的连续性。

而洪武釉里红Ca的含量却低于同时期的白釉瓷，且含有一定量的Mg、Ba（钡）、Pb（铅）以及微量的Zn（锌）元素，这说明：釉灰采用的是高镁石垩（高镁方解石）。而洪武后期的釉里红与元末明初还稍有不同，元末明初是延续了元青花的配方，而到了洪武后期的釉里红，则是被全新改造了的配方，导致这期间洪武瓷釉Ca的含量波动较大，所以影响了釉里红的发色，这也是区别元末明初釉里红的标志之一（图7-1-12~图7-1-16）。

2．洪武瓷器的时代特征

乾隆时期的梁同书对洪武瓷有过很高的评价，他在《频罗庵集》中载："洪武窑，上釉侯干数次，出火，釉漏者碾去，再上釉，更烧之，故汁水莹如堆脂"，重点是釉面"莹如堆脂"这句话。因为洪武官窑开始是延续了元代的工

图7-1-14 洪武釉里红执壶 高38.5厘米

图7-1-15 洪武釉里红玉壶春瓶（一）高31.5厘米　　图7-1-16 洪武釉里红玉壶春瓶（二）高32厘米

艺，所以前期胎底都不施釉，后期才由刷胎转到上釉的过程，故洪武瓷器的胎底有露胎和刷胎、上釉三种工艺。而且元代那种火石红斑、螺旋状切削痕，以及放射状跳刀痕等现象，都可以在洪武瓷器中再现。《中国陶瓷》阐述洪武青花是："糙底的盘、碗之类底部有护胎釉，且多数有明显刷纹。"而景德镇仿古高手杨国喜也如是说："火烧红是指洪武年间，瓷器底部显出的红颜色。而且当时大器采用的是浇釉工艺，浇好后再用刷子刷去底部沾上的釉，所以器底表面留下了刷痕。"

实践证明，洪武瓷器的立件和大盘类，最初采用的就是这种元青花的浇釉工艺。但与元青花不同的是，洪武瓷器是在浇好釉后，还要用刷子去刷底部沾上的釉，这也算是工艺上的一种进步，所以洪武瓷器的底会留下不均的刷釉痕，如图7-1-17所示，器底是由初期的刷痕，向最终定型为涂釉工艺发展的。但元青花的器底则是用手把托物件的工艺，其器底留下的是粘手的指痕釉。

由于瓷器底部的刷红工艺，也相应出现了"人工制造"的火石红现象，且火石红又分两种情况：一种是古代瓷器生产中的刷红工艺，比如洪武初期瓷器的底部，就常有这种刷的护胎釉工艺；另一种是由胎中的铁元素造成的，因元末明初烧大件时不使用匣钵，烧窑时胎与火直接接触，胎表面的铁元素被氧化后就泛出了Fe_2O_3的红色。而元代的那种乳凸底，在洪武初期虽然已不那么突出，但依然存在，如图7-1-18所示。

景德镇几位仿古瓷高手如是说：唯独在古瓷器上那种胎红和窑红难以仿烧成。特别是在明清一些官窑器上，胎釉结合部的"一线圈红"和釉下胎红，更是无法重现古老的特征。所

图7-1-17 洪武釉里红玉壶春瓶刷痕底

图7-1-18 洪武釉里红玉壶春瓶乳凸底

以万不得已才在几近乱真的仿古瓷上,用前述的刷红方法来制作假胎红和假窑红,但这却为鉴真提供了辨别的依据。

五、洪武釉里红的特征

1. 釉里红的呈色因素

实验证明:完美的釉里红发色,釉式中RO/R_2O的比值是越大越好,所以元末的就比洪武时的釉里红的颜色要鲜红得多;当釉里红的铜含量在0.3%~0.5%范围内时,其铜红色的呈色达到最佳;如果铜超过了这个含量,红色就会混浊如火漆一般。在铜含量0.3%~10%的还原反应中,其发色趋势是:由正红色→灰红色→黑红色→黑色的变化。

在元末明初的釉里红中,还有一个特殊的"红银灰"现象,就是釉里红的表面仿佛罩有一层银灰的亮膜,如图7-1-19~图7-1-21所示。根据古代"铜花"的制作工艺推测,这极有可能是"铜花"中,含有微量银和铅等伴生的金属元素,从而造成被置换出铅和银的现象,这种混溶后局部"红银灰"的时代特征,现代的仿者根本想不到,也很难做到。银在高温下的氧化反应,生成的是棕褐色的氧化银(Ag_2O),所以釉里红的纹饰表面,能形成"红银灰"这种特殊现象,以及像覆盖一层"金属膜"式的棕褐色。

研究还表明,提高氧化钙的含量有利于铜红色的呈色,但同时也会使"飞红"的现象加重。洪武釉里红的红色整体较灰暗,甚至洪武时代局部易出现图7-1-22那样的"黑红"现象,这与釉料中Ca含量偏低有一定关系,而元末釉里红的Ca含量明显高于洪武釉里红,所以元末釉里红的呈色就较鲜艳。而影响釉里红发色的另一个因素,就是高温向低温过渡中的还原气氛问题,综上所述:釉

图7-1-19 洪武釉里红凤纹梅瓶 高39.5厘米

图7-1-20 釉里红"红银灰"现象

里红的呈色除还原温度和气氛外，其基础白釉的配方也会对发色产生相当大的影响。

而清代烧造的釉里红瓷器，则是掌握了较先进的工艺技术，采用的是两层匣的煅烧法，就是在里匣内开个气孔，而将其外匣封闭，这种工艺的重点是：在两匣中间还装有碳（C），而碳本身可产生还原剂CO↑，就是说，碳在缺氧环境中闷烧，就会产生CO↑而进入里匣内（就如同在室内烧煤时的煤气中毒一样），使其釉下的"铜花"能充分进行还原反应。所以清代釉里红烧造是相当成功的，清代鲜艳的釉里红的成熟工艺，与元末明初有明显的区别。

2．洪武釉里红的特征

元末和明初的釉里红瓷器，由于是无缝传承和衔接，所以不但是"铜花"制作相同，而且胎和釉的配方也无太大变化，因此釉里红瓷器具有其共同特征。尤其元末釉里红的釉面同元青花一样，其纹饰的笔道处有自然的凹凸感，胎底也具有元末特征，如图7-1-21所示。但洪武后期由于釉的配方变化，釉里红颜色也发生了变化，这是在鉴赏时需要注意的点。

图7-1-21　洪武釉里红凤纹梅瓶瓶底

特别说明：元末明初的釉里红大多数的红色都深浅不一，这是由于烧窑气氛和所处窑位而产生的"阴阳脸"，而且在红色中还有黑斑、铜绿、飞红、晕散等瑕疵；特别是元末和洪武的部分釉里红瓷器，由于曾经是处在水坑的墓葬环境，而且因尸体腐化等使泥水介质呈弱酸性，那么釉中的钾、钙等离子，就会产生电离式的"碱化"，导致釉里红纹饰边缘会出现"相辅相成"的"白斑纹"。另外纹饰还会呈现出"流动红"的网格纹现象，老古玩行称这种"流动红"是多姿多态的"红云"。划重点："水碱"不但是很难清洗的岁月痕迹，而且纹饰中的"红云"等时代特征，这些都是极难仿制的自然现象，如图6-2-9、图7-1-13、图7-1-14所示。但无论釉里红的发色如何，其纹饰都是一流的宫廷画师所为，而且上述的这些现象也极易辨认，造假者是很难仿到位的。

如图7-1-19所示的藏品与日本九州中国陶瓷美术馆，以及日本MOA美术馆的两件同样藏品，其器型和纹饰基本相同。其釉里红藏品特征为表面的"流动红"与厚釉随其向下流淌的釉痕不同，在笔道处有似火山喷出岩浆那样的流动感。这种用松材烧制出的古代"铜花"纹饰，釉里红的发色古朴自然，其纹饰和重笔道处的釉中，呈现的是大而明亮的高温气泡，这也是现代工艺很难仿制的。

现代工艺是直接使用化工颜料的氧化亚铜，不需要在烧造时由氧化铜还原反应生成氧化亚铜，所以利用电和煤气窑都可以烧造，而且电子温控也相当精准，因此，现代化釉里红的颜色，显得更加鲜艳和均质，这也是所有仿品颜色的共同特征。由于古代冶炼技术的原因，现代即使是仿制古老的"铜花"，其所含的成分也与当年的"铜花"不同，所以红彩所含元素与发色也肯定不一样。

特别指出，元末明初釉里红与元青花一样，其浓重的纹饰处也有凹凸感，尤其是洪武釉里红的瓷器。但与"苏麻离青"下沉式凹凸感所不同的是，釉里红是因铜离子的流淌所为，而不是下沉所产生，手摸纹饰有微微的凹

图7-1-22　釉里红花卉大盘局部

凸感，这也是鉴别元末明初釉里红真假的重要特征，但对于薄釉和浅淡的釉里红来说，这种现象就不是很明显。另外前面章节已做过论述，洪武瓷器还有一个显著特征，就是器底有明显的刷浆痕，这也是当时的一种刷浆工艺。而且洪武、永宣早期的大盘造型（图7-1-22），在足墙底的上方盘面，即在转折过渡处都有一圈台阶，俗称"月亮门"（图7-1-23），而且底足的里侧都稍往外斜（图7-1-24）。还有永宣独创抱月瓶的转角，其过渡处也有园棱式的台阶，这些都是明早期的造型特征。

麻仓土与当时制作的"铜花"不能再生，釉面上产生古老的年轮和历史的痕迹也绝非后人和高科技可仿制的。所以无论从红彩、火石红、石花、土沁、死亡气泡等，还是从工艺、绘画各方面来鉴别，真品所展现的时代特征和自然感观，现代仿品是无法仿到位的。器物在地下墓里或窖藏几百年，甚至上千年，其长期不接触空气和紫外线，釉面自然产生"硅凝胶"的玉质感，看上去肥厚透亮、宝光内蕴，手感也十分舒适温润，目前的科技水平是无法仿制的。

古瓷也是历史的产物，也必然要打上时代的烙印，但某个时代的一两件器物，不能代表其整个朝代。而且任何事物都是渐变的而不是突变的，都是在不断进步与发展着，趋于完美要有衍变的过程，创新更要有一个基础阶段，阅读时请参考"元红花的特征与解析"一节。

六、故宫藏洪武青花执壶的盖是原配的吗

2008年，笔者在博文中曾写过一篇关于《故宫洪武执壶的盖是后配》的专论，之前这个论点还没有人提出过，也没有人怀疑过真或假，各种资料也仍在按原样传播着。那为什么没有人提出来呢？因为它是放在权威的机构里，又是权威出版物上榜的著名藏品，假设按传统"标型学"来判断，那全世界不会出现第二个这样的洪武带盖执壶。如果因与故宫执壶盖的不同判为假，那将是现代版的"皇帝的新衣"，如果用惯性思维来判断，那专家也很难有所突破。

笔者接触收藏圈不久后就对这个执壶的盖产生过怀疑，因为与本人收藏的洪武执壶盖差异很大，好在景德镇的御窑遗址中，也有几件同类洪武执壶与盖出土，这才解开了笔者的疑

图7-1-23　洪武釉里红花卉大盘 口径43厘米

图7-1-24　洪武釉里红花卉大盘盘底

问。经过与珠山御窑同类器的研究对比，笔者认为：北京故宫博物院洪武青花执壶的盖，是清代宫廷仿制的后配品，年代大约在唐英当督陶官时期，本论点推论如下：

① 清三代的档案有过给古瓷器补釉的记载，配盖也并非鲜事。

② 从珠山出土的两把洪武执壶，以及南京博物馆藏叶氏墓的洪武白釉执壶，经对比都与北京故宫博物院的执壶不符，就是说盖上钮和内部结构，都与洪武朝不相符。

③ 从西藏传世的洪武釉里红执壶看，也与其不符。

④ 从传承角度上推至元代看：河北博物馆藏保定窖藏青花八棱执壶，其盖的结构也与其不符；下推至永乐时代首都博物馆藏永乐白釉梨形壶，其盖也与其不符。

⑤ 从元明两个朝代看，还没有发现与北京故宫博物院藏洪武执壶相似的盖。而清三代所烧造的壶与盖的配型，却与其有着惊人的相似，无论什么样的学说这都很难说得通。

⑥ 北京故宫博物院洪武执壶的盖，同广东省博物馆藏的乾隆青花花果纹执壶的盖，以及盖的纹饰都基本相同。

结论：北京故宫博物院藏洪武执壶上的盖，是乾隆年间唐英烧造的后配品，所以专家的论点和故宫的传承品，也需要批判式地接受。但本书展示的四把洪武执壶的盖（图7-1-25），与景德镇出土器物却完全相符，只是存在细微的差别。本书青花执壶与北京故宫博物院的洪武执壶相比，除壶盖外其他特征和纹饰也基本相同。可以肯定地说：如果没有看到盖内结构特征的话，仿洪武执壶仅从仿盖这一点上看就很难仿到位。

图7-1-25　本书四件洪武执壶的盖

第二章
叹为观止的永宣青花

一、永宣青花胎和釉的特征

《明史·郑和传》载：永乐三年六月（1405年）郑和下西洋时，才又恢复进口"苏麻离青"钴料，但是与元青花的进口钴料不同，这次是朝廷的政府采购行为，因此摒弃了伊朗卡善市场的廉价钴料，而全部是进口高档的精品钴料，所以永乐和宣德时代的青花瓷，已达到"苏氏青花"的天花板。因永宣青花的器型、釉面、纹饰都很相近，故有"永宣不分家"之说，实际上永宣两代瓷器还是有区别的。

1. 永乐青花瓷的特征

永乐圈足矮浅，一般盘、碗底心内凹外凸，大盘沙底细密有火石红斑，足墙内外直坡。由于胎土淘炼精细，白沙底温润细密，偶有小块铁色斑点，大多呈糯米粉状，摸之细腻滑润。永乐年间小器的底足多施釉，有的底釉呈波浪纹。大件器形也有施釉底，釉底的白釉匀净，釉薄处微泛黄色，厚处呈浆白色或闪青色。

小件细瓷的底足平切，足跟较窄，而大件琢器的器足，大多是呈边棱状，即削切痕明显，圈足的胎釉结合处，有亮晶晶的"一线圈红"，而足底泛浅淡的火石红。永乐的胎体大多比较轻薄，修胎工整，器物腹部的胎接痕不明显。永乐时期的釉面，其主要特征为细腻、光滑、莹润，而且绝无橘皮釉纹。永乐瓷器釉面的青白程度较元代卵白釉有所减弱，说明明代釉料含草木灰多，但永乐瓷器釉面比宣德瓷器釉面稍白些。

2. 宣德青花瓷的特征

宣德青花胎体紧密细腻，胎质洁白坚硬，薄厚适度。梅瓶、大盘、大罐等，多是无釉白色细砂底，用手抚摸十分光滑，但有的超大件琢器，因没有修整底部有粘砂，但粘砂的也是些切削的碎石料，而且同样产生浅淡火石红，在胎釉结合处也有"一线圈红"，而中小件器物的底全部要施釉（图7-2-2、图7-2-4）。

图7-2-1　宣德内刻龙纹青花碗 口径20.5厘米、高8.3厘米

图7-2-2　宣德内刻龙纹青花碗碗底

明代张应文在《清秘藏》论窑器中描述："我朝宣庙窑器，质料细厚，隐隐橘皮纹起"。这说明宣德釉面有橘皮纹。而且宣德青花的造型要比永乐青花丰富得多，器形是多种多样的。其釉面肥厚滋润，光泽柔和不刺眼，大多白中泛青，俗称"亮青釉"，釉面有橘皮纹，极少数有开片，釉中气泡密集大小不一。宣德青花"苏麻离青"的宝石蓝色特别突出，尤其"苏氏青花"那不可仿的"锡光斑"，比元青花还要明显增多（图7-2-1、图7-2-3）。

宣德瓷器的胎体普遍较厚，足墙也不是很高，大盘的底足较浅，里墙外斜无法用手抓起。器底为无釉的细砂底，而且大件器物增多，其大件胎体均为分段制作，然后粘接而成。由于宣德的青白釉，富含碱金属氧化物，因为这种釉高温黏度大，冷却的过程也较慢，所以瓷器釉面易产生橘皮纹，但形成的橘皮釉面却有其厚重感。

宣青釉面还有一个特点，就是在底足堆釉和釉厚处泛青，釉薄处泛微黄，这也是识别宣青真假的一个方面。孙瀛洲先生曾写道："凡款色雾暗而下沉，器身和口里足内，闪有明显的牙黄色，浓釉处微闪青色者，具备这三个特点，虽无橘皮棕眼也无疑是真品。"

3．永宣瓷器对比

同样的器形，永乐的要比宣德的精细、轻薄、修胎工整，但琢器胎底衔接不平整。永乐时胎质细腻、胎色洁白，大器的细沙底有光滑温润之感。薄胎体整件玲珑规整，圆器中以大小盘、碗居多，而大型琢器较少见，从断面看胎质，有烧结不足的现象，尤其甜白釉脱胎件的胎体，薄如蛋壳，极为轻盈。

宣德青花制作大多较精致，即使器形硕大也毫不觉得有钝重笨拙感。而永乐时期的瓷器则显得细润有余。宣德时期的釉面特点为"橘皮釉"，而永乐时期的釉面为"亮青色"。从鉴定方面来看：永乐胎土淘炼精细，胎体轻重适度，尤以白沙底之温润细腻而著称，而且釉面肥厚、莹润，无橘皮纹。特别指出：青花瓷器的虾青色釉几乎贯穿整个明代（图7-2-5～图7-2-9）。

图7-2-3　宣德内刻龙纹青花碗　口径20.5厘米、高8.3厘米

图7-2-4 宣德内刻龙纹青花碗碗底

图7-2-5 宣德青花饫金箔龙纹梅瓶一对 高46.4厘米

图7-2-6　宣德螭龙纹梅瓶 高44厘米

图7-2-7　宣德夔龙纹梅瓶 高45厘米

图7-2-8　宣德花卉纹梅瓶 高45.5厘米

图7-2-9　宣德龙纹戗金梅瓶

二、元青花和永宣青花有什么区别

应用到极致的"苏麻离青"钴料,从唐三彩的蓝色到元青花、永宣青花,这种"苏氏青花"既有基本的共同点,也有许多不同之处。但唯独唐三彩的陶胎烧成温度较低,而且还是一种琉璃釉。而元青花和永宣青花则都是瓷胎,烧成的温度都较高,而且都是釉下青花。重点是:这三个时代的青花都是同一种"苏麻离青"钴料。

概括起来"苏氏青花"的共同点是:钴料的发色都呈宝石蓝色,但永宣的发色达到天花板极,普遍比元青花更加蓝艳;二者在笔道处的青花都呈下凹状,浓艳处都有锡光斑和铁锈斑点,青花纹饰边缘也有晕散,这种情况大多偏重于厚釉。

永乐青花胎体较轻,釉层较为肥厚、莹润,青花发色较浓重,略带有晕散,烧造温度高于宣德青花,造型偏小,尺寸也不是很大。但青花的纹饰清新秀丽,笔道纤细,无橘皮纹,大多无款,有款者也是"永乐年制"的篆书款(图7-2-10)。而宣德青花胎体重,釉色白中泛青,釉层多有明显大小的气泡,有橘皮棕眼。青花描绘浓淡相间,并带有蓝黑色"渗青"斑点,造型丰富、尺寸较大,纹饰的笔道较粗,而且大多是写有"大明宣德年制"的官款。

图7-2-10 永乐青花金箔纹如意肩折枝花果梅瓶一对 高40厘米

三、宣德瓷器底款是皇帝御笔吗

孙瀛洲先生总结宣德款识时曰:"宣德年款遍器身,楷刻印篆暗阳阴,横竖花四双单圈,晋唐小楷最出群"。具体鉴定要点:写篆书款极少,双圈往往有深浅,但字体都清晰下沉,六字楷体有的大小不一,起落笔处呈尖状,"大"字多是撇短捺长,"德"字"心"上无一横。而且无论明代还是清代,凡是官窑真品的青花款,放大镜下都能看到气泡,而仿品却极难看到。

宣德青花款识根据器物造型不同,在口沿、颈、碗心、足底、腹部等均有写款,但以底足内居多,都是六字青花楷书"大明宣德年制"款,其次是"宣德年制"的四字款。而横款一般写在口沿及器物肩部,高足碗的款识一般是在碗底,多为双圈六字款。"大明宣德年制"款,也是鉴别宣德青花的主要特征之一,其字体结构布局都很规矩,字与字之间距离适中,笔画粗细适中,笔法遒劲有力,字体清晰(图7-2-11、图7-2-12)。

历史上有的皇帝或者有影响力的大名家,在青铜器上、在书画上、在钱币上等,都留有题词和写字的实物,用以影响和记录一段历史。当瓷器发展到纹饰能绘画的阶段,根据皇帝本人的喜好和性情,题写瓷器年号和在瓷器上作画,也是顺理成章的。但无论宣德也好,成化也罢,哪位皇帝或御用书法家也只是打样而已,绝不可能是在每件瓷器上都写题款或者绘画,因为那之后都是

图7-2-11　宣德内刻龙纹釉里红大碗

图7-2-12　宣德内刻龙纹釉里红花卉碗一对　口径25.2厘米、高10.8厘米

官窑烧造中匠人的工作。或是指定专人按照宫廷的样式或指令，在生产的官窑瓷器上摹写，所以无论何人所书写的款识，也只能是尽量相似而已，因此有些瓷器的字体略显拘谨，而且摹写之人在宣德十年中，也并非只有一人。

传说宣德皇帝是以沈度书法为楷模，那么以沈度的书法（图7-2-13），以及青海省博物馆铜鎏金瓶上的字，再与美国大都会博物馆藏宣德"一笑图"的御笔相比较，其笔迹极为相似，而且德字心上都无一横。

图7-2-13　沈度书法截选

《万历野获编》载："宣德御笔……书学颜清臣，而微带沈度姿态"，这是不是也可以验证宣德瓷器最初的底款，就是宣德皇帝的御笔呢？笔者猜测翰林大学士沈度不可能在每件瓷器上写款，推测只能是宣德皇帝的御笔，或是皇帝写完后下旨：以后就按此款识书写。所以才有宣德一朝瓷器的底款，既不是由单一专人在写款，但又好像是在模仿沈度的笔体在写款。

四、永宣青花瓷器的鉴赏要点

明·陈继儒《妮古录》载："宣庙窑器，选料、制样、画器、题款，无一不精。青花用苏勃泥青"，另据《大明会典》载："宣德八年，尚膳监题准烧造龙凤瓷器，差本部官一员，送出该监式样"，而且一次仅龙凤纹就下旨："烧造各样瓷器四十四万三千五百件"。足见宣德朝的官窑青花瓷，其器型和数量之全之多，不愧列为明朝之首。宣德青花瓷（图7-2-14）虽然存世量较多，但唯独打破了"物以稀为贵"的常规，说明广大藏家对"苏麻离青"确实是钟爱有加。

根据前节对永宣瓷器特征的论述，虽然"苏氏青花"中的永宣青花是一脉相承，但也各有千秋，其胎釉、造型、纹饰等各有不同，而且永乐的胎体普遍较宣德轻薄，宣德比永乐的釉不但厚而且气泡多。但永宣唯有青花的发色非常相像，都是"苏麻离青"所独有的韵味，这是任何钴料都无法比拟的。

如果再细分"苏麻离青"的钴料，应该有两种发色：第一种发色为靛蓝，绚丽浓艳，清晰而通透，线条的纹理中或青料凝聚处，有浓黑或褐色结晶斑

图7-2-14 宣德龙纹戗金梅瓶

块，下凹釉面且深入胎骨，迎光侧视或以手抚摸，可感觉有凹凸不平状。特别指出："苏氏青花"中纹饰的凹凸感，对甄别元末明初的釉里红瓷器，以及判断元代和永宣"苏氏青花"的真假，具有重要的鉴别真品导向意义。

而另一种发色为蓝中泛紫，侧光看或拍摄照片时，青花处显现出泛紫红色。发色浅淡处呈星状的点滴晕散，青花色浓聚处有点状的结晶斑，且呈现出的蓝墨色其浓淡反差极其明显，晕散也十分严重，色深和铁锈斑处网格纹明显。永乐、宣德时期的"苏氏青花"，也有粗糙和细匀之分，着色效果也存在浓淡差别。

本书所展示的宣德青花十二生肖一套共计十二件（只展示部分），为宣德朝此类雕塑题材的仅见品，每件在适当的空白处写有"大明宣德年制"官款，真正体现出宣德款识遍满身的说法。但奇怪的是，两侧的青花纹饰都是凤纹，是不是专为女士而设计的产品呢？这需要深入探讨和研究。关于此套生肖的真赝问题，藏友们对其胎釉、青花等也存在争议，这尚需以后的科学检测来验证。

即便如此，笔者也将其作为保留展示，因为它具有"苏麻离青"的特征，尤其具有不可仿真的"锡光斑"等，以及遵从艺术第一的收藏理念。另外，经笔者二十多年来的暗中观察，截止到出书前还没发现与此套造型同类或同款的产品，因为这套是由楷模与雕塑而成的艺术品，造假者不可能只生产一套廉价的商品，而投入这么大的人力物力，由于篇幅有限和预防造假，本书只展示其中的六件（图7-2-15~图7-2-20），也为读者或仿者留下无限想象的艺术空间。

图7-2-15　宣德青花雕塑十二生肖龙 长44厘米、高22.3厘米　　图7-2-16　宣德青花生肖鸡 高43厘米

图7-2-17 宣德青花生肖马 高29厘米

图7-2-18 宣德青花生肖兔 高17厘米

图7-2-19 宣德青花生肖蛇 高22厘米

图7-2-20 宣德青花生肖猴 高33厘米

第三章
独一无二的成化斗彩

一、成化斗彩"值钱十万"到底是多少

1. 成化帝与鸡缸杯

经过明代空白期的蛰伏之后,到了成化年的瓷器风格,已悄然发生了变化,总体特点是:造型普遍小巧、玲珑、秀气,色彩自然柔和,绘画宁静淡雅,这也是成化帝的性格使然,尤其成化斗彩更是独步一时。然而有的专家却认为:成化斗彩的这种神品因具有一种女性之美,故推测是成化帝专为宠爱万贵妃的雅玩之物。但笔者查看史料后认为,万贵妃并非那种小鸟依人和琴棋书画皆通的才女,而是体态健美和喜好戎装的女性,且具有善妒狠辣的性格,因此,像万贵妃这样的秉性,不会由衷地喜好这种风雅的艺术品。

笔者分析,成化帝的继位是一个跌宕起伏的魔幻历程,登基前曾亲历过太子位被废等宫斗,因此从小就是在惊吓中长大,而且还留下了"结巴"的毛病,以及严重的"恋母"情结。按现代心理学分析:这种从小埋下担惊受怕、惶恐不安的心理阴影,以及潜移默化、隐藏在骨子里的不安全感,会影响和伴随其一生。我们再从成化帝御笔《一团和气图》,斗彩中诸花环抱的"团花"图,以及为宋画《子母鸡图》的御题诗看,从现代行为学角度分析,其所追求亲情和睦的氛围与言行,才是成化帝内心世界的真实写照。

从成化帝钟爱《子母鸡图》,以及重用画家吕纪绘母鸡的题材看,成化帝对子母鸡的画片,确实是偏爱有加。以至于对此情此景的寄托与依恋,还延续到日常用瓷上,而且无论器型如何变换,其子母鸡的图案和颜色,基本保持不变的模本定式。因此笔者认为,最初设计的子母鸡图案,以及"大明成化年制"的题款,均出自成化皇帝之手。

西汉时韩婴在《韩诗外传》中曾称赞鸡是"五德之禽",而且从宋徽宗到明代文人都在推崇这种君子之德。而成化帝所打造的这种子母鸡图,也是基于这种仁慈、母爱心境的具体表现。成化帝在御题诗中,高度赞誉母鸡是"德企慈乌",崇尚这种"卫防雏稚"和"偎寒伏子"的慈爱与呵护精神,也非常契合成化帝对万贵妃行为的褒奖。

以此推理:成化帝的内心世界以及代表作斗彩鸡缸杯,其图案确实与万贵

妃有一定关联，但并非是专为宠爱万贵妃而造的"酒元"之物。清初时程哲在《窑器说》中云："又鸡缸宝烧碗……价在宋磁上。"《成窑鸡缸歌注》："成窑酒杯种类甚多"。这说明，成化有各种器型的子母鸡瓷器。成化帝是一位具有深厚的艺术造诣，以及与众不同的审美情趣的帝王，子母鸡图案可视为成化帝的内心世界在艺术品上的具体表达。

2."斗彩"和"值钱十万"的溯源

成化斗彩本来不叫"斗彩"，早期文献都称其为"成窑五彩"或"青花间装五色"。而"斗彩"一词最早是来源于乾隆年间，其"图书渊主人"手录的《南窑笔记》，其中写道："成、正、嘉、万俱有斗彩、五彩、填彩三种，先于坯上用青料画花鸟半体，复入彩料凑其全体，名曰斗彩"，至此"斗彩"一词在陶瓷界就约定俗成了。

考古证明：1998年在明御窑厂故址的西墙下，发现两件宣德官款的斗彩莲池鸳鸯盘，以及西藏萨迦寺藏斗彩莲池鸳鸯飞雁纹碗，从而证实了"斗彩"瓷器是创始于宣德一朝，而成化官窑的斗彩则是继承和发扬光大而已，加上明代文人的夸张渲染，就此成了当时的传奇。

目前媒介大多在转述《明神宗实录》中的记载："神宗时尚食，御前有成化彩鸡缸杯一双，值钱十万"，然而笔者翻遍《明神宗实录》却并没有看到这句话。追溯最早这样评说的是崇祯时代的刘侗，他在《帝京景物略》中曰："神庙、光宗，尚前窑器，成杯一双，值十万钱矣"，但请注意，这并不是专指鸡缸杯。而同时代方以智则在《物理小识》中云："成窑草虫、可口子母鸡劝杯，曰鸡缸。神庙光宗皆尚前窑，故价最贵。"

因此，成杯"值十万钱"与"价最贵"的词，才是同时代不同人的价值评估，而到康熙朝的程哲在《蓉槎蠡说》转载时曰："神宗时尚食，御前成杯一双，已值钱十万"。重要的是，在乾隆朝影响广泛的《陶说》中，朱琰基本照搬了程哲的原话，而且毫无质疑地延续到民国，直到今天还都以此为说辞，这就是对成化斗彩"值钱十万"的溯源。

笔者尚不知崇祯时的刘侗对万历朝"值钱十万"是何种传说，但万历朝的沈德符却在《万历野获编》中，给出了当时市场的准确定价："窑器最贵成化，次则宣德，杯盏之属，初不过数金……顷来京师，则成窑酒杯，每对至博银百金"。同样，生活在万历朝的高濂也在《遵生八笺》中云："成窑上品，无过五彩葡萄杯……次若草虫、可口子母鸡劝杯"。而崇祯时的刘侗除说了"值钱十万"外，还云："成杯，茶贵于酒，采贵于青，其最者斗鸡可口，谓之鸡缸"。以上文献至少说明：成化一朝有茶盏，这也符合历史事实，参照图7-3-1、图7-3-2，而且历来茶盏都要比酒杯贵重，即使鸡缸杯在明代各时期，也存在褒贬和排序不一的情况的。

沈德符在《万历野获编》论"时玩"中还曰："玩好之物，以古为贵。惟本朝（万历）则不然，永乐之剔红，宣德之铜，成化之窑，其价遂与古敌"，这说明，万历朝与其他朝赏古的价值观不同。但各种文献都表明：万历年间成窑贵于宣窑，价值与宣德炉相仿，值白银百金；而且在城隍庙的流通市场，"初不过数金"的钱也不是很多，但在"京师"的市场却是"博银百金"，这也正是所谓的信息不对称和地域之差；总之，明成化至万历已逾百年，可见鸡缸杯还不算是不可多得。

3．"值钱十万"到底是多少呢

在万历年间的成化斗彩瓷虽然时尚、精致、贵重，但也并非特别珍稀之物，起码在城隍庙市中就有出售。因各时期价值观和审美情趣不同，而这也只是在万历年间被"爆炒"的价值较高而已，但到清初的成化斗彩鸡缸杯也就值100两白银。20世纪50年代的香港古玩市场，一对明"成化斗彩鸡缸杯"被仇焱之以1000港币买下，就已充分说明这一点。

假设万历年间是"值钱十万"，有学者计算过一对成化斗彩鸡缸杯，在万历年可折合成"156石粳米或250石小米，或625斤羊肉。"清初时的朱彝尊在《曝书亭集》中云："万历窑一器索白金数两，宣德、成化款识者倍蓰焉，至于鸡缸非白金五镒市之不可"，镒是古代计量单位，相当于20两白银。这说明：清初用五镒即100两白银，就可买到一只鸡缸杯，那么明末清初100两白银值多少呢？其量化后可买37石米，虽然已比万历年少很多，但也够中等之家一年食用。

即使万历年鸡缸杯"值钱十万"，那也是指万历当年的货币价值，相当于当时流通的十万枚铜钱。根据《明会典》载："万历制钱……每金皆八纹准银一分"，笔者据此折算：1两黄金=10两白银=8000文铜钱，那么"十万钱"折合白银就是125两，这也与《万历野获编》记载"每对至博银百金"基本相符。以此推算：万历年的一只成化斗彩鸡缸杯，市场价也只是62.5两，比清初"五镒"贵了37.5两。再根据万历时沈榜于《宛署杂记》中记载：官府干杂役年收入20两白银、马夫年收入40两，以此为基准衡量用马夫的三年工资，不吃不喝即可购买一对鸡缸杯。

其实最早崇祯时的刘侗所说的"值钱十万"，也是当时形容多的一种虚词，就如同"价值连城"的形容词一样。所以我们不能将汉代"金匮直万"的钱，或万历年"值钱十万"的当时币值观，来混同于现在的金钱观！

而且这种不同时代的币值观，以此也不可以做逆向思维，即反用"物以稀为贵"这样的心理逻辑，来反推现在"鸡缸杯"的稀，直白讲：就是先锁定万历年的钱"贵",然后推定今天的物"稀"。但不可否认,无论从哪个方面来看,现在公私所收藏的文物种类和数量,都要远超出万历年或清初那个时代,而且藏品和市场的审美观,都发生了巨大变化,老眼光和旧观念不能代表当今的时代。

4. 对成化瓷存世量的思考

明朝时天启元年编撰的史书《国榷》中,在评价前朝皇帝的政绩时曰:"称明治者,首推成弘焉";明朝的陆容在《菽园杂记》中载:"宪宗朝,未尝轻杀人,末年杀二人,于人心最痛快";这就是当时身处明朝的官方和民间,对当朝治国理政的客观评说。而历史上的成化一朝,也确实是在"一团和气"的宗旨下,风平浪静地度过了二十三年,因此,成化朝的烧瓷和用瓷,绝不可能只留存几件成化斗彩这么简单。

《明史》载:成化二十三年"成化间,遣中官(督陶官朱元佐)之浮梁景德镇,烧造御用瓷器最多且久,费不赀",这就充分说明成化朝的御用瓷不但多,而且花费的钱财也不计其数。因此,我们应静心思考:从正史文献、出土瓷片和逻辑推理来看,成化朝的烧瓷量和品种还能少吗?至少在这二十三年中的烧瓷数量,正如《明史》中的评说,堪称是明代各朝之最,因此只有读懂了这段历史,当遇到真正的成化斗彩时,才不会感到大惊小怪。

笔者认为:民间藏家所收藏的成化斗彩,并非像某些专家所说的异常珍贵,只要胎釉、彩料和老化痕迹等,全都符合成化时代的特征,那就不应受此影响和束缚,但也不要抱有值"天价"的幻想。

二、成化底款是宪宗皇帝御笔吗

1. 主观推论

目前还没有人对历代皇帝的书画、御书的钱币等皇帝书法,做过专门的研究和考证。但仅从文献考证看,在宋代、金代的御笔钱币中,就有宋徽宗、金章宗的御书钱,当然历史上还远不止这些。那么瓷器的成化款同宣德款一样,先设想一下这是不是成化皇帝的御书呢?因为成化款一直是个待解之谜团,但有一点可以肯定,成化帝是一位知识渊博的艺术皇帝,尤其是擅长绘画等艺术,可以说在明清诸帝中独占鳌头。大凡艺术皇帝都具有不染俗尘的特质,宪宗皇帝也不例外,尤其对瓷器爱好有加,从而造就了陶瓷史上的一次色彩革命。

清代的赵翼经过考证在《陔余丛考》中云:"自成化至天启……皆帝远堂高、君门万里。"可见朱见深是第一个开启"不上朝"的皇帝,既然他不爱打

图7-3-1　成化斗彩子母鸡茶盏一对　高4.3厘米、口径8.7厘米

图7-3-2 成化斗彩子母鸡茶盏盖底

图7-3-3 成化青花斗彩花口对杯

理国家的政务，那蜗居皇宫一定要做些"闲情逸致"的事，因此在最初的瓷器设计上，这位既懂艺术又很休闲的皇帝，极有可能直接或间接参与过烧瓷，笔者高度怀疑子母鸡图案和底款，就是成化帝本人亲力亲为的。而且这个稚嫩笨拙的成化年款，始终如一贯穿成化一朝的款识，不可能出自宫廷大书法家之手，也不会是匠人之手笔，问题是：在成化帝如此看重的精巧瓷器上，能有资格留下手笔的又能是谁呢？

明朝在经过一段空白期后，成化皇帝在坐稳江山的同时，也非常重视并重启了御窑厂，而且还创烧了本朝的特色瓷器（图7-3-4、图7-4-6）。所以不排除在设计图案时，皇帝亲自作画并题写底款，因此成化朝的子母鸡图案与其他图案一样，虽然都有"跨器型"的画片重现，但却一直都是一种定式，整体风格始终没有改变。而成化朝其他瓷器的底款，无论是哪段时期及何人所写，也都必须是效仿成化皇帝的笔迹，参照如图7-3-3、图7-3-5所示底款。

笔者推论：无论是子母鸡图案还是其他纹饰的画片，底款上的书法笔迹始终不变，而且仿佛是在刻意模仿一个人的笔迹，因此唯一正解就是：窑工是在遵旨而刻意模仿成化帝的御笔。还可以理解为因为皇帝不是普通的官员和匠人，不可能件件都去写款，所以成化帝在完成瓷器的画作和写完底款后，随口说出今后就按此烧造的圣旨。因是皇帝的金口玉言，那就变成一道御旨而无人敢违，这就造成了一个皇帝、一个朝代、一个笔体的"三个一"现象。因此在二十三年中的"大明成化年制"底款，虽然大体上笔迹相仿，但也并非都是出自一人之手，经研究至少也在三人以上。

图7-3-4　成化青花斗彩花口对杯　高5.6厘米、口径8厘米

图7-3-5 成化五彩花口杯四件套

图7-3-6 成化五彩花口杯四件套 高4.9厘米、口径7.3厘米

特别强调：不是每个瓷器都是由成化皇帝来题写，虽然第一个"打样"的御笔标本已无从认定，但从整个成化一朝的瓷器底款来看，都是在刻意模仿成化帝在瓷器上的首款御笔。虽然书法随着年龄的变化，多少都会发生一些改变，但成化瓷器的底款却没有发生根本性变化，这说明只有模仿才能一朝不变，这也是在陶瓷史上一次最长的、当朝指定认可的模仿款。

2. 客观验证

以上主观推论虽然合乎情理，那么客观会是怎样的呢？经对景德镇珠山遗址成化断层的瓷片考证，基本确定"大明成化年制"款在成化四年就已定型，且在成化朝一直未变。孙瀛洲先生通过对成化款细致观察，总结归纳出成化年款的歌诀，即："大字尖圆头非高，成字撇硬直到腰。化字人匕平微头，制字衣横少越刀。明日窄平年应悟，成字三点头尖腰。"

笔者对成化帝的三件御笔也进行了研究，其中有成化元年、成化辛丑年（十五年）和成化丙午（二十二年）年的三个时期的手迹。并单独将"大明成化年制"这几个字分别剔除来进行比较，如图7-3-7所示字体为成化帝一团和气御笔。研究发现：尽管在不同的材质上，以及器底狭窄面积的方框内的小字看，其笔迹无论从笔顺还是字体的框架格局，应该是出自20岁年龄段的成化皇帝之手，刘新园先生也曾推论：这"极可能出自少年成化帝之手。"

如果再综合成化皇帝"一团和气"的绘画功底，其鸡缸杯母本的子母鸡图案和底款，极有可能是出自成化皇帝的御笔，而以后的则都是在仿成化帝的摹本。再从景德镇出土瓷器分析，成化窑分早、中、晚三个阶段，以成化十七年到二十三年的斗彩瓷器为最佳。以成化帝独特的艺术修养和与众不同的审美情趣看，他一反前朝那些雄浑俊朗的大件之势，转而追求一种清静淡雅、小巧别致的艺术风格，这也符合成化帝的性格特征。

可以推测当时的场景：皇帝即兴画完后口御"照此烧造"，那么能有谁胆敢违背呢？而且皇帝的金口玉言会一直执行到成化帝驾崩。至此，母子鸡的图案和底款成了成化朝的一个固定式，无论如何更迭和传承，其母子鸡的图案和底款，都是在模仿成化帝的原图和原字。也只有这样才能解释得通，为什么一个图案、一种笔体能贯穿整个成化一朝。以此还可大胆推测：成化帝是效仿洪武帝、永乐帝、宣德帝的传承，而在瓷器上书写的年号款。

特别指出：同样的书法在纸和绢上书写，与在瓷胎上的运笔大不一样，而且成化斗彩鸡缸杯底的空间也不大，因此运笔和字体排序就更加困难，所以写出这样的笔体也可理解。寻找斗彩鸡缸杯中的成化帝御笔，那已是不可能的事情了，而且所有成化一朝的"大明成化年製"的笔体，因为是摹写，故笔体绝非一致，有些小出入在所难免，但整体的笔画风格不能变。

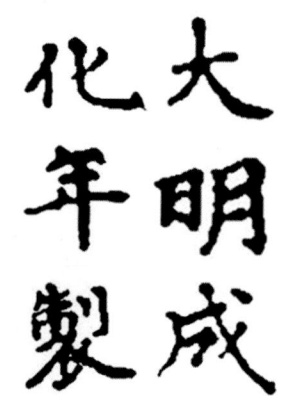

图7-3-7　成化帝"一团和气"御笔截图

三、"姹紫"究竟是什么颜色

1. "姹紫"与"差紫"

孙瀛洲先生在《成化官窑彩瓷的鉴定》中,基于对自己花重金购藏成化斗彩三秋杯的研究,首次提出了成化的"差紫"说,即:"此原是烧造时差异的色疵,所以称为差紫,可以肯定地说,凡带差紫色的成彩决为真品";而且还明确描述为"差紫,色浓而无光";耿宝昌先生在《明清瓷器鉴定》中也写道:"独具特色的姹紫,色如赤铁,表面干涩无光,作为识别成化斗彩的特殊依据,常凭此色便可定论"。这是耿宝昌前辈对老师孙瀛洲先生的"差紫"说,不但做了形象化的描述,而且还用美丽的"姹紫"一词,替换了其贬义词的"差紫"。以上就是两位德高望重的前辈,对北京故宫成化斗彩三秋杯上"姹紫"色蝴蝶的感官描述。

据乾隆十五年《活计档》载:"……成窑蝴蝶酒元八件",清代的"蝴蝶酒元"其实就是现在所说的"三秋杯"。幸运的是在台北"故宫博物院"所藏乾隆十五年的原八件包装物中,还留存有相同的"成窑蝴蝶酒元"六件,这也与《活计档》的记载相吻合,重点是,原包装八件分匣所贮装的二件空位处,还留有两张黄签条写明,是宣统十二年和宣统十三年溥仪分两次"赏醇亲王福晋用"。因为宣统在历史上只存在三年,这说明在宫内是不承认"中华民国"的,所以还依然沿用清代宣统的年号在纪年。

依据以上事实推测:北京故宫博物院这两件孙瀛洲先生捐赠的"三秋杯",应该就是溥仪在1921—1922年,赏给生母(醇亲王福晋)的这两件"成窑蝴蝶酒元",而在其生母瓜尔佳·幼兰死后,就被太监偷盗卖给地安门外后门桥的某古玩店。孙瀛洲先生于1923年自立门户,在北京东四南大街创办了"敦华斋",之后在后门桥这家准备关张的古玩店里,经鉴赏并认定:这对"三秋杯"是从清宫流出之物,最终以40根金条买下后秘不示人。重点是:两宫所藏的传世这八件"成窑蝴蝶酒元",其颜色、纹饰和尺寸几乎相同。

以上事实说明:北京故宫的"三秋杯"并非唯一,而收藏于"两宫"的这八件"三秋杯",应该是同一题材、同种材质与工艺的乾隆收藏品。我们毫不怀疑前辈们对成化蝴蝶的色彩,用"姹紫"这个形容词所做的现代描述,但有个疑问是:为什么北京故宫博物院这两件的"姹紫"色稍有不同呢?而且这八件"三秋杯"上的"姹紫"色也都不一样呢?如果不是烧造时的"色疵",那么"姹紫"的原本色又是什么样的呢?

2. "姹紫"的各种假说

(1) 皇宫火烧说。

一种说法是紫禁城中的建福宫失火,而"姹紫"是被这场大火烧过后所造成的,其研究者还为此发表了专题的学术论文,但笔者对此说法持有不同见解。我们先不论所烧之处是否有"三秋杯"等其他瓷器的存在,因为火烧也不可能就烧这么两件,只是不禁要问:北京故宫博物院所藏的这两件"三秋杯",其前后都有"姹紫"色,假设是被大火烧过的话,那么整器按理都应该是全被烧才对,那为什么釉上彩的红色和黄色却没有一点烧痕呢?假设确实认定它是被大火烧过,那它的原色调又是什么颜色呢?

我们虽然不能对"姹紫"色做烧蚀实验,但根据制作古彩料的机理分析,其焙烧工艺的次序是:先烧绿色系、黄色;其次是矾红彩或是与"姹紫"、紫彩同时烧;而其中最容易烧失的或者说易脱落的那一定是矾红彩,这也在珠山出土瓷片上得到验证;焙烧釉上彩大多是800℃,那么请问建福宫的大火是多少度呢?按火灾最低也要有1000℃的话,那么矾红彩首先就会被烧失、变色或剥落,而且其他的彩釉也会被"熔化",从而留下明显的"黏灰"和烧痕!关键是釉面说不定还会烧炸裂!

因此从科学和逻辑上说:不可能在这两件"三秋杯"上,只有"姹紫"色被大火烧坏了,反而50%含铅量的矾红彩却毫发无损。关键是,矾红如果是在着火温度(1000℃以上)或长时间烧烤,那一定会发生色变或烧失的现象。研究者还认为,其底足留有烧痕的碳粒,这更不能说明什么,因为明代或者明以前瓷器的底足,粘有窑渣和碳痕的现象很常见,况且瓷器和彩釉本身都是用火烧成的工艺。

但目前还没有哪位研究者,确定和统计过除北京故宫博物院的三秋杯以外,国内外哪些博物馆的哪些藏品是"姹紫"色。如果按北京故宫博物院的"姹紫"标准,恐怕还真没有其他的"姹紫"色。为此笔者经过研究和比对后发现,在各大博物馆的成化斗彩中,其"类姹紫"色也都各不相同。尤其台北故宫博物院尺寸和图案几乎相同的六件"三秋杯",其蝴蝶的"姹紫"色也都不尽相同,既有浅的棕红色也有深的赭红色,说明"姹紫"色是人工调配和焙烧出来的颜色。

(2)"窑中"烧坏说。

另外一种说法是指在烧彩时,在窑中(焙烧时)就已经被烧坏了,从而认为"姹紫"色是"烤花"时的一种烧烤缺陷,对此笔者也持有不同看法。《明宪宗实录》载:成化十八年"饶州烧造御器,必命内臣监督",这道圣旨就明确规定了督陶官的职责,所以不可能让残次品出厂供给朝廷,珠山考古发掘出的大量瓷片就是佐证。

再从景德镇出土瓷片看，也完全验证了彩烧的次序，即：绿色→黄色→红色（紫色、姹紫色）；但无论哪一次颜色出现瑕疵，那都是要就地打碎掩埋；显然"姹紫"料与矾红料不同，它不但比矾红彩厚而且亮。在所有的彩釉中，矾红也是最容易被烧失的，所以首先被烧坏的应是矾红彩，还因为比其他彩釉的焙烧温度低，因此最容易磨损掉色的也应是红色；退一万步说：即使认为在烧窑时"姹紫"色被烧坏的事件成立，那么没被烧坏的原始色又是什么样呢？而同一件斗彩中的其他颜色为什么没有被烧坏呢？

（3）人为磨损说。

第三种说法就是人为磨损说，笔者也非常赞同这种推理，但有所不同的是：这种低温烧造釉上彩的"姹紫"，绝不是被误认为的"污垢而刮削"的，而是经常使用后清洗的磨损所为。耿宝昌先生在《明清瓷器鉴定》中说"姹紫"是"表面干涩无光"，因为都是北京故宫博物院的同一件器物，所以与孙瀛洲先生"色浓而无光"的感观描述相仿，并且进一步解释说："过去有人对此色不甚了解，每清洗便误认为是污垢而刮削，损及釉彩"。这种假说符合传世品在流传过程中，认为"姹紫"色的釉面是一种磨损后的痕迹表象。

因此，耿宝昌先生的人为磨损说，是比较符合溥仪的母亲幼兰受赏这两件"成窑蝴蝶酒元"后，为了"炫耀"而在使用的过程中，经常擦洗而被磨损的痕迹推测，还佐证了在民国十年幼兰死后，此遗物被宫中太监偷卖到后门桥的极大可能性。那么还是同样的问题：没被损伤或刮削的"姹紫"本色是什么样的表观呢？以此还可以引申推断：没被磨损的"姹紫"的原彩釉一定是有釉光的了！

3."姹紫"色的本源

"姹紫"既然成了断代的依据，而上述的这三种假说又都指向同一个原本色的问题，那么"姹紫"的原本色究竟是什么颜色呢？以上前辈们对"姹紫"的表象描述，也仅是对北京故宫博物院所藏的"三秋杯"而言，是对其这两件"姹紫"自我感官的唯一表述，但这在统计学的概率中，是不能作为产品共性标准的。目前还没有人统计和研究过国内外的各大馆藏中，除北京故宫博物院的"三秋杯"以外，其斗彩中的"姹紫"色，究竟是何种彩料以及差异如何？但笔者通过国内外馆藏品对比后，发现在成化的斗彩中，涂"姹紫"纹饰是有规律可循的，只有母鸡、蝴蝶、蜻蜓、蜜蜂、鸳鸯等题材，才有可能采用这种"姹紫"色，这也是与自然界动植物的真实颜色相符的。

就是说在自然界中凡带有"赤铁"颜色的动物和植物，才能涂上这种与大自然相符的"姹紫"色。就如同成化斗彩中的小雏鸡和鸡冠，始终都是黄色和红色一样，成化朝工匠施彩的宗旨是：尽量反映自然界中的真实颜色。反观斗彩中的其他动植物，则极少也几乎不涂此种颜色，这充分说明这种"赤铁"色，是匠人特意为此而研制出来的一种颜色，而且与同件上的矾红彩明显不同，比如：北京故宫博物院成化盒的姹紫蝴蝶与蜻蜓，以及成化碗的姹紫鸳鸯与红花。因为都是自色离子所产生的颜色，所以才有颜色不一的呈色现象，反之现代的合成色则会均匀一致。

从色彩设计者的理念出发，匠人本意是想在瓷器上，像绘画那样展现出一幅自然工笔画的效果，所以创造了比景泰蓝更多的色彩。但按明代工匠的技术水平而言，要想在瓷器上施彩达到绘画那样的色彩效果，是很难实现的，所以成化瓷器上的色彩还并不十分丰富和逼真。就比如公鸡的尾羽现实中是一种"墨绿色"，可是成化时期还研发不出这种天然色，所以公鸡和母鸡的尾羽，就都以水绿色取而代之，这样看来颜色的搭配还算比较协调。但到康熙、雍正末和乾隆时期，则是用"黑彩罩绿"的"墨绿色"取代了成化时期夸张的水绿色。

特别指出：成化帝的绘画和艺术水平颇高，而工匠为讨好皇帝的喜好，就在宣德斗彩和景泰蓝的技艺上，又进一步研发出其他色彩。成化斗彩在其原有的基础上，也确实又创造出几种成化时期独有的颜色，而所谓的"姹紫"色也仅是其中的一种而已，再比如："花翠"（水粉色）、水绿色和橘红色等，但"姹紫"色并不是紫色，也不属于紫色系。

4．"姹紫"色的科学分析

研究和解开"姹紫"原本色之谜，首先就要进行科学的解读和分析。在景德镇珠山出土的瓷片中，发现像蝴蝶、蜻蜓、蜜蜂、鸳鸯等动物的颜色，都带有这类赭红色的纹饰，这应该就是所谓"姹紫"的原色彩，尤其出土的锗红彩螭龙纹斗彩天字罐，这与"三秋杯"上的"姹紫"色很相似，由此可认为："姹紫"的原色彩就是赭红色，这种人造的专用色是由几种矿物复合而成，这也符合当时所追求的动植物的那种自然色。理论推测："姹紫"色既不是矾红色，也不是以锰元素呈色的紫彩，它是以天然赭石为主料，并混配有其他矿物的一种衍生色，赭石是三方晶系的天然矿石，而且还含有少量的Si、Al、Ga等元素。

特别说明：古代矾红彩是利用青矾制造的人造原料，它是经硫酸亚铁脱水后，所制取的主要含Fe_2O_3的红色粉末；铁黄与矾红的最大区别：铁黄是以卵石末和铅粉为主，再添加3%左右的矾红，正如《南窑笔记》载："黄色用石末、铅粉、入矾红少许配成"；顺便解读：为什么要最后才烧红色呢？因为只有红色的Fe_2O_3裸露在彩釉表面时，才能烧出固色后的红色，但如果Fe_2O_3烧时是融在釉中，那烘烤出来的就是硅酸铅的黄色。因此除铁红（Fe含50%）和铁黄（Fe含3%）的配方不同外，如果温度过高或长时间烘烧过火，这时悬浮于表面的Fe_2O_3就会熔化在彩釉中，从而呈现出硅酸铅（$PbSiO_3$）的黄色，因此，后烧矾红就能形成低温、短时间,如果先烧就要经过高温和多次的焙烧,当然检测时成分都是Fe元素。

现代加工的高品质赭石其表观赭红色("姹紫")的本身,就是"色如赤铁"的化身,是Fe^{3+}离子呈樱红色的必然,也与赭石烧造前的自然色相类,赭石也是史前就有的"古来颜色",但赭石的色调差异很大,从赤赭到黄褐皆有,因此成化的"姹紫"色,就有像家养鸡那种"鸡粑粑"的黄褐色。而北京故宫博物院与台北故宫博物院同样的"三秋杯",其"姹紫"色经对比:台北是朱红调、显黄的那种黄褐色,与图7-3-8所示的母鸡的"姹紫"色相似。重点是:"两宫"所藏三秋杯的颜色都相似,也许溥仪赏赐给生母的第二只"三秋杯",她还没来得及使用就去世了。另外,在一件馆藏成化斗彩的瓷器上,还发现了既有"姹紫"色又有葡萄紫色的情况,而且二者各自的发色都很好,这说明:"姹紫"色既不是被烧坏的呈色,也不属于紫色系列。

由于赭红色选料和配比上的差异,以及焙烧温度的不同,赭红色肯定会发生微小的色变,所以"姹紫"色才会不尽相同,但"色如赤铁"的基本色调不会发生太大改变。另外,绿色系、紫色、"姹紫"色,不但都比铁红、铁黄的彩釉厚,而且光泽度也高,这是由原料性质决定的。重点是:明代所烧的矾红彩由于工艺技术尚不成熟,经常会出现烧失或脱彩的现象,因此明代彩瓷的废品率较高,直到清代烧矾红的工艺出现,才完全被掌控。

特别提醒:在各种媒介中,我们所看到的"姹紫"等颜色,由于电脑软件、色衰减和印刷调色等原因,其"姹紫"色等已不再是真正的原色调,就像乾隆鸡缸杯上的公鸡尾,由"墨绿色"衍变成黑色一样。而且媒介所展示的"两宫"馆藏品,也不是在自然光下拍的,所反映的并不是成化斗彩的真正颜色。因此这就需要考验收藏者的悟性了,而本书大部分所展示的图片,如图7-3-8、图7-3-9所示,都是在自然光下拍摄的。

图7-3-8 成化斗彩子母鸡茶盏 口径8.7厘米、高4.3厘米

读懂成化红彩对辨别真假至关重要，比如，鲜红彩的色鲜艳如血，油红彩的色深沉有光泽，橙红彩红中泛黄无光，赭红彩红中泛紫无光，而且温度掌控不好的赭红彩，就会产生"姹紫"及其过渡色。笔者认为，"姹紫"就是以赭石为主的复合赭红色，表观是"赤铁"色或称为酱红色，这也是成化朝所特有的颜色。由于前辈以"色浓而无光"的标准限制，导致成化斗彩中的"姹紫"色，至今仍无法破译和仿制，所以才使"姹紫"这把双刃剑让造假者无计可施，也幸好为"姹紫"的原本色至今保留了一小块净土。

5."姹紫"色与鸡缸杯

可能大多数藏友都有这样的观点，认为：北京故宫博物院和台北故宫博物院"两宫"传世的清宫旧藏，全都是各时期到代的本朝文物。其实不然，就拿成化斗彩鸡缸杯来说，清档文献就可证明：清宫中不全是成化本朝的传世品。但值得深思的是，率先否定清宫流传有序的器物，打破这种"定型思维"模式的学者，则是台北故宫博物院的二代研究型专家，他们经考证和科学检测证明：几件原认定为宋汝和宋官的典型器，实为清代的官仿官。

笔者最初看"两宫"藏鸡缸杯实物和图片时，第一眼从感官上还说不好，但就是感觉哪里不对劲。通过对景德镇御窑遗址出土的成化斗彩残片研究后发现，其色彩尤其是母鸡的"姹紫"色，与出土真品成化斗彩中的"姹紫"色根本就不在一个色调上。况且在成化时期的斗彩或五彩中，还没发现有这种"墨

图7-3-9 成化斗彩子母鸡茶盏盏底

绿色",而且公鸡的翅膀是纯白无底彩,这也与出土成化鸡缸残片上公鸡的黄翅膀不符,尤其是母鸡的鸡冠,还是一个没有填色的"青花空白冠",您想就连地上的虫子都是红色的,按道理不可能鸡冠不是红色吧!

再观察和对比珠山御窑厂出土的鸡缸杯残片,可能因红色局部烧失而打碎掩埋,但此残片仍被鉴定为成化斗彩鸡缸杯的标型物,没有之一。虽然出土残片的红彩剥落严重,但所烧成的公鸡尾与绿叶,都属于绿色系的色调,而且鸡尾明显是一种闪黄的水绿色。尤其公鸡翅膀的绘画,隐约可见是在黄底上绘红色的翅纹,其黄底也与小鸡的黄色相同,这也是成化时期创烧的"黄上红"和"黄上紫"彩绘工艺,只可惜红蚯蚓只剩一点点的红,母鸡的红冠也全部烧掉色了。

特别指出:成化时期凡是动物的翅膀,大多是黄底,少数为绿底上加紫色,就是说没有一个是露出纯白釉的。珠山还出土相同另外两件无彩的"半成品",其母鸡的冠明显是青花双钩线,应该与公鸡一样是专为填红彩而绘,这也是遵从成化斗彩中,青花双线轮廓内必填彩的规则。另外,图7-3-9所示的斗彩茶盏中的小绿叶,与其他成化斗彩中的绿叶稍显不同,不但颜色略显偏蓝色调,而且这种蓝绿釉透明还闪星光,可能是宫廷的御用瓷所采用特殊"宝石"的缘故吧。

基于此,笔者为化解疑问和溯源,查阅了相关资料并做了大量对比。据《活计档》载:(乾隆四十一年)"太监如意交成窑五彩鸡缸杯一件(乾隆年代不叫斗彩)、画鸡缸杯纸样一张(应该是彩绘)。传旨:着照鸡缸杯样款,按画纸样大小,另碴木样(实物)呈览,钦此";又载:"奉旨着发往江西,照样做鸡缸杯彩水(彩釉),按木样大小(尺寸),烧造二十件送来,钦此。"重点是:乾隆官仿官的这二十件鸡缸杯,其中记载是"十六件'俱配匣盛装'置清宫各斋房等处";"下剩四件配托盘……鸡缸杯木样,仍发回交全德,明年大运瓷器内,(按此)大小烧造些(所以还不止这二十件)"。

特别说明:底款为"大清乾隆仿古"的鸡缸杯,不在此次的"着照"品之中,因为它是有孩童、带乾隆御题诗《咏鸡缸杯》的桶型杯,以及青花湖石用的是珐琅蓝,水绿色鸡尾是用"墨绿"来替代的,这些都与成化时期典型鸡缸杯的画片及器型等完全不相符。再请注意,"着照"与"仿古"是两个不同的概念,而且《活计档》明确记载:那是"交成窑五彩鸡缸杯一件"的原件,要求是按纸样和参照此件的"着照"仿制,并且在完成后"其做样鸡缸杯仍交敬胜斋",而不是像"木样"交还给全德。

而所谓的"仿古"历来都是:以本朝的风格仿前朝的形式,雍正、乾隆的"仿古"也不例外,都是一种创新式的"仿古",主要是在仿外表的釉色和彩釉,而创新的则是本朝的风格与器型,况且宫廷还配有"画鸡缸杯纸样",因此窑工一定是参照样品,但要遵从纸样的色彩和纹饰。

以上这些充分证明:这二十件不是"大清乾隆仿古"的类型,而且还说明在乾隆四十二年时,清宫内至少有二十一件(以上)"成化斗彩鸡缸杯",其中只有一件是成化本朝的,其余为乾隆和康熙的官仿官。问题是,"两宫"所藏的"成化斗彩鸡缸杯",哪件是成化本朝的呢?而且这二十一件中,除现在"两宫"所收藏的之外,余下的是被宫里人偷盗而流传于世了呢?还是各时期被变卖掉了呢?这些仍不清不楚。

纵观国内外馆藏和拍卖的"成化斗彩鸡缸杯",溯源其传承有序的起点,也都只是停留在清末至民国期间,即使是清宫旧藏及在册档案也只记载了清三代,重点是这些现在还都在标榜流传有序或清宫旧藏。那么从清宫流失到各处的"标型物"(官仿官),以此还能作为判定成化瓷的标准吗?

根据以上所阐述的知识点和出土残片,笔者认为:凡是成化本朝的"母鸡",都应该涂的是所谓的"姹紫"色,而公鸡和母鸡的鸡冠一定为红色,鸡尾应该是那种闪黄的水绿色,六只小雏鸡则一定是鹅黄色;由于配比和焙烧温度的原因,"姹紫"色有浓淡、厚薄之分,比如,浅淡薄彩的色调就相同,而浓重厚彩的色调就相似,但这些都是"两宫"成化的传承品;如图7-3-8~图7-3-13所示,是首次公开成化斗彩的仅见品,除符合成化的胎釉彩等特征外,还有蛤蜊光与彩晕。

但乾隆官仿或现代所仿的"母鸡",均达不到成化本朝的那种"姹紫"色,况

图7-3-10 成化斗彩长颈瓶 高20厘米

图7-3-11 成化斗彩长颈瓶瓶底

图7-3-12　成化斗彩棒槌瓶　高19.5厘米

且现代所仿的鸡尾与清代不同，可能是近水楼台或是由高人指点，因此仿的是出土残片上的那种水绿色。北京故宫博物院也藏有康熙仿的成化鸡缸杯，但底款明确写了"大清康熙年制"款，经对比，乾隆和康熙两朝所仿的鸡缸杯，可看出除底款不同，无论是康熙朝发明鸡尾的"黑彩罩绿"色，还是母鸡的无色鸡冠以及青花和其他所施的彩料，都极其相似，显示出清代一脉相承的工艺技术。

6．"姹紫"真的是"无光"吗

综上所述：清代两朝所仿成化斗彩的各颜色，与孙瀛洲先生的"成化斗彩颜色观"大相径庭，而现代派的鸡尾则更是一种艳绿色，母鸡的冠也是仿乾隆时期的青花冠。那么如何才能鉴别成化斗彩的真假呢？这就回归到本节的主题，即："姹紫"色是判定成化本朝的不二标准，因为到乾隆朝也没有仿制成功。成化斗彩中只有四种色系，即：红色、黄色、绿色和紫色，而且在红色系列中，有鲜红、油红、淡粉、赭红四种，但其呈色都是Fe_2O_3的分子所致，这既符合当时的技术水平，也是红彩研制和发展的必然阶段。

特别指出：康熙这种"黑彩罩绿"的类"墨绿色"（媒介上演变成黑色），看似与自然界公鸡尾的墨绿色相符，殊不知明代成化斗彩中既无黑彩也没有墨绿色，顶多有一种相近的色是"透明的紫黑"。耿宝昌先生在《明清瓷器鉴定》中也指出：黑彩是在成化后的弘治官窑中才出现。因此五彩或斗彩上的黑彩，至少不会出现在成化时期，而墨绿彩的出现则是在康熙朝，雍正朝大部分的鸡尾是酱色，到雍正末和乾隆时期，则全是"黑彩罩绿"的不透明的墨绿色。

特别强调：所有五彩中的矾红和铁黄，由于原料因素大多施以薄彩，虽然矾红与铁黄都属于同一种铁系原料，但在彩料配比中由于铅含量相差悬殊，因此温度最低的矾红彩注定"无光"（亚光），而且一旦温度和时间控制不好，那红色还容易脱落或烧煳（非红）。而铁黄与矾红彩不同，它是添加了大量的卵石，因此相对高温的黄彩就有光泽。而前辈们所描述"色浓而无光"的"姹紫"色，因其原料本身是结晶体的矿物质，按理说，如果日常没有使用（擦洗）的话，虽然彩烧是850℃左右的低温，但也应该是有弱光泽的，如果这层弱光不断被摩擦，那肯定就会失去光泽了！也许北京故宫博物院这两件"三秋杯"的釉面，确实是被溥仪母亲的丫环经常擦洗使用。

科学分析和解读：凡是矿物彩料或含有水晶和相关宝石类的彩料，都应该能够反射光；如果原始"姹紫"色的彩釉足够厚，那么表面就一定有反射的亮光，这是宝石类矿物质的基本属性；所以釉彩表面有无亮光，不但取决于所添

图7-3-13　成化斗彩子母鸡棒槌瓶

加矿物材料反光的强弱,还依赖于彩釉厚度和焙烧温度,但矿物料能反射光的属性不会改变。

四、斗彩中为什么黄和红没有蛤蜊光

1. 彩料的化学成分

成化斗彩的彩都是釉上彩,这是由古代的"沥粉"工艺演化而来,它只是将"沥粉"的技法转换成了手绘笔画,但这种釉上的彩绘,需要在850℃左右的温度下烘烤固色。其中红彩的呈色剂是Fe_2O_3的悬浊体,传统工艺是以$FeSO_4 \cdot 7H_2O$(俗称青矾)为原料,经过煅烧和漂洗后,先制成Fe_2O_3的红色基础料,再配以PbO(氧化铅)和胶等材料调和,也俗称矾红或铁红。

而黄彩主要的呈色剂是硅酸铅($PbSiO_3$)和Fe_2O_3的悬浊体,也是配以PbO和动物胶等材料调和。紫彩主要的呈色剂为Mn_3O_4(四氧化三锰)($MnO+Mn_2O_3$)的悬浊体,同样配以PbO和动物胶等材料调和。绿彩主要的呈色剂为CuO,而带黄色调的绿色,如"水绿""叶子绿""山子绿"等,主要是CuO加少量 Fe_2O_3构成的悬浊体,再配以PbO和动物胶等材料,这与珐琅彩中的"洋绿"不同,其"洋绿"中的嫩绿色,是含金属Sn(锡)元素的。

2. 斗彩与蛤蜊光

根据"蛤蜊光与彩晕"一节,再结合斗彩的化学组成,以及元素活泼性来分析,其中:绿色系、紫色系是最容易出现蛤蜊光的,因为这不但是Si/Pb比值和"烤花"温度,适宜形成"硅胶粒"的蜂窝结构,使之吸水后能产生变彩效应,而且体系中还含有铜和铅水解强的元素,因此也是最容易产生蛤蜊光和彩晕的。但由于彩釉与釉面所形成的夹角不同,或者"硅凝胶膜"的厚度还不够等原因,因此有些彩釉边缘的白釉处,还会出现微弱的窄小彩晕,这是真品的不二特征,但请注意:微弱的彩晕会与斗彩中的青花相重合,所以需要在侧强光和放大镜下仔细辨认。

但红色和黄色都含有铁元素,而且Si和Pb的含量与配比,根本无法形成"硅胶粒",因此也就不可能产生变彩的蛤蜊光,但像铁黄含Si相对就多一点,即使彩烧有厚度和形成玻璃层,那也只能是产生彩晕而不会有蛤蜊光,实际上,黄彩局部确有彩晕的萌芽,但也仅限于少数的局部黄彩,这可为真品增加了一个砝码。

而且在铁红和铁黄的色料中,固色后Fe_2O_3的红色结晶体,与黄色的硅酸铅($PbSiO_3$)物质,它们都是极难被水解的,就是说彩釉中的铅不易被置换出来,况且在这种惰性体系中,这点微不足道的返铅,既达不到,也形成不了水解氧化的下限，而且所施的彩釉又注定比较薄，因此也几乎看不到其他光的衍射，即不会产生蛤蜊光与彩晕。

其他的彩色如：含有铜和锰元素的紫色等，只要是Si和Pb的配比合适，都能形成硅胶颗粒，因此吸水后就可实现变彩，实际上的紫色，确实有微弱可见的蛤蜊光，而且在复合的褐色系列中，还会产生独一无二的"铅锡光"，这也是真品褐彩上的独有特征。那这又是什么原因呢？其实斗彩中的紫色和褐色是一种复色，因为在这种复色的彩料中，添加了其他的有色彩石，比如含有铜元素的矿物等。实际观察其紫色：纯净的浅紫色蛤蜊光极其微弱，几乎看不到蛤蜊光，但紫色中如果有零星分布的黑斑点，说明是添加了其他金属元素，这时的蛤蜊光与彩晕都比较重而且清晰可见。

实践证明，绿彩、水绿、褐彩、紫彩上，一定都有蛤蜊光现象，但彩晕却有强有弱，或者是刚刚形成单一色的彩虹；如果紫彩系列中锰元素越少，而铜等其他的元素越多，那蛤蜊光的火彩也就越重；无论是古彩，还是珐琅彩，其红彩、黄彩、姹紫色因都是铁系彩料，所以几乎都没有蛤蜊光和彩晕；而"镭射式"蛤蜊光的产生，显然不是由变彩这一种原因所造成的，还与彩釉上的水解氧化相关，与所含金属活泼性和水解（潮湿环境）有关。

凡是天然的矿物质类，绝大部分经高温烧造后，都会呈结晶透明的玻璃质状。而釉上的彩釉则不同，它是在900℃以下的低温烧造，这不会使主要成分SiO_2完全熔融，且形成了非结晶的、硅胶颗粒的堆砌体，这是产生变彩而出现蛤蜊光的必要条件。如果使SiO_2在低温下熔化，那就必须添加助熔剂Pb，因此恰当的Si和Pb的配比，是影响蛤蜊光强弱的关键，但与彩晕的形成没有直接关系。如图7-3-14～图7-3-16所示是首次公开成化斗彩的仅见品，其绿色系和紫彩不但蛤蜊光与彩晕并存，而且底部也符合成化特征（图7-3-15、图7-3-17）。重点是图7-3-14、图7-3-15的脱胎瓷的胎体不但薄如蝉翼，而且釉面宝光肥润。

成化彩瓷中的矾红彩可分为几种颜色：有的色泽鲜艳如血，有的则类似于枣皮红，但都是非常纯正自然的，施釉也与铁黄一样是以平涂为主的薄釉；有的红色存在浓淡色阶，厚重处红里透黑，浅淡处微微闪黄，呈现浅淡的橘红色，而有的则是粉红色；但红彩与黄彩相同，都属于不同配比的铁系彩釉，而且这种微透明的彩釉面，光的反色极弱，既不会有蛤蜊光也不会产生开片。

五、成化斗彩的特征

孙瀛洲先生对成化斗彩的描述："鲜红色艳如血，杏黄闪微红；水绿、叶

图7-3-14 成化斗彩脱胎三多梅瓶一对 高14厘米

图7-3-15 成化斗彩脱胎三多梅瓶瓶底

图7-3-16　成化斗彩仙鹤棒槌瓶一对 高19厘米

图7-3-17　成化斗彩仙鹤棒槌瓶瓶底

子绿、山子绿等皆透明。"以上就是孙先生对成化斗彩的经典鉴赏，这是目前为止较为精准的经验之说，而这种通透的彩釉、枣红色、绿中闪黄等，需要读者结合实物慢慢领悟和品味。

此外，在对实物的观察中，绿色和紫色等彩釉的表观都较厚，这也是成化彩釉的特征之一；而且无论施什么样的色釉，其严谨精细都没越出青花线，绿色和紫色系列都有细裂纹，有的呈现出明显的蛤蜊光与彩晕；如本书成化斗彩茶盏的绿色釉中，迎光侧看不但釉上有蛤蜊光和彩晕，而且釉中有似细碎宝石般的晶光闪烁，其彩釉面与珐琅彩"弓形拱"截然不同，形成的是像鼓面那样凸出的"平凸鼓"状；而红色确实是鲜艳如血，尤其独特的叶子绿，就如同图7-3-20、图7-3-21所示的夔龙纹的色调；而紫色就像熟透的葡萄，深紫色似茄皮紫，浅紫色就像红提葡萄。

图7-3-18　成化斗彩云蝠纹一对盖罐 高20厘米

整体上远观，红色鲜艳夺目，而黄色嫩如蜜蜡，但红色、黄色、粉色等彩釉都相对很薄，也没有蛤蜊光。如图7-3-18、图7-3-19所示的仅见品的成化斗彩云蝠纹一对盖罐，其枣红、浅红和黄色都没有蛤蜊光，而绿色和紫色釉，都有蛤蜊光和彩晕相伴。彩釉如果没有一定厚度，含结晶体相应就少，所以彩釉表观呈亚光状。而所谓的"姹紫"色，虽然描述是"色如赤铁"而无光，但如果釉厚有凸出感，则其表面就有矿物光泽。总之无论什么颜色的釉，如果没有一定厚度那就产生不了裂纹，而且反光性也会较差。

通过观察实物还发现，成化斗彩的白色釉面，是一种糯米糕那样"糯"的感官，就是捣糯米后的那种"白腻"状，重点是，积釉处显现的是湖水绿般的釉水。而且有的成化瓷器的胎，透光观察是一种微红色的胎，但不是所有成化瓷器的胎都是这样。请特别注意，凡是成化斗彩的官窑精品，其所填绘的彩都非常仔细工整，

图7-3-19　成化斗彩云蝠纹一对盖罐罐底

图7-3-20　成化夔龙天字罐 高12.2厘米

图7-3-21　成化夔龙天字罐罐底

无论厚彩还是浅淡的薄彩，都不会越出青花的轮廓线。

明·王士性在《广志译》中载："宣窑五彩堆填深厚，而成窑用色浅淡……然二窑皆当时殿中画院人遣画也"，这充分说明：官窑瓷器上的绘画都是出自宫廷画家之手，可见选料与调色及其画工一定是精致无比。成化斗彩中除青花颜色外，最高档次的斗彩其彩色可达到六种以上，最常见的也具有五种色彩，最低的也要有四种颜色，其中的水绿、叶子绿、橘红以及"姹紫"色，都极具成化斗彩的特色。

重点是：本章所有成化彩瓷，其绿色系和紫色系的彩釉，不但具有釉厚和星光闪闪的特点，而且都有蛤蜊光和彩晕并存，其绿色系釉大多是乳浊微透明，底足胎釉结合处有或深或浅的火石红包浆，如图7-3-21所示。本章所有成化器，除图7-3-20、图7-3-21所示的"天"字款外，全部为"大明成化年制"双方框款，且均出自同期的同一人之手。观察出土和馆藏的成化斗彩器，绝大部分在其口部和底足上，都有青花双边线的时代特征，而且这一现象也仅限于成化时期。成化斗彩中只有极个别的是单边线，比如很难再画二条线的卧足，其他的必然都是上下两条青花线，因为都是按斗彩中的"青花填彩"样式，即双钩线的习惯画法。

特别指出："纸槌瓶"的样式源于波斯且流行于宋元，而且元代称为"卧杵"，日本平安时代（唐宋）叫"横槌"的"捣衣"用具，与"纸槌瓶"的形状极其相似。明·高濂《瓶花三说》载："若书斋插花瓶宜短小，以官哥短瓶、纸槌瓶、鹅颈瓶……"这佐证明代"纸槌瓶"是用于书房插花的，如图7-3-12、图7-3-17所示。而所谓康熙首创"软"与"硬"的"棒槌形"，则是许之衡《饮流斋说瓷》中"纸槌瓶"的清代说，也证实清代的"捣衣"已衍变成"棒槌形"，与唐宋元所用槌杵的"纸槌瓶"，虽然形状存在差异但功能与用途一样。

综上所述，除胎釉和彩料外，好的绘画功底和施彩的精准度，以及典型的标准款识，这一定是高峰成熟期的成化官窑精品。如果具备了以上所述的内容，那么藏品无疑就是具有了成化斗彩的真品特征！

六、失传的"夹青"斗彩是什么工艺

在中国陶瓷史上，成化斗彩中的"夹青"瓷，其实是最珍贵的品种之一，它不但做工精致、工艺复杂，且烧制的技术秘笈以及要具有高超的工匠技艺。而且这种奇思妙想的"夹青"斗彩瓷，也只限于成化年间某个时段的"内府"用瓷，这也是成化帝开启"不上朝"后，悠然自得与闲情逸致的艺术追求，但终因制作和烧造的难度太大，昙花一现后就神秘失踪了，传世品也极其稀少。因此，在明清文献中也很少提及，而且在各大博物馆的藏品中，也暂时没发现成化"夹青"斗彩瓷的踪影，所以成化时期的这种"夹青"技艺，逐渐在人们的记忆中被抹去。但记忆归记忆、历史归历史，失传或暂时没被发现，不证明历史上就不存在。

非常遗憾的是，成化的这种"夹青"工艺技术，目前也只有法国传教士殷弘绪在书信中，对此有过专门系统的论述，这才使我们对"成化夹青斗彩"瓷，有了一个粗浅的、似曾相识的认知。殷弘绪在1712年的书信中，对此有过这样的描述："我想起了在中国，同样失传的另一个秘法，现在顺便谈谈这种艺术。这种瓷器在其内侧，绘有游鱼等动物画，当倒满某种液体时，画面才浮显出来。该瓷称为夹青，这也是根据青花的方法，称为'被夹入的青'的瓷"。

在殷弘绪的书信中还详细阐述了这种"夹青"工艺，即："当坯体变干后，把青料画在它的内侧，而不像青花瓷那样画在外侧。用钴料画完纹样后，再涂上一层瓷坯所用的泥浆，这样就使青料夹在双层薄如刀片的坯体中间，修坯时要削到快要显露出色料为止，然后将器物进行浸釉，当胎釉完全变干后，装进普通的窑内进行烧造。"殷弘绪还说："夹青制作得非常细致，是当今（康熙年）中国人力所不能及的技术。有人为了恢复这种魔术般的彩饰法，虽然做了不懈的努力，但最终还是徒劳无功。不久前，在他们当中就有人向我保证，他所作的新尝试已接近成功。"

以上是殷弘绪对"夹青"斗彩工艺的详细描写，按照他的描述，笔者进行推理：这种新颖精致的"夹青"斗彩瓷无疑是创烧于明代，重点是胎体"薄如刀片"的技艺那必是成化时期莫属。笔者曾上手过这类"卵幕杯"，不但有壁薄如鸡蛋壳的"卵幕"，而且还在其上雕刻龙纹，其技艺简直让人不可思议。清代蓝浦在《景德镇陶录》中云："脱胎器薄，起于永窑，永窑尚厚，今俗呼'半脱胎'。"但技艺发展到成化窑时，已达到全脱胎的极高成就，而这之后到

文物鉴赏与科学解读

图7-3-22 成化斗彩直口天马夹青瓶 高20厘米

图7-3-23 成化斗彩直口天马夹青瓶青花龙纹

了万历年，也只是在"尝作"的效仿而已，明代李日华在《紫桃轩杂缀》中云："尝作卵幕杯，薄如鸡卵之幕，莹白可爱，一枚重半铢"。因此可推论：明代最先制作的"蛋壳"瓷，以及"夹青"的斗彩瓷，也只能是在成化一朝；虽然康熙朝一直在努力的仿制，但始终没能获得成功。鉴别成化"卵幕"瓷和"夹青"瓷时，整体胎不像现代注浆瓷那样的均一厚度，总是要留下手拉坯厚薄和刀削等古老工艺的痕迹。

而至今在国内外的馆藏品中，虽然暂且还没有发现成化朝的"夹青"斗彩瓷，那么在民间有没有此类"夹青"的斗彩瓷呢？笔者虽然不敢妄加评说，但如图7-3-22～图7-3-27所示的"成化夹青斗彩"瓷，可以肯定这是至今为止的仅见品，而且这种踩云踏浪的"天马行空"纹，也是成化御用器纹饰的标志之一。元代刘廷振在《萨天锡诗集序》中载："其所以神化而超出于众表者，殆犹天马行空而步骤不凡"，这意味着"天马"从元代发展到明代，已从精神上逐渐演变成神话中的"龙马"，因此官员为迎合成化帝的喜好，纹饰的选择和设计也是顺势而为之。

图7-3-24　成化斗彩直口天马夹青瓶瓶底

实物观察：从器外根本看不到器里的青花纹饰，而只有在透光下来观察瓶内，才能显示出清晰的青花龙凤纹，以及书写"内府"的青花铭文，如图7-3-23所示，同样带"内府"铭文的瓷器有很多，比如大英博物馆藏元代"内府供用"的孔雀绿罐，日本大阪东洋陶瓷馆藏两件明永乐写青花"内府"的梅瓶等。而明代的"内府"明确是指皇宫的内廷，即：管理皇帝内宫事物中所专用物，器底也是宫廷专属的"大明成化年制"方款，如图7-3-24、图7-3-25所示。

本书所展示的三件"成化夹青斗彩"瓷，从彩料和胎釉上看都具备成化一朝的瓷器特征，重点是都有明显的蛤蜊光和彩晕并存，底足无釉呈淡淡火石红的"牙黄包浆"，但这还需要科学检测来进一步验证，而这三件"成化夹青斗彩"瓷，均是首次面世的仅见品，此前还没有任何相同件出现，退一步说：不管是到代的也好还是后仿的也罢，从艺术审美的角度看，无论如何它们都是不可多得的艺术品！

图7-3-25　成化斗彩仙鹤纹夹青瓶瓶底

图7-3-26　成化斗彩天马夹青瓶　高21.7厘米　　　图7-3-27　成化斗彩仙鹤纹夹青瓶　高21.7厘米

第四章
明代景泰、正德、万历

一、大明景泰与正德青花

耿宝昌先生在《明清瓷器鉴定》一书中,对"空白期"瓷器的纹饰特征,做过详细描述和总结,可以作为鉴别时的重要参考:

(1)大量使用的是锁链云纹,也叫弹簧云。

(2)人物多是大脑门,而且脑后有飘带,身穿单件衣,衣带横飘。

(3)竹叶绘画如芭蕉,松树叶呈珠球状,杨柳如雨丝,大多是枫叶和虎爪状的叶子纹饰。

(4)器物纹层次较多,最多达到七层,海水纹饰呈瓦楞状排列。

(5)底足呈宽幅的泥鳅背状,大多为拱口。瓶、尊、罐类的器口,正统时的瓷器与宣德时的相同为直颈。而景泰、天顺与后朝成化时的类似,多为上收下阔式。

明代空白时期瓷器带有年款的官窑十分罕见,如图7-4-1、图7-4-2所展现的《大明景泰青花人物罐》,其胎釉、青花、纹饰、老化痕迹等,完全符合空白期瓷器的特征,它是研究空白期青花瓷的一件珍贵文物,也是明代空白期官窑的标准器。正德青花瓷是上承成弘下启嘉万的过渡期,正德青花官窑胎体细洁,釉层肥润、细腻,釉面光亮呈亮青色。青花发色深沉稳重,采用双勾平涂技法,从图7-4-3、图7-4-4纹饰和器型看,还留有成化遗风,属正德青花的早期产品。

图7-4-1 大明景泰青花人物罐 高30厘米

图7-4-2 大明景泰青花人物罐罐底

图7-4-3 大明正德青花螭龙碗 口径20厘米

图7-4-4 大明正德青花螭龙碗碗底

二、绚丽多姿的万历五彩

万历一朝是大明王朝由盛转衰的关键期，而且体现在官窑烧造上也开始出现衰败的迹象，这时官窑还盛行一种"官搭民烧"的制度。所以万历年间的官窑，逐渐以世俗的品位取代皇帝的喜好，而且一扫青花和斗彩的绝对统治，出现了以大红大绿为特点的五彩瓷器，从艺术角度看虽然显得庸俗，但这却代表了万历时期的官窑风格。正如万历时期的沈德符在《蔽扫轩剩语》中载："本朝窑器，用白地青花间装五色，为古今之冠"。

所以瓷器发展到了万历朝，原材料发生了诸多变化：一是回青料改用浙料，这时青花已显现出逐渐衰退状，而红绿五彩开始大流行；二是麻仓土已枯竭转而改用高岭土；三是万历后期的朝廷，已基本停止派烧瓷器；而大行其道中的万历五彩，则是以红绿彩的浓艳凝重，以及施彩繁缛为主的热闹基调，其纹饰采用双勾填彩的技法，而且大多是青花加五彩的风格（图7-4-5、图7-4-6）。

图7-4-5 万历青花五彩金箔纹

图7-4-6 万历青花五彩将军罐罐底

由于到万历二十四年麻仓土已绝，从而用高岭土代替麻仓土，所以胎体也显得格外厚重，关键是烧制时不易炸裂，故嘉靖和万历时成功烧造出的大器较多，比如大缸、大罐、大瓶、大盘等。从这点上看：嘉靖和万历的五彩工艺，也是达到了历史上的一个里程碑。万历官窑瓷的釉色闪青，虽然纹饰是以红绿彩为主，但还是要点缀黄、黑、褐、紫等色彩。万历以后孔雀蓝已少见，而红色则是典型的枣皮红，而且在五彩的色釉面上一定会产生蛤蜊光现象。

万历朝器型的最大特点除喜欢满画面的红绿彩外，常以镂空、开光、堆贴等工艺见长。如图7-4-7所示的藏品为龙凤纹的将军罐，底书"大明万历年制"青花楷书款。该青花五彩

图7-4-7　万历青花五彩将军罐一对 高56.8厘米

龙凤纹的装饰，部分采用了明代贴金箔的金彩工艺，这在"金箔纹与描金"中已论述过，仅以此纹饰贴金箔的瓷器品种，就可直接断为清代以前，况且蛤蜊光和彩晕都非常明显，具有这种特征毋庸置疑，是到代真品的佐证。

本藏品特征：该瓷器的贴金箔纹饰呈现出皇家的贵族之气，而且金色十足厚重，仅以此纹饰中的戗金（贴金箔）工艺就可断为明万历到代器，而且彩色特征：红彩似枣皮色，紫彩呈浅淡的茄皮色，嫩绿彩青翠夺目，深绿彩靓丽通透，黄彩呈淡姜黄色；其画片的纹饰繁缛、画工流畅；而本书所展示的两件将军罐器形完整、画工精湛，尤其成双配对之物实属难得。

第五章
宣德炉——至今无法超越的艺术瑰宝

宣德炉是明代宫廷的艺术珍品，也是宣德皇帝眼中的国之重器，虽然宣德炉历代都有仿制，但始终都无法再现和超越。然而在争议中不但没有解决对宣德炉真假的鉴定问题，反而将这一问题渲染得更加扑朔迷离，以致走向了"天下无贼"的境地，出现了"天下无宣炉传世"的极端心理。那么现在既无公认的真品实物，又无标准数据，真的就无法鉴别这件皇家艺术品了吗？我们不妨抛开现有已形成的观念，从客观和科学的角度出发，重新审视一下宣德炉及其相关文献，用已知来求证未知，使之变得更加清晰可见。

一、"宣炉三谱"是伪书吗

《宣德鼎彝谱》《宣德彝器谱》《宣德彝器图谱》笔者简称"宣炉三谱"，它是研究宣德炉的基础，而《宣炉博论》《宣德炉哥注》《城隍庙市》《沈氏宣炉小志》等文献，则是相互佐证、不可或缺的证人证言，如果没有以上的文献做支撑，那就谈不上对宣德炉的研究。将"宣炉三谱"视为伪书的质疑者提出以下三点：《明史》记载吕震为"宣德元年（1426年）四月卒"，那么宣德三年（1428年）吕震不可能奉旨铸炉；项元汴于万历十八年（1590年）去世，而《宣炉博论》的日期却是"皇明天启丙寅（1626年）春三月槜李项子京书"，这显然也是不可能的事；同理文彭、祝允明序中提到的"于忠肃公"，在时间上最少晚了"宣炉三谱"39～47年，因此二人更不可能预知于谦的谥号。

以上质疑似乎都有道理，那么在回答这些问题前，我们首先应厘清以下事件：

①《宣德鼎彝谱》是仅进呈皇帝的御批文件，而不是颁布于世的史料，因此直到嘉靖年间才流出皇宫，流传版本较多的原因是均为传抄本。

② 于谦在正统年间任礼部祠曹主祭官时，是从铸炉的参与者吴诚那里得到的副本。而嘉靖年间的文徵明长子文彭，又向于谦的后人借来抄写了一份，所以在嘉靖年间这本书才得以面世流传。

③ 项元汴在《宣炉博论》卷末处撰写的心得，是专为《宣德鼎彝谱》而作的跋文。

④ 宣德朝鼎彝在设计谱册的过程中，是参照永乐十三年（1415年）礼部吕震所修订的祭册籍。但吕震本人在宣德元年去世，而宣德三年所铸造的鼎彝，是按吕震设计的祭册籍实施之，并由工部尚书吴中、司礼监太监吴诚、太常寺卿周瑛等人完成，因此才有了"吕震等奉敕编次"。

上述的各类文献是历史流传下来的、客观存在的，嘉靖版本项元汴的《宣德鼎彝铭》现存山东省图书馆，而天启年间鲍士恭的家藏本，即传世的天启版本《宣德鼎彝谱》现存中国国家博物馆。按逻辑推理，《宣德鼎彝谱》中的内容，是抄自《宣德鼎彝铭》（项元汴的嘉靖抄本），而《四库全书》中的《宣德鼎彝铭》则抄的是天启本，因此把天启本所附《宣炉博论》的抄写日期，当作了嘉靖本《宣德鼎彝谱》文彭所抄写的时间，笔者认为这可能是质疑者对抄写时间的误判。

清·杭世骏在《道古堂集》的"书宣德彝器谱后"中，就已明确说明："此明宣德三年工部档案也，辽阳年中丞希尧从部录出，以宣宗谕旨中有炉鼎彝器字，遂摘用之，系年氏所定，非实事也，所言与此本迥异"。至于神宗皇帝赐给于谦的谥号"于忠肃公"，其原来也并非"忠肃"之意，而是"忠愍"，但就连"忠愍"的谥号，也是为明朝续命200年的于谦，在死后32年才由明孝宗所追谥的，直到于谦去世133年的万历十八年（1590年），才又由明神宗改谥号"忠肃"而终论。由此可推论：所谓文彭、祝允明所写的谥号，那都是后人在传抄时修改成正确的谥号所为，这在历史上也是常见的事。

因此，"宣炉三谱"即使在历代传抄中，有些暂时还不能理解的"瑕疵"，那也不能以偏概全、武断地将其认定为伪书，重点是这些都是明代的版本。1936年，法国学者伯希和在法国《东方学刊》32期上，发表的《历代名瓷图谱真伪考》中认定此书为伪书，此后冯承钧先生于1942年在《中国学报》2卷2期上，发表了伯希和这篇文章的翻译稿。先不论外国人所采用的依据是否正确，我们仅从明朝宫廷的律制、翔实的文献记载以及制造工艺等角度看，它都是集文献性与技术性于一身的一部宫廷档案。我们设问：编造这类专业文献的动机是什么？如果按此书所论述的宣德炉工艺，这无意中不是又树立了一个该行业达不到的标杆吗？

姑且不论文献的真伪，就按"宣炉三谱"中的内容来制造，那么从明代直到今天，也没有哪朝哪代人，能仿到"宣炉三谱"中所述的那种工艺水准。文献载：即使明清时期，宣德炉的"好事者"把宣德年间的其他铜炉重新熔炼再铸造的话，也仍然达不到"风磨铜"的那种效果！当然"宣炉三谱"传世的文献也是基于当时的历史背景，能私自流出宫门的话，那也只能是传抄本。至于哪部为真或伪并不重要，关键是这些文献的主要内容却又都是基本相同，至于不同的版本之间，或者添加了个人纪实和见闻，或者补充遗漏，那都无可厚非，因为当时的资讯也并非像现代这样发达，所以对宣德炉的认知理应有各自的见解。

宣德炉面世200年后，鉴赏家项元汴在《宣炉博论》中明确指出：《宣德鼎彝谱》是嘉靖年以后才流到宫外的。这是明代人对明代器物和文献最早的考证。基于项元汴的学识，尤其是收藏与鉴赏的学问，其言可信度极高，而且在明代的其他杂谈中，同样也验证了项元汴的论述以及宣德炉的工艺。

再从时间段上看，嘉靖、万历年之前所仿制的铜炉器物，因为没有《宣德鼎彝谱》作参考，仿制者根本无从下手，所以只能照猫画虎式地仿制。但项元汴和其他的明代鉴赏家，经过与真宣德炉认真比对后而得出的共识是：嘉靖、万历以前的仿造技术低劣，即使嘉靖、万历年间的高仿品，也只不过得到了同宣德炉下一等器物相同的结论。

《宣德鼎彝谱》载："参酌机宜。该铸鼎彝，自上用之外，以及颁赐各王府两京文武衙门，数目多寡，款式巨细"。通过对文献研究可知：宣德炉在设计和铸造时就有等级之分；宣德炉二次总共铸有19049件，但只有第一次3365件中的宫廷用炉，才是宣德炉中的精华；其中御用部分的宣德炉，基本都是十二炼外加金饰，而且颜色也只有藏经纸色、棠梨色、腊茶色三种。

用以制造铜炉的铜原料的总量为26605千克，经简单计算可知，在第一次铸炉后确实还剩余相当一部分的铜原料。这说明：不是有多少"风磨铜"就要铸造多少炉，而是依令、按需铸造。但第二次补铸15684件的质量，整体上都要逊于第一批，其赏赐级别和用途也在扩展，需要指出的是，在经过第二次补铸后，依然还有少量剩余的"风磨铜"。

关于世上无宣德炉或其已不复存在，以及"宣炉三谱"是伪书的论点，笔者经过研究不敢苟同。但要想证明宣德炉的存世，也并非像瓷器等文物那样，需要文献、实物、窑址三者的考证，而只要实物与文献记载相符即可。另有一种特别说辞：人们也大可不必因为无法鉴别宣德炉，而怀疑其文献的真实性。

二、"风磨铜"到底是什么铜

1. 宣德年间需要进口"贡铜"吗

《明宣宗实录·卷四十七》载宣德三年九月："诏蠲江西德兴铅山铜场大徭役，先是二县铜场岁浸铜得五千余斤"，这说明宣德三年不算太缺铜；再从商周青铜器、唐代铜镜，以及明初的金铜佛像看，宣德年间也不缺精铜冶炼的技术；那为什么还需要泰国和日本进贡的铜呢？这只能说明：按当时人们对铜的"质量标准"判断，进口铜外观的黄金成色，远远超过国产合金技术的铜，那么泰国"风磨铜"和日本条铜，究竟是什么样的铜呢？

明·陈仁锡《潜确居类书》曰："风磨鍮鉐，黄铜似金者。我明皇极殿顶，名是风磨铜，更贵于金"。人们一般将没见过的进口东西，通常是以该国的商品音译来命名，而铜在我国已有几千年的历史，所以"风磨铜"不是泰国铜的音译，而是当时客观表征的代名词，是指经"风磨鍮鉐"的赛金的铜。《宣德鼎彝谱》载："风磨铜"的外观"色同阳迈"，更有明代后人称宣德三年的"风磨铜"乃"药金"（现代语合金），即伪黄金。

明代早期的审美观以似金色的黄铜为上，而纯正的红铜为下，因为黄铜比黄金坚硬得多，而且颜色又似黄金色，所以可替代黄金做装饰与他用。正如《沈氏宣炉小志》载："尚红铜者，正谓古无黄铜也"。因明代以前"古无黄铜"，故其价值不但高于红铜，而且价格还要"更贵于金"，而"风磨铜"的"黄金"色，正是这种价值观的具体体现。

据史料记载，这种价值观，直到万历年间才改变。因为这时黄铜的合金技术，已能大量制造并广泛应用，所以黄铜到了万历年间，价格才降到了红铜的水平，其铜制品的实物也可证明。比如：明代正统的针灸铜人是由青铜制作的，而到了嘉靖年间的针灸铜人，则改由黄铜铸就，这说明至少在嘉靖年间，黄铜已在全社会普及与应用了。

从宣德二年（1427年）朝廷赏赐给青海寺的铜鎏金瓶可知，皇帝确实极为重视寺庙，也崇尚和追求黄金色。所以，宣德三年泰国进贡的铜色，恰好符合宣德皇帝的审美观，也正好用来"拟金铸炉"祭祀。《宣德鼎彝谱》载："朕拟思惟所用，堪铸鼎彝，以供郊坛、太庙、内廷之用"。这说明宣德炉是经皇帝御批后，用"风磨铜"为太庙、内廷、王府、衙门等而特铸了诸多的陈设鼎器。

2．进口铜是冰铜还是粗铜呢

根据明·陆容《蓬轩类记》记载的采铜法，再结合文献中记载炼铜所用的"熔剂"和"燃料"来计算，假设将这些原料都用来熔炼这批贡铜，那么这些既不够炼冰铜，也不够炼粗铜。更何况国家级的进贡品不可能是半成品，况且还有同期日本条状的生红铜作比较。再根据"色同阳迈"的描述，可以断定：当时进贡的"风磨铜"，就是天然含锌的冰黄铜。

在国内姜寨的仰韶文化遗址中，曾出土过含锌量超过20%的黄铜片和黄铜管，经碳14检测证明，这是距今6700年的铜制品，与考古认定公元前约4700年基本相符，推测是古人在挖掘铜锌的共生矿时，无意中所获得的天然黄铜。在新莽时期的铜钱中，也有锌含量达到7%的钱币。以上的这些铜制品，其含锌量都是伴生的。

不论哪个国家，也不管用什么方法冶炼铜，只要是含95%以上的纯铜，其颜色都是红铜的玫瑰红色，这是由铜的性质决定的。由此推论：泰国进贡的黄金色"风磨铜",应该是自然、高含锌的黄铜,而日本的生红铜才是真正的纯红铜。按现代的技术观点可知,当时进贡日本生红铜的质量,要优于泰国的"风磨铜"。而"风磨铜"是铜锌的合金,但古代炼锌的成本要远高于炼铜的成本,所以明代宣德年间的冶炼技术和欣赏水平,决定了泰国的"风磨铜"一定要贵于日本红铜以及宣德年间的国产铜。

三、宣德炉含有金和银吗

1. 金和银能与铜熔炼吗

金属冶金学理论和实践都证明:铜与金和银的混炼是可行的。文献中也有在冶炼铜时,加入金和银的记载,并将用此配方制造的铜器叫"响铜",但这也只有在铸钟和制作铜钹等乐器时采用。如果在铜的制品中,检测出含有金和银的成分,那这种成分不是天然伴生就一定是人为添加的。只有古代乐器类铜制品才能人为添加成分,而宣德炉则是天然伴生的金和银。《天工开物》载:"唐开元宫中镜,尽以白银与铜等分铸成",冶铸北极朝钟时,"共费铜四万七千斤、锡四千斤、金五十两、银一百二十两于内"。流传至今的永乐大钟经检测可知,铜钟确实含有金和银的成分,说明实物与文献记载相符。

在宣德炉的工艺和配方中,却没有人为添加金或银的记录。《宣德鼎彝谱》明确记载:"赤金原册八百两,今裁减一百六十两,实该六百四十两。此金作商嵌、泥金、流金鼎彝用,白银原册二千六百两,今裁减五百二十两,实该二千零八十两。此银作商嵌、泥银、流银等杂用"。这说明,虽然宣德官库所备的原料中有金和银,但那都是用做宣德炉表面装饰的。而日本国的生红铜以及贺兰国的花洋锡,则都有明确记载:专门是作为"烊铜用",即指在冶炼铜合金的配方中使用。所以说:宣德炉的成分中如果含有金和银,那一定是铜矿本身伴生的贵金属。

2. 铜矿中含有金和银吗

我国古代炼铜大部分都是用孔雀石,即碱式碳酸铜 [$Cu_2(OH)_2CO_3$] 的铜矿,虽然现在已能轻松勘测出铜锌矿,但在古代勘探和开采出铜锌矿却极少而且也是件很难的事。现在国内所开采的铜锌矿,其精选后的铜矿成分是:含铜25.33%、锌4.83%、金8.69%、银24.66%,实际上天然的铜锌矿都伴生有金、银等金属元素。现代技术可以提取出金和银,而古代的火法精炼技术却无法提取出金和银,所以它们只能是伴随在铜器中。

那么泰国铜是否含有金和银呢?在泰国呵叻高原的山脉边缘,从古至今都以锡、铜储量丰富而闻名。考古发现,泰国4000多年前的早期青铜器,其含锡量是1.3%，属红铜制品；中期含锡量在8%～19%。而泰国班清考古出土的铜环，却是含锌量10%、含铅量1.5%，这与我国早期发现的黄铜制品一样，都属于天然的铜锌合金。泰国的考古学家证实，泰国很早就有铜锌矿，而且铜锌矿都含有金。

我们从现在进口泰国铜矿石的检测指标得知，铜品位仅是铜矿石的15%，其含金量达到了0.5%左右，经笔者简单计算，当精炼的铜含量达到80%的品位时，其含金量可升到2.7%。应特别指出的是，图7-5-1和图7-5-2是泰国国家博物馆的藏品，这是泰国古代的铜造像，而且铜表面并没有鎏金，是典型的"色同阳迈"的"风磨铜"。

从图7-5-1、图7-5-2露出的胎质可以明显看出，铜表面没有生铜绿，至今仍能呈现出黄金色，以此可推定，那一定就是"风磨铜"的本色，可将其作为判断宣德炉本色的依据。现代商品中的紫金铜本身，是一种含有金的铜合金。当铜制品含金量高时，其铜色就类似于紫金色，这也是现代紫金饰品的制作方法。这种铜的表面，不会生铜绿和其他的铜锈，即使含金量略低一些，那也只是产生星点状的铜绿，不会生成大片的铜绿锈。

另据日本《鼓铜图录》记载的有关日本16世纪铜冶炼工艺，即使是将铜炼到粗铜阶段也还是要再炼二次，然后才能做成条铜状，供使用，这与"宣炉

图7-5-1　泰国国家博物馆藏品

图7-5-2 泰国国家博物馆藏品

三谱"中记载的日本条铜相符。据《天工开物》记载："商舶漂入中国，名曰日本铜，其形为方长板条"，"东夷铜又有托体银矿内者，入炉煎炼时，银结于面，铜沉于下"。

以上信息足以证明，泰国的"风磨铜"含有金，日本的条铜含有银，只有将泰国铜和日本铜混炼时，宣德炉才具有含金、含银的伴生元素，但绝不是人为添加的金和银。《宣德鼎彝谱》的记载也证实了宣德炉的备料与工艺中确实有泰国铜和日本铜，所以宣德炉的成分中一定含有金和银。其伴生元素——金和银的含量占多少，才是宣德炉的重要元素"指纹"，也是判断其真、仿的定性指标。

另外，如果是真的宣德炉，除了从金和银的含量，以及形制、皮色等方面鉴定外，还可以从铜质上做简单的验证，方法是：弹指炉的边缘，发出的声音清脆、悠扬悦耳，说明铜制品中含有金和银，就类似于古代响铜和响铃配方的制品。

四、"铅砖"是用来"铺地"的吗

1."白水铅"与"黑水铅"

首先应明确"白水铅"与"黑水铅"是什么？学术界对"倭源白水铅"和"倭源黑水铅"的解读曾出现过不该有的异议和争论。而《明会典》中记载得非常明确，"白水铅"为"水锡"。《天工开物》也云，"水锡"与"倭铅"同名通用。古代是把锌称为"倭铅"，因此"白水铅"就是锌，而"黑水铅"才是真正的铅。

科学实验证明，锌在燃烧时会冒出白烟，所以古人就把它称为"白气倭铅"。古代没有化学名称，是将类似的这种物理现象，以及相近的颜色统统归为一类，因此，古代对其的称谓才较为直观，即：将氧化变灰黑的叫"黑铅"，而没有改变颜色的就叫"白铅"。可见"白水铅"和"黑水铅"就是一个俗称，也是当时通俗的白话命名法。根据其实际用途可知，"白水铅"就是锌，而"黑水铅"才是真正的铅，再结合文献中的资料，因开头语都是国家名和地名在先，然后才是各种的原料名，所以"倭源"就是古代的产地名，没有实际意义。

2."铅砖"与"铸冶"

（1）"铅砖"是什么？

《宣德鼎彝谱》载："倭源白水铅"和"倭源黑水铅"两者用途一样，都是"此铅作铅砖铺铸冶局地并杂用"。而这里"此铅作铅砖"的意思，就是将原始冶炼的罐形的、大块的锌和铅，做成小块的、规整的、统一重量的条形"铅砖"锭，类似日本方条状的红铜。而《天工开物》炼黄铜的方法是："每红铜六斤，入倭铅（指锌）四斤，先后入罐熔化，冷定取出，即成黄铜。"《天工开物》中的炼锌工艺是："炉甘石入泥罐熔化成团，冷却应为泥罐形的大团块，每炉甘石十斤还剩八斤。"

以上炼锌技术，是古代传统的制锌法，与现代快速冷凝技术相比，其锌的回收率极低，所以成本也相当高。在宣德年间已有"倭铅"即锌的应用记载，而且在广东省的考古发掘中，也有"明万历十三年乙酉"的锌块实物，不可思议的是含锌量高达98%，可以想象其成本之高，这至少说明在明代可以提炼出高纯度的锌。

《宣德鼎彝谱》中所说的做成规整的"铅砖"锭，就是为便于计量和配比时使用，即在铜混炼的某阶段将其加入。《宣德彝器图谱》（二十卷谱）中讲得更清楚："倭源白水铅"是用于添加"洋铜"中。清·王棠《知新录》载：宣炉"炼至六，用炉甘石点，则现宝光殊色，异恒用矣"。这说明宣德炉经六炼后或在十二炼之前，根据经验还需要加锌（铅砖）进行"点化"，用以补充"风磨铜"中锌的不足，从而达到黄金铜的效果。

（2）"铸冶"是什么？

"铺"指冶炼中的工艺程序，"铺"原意指铺设、布置之意，这里指按配比放入"黑水铅"或"白水铅"，就是加入做成的所谓条块"铅砖"，即3200千克"黑水铅"（铅）的铅锭，或6800千克"白水铅"（锌）的锌锭。

《沈氏宣炉小志》载："铸工法以黑铅引路，方能满注模印"，这也说明，铅能增加铜的流动性，使其更能有效地充满型腔。明·陆容《菽园杂记》卷十四记载：在炼铜时"以铅为母，除滓浮于面外，净铜入炉底如水"。

"铸冶"则是指冶炼与铸造，而在这里是指铜合金的熔炼过程。"局地并杂用"的"局"是指部分，而"局地"则是指根据铜器不同的配比，有的需要使用铅锭，有的则需要使用锌锭，具有限定某种用途之意。项元汴的《宣炉博论》中载："宣炉除本色之外，有仿古青绿一种"，所以也许是指仿"三代汉魏之器"所用。再参照《沈氏宣炉小志》记载："三分铝青色曰棠梨，五分铅黄中间红曰褐色，微黄而净为藏经纸色"，沈氏所说的配比份数，更能体现出"铅砖"的功用了。

综合解读"此铅作铅砖铺铸冶局地"，即把大块的锌和铅做成标准的小砖（条）块，再按照不同的铜炉颜色，依据冶炼的工序与配比，先后投入铅块或锌块，这也符合现代铜合金的冶炼工艺。"并杂用"是指其他用途，不能解读成用"铅砖"来铺地。

五、如何解读"玉毫金粟"和"红榴甘黛"

明·项元汴形容宣德炉的炉面是"玉毫金粟隐跃",明·冒襄形容则是"黄云隐跃",这说明两位明代大家都看过真的宣德炉,所以其形容词也如出一辙,从法理角度也可以认为这是当时的证人证言。那么如何解读"玉毫金粟隐跃于肤理之间""黄云隐跃芬雕磨""红榴甘黛粉雷蝌""色如液金粟玉"等,这些明代鉴赏家形容真宣炉的词句呢?

1. 项元汴说的"玉毫金粟"是什么

(1)"玉毫"的解读。

"玉毫"是古人指佛眉间的白毫,通俗说就是黑发中隐藏的几根白发,引申含义是:忽隐忽现的极少部分。比如宋高宗赵构诗云:"碧天低处浪滔滔,万里无云见玉毫";宋徽宗赵佶的《大观茶论》中也写道:"盏色贵青黑,玉毫条达者为上"。上述两位皇帝所述"玉毫",就是指若隐若现、断断续续的条条线线。

(2)"金粟"的解读。

桂花的黄花细如粟,因此古人形容桂花是"色黄如金,花小如粟",也称其为"金粟"。唐·韩愈《咏灯花同侯十一》比喻烛花:"黄里排金粟,钗头缀玉虫";唐·杨炯《老人星赋》曰:"晃如金粟,灿若银烛";唐·杜甫《白丝行》曰:"缲丝须长不须白,越罗蜀锦金粟尺",说明古代钿尺上的星点是用金粟嵌成,所以"金粟尺"是更直观的描述。以上所述"金粟",就是指黄金般金光灿灿的颜色。

(3)"玉毫金粟"的解读。

"玉毫金粟"是《宣炉博论》中的一句形容词,也是项元汴所独创的一个新词汇。将"玉毫"与"金粟"结合,是将宣德炉的皮面比喻为:像熔化了的金粒子,似点点的谷粟。而冒襄在《影梅庵忆语》中写道:"大小数宣炉,宿火常热。色如液金粟玉"。"液金粟玉"则是更贴切的形容,在烛光的晃动下,好像流动的"金粟"和温润的玉一样。明代两位文人的描述相互佐证,"玉毫金粟"不是浮于表面的鎏金也不是渗金,更不是混嵌的金屑(片),而是"隐跃"于皮肉之间的"金粟"状的结晶体,如图7-5-3所示铜面。"玉毫金粟"也好似"淡淡穆穆"的"雪花金"点,亦如同宣德年间的一种瓷釉,同样也是宣德年间所创烧,行业内称之为"雪花蓝"。

所以说,宣德炉所"铸冶"出的这种铜质,也可称为"雪花金"。但瓷和铜的这种工艺特征,分别是"釉中蓝点"和"骨里金点"的表象。需再次指出的是,"雪花金"是一种铜合金的结晶行为,清代和现代的技术完全可以仿

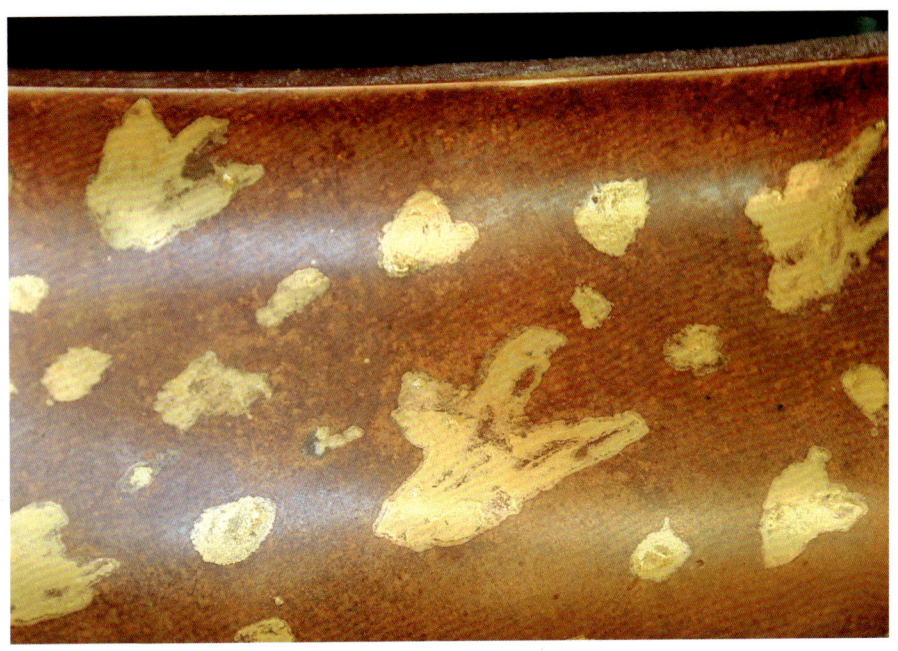

图7-5-3 "金粟"与"鎏金"

制,但它却没有宣德炉那种"玉毫金粟"的古朴感,更没有"黄云隐跃"的"液金"表象。

有人将"玉毫"解读为细如毛发的白色或白雪,并在铜炉中拼命地去寻找与论证。不妨做一个科学分析:假如铜的表面真能显示出有"白毛"的现象,则最有可能的是金属锌和锡。但科学研究已证明,铜锌合金的晶体结构,是由α铜固熔体和次β铜锌固熔体所组成,不会有锌固熔体的单独存在。这就意味着不可能有"白毛"现象,即使有那也是比喻像"白毛(条状)"式的"金粟"。

金属的金相图也显示,当锌含量低于35%时,基本是α铜固熔体,即在Cu-Zn合金体的α相区内,只存在Cu_3Zn和Cu_9Zn(均为铜锌合金)两个有序的化合物,但不存在Zn的单体。即使在α铜的固熔体内,Zn也比较稳定,所以很少有脱锌的腐蚀现象,就是说也不会有"白毛"存在。实验还证明了,当锡的含量在15%~32%时,确实能产生出偏析现象,宣德炉的含锡量极低,不会有偏析现象的发生,所以宣德炉的铜表面,也不会有白斑的"锡汗"现象。况且这种低含量的锡再经过十二炼后,不论是宣德年间还是永久的将来,永远也不会找到这种偏析的"白毛"现象。

2. 冒襄说的"红榴甘黛"又是什么

冒襄在观察方坦庵的宣德蚰耳炉时,发出了由衷的赞叹:"窄边蚰耳藏经色,黄云隐跃穷雕磨"。冒襄的"黄云隐跃"与项元汴的"金粟隐跃"的形容词如出一辙，但请注意，二位都用了"隐跃"一词。冒襄形容的是"金粟"聚集在一起的局部，如同"黄云隐跃"一样，"黄云"如图7-5-4、图7-5-5所示。冒襄在《宣德铜炉歌为方坦庵年伯赋》又云："洼隆丰杀中规矩，红榴甘黛粉雷蚪"。如果说前句是赞叹炉的器型的话，那么后句就是在描写炉面的五彩的色斑。因为有铜、铅、锡、锌金属，以及各种敷色原料的存在，必然会氧化成红、黄、绿、紫的有色斑点和块斑。

由于各种上色工艺和原料，由最初敷色后的单一铜皮色，经长期烧香火的环境，有的薄弱局部就会氧化成"红榴甘黛"。比如：用朱砂与汞等来敷色的工艺，其红色的硫化汞（HgS）可转为黑色等。所以用各种原料敷色的宣德炉，就必然会出现"红榴甘黛"的现象，还大都发生在器物的底部，因为器底不是外表面，其人工敷色的精细度要差些。

"红榴"一般指朱砂斑或鸡血斑（即铅丹Pb_3O_4），铅实际上是不溶于铜的，是单独存在于铜的基体结构中，而且存在于α单相黄铜中，主要分布在晶界上，呈游离的点状分布。根据其酸碱环境的不同，铜合金中铅的晶体结构就会产生红斑或紫斑的现象，而冒襄所形容的"甘黛"，就是指铜表面的葡萄紫斑。在解读"粉雷蚪"时一定要结合对仗的上句，即"洼隆丰杀中规矩"，"洼隆丰杀"是指器型的高低宽窄，而"红榴甘黛"则是比喻红黄黑紫几种颜色。这首诗的上句描写的是型，下句描写的则是色，所以器型是"洼隆丰杀"，与颜色"红榴甘黛"对仗。

白居易《寓意诗》中有"天子建明堂，此材独中规"，《礼记·玉藻》也有"周还中规，折还中矩"的诗句。在"中规矩"与"粉雷蚪"的对仗中，"中规矩"是指中规中矩，"矩"是规整、标准，而"粉雷蚪"则是指杂乱无章的闪电，也是形容无规则的局部像蝌蚪状的黑斑。陈维崧其父与冒襄是好友，而陈维崧再次赏炉赋《宣铜垆歌》的诗时，可能由于时间的推移其色斑已进一步扩大，所以将此句改写为更大气磅礴的"红黄绀紫蟠雷蚪"。"绀紫"是传统的颜色，指深紫色，"蟠"则是指连片的环绕，而不是指"粉"的细末点状，所以"蟠雷"的成片更具气势。

虽然冒襄和陈维崧这两代人，都相互佐证了宣德炉的表面确有五彩色斑的现象，但其色斑随时间的流逝只会加重而不会减轻，所以两位就有"粉"与"蟠"的差异。现代的新仿品是做不出来这样的艺术效果的，如图7-5-3、图7-5-5所示。

六、为什么说"涌祥云"和"鎏金"是御用金饰工艺

《宣德彝器图谱》载："用赤金作屑，炼燎七次，水银熏擦入骨，作雨雪点

图7-5-4 吴邦佐宣德五年炉炉底

图7-5-5 吴邦佐炉的黄云隐跃与红榴甘黛

子，号曰鎏金。"北方人都知道，"雨雪点"是暖冬时雨夹雪的现象，是漫天飘舞渐化的雪以及落地后的冰碴状，这种直观的现象很好理解，但这句话的重点是金和银的"入骨"一词。又载："渊默堂西书房御几陈设蚰龙耳大彝炉，仿定窑款式，大小轻重同前，腹以下填以赤金，名涌祥云"。古人所描绘的物象大多用的是借喻，当然其准确性也是毋庸置疑的。

《宣德彝器图谱》载："赤金"是用作宣德炉的"商嵌泥金"，这就明确规定有的铜炉是要采用"鎏金"工艺，即用炼好的"泥金"，以"嵌"入的方式涂抹于铜骨的面里，表面就如图7-5-6所示那样，而不是渗金、鎏金或洒金、贴金片。《说文》："涌，滕也"，具有冒出、升起之意，所以说宣德炉御用的金饰工艺，就像"涌"出一朵朵漂浮的"祥云"那样，而且是"雨雪点"式的冰碴状。清·王应奎《柳南随笔》也比喻"祥云"为："有所谓烛泪痕者，或在腹下，或在口下，在腹下为涌祥云，在口下为覆祥云"。王应奎所说的流淌似"烛泪"状，也是形容"鎏金"的表观。但具有像"浮云"这样的金饰技术，那就必须采用"鎏金"工艺，没有其他的工艺技术可替代。

特别指出，"雪花金"与"鎏金"是不同的两个概念，"雪花金"的"点"也不同于"鎏金"的"雨雪点"，它是铜锌合金精炼后，其自身釉（骨）中"金粟"状的结晶现象。清代与现代的工艺和技术，也完全可以冶炼出这种结晶的"金斑"，而"雨雪点"则是"鎏金"工艺的产物，是冶炼以外炉面的附加品。

根据《宣德彝器图谱》统计：皇帝场所"御几"上的陈设炉只有九处是"本色涌祥云"与"本色覆祥云"，其他三处则是"金带围"。"鎏金"上覆与下涌的设计，都用在皇帝的书房、堂、阁等处，"御几"上的陈设炉共计九处，其他的则是鎏金工艺的"金带围"和"本色商金"。"宣炉三谱"中所说的"涌祥云"和"覆祥云"，都是宣德皇帝的御用装饰，其他人及场所均不能僭越。而且这种最高级别的金饰，采用的一定是"鎏金"工艺，也只有这种独一无二的"鎏金"表观，才能体现"涌"出金朵式的"祥云"的效果。而这种"鎏金"绝技，民间和后代都很难仿造，正如明·高濂所说："所费不赀，岂民间可能仿佛？"

高濂的《遵生八笺》中还明确记载："鎏金以金铄为泥，数四涂抹，火炙成赤"。请注意，高濂用的词是"金泥"和"涂抹"，而不是"贴金"和"嵌金"的屑片，也与渗金工艺有所区别。而之后的《沈氏宣炉小志》中则完全照搬了此句，另外还补充说"用赤金厚片作云鸟形贴铸者，亦属魔道"，而现代有的仿造者，还仍然利用沈氏说的"金厚片"贴铸。高濂在《燕闲清赏笺》中，还再次形容其是"外抹金叶"状，但这种工艺在明朝的民间，成本就已是高不可攀。

"鎏金"工艺虽然也源于鎏金，但其技术却远高于鎏金，而且"数四涂抹"

图7-5-6 吴邦佐炉鏒金的涌祥云表观

的金非常厚,与后代仿品的"薄而磨损"截然不同。"鏒金"也是鉴别宣德年间及明中期前,真假宣德炉和明代精品铜炉的重要特征之一,甚至以此就可直接判断铜炉的真伪。如图7-5-6所示的那种表观,就是早已失传了的"鏒金"工艺,所以只要是看过"鏒金"的真品,其真假一眼便可知晓。而后期和清代仿制的所谓"鏒金"工艺,其实就是局部的"渗金"或鎏金,不但没有"嵌"和"入骨"的工艺,而且还是带毛边的浅浅的薄金。

铜表面的"鏒"与"渗"的金饰,是不同的两个概念,"鏒金"是"入骨",而"渗金"则是在表面。古代的"渗金"也不是鎏金,而是用金粉漆金或金箔贴金,以此来装饰器物的表面。明·吴之鲸《武林梵志》载:"正德时,圣母张进古铜塔一座,渗金观音像,并供后殿",这是同时代称为"渗金"的重塑金身的工艺。

七、什么是宣德炉的"真书"和"匾印"

《宣德彝器谱》卷六明确写道:"阳识大明宣德年制六字真书匾印";明·张应天《论古铜器》曰:"底款用匾方字印,阳铸大明宣德年制,作小楷书,极遒劲完整";明·高濂《遵生八笺》也云:"其底识文用匾方印子,阳铸大明宣德年制,真书字画完整,印地光滑"。明代人所说的"真书",其实就是指正楷体,"匾印"或者是"匾方印",是专指印章体的语言。

清·王应奎在《柳南随笔》中,更是将宣德官款的书写者,直接指向了宣德朝官臣沈度。从青海省博物馆铜鎏金瓶上的官款看,分析其书体风格和笔体,也确实接近沈度书风,但也不能排除是宣德皇帝的御笔,因为宣德皇帝的书法也曾学过沈度。经裁剪对照青海省博物馆藏宣德铜瓶上的官款可知,这是宣德二年时的标准官款,即使到了宣德三年,或许也就仅隔几个月,最多也不超过一年的时间,因此体制和字体都不会发生变化,这是绝对可以参照的标准官款。再结合宣德瓷器款中"制"的写法,这是辨别真假宣德炉上"六字官款"的不二标准。

而书中记载的所谓"铸款",则是一炉一刻一款的"真书匾印"形式,但所刻写蜡字的精准度与完整性,则是衡量工匠精神的"官炉"铸印水准。还因为都是同一期的官"铸款",千百只大小宣德炉的字体,有些出现微小偏差也在所难免,但整体绝不会有大的出入,所以"铸款"的"匾印"与字体,也是辅助鉴别的方法之一。

重点是对"匾印"的解读,"匾"字本身就是指"匾额",就像书画中盖的印章那样,即所谓的印款或称章款,所以"匾印"一定是要有边框的。如果宣德炉底上的官款不是"匾印",即没有印章的边框,那就要像宣德二年铜瓶边口上的款那样,是高出炉面的阳纹凸字,这两点也是鉴真的关键点。"匾印"这点在历代仿的宣德炉中,可能是铸造者没有见到真品,或者对其还没有深刻的理解,从而被严重忽视或因费工费力就省略了。

如果宣德炉不是"匾印"的章款,那么明代的鉴赏家们就完全可以称其为"款"或者是"凿(刻)款",而不能说成是"匾印"或者"匾方印"。关键就是这个"印"字,古代文人的描述都是非常严谨的。吴邦佐"准宣德炉"的底款,就是有刻意制作外框,而且主体是用一周等同的"护沟"隔开,进而彰显出"匾印"的效果,就如同盖上去的印章一样,如图7-5-7所示。目前还没发现仿品有此类的印款,清代仿的宣德炉也没有这样的"匾印",本书出版后是否有仿就不得而知了,因此可将其作为一个里程碑式的鉴赏标志。

"真书"的字体深峻与"印地光滑"一词,可参照宣德钱币类似"铸款"的字和地,以及青海省博物馆铜鎏金瓶上的款识。明·刘侗《帝京景物略》云:款辨之"阴印阳文……与垆色相等,非经雕刻、薰造者为佳",这是明代作者对万历朝以前,宣德炉款的鉴别要点。但时至今日这些炉经过漫长岁月的氧化,与刘侗所说的可能不尽相同。如果是"雕刻"式刻款的话,

图7-5-7 鎏金"匾印"与铸款印印底

除无款"进呈样炉"的后人仿刻款外，这也仅是几款而已，可忽略不计，而其他的刻款则不是真正的宣德炉。

需特别指出的是，如图7-5-7所示"匾印"上的字体，与明代文献和书画上的字体完全相同。市场上诸多"吴邦佐炉"的底款，其德、部、吴、邦等字体的写法，都与本书吴邦佐炉所见到的"匾印"不同，尤其是"吴"字，如果写成"呉"或者"吳"的字形，均属于清代流行的字体与写法，这与明代官方通用的写法完全不符，显然这类炉均属于清代仿制。但从另一角度看，应该有这种宣德炉的真品存在。

关于"德"字的解读，笔者认为：皇帝和皇亲国戚、宫廷造办的器物，都应该与皇帝的御笔一样，即"德"字的心上无一横。而宫廷以外的庙堂寺院，则"德"字的心上可以有一横。对于佛堂而言，如果写"德"字或者任何字就应该写全字，既不能多一笔也不应该少一画，因为佛家讲究的是圆满不能有缺憾。

八、宣德炉的"型"与"色"

1. 宣德炉的型

《宣德彝器谱》等文献载：宣德炉多是仿制宋代的官窑、汝窑、定窑、哥窑等，以及"三代汉魏之器"的造型，是依典有据的宫廷设计，最终再由皇帝审批钦定。据文献记载，在诸样中，选出极具皇家气派的117种"深合古制"的样式，所以宣德炉一定是造型规整、古朴典雅、线条流畅、比例匀称、精雕细刻的。

宣德炉不可能设计成傻大憨粗那般厚重的器物，也不可能为节省铜料而非厚即薄，况且在《宣德彝器谱》中也明确规定了器型的尺寸和重量，因为最后还要核销"风磨铜"等原辅材料。不论是整体造型，还是铜炉的内外结构，在设计和制造的细节上都要做到尽善尽美。因此，在鉴赏宣德炉时，一定要参照宣德二年瓶的设计风格，尤其是瓶口和内膛的设计，这与目前市场上所见的宣德炉不一样。其内膛工艺是一种流线、规矩、节约的形式，这种宣德二年宫廷设计的理念，一定会延续到宣德三年。本书所展示的炉体内膛，与此瓶设计的理念相同，既不浪费一点点珍贵的"风磨铜"，又显得端庄、高贵、大气，并且还有沉甸甸的压手感，而不是因为炉的壁厚使手头有重的感觉。

《宣德鼎彝谱》载：蚰龙耳炉和鱼耳炉的设计，一个"极佳"，一个"为冠"；《宣德鼎彝谱》载：陈设渊默堂御几，蚰龙耳炉"款制极佳"；《宣德彝器图谱》还特别指出：蚰龙耳彝炉，"炉口微薄而琢方，足近下稍飞出一分许"，这句话的重点是对"琢方"和"一分许"的正确解读。

《宣德鼎彝谱》还记载：铸造大型蚰龙耳彝炉3座、中型400座，只有蜡茶色涌祥云与藏经本色两种。依据明·项元汴《宣炉博论》的记载，蚰耳炉是宣庙的御用之型，所以朝廷只制作了大型蚰龙耳彝炉3座。另据《宣炉博论》（三卷谱）中记载：鱼耳彝炉为最，样式仿内府宋定窑分毫不差，即"毫发不爽，口用灯草口为佳，其外有减"，并且共铸有360座，同样也是只有蜡茶和藏经两种本色。与蚰龙耳炉所不同的是，蜡茶色不覆金，而这样"极佳"和"为冠"的两种器型，总计共铸763座。

参照如图7-5-8所示的大明宣德五年吴邦佐炉来分析蚰龙耳炉：炉口的修琢不但是方型的，而且棱角分明、线条硬朗，这就是文献所说的"琢方"，口沿下还略有微弧，其口唇部相对壁而言，微薄不厚；斜圈足经笔者测量为0.33厘米，正好是旧制的"一分许"，证明炉谱所说的外撇"一分许"真实可靠。圈足与腹部的连接处，还设计成过渡的小裙带，使之更显得活泼雅致。但蚰龙耳炉的耳与后仿的平直形状不同，真品设计的是稍微弓起式，好似"龙"在游动行走，极具有生命力与动感。

蚰龙耳炉的整体造型呈极佳的S形，彰显出其线条流畅、比例匀称、高贵典雅之势。这种皇家风范与恢宏气韵是后仿者很难体会与企及的，其设计理念与铸造工艺，使现代仿品望尘莫及。后仿器物的炉口与底足因认知度不足或不注重细节，炉口不但呈现非方型，且唇部大都是直下的，其底足的"飞出"也不够"一分许"，大都还是卷边。

2. 宣德炉的色

根据炉谱中记载的宣德炉工艺，以及对其进行的科学解读和传世实物也都证明，如果是真正传世的宣德炉，即便是铜炉敷染的色摩擦掉了，即使铜炉还在缓慢氧化，而炉的铜质本色也是氧化亚铜的玫瑰红色，以及正常的"烧斑"氧化现象，不会有"红斑绿锈"或者黑皮壳的腐蚀现象。金属腐蚀理论和实践也都证明了，好的铜质和适宜的环境可以使之千年不腐，而差的铜质和恶劣的环境，不要说几百年，就是几年工夫，表面腐蚀得也是一塌糊涂。

真宣德炉的本色即烧成后的颜色，就已经很有特色了，况且在此基础上还要敷色，可见要想仿宣德炉的色该有多难！正如明·刘侗所说："宣炉惟色不可为伪"。后人所总结出的各种色斑，都是经过长期使用后的腐蚀现象，大概率是手头沉且铜质呈紫铜色的炉，都是明代仿的宣德炉；而铜质呈黄铜色的炉，尤其满身锈蚀的铜炉，则都是清代以后仿的宣德炉。

宣德炉虽经岁月的洗礼已不可同日而语，但其型与色仍是与众不同的，它一定是鹤立鸡群的。炉色与雪花金、鎏金遥相呼应，阳光下仍显现出珠光宝气，月光下也能映彻出晶莹温润的"液金粟玉"。用手抚摸可体会到婴儿皮肤般的滑嫩感，就像冒襄以董小婉的皮肤做比喻，即"正如好女子肌肤柔腻可掐"的那样。

3. "准宣德炉"的研究

《沈氏宣炉小志》品鉴宣德炉有"质有美恶，色有高下，款式有雅俗，工夫有浅深"之说，由宣德炉的性质和铸炉初衷可知，它都是宫廷和庙堂的陈设器，以及赏赐给衙门和官臣们。尤其对朝廷官臣来说，能得到此物那是无比的荣耀，都会引以为豪且代代相传，所以当时的宣德炉，很少能流入民间。

也正因如此，以及大小官员和文人雅士的相互攀比，大家都以拥有宣德炉为荣，导致民间市场需求旺盛。市场遵循的是物以稀为贵的原则，所以也催生出仿制宣德炉的产业。明·项元汴《宣炉博论》载：到天启年间，能在市场见到"宣庙官铸鼎彝"，已是"真者十一，赝者十九"，"宣炉绝稀，赝器恒众"。崇祯八年（1635年）刘侗在《城隍庙市》中也有同样的结论："伪造者，有北铸（嘉靖初之学道，近之施家。施不如学道远甚，间用宣铜别器改铸。然宣别器，铜原次于炉，且小冶单铸，气寒俭无精华）"，这更是直接指出了，即便用宣德当年的其他铜器来毁铸，那也不如真品宣德炉的铜质。

笔者有个疑问，"风磨铜"经过一次铸炉和二次补铸后，官库中是否还有库存呢？为什么不是进多少就用多少呢？吴邦佐在宣德五年（1430年）是工部监督官，那么在宣德五年为什么还要造炉呢？这类炉是私铸还是官铸的呢？为什么吴邦佐要标注"宣德五年"，还是以"监督官"的名义来造炉呢？如果是本朝以外的任何年代，还能仿制得以假乱真的话，那么直接铸印"大明宣德年製"当不更好。而且市场上大都是以"宣德五年吴邦佐"的名义在仿制，这大概率说明应该确有其事。

《宣德鼎彝谱》中的"司礼监吴诚、工部尚书吴中等"，那么这个"等"字中，是否有"吴"姓的工部监督官吴邦佐呢？如果这是造于宣德年间的，也许是利用剩余的"风磨铜"，官府责令再造极少量的宣德炉来补缺，但原有作坊和工匠已解散，只能委托民间作坊或临时召回工匠再造。由此推断，因为有"臣吴邦佐造"的"臣"字，这应该是宫廷造炉二年后，遵旨补铸的"准宣德炉"供给庙堂，但也是按原工艺并监督制作而成的，也只能是这样的标明才能代表官府所为，也区分了宣三炉与担当人。

所以工部官臣吴邦佐制作的炉，是为区别宣德当年制作的炉，而特意落款为"宣德五年吴邦佐"，其字体也是普通官员的笔法。对落款进行分析："製"是典籍、制度、规范，是相对不变的；"造"是仿制、制造，是变的；"施"则是专指寺庙的供器。写"造"字的情况，在永乐、宣德瓷器上也有重现，而且在隆庆、万历、嘉靖朝更是多见。

图7-5-8　大明宣德五年吴邦佐炉 高11.5厘米 长35厘米 炉重4800克

在宣德朝以后吴邦佐再铸炉的落款，则为"琴书吕"的个人堂明款，这类铜器因为没有了"风磨铜"，所以与写"宣德五年吴邦佐"款的炉有明显的差别。市场仿"宣德五年吴邦佐"款的炉虽然很多，但只有《大明宣德炉总论》中图二的16字款，与本炉（图7-5-8）的造型和大小极其相似，也与其时代特征相符。在凡是铜炉都是宣德的今天，研究同时代的斋堂款、私人款，具有重要的指导意义，尤其本书这件和《大明宣德炉总论》书中的印款，都为"宣德五年监督工部官臣吴邦佐造"的蚰龙耳炉，更是极具研究价值。

九、宣德炉的"沉"与"重"

前节阐述了宣德炉的"型"与"色"，尤其是宣德炉的外皮色，均是当时人工涂覆的颜色。铜的各种敷色技艺，也是匠人的独门技术和宫廷秘笈，而且需要反复多次地敷色，根本不计成本和工时，这也只能是宫廷才能做到，那宣德炉的轻重又能说明什么呢？

铜的熔点是1083℃，锌、锡、铅的熔点都远低于铜的熔点，而且沸点又都很高。从理论上来说，当达到炼铜的熔点时，如果低于铜熔点的各种金属，都多少会有烧失的危险。实践证明，锌的烧失相当严重，因为锌的熔点和沸点都低于铜的熔点，且锌907℃的沸点，和氧化锌的还原温度904℃又是非常接近，所以在冶炼铜合金时，锌的烧失量非常大。

据《天工开物》记载，铸铜钱时，"倭铅每见烈火，必耗四分之一"。这是古代人的估算值，虽不能全采信，但至少说明锌每炼一次就会烧失一次。清·王棠《知新录》载：宣炉"炼至六，用炉甘石点"，这说明"风磨铜"虽然含有锌，但当炼到第六次后还需要再补充锌。可由此推测，铜经十二炼之后，其锌的含量不会超过15%。

现代铜锌矿的精选工艺也证明，原铜矿中含有22%的伴生金属锌，在经过精选后也只剩下6%，因现代有回收锌的先进技术，所以烧失的锌不会浪费掉，古代的制作技术就只能让其蒸发掉了。所以锌的含量越高，其铜合金的比重也就越低，这也意味着铜炉的手感就越轻。

众所周知，铜的密度是8.92克每立方厘米、锌是7.14克每立方厘米、锡是7.3克每立方厘米，而铅的密度则是11.34克每立方厘米，金、银的密度则更是远远高于铜的密度。所以当锌和锡的含量高时，铜炉的整体比重一定会低于纯铜的比重，手感就显得较轻。反之当金、银、铅的含量高时，就可以抵消锌含量的那部分，那么整个铜炉的比重就一定会高于纯铜的比重，手感一定是像金子般的"沉"。

根据对宣德炉的推测，锌和锡的含量均较低，所以真宣德炉的比重，一定要高于或者等于铜的比重。真宣德炉或者质量上乘的铜炉，一定要比低仿的铜炉有一种非常沉和压手的感觉。因此宣德炉一定是"沉"，而不是一种"重"的手感，"沉"是质的感悟，"重"则是厚的体现。况且根据《宣德彝器谱》的记载，各种器型都有具体的尺寸和重量，所以真宣德炉的尺寸和重量不会与炉谱记载的有太大出入。

十、宣德炉的特征与量化指标

首先应该打一个问号：宣德炉为什么非要十二炼呢？那么六炼和十二炼之间，其眼观和手感又有什么不同呢？而且不论是明代的鉴赏家，还是清代和民国的行家学者，他们当时所看到的宣德炉又都是经过几炼的呢？

1. 宣德炉为什么非要十二炼呢

项元汴在《宣炉博论》中载："昔闻一老中贵言，宣庙当铸冶之时，问工匠曰：炼铜何法遂至精美。工奏云：凡铜经炼至六，则现珠光宝色，有若良金矣，宣庙遂敕工匠炼必十二。""中贵"古代泛指皇帝所宠爱的太监，而项元汴"昔闻"的就是这位太监所说的，所以可信度非常高，这也与《宣德彝器谱》十二炼的记载相符。而刘侗《城隍庙市》记载："工奏：炼至六，则现殊光宝色，异恒铜矣。上曰：炼十二"，这显然参照了项元汴所述。

"宣庙"即指宣德皇帝，其实皇帝不懂工艺技术，虽然工匠说了"炼至六"

已可，但皇帝问完后"遂敕（于是下旨）"："炼必十二"。估计皇帝对冶炼技术根本不懂也不问，也就是随口"炼十二"这么一说，以求达到比原来翻一倍的"豪横"，使之更加"遂至精美"的一种想法，其目的无外乎是要创造历史上的经典。岂不知从理论上来说，铜的十二炼与六炼其实没有太大的变化，但内行的工匠们知道，六炼以上炼的次数越多区别也就越小，但皇帝的金口玉言谁都不能抗旨，所以也只能勉强服从和区别对待就是。

基于此点，对"宣炉三谱"进一步研究和查证后的结果是：只有在殿、堂、阁所陈设的御用器，以及皇帝经常出入能看到的地方，工部才按皇帝的要求是十二炼。其他的则是根据部门的重要与否，实行十炼、八炼、六炼，甚至还有五炼的。工部实施的这种中庸行为，既没有违背皇帝的旨意，也符合明代的礼仪制度，更彰显了御用、宫廷、官府以及庙宇的区别。

2．宣德炉的特征

对宣德炉的鉴赏可根据以下信息做大致判断：型可断优劣，色可辨真伪，质可识年代。笔者根据对国内外宣德炉的研究，以及本书吴邦佐"准宣德炉"的客观表象，结合文献和资料数据进行了综合整理，认为，符合真品宣德炉需具备以下特征：

① 铜质如文献所记载的是"良金"，其具体铜质的本色是偏红铜的橙黄色，如图7-5-1和图7-5-2所示泰国"风磨铜"的铜色，而且一定要有压手的"沉"金感。

② 手抚摸铜炉的表面应有温润如玉感，恰似婴儿的皮肤"柔腻可掐"；本书视点也与赵汝珍《古玩指南》的记载有同感，即：底足所露之铜，如质地颜色不符且不佳者，其他的就不必再去研究，可断言其均为后仿。

③ 铜炉表皮的颜色是：深浅的藏经纸色、棠梨色、腊茶色、枣红色四种，而且要具有"玉毫金粟"的雪花金点，以及局部的"黄云隐跃"，这是由"风磨铜"的铜质所决定的。

④ 铜炉的局部或者底部，有红、黄、黑、紫、绿等或是单色或是混合的锈斑，这是由"烧斑"或烧香时的铜温所引起的点或片。虽流传至今600多年，但炉的整体与表面绝不会生锈。

⑤ 符合宣德炉官款的"真书"以及"匾印"工艺的底款，字体棱角清晰有深度，且一定是"铸印"款而不是刻款。

⑥ 宣德炉的金饰既有"涌祥云"的"鎏金"，也有"金带围"的鎏金；"鎏金"是嵌入式的金泥涂抹，所以应突显出涂抹的痕迹，而且要具有"雨雪点"的冰碴状，这是其工艺所必然呈现的状态。

⑦ 符合《宣德彝器谱》典籍中的器型、尺寸、重量和工艺装饰，符合宣

德年间铜器的失蜡法工艺以及唇口、炉底和内膛的设计特征。

⑧ 似有铸钟的响铜效果，弹指"声如磬"，回声悠扬悦耳。

3. 宣德炉的量化指标

《宣德彝器谱》中提到的所有用料，是根据书中列出的原料清单，也是根据制造宣德炉的匠人，按照工艺和谱中的尺寸与重量，经大体计算而有目标的配料，绝不是为所欲为胡乱申请的配料。假设这些原料全部用在铸炉上，而不是另做其他的杂用，根据宣德炉的元素含量，可进行科学大胆的推测如下：

据《宣德彝器谱》等文献中的配料，经粗略计算可知，冶炼前的铜料配比的含量是：铜62%、锌25%、铅5%~12%（不同颜色）、锡1.2%；那么冶炼后宣德炉主要元素的量化指标推测为：铜>80%、锌<15%、锡<1%、铅<2%、金<2%、银<1.5%。另外，根据铜矿本身的伴生元素推测，还应该含有锑、镍、铁、铋等微量元素，当然伴生元素也包括金和银。重点是，这些都可作为矿物原产地的"指纹元素"。表7-5-1是明清铜制品主要元素含量的对比，从中可看出：铜合金中锌、铅的含量配比，决定着铜炉颜色的走向；如果锌含量是在25%~40%的铜制品，大概率是清代的黄铜制品，这是由清代的工艺配方所决定的。

表 7-5-1　　　　　　　明清铜制品主要元素的含量（%）

	铜	锡	铅	锌	金	银	备注
大中通宝 明洪武	75	8.5	17				从洪武到弘治
永乐大钟	81	16	1.1	0.2	0.03	0.04	永乐十七年
宣德铜瓶 宣德二年	82	0	1.1	11-14		0.12	青海省博物馆
明代浑仪（组件）	80	0	8	12			正统二年，南京
嘉靖通宝 明嘉靖	70	5	7	16			中国钱币博物馆
乾隆五年 钱币配方	50	2	6.5	41.5			钦定大清会典
永宣铜佛像	80-85	0.5	1-2	12-15			《鸣鹤清赏》第191页
宣德炉（推测）	80-85	0.5	1-2	12-14	1-2	0.5-1.5	宣德三谱及其他

现代的仿宣德炉中，最好的是陈晓生先生的制品，陈氏炉的配方和敷色，虽然是陈氏的私家秘籍，但通过科学检测可一览无余。不过其中所添加的金属元素，从理论上可以推测出来：除金和银外，还添加了锆、镍等贵金属元素。其铜表面的敷色技术也是根据《宣德彝器谱》中的辅料，采用自研的配方与工艺，而且也是反复涂色。即便是陈氏炉这样的精湛工艺，那也只是做到了相似而已，还达不到宣德炉的真正品质，可见宣德炉的铜质和工艺是仿不了的。

第八篇
大清盛世的青花与彩瓷

第一章
青花与古彩

一、明青花与清青花

笔者经材料研究得出，崇祯年间采用的各种国产钴料，沿用的是"无名异"一词，而有的文献则采用"无名子"，都没有用产地来命名，只有到了清代才改为以产地来命名。钴料存在上品和下品之别，上品是用在"御器龙凤"纹的官窑器上。历史上的"无名异"首先是作为一种药石来使用的，北宋开宝七年（974年）由刘翰等编修的《开宝重定本草》，以及大观二年（1108年）由唐慎微编修的《证类本草》中都有记载。

浙江龙泉县金沙塔出土的宋代青花瓷，江西吉州窑出土的宋、元青花瓷，云南玉溪窑出土的元代青花瓷，杭州出土的元代早期青花观音坐像等，也都有青花瓷的考古实物，而且考古专家认为：以上所用呈色剂的钴料，均为国产钴土矿（无名异）。需特别说明的是：明嘉靖以前钴料的提纯，均采用的是"取黑去褐"的"水洗法"，天启以后则是用煅烧精炼的"火煅法"，这时的工艺就与伊朗卡善的"苏麻离青"煅烧法接近，而钴料的提纯发展到康熙年间时，其工艺技术已达到炉火纯青的地步。（图8-1-1、图8-1-2）

1979年上海硅酸盐研究所陈尧成等研究员，对浙江两处塔基出土的宋代青花以及江山窑出土的元青花进行了化学成分测定，并与浙江江山钴土原矿（无名异）的化学成分对比后，认定这是属于高锰型的国产钴料，并推论，这是采用当地的钴土原矿。而云南玉溪窑、江西吉州窑及其附近也盛产钴土原矿，可见在宋元时期我国各地民间所烧制的青花瓷，均采用的是国产钴料作为呈色剂。实质上国产钴料是以二氧化锰为主，是一种"高锰低钴低铁"的钴料，与伊朗"苏麻离青"的"高铁高钴低锰"型钴料相比，其青花呈色有明显的区别。

图8-1-1　成化青花马蹄碗 高7.8厘米

唐英《陶冶图编次》曰："瓷器，青花霁青大釉，悉籍青料，出浙江绍兴、金华二府所属诸山……上品名为顶圆子"；《南窑笔记》载："浙料有元子、紫料、天青等各种"；书中"顶圆子"和"元子"指的都是同一种上等浙料，但最早的《陶冶图编次》完成于乾隆八年（1743年），由此可知康雍乾所用的青料应该是浙江青料，如图8-1-3～图8-1-10所示，而且图8-1-9、图8-1-11具有康熙特征，图8-1-3则是典型乾隆官窑底。综上所述：由于明清官窑使用青料比较复杂，除明代进口"苏麻离青"外，还有国产"石子青""平等青""珠明料""浙料"，如表8-1-1所示。但不论哪个时代官窑所使用的青料，都是经过筛选和精洗或者煅烧后的上等钴料。

洪武青花的初期继续沿用剩余的"苏麻离青"钴料，之后使用的则是国产钴料"无名异"，其实就是初期的"石子青"，因其呈色显灰黑、清淡，所以之后都将其转为民窑使用。而永宣青花采用的是"苏麻离青"钴料，呈色浓艳似宝石蓝，明中期则使用的是"平等青"，色泽柔和淡雅，成化青花多用平等青料，呈色淡雅清亮。而正德、嘉靖、万历多用回青料，呈色浅蓝中含紫，纯回青料的颜色幽青深翠，有时配以"石子青"并用。崇祯时开始用上等的浙料，呈色幽青浓翠。

而康熙朝特别偏爱"浙料"，虽然呈色是蓝中偏灰，但青花能呈现出"五色青"，即具有墨分五色的层次感。而"浙料"发色重者浓红，轻者淡翠，基本呈色是青翠艳丽，具有水墨画般的效果。到雍正、乾隆时期，则是分期使用"浙料"和

图8-1-2 成化青花马蹄碗一对 口径15厘米

图8-1-3 乾隆青花龙纹梅瓶瓶底

"珠明料"两种。特别强调：清代的官窑青花瓷，所描绘青花纹饰的色泽，一定是深色和浅色有规则的两种笔法，如果出现青花整体颜色一致而无变化，则就要谨慎小心，还要结合其他特征来综合判断。康熙青花盘口尊一对中的另一件（图8-1-5），在日本"福冈友茗会"的藏家手中，并出现在日本拍卖会上。

表 8-1-1　　　　　　　　　　明清青花的产地与特征

年代	名称	产地	特征与风格	备注
元代	苏麻离青	伊朗卡善	宝石蓝色、浓艳、铁褐与锡光斑	晕散、凹凸
洪武	无名异	江西	也称石子青，蓝黑、灰黑、清淡	初期苏麻离青
永乐宣德	苏麻离青	伊朗卡善	藏青靛蓝、浓艳、铁褐与锡光斑	比元代更蓝艳
成化弘治	平等青	江西乐平	柔和淡雅、明澈清丽、蓝中泛灰	陂塘青
正德	石子青	江西瑞州	蓝中带灰、深沉晕暗	江西高安
嘉靖隆庆	石子青	江西瑞州	浑厚、沉静、匀浓	同上
嘉靖隆庆	回青	西域进口	蓝中泛紫、浓艳庄重、灰蓝	混配石子青
万历早	回青	西域、云南	匀青泛紫、沉静庄重	云南产伪"回青"
万历晚	浙青	浙江诸山	蓝中泛灰、匀青、沉静	进口回青用竭
康熙雍正	浙青	浙江诸山	重者浓艳、轻者淡翠、幽青浓翠	翠毛蓝、五色青
乾隆嘉庆	珠明料	云南	发色明丽、纯正	与浙料相近
说明	《陶冶图说》等记载了清早期使用浙料，珠明料最早是《景德镇陶录》中记载的。			

二、康熙五彩是"康熙美术"的代表

康熙年间的釉上五彩，可以说是"康熙美术"的代表，也是釉上高端五彩的终极标志。康熙五彩采用"洗染"和"勾填"的笔法，而且古彩中的表观颜色，除矾红和黑色显得不通透外，其他颜色的绿、黄、紫、蓝等，其外观均通透明澈，大都呈玻璃质状，这种现象在清代是越早就越明显，而且彩釉还都微微凸出釉面，色彩鲜艳、柔和、靓丽。另外这种传统古彩或康熙五彩，容易产生蛤蜊光和彩晕现象，如图8-1-12～图8-1-17的康熙五彩，就表现出很强的蛤蜊光和弱彩晕，具有康熙底足的时代特征（图8-1-14、图8-1-15）。所以读懂和掌握古彩中的各种颜色，不论是康熙五彩也好，还是其他朝代古彩也罢，对古彩的真假鉴别至关重要。

图8-1-4　乾隆青花龙纹梅瓶 高40.5厘米

图8-1-5　康熙青花盘口尊 高54厘米

图8-1-6　康熙青花灯笼瓶 高35.7厘米

图8-1-7　康熙青花釉里红莲子罐 高30厘米

图8-1-8　康熙青花釉里红笔筒1 高15.5厘米

图8-1-9　康熙青花釉里红笔筒筒底1

图8-1-10　康熙青花釉里红笔筒2 高17厘米

图8-1-11　康熙青花釉里红笔筒筒底2

1. 红彩

传统古彩中的红彩，是用"皂矾"（绿矾）化学名为硫酸亚铁（$FeSO_4 \cdot 7H_2O$）制成，其制法是：将硫酸亚铁（皂矾）经过煅烧、漂洗后，生成了氧化铁（Fe_2O_3）的红色，也俗称矾红。特别说明：古老工艺所制作的矾红，要用牛皮胶来浸泡，而官窑所选用的矾红料，都是用牛皮胶浸泡了三年以上不等的老矾红，而且浸泡时间越长，颜色就越像红宝石。老矾红烧成后的红色，鲜艳而深沉，似天然的红宝石和枣皮红，纹饰具有层次感，而且研磨的粉末越细，颜色也就越浓郁。

所以明清官窑瓷器上的矾红彩，与现代制作的新矾红，其红色有着明显的不同，有经验者一眼便可知晓。而且在施矾红彩时，还需加入点铅粉和牛皮胶，然后再用水轻轻沾染去绘画。特别说明：矾红彩烧造时特别娇贵，烧成温度浮动范围也非常有限，控制不好就非常容易脱落，所以矾红色都是在铁黄、绿彩、紫色之后再焙烧。清代矾红彩技术相对成熟，其废品率比明代显著下降。

康熙年间的五彩绘画大都采用动物胶和水来调和，所以纹饰中的线条，常常有断笔接续的现象，而雍正以后采用油调之后，这种断笔现象就几乎消失了。尤其是清末民初的红彩，常用"西赤"化学名为碳化硒（SeC_2）的调油平涂，其特点是：红中显橙色似橘红色，且表面略显粗糙，更无明清官窑瓷器上的矾红那种深沉的润滑感。特别指出：康熙年间，早中期人物眼睛的画法，是"有眼无珠"的两条线，但到晚期则是有眼珠的。

2. 粉红色

在康熙的五彩中，还有一种独具特色的粉红色，它是一种偏红的透明彩釉，行业内也称其为"花翠"。它与雍正、乾隆年间的"洋红"，在外观上极其相似，并且常与枣皮色的矾红来搭配，形成深红与粉红的纹饰色差。但康熙年间的这种粉红色，显得比较透明并且采用薄涂的笔法，而"洋红"色则是微透明且采用一种堆厚的技法，所以两者在质感上截然不同。因此，康熙年间的这种粉红色，也是辨别康熙五彩真假的重要特征之一。

3. 黄彩

法国传教士殷弘绪在给教会的信中提到：要"制备黄料，就往一两铅料中调入三钱三分卵石粉和一分八厘不含铅粉的纯质红料。另一窑工对我说，如果调入二分半纯质红料，便会获得美丽的黄料"。因此，传统古彩中的黄彩，仍然是以氧化铁作为呈色剂，同样也是用铅粉和动物胶来调配，只是添加的多少不同而已，其特征是：黄色透亮鲜明，清新淡雅，这与后期洋彩中的锑黄，既不透明又似乳的黄彩,在外观上迥然不同。

铁黄与铁红所不同的是,铁黄是添加了大量的"透明的卵石"粉(现代则称石英),而且氧化铅(PbO)的含量也达到了40%,但添加的矾红(Fe_2O_3)含量却只占1%~3%,因此Fe_2O_3能全部溶于釉中,在彩釉中形成硅酸铅($PbSiO_3$)的黄色;而矾红彩中PbO的含量不高,但Fe_2O_3的含量却高达30%~50%,因此大部分Fe_2O_3是悬浮在彩釉表面,经烘烤氧化成为红色。这就是为什么都是Fe_2O_3分子的氧化物,由于配比和着色机理不同,所以才烧造出红彩和黄彩的根本原因。这也是为什么有的红彩会闪黄,就像宋红彩那种略带黄色冷艳的红,而明万历红彩则是一种闪黑的枣皮红,到清代的红却是一种不透明的宝石红,而历史上最理想的红彩,就是成化鲜艳如血的红。

4. 黑彩

康熙五彩中的黑彩,是由钴料和铅釉的不同配比制成,并且是用传统胶水来混配的。早期康熙五彩中的黑色,线条软弱不够坚挺,颜色不是很黑、没有亮光,而且涂黑彩的彩釉还相对较薄。康熙后期的黑彩,是用芸香油与珠明料相混配,而且在用黑彩绘画后,还要涂上一层透明釉。因此,康熙后期的黑彩,普遍较厚且均匀,颜色黑如漆、乌黑发亮,这也是康熙中晚期黑彩的显著特征。

图8-1-12 康熙五彩人物瓶一对 高28.3厘米

图8-1-13　康熙五彩人物瓶局部

图8-1-14　康熙五彩人物瓶瓶底

5. 蓝彩

康熙五彩中的一个重要里程碑，就是发明了釉上蓝彩和黑彩，但蓝彩是从研发黑彩中衍生而来的，也是基于钴蓝和铅釉的基础配方。蓝彩不但是康熙五彩的显著特征之一，还是雍正年间研发珐琅料中"浅蓝色"的雏形，但康熙年间的釉上蓝彩是泛紫灰色，且施的呈蓝彩较厚也不匀，这与后期珐琅料中的蓝色相比，也确实呈灰蓝色些。康熙年间的釉上蓝彩也能产生出蛤蜊光，但相对较弱些，而康熙以前的釉上蓝彩皆由釉下青花所代替，一般称为青花五彩。

图8-1-15　康熙五彩姜公钓鱼梅瓶瓶底

6. 绿彩

康熙五彩中的传统绿彩都是以铜（Cu）为基料，而其他的水绿、叶子绿等，则是用氧化铁（Fe_2O_3）来调配。康熙年间的釉上绿彩一般都厚似琉璃，光泽靓丽，质地也相当通透，而且还常用来衬托黑彩纹饰。康熙年间的釉上绿彩与清末的不透亮、黑绿色的相比，其早期和晚期的时代特征比较明显。康熙朝还发明了一种"黑彩罩绿"的墨绿色，这是明代五彩和斗彩中所没有的一种彩，而且在清仿成化斗彩鸡缸杯中，因与现实中公鸡尾的墨绿色相似，所以在清代得到广泛应用，这也是与成化"鸡"的绿色尾显著不同的点。康熙五彩中的绿彩、蓝彩，比其他朝代堆起的纹饰都相对较厚些。

7. 紫彩

康熙五彩中的紫彩，主要是以天然的磷锰矿（紫石）原色，即（Mn，Fe）PO_4或者含Mn^{3+}的其他紫矿石，粉碎后配以铅粉和动物胶进行调和。而另一种深葡萄的紫色，据《南窑笔记》载是："铅粉石末（紫石），入青料则成紫色"。康熙早期的紫彩发色不稳定，沿袭明代的深紫色调较多，常呈现出发乌、发灰的现象，而且还像明代的紫彩表观一样，紫彩釉不论厚薄极易开裂，从而形成细碎的冰裂纹，这种现象虽然康熙晚期也会出现，但不像早期的那么严重。康熙晚期的紫彩呈色基本稳定，颜色浅淡且均匀，可以大面积装饰树干、长衣等。

图8-1-16　康熙五彩姜公钓鱼梅瓶 高38厘米

图8-1-17　康熙五彩姜公钓鱼梅瓶

第二章
珐琅彩与洋彩——无与伦比的彩瓷巅峰

一、"宫窑"珐琅彩的界定

1. 珐琅彩与洋彩

珐琅一词是出自比利时、法国、荷兰的交界处，一个名叫"佛朗斯"小镇的法语中文音译，因为此地发明了这种"类玻璃"（琉璃）的彩料，故以其地名而命名为"佛朗"（珐琅）料，其实这也是古英语glaes（玻璃）的发音。用珐琅料开启的绘画，则起源于法国的里摩居，最初是以内填珐琅的工艺为主，后逐渐才发展成为画珐琅的一个重镇。采用珐琅料在各种载体上进行绘制的作品，都具有油画般的色彩和立体感。

采用珐琅料在瓷器上进行绘制，则是康熙的发明创造。据《康熙朝汉文硃批奏折汇编》载："乃我皇上于万几之暇，格其理，悟其原，亲加指示，熔炼成器"。这也是康熙不满足模仿西式瓷器，而创新中式瓷器的一种大胆尝试，获得了极大成功，清代档案将其统称为"磁胎画珐琅"。由于珐琅彩与釉上五彩的原料和工艺上的差异，最初是在无釉的"涩胎"上画珐琅，为区别于铜胎将其称为"磁胎"，后期则全部改在釉上绘画，本应改称为"磁釉"，尤其是针对洋彩的绘画而言，但根据约定俗成，仍然沿用"磁胎"的概念，而且还将衍生出来的这种釉上彩，称为"磁胎洋彩"。"洋彩"一词是唐英在《陶务叙略碑记》中首先提出，因此笔者将巅峰期的洋彩，指向性地称为"唐英洋彩"。而当今业界所谓的珐琅彩，则是民国时任故宫瓷器专员的郭葆昌先生在《瓷器概说》中首次提出并延续至今。

清宫造办处珐琅做的彩瓷作品，到雍正中晚期已衍变成两大类：一类是"磁胎画珐琅"，一类则是"磁胎绘洋彩"。简而言之：珐琅彩偏重的是"画"，而洋彩偏重的则是"绘"，显然洋彩中的绘和画，不完全都是采用珐琅料了。但"磁胎画珐琅"工艺都是师法西洋，所以初期"康后雍初"的珐琅彩，以及"雍后乾初"的"上用"极品珐琅彩，则全部采用的是进口珐琅料，清宫档案也称其为"西洋珐琅"或"洋珐琅"，而且御用的"上用"品，也都是洋画师或宫廷顶级画师所为。清宫造办处所绘烧的瓷胎，也是宫廷特令景德镇烧成后，运送到紫禁城造办处，再由西洋画师或宫廷名家进行绘画和彩烧。

以康雍乾三代为代表的珐琅彩和洋彩，则是把中国的彩瓷艺术推上了巅峰，这也是清代宫廷艺术的旷世杰作。但一直以来都是用民国时期的粉彩称谓替代清朝时期洋彩的称谓，而最先打破八十多年来粉彩一词的"传承"，引起文博界热议的清宫正确品名洋彩的回归，则归功于中国台北故宫博物院的廖宝秀研究员，不得不为其而点赞！由于其还原了清宫的"洋彩"原词，使之与清代文献中的记载相匹配，这让珐琅彩的界定变得相对清晰些。

显然宫窑与官窑肯定不同，"宫窑"体现的是"御用"，而官窑展现的则是"官用"。宫窑由于宫廷画师的参与和进口珐琅料的稀缺性，加上宫窑采用敞开式炭火明炉的"烤花"，所以"磁胎画珐琅"不但可以在造办处完成，而且也注定都是些小件瓷器。清代将这种釉上彩烧的工艺，也称为"炭炉烤花"，在乾隆时期的《南窑笔记》中，还将其列为"釉炉"，并做单独阐述。另外雍正时期还颁布御旨："俟画上用小珐琅片时用此油……"，所以注定造办处所烧造的宫廷和御用"磁胎画珐琅"，大都是以小巧玲珑器为主。

但宫窑与景德镇官窑截然不同的是，珐琅彩是清三代皇帝亲力亲为、竭尽国力的"京窑"，它是将景德镇"御窑"的半成品，转化为造办处"宫窑"的御用品。重点是，都是在宫内造办处绘画和烧制，并采用四字蓝料"宫款"的特别标志，少数则是六字青花的"官款"；而用金彩所写的四字"宫款"，则是专用于"××御製"款的瓷器。所以说，清三代的珐琅彩，是比官窑更高的最顶级彩瓷，具有真正意义上的宫廷垄断和皇家血统。

2. 珐琅彩的界定

珐琅彩的表观概述是：色彩润亮似砗磲，绚丽通透赛琉璃；再通俗点比喻其表面是，有种类似于水晶或玻璃般的光泽，而且每件都要有十种以上的颜色，空白处还有诗书画印的完美"四绝"；尤其花叶、果实、树木、山石等纹饰，都呈现出弧形的"弓形拱"状，如图8-2-1所示。这里想表达的是，极品珐琅彩的纹饰就应该是这样，并且其上最后都涂上一层透明的珐琅白，犹如涂刷了一层亮漆。特别说明，本书照片均是在自然光下拍摄的，其画片的颜色不但色彩缤纷，而且纹饰不论是眼观还是用手抚摸，感觉就像是山川丘陵一般。

珐琅彩最初是以西洋画师为主，再配以西洋料为研发的初衷，是完全采用进口珐琅料的一种效果，如图8-2-2。因此"雍后乾初"时的"双彩"，都是由西洋画师和"如意馆画画人"所为，而非南调匠人的作品。而"洋珐琅"和"新仿西洋珐琅画法"的"唐英洋彩"，则是洋师或宫廷画师运用西洋画法所作，而且除人物和纹饰等采用西洋元素外，画法上也呈现出西画"焦点透视"与国画"散点透视"的区别。御用珐琅彩大都是小件或把玩器物，所以

图8-2-1 珐琅彩郎世宁花鸟觯　　图8-2-2 乾隆珐琅彩十八罗汉瓶

烧造和存世量都极其稀少，这也是珐琅彩精品中的神品，是清宫珐琅彩技艺发挥到极限的杰作，这类大都是出自乾隆初的御用小件珐琅器。其他的即使有诗词和印章相配，但大都使用的是国产珐琅料，以及与古彩相结合的彩绘，或者趋同于仿西洋画的洋彩。

无论是采用进口珐琅料，还是国产珐琅料，按清宫档案或当今的归类法，即使大部分采用的是珐琅料，不论绘画的是中外何种纹饰，如果部分彩绘中使用了古彩料及画法，大都将这类彩绘归类到洋彩。乾隆时期的洋彩大都是放在景德镇绘烧的，而且都是些大件的器物。重点是，如果珐琅料占90％以上的绘画，画片中还带有诗词和印章的话，那么不论是六字青花的"官款"，还是四字蓝料的"宫款"，大都将这类彩绘定义为珐琅彩，一般珐琅彩都是些中小件的器物，而且一定是在宫廷造办处绘烧的。

按理说，凡是用珐琅料的彩绘都应称为珐琅彩，但实际上有的珐琅彩或洋彩，其珐琅料经国产化后在其打底和调色上，逐渐采用"铅白"来替代"砷白"。所以除色地珐琅彩外，其表观的纹饰宛如"平凸鼓"，这与如图8-2-1所示进口珐琅的"弓形拱"不同，就好像古代印刷用的雕版模一样，也与中国传统刺绣的平面效果相仿，这是用芸香油调和的国产珐琅料，以及采用了古彩技法的结果。

这种以古彩技法为主，部分采用国产珐琅料的彩瓷，即使有乾隆的御题诗，但底款不是四字蓝料的"宫款"者，则在清宫档案中都将其归为"五彩珐琅"，或者称其为"磁胎洋彩"，而近现代则将其称为"粉彩"。在珐琅彩和洋彩中，凡是采用西洋画法的则称为西洋画，一般为洋画家及其徒弟所为。康熙至雍正五年（1727年）之前，珐琅彩大都是由广东和景德镇调入的"画珐琅人"，像宋三吉、周岳、张琦、邝丽南等人绘烧，清宫将这类人称为"南匠"。他们都是采用图案式和格式化的填彩工艺，属于珐琅彩中的初级作品，只有到了雍正

图8-2-3　乾隆洋彩耕织图碗 高9厘米

图8-2-4　乾隆洋彩耕织图碗 口径19.7厘米

中晚期，才出现无色地的珐琅彩绘画，而且都是出自如意馆宫廷画师之手。比如像郎世宁、唐岱、王原祁、蒋廷锡等名家，这类作品都是创作型的绘画题材，属于珐琅彩中的头等品。

至于珐琅彩和洋彩（现代称粉彩）的确切分类，目前文博界还没有达成统一的共识，但传统的鉴别方法是：以底款为四字珐琅蓝料的"宫款"者，或者是画面有题写诗词和印章、底款为六字青花的"官款"者，如果这两种情况具备其中之一，就属于宫廷造办处的产品，如图8-2-6～图8-2-8所示，以此可作为珐琅彩判定的先决条件。此外，即使绝大部分采用珐琅料的洋彩，那也只能是以画片来论"英雄"了。因为即便都是宫廷的画家所为，但每个人的手法和特点都不一样。就目前文博界和市场而言，由于专家们"固有程序"的思维

第八篇 大清盛世的青花与彩瓷

图8-2-5 乾隆洋彩耕织图碗碗底

图8-2-6 乾隆珐琅彩陂塘秋水瓶瓶底 高21.7厘米

图8-2-7　乾隆珐琅彩陂塘秋水瓶

图8-2-8　乾隆珐琅彩陂塘秋水瓶

限制，珐琅彩尚处于囫囵吞枣、"傻傻不分"的模糊期，但这对胆大有眼力的藏家来说，是最后一个收藏珐琅彩和洋彩的天赐良机。

也许在主流观念与时俱进的某一天，在清三代洋彩中，现被称为粉彩的有些彩瓷，就有摇身变为珐琅彩的可能，如同图8-2-3～图8-2-5乾隆洋彩耕织图碗的这种，即具有造办处特征的诗、书、画、印，其底款为"大清乾隆年製"的六字青花官款的小件粉彩。由于珐琅彩和洋彩的工艺特殊性，以及各章节的相互关联性很大，所以在解读和鉴赏珐琅彩与洋彩时，请参照其他各章节的详细阐述。

二、珐琅彩和洋彩的文献汇编

1. 珐琅彩的价值观

清末著名学者、收藏家赵汝珍在《古瓷指南》中阐述：社会上所有清瓷，都系出自各个王公贵胄之府，庚子变乱（1900年）后，流入普通百姓家；但是这些瓷在1911年前后并不值钱，到了"1921年前后……（清瓷中）古月轩瓷为最贵，每一只杯子可值五六百元……雍正胭脂水和蛋黄等粉彩过枝五寸盘，值二百元……"而当时的宋钧瓷每个瓶子，没有七八千元就不能买到。

总之，赵汝珍针对市场上清瓷的概括是："在1931年以前，清瓷终究没有大见起色"。正如1915年，英国权威陶瓷专家霍蒲孙在他的《中国陶瓷》书中也提到："宋瓷是真正的陶艺产物"。他在1923年所编撰的《中国陶艺》一书，出于同样的品鉴缘由而截止于明朝，书中他是这样解释的："明朝以后的瓷器，模仿得很不成功"（*The Art of the Chinese Potter*，第20页），这也代表了当时国际主流的鉴赏观点，认为清瓷的花哨不如宋瓷的典雅，说明在当时国内外对清瓷都不看好，如图8-2-9～图8-2-13等的这类清代彩瓷。

事实也是如此，赵汝珍《古玩指南》中也描述：清末民初的古玩市场，宋瓷比"古月轩"的瓷要贵16倍。由于对珐琅彩和洋彩的认知度不高，当时清瓷的存世量也是相当的巨大、易得，所以清末人认为"清瓷并不值钱"，乃至整个民国期间清瓷都没有"大见起色"。就在民国期间，还衍生出粉彩的升级版，即当时大量流行的浅绛彩。

甚至进入到20世纪80年代，国际和国内的珐琅彩市场，还依然处在朦胧的启蒙阶段。因此，具有先见之明的英国资深行家杰拉德·霍桑（Gerard Hawthorn）先生，在70年代初的古董店里，才能以3英镑的价格，购买到雍正珐琅彩赭墨梅竹碗，而且在经过多年后的2015年，这件珐琅彩碗在中国香港佳士得拍出8524万港币。

另据2019年8月英国《每日邮报》报道，一名英国男士以1英镑的价格，

图8-2-9 雍正洋彩春夜宴桃李园笔筒 高15.5厘米

图8-2-10 雍正洋彩春夜宴桃李园笔筒 口径20.3厘米

图8-2-11 雍正洋彩春夜宴桃李园笔筒筒底

图8-2-12 乾隆青花洋彩婴戏蒜头瓶 高27厘米

图8-2-13 雍正洋彩斗鸡图瓶 高25.8厘米

在慈善商店购买到了乾隆洋彩御题诗壁瓶,但他当时并不知其价值所在,只是以艺术的眼光欣赏,因喜欢而购买,而该瓶进入市场后最终是以48.4万英镑成功拍卖。同样2010年在英国不知名的小型拍卖会上,一件乾隆洋彩转心瓶也是以天价成交,但这件作品早年却在英国电视《鉴宝》节目中,被专家鉴定为是民国的高仿品。以上这类事还有很多,所以何来民间没有珐琅彩和洋彩之说?关键是人们的认知到了什么样的程度?

1986年,马未都先生在上海友谊商店,同样也看到标价3万元外汇券的乾隆珐琅彩碗,依当初马未都的认知程度,他也是在犹豫不决中与这只彩碗失之交臂,如果知道其价值,砸锅卖铁拼了命也得拿下。而此碗第二年就被保罗·伯纳特(Paul Bernat)购买了,并于次年送到中国香港拍卖,从上海外汇商店的3万元到中国香港苏富比拍卖了792万港币,仅仅还不到二年的时间,而且怎么也扯不上藏品的"流传有序",只是国内藏品由外国名人购买和送拍而已,但此碗于1997年二次出山,进而拍出了2147万港币。

以上事例说明,清末和民国时期,乃至20世纪80年代以前的国内外市场,清瓷中的珐琅彩和洋彩,如同被视为大量存在"并不值钱"的清瓷一样,其价值还没有被真正认识到,或者被专家误导为都是民国仿品。如果不是专家或文物店将其鉴定为仿品,依法律规定这些清瓷是不允许在"外汇商店"里买卖的,但这也反衬出专家的认知程度和鉴赏水平。所以从清末民初直到今天,国内外传世的清三代珐琅彩和洋彩,还仍以各种形式存在和流通着。

当今的国内社会则不一样,由于市场审美取向的变化,加之媒体的渲染和皇宫的传奇故事,市场上一旦出现珐琅彩,便成为一件不可思议的事,招来的不是锦上添花式的赞誉,更多的则是摇头晃脑的否定与质疑。主流文博系统对此更是不屑一顾,从主观意识和社会学上就已经将这些现象枪毙掉了,因为出身和来源不符合固有思维,但谁都说不出使人信服的所以然来。实践证明,只有尊重历史,才能做好文博这门学问与研究,只有实事求是才不会有罔顾历史的主观臆想,才能对历史有个"真实"的交代。那么珐琅彩的历史事实,果真像当今主流专家所说的这样吗?以下内容是对这段历史的研究片段,本书只列出具体事实和文献摘抄,请读者自行思考与判断。

2. 珐琅彩生产量的概述

众所周知,圆明园的十二生肖铜首,至今还有四首下落不明。据笔者的日本朋友说,日本某家族式大藏家存有二首,但始终不愿公开也不做交易。重点是,不论四首中的哪首出现,也不论何人何地以何种方式将其传承于世,我们主观上都不会感到惊讶,因为已经知道它们的总数了,我们只需辨认其真假就可以了。

虽然圆明园生肖铜首总数只有十二枚,与珐琅彩的生产量也不是一个数量级,但相同的逻辑可以用在珐琅彩上。首先要知道清三代珐琅彩的烧造量,这样才能估计珐琅彩的大约存世量。那么清三代珐琅彩到底烧造出了多少呢?非常遗憾的是,由于历史上外敌的入侵,以及晚清民国的乱世插曲,宫中和皇家各地珐琅彩的流失数量,至今也没有人做过研究和统计,还因为圆明园的清宫档案被烧毁,致使清宫中的珐琅彩,既无法统计,又无档案可寻。

本书也只能将各种碎片信息加以整理以窥全貌,请读者自己去做理性的判断。但无论如何珐琅彩和洋彩的数量,也绝不会是博物馆中这么多件,或者说仅存世几百件的问题,民间还可能存有一定数量的珐琅彩和洋彩。如果能了解以下文献信息,那么再看到民间出现珐琅彩和洋彩的话,就像圆明园生肖一旦出现的那样,就不会令人感到大惊小怪了。

(1)《内务府造办处各作成做活计清档》(余下简称《活计档》)载:

注意:以下是不完全的统计,而且仅以大宗数量百件以上为主。

① 雍正七年(1729年)二月十九日,怡亲王交有釉水瓷器460件……

② 雍正八年(1730年)四月十四日至十三年(1735年)十月二十日,共烧造画珐琅碗等500余件。

③ 乾隆三年(1738年)将填白磁瓶120件全部烧成珐琅;乾隆三年十月二十五日,交瓷胎珐琅器皿190件。

④ 乾隆七年(1742年)将填白瓷器390件交珐琅处作画珐琅用。

⑤ 乾隆十年(1745年)五月洋彩锦上添花尊等76件、十二月洋彩锦上添花2000件,上色尊、瓶等5264件。

⑥ 乾隆十九年(1754年)宫里收到珐琅瓷器448件。

⑦ 乾隆十八年(1753年)十一到十二月,"著交珐琅处烧珐琅"共计492件。

⑧《养心殿造办处史料辑览》卷二记载:乾隆四年(1739年)唐英一次进贡入圆明园的御窑瓷器3751件。

⑨ 乾隆四十四年(1779年)总管内务府奏折:"现今瓷库存瓷507581件"。

(2)中国第一历史档案馆档案:

① 乾隆六年(1741年)十二月二十一日交62件洋彩瓷,传旨着配乾清宫瓷胎珐琅器皿内;十二月二十七日交瓷胎画珐琅25件,传旨俱送往圆明园。

② 乾隆七年(1742年)八月十二日,太监高玉等交来洋彩瓷器37件,乾隆下旨:"配匣入乾清宫头等"。同一天交来的瓷胎画珐琅器皿10件"入乾清宫次等"。乾隆七年(1742年)的进单统计共有239件洋彩瓷,由乾隆下旨入乾清宫珐琅器皿内。

③ 乾隆十年(1745年)太监胡世杰呈单记载:"奉旨将洋彩锦上添花尊瓶

等2000件内廷留下，其余着送圆明园交刘沧洲。钦此。"

④ 乾隆五十年（1785年）穆克登进单记载："宫里进各种洋彩瓷350件，立即分配到……"

⑤ 道光二十三年（1843年）御膳房现存珐琅瓷器1361件。

⑥ 道光年内务府奏折："……头等瓷炉、瓶、罐等共773件，其中宫内存337件，圆明园存291件……"

据《活计档》载，雍正九年（1731年）四月二十七日，据圆明园来帖内称："二十五日柏唐阿、马维祺为烧珐琅活计立窑……"这说明，为满足宫廷大量珐琅彩的需求，除养心殿的"宫窑"外，雍正九年（1731年）在圆明园，又开设了一个官方烧造珐琅彩的"园窑"。而乾隆二十年（1755年）："京内造办处各作，著搬挪圆明园去"，至此养心殿烧造的珐琅作就此废除，这也说明，乾隆这时对珐琅彩的兴趣高峰已过，就此清三代的珐琅彩，开启了从顶峰逐渐下落的衰退曲线。

三、中华人民共和国成立前文物流失的状况分析

1. 沈阳故宫博物院的文物春秋

沈阳故宫博物院作为清朝的龙兴之地与陪都，从清初尤其是乾隆一朝，将北京清宫制作的大量皇家御用珍品，送贮到沈阳故宫博物院以示祭祖。按中国祭祀的传统和规矩，祭祖都是选择本朝制造的最好物品，不会是其他朝代的器物，而且朝代越是繁荣昌盛，祭祀的规模就越是隆重气派，就像北京故宫清顺治重建的"奉先殿"一样，它是在整个紫禁城的殿堂中，使用黄金最多的宫殿，可见清代对祖先的尊崇。

而清朝鼎盛期在沈阳故宫博物院所贮藏的宝物，据不完全统计累计已达十几万件，《清宫内务府奏销档》载：乾隆四十三年（1778年）下旨调拨给盛京的宝物，其中康熙款的圆、琢器35000件，雍正款的圆、琢器25000件，乾隆款的圆、琢器40000件。首先乾隆这时的珐琅彩和洋彩，不论是兴趣和制造都已过高峰期，而在调拨祭祖的高档瓷器中，肯定包含有珐琅彩和洋彩，而且一定是清宫中最好的，或者是成双中的另一件，其中的重点是：仅这一次各种瓷器就高达10万件！

在八国联军侵华使北京沦陷的同时，俄军还单独出兵大举入侵中国东北三省，并于1900年10月1日占领盛京。当时清军守城的将领增祺闻讯后，派人只取回沈阳故宫博物院凤凰楼藏的清帝后圣容和宝玉石，而将宫内大批珍藏弃之不顾仓皇出逃，可怜盛京这座原属皇家的禁地，瞬间沦为沙俄侵略军的大本营，直到1903年3月11日俄军才撤走。当清朝官员重新接收清点后，发现

丢失和损坏的文物多达万余件，仅东七间楼缺失的瓷器就达6300多件，基本上都是康雍乾三代的精品瓷，文献记载就是乾隆帝调拨的那批瓷，但流失的去向至今不明！

可想而知，俄军单独在皇宫居住长达两年半的时间里，面对唾手可得的各种藏品，身为侵略军的官兵能干什么？在北京连火烧圆明园的事都能干，在"无政府"的遥远沈阳，又有什么事不敢做呢？

在清末与民国的交替年间，也曾发生过袁世凯要变卖盛京藏瓷未遂的事件。据《赵尔巽全宗案卷》载：1912年1月9日时任东三省总督的赵尔巽，接到袁世凯的命令，准备变卖盛京清宫瓷器以充军费。重点是电报中的这句话："旧存上等瓷器多件，均属稀世奇珍、全球罕见"，可见乾隆当时调拨给沈阳故宫博物院的祭祖之物，都是精挑细选的顶级品。经赵尔巽仓促查验后确认：沈阳故宫博物院中藏有各种瓷器等约103000件，当时的估值为3000万大洋。请注意，当时顶级的"古月轩"瓷，每件也就仅值几百元，那么"属稀世奇珍"的罕见品又值多少钱呢？可问题是，台北故宫博物院藏珐琅彩都是"端凝殿北小库"的，也没发现这之外的"稀世奇珍、全球罕见"的瓷器，那么这些瓷器都去哪里了呢？

从民国初年到日伪统治东三省的1931年，沈阳故宫博物院这二十年间的情况也不明。据传，1913年的北洋政府，预将这十万多件文物运回北京，并在故宫西华门内咸安宫旧址，修建一处"宝蕴楼"来储藏这些宝物。但实际上宝蕴楼是于1915年6月才正式建成并交付使用的，而在这之前的1915年3月，日军已侵占了奉天省的盛京（沈阳）城，所以日军不会也绝不可能允许北洋政府运走这些文物。况且这十多年里还受到像黎元洪、徐世昌、段祺瑞等，将近十位总统级人物心怀鬼胎的窥视，所以在民国混乱期，盛京的大部分文物，应该没有离开过或者还来不及运出沈阳。

时间再转回到日伪统治时期的1931年，沈阳故宫博物院又遭到一次隐形的劫难。当时的日伪政府，将原沈阳的伪满"奉天故宫博物馆"分割为伪满"中央博物馆奉天分馆"（沈阳）、伪满"国立中央图书馆"（长春）、伪满"奉天陵庙承办事务处"（沈阳）三部分，并且故宫内的所有藏品，也被分割后藏于这三处。这种状况一直维持到1945年抗日战争胜利，而这期间各处的文物管理和流失情况依然不明。

当辽沈战役爆发后，国民党政府在撤退的过程中，随之将沈阳故宫博物院最后剩余约三吨多的文物（明细不详），分两次全部运至北平，之后随清宫文物南迁。以上事实说明，沈阳故宫博物院经历过沙皇和日伪的两次劫难以及军阀混乱中的管理真空期后，文物流失已是不争的事实，而且比历史上任何一次流失的文物都要多。就如图8-2-14～图8-2-16所示这件，其相同的另一件

图8-2-14 乾隆洋彩御制诗花卉瓶 高33.3厘米

2013年就曾在嘉德拍卖。因此，在沈阳和长春两地以及日本的民间，流散着大量原清宫文物也情有可原，并且大都是康雍乾三代的精品瓷器。

2．三次大型盗抢事件概述

大维德夫人在其回忆录中认为：清代宫廷文物经历了三次"动荡时期"，诸如1860年英法联军洗劫圆明园、1900年八国联军侵华战争、1911年清朝覆灭后的宫内全员偷盗。所以清宫御用瓷器第一次外流，始于英法联军火烧圆明园。从1860年10月7日开始，其园内大量的文物被联军盗抢，而有些掠夺品，如一把"龙椅"，已成为维多利亚和艾伯特博物馆中的重要中国展品。1861年4月欧洲菲利普斯拍卖行第一次拍卖从圆明园流出的文物，而这次初拍的说明书，经常使用"稀有"一词介绍瓷器。

图8-2-15　乾隆洋彩御制诗花卉瓶

另据英国伦敦《泰晤士报》1860年11月2日的通讯中记载："在进入皇帝的宫殿后，谁也不知该拿什么东西，为了拿金子，而把银子丢了，为了拿镶有珠玉的饰品和宝石，又把金子丢了，无价的瓷器和珐琅器，因太大不能运走，竟被打碎……"因当时法国军团的人手有限，文物太多而无法洗劫一空，但随即又遭到普通民众的二次趁火洗劫，至此圆明园所藏的宝物已荡然无存。

以《清宫瓷器档案全集》卷三十二《道光二十三年七月御膳房铜瓷珐琅等样器皿底档》以及《清宫瓷器档案全集》卷三十四《咸丰十一年十一月立御膳房库收存铜瓷珐琅器皿册》为据，我们看浩劫前后内廷和圆明园的存瓷变化情况，且仅以"瓷珐琅器"的数量做比较，如表8-2-1所示。

图8-2-16　乾隆洋彩御制诗花卉瓶瓶底

表 8-2-1　　英法联军火烧圆明园"瓷珐琅器"前后对比

名称	朝代	道光（1843年）	咸丰（1861年）	备注
绿龙黄瓷碗	康熙	117件	20件	内廷和圆明园
暗龙黄瓷碗	雍正	408件	33件	内廷和圆明园
绿龙黄瓷碗	乾隆	248件	96件	圆明园无
八卦云鹤瓷碗	嘉庆	133件	27件	内廷和圆明园
粉红地福寿双喜碗	道光	16件	8件	内廷和圆明园
头等瓷瓶盘碟杯盘		80件（1835年）	无	圆明园库存
二等瓷炉笔洗盘碗花瓶		291件（1835年）	无	圆明园库存
圆明园进贡陈设瓷器		1746件	无	乾隆时期
圆明园进贡陈设瓷器		2015件	无	嘉庆时期
圆明园进贡陈设瓷器		2452件	无	道光时期
总计		7506件（入侵前）	184件（入侵后）	截止到1861年
说明		以上资料来源《清宫瓷器档案全集》		

第二次外流则是在光绪二十六年（1900年），以义和团的事件为导火索，八国联军入侵北京。但这次的慈禧和光绪皇帝，是在惊慌中紧急从宫中逃亡去西安。而这时已是"无主"的紫禁城内，其大量带不走的瓷器等陈设品，则率先被太监、宫女等留守人员所偷盗。另据《瓦德西拳乱笔记》载：八国联军公然许可"军队掠夺三天"，随后就在日美的占领区，自发涌现出一个露天古玩市场。另据《北清观战记》中的《东四牌楼街的热闹》一文载：群集者不知有几千人，两里大街上无立锥之地。以上说明当时的古玩交易盛况。

因为宫中这些人当初监守自盗的心理，也根本预见不到当下或以后的结局，所以就以一种"不然也会被联军抢夺"的心态，而且还相互影响着，自然或不自然地将宫内大量的文物偷盗和变卖。慈禧回宫后，将原本的全城"查抄"改为悬赏"收购"，由庆宽负责在隆福寺设立皇家收购站，直到宣统元年（1909年）收购站关闭，这就是历史上著名的"闹官窑"事件。

八国联军侵占北京的第二年即光绪二十七年（1901年），除英国菲利普斯拍卖行对掠夺品举行拍卖外，在这段时间国内的清内务府总管文索，不但于光绪二十五年（1899年）出资恢复了大观斋，而且还抢在慈禧设立皇家收购站之前，抓住商机出资九千两白银，在琉璃厂率先开设了延清堂古玩铺，专门经营清宫所藏的官窑瓷器。至此延清堂在北京琉璃厂，从1901年到1926年共经营了二十五年，那时古玩界流传一句话："买好绸缎到瑞蚨祥，买好药到同仁堂，买好硬片到延清堂"，而"硬片"就是指瓷器，"软片"是指字画。

而且从光绪三十年（1904年）到宣统年间，瓷库被盗事件更是屡屡发生。民国初年（1912年）热河行宫又一次被盗，大量存放在行宫的御用器物再次

第八篇 大清盛世的青花与彩瓷

图8-2-17 雍正洋彩群仙图瓶 高22.5厘米

图8-2-18 雍正洋彩群仙图瓶瓶底

流失。尤其是清朝末代皇帝溥仪，从宣统三年（1911年）退位后，到离开紫禁城的这十三年中，不仅溥仪本人转移了大量的珍贵文物，就连宫中的太监、嫔妃以及清朝遗老们，也都在为给自己留条后路，肆无忌惮地疯狂盗卖宫中的文物。正如溥仪自传中所说："大部分藏品未被收编入册，所以无人知晓遗失的物品和数量。"就是说以后根本就无从查找和对证。更不可思议的是，连清宫皇帝的大型龙床都能不翼而飞，还有什么不能被盗出的东西呢？

溥仪在《我的前半生》中载："庄士敦师傅曾告诉我，他住的地安门街上，新开了许多家古玩铺。听说有的是太监开的，有的是内务府官员或者官员的亲戚开的"，而在宫内则发生："毓庆宫的库房门锁给人砸掉了，乾清宫的后窗户给人打开了，事情越来越不像话，我刚买的大钻石也不见了"等。据庄士敦《紫禁城的黄昏》载："这些财宝每一分钟都在被赠送、出售或典押，甚至被偷窃。"晚清内务府四大家族及其继任者，其家藏的珍宝无数，1980年北京文物局在返还"文革"的抄家物资时，仅是历代御窑和官窑瓷器，就送还给庆宽家2300多件！

另据日本《山中定次郎传》记载："袁世凯已给士兵发不出军饷，以至抢劫事件频发"；以恭亲王爱新觉罗·溥伟为首的王爷，也在变卖府中"古画古玩"，溥伟在《让国御前会议日记》中写道："以时局至此，后变不堪设想，拟毁家以纾国难，堂上允之。遂尽出古画古玩，招商变价"；而且山中定次郎除收购恭王府的文物外，顺势又在肃亲王府成立了办事处，积极搜刮流出宫外的宫廷文物。众所周知的美国汉学家劳伦斯，仅1930—1935年这五年中，就授权在中国收购了大量的宫廷文物，从而支撑起赫赫有名的纳尔逊艺术博物馆。

因此我们不禁要问："端凝殿北小

图8-2-19 雍正洋彩梅竹双燕瓶 高32.8厘米

图8-2-20 雍正粉彩梅竹双燕瓶瓶底

库"的瓷器，是因为储藏在夹层中才幸免于难，如果当时被太监们发现这个库，试想这些珐琅彩还能剩下吗？而且多次被盗的珐琅彩又都流向哪里了呢？还有圆明园和颐和园等皇家设施中，其珐琅彩又都去哪里了呢？即使火烧圆明园时都把珐琅彩砸碎了，那么其大量碎片又在哪里呢？划重点：考古发掘圆明园遗址的瓷片中，各种瓷片的品种是应有尽有，但唯独难见珐琅彩和洋彩的碎片影子。

3. 清宫珐琅彩"没有流失"的依据

有些学者和鉴宝专家说：清宫珐琅彩没有从宫中流失过，而且还引用尚不知出处或是偷换概念的乾隆御旨"庶民弗得一窥"，言外之意是说民间不可能有珐琅彩。我们假设乾隆说过此话，那也等同于没说一样，请问：清代有哪位庶民能进入到皇宫里呢？且又有哪位庶民能仿制得了清宫造办处这些高人的手艺呢？即使能仿，那庶民又是从哪里、什么时候"一窥"到的呢？

历史事实是这样：1924年11月5日溥仪被逐离开紫禁城，国民政府一个月后（12月23日）就成立了"清室善后委员会"，开始进宫点查清宫的物件，随即（1925年）成立了故宫博物院。据当时的工作人员介绍：当清查到端凝殿时，房间内实在是荒芜不堪、蛛丝杂绕，精心清理了好久后，才发现北面夹层的小屋内有东西。重点是：在很难被察觉的"夹层"里，发现了带有原包装物的各种珐琅器物，史称"端凝殿北小库"的珐琅彩。

特别说明，储藏在乾清宫端凝殿的珐琅器物，与道光十五年（1835年）《珐琅玻璃宜兴磁胎陈设档案》里所记载的珐琅器相符，也就是说，这批实物在台北而文献档案在北京。乾清宫的东庑和端凝殿，也都是储藏珐琅器的专库，而宫中和宫外正在陈设的珐琅器，则都不在此库存的档案里。既然是道光十五年的"陈设档案"，而且器物又全部封存在端凝殿库里，那么先不说道光十五年前，只说之后到溥仪离开紫禁城的近九十年时间里，陈设在宫中和宫外的珐琅器又有多少呢？那么在太和门外的瓷器库中，还有景阳宫和武英殿南的瓷器库中，以及其他各处皇家的宫殿和御园中，还有多少贮藏和陈设的珐琅器呢？

据溥仪《我的前半生》回忆：乾隆去世后，数量巨大的乾隆遗物和珍玩，都被封存在建福宫里。另据台北故宫博物院专家考证："端凝殿北小库"中，除少数属康雍时期的珐琅彩外，大部分都是乾隆五年至九年间的彩瓷，说明这批道光的藏品，仅仅是这五年中所烧造的珐琅彩和洋彩。而在文物南迁过程中，除几件玻璃胎和紫砂胎画珐琅留在南京，后又被转送到北京故宫外，其他600余件珐琅彩和洋彩，都随之转到台北故宫博物院。

以上就是专家所说的清宫保存的珐琅彩，其实只是"端凝殿北小库"的珐琅彩，一件也没有流失。但是打专家脸的是，同是这本道光十五年的档案中，其最后一页记载的67件珐琅器，却贴有注销的黄标签，而且明确写的去向是：

蒙古王宫、各属国国王等。这难道还是一件也没有流出宫门吗？据中国第一历史档案馆的资料统计，仅雍正四年（1726年）就先后23次赏赐出珐琅彩266件。

我们还是要问：除乾清宫"端凝殿北小库"被道光年封存的珐琅彩外，偌大的皇宫各处的珐琅器又都哪里去了呢？既然珐琅彩没有流失"一窝端"地去了台北，那么国内外各大博物馆所藏的珐琅彩，又都是从哪里募集来的呢？而就是在1929年左右的这几年中，大维德所收藏的31件珐琅彩和料器，又都是从哪里来的呢？既然外国人能在各历史时期买到珐琅彩，那么还没有机遇出手的国人，难道就不能留存到现在吗？

4．几次大变卖和抵押的统计

据《清宫瓷器档案全集》记载，乾隆二年（1737年）十月十六日内务府奏：瓷库存贮康熙年号完全瓷器264200余件，有璺、釉水不全瓷器194025件；雍正年号完全瓷器91900余件，有璺、釉水不全瓷器48824件；总计库存有康熙和雍正瓷器将近60万件！另据《内务府奏销档》记载：乾隆四十六年（1781年）闰五月的清宫库存，还实有康熙、雍正、乾隆三朝的圆、琢器，共计415299件。

那么拍卖时谁来买和以什么价格成交的呢？虽然资料有限，不过仅在日本龙泉堂老板油印的原始"物类单"上，记载的瓷器就有一百几十件。其中，雍

图8-2-21　雍正珐琅彩黄釉夔凤纹盘　口径14厘米

正豇豆红梅瓶1件10日元、乾隆钧釉瓷撢瓶2件100日元、万历白地绿龙瓷出戟花觚1件10日元、龙泉冬青釉瓷蓍草瓶1件50日元等，而所记载的虽是日本货币，但因是无竞争式的拍卖，价格相当便宜。

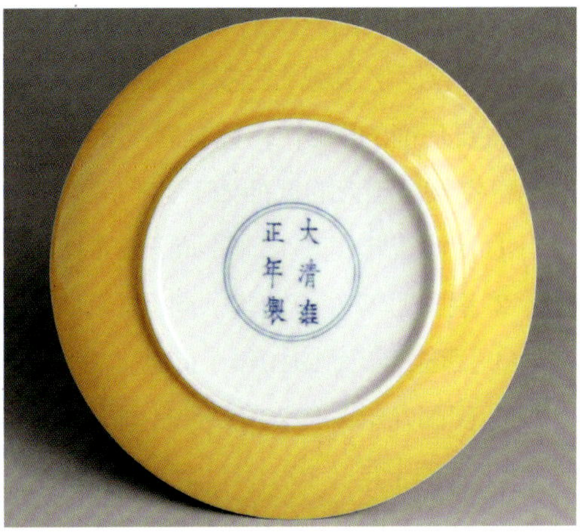

据《清宫瓷器档案全集》等史料记载的大变卖如下：

（1）乾隆时期。

① 乾隆二年（1737年）唐英送交脚货瓷器36413件，除黄瓷器2412件不予变价外，剩下34001件变价。同时内廷又交出变价瓷器35988件，以上共有变价瓷器20多万件。

② 乾隆十六年（1751年）变价康熙年款瓷器2079件，雍正年款瓷器2428件，乾隆年款瓷器18400件。

③ 乾隆二十三年（1758年）又将瓷库中康熙、雍正、乾隆三朝无款瓷器变价，六月初五日查明康熙年无款琢器1313件，无款圆器4511件。

④ 乾隆三十五年（1770年）内务府查瓷库所存康熙、雍正、乾隆年款圆、琢器共640124件，故拣选出康熙年款内应变价圆器42116件，雍正年款内应变价圆器33921件，乾隆年款应变价圆器33448件及琢器1826件，共计变价瓷器11万多件。

⑤ 乾隆三十七年（1772年）宫里在景德镇变卖瓷器，得银1291两1钱6分3厘。

（2）嘉庆时期。

① 嘉庆五年（1800年）四月二十六日内务府奏折，将广储司六库久储物品酌量售变，拟招商变价物件清单：康熙年款琢器3819件、圆器51296件，雍正年款琢器2787件、圆器34324件，乾隆年款琢器8562件、圆器91137件。

② 嘉庆十二年（1807年）将瓷库所存圆琢器共10万件变价，据二月初九日内务府档："前奉谕旨将广储司瓷库所存圆琢瓷器内拟变十万件，钦此。"其中有各色大小尊261件、大小瓶1844件、大小罐609件等。

③ 嘉庆十四年（1809年）还是因招商变卖圆琢瓷器15万件。

（3）道光时期。

道光五年（1825年）六月初一内务府奏折：变价瓷总数达16135件，其中乾隆各色盘1087件、碗2722件、罐128件、尊16件等。

图8-2-22 雍正珐琅彩黄釉夔凤纹盘盘底

（4）清末民国。

据溥仪回忆录载："这样的抵押和变价，每年总要有好几宗，特别是逢年过节需要开销的时候"；另据对《顺天时报》《逊清皇室轶闻》等考证，民国时期皇室数量巨大的抵押如下：

① 民国五年（1916年）向汇丰银行抵押历代御窑1000余件。

② 民国七年（1918年）向汇丰银行抵押瓷器1500余件。

③ 民国八年（1919年）向盐业银行抵押官窑瓷器1300余件。

④ 民国九年（1920年）向汇丰银行抵押瓷器500余件。

⑤ 民国十年（1921年）因溥仪大婚，向汇丰银行抵押各类古玩珍宝和瓷器共计2200多件，其中瓷器占三分之一。据溥佳回忆，后来因为超支，又抵押瓷器500多件。

⑥ 民国十二年（1923年）日本关东大地震，溥仪下旨从内库提走2000多件金玉珍宝和1000多件御窑瓷器，装满70多箱，直接送到日本驻华公使馆，至今都贮藏在东京国立博物馆内。

仅以溥仪这几次较大抵押事件而言，就有6500多件御窑瓷器，流出了宫门而无力再赎回，当然这其中也包括珐琅彩和洋彩。而且溥仪在《我的前半生》中回忆：他和溥杰盗运故宫珍宝，几乎是每天不断地持续半年多。所以当您静心阅读完本节中的所有内容，那么如果在民间发现珐琅彩和洋彩，就不会感到惊讶和不解，而到时真正考验您的就只有眼力和胆量了。

5．光绪年间清宫被盗的记录

中国第一历史档案馆记载：

① 光绪三年（1877年）瓷库五款库西坎墙被挖一窟，被盗瓷器101件。

② 光绪五年（1879年）"开库看见库房西北角，有蜈蚣梯子一件，有南城墙梯子一件，恐有盗窃"，其数量不明。

③ 光绪二十一年（1895年）瓷库呈报：五款瓷库西山墙被挖一洞，丢失各种瓷器1000余件。

④ 光绪二十六年（1900年）宫中瓷库又被盗，包括雍正年40多件精品瓷。

⑤ 光绪三十一年（1905年）十月十一日，瓷库五款库丢失瓷器66件。

6．结语

说句实话，以前由于媒体和专家们的不断宣导，甚至到了20世纪90年代初时，笔者也是同其他藏家一样，认为民间出现珐琅彩是天方夜谭的梦话！但此观念随着认知的不断升华，主观上的原有认识早已被清除和改写，因此客观上就以科学解读来指导收藏，如图8-2-17～图8-2-22所示的彩瓷。反过来说，就连现在专家对珐琅彩和洋彩（粉彩）的认知，还依然处在鉴别和划分上不清不楚的模糊境地，那么谁能保证在历史上，多次的强取豪夺、变卖和偷盗中，没有珐琅彩（古月轩）和洋彩（粉彩）呢？

特别提醒：珐琅彩的确非常稀少和珍贵，但绝不是民间没有珐琅彩，藏家也不能一厢情愿地"自认为"，或者什么彩瓷都往珐琅彩上靠，那些"很民国"与"特现代"的珐琅彩，与清三代珐琅彩存在着本质上的区别。请记住，不论是民国时的仿制，还是现代的所谓高仿，仿品终究就是仿品！至于什么是真正清三代的珐琅彩，除以上这些资料能悟出一点端倪外，还请对本章各节进行深入解读。

四、为什么说洋彩是珐琅彩中国化的产物

前文提到清宫档案命名的"磁胎画珐琅"，这也是康熙时宫廷的初始定义，实际是指用纯的进口珐琅料，在"涩胎"上所绘烧的瓷器。但到了雍正六年（1728年）以后，由于国产珐琅料的研制成功，"磁胎画珐琅"所用的珐琅料，不但出现了进口和国产的区别，而且还融入了传统古彩的绘画技法，所以到了雍正的中后期，还催化出属于中国艺术的洋彩。

雍正十三年（1735年）被派到景德镇的唐英撰写的《陶务叙略碑记》中说："洋彩器皿，本朝新仿西洋珐琅画法，人物、山水、花卉、翎毛无不精细入神"。在之后乾隆八年（1743年）编撰的《陶冶图说》中，唐英又进一步解释说："圆琢白器，五彩绘画，摹仿西洋，故曰洋彩"。并且还用"看图说话"的形式，再现了画师在绘洋彩时的现场情景，这是当事人对"洋彩"一词图文并茂的清晰释义。重点是：因"本朝"是指自己所在的王朝，所以"本朝新仿"的"洋彩"，说的就是唐英这时所处的雍正朝，而非康熙朝的所谓二合一的"粉彩"。

唐英在《陶冶图说》中接着说洋彩："所用颜料与珐琅色同"。这说明到乾隆初期时，洋彩与"磁胎画珐琅"的工艺和原料已经混同。用珐琅料采用"五彩绘画"来"摹仿西洋"的新技法，则是对"磁胎洋彩"工艺的具体描述，如图8-2-23～图8-2-25，而"五彩珐琅"则是洋彩的最初官方语言。洋彩的特征：第一是采用了珐琅料，但大部分是国产珐琅料；第二是有"摹仿西洋"的画法；第三则是有的局部和个别纹饰，采用古彩画法和古彩原料。所以对"摹仿西洋"的解读是：指画片的纹饰和绘画的技法，是模仿西番莲和巴洛克以及洛可可风格的花卉，或者是对人和物的彩绘采用阴阳、明暗的透视表现手法。

清宫内务府造办处档案记载：乾隆三年（1738年）"太监高玉交磁器一百七十四件。传旨：交与烧造瓷器处唐英……五彩珐琅……"这解读为"五彩珐琅"也可叫"唐英洋彩"，是"雍后乾初"对"新仿西洋珐琅画法"的一种称谓，这也符合清代把舶来品都称为"洋货"的惯例。造办处乾隆朝档案中有"洋彩百鹿双耳尊"的称谓，而今天则将其称为"粉彩百鹿双耳尊"。

通俗说洋彩就是"仿西洋珐琅画法"，但洋彩既不全是用珐琅料，也不全是采用画珐琅的技法，而是珐琅料与古彩料相结合的"五彩珐琅"。雍正八年（1730年）《珐琅作》载："郎中海望奉王谕，著将珐琅料收着有用处用"。这说明珐琅料要省着点用，要用在必要的重点上，一般的就用矾红、土黄、大绿等代替。所以有些珐琅彩或洋彩的纹饰，主要纹饰会呈现出凹凸不平，而次要纹饰就会呈现水墨画般的平铺，尤其是大面积的草地、天空和山水。

实际上清三代中的洋彩，是中国化的珐琅料和部分古彩料相融合的产物，也是中西结合、国画与油画相包容的中国式彩绘艺术。虽然有的"唐英洋彩"可比肩珐琅彩，但原则上它不是珐琅彩，而是珐琅彩发展到某个阶段的特殊产物。如果瓷器90%以上的彩绘，是用珐琅料绘画的洋彩，那可谓是洋彩中的"上上品"，按理应归到珐琅彩类，所以在清宫《活计档》中，就有乾隆帝把"上上品"的洋彩，归到"乾清宫珐琅器皿"的记载。

图8-2-23　乾隆洋彩双狮耳人物故事罐 高24.8厘米

图8-2-24 乾隆洋彩双狮耳人物故事罐

图8-2-25 乾隆洋彩双狮耳人物故事罐罐底

乾隆后期已将彩瓷的雍容华贵演绎到了极致，难怪乾隆在洋彩上，不但要写上自己的御制诗，而且还要打上"乾隆""乾隆辰翰""惟精惟一"等个人印记。直到乾隆八年（1743年）才诏令：景德镇御窑厂停烧白坯瓷进呈的旧例。这说明到乾隆八年景德镇御窑厂生产的洋彩，已可以取代宫廷作坊烧造的珐琅彩。

综上所述，现在文博界所称为的洋彩，清宫档案中称其为的"磁胎洋彩"，专指雍正和乾隆时期的"准珐琅彩"的"唐英洋彩"；洋彩是中西结合、国画与油画、珐琅料与古彩料的中国化的彩绘艺术。而嘉庆以后直到民国初时，除珐琅彩以外的"类洋彩"，则都是洋彩的山寨版。难怪民国时期的古玩行，给清代后期的这种彩瓷，起了一个全新的俗名叫粉彩。

五、为什么说粉彩是洋彩的"山寨版"

乾隆年间江西巡抚朱琰在所编著的《陶说》中，没有一处提到"粉彩"一词，而这部书是乾隆时期的当事人，对当时陶瓷业进行的一次全面解读，也是最接近清三代史实的一本书。而且在清宫档案的记载中，除斗彩和五彩等传统彩瓷的表述外，康熙五十五年（1716年）的定义是"珐琅五彩"，这就是专家所说的康熙末年的"粉彩"。而乾隆三年（1738年）造办处的档案则称为"五彩珐琅"，其实就是珐琅料与古彩料的混合绘画，其后还有"磁胎画珐琅""磁胎洋彩""洋彩"的称谓，但清宫档案中自始至终就没有"粉彩"一词。

1. 粉彩的溯源与界定

清末光绪丙午年（1906年）的文化学者陈浏，在其编著《陶雅》一书时没有采用"洋彩"的清宫官方语言，而是用当时古玩行的俗称"粉彩"一词替代"洋彩"，这也是"粉彩"一词的最早文献记载。正如作者在括号中的注解所说："沿用厂人通行之名称"，就是指行家对"山寨洋彩"的通俗叫法，比如图8-2-26～图8-2-29的这种，其蟠桃的金红与蝙蝠的矾红不同，它是典型的"洋红"色，而"厂人"是指北京琉璃厂的古董商人。

《陶雅》云："软彩者，粉彩也。彩之有粉者，红为淡红、绿为淡绿，故曰软也。惟蓝黄亦然"。而五年后的"宣末民初"（1911年）时，许之衡在《饮流斋说瓷》中也随声附和道："软彩，又名粉彩，谓彩色稍淡，有粉匀之也"。因此追溯这种通俗化的"粉彩"一词，就是清末两位作者在著书时，沿用古玩圈里的一句商业行话，而非清朝档案中的官方语言。笔者认为，即使当时承认"粉彩"一词的表述，其定位也是指清晚期的这种彩瓷，而不包括清三代的珐

图8-2-26 雍正洋彩八桃大盘 口径36.8厘米

琅彩和洋彩，因为这类彩瓷还没在故宫陈列所公开展出，而市场上也很难见到流通的珐琅彩和洋彩。

到乾隆晚期由于洋彩的逐渐衰落，也使嘉道以后的彩瓷全部是以铅白作为主调，从而逐渐衍变成山寨版的洋彩。这导致彩釉的表观好像民国时女性用的脂粉状，因为脂粉饼软且无光泽，所以清末民初琉璃厂的"厂人"，则以好似"脂粉"的形象语言，给出了"粉彩"这一通俗易懂的定义。

因此粉彩也是嘉道以后洋彩的衰败退化，而衍变成的一种工艺和技法，其实就是洋彩的降级版，理论上已不是最初意义上的洋彩。正如《陶雅》所言：粉彩与洋彩相比"惟蓝黄亦然"，这说明除了蓝、黄两色变化不大外，其他均已改变了原有彩料的表观。相对应的彩料制作，也衍变成简单式和大众化，所以当时《陶雅》的作者，采纳了当下古玩商人的形象语言，再结合彩釉的表象，而弃用"软彩"推出"粉彩"一词。

1935年故宫文物赴英国参展时，时任故宫瓷器专员、古玩行学徒出身的郭葆昌先生，在他的《瓷器概说》中同样也是沿用"厂人"的观点，所以在论述清宫珐琅彩和粉彩时，整篇也没有提"洋彩"一词，而是按"郭氏理论"的展览图册，把1924年清室善后委员会在《故宫物品点查报告》中，原写为"磁胎洋彩"的九件瓷器，统统改写为民国词"粉彩"。这也与同时定义为"宋哥窑"词一样，体现的都是"郭氏理论"的具体言行。

至此作为当时官方定位语的"粉彩"一词，再经各方发扬光大，从此把清三代一直称为"磁胎洋彩"的彩瓷，改成现在概念上的"粉彩"，如同当时一同改为"哥窑"词一样，但这在历史传承上造成了很大误解。好在御窑厂的最后一任"督陶官"，烧造出"居仁堂制"洪宪官窑的郭葆昌先生，在《瓷器概说》的"郭氏理论"中，没有考证出当时传说中的"古月轩"，故民国时在"厂人"中流传的"古月轩"就此休矣。

2. 珐琅彩和洋彩与粉彩的区别

原料上的区别：珐琅彩和洋彩都具有油画般的效果，其色彩凝厚、鲜艳、润亮；而粉彩则是淡雅、柔润、光洁，色阶变化丰富，大多采用中国画技法和风格。珐琅彩具有皮冻似的胶质感，视觉和抚摸都具有光滑感；粉彩不但视觉上看着就不透明，而且抚摸也有滞涩感。所以珐琅彩和洋彩的纹饰一定是凸起状，而粉彩的纹饰则为平涂工艺。

画法和颜色种类的区别：珐琅彩和洋彩都是用墨线先在瓷釉上描绘纹饰，然后再覆盖上珐琅彩料；而粉彩则大多是将彩料涂在瓷胎上，然后用墨线在彩面上描绘纹饰。但这也不是绝对的，雍正后期到乾隆时期的洋彩，也有在彩料上描绘纹饰

图8-2-27　雍正洋彩八桃大盘盘底 高32厘米

图8-2-28　雍正洋彩人物瓶

的，这时主要就看彩料颜色和种类的多少，而不是单一彩料颜色的深浅变化。珐琅彩和洋彩的颜色，每件彩绘都要达到十几种以上，而粉彩的颜色就那么几种，这也是判断珐琅彩和洋彩与粉彩的方法之一。

调色上的区别：珐琅彩和洋彩是用油来调色，而粉彩则是用水或胶来调色。重点是，在视觉的表观上，前者的彩料中似乎有一种"油"，而粉彩的彩料则看似显得"干"；前者不会产生"蛤蜊光"，粉彩却容易出现"蛤蜊光"。因为粉彩打底用的是玻璃白，也是靠玻璃白来调和彩釉的浓淡，而珐琅彩则是采用"洋白"打底和堆厚，再用珐琅各色料来勾兑调色。珐琅色釉都要高出釉面很多，而粉彩浅的地方几乎与釉面一样的平。

图8-2-29 雍正洋彩人物瓶瓶底

表观上的区别：珐琅釉面通透、光润，颜色鲜艳绚丽，尤其进口的珐琅釉，既不结晶也不开片，而是像透明皮冻的那种感觉，也有类似砗磲那样的表观。国产珐琅料的釉面，有的有结晶，个别还会出现冰裂开片。而粉彩表面大都没有结晶，有的也只是在彩釉的堆厚处开片，且大都发生在古彩的绿色和紫色系列中。以国产珐琅釉面的结晶感，同粉彩釉面的粉状感对比，也是区别粉彩的方法之一。

特别指出：进口珐琅料的铅（Pb）元素含量很低，主要是以硼（B）元素为主，是一种低膨胀率、高韧性的釉料，所以进口珐琅料极难有开片。反之国产珐琅料是以制作琉璃的配方为主，所以不但铅元素的含量多，钾（K）、钠（Na）元素的含量也多，但就是没有硼（B）元素，这就容易产生细裂纹。而明清的传统五彩与新进的珐琅彩和洋彩的最大区别，就是体系中没有硼和砷（As）元素。

因此，清代后期粉彩中的彩釉，不但普遍都较软，而且彩釉还容易剥落、磨损和开裂，《陶雅》也是说："粉地虽甚美观，惟易于剥蚀。"还因为有的粉彩含钾元素的量过多，虽然是提高了表面强度，但这种彩釉似玻璃易碎裂。粉彩实质上就是以铅白为主调的彩画，但铅含量越多，彩釉就越软，因此也就越容易磨损。所以釉彩有无开片，不能作为鉴别珐琅彩和洋彩真假的标准，但可以作为辨别彩釉新老的标准之一。

由于皇帝的喜好和经济实力的下降，乾隆后期到嘉道时期，洋彩从原料、工艺以及绘画技法等方面都采用了由繁到简的过渡，开始向中国水墨画的趋向发展，如图8-2-30、图8-2-31所示嘉庆初期的珐琅彩瓶，以及如图8-2-32、图8-2-33所示道光时期的粉彩碗，还保留着乾隆时期的洋彩风格。但由于嘉道洋彩的逐渐衰落，彩绘也演变成了山寨版的洋彩，以及清末民初浅绛彩的兴起，至此珐琅彩和洋彩最终画上了句号。

历史上在朝代更替的初期，其瓷器的工艺技术都是继承式的无缝连接。就像清末御窑厂的100多位工匠，摇身一变转为江西瓷业公司的员工一样，所以说清末与民初的瓷器难分伯仲。但继粉彩之后的浅绛彩，则是清末民初所创新烧制的一朵奇葩，也是在清代官窑解体后，群英荟萃所涌现出的极具个性化的时代产物。

浅绛彩一改官方流水线式的制瓷工序，从制坯、绘画、烧制等工艺，全部由本人实际操控来完成，尤其瓷绘风格摆脱了传统纹样的束缚，进而追求信手抒怀的率意表达，呈现出与粉彩截然不同的时代审美，并且还开创了个人署名和题词的先河，所以其个性化和文人气息十分突出。重点是，粉彩填色前需用玻璃白打底，而浅绛彩则不用，它是直接用彩料来作画，所以浅绛彩也就没有了渲染。这种抛弃玻璃白打底的浅绛彩，才是纯正中国水墨画的一种技法，但最大的缺点就是掉彩严重，而且由于材料的自身缺陷，它比粉彩还更容易脱落。

综上所述，纵观康雍乾三代的彩瓷，要么是珐琅彩和洋彩，要么就是五彩和斗彩，没有现代定义上的粉彩。如果硬要套用"粉彩"这个词汇，那么至少在时代的划分上，也应该是嘉庆以后的彩瓷。特别提醒，清晚期如光绪的粉彩与民国几乎是无缝连接，故仿品的工艺水平也相差无几，所以需要谨慎和多角度去鉴别。

图8-2-30　嘉庆珐琅彩紫地花鸟瓶 高23厘米

图8-2-31　嘉庆珐琅彩紫地花鸟瓶瓶底

六、怎样解读洋彩中的"洋色"

1. 什么是"洋色"

乾隆年间的《南窑笔记》载:"今之洋色则有胭脂红、羌水红,皆用赤金与水晶料配成,价甚贵。其洋绿、洋黄、洋白、翡翠等色……其鲜明娇艳迥异常色"。这是继唐英阐述"洋彩"之后,同时代的另一位在江西执政的陶瓷学者,对当时"洋色"一词的补充描述。因此研究和读懂清代进口的九种"纯洋色",以及雍正造的十八种"伪洋色",是鉴别清三代珐琅彩和洋彩,以及区别现代仿品的关键点之一,也是在科学检测中作为指纹元素的不二选择。

图8-2-32　道光粉彩婴戏碗 口径12.9厘米

明代郑和航海下西洋时,将国外用船带进来的"舶来品",都统称为"洋货",以至到乾隆和嘉庆年间,"洋货"还一直保持其影响力。而"洋色"原本也是指外来的色料,是进口珐琅料以及所衍生出来的各种"洋色",但雍正六年(1728

图8-2-33　道光粉彩婴戏碗碗底 高6.5厘米

年)以降,其"洋色"已被国产"土色"所取代。那么在珐琅彩和洋彩中,所说的"洋色"究竟是一种什么样的色料呢?为什么说进口珐琅的彩釉,既透亮又有类似砗磲的表观呢?为什么青蓝色、香色和嫩绿色等的清三代特色,至今还都仿不到位呢?为什么现代珐琅料的颜色,要么显得特艳俗,要么就是色彩浅淡呢?

本节就以进口和雍正时期所研发的珐琅料,来进行深入的剖析与解读。研究表明,雍正时期"国产化"了的珐琅料,借鉴清《陶录》中记载是"五色石英"等天然宝石,现代语是有色水晶、碧玺、玉髓等天然的矿物以及有色宝石为主要原料,其颜色都是矿物本身的自色和他色,绝不是化工合成的那种反应色,其基本体系是:$PbO-SiO_2-K_2O-B_2O_3$的元素结构。与现代制作的珐琅料相比,其色彩鲜艳、纯正自然,绝不生硬和艳俗,整体彩绘也都不失靓丽柔和的天然美感。那么各色珐琅料的化学成分都是什么呢?

2."洋绿"系列

在珐琅彩的"洋绿"中,有一种与中国传统古彩截然不同的着色元素,那就是采用了锡

（Sn）元素。而在西方油画的彩料中，氧化锡是不可或缺的着色剂，而且锡化物本身就是一种乳浊剂，尤其对黄色、绿色的调色功能，可以起到事半功倍的神奇效果。北京故宫博物院赵兰等研究人员，在《无损分析方法对康熙、雍正珐琅彩瓷色釉的研究》中的数据也证明：在独具特色的姜黄色和嫩绿色中，能够检测出含有与古彩绿所不同的元素锡。

由此还说明，在珐琅彩和洋彩的绿色中，已完全打破了以铜（Cu）作为呈色剂的传统绿色。重点是，它是一种含锡元素的进口"洋绿"色，这也是与传统古绿彩的最大不同点。两种绿色的表观特征是：含锡的绿彩呈乳浊状，不含锡的绿彩呈透明状。因传统古彩中的绿彩，是不含有锡元素的，所以才呈现出似玻璃状的透明。

虽然都是同一种珐琅料，但由于宫廷画师的个性与习惯，其调色的技法也各不相同，所以珐琅彩和洋彩经烘烤后，就会呈现出不同的绘画效果。如果采用古彩中的绿色和浅绿色，由于这种绿是由铅粉和铜花所组成，那就不会含有锑（Sb）、锡和砷（As）元素。而只有在珐琅彩和洋彩的"洋绿"系列中的嫩绿色、竹叶绿、蒜苗绿、翡翠色和瓜皮绿等，才会含有锑、锡和微量的砷元素，这是一种Si-Pb-Cu-Sn-Sb-As的体系。

以上也是为什么至今仿清三代的特殊"洋绿"色，都仿不到位的根本原因，尤其那种瓜皮绿、竹叶绿、蒜苗绿的珐琅彩，可谓是雍乾两朝的特色之一，其中的瓜皮绿雍正时期较少用，而到乾隆时已大量使用。而"洋绿"中的深绿色系列，则是除含锡元素以外，又多添加了一种钴（Co）的元素，它是Si-Pb-Cu-Sn-Sb-As-Co的一种体系。

3．"洋黄"系列

珐琅彩和洋彩中的"洋黄"色，其重要的着色元素就是金属锑（Sb），所以在"洋黄"的系列中大都是Si-Pb-Sb-B的体系，其化学的俗名也叫锑黄，且体系中铅的含量大都超过40%。锑化物的本身也是一种乳浊剂，所以珐琅彩中的锑黄釉，是呈牛奶"炼乳状"的"洋黄"色，虽然黄色存在着深浅和浓淡的区别，但与微透的传统铁（Fe）黄色相比，其色调与表观截然不同。

雍正十三年（1735年）唐英在《陶成纪事》中，则把它称为"本朝新制"的"西洋黄"，实际上就是雍正时期首创的"蛋黄釉"或叫"柠檬黄"，其表观呈乳浊而不透明，这也是"雍正黄"的特征之一。如图8-2-34、图8-2-35所示，雍正柠檬黄釉莲形盘是"雍正黄"的皇家代表作，虽然不是用单色珐琅料的"画珐

图8-2-34　雍正柠檬黄釉莲形盘　口径29.8厘米

琅",但也属于施全彩的单色珐琅釉。神奇的是：阳光下用肉眼观察黄釉面,尤其在积釉处是金星闪烁；而在阳光下的显微镜观察,才能看见黄釉是"蝉翼纹"的开片,而且原来眼观的金星,变成了红、绿、黄等五彩缤纷的彩星。

特别提示,这种"锑酸铅"的雍正黄,在闷热潮湿、封闭包装的环境下,极易发生"吸水"而返铅和返锑的现象。笔者藏品（图8-2-34）也曾经历过这种吸潮后的"牛皮癣"现象,而且采用一般的方法很难清除掉。在国内三家馆藏的同类品中,江西省博物馆藏的雍正黄釉莲瓣形

图8-2-35　雍正柠檬黄釉莲形盘盘底 高5.6厘米

盘,也出现有少许浅褐色的"锈斑"（铅斑）,沈阳故宫博物院藏的雍正黄釉莲瓣形盘,则表面出现了大片斑驳的、浅咖啡色的"锈斑"。因此对于收藏雍正、乾隆"锑酸铅"的黄釉瓷,保存时就要格外小心谨慎。日本出光美术馆在收藏雍正黄釉莲瓣形盘时,将其藏在木箱内的布袋中,双层防护使黄釉色始终光亮如新,这才有了专家"存世之雍正柠檬黄,以此件为最"的说法,其实"锑酸铅"的黄釉都一样,只是表面存在着返铅的锈斑而已。

"洋黄"中的杏黄色、柠檬黄等,是在原本Si-Pb-Sb-B的体系中,即在"锑酸铅"中多添加了一种锡（Sn）的元素,但有的黄中泛红的"洋黄"色,却很少添加砷元素,它是一种Si-Pb-B-Sb-Sn的体系。

这种清三代珐琅彩中"铅锡锑"的黄色,也可认为是代表清代的"皇家黄",在西方则被称为"那不勒斯黄",其化学名称就是"锑酸铅",而现代的仿品因不知其法,所以也就很难仿到位。

雍正珐琅彩花蕾中的黄色蕊和黄叶纹,经北京故宫博物院贾翠等研究员的科学检测,其铅（Pb）含量是42.9%、硅（Si）是39.77%、锑（Sb）是5.48%、锡（Sn）是3.09%等。但雍正的浅黄色树叶,则主要是Si-Pb-Sn-K的无硼（B）体系,即舍去了锑元素,而且锡的含量高达7.14%,铅则减半为22.61%,钾（K）也上升到了4.24%,所以学界也将清三代这种独特的黄,称为无锑的"铅锡黄",化学名称则叫"锡酸铅"。

以上就是雍正时独特的两种黄色,简单地说：就是"锑黄"和"锡黄"。全彩的"锑黄""金红"等釉上彩,与单彩画珐琅纹饰一样也都应归为珐琅彩。传统古彩中的黄色,则是一种深沉的"铁黄",不属于珐琅彩类,表观是一种微透明但没有乳浊的效果。目前市场上所售卖的珐琅黄,大都是纯的Si-Pb-Sb（锑黄）体系,另外科学检测中如果出现铬系列（铬红、铬黄）,则属于20世纪50年代后的现代彩料。

4. "洋红"系列

珐琅彩中的"洋红"系列，包括胭脂红、蔷薇红、玫瑰红、珊瑚红等，都是Si-Pb-Au-B的"金红"体系。由于硼元素的存在，所以在"洋红"的系列中，大都是红中带"紫"的色调，而且表面一定有亮光，这与矾红彩的红和哑光截然不同，具体特征是：呈暗紫红且润亮，色浓厚而微透。瓦尔金（Vargin）所著《珐琅工艺学》中解释："洋红"分子结构是胶质状的氯化金（$AuCl_3$），表观是红棕色的结晶粉末，因此"金红"中"氯化矿物"的添加，才是该技术的关键所在。显微镜下观察"洋红"中的深紫红釉，会有零星的"疙瘩状"，以及10微米左右的金颗粒，而现代所仿胭脂红的颜色，则是无紫色调、也无颗粒痕的艳红色。

科学研究表明，玫瑰红是红光与蓝光的结合，是以金为着色元素的红色调，与金的含量和"金胶粒"的大小有直接关系，这也是"硅胶粒"变彩效应的一种。颗粒径小于5微米呈黄色，大于75微米呈蓝色，中间粒径的才是红色。科学检测也表明，胭脂红中金（Au）的含量，为0.12%～0.22%；千分之二的含金量和颗粒径10～50微米的范围为红色，达到50～70微米时，就呈浓艳的胭脂红和紫红色；千分之一的含金量和颗粒径在5～10微米时，则是呈淡淡的粉红色，尤其"洋红"中的桃红色，粉嫩、娇艳更是独树一帜，如图8-2-36～图8-2-38所示。

图8-2-36　乾隆洋彩婴戏图瓶瓶底

图8-2-37 乾隆洋彩婴戏图瓶 高33厘米

图8-2-38 乾隆洋彩婴戏图瓶

特别说明，凡是用"洋白"打底或与"洋白"混合，来表现红花渐变的金红色时，就会检测到微量砷（As）的存在，而纯正的"洋红"色中则是不含砷元素的。这时期的雍正洋彩还在用"洋白"来打底，而不是用"玻璃白"打底，所以在粉红色中有的还能检测出砷元素。

《南窑笔记》载："胭脂红、羌水红，皆用赤金与水晶料配成"。这足以证明雍正自炼的"洋红"料，与进口"洋红"的成分略有不同。中国科学院上海硅酸盐研究所张福康研究员的光谱检测也证明，雍正洋彩中的粉红色是Si-Pb-K-Au的体系，这说明钾元素的含量要远远大于硼元素，这就是国产化珐琅料体系的特征，即用钾元素来替代硼元素。

红釉分铜红釉、铁红釉和金红釉（洋红）三种，但只有铜红釉是釉下彩或釉中彩，而且还是在高温下的还原反应，而铁红釉和金红釉则都属于釉上彩，它是一种低温下的氧化反应。但在"洋红"还没出现前，传统古彩中的釉上红彩，也就只有矾红这一种技艺，因矾红是用氧化铁着色所以也称为铁红。矾红彩的特征是：色调呈枣红色，无光泽、玻璃感差，易于脱落、磨损。特别提示，在珐琅彩和洋彩中有时也采用矾红，所以矾红和"洋红"会同时出现在一幅画片中，这也是清三代洋彩的特征之一。

5．"洋蓝"系列

如果问中国古代历史上最贵的颜色是什么？那答案一定是蓝色和群青色，因为它们是来自于丝绸之路的进口品。这种"苏麻离青"钴料和青金石的原料，在古代不但比黄金还要贵重，而且即使有钱也很难买到。历史发展到清康熙时，已研发出釉上蓝彩的浅蓝料，到雍正时期新炼珐琅料时，已有"深亮蓝色""浅蓝色""亮青色""蓝色"共四种"洋蓝"。

雍正六年（1728年）所开发的"蓝色"和"亮青色"，是Si-Pb-B-As-Co的一种体系，借鉴了康熙釉上蓝彩的技术，它与旧有西洋珐琅料的"深亮蓝色"一样，是钴蓝玻璃的一种体系。旧有西洋的"浅蓝色"，则是以青金石为主的蓝色，康熙、雍正的蓝牡丹花就是这种蓝色。科学分析表明，青金石是多种岩石的集合体，而不是单晶体的矿物，其主要成分是钠（Na）和钙（Ca）。所以调和出的或深或浅"蓝色"的外观，都是呈不透明或半透明状，低温下熔融的效果也比较好，而且表观呈油脂般的光泽。

特别说明，虽然青金石的主体是钠和钙，但其呈色离子却是硫（S），这与钴蓝的呈色离子钴（Co）不是一个体系，所以其蓝色调也不同。因为硫离子呈现的蓝色，是一种深沉的青蓝，这种蓝色的硫酸根（SO_4^{2-}）再经加热后，其颜色还会进一步加深，因此这种青蓝更显得深邃庄重，这是鉴别珐琅彩和"唐英洋彩"以及"四字宫款"中蓝料的关键点！

"雍后乾初"写"四字宫款"的徐国正没有换,使用的蓝料也没有变,但由于作品的时间长短和间隔不同,不可能也不允许凑一起连续写款,因此字体不但会有微小的差别,而且每次调和时蓝色还存在深浅之别,但蓝色调却始终如一不会改变,甚至观察"四字宫款"的蓝色就可辨真假。由于仿制者在这点上还没有认知,况且传媒所展现的颜色也失真,导致仿品的"四字宫款"都是钴料的那种艳蓝,因此可利用此点作为辅助的鉴别依据,但如果没上手多件实物作对比,那也是很难辨别这种蓝色调的。

利用青金石制作珐琅料的特点,正如《珐琅作》所记载对旧有"浅蓝色"的描述,它首先是不透明的,虽然略有点油脂光泽,但不是很明亮、也不反光,其颜色显得深蓝而厚重。最典型的就是"四字宫款"的蓝色,以及山石的蓝色如图8-2-100所示,都酷似加热后深沉的青金石色,而且雍正时期比乾隆时期还要深蓝些。这与当今仿"四字宫款"以钴为主的艳蓝色,以及调成清淡的钴蓝色截然不同,现代仿品不但蓝艳,而且还略带反光、明亮。

因此可以说,清三代中金红色的紫色调,以及青金石色的蓝色调,是有别于现代仿品的甄别特征之一;而珐琅彩蓝色系中的天青色,以及独具一格的绿松石色,尤其雍乾所独有的、运用在山石和树木叶上,其绿中闪蓝的"亮青色"和瓜皮绿,都是"雍后乾初"的特色之一。而珐琅彩中单色彩的画片,譬如用单一的"洋黑""洋蓝""洋红"所描绘的全景色,由于其匠心超然、画面别致等缘故,使这类作品显得非常珍贵。

6."洋褐"系列

传统古彩中的紫色系,采用天然的"紫磷铁锰矿石"(紫石),因此不但其色相不足,而且深浅也不一。但紫石经过人造再加工后,就类似于一种新岩颜料,那么这种色调就可控制成统一的颜色,因此到了清代就变成了标准的紫彩,如果要求深紫时再添加钴料,珐琅料中的"洋褐"系列即是如此。

"洋褐"色经宫廷画师调和后,其颜色就变成画师心想的那种独特色调。但棕褐色与褐红色的本体元素,大体上相同无变化,都是一种Si-Pb-Al-K的体系,但两者区别就在于锰(Mn)、铁(Fe)、钴(Co)组合上的差别。在"洋褐"色的系列中,用新炼珐琅"酱色""黑色"等调出的木纹釉,可谓是开创了仿生瓷的先河,尤其难得的是浅淡如茶的赭石色,以及深似咖啡的特殊"酱色",这些都是雍正时代所独创的珐琅色。

特别说明,在"洋褐"色系列中,由宫廷画师利用"酱色"调制出的或深或浅的褐色,主要是在动物、墙壁、山石以及其他特定场景上的应用。而且调出的咖啡色、茶色等,不论是采用进口的、还是国产的珐琅料,都堪称雍正和乾隆珐琅彩中的一绝,甚至也可称之为清代的"皇家褐"。尤其是锦鸡图中的岩石和树木，这种由雍正和乾隆时珐琅作的宫廷画师，所调制出来的特殊"洋褐"色，当代画家要想仿到位那是何其难也。

7."洋紫"系列

传统古彩中的紫色，是由含锰的紫石与钴土矿调制而成，像葡萄皮和茄子皮那样的"土紫色"。而珐琅料中的"洋紫"系列，则是欧洲名花紫罗兰的那种紫色，它是在Si-Pb-B的基料中，添加了金红和钴蓝等元素，是有别于"土紫色"的一种B-Co-Au-Mn的复合体系。由于凯撒大帝对埃及的"骨螺紫"一见倾心，因此整个欧洲都开始追随并发明了紫玫瑰色，从而一举成为当时比较尊贵的、罗马皇室专用的"皇家紫"。它在"洋紫"色系中稍不同于紫罗兰的那种藕荷色，是欧洲那种浓厚的深紫玫瑰色，这种影响力显然对清三代的皇室也是如此。

研究表明，雍正珐琅彩中的藕荷色系列，是以"帝王紫"的碧玺为主料，研发出来的各种洋紫色，但紫玫瑰色则是调制出来的深紫。因此，凡是点缀真正紫玫瑰色的珐琅彩，则是采用进口料调和出来的洋紫色，而不是新增九种颜色之一的藕荷色。罗马帝国这种昂贵的"皇家紫"，直到英国化学家帕金于1856年才人工合成出化学品的苯胺紫，因此咸丰以前的洋紫色，那都是非常珍贵的皇室颜色，放大镜下都有矿物的颗粒感，这也是综合鉴别洋彩的辅助证据。

8."洋黑"系列

"洋黑"色系在珐琅彩中，也是必不可少的常用颜色。康熙五彩中的黑色，以及康熙珐琅彩中的"洋黑"色，早年经中国科学院上海硅酸盐研究所研究员张福康检测，都是Si-Pb-Fe-Co-Mn的一种体系。北京故宫博物院贾翠等研究员对雍正时期不同珐琅彩的检测，也与张福康的检测相吻合，其雍正"洋黑"的具体指标为：硅（Si）含量45.94%、铅（Pb）32.13%、铁（Fe）6.78%、钴（Co）0.43%、锰（Mn）2.11%，所以二者的黑色调基本相同。但需要注意的是，有的康熙五彩中的黑色，呈现的是亮黑色，好似在原黑色上又涂了一层亮漆。

雍正珐琅彩中的"洋黑"色，则有墨色和黑色的两种，根据画片纹饰的需要而搭配使用。雍正珐琅彩中的墨色，则是完全呈不透明状，而且表面呈现乌黑的晶亮，一般是用在珐琅彩墨地上的较多，这与黑色是完全不同的两种彩料。研究表明，这种蓝黑调的墨色，若在光线下呈深的蓝宝石色，可能是由黑碧玺所炼制；呈纯黑色则是由黑曜石炼制；而且现实中的天然黑碧玺，表面就是蓝黑状；但烧造后的黑曜石特征，则呈现出的是乌黑晶亮状。

9. "洋白"与"香色"

众所周知"洋白"是Si-Pb-B-As的一种体系，它也是所有珐琅色料的基础原料，而新增九种珐琅色之一的"香色"，理应归于"洋白"的调色系列中，它是"白色""月白色""软白色"的衍生品。雍正后期"软白色"的大量使用，其表观已明显区别于进口的纯"洋白"，时代特征突出，这也是最终向软"玻璃白"过渡的中间相。因此鉴赏时请注意：国产珐琅的"软白色"类容易出现裂纹，也极易被磨损、老化掉色，但不会产生"蛤蜊光"，而"玻璃白"却容易产生"蛤蜊光"。

新增"香色"珐琅的合理运用，也是雍正、乾隆珐琅彩中，山水、树木、云气纹、砖瓦等离不开的调色之一，尤其是运用"香（灰）色"调出来的山水，那种特有的、云雾缭绕的朦胧感，那种蓝中有红、白中带蓝的色调，呈现出莹亮、柔和的珐琅特有的画面感，重点是还有蛤蜊光和彩晕相伴随，这足以使后世的仿制者，至少如今只能是望"洋"兴叹！

10. 结语

不论是珐琅彩还是洋彩，彩色的种类越多、越丰富，相对于单色釉来说，仿造时就越容易出现纰漏，但对鉴赏而言就越好识别，尤其对画片具有十几种以上的珐琅料，鉴别时就会更加得心应手。以上对珐琅"洋色"的阶段性研究，虽然是刚刚揭开珐琅料的冰山一角，且难免有错误和不完善之处，但仅就这些研究的成果而言，对一无实物、二无科研人员、三无传承技术的仿家来说，能仿制出以假乱真的清三代珐琅彩，那都是在痴人说梦！只要掌握了清三代"洋色"的本质和表象，您就不难鉴别珐琅彩和洋彩的真假。

特别指出，日本把中国景泰蓝的这种珐琅工艺，形象地称为用七种宝石颜色烧造的"七宝烧"，而且日本也一直在仿烧这种工艺。所以日本的"珐琅烧"比我们当前在原料和技术上都要成熟得多，而现在市场上所售卖的珐琅料，大都是由日本或法国进口的珐琅料和调和油。这些大都属于新岩颜料的范畴，虽然也都是矿物质材料的人工焙烧，但与清三代珐琅彩的效果还是不一样的。

七、"洋白"与"玻璃白"有什么不同

乾隆年间张九钺的《南窑笔记》和清代其他的陶瓷文献中，都提到了"洋白"一词。"洋白"是"珐琅白"的别称，"珐琅白"又是其他珐琅色料的基础原料，也是同粉彩原料的"玻璃白"最本质的区别所在，是鉴别珐琅彩和洋彩与粉彩的关键点。"洋白"分为无色透明、月白、瓷白三种，主要特性是晶

莹、透明，易着色、易混溶，且不易流淌；烧成后外观类同砗磲，所以清末民初的鉴赏家将其称为"砗磲白"。这种进口无色的透明白，还有类似琥珀的荧光，现代仿品是很难仿到位的。

在"磁胎画珐琅"的实际绘画时，是用无色透明的"洋白"打底，然后再在其初纹上，堆垛透明的"洋白"或者其他珐琅色料，再根据需要点缀各色珐琅，由于珐琅料的晕散效应，使之渲染的色彩非常自然，具有层次感和立体感。特别指出，在"雍后乾初"的转型期，如果堆厚的"洋白"采用不透明的"瓷白"，就是在透明"洋白"中加入点"铅白"，那就会呈现出相对的"软"态，而且容易出现磨损和磨掉色的现象，其渲染的效果也相对差一些。

因此，在"雍后乾初"的珐琅彩上，这种介于"洋白"与"铅白"之间，形成的既"软"又"亮"的堆厚纹饰，则是雍正新炼、新增的"月白色"和"软白色"，说明此时已完全取代进口的"洋白"来调色。然而在清代的文献中，自始至终都没有"玻璃白"的这种称谓，直到民国二十五年（1936年）吴仁敬在《绘瓷学》中才记载："玻白（即玻璃白）以青铅、牙硝、信石、石英等，加玻璃少许制成"，这是最早记录"玻璃白"的文献，实际上的"玻璃白"就是"洋白"中国化的产物。

"玻璃白"也是现代粉彩中的一种白色粉料，其实就是一种混合的"铅白"。清宫有关置办颜料的档案中记载："广胶若干斤"，广胶的别名是牛皮胶、水胶；"密陀僧若干斤"，密陀僧是方铅矿提炼银和铅时的沉积物，其化学成分就是氧化铅（PbO），这就是清代制作的"玻璃白"，以及用广胶纯国产化来调色的佐证，如图8-2-39、图8-2-40所示。

"玻璃白"的主要成分除硅外，还含有铅和钾以及砷元素，砷主要是起乳白的作用，其大体配比是：青铅50%、石英30%、硝酸钾10%、三氧化二砷3%、玻璃粉2%、铅粉4%，科学检测证明也基本符合，即：硅（Si）42%、铅（Pb）48%、砷（As）6.6%、钾（K）1.7%。除采用铅白来调色外，在各种呈色的细粉中，还要添加"牙硝＋黄丹＋石英"的一种釉果，然后再用油来调和。比如：调淡翡翠色，其翡翠是80%、玻璃白20%；调淡褐石色，其雪白60%、深褐石40%；调锡黄色是铅粉87%、锡丹13%；大绿色则是铅粉65%、老黄5%、雪白30%等。

采用"玻璃白"打底的初衷，就是在模仿"磁胎画珐琅"工艺中，用"洋白"来打底的技法。但"玻璃白"与"洋白"有所不同，"玻璃白"是以铅为主的白，它是一种僵死的"泥白"，表观上不但不透明，而且也不能像"洋白"那样，其纹饰能形成渗透式的"晕散"，呈现出一种色阶和颜色的浓淡变化。

"玻璃白"也相当于中国画中的白粉，而且也能使纹饰堆积凸起。采用"玻璃白"打底或彩料中加入"玻璃白"，可对其色调起到一种粉化、淡化的色阶

图8-2-39　雍正洋彩十二喜过枝大盘 口径49厘米

图8-2-40　雍正洋彩十二喜过枝大盘盘底 高8.5厘米

作用。粉彩的渲染方法有二种：一种是采用油或者水来"洗"染，就是在"玻璃白"上，类似于笔洗的一种手法，以单一颜色从深至浅涂绘；二是用油来"点"染，在"玻璃白"上，以"点"笔的手法，"点"染出纹饰的明暗、转折之变化。

调色时如果"玻璃白"越多，那色调就越浅淡，相对也越发"死性"，其釉彩的表面也就显得越软、越"面"，而且这种用铅白调成的软彩釉，也是最容易被磨损或开裂的。"洋白"则是一种白色透明的胶质体，虽然也含有少量的铅，但它是一种含硼的砷白，其主要是用于堆厚和染色，表面呈现的是弹性体特征。简单说："洋白"透明似胶，"玻璃白"不透明似乳。极品或用进口珐琅料的画珐琅，在整体彩绘烧成后还要在其画面纹饰上，像施亮漆那样涂一遍透明的"洋白"，然后再做最后的低温烘烤。

"洋白"中主要是砷元素的作用，砷实质上本身就是一种乳白剂，但它的最大缺点就是在"烤花"时，需要丰富的经验来严格控制温度，因为砷的熔点是817℃，超过这个温度肯定会发生色变。而且珐琅彩的黑色、黄色、深绿色中，都不会含有砷元素，因为深色不需要用"洋白"来调淡。只有在画师需要调淡某种颜色时，才会使用砷白来调色。科学检测证明：雍正珐琅彩中的嫩绿色，就含有微量的砷元素。但雍正后期到乾隆朝的洋彩中，就已采用铅白（玻璃白）替代砷白（洋白）来调色，这是不同宫廷画师的个人技法，也是不能用统一的标准来鉴别众多画师画片的原因之一。

"洋白"是Si–Pb–B–As的体系，"玻璃白"则是Si–Pb–K–As的体系，而且各自的含量和比例都不同。因为"洋白"的本体主要是含大量硼和砷元素，所以体系本身就不易吸水，如果再用"多尔门油"等油类调和，其彩釉就更加趋向于油性，也就更难于吸水。而粉彩的体系则不然，其本身就极易吸水，就好像墙体上"刮大白"的料，只是没有经过低温烘烤而已。

特别指出，用"玻璃白"打底的古彩绘画，可以呈现出水墨画般的效果，而用"洋白"打底的彩绘，则能显现出立体感。根据粉彩的配方可知，不论是"玻璃白"还是雪白，其含铅量都相当大，这也是"洋白"没有蛤蜊光，而"玻璃白"能产生蛤蜊光的根本原因。

八、进口和国产珐琅料有何区别

1. 珐琅料的配方与制作

制作珐琅料必须先要经过焙烧的工序，焙烧与煅烧相比最大的区别就是添加剂和设备，两者工艺共同点都是低于原料的熔点，而不同点在于前者是与添加剂发生氧化反应，后者则是原料本身发生分解反应而使组分挥发。所以不论是西方进口,还是雍正朝自己研发,都源于古老的琉璃母和古水晶的制作工艺。通俗地说:珐琅就是一种低熔点的玻璃质材料,因此西方古水晶和珐琅料古语的发音都叫"佛朗斯",近似英语Glass(玻璃)的发音,它实质就是一种"铅硼"玻璃。而清代的"琉璃母"也叫料器,是一种"铅钾"玻璃,但二者都采用仿古琉璃的炼制法,只是中外的两种配方原料不同而已。

徐氏基金会出版的《珐琅学》载:1852年后法国王室的"塞佛尔"瓷器及专属的珐琅工场,其领导者克劳第斯·波派兰(Claudius Popelin)解释珐琅釉(Enamel Glaze)是:由硼酸及硅酸等化合物混合而成,它是一种低熔点的玻璃。在此之上若添加金属氧化物的着色离子,则就变成了各种珐琅色釉。这就更加明确,清三代进口原产地珐琅彩釉的基料,即原色料,是由硅(Si)、铅(Pb)、硼(B)等主要元素所组成,而其他的着色成分,则是来源于相关的矿石,以及水晶、紫晶、茶晶、墨晶、碧玺等有色宝石类。

图8-2-41　雍正洋彩花鸟瓶 高29.2厘米

特别说明,硼是一种白色玻璃状的硼氧化物,而砷则是黄色的砷硫化物,经焙烧后成为白色的砷氧化物。所以焙烧后的珐琅色料,再经"多尔门油"的调和后,其表观呈白色透明状,像无色透明的"皮糖状"。而在无色珐琅料的原配方中,加入各种着色的金属氧化物,或者选择有色水晶、碧玺以及各种有色宝石等,就可制成有色珐琅料。将其烧成后粉碎并精细研磨,再用"多尔门油"等油类调和,就成为类似西方油画的"油彩料"。

雍正时期在研制珐琅色料时,因无法知晓其进口珐琅料的化学成分,所以才借鉴了古琉璃的制造工艺,筛选了一些相似

图8-2-42　雍正洋彩花鸟瓶瓶底

的矿物原料,因此还创造出九种新的珐琅色料。据《钦定大清会典事例》载:造办处康熙三十五年(1696年)奉旨设立"玻璃厂",这说明琉璃釉和料器完全能够制造。根据雍正六年(1728年)造办处记载:"照此样着宋七格到玻璃厂,每样烧三百斤用,再烧珐琅片时背后俱落记号",这也佐证在雍正六年时,确实已能制作出国产珐琅料。

山东博山是清代制造料器的产地,造办处作坊之一的玻璃厂,也是从博山调来的工匠,以此借鉴料器的制作工艺来研发珐琅料。文献记载博山琉璃的基础配方是:"马牙石为干,紫石为梗,凌子石以为莹",这也是无色透明琉璃釉的配方,即:马牙石62.5%、紫石12.5%、凌子石25%,而《南窑笔记》记载的"洋色"是:"俱人言硝粉、石末、硼砂各项炼就"。

以上的琉璃与珐琅配方的异同点是:其硝粉与凌子石的主要成分都是硝酸钾,石末与马牙石的成分也都是硅,两者中只是紫石与硼砂的区别。《南窑笔记》中记载的配方,虽然不够全面详细,但足以见证国产珐琅料的端倪。王世襄在《梵华楼珐琅塔和珐琅塔则例》中所记载的珐琅料配方,是公认最为接近真实的配方,因为这是乾隆年间的工匠手写的《照金塔式样成造珐琅塔一座销算底册》记录配每斤珐琅料所用的原料配方:马牙石十两,定粉八两五钱,盆硝八两五钱,砒霜一两二钱,硼砂三两六钱,紫石一两五钱。

以乾隆年工匠手写的配方分析,既有硼砂和砒霜,也有"定粉"即官粉或称铅

图8-2-43 乾隆洋彩桃蝠灵芝撇口瓶 高31.2厘米

图8-2-44 乾隆洋彩桃蝠灵芝撇口瓶瓶底

粉。再根据清代各种琉璃配方分析,其"盆硝"指的就是硝粉。按此计算,国产珐琅料中的钾是硼的2.5倍,而进口珐琅料则几乎不含钾。以此推算国产珐琅料的大致范围是:硅含量

50%~58%，铅含量25%~35%，钾含量6%~10%，砷含量2%左右，硼含量3%左右，其他为着色的金属离子。

《本草纲目》中有硼砂的记载，古药学家葛洪在《仙药》一书中，也有制作砷化物的记载：即用硝石、猪油、松树脂三物与雄黄共同加热，可得到As_2O_3和As的混合物，古人形容这种料是"引之如布，白如冰"，而在雍正洋彩的个别彩釉中，也确实检测出含少量硼和砷的元素成分。

2．进口和国产的区别

宋·赵汝适《诸蕃志》载："琉璃出大食诸国，烧炼之法与中国同。其法用铅硝石膏烧成，大食则填入南硼砂，故滋润不烈，最耐寒暑。"这说明：早在宋代时就已知晓了，有无"硼砂"是进口与国产琉璃的最大区别。而清代进口珐琅料和雍正国产珐琅料，配方也是有所区别的，清三代时进口西方的"佛朗斯"料，主要是Si-Pb-B-As的体系，而雍正研发的国产"琉璃母"料，则主要是Si-Pb-K-As的体系。而且由于两种彩料中，所含元素的成分和配比不同，所以彩釉呈现的表象亦不同。

进口珐琅料的本体中，硼元素要远远大于钾元素，而且经北京故宫博物院贾翠等人的科学检测，其进口珐琅黑中的硼含量高达8.57%，而钾的含量几乎忽略不计，但国产珐琅料的本体中，则是以钾元素为主导，这就是进口和国产珐琅基料的最大区别。所以进口珐琅料与古彩和现代粉彩相比，釉面最大的不同点是：由于进口珐琅基料中含有硼和砷元素，加之用"多尔门油"的调和，因此进口珐琅彩的表观，是呈现"油"性的润亮，而雍正造的国产珐琅与芸香油的调和，表面则是显"干"性的"半软半玻"状。

科学检测也证明，康熙和雍正珐琅彩与洋彩一样，本体确实都含有硼和砷的元素。需要说明的是，故宫博物院赵兰等研究人员在用X射线荧光光谱分析（XRF）检测时，没有检测到珐琅彩中含有硼元素，但这不证明珐琅彩就不含硼元素，因为硼的原子序数是5，而X射线荧光（XRF）仪器检测的有效范围，只能是原子序数11（Na）到92（U）之间的元素。中国科学院上海硅酸盐研究所张福康研究员采用光谱定性分析法，检测出雍正粉彩中含钠和钾的元素，而康熙珐琅彩中含有硼元素，只有在黄颜色中既不含钾也不含硼元素，是一种Si-Sb和Pb的体系。故宫博物院的考古研究所利用激光诱导击穿光谱分析（LIBS），同样也检测出珐琅彩中含有大量的硼元素。

重点是硼元素的特征，它是一种低膨胀率、高硬度、高透光率的玻璃材料，硼不但是替代铅的一种很强的助熔剂，而且既透明还利于着色。现在市场上所售卖的高档玻璃制品，都被冠以"高硼玻璃"而热销，所以添加硼元素的彩釉，其光泽度、硬度、透明度都较高，尤其是具有橡皮糖似的那种韧性感。

因为硼元素的膨胀系数很低，故采用进口的珐琅彩釉，就绝不会产生裂纹与开片。而钾元素膨胀率较高，其黏着力、硬度、韧性、胶质感等，都要比硼差很多，但玻璃质感却很强。不过两者彩釉的颜色还都是一样的鲜艳，所以雍正研发的珐琅彩釉，容易产生"蝉翼翅"那样的细裂纹，而且即使是涂抹上亮漆釉，也会在细碎的釉层上，隐约闪着蛤蜊光，如图8-2-41~图8-2-46所示。

3．珐琅料的特征

（1）进口珐琅料特征：

① 色彩鲜艳，妩媚绚丽，各种彩釉相容性极好。

② 如胶似漆，凝厚油亮，表面呈宝石般的光泽，胶质感极强。

③ 柔润且晶莹剔透，即使覆盖在墨线上，其线条也清晰可见。

④ 表观似砗磲，而且既不会产生蛤蜊光，也不会有细裂纹。

⑤ 在"洋白"上点染其他珐琅色系时，呈晕散和渗透式的扩散状态，这在极品珐琅彩上尤为突出。

（2）国产珐琅料特征：

① 色彩十分丰富，仅基础珐琅色料就有十八种，尤其雍正所研发的特色珐琅料，虽然也都是水晶和宝石类的基础原料，但由于没用"多尔门油"的调和，其颜色就不如进口珐琅料艳丽，而显得稍微深暗一些。

② 表观虽然也很润亮，但普遍胶质感较差，没有用铅白调和的单色珐琅釉，因含有大量的钾元素，所以玻璃质感强，表面硬度高，也容易出现细裂纹。

③ 因为国产基础白料是"铅白"，通俗地说，似墙上"刮大白"的那种泥白，而不是柔韧的"砷白"。因此"软白色""月白色"不如"洋白"那样的晶莹剔透，而是呈一种"半软半玻"态。故用其调和出来的颜色，显得不活泼而死气沉沉，彩釉下的墨线也不太清晰。

④ 有的彩釉能产生蛤蜊光，而且在堆厚的彩釉处，还能出现细裂纹。如果传世品釉彩保存不好，还非常容易出现磨损，而进口珐琅料就没有此现象。

⑤ 在"铅白"的纹饰上点染其他色系时，呈现的是涂刷痕，而不是"晕散"状；只有在"铅白"打底上，再绘制的其他纯珐琅色，才具有珐琅料的特征。

特别指出，瓷器的本烧是一次性在窑中完成，而瓷器釉上彩的"烤花"，则是经过多次烘烤才能完成。由于清代进口珐琅料与雍正国产乃至现代珐琅料的不同，所以珐琅的色料存在烤温上的差别。而"烤花"中焙烤颜色的次序，以及所需要的高低温度，其叠加后反映在表观上的不同，也是鉴别进口还是雍正以及现代珐琅料的方法之一。

4. 新增国产珐琅料都有哪些

法国传教士冯秉正在康熙五十九年（1720年）写给巴黎的信中说："困难在于我们发现自己没有欧洲颜料，船队一点也没有带来，而中国有的这些毫无用处"。这说明当时国产料还达不到进口的性能。雍正时期的《广东通志》载："西洋国……雍正四年五月复遣使进贡……各色珐琅彩料十四块。"以上说明，到康熙五十九年时，所研制的国产珐琅料还不能使用，即使研发到雍正四年（1726年）时，自制的珐琅料也还是没有获得成功，这时使用的珐琅料仍然需要进口。

进口珐琅料原本有九种颜色，但经过工匠不断研究试验，终于在雍正六年（1728年）成功提炼出十八种颜色，真正实现了珐琅料的国产化，当然这只是在表观上的相仿，本质上与进口珐琅料还是有点距离。因此以后不论是珐琅彩还是洋彩，在每个瓷器画片上所采用的颜色，至少都要在十种以上，凡是带有新增九种珐琅色的画片，按此推理其他色也基本都是国产珐琅料，这可以划定为雍正六年（1728年）以后的产品。

《活计档》雍正六年七月十二日载："新炼珐琅料：月白色、白色、黄色、浅绿色、亮青色、蓝色、松绿色、亮绿色、黑色共九样。新增珐琅料：软白色、香色、淡松黄色、藕荷色、浅绿色、酱色、深葡萄色、青铜色、松草色，以上共九样。"但新增色并未包含金红色，其实在康熙四十三年（1704年）时就已经能制作了，这时法国传教士纪里安用"洋金"技术制作的金红料器，作为皇帝赏赐大臣

图8-2-45　雍正洋彩仙人瓶 高36.8厘米

图8-2-46　雍正洋彩仙人瓶瓶底

的器物而获得成功。

清宫档案记载："乾隆五年六月十三日，将粤海关进来的各色珐琅，交圆明园造办处好生留着。钦此。"这说明虽然珐琅料已国产化了，但还是需要进口一些珐琅料，这主要是针对"上用"的御用器来使用。这也证明，即使到了珐琅料制作成熟的乾隆时期，其御用的极品珐琅彩，仍然采用的是进口珐琅料。这也彰显了皇帝御用与普通陈设品的区别，而且流传至今的御用实物，也足以证明当朝皇帝的这一点威严。

九、"多尔门油"与芸香油有什么不同

康熙和雍正初或乾隆御用珐琅彩的调和工艺，全部是用进口的"多尔门油"来调色，康熙朝和雍正六年（1728年）以前的珐琅彩，还没有用芸香油来替代"多尔门油"以及用胶水和清水的调色工艺，只有到雍正造的国产珐琅料以及洋彩的全面兴起时，由于用料较多才开始寻找替代品的芸香油。"多尔门油"是当时商品名称的音译，经笔者多方科学分析推论，这是一直从清代延续到现在的一种材料，其实就是现在称为"妥尔油"的进口商品。"多尔门油"和"妥尔油"的发音，都是英文"Tall Oil"不同时代的译音。"妥尔油"现在的俗称就是液体松香，而松香又分为固体和液体二种，有关雍正文献中提到的用"西洋冰片油"治病，其实就是这种固体的松香冰片。清代姚衡《寒秀草堂笔记》载：此药"系冰片蒸成，其用法与冰片同"。可贵的是北京故宫至今还藏有清代的"棕色冰片油"实物可参考。

液体松香的化学名称是"氢化松香甲酯"，其分子结构本身的功能，就是一种天然的增黏剂，它不但能提高产品的韧性和粘接强度，而且相容性也非常好。所以用"多尔门油"来调珐琅料，不但能增加基体的粘弹性与柔韧性，而且还具有高温下不易流淌以及不变色和不挥发等特性。因此"磁胎画珐琅"中的珐琅纹饰，可自然呈现出"弓形拱"的水滴状效果。

如果用芸香油取代"多尔门油"的话，芸香油主要成分是"甲基壬酮"，由于分子结构有"酮基"的存在，因此在其化学的功能上，就相当于一种"稀释剂"，或者称为淡黄色的"溶剂"，广义上也算是一种易挥发的精油。虽然表观上它们都近似于油类，但芸香油与"多尔门油"的性质完全不同，用芸香油来调和时，不但与"多尔门油"的增黏功能不同，反而它还起到的是一种稀释的作用。因此用它来调和珐琅料时，不但黏性小、易流动，而且在高温下还易挥发、易变色，烧成后的颜色差异也相对较大。

通俗说，"多尔门油"是起增黏作用，而芸香油则是具有调稀功能。由于芸香油的黏度小，所以经调和的珐琅料不但没有增黏，反而还成了稀稠态，所

以用它来描绘纹饰或堆垛后,就与用"多尔门油"调和增黏后所呈现"弓形拱"的效果截然不同。用芸香油调和的珐琅料,与传统胶调的彩釉几乎一样,其纹饰呈现的是"平凸鼓"类似木版画所用雕版的效果,表面一个是"拱"形,一个则是"鼓"面。

清代没有化学检测和分析手段,国产化也只能找颜色和气味相似的来替代,而当时芸香油的表观和气味,是最为接近"多尔门油"的一种油,从而才成为当时替代品的首选。以清代当时的科技水平,即使效果存在着差异,那也是无可奈何的选择,所以用芸香油替代"多尔门油"的调和,到乾隆三年(1738年)已基本定型,如图8-2-47、图8-2-48所示。

综上所述,如果民国和现代的仿制者,选择的是清宫档案记载中的芸香油或其他油类,那他就永远也仿不到御用珐琅彩的那种效果,也没有清三代珐琅彩与洋彩那样的质感,充其量也只能是达到民国时的水准。就目前所有仿制珐琅彩的作品看,抛开绘画和书法之外,因其珐琅料与"多尔门油"的差异,所以仿品还没有达到真正意义上的清三代珐琅彩。

特别强调,即使宫廷采用芸香油替代"多尔门油",因其表观效果的明显不同,所以雍正和乾隆御用把玩的极品珐琅彩,还依然采用的是"多尔门油"。在清宫档案《记事录》雍正六年(1728年)七月载:"闻得西洋人说,烧珐琅调色用多尔门油,俟画上用小珐琅片时即用此油"。由以上可知:清宫御用的珐琅彩都是些小件器物,而库存的"多尔门油"和珐琅料,也只限于御用的小件珐琅瓷上,这足见当时的"多尔门油"是何等的珍贵!

特别指出,珐琅单色料中的各色可以相互混融,色彩根据个人的悟性可以自由调配。但如果是用芸香油来调色,那与用"多尔门油"调色相比,其"渲染"和"晕散"等效果显然不同。而用胶水的调色,则大都是用于"拓抹"的平涂,这种传统的五彩技法在珐琅彩中也有使用。但总的原则正如《陶冶图说》所说:"须选素习绘事高手……先用瓷片画染试烧,以熟悉颜料的火性,才能由粗及细,熟中生巧"。

特别说明,流传至今的粉彩调和油,已开发出乳香油、樟脑油、煤油等多种油类。乳香油实际上是橄榄科的树脂油,它是经水蒸气蒸馏而得;而樟脑油是由樟树脂炼制而成;煤油则是从天然石油中加工提取。而且画师为追求粉彩艺术的特殊效果,有时还需要用松节油、酒精来调制。可想而知,这些与"多尔门油"以及芸香油的调和,其艺术效果一定会有所不同。

图8-2-47 乾隆洋彩山水风景瓶 高34厘米

图8-2-48 乾隆洋彩山水风景图瓶瓶底

十、为什么说调色是珐琅彩的重要技法

1. 珐琅料与珐琅彩

鉴别珐琅彩首先应厘清珐琅料、珐琅色料、珐琅彩三者之间的关系,而且还要清楚用油、胶、水三种原料调色的功用。因为这是三个不同的概念,以及三种不同的调色技法,反映在釉面的彩绘上会呈现出三种不同的表观。笔者将珐琅料分为无色透明珐琅和有色珐琅两类,无色透明珐琅是其他珐琅调色的基础原料。制成单一颜色的珐琅料称为珐琅色料,它是在透明珐琅白的配方基础上添加了着色金属元素后的产物。因此行内称为珐琅彩的彩绘,一部分是由透明珐琅料或珐琅色料之间,相互调和后或者渲染后的颜色,而另一部分则是珐琅色料的原本色。

珐琅彩料中唯独"洋红"色,不能与其他色系相混外,其他所有珐琅色料之间,都可以相互自由调和。所以对珐琅料的调色,就如同西方绘油画一样,是画家"色彩观"的具象语言,而色彩之间的晕染和混融,则是珐琅彩绘的最大学问和重要技法。既然是像西洋油画般的调"油彩",那么珐琅料肯定是要用油来调和,这就打破了用胶和水调色的中国传统绘画技法。

实际上不论是清代还是今天,珐琅彩这种"类油彩"的调色以及绘画和"烤花"工序,都是一门极其严苛的高超技艺。由于调配出来的色彩不是"所见即所得",因此"磁胎画珐琅"不但需要天生的美感,而且还要具有色彩的超凡想象力。从这点来说,每件清三代的珐琅彩或洋彩都是独一无二的作品。另据专业的"盛时"网站统计:现在全球能在钟表上绘制珐琅彩的大师也仅剩约十人,而且还都是生活在国外的外国人,可见国内还没有真正的珐琅彩绘大师。

最典型"磁胎画珐琅"的色彩,如图8-2-49、图8-2-50所示的十八罗汉珐琅彩瓶,它充分展示了珐琅彩的调色技法和绘画水平,此瓶也与台北故宫博物院珐琅彩十八罗汉的设计图基本相同。《珐琅作》记载:乾隆八年(1743年)"沈源画十八罗汉图(手卷)",这证明十八罗汉图是《珐琅作》的特殊设计稿,由不同画师所进行的珐琅彩绘。再从两件珐琅的画工和技法上判断,台北故宫博物院是本土的宫廷画师所为,而如图8-2-49所示十八罗汉瓶的风格则明显是由西洋画师所绘,其画面蕴含典型的焦点透视和西洋油画的技法。此瓶所调出的珐琅彩颜色粗略统计已达三十多种,而且有的特殊颜色已成为绝响。

珐琅彩在雍正的中后期,还衍生出一个"姐妹版"的洋彩,唐英在乾隆年间《陶冶图说》中,阐述洋彩的技法是:"其调色之法有三:一用芸香油,一用胶水,一用清水。盖油色便于渲染,胶水所调便于拓抹,而清水之色便于堆填也"。这充分说明当时的洋彩,已将"磁胎画珐琅"衍变成清宫档案中称谓

图8-2-49　乾隆珐琅彩十八罗汉瓶 高20.5厘米

图8-2-50　乾隆珐琅彩十八罗汉瓶瓶底

的"五彩珐琅",即中国之五彩与西洋之珐琅的混融作品。

"调色"与"彩绘"是"料"和"工"缺一不可的两个方面,而这时的洋彩同珐琅彩工艺相比,正如唐英在《陶冶图说》中所述:洋彩不但用芸香油取代了"多尔门油"来调和,而且还采用了胶水和清水调色的古彩技法。从而佐证了"磁胎画珐琅"和洋彩,其所用的珐琅料一定是用油来调和,而用胶水和清水的调色工艺,则主要是用在彩绘中的部分古彩上。

因为在珐琅的彩绘中,不但能调和出珐琅单色料以外的各种颜色,而且还能实施渲染、多层次、渗透、点缀等各种技法,所以珐琅彩的这种多技艺的应用,使得"磁胎画珐琅"的色彩与图画,变得更加绚丽多姿,其立体感和层次感的神奇效果,强烈冲击着人们的视觉。

2. 郎世宁与"洋珐琅"

研究和分析珐琅色彩与调色技巧表明,这不但需要具备西方油画家的基本功,而且对珐琅彩还需要具有一种悟性,这也是清宫画师对"磁胎画珐琅"新工艺的必修课。而在西方油画的诸多技法中,将西方最古老的多层次着色法,成功运用到"磁胎画珐琅"上,则是郎世宁等西洋画师在中国的全新尝试,并且所画人物和花卉等都具有西洋画特点。在馆藏品中像这样的珐琅彩,确实也有不少"洋人"画片的传世品。

这种古老技法使珐琅的彩绘,能形成阴阳色块的透视对比,以及厚薄凹凸的纹理效果,而且使"磁胎画珐琅"的画面,具有西方油画般的层次感和丰富的色彩,同时还具有中国工笔画的细致与写实,这也是同西方油画的最大区别,而且瓷器的彩绘至此也达到了巅峰。那么如何选择珐琅料及其调色,则是珐琅画师最重要的技法之一,也是画师颜色观和独门绝技的具体表现。西方的油画家及其绘画都非常注重选料与调色,尤其是要表达出光线和色彩的力量。而珐琅料同油画的彩料一样,都具有相同的调色功能,所以根据画师的个人水平和技法,珐琅料可以调出三十种以上的颜色,以此还可区分出洋画家与国内画师的作品。

有一种观点认为,郎世宁没有绘制过"磁胎画珐琅",理由是传教士马国贤在写给教会的信中说:"为了想拥有欧洲工匠的画珐琅技术,康熙命令我和郎世宁画珐琅",而他们不愿"从早到晚和宫中那些卑微的匠人在一起"做"艺奴",所以"我们故意画得很差",康熙看过后说"够了",就此他们才"得到解脱",而且也没有文献和藏品的证明,因此认为郎世宁没有亲自"画珐琅"。

特别说明以上记载是康熙五十五年(1716年)三月的事,这时的马国贤已经来华五年,而郎世宁则是1715年12月21日才被召见进宫的,从他1715年

7月登陆澳门时开始计算，年仅27岁的他来华尚不足半年，被召进宫也才只有三个月，而且还是"在我们从未学习此艺术的前提下"，以及"强迫命令下，也只好遵从"的情况。所以这种既对瓷胎珐琅技艺感到陌生，又对出国后新环境不适应的处境，难免会导致"无可忍受"的情绪产生。

但这并不代表雍正时期造办处珐琅作的情况，"雍后乾初"时的郎世宁，正是30～40岁的年龄段，也是才华和精力最旺盛时期，其作品和本人也受到两位皇帝的恩宠。根据清宫档案资料统计：郎世宁言传身教所带的徒弟最多时可达十六人，到雍正元年（1723年）经淘汰也还剩下六人。另据耶稣会1723年的一份内部报告：除了郎世宁、马国贤、安德义以及法国珐琅艺人陈忠信外，还有耶稣会德国籍的纪里安，这些人都为清宫珐琅器做出了贡献（详见《故宫学术季刊》施静菲的研究论文）。

《活计档》还记载："太监毛团传旨：着挑小苏拉几名与唐岱、郎世宁学制颜料。钦此"。"苏拉"是对清宫担任差役人员的称谓，说明这时的造办处已有专业分工，这一点也可从《陶冶图说》中得到佐证，其《圆琢洋彩》中的工作场景，就有研磨、画画等的分工图。而且文献记载造办处的珐琅作，置有"画珐琅屋"三间、郎世宁工作房三间等，还将工作场所的人尊称为"画画人"，譬如"珐琅处画画人""如意馆画画人"等。雍正七年（1729年）郎世宁还协助年希尧，出版了西方焦点透视画法的《视学》一书，使中国瓷绘突破了单线平涂的传统模式，开始出现明暗与光影的立体感画法，正如年氏在序中所说："余曩岁即留心视学，率尝任智殚思，究未得其端绪。迨后获与泰西郎学士数相晤对，即能以西法作中土绘事"。而此书在雍正年间就反响巨大。

《活计档》还记载："雍正八年……做金胎珐琅杯一份，着郎世宁画好些的花样""雍正六年七月十一日，员外郎唐英启怡亲王，为郎世宁徒弟林朝楷（画珐琅人）身有痨病……""乾隆六年……奉旨：着郎世宁着色"；乾隆二十一年（1756年）还有郎世宁为珐琅作画的稿样。以上这些事实都证明，郎世宁做过画珐琅的工作，而且从珐琅彩中西洋仕女的画片来看，其洋画师的绘画风格与技法等均迥异于"中土"画家的风格和样式，清宫画师是逐渐研习成"西法作中土绘事"。另外在"乾隆年製"的铜胎画珐琅上，还署有法国18世纪珐琅画师"coteau"的款识。清代把西洋人采用洋料的画珐琅，称之为"西洋珐琅"或叫"洋珐琅"，而像清宫郎世宁等洋画家的画珐琅，则应该称为准"洋珐琅"。

康熙五十五年（1716年）陈元龙奏折："迩年始，有洋珐琅……"乾隆四十年（1775年）十一月，曾命人将康熙款画珐琅菊花壶等，送去粤海关并下旨："照样各做一件，不要广珐琅，务要洋珐琅"；在雍正时唐英也说："本朝新仿西洋珐琅画法……"另外在清宫图样上还特意用黄签题写："洋珐琅碟十件"等。特别指出，所有"洋珐琅"的作品都是御用器物，而且从清宫传世的实物对比看，西洋人的画珐琅和色彩观，与国人宫廷画家有着明显的区别。

种种迹象都表明，郎世宁的调色技法无人可比，而且郎世宁等西洋画家都曾在瓷器上画过珐琅，只是除郎世宁之外谁都没有写个人款的资格或权利而已。以郎世宁为代表的西洋宫廷画派，继承和运用了西方油画的调色技法，将绚丽多彩的珐琅色彩，在瓷器上演绎到了登峰造极的地步。本篇十六章所展示的三件郎世宁款珐琅彩，都是雍正和乾隆两朝郎世宁"磁胎画珐琅"的绝品，而且都已达到两朝珐琅彩的极致，况且还都有戴临的书法以及郎世宁本人的署名，其珍稀程度和重大意义可想而知。

3．清三代珐琅彩的特色

清三代珐琅彩与洋彩瓷，尤其是"康末雍初"以及"雍后乾初"的"上用"珐琅彩，经"多尔门油"调和与绘烧后，表观如胶似漆，颜色鲜艳润亮，绘画精湛无比，如图8-2-49～图8-2-53所示。所以为什么有的专家说，从珐琅彩和洋彩的发色和绘画上，就能判断出其瓷器的真伪，这绝对是有一定道理的！但前提是您必须要知道：真正的"珐琅旧色"是什么，清三代珐琅的色

图8-2-51 郎世宁花鸟与铅锡光（瓷瓶）

图8-2-52　乾隆粉彩葫芦包袱瓶 高32.2厘米

图8-2-53　乾隆粉彩葫芦包袱瓶瓶底

彩中独有的特色又是什么，清三代宫廷画家又都是什么样的风格和水准。

特别强调：下面所总结出清三代珐琅彩的特色，是用文学语言描述的形容词，所以一定要结合珐琅彩的实物来领悟。清三代珐琅彩和洋彩中的各色调，与民国和现代的颜色，有不一样的视觉感，有的色调甚至可以一锤定音，因此需要多上手实践与感悟，只有这样才能真正体会到"洋色"的真谛！

清三代珐琅彩和洋彩的独有特色如下：

① 红色：胭脂红不论是玫瑰红还是蔷薇色，一定都是呈紫色调，且表观莹亮而微透；而独树一帜的淡粉色，如桃花般的粉嫩鲜亮。

② 紫色：利用进口料调出来的深紫，犹如浓重的紫玫瑰；而采用藕荷色的原料，颜色酷似紫罗兰。

③ 黄色：柠檬黄鲜亮娇嫩，松黄色细腻似橘，姜黄色庄重浓厚，杏黄色温柔泛红。

④ 绿色：艳绿色恰似翡翠的玻璃种绿，嫩绿色仿佛是春柳之叶，竹叶绿犹如秋蒜之心，瓜皮绿映衬着苍松翠柏，豆瓣绿则是浅淡中闪黄。

⑤ 蓝色：蓝色系好比"三颗宝石"，正蓝色深沉似青金石，深蓝色酷似蓝宝石，天蓝色宛如绿松石，尤其淡淡的天青色，犹如雨后的一抹蓝天，而亮青色的山石树木，好似炼乳状的绿中闪蓝。

⑥ 酱色：棕褐色深似咖啡、浅淡如茶，尤其赭石色和芝麻酱色，可谓是色中一绝。

⑦ 香色：独具一格的香灰色，不但使木、瓦接近大自然，更让山水画面具有朦胧感。

十一、珐琅彩和洋彩的风格特点

清三代珐琅彩和洋彩的总体特点：胎釉工整细腻，彩料润亮凝重，色泽鲜艳靓丽，画工精致无比。简单概说：康熙的端庄厚重，雍正的清新淡雅，乾隆的雍容华贵。纵观清三代的珐琅彩和洋彩由于国力昌盛和帝王喜好，已将珐琅"洋为中用"的彩绘技艺，在瓷器上发挥得淋漓尽致，使彩瓷技艺达到了登峰造极的地步，也穷尽了皇家的高贵与荣华。

1．"雍后乾初"的风格特点

《活计档》载："雍正六年七月二十六日……造办处收贮的白磁里有釉外无釉钟碗有多少件"；《漆作》载："雍正六年八月二十三日……交来里有釉外无釉磁碗大小一百二十九件"；《活计档》载："雍正七年二月十九日，怡亲王交有釉水磁器四百六十件……"以上文献清晰表明,"康末雍六"依然是珐琅彩的初创期,由于还没有解决好绘烧的难点,即珐琅料与釉面的粘结和流淌等问题,所以最初都是在无釉的"涩胎"上以及铜胎和紫砂胎上画珐琅。而这种模仿铜胎的"外无釉磁",是由景德镇特供的"涩胎"瓷,其最初工艺也像铜胎掐丝珐琅那样。所不同的是在"涩胎"上施釉后,再在"剔地划纹"处的填彩,其实是色地"图案化"后的"反瓷",而最初剔刻和填彩的绘烧工作,大都是造办处外调来的"南匠"所为。

因为康熙和雍正前期的彩绘画片,都是一种"格式化"的图案,而没能呈现出铜胎画珐琅那样的艺术效果,所以这时的作品相对显得平庸和俗气。自从雍正五年(1727年)降旨后,珐琅彩的工艺才有了革新与突破,而且如意馆的宫廷画师,也开始陆续介入珐琅彩的绘制工作中。清宫档案文献记载:直到雍正七年(1729年)二月,才终止了"里有釉外无釉磁"的特供瓷,改为提供"有釉水磁器"的素白瓷。至此珐琅彩开始由外无釉"图案化"的填彩型,向内外都是"有釉水磁"的创作型彩绘转变。

实际上"康末雍六"期间,也有个别是釉上的"磁胎画珐琅",这虽然打破了在"涩胎"上彩绘的模式,但也仅限于平放的盘类,也是刚开始在釉上尝试性地画珐琅。比如:台北故宫博物院藏"康熙御製"的珐琅彩花卉盘,它是利用永乐甜白盘来画珐琅,属于当时灵感来了就地就近的绘烧试验,而且从绘画技法和图案上看,应该是郎世宁等洋画师的最初作品。而采用"洋白"打底的初衷,也就是为解决釉面与珐琅粘接堆垛的问题,从而尽显出珐琅彩的独特立体感,否则就还是像色地珐琅和康熙五彩那种的平涂效果。为了验证这个想法,当时的画师立马就地就近,以宫中旧藏的永乐白瓷进行试验。当取得在釉上画珐琅成功后,才指定景德镇烧制特供的"有釉水磁",从此由"磁胎"转为"釉面"的"画珐琅"。

雍正四年(1726年)八月《活计档》载:"此时烧的珐琅活计粗糙,花纹亦甚俗,嗣后尔等务请精细成造";雍正五年《雍正朝汉文硃批奏折汇编》载:"坯体需愈干愈好,若一心急白费了功夫、物料的参用";雍正五年《活计档》载:"近来虽其巧妙,大有外造之气。尔等再做时,不要失其内廷恭造之式。钦此";雍正六年(1728年)二月《活计档》载:"近来烧造珐琅器皿花样粗俗,材料亦不好。再烧造时,务要精心细致,其花样着贺金昆画"。

以上说明雍正帝对陶艺的重视和专精,并亲自发出"文雅素静""精心细致"的要求。而民间的这种"外造之气",或者说从外调进来的珐琅匠人的俗家审美,已从雍正六年"着贺金昆画"的御旨开始,"磁胎画珐琅"进入到宫廷画师阶段,另《珐琅作》载:"雍正十年四月……将画画人戴恒、汤振基、唐岱……"以上四位也都是宫廷御用画师。

第八篇 大清盛世的青花与彩瓷

图8-2-54 乾隆洋彩锦地御制诗花鸟尊 高34.2厘米

图8-2-55 乾隆洋彩锦地御制诗花鸟尊尊底

图8-2-56 乾隆洋彩锦地御制诗花鸟尊

雍正六年造办处还在圆明园设立珐琅作分部。据清宫档案载：在圆明园的珐琅作二月始"着试烧炼珐琅料"，到七月彩料研发获得成功，而且一直到雍正八年（1730年），《活计档》都是"据圆明园来帖内称……"根据清宫档案记载整理：雍正六年以前的珐琅彩制作，大都是陆续调入的广东和景德镇的匠人，而后再由郎世宁等洋人指导画珐琅。按清宫档案的年份顺序统计表明，雍正三年（1725年）至六年间担任画珐琅的有：景德镇的宋三吉、广东的张琦、邝丽南等人；雍正八年由圆明园转送珐琅处的有：画珐琅人周岳、吴大琦，炼珐琅人胡大有。这些就是在清宫档案的传旨中所说的南匠，但不是指如意馆宫廷画师的"画画人"。

由以上清宫档案可知，自雍正六年开始，宫廷画师唐岱、戴恒、贺金昆、汤振基、焦国俞、谭荣等人，已逐步参与到画珐琅中，所以这时珐琅彩画片的样式，不但发生了根本性的变化，而且从雍正七年开始的釉上珐琅彩发展到雍正九年（1731年）时，逐步完善，将康熙瓷器上的诗、书、画、印的四绝发扬光大，使珐琅彩的文人气息"秀雅"达到极致。这时期雍正的珐琅彩，即使是色地也不是原来的"反瓷"，而是在色地上画珐琅。

2."青花官款"与"蓝料宫款"

《活计档》记载：雍正十年（1732年）八月十五日"交年希尧将甜白釉的烧造些来，底下不必落款"；九月初二"奉旨：尔等寄信与年希尧，将脱胎小酒圆、茶圆、小蝶烧造些，不要款"。这说明雍正珐琅彩上的底款，是景德镇遵照雍正皇帝

图8-2-57　雍正珐琅彩花鸟梅瓶 高23厘米

图8-2-58　雍正珐琅彩花鸟梅瓶瓶底

的指令，提供"不必落款"和六字"官款"两种类型的特供瓷，而这时是将无款瓷改由清宫料款组的专人写款，笔者将其称为四字"宫款"。

所以雍正时期的珐琅彩，既有六字"青花官款"，也有四字"蓝料宫款"。而凡是写有"雍正御製""雍正年製"的珐琅蓝款，以及"乾隆年製"红、蓝珐琅料的"宫款"，其带外框粗、内框细的双方栏框者，还有的因器底窄小，其四字底款外没有双方框的"护栏"者，都属于清宫料款组所书写的"宫款"，这是造办处有别于宫外的真正标志。因为这类都是宫内的专属品，故省去对外的"大清"二字，这也是划分"产地"和"品牌"的唯一商标，而且这种重要标志一直延续到乾隆。

《活计档》记载："雍正七年四月……写黑珐琅字，酌量落款"……并字款图章呈览"，这说明，雍正七年的珐琅作不但珐琅料已国产化，而且已开始营造"内廷恭造样式"，即以诗、书、画、印为代表的珐琅彩。特别指出，这时珐琅彩上的书法，并非是雍正九年（1731年）指定由戴临的专笔，而是其他某官员的书法，且刚开始的底款也并不是"雍正年製"的"蓝料宫款"，而是沿用"大清雍正年製"的青花款。这种档次也均属上乘，可惜时间短暂流传的作品不多。

3. "宫款"与"官款"的特征

《活计档》中记载郎中海望推荐："雍正五年八月三十日……为造办处无写篆字人，启怡亲王，今有写宋字人徐同正会写篆字，人亦老实"。说明大约雍正五年（1727年）的年底，由徐同正接任了宫廷"无写篆字"这件事，理所当然这期间徐同正也得写底款，但开始是根据需要来写底款，即瓷器上写"篆字"款或写楷体和宋体款，但最终定型的却是他所擅长的宋体款。所以雍正后期珐琅彩的"宫款"，其宋体风格始终如一均为徐同正笔法。

如果在珐琅彩的瓷器上，除四字"蓝料宫款"或六字"青花官款"外，还有戴临题写的诗词及印章的话，那么一定是"雍后乾初"期间，绘烧于清宫造办处的珐琅彩，这类作品不但画工精湛，而且相当稀少和珍贵。特别说明，清三代的珐琅彩和极品洋彩，基本都是在清宫造办处绘烧，而其中的大件洋彩则是在景德镇御窑厂烧造，以雍正七年（1729年）至乾隆十八年（1753年）间由唐英在景德镇督造的洋彩最为精湛。

四字珐琅"蓝料宫款"的特征：蓝色似青金石那种深沉的蓝，并且还要有堆厚的那种笔道痕，但绝不是仿品的那种艳蓝色。四字"蓝料宫款"的字相对比较好仿，只是存在色调上的差别，所以要特别注意，一定要区分青金石的"深蓝"与钴料"艳蓝"的不同色调，以及是否有印刷痕或描摹痕。因蓝料与宋体字和青花款都很容易仿，故笔者不建议以四字"蓝料宫款"和六字青

图8-2-59 雍正珐琅彩花鸟梅瓶　　　　　　图8-2-60 乾隆珐琅彩飞鸣食宿瓶 高19.4厘米

花款,作为判断珐琅彩和洋彩真假的主依据,而只能作为综合辨真的一个辅助参考。但如果"蓝料宫款"字体和外框的周围,其白釉处有蛤蜊光或者彩晕的话,这无疑是"雍后乾初"的"老龄真品"特征。

　　特别强调,雍正和乾隆珐琅彩和洋彩的青花底款,不论是哪种笔体都尽显其"国号款"的庄重,其款识书写规范,笔道流畅、自信、笃定,笔笔相断,且每笔落笔点的颜色,都会有深一点的顿笔痕,青花清晰而不晕散。这与印刷和热转印的均匀线段不同,手写的必然有启笔和落笔停顿的笔道,也没有模仿者用笔迟疑、描摹的痕迹。

　　特别指出:在书写明清官窑的底款时,不但都是由专人负责写款,而且这类人一生都没有接触过硬笔的经历,因此与当今仿品略带硬笔的运笔痕迹不同。具体点,"大清雍正年製"青花馆阁体的楷书款,大概率特点是:笔道"横细竖粗"且清晰,"清"字上面的一竖偏左,青花发色深沉入"骨";而"大清乾隆年製"的青花篆书款,笔道则是笔笔相断,且"横竖粗细"几乎都一样,十有八九真品、精品的篆书"乾"和"製"字,其"乾"左下角的"十"是"5"而不是"2"形,而"製"下部的"㐄"衣字,最底下的一横一定要出头,但"大清乾隆年製"的篆书红款除外,因为这是不同人的书写款。

图 8-2-61 乾隆珐琅彩飞鸣食宿瓶

图 8-2-62 乾隆珐琅彩飞鸣食宿瓶瓶底

4. 器底特征与"宫款"朝向

雍正年间珐琅彩和洋彩的瓷胎，都是上等的坚细白胎如同糯米一般，故被称作"糯米胎"，而且手抚摸圈足一定是光滑细腻，如同泥鳅背一样也被称为"泥鳅背"足，两者在胎釉的结合处，不但有牙黄色的"黄金圈"火石红，而且"泥鳅背"上也有亮晶晶的氧化包浆层。而雍正瓷器的立件，足部高深外撇，釉面大都是奶白釉。雍正大中件釉面有的呈橘皮纹，器底釉有的呈波浪纹，乾隆初期也与雍正情况大体相同。但不论是雍正朝还是乾隆朝的瓷器，其釉与胎的结合处不但修整得非常规矩，而且在修正完后还要用绸布清理抹一圈，这点与明代圈足的特征完全不同。

雍正的四字"蓝料宫款"大都是中晚期的作品，其釉面是一种纯白釉。雍正三行六字"青花官款"的珐琅彩或洋彩，在雍正中前期使用的较多，而且大都是鸭蛋青釉。《活计档》记载：雍正七年四月"……写黑珐琅字，酌量落款章法""……或如何落款之处"。这说明当时的朝向存在问题，因为绘画、写诗、写款是分工不同的三个人，而最后写底款的则是徐同正。

众所周知，带"大清雍正年製"青花款的特供素白瓷，都是由景德镇预先写完款烧好的，然后再转送到造办处进行绘烧。而珐琅制作的流程是：一绘画二题诗三写款，那理所当然画师所绘的主纹饰，必然是选择正款的方向，而且画师也不知道需不需要题诗，所以都是采用官窑常规的标准来绘画，因此雍正带六字青花官款的珐琅彩，都是正对主图案而不是诗词一侧。

由于雍正转型期的某一时段，因题诗者是雍正皇帝御笔的缘故，这时"主图案"的对象，就不再是画片上的主纹饰，而是出于对皇帝"御笔"的恭敬，改由皇帝御笔方为主图案，这是一改以往固定底款朝向的一个分水岭，也解惑了底款存在两种朝向的问题。此后珐琅彩器底所写的"蓝料宫款"，将原来对画片主纹饰的一侧，改为正对皇帝御笔的一侧。所以雍正御笔之前的款识，大都是正对画片的主图案，而且所用珐琅料不但好于后期，且大都是雍正六字青花官款，四字"蓝料宫款"者极少。

至此之后，因为是"御笔"和"照朕御笔"，那无疑都将视为"御笔"，所以一直到乾隆朝不论有没有皇帝的御笔，凡是珐琅彩上有诗词和印章者，自然就都是正对诗词的一侧。如果是瓶尊类带双耳的器型，而且诗词既不是皇帝御笔，又只能写在偏离正面的空白处时，则四字"蓝料宫款"则是正对主图案一侧，但唯有茶壶类上的诗词例外，因为是在图案中的某一角，则底款朝向才成为一种特例。

四字"蓝料宫款"和"六字青花款"的朝向问题，也只是发生在雍正转型期这几年，而以前的仿品均忽视此点，但现在仿者几乎不存在这种低级错误，所以也大都在诗词一侧。因此没有题写诗词或者雍正前期的珐琅彩，同景德镇烧造的官窑瓷一样，都是底款朝向主图案一侧，这也是官窑的惯例和常识，这样既和谐也便于欣赏，如图8-2-54~图8-2-62所示。

5．乾隆彩瓷的风格特点

雍正瓷器整体的画面风格，是一种清新、柔和、秀美、文雅型，而乾隆的则是"农家乐"式的喜庆热闹，是一种刻板、繁缛、华丽、富贵型。所以彩瓷进入到乾隆中后期，其画面风格发生了巨大变化。"雍后乾前"风格的诗、书、画、印等珐琅彩，已逐渐退出了历史舞台，取而代之的则是色地、扎道、锦上添花、描金等工艺。而且在乾隆的中前期，还创造出了造型独特、豪华繁缛的各种洋彩瓷，但这时采用的却是乾隆的御题诗，完全取代了古代名家的诗词。

根据《活计档》记载：锦上添花始于乾隆四年（1739年），而题御制诗的最迟不会晚于乾隆七年（1742年）；乾隆十七年（1752年）又下旨："嗣后烧造磁器，应用诗之处即用此诗捡选烧造，不必用《乐善堂》诗文，钦此"。由此可知，凡瓷器上的御制诗，如果来源于乾隆二年（1737年）的《乐善堂》，则都是乾隆七年到乾隆十七年间的作品，此外的瓷器上御题诗，则都是乾隆十七年以后的作品。

带乾隆御题诗的清宫彩瓷风格，则是乾隆宫廷御器中特有的装饰手法，其历史价值要远远超过艺术价值。而凡是题有乾隆御制诗的洋彩，都是洋彩中的上上品，通常御题诗的末尾分别钤有："乾隆"和"宸翰"两种款识，或是"乾隆宸翰""惟精惟一"方章款的个人印记，这些都是经过乾隆皇帝御览的精品彩瓷。

洋彩的绘画风格采用的是西洋油画的技法，纹饰叶片的颜色出现阴阳的过渡渐变，同国画的"散点透视"和"空间层次"感相比，西画的"焦点透视"和"光影立体"感就非常明显；人物的脸部和山石树木等，也都呈现出繁缛、明暗以及透视感。整个乾隆朝描金装饰极为普遍，而且除乾隆初期的色地、锦上添花外，到乾隆中后期还有两个显著特征：其一是几乎所有珐琅彩和洋彩，其口沿和底部都要描金；其二就是在器里和底部都施绿松石釉，但这种绿松石釉独具特色，颜色似绿豆瓣那样的绿色，特点是浅淡、匀净、闪黄。

另外由于珐琅彩料的多样性，乾隆时期的仿生瓷还得到了迅猛的发展，各种仿自然界的动植物以及天然纹理是应有尽有，而且已达到色彩逼真、惟妙惟肖、真假难辨的效果。比如：仿木纹的年轮纹理，枝杈疤痕与色彩的质感，酷似天然木艺的效果；仿大理石、仿卵石等仿石釉类品种，极似天然石的自然釉彩。如图8-2-63~图8-2-65和图8-2-69~图8-2-71所示的这种仿木纹和仿石纹釉,以及如图8-2-66~图8-2-68所示锦地洋彩御制诗婴戏方尊,展现的都是繁缛与奢华。

图8-2-63 乾隆青花洋彩花鸟尊尊底

图8-2-64 乾隆青花洋彩花鸟尊 高24.8厘米

图8-2-65 乾隆青花洋彩仿石纹花鸟尊

图8-2-66 乾隆洋彩锦地御制诗婴戏方尊 高28.2厘米

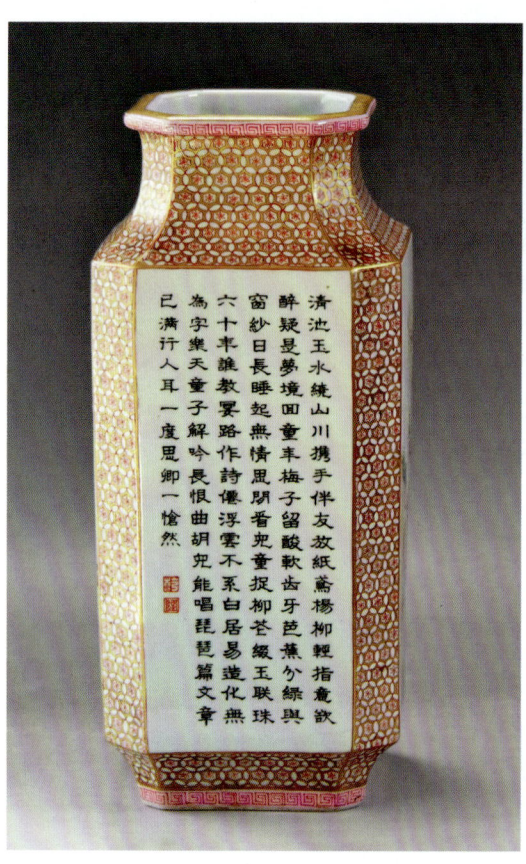

图8-2-67 乾隆洋彩锦地御制诗婴戏方尊

图8-2-68 乾隆洋彩锦地御制诗婴戏方尊

图8-2-69 乾隆仿木纹御制诗六棱瓶瓶底

图8-2-70 乾隆仿木纹御制诗六棱瓶 高29.5厘米

图8-2-71 乾隆仿木纹御制诗六棱瓶

6. 独特的乾隆青花洋彩

青花洋彩是乾隆洋彩中的一枝奇葩，是乾隆时所创烧的稀有品种，但这与青花五彩和出口广彩的装饰方法有所不同。洋彩中的青花都是辅助纹饰，主要是上下两端的配套纹饰，或者是洋彩中的一组回纹等，本意应该是想用青花来替代蓝彩，如图8-2-72～图8-2-77这种青花和洋彩以及仿石纹的结合，尽显出乾隆时期所追求的华丽与艳美。

青花与洋彩的结合，不算是一种协调的装饰手法，从美学的角度看大面积的青花有点喧宾夺主。而这种素雅与华丽的碰撞，只符合国际上的审美品位，所以在清代注定不会流行起来，只能算是一种新颖的尝试。这种青花与洋彩的装饰，大约也只是在乾隆中期昙花一现，所以带官款的存世量相对较少，反而没有款的民窑却较多。但乾隆时期的这种青花洋彩，对今天的洋彩鉴定来说，又增加了一个很好的辅助鉴真手段；对乾隆洋彩的造假者来说，则又额外增添了一道难题，所以现在市场上的这类仿品很少。

十二、珐琅彩和洋彩的鉴赏要点

收藏的第一要素是：百读不如一见，百见不如上手看。如果收藏与研究只是从书本和媒介上，或者在博物馆隔窗相望式的"雾里看花"，所获取的那些肤浅的和表面的信息，也只能算是初级的感官认知，尤其对珐琅彩和洋彩更是如此。即使在国内外大拍卖行的预展中，上手过几件珐琅彩或洋彩，也只是对清三代珐琅彩的特征，尤其对珐琅彩中的"混血儿"洋彩，隔靴搔痒的触摸式认知。

如果面对流通市场上出现的同类器，相信您一定会犹豫不决，如果没有上升到科学解读的层面，那就更无法做出精准的鉴赏与判断。因为珐琅彩和洋彩的绘画，都是近十几位宫廷的大画家和西洋画师所为，其绘画风格与个性不拘一格，且都有其各自的特点。再加上珐琅料与古彩料的"混搭"，以及采用油、胶、水等不同材质的调色技法，故对珐琅彩不能狭隘地以偏概全，更不能武断地一概而论。

通过前几节的论述和解读，尤其对进口九种和国产十八种珐琅料的研究与解析，以及对珐琅彩和古彩的"混搭"期分析，在此借喻两句成语来概说：既不能一叶障目，也不要盲人摸象，要想鉴别珐琅彩和洋彩中的"李鬼"，不但要抓住事物的本质，而且还要掌握其共性与个性的特点，只有这样才能做出正确的鉴别和判断。

图8-2-72　乾隆青花洋彩御制诗花卉瓶 高31.6厘米　　图8-2-73　乾隆青花洋彩御制诗花卉瓶

图8-2-74　乾隆青花洋彩婴戏图罐 高26.8厘米　　图8-2-75　乾隆青花洋彩婴戏图罐

图8-2-76　乾隆青花洋彩御制诗花卉瓶瓶底

图8-2-77　乾隆青花洋彩婴戏图罐罐底

1. 珐琅彩的绘画语言

珐琅彩的绘画：第一步是在瓷器釉面上，先用珐琅墨彩在釉面上绘画纹饰；第二步再用透明珐琅白，在纹饰上涂一层薄底；第三步是像铜胎掐丝珐琅那样，再在珐琅白的底涂纹饰上，用透明珐琅白或珐琅色料进行堆厚，通俗说就是点彩和堆垛；第四步是在堆垛后的纹饰上，再用珐琅色料进行渲染，即对树枝、叶草、山石、动物等纹饰绘画；第五步是将所有的画珐琅的纹饰，再次涂上一层透明的白色珐琅，使其烧制后的纹饰像刷了油漆那样的润亮。

这种"磁胎画珐琅"的技法，使这种通透的、胶质般的珐琅料，能有效呈现出纹饰的底面和上面的线条。请注意清三代画珐琅的技法大体相同，只是进口珐琅料（洋白）与雍正国产料（玻白）的差别，宏观上存在透与不透、胶与乳的表象。如果能看到透明珐琅白或彩料下，其淡墨或淡油红所勾画的轮廓线，尤其是对还能作出明确判断的蓝彩，但不是"洋白"下的青花，那就是雍、乾珐琅彩的绘画特征之一，亦如清代文献中所说的"夹彩"技法。清《饮流斋说瓷》曰："先画彩花，后填色釉，则谓之夹彩"。而粉彩则只能是在彩料上绘画。

用珐琅白或珐琅色料来堆厚的纹饰，其目的和技法：一是为了便于晕染各种的珐琅色，使之呈现出颜色渐变、一花多色、一物多彩的绚丽色彩；二是用彩料堆厚能自然凸显出其衣褶或花瓣等纹饰的立体感，即所谓的"没骨法"；三是在御用精品的珐琅彩上，其大片叶纹的中线两边，还有堆绘出高低的、阴阳的立体技法。

但请注意，堆料纹饰的珐琅白对晕染的影响很大，如果是"瓷白"或添加的铅白过多（但要比粉彩的"软铅白"硬得多），那就不利于入色渲染和晕散。而且涂覆在"瓷白"表面上的颜色，个别黏着性差的还容易磨损掉色，这种现象雍正后期较常见，而乾隆比雍正时还要严重点，但透明的进口珐琅白则不然，其硬度、黏着力和晕染的效果都很好。在画珐琅的多色晕染过程中，几乎是每敷彩一次就需要低温固色一次，当整个画片完成后，最后以中温烧造完成。

御用极品珐琅彩的纹饰，都具有底和面相同或两种不同的颜色线条，这样才能晕染出层次感和凹凸感。一个花叶可以用两种颜色来点缀，所点缀的颜色，具有晕散感和渐变感，呈现出丝丝条条、层层叠叠、毛毛茸茸的自然景象，从视觉上和触感上都会有凹凸不平感。这种技法尤其在动植物的纹饰上，比如花和鸟、树和叶、山和石等显得更加突出。宏观上除凹凸感外，珐琅彩与洋彩最明显的区别，则是在人物的面部上，以及远山、洞石、草地等部分。

重点说一说珐琅彩人物的面部，有的是采用珐琅瓷白的薄涂，而且是全覆盖其整个头部，或者是在极薄的珐琅瓷白上，用西方油画的透视风格来绘制。所以如果出现洋人、洋和尚以及采用"红淡白"描绘面部的凹凸感等技法，具有西方远近透视、阴阳明暗的画片，则一定是出自西洋画师及其徒弟之手。

而洋彩则是采用"五彩珐琅"的绘画技法，这大都出自于宫廷本土画师之手，其主要纹饰也都能呈现出凹凸感，但呈现的却是"平凸鼓"的效果。洋彩除人物头部外，还有山水、天空、草地等，则完全采用的是古彩绘画，是采用"胶水"及"拓抹"的平涂技法，故这些纹饰就没有凹凸感。

2. 珐琅料的绘画特点

雍正和乾隆的顶级珐琅彩和洋彩，其高手绘画的花叶风格，有老嫩和阴阳之分，老叶的表现形式俗称"败叶黄"，就是在老叶的叶尖用黄色来点染，而且绿和黄之间的渲染过渡自然。而山石则是用素描写生的手法，先勾勒出山石结构和层次，然后在山石的暗部，用"深蓝＋墨色"来点染；表现山石阳面的亮部时，雍正前期是用淡蓝或淡绿色，后期至乾隆早期，则是用大面积浅褐色或黄色。在康熙、雍正非主题的纹饰中，其花卉配角的"山花野菊"尤其是"蓝小菊"，仿佛就是"御制风格"的一种标配，但这种题材在西洋画师中绝不会出现。

雍正时期的树枝有一特点，就是褐色枝干的前端，采用绿色嫩枝和绿枝芽的手法，极尽展示大自然的生长状态。雍正时期的树干，有"墨色＋蓝"和棕褐色系列的两种表现形式，其特点是：在树干上都要点缀类似苔藓的"绿松石"点等；乾隆初期继承雍正朝的画法，树干大部分也绘制双树，其中一枝常用的是赭色系，另一枝则是"蓝彩＋墨彩"的描绘，给人一种棕褐色中带灰蓝色的感觉。

特别是洋彩绘画中的玻璃白运用，它既可以独立当白色颜料用，又可与其他色料相混淡化其原有的色调，从而产生出丰富的层次感和浓淡色阶。由以上论述可知，由于珐琅料本身的原因，故在康熙的珐琅彩中，极少有人物和动物的纹饰；雍正六年（1728年）以前的珐琅彩中，虽然已有了动物纹饰，但很少有全珐琅彩的人物画；只有到了雍正朝的洋彩出现，才有了大量的人物画和动物纹饰。而康熙珐琅彩从色彩、纹饰等方面，均是在模仿当时的铜胎画珐琅器，所以康熙珐琅彩的特征是比较程式化。康熙至雍正初期的珐琅彩特点，大都是在无釉的涩胎上，也是采用施珐琅釉再剔地画纹的工艺，所以依然也是以图案化为主流。而且从景德镇供给的瓷器看，都是"内有釉外无釉"的特定瓷。直到雍正中期以后珐琅彩才摒弃了图案化，以创新的主题型图案为主体，使珐琅彩和洋彩达到了一个崭新的高度。

3. 珐琅彩和洋彩的成双配对

"瓷胎画珐琅"同"瓷胎洋彩"一样，在道光十五年（1835年）的档案中，大都是"壹对"或"贰件"的记载。另外根据清宫藏品和各种档案文献的记载看，也大都是成对的制作和进献。清宫践行的基本原则是：纹饰图案要与用途和环境相匹配，而且大都是成双配对地制作。从各大博物馆的藏品看，也有很多保存完好的相同两件。如果在国内外的馆藏品中，或者在拍卖场上有了某一件，那么肯定还有相同的另一件，只是还没有被发现或者早已被打碎消失而已。如果是后一种情况的藏品，那该藏品也就成为了独一无二，而新发现的大都是还没面世的图案纹饰。特别强调，不论是珐琅彩还是洋彩，都是一对，甚至御用器就只烧一件，绝不可能有相同器型、相同纹饰的多件或者一批产品。

如果市场上出现了一模一样的藏品，那就要仔细地斟酌与鉴别，也可能真的是"破镜重圆"寻找到了"壹对"中的另一件，但也有可能是一件相同的仿品。其实"双胞胎"藏品的真假鉴别相对容易些，珐琅彩和洋彩其器型和纹饰都一样的作品，一般都是同一个画师所为，因为已有"标型物"的存在，所以只要进行对比应该立马可辨，尤其是宫廷御用书法家的书法。

珐琅彩和洋彩二者具体的表现手法是：成对洋彩的器型、尺寸和构图、纹饰，包括调色与绘画等技法基本也都一样，这种情况雍正时常见；而有的则是器型虽然相同，但图案的纹饰却相反，这一般都为高手所为。而珐琅彩则是器型虽然都一样，但纹饰却不尽相同，会出现微小的差别，这也是区别珐琅彩和洋彩的重点之一。有的珐琅彩虽然器型或大小不同，图案纹饰也都是宫廷审定的同一题材，但由于是宫廷不同画师、不同时间段的绘制，所以绘画的手法与调色也就不一样，那就会存在着微小的差别，如图8-2-78～图8-2-84所示。

所以洋彩中同一画片的图案，也可出现在不同的器型中，只是图案大小或个别颜色会有一点的变化。而珐琅彩的器型不论相同或者不同，其画片的图案和色彩一定会发生微变。因珐琅彩的烧造温度要求苛刻，所以在不同的温度下，还会产生不同的定色反应。

4. 珐琅彩和古彩的表观区别

传统古彩采用的是水调与胶调工艺，彩绘的线条难以做到精细。就是著名的成

图8-2-78　雍正珐琅彩花鸟瓶　高32.5厘米

化斗彩鸡缸杯釉上的彩绘，也都无法精确控制在青花边线之内。而当珐琅彩引进"多尔门油"的调色工艺后，因为彩料产生了黏性，这才迅速提高了彩绘的精准度。由于用"多尔门油"调和珐琅料，以及原料本身的流淌性，使得珐琅彩的画面及其纹饰的轮廓界限，都比较清晰和工整。

反过来古彩是用水或动物胶来调和的颜色，当绘画的笔道干后，需要重新蘸彩料继续绘制，所以在绘画的长线条上，仔细观察一定会有断笔痕。而采用油来调和的彩料，就避免了这种断笔的现象，可以呈现出一笔画的感觉，而且还可以画出极细的线条，所绘画的动物、人物和山水，画片清晰唯美而不模糊。

图8-2-79 雍正珐琅彩花鸟瓶瓶底

从釉面表观上看，虽然古彩釉和珐琅彩釉都能凸出其釉面，但古彩釉层普遍都较薄，

图8-2-80 雍正珐琅彩花鸟瓶

图8-2-81 雍正粉彩鸳鸯绦故事瓶 高28.2厘米

而且高出的彩釉一定是平的，笔者称其为"平凸鼓"，这除了采用"勾线平涂"的手法外，最主要的就是其原料本身所致。即使是名贵的成化斗彩，因为没能跳出古彩的工艺，所以彩釉也是一样具有"平凸鼓"的效果。

反观珐琅彩的彩釉，不但色釉润亮似玻璃，而且彩釉普遍都较厚，其彩釉面与古彩釉面相比有着明显的区别，即高出釉面的彩釉，都是一种圆堆形的凸面，像流淌的、有张力的粘弹体，笔者称其为"弓形拱"。所以珐琅彩不论是眼观还是手

图8-2-82 雍正粉彩鸳鸯绦故事瓶瓶底

摸，画面的纹饰都呈现出一种凹凸感，这除采用渲染和堆填的手法外，其珐琅料本身起到了决定性的作用。

5．鉴赏的注意点

特别说明，"磁胎画珐琅"都不是一次完成的绘烧，而是二次或者多次的"烤花"固色，其颜色越多、越繁缛，绘烤的次数也就越多，相对成品率也就越低。康熙和雍正或者采用进口的珐琅釉，都要比乾隆时的彩料通透些，最后在纹饰上所涂的透明珐琅白，康熙和雍正几乎是全纹饰的覆盖，而乾隆的则只是在主要的纹饰处。珐琅彩发展到乾隆时，洋彩已成为清宫主流，而真正的珐琅彩极少且都是御用，所以极品珐琅彩都是乾隆初期所制，而且是以绘画花鸟山石等把玩小件为主，比如锦鸡瓶、花鸟瓶、十八罗汉瓶等。

特别强调，雍正和乾隆的极品珐琅彩瓷，一定是遵从宫廷"上用"的基本原则，即要用进口珐琅料和"多尔门油"调和，而且一定要像唐英所说"须选素习绘事高手"的宫廷顶级画师来作画。因为这是专供皇帝欣赏把玩之御用器物，也是珐琅彩中的精华，这类珐琅彩极其稀少，也是珐琅彩中的真正皇冠。

十三、珐琅彩有蛤蜊光和冰裂纹吗

收藏鉴赏中关于珐琅彩有无蛤蜊光，以及珐琅彩的色釉有无冰裂纹的问题，一直困扰着广大收藏爱好者。因绝大多数的收藏者，不可能上手看到馆藏品，而且在观察博物馆的展品时，又只能是在射灯下隔着玻璃窗有距离地观看，所以根本就无法观察到这些细节。而专家学者又都是在各执一词，并且还都是用各自的馆藏品在说事，谁也说服不了谁。所以最终珐琅彩有无蛤蜊光和细开片等问题，还是莫衷一是，广大收藏爱好者更是一头雾水、不知所云，甚至基于此还有可能与真品失之交臂。

图8-2-83 雍正洋彩过枝花鸟碗一对 高5.7厘米 口径13.2厘米

图8-2-84 雍正洋彩过枝花鸟碗碗底

笔者通过上手诸多件珐琅彩和洋彩，并根据科学机理以及交叉学科的边缘知识，结合《瓷器指纹学概论》中相关问题的论述，通过细致的观察和深入的研究，对此类问题有个粗浅的认知，希望能对其进行有限的科学解读，从而帮助读者大致了解产生蛤蜊光和彩釉开片的基本机理，以便做出自己的理性研判与解读，并且也可借鉴到其他各种彩瓷上，以此作为瓷器辅助判断真假的依据。

1. 珐琅彩能产生蛤蜊光吗

笔者在《瓷器的指纹学概论》和成化斗彩的章节中，曾经论述过产生蛤蜊光的三个必要条件：首先釉层要形成硅胶粒的结构体，其次是长期的"水解"（潮湿）环境，以及含铅、铜等活泼的金属阳离子。因此陶瓷上的蛤蜊光，是变彩与形成金属氧化物的一种综合效应，而"水解"返铅的银灰釉与蛤蜊光，那只是伴随其中的一种反应。清宫造办处绘烧彩瓷的不同时间段，以及如意馆中不同的绘画人，如果采用的是古彩原料和技法，或者采用国产珐琅料以及用"玻璃白"来打底，那么以现在定义上的珐琅彩和洋彩，就会出现全部或局部的蛤蜊光和彩晕现象。而真正采用进口珐琅料和用"洋白"来打底的彩绘，或者纹饰上如果再涂一层亮漆（透明珐琅白）的话，那么珐琅彩就绝对没有蛤蜊光，更不会出现彩晕现象。

根据变彩机理分析，进口珐琅料含有大量的硼元素，化学名称为硼酸钠。硼化物加热到878℃时，就可熔化成玻璃质状，而彩烧的温度大都是在850~900℃，而且进口珐琅料的体系不但含有硼，还含有少量铅等碱性助熔剂，因此其彩釉的玻化度相当高。所以釉层形成不了硅胶体的颗粒结构，而是完全熔融后的硅结晶体，那么这种结构就很难变彩而产生蛤蜊光。这也是为什么进口珐琅彩，都呈现出透明胶质体的根本原因。实践中上手观察其实物，这类珐琅彩确实也没有蛤蜊光。

特别指出，如果全部采用的是进口珐琅料，那么所有彩釉都不会出现蛤蜊光；但如果在其局部的彩釉上，由于是在与某种色彩的混配中，掺和进去了某种含有活泼元素的古彩料，那么这时就有可能会出现局部渐成的蛤蜊光；在彩绘中如果采用国产珐琅料或者古彩，以及采用"玻璃白"来打底，因"玻璃白"就是一种铅白，而且在Si-Pb的体系中，如果硅铝比超过临界点的话，釉层能形成硅胶粒的结构，那么这种彩釉或者局部纹饰，就会产生蛤蜊光甚至还可能出现弱彩晕，如图8-2-85~图8-2-91的彩釉，且图8-2-87、图8-2-89、图8-2-91的底和款，均具有典型的乾隆特征。

在"雍后乾初"的珐琅彩上，除洋白、金红和锑黄外，即使底款是"雍正年製""乾隆年製"的蓝料宫款，即现在定义的珐琅彩上，有的纹饰不但出现

图8-2-85　乾隆洋彩海屋添筹尊 高34.6厘米

了蛤蜊光,而且在纹饰周围的白釉区,还产生出弱彩晕的现象。这一定是珐琅彩与洋彩混合的彩绘,因此在同一珐琅彩的画片中,就会呈现出有蛤蜊光、无蛤蜊光以及彩晕三种情况并存的现象。

　　再次强调,彩釉上没有或者有渐成的微弱蛤蜊光,这只能证明是新仿或新老(50年以上),至于老到什么年代则要看其他因素。而彩釉周围白釉上是否存在彩晕,才是证明年代和真假的关键。因此在古玩行家的眼里,以观察洋彩、粉彩、五彩的白釉上有无彩晕,作为判断彩瓷真假的一种诀窍。也就是说,在极难产生彩晕的珐琅彩中，如果个别纹饰周围出现彩晕，那珐琅彩大概率为真，例如图8-2-123雍正年郎世宁绘画的珐琅彩，尤其图8-2-129"乾隆年製"郎世宁对瓶的底款，其笔道间还出现彩晕现象，这是鉴真极为重要的特征之一。

一般在彩绘涂底的透明白料中，因底涂大都超出或者上涂覆盖彩釉纹饰的边缘处，这种Si-Pb-B-As的进口体系，不但使珐琅料呈乳浊状，而且也是很难被水解的体系，因此既形成不了硅凝胶膜，其彩釉的透光性也较差，所以这种珐琅彩不会产生彩晕；如果采用的是Si-Pb-K的国产体系，就是指打底的"玻璃白"料，它确实是含超量的铅（铅白），这种不但能置换出铅而且还能水解的体系，就容易产生蛤蜊光和彩晕。所以在Si-Pb-K的体系中，如果含有像铜（绿色）、锰（紫色）、钴（蓝色）等，那么这类活泼金属阳离子的彩料体系，就一定会产生蛤蜊光或彩晕。

其中的绿色体系，是极易产生蛤蜊光的，铜离子容易被水解，且活泼性也排在铅之后，这也就很容易发生置换反应。再比如紫彩类的彩釉中，由于在紫彩、褐彩等复合体系中，含有少量的铜离子，所以就会产生微弱的蛤蜊光。雍正珐琅彩和乾隆洋彩纹饰中的树干、山石，因为是蓝黑色系、褐色系等各种复合色，或多或少都含有铜离子，所以表面多少也都有蛤蜊光。尤其是利用"香色"调和出的山水，最容易出现大面积的蓝色彩晕。

图8-2-86　乾隆洋彩海屋添筹尊

图8-2-87　乾隆洋彩海屋添筹尊尊底

特别说明，雍正六年（1728年）以前，或者雍正和乾隆时期的顶级珐琅彩，则全部是采用进口珐琅料的画珐琅技法，所以大概率其釉面和彩料上没有蛤蜊光。纹饰周围的白釉部分，如果最后彩釉覆盖上了一层亮漆（透明珐琅白），则不但阻断了微量铅的置换和水解，而且还增强了透射光的强度，大大减少了光的反射损失，降低了光的"薄膜干涉"现象，所

图8-2-88 乾隆粉彩群仙瓶 高34.5厘米

图8-2-89 乾隆粉彩群仙瓶瓶底

以一定也没有彩晕的现象。这也是进口珐琅彩和洋彩的区别。

"雍后乾初"的极品珐琅彩，在彩釉的凹沟和侧面，如蓝彩山石等局部，会出现微弱的蛤蜊光和彩晕现象，按当今主流对珐琅彩的判断：如果采用的珐琅料表观呈通透似胶，而且又没有蛤蜊光者，一定是顶级珐琅彩；反之如果没有诗词和四字蓝料宫款，即使是采用了进口珐琅料，那也不叫珐琅彩还应归为洋彩。统计表明：如果彩料越透明且蛤蜊光越少者，就越是靠近珐琅彩；而彩料越不透明、蛤蜊光越多者，则就越是靠近洋彩一面。但也有个别的四字蓝料宫款者，画片也会有局部的蛤蜊光现象，这是国产珐琅料或者裹夹了古彩的缘故。所以珐琅彩有无蛤蜊光，不是判断真假珐琅彩的必要条件，但却是判断进口珐琅料和极品珐琅彩的标准，这也是除绘画和色彩之外的另一种判断。

2．鉴别蛤蜊光和彩晕的标准

再次重申，如果是传统的古彩（五彩），则在透明彩釉周围的白釉部分，就

图8-2-90　乾隆粉彩花卉瓶 高23厘米

会出现强的彩晕，而且彩晕是1～2毫米的均匀彩带。如果是采用"玻璃白"打底，而其他采用国产珐琅料或局部古彩料，则在其彩釉表面或局部就会产生蛤蜊光，纹饰周围的白釉区也会出现微弱的彩晕现象。

实践证明，100多年的民国粉彩也会产生蛤蜊光，50年左右的现代彩釉，也有渐成的微弱蛤蜊光。因此如果采用进口的"珐琅白"打底，而且其他也都采用进口珐琅料，那么在彩釉的表面，肯定就没有蛤蜊光，也没有彩釉周围的彩晕现象。在同一件瓷器上，应该产生蛤蜊光的某些彩釉有蛤蜊光，而不应该产生蛤蜊光的某些彩釉，确实也没有蛤蜊光，这就更能提高藏品的真品度，反之则是彩釉上造假的蛤蜊光。

综上所述，珐琅彩有和没有蛤蜊光以及渐成的蛤蜊光，根据原料的不同都是客观存在的，鉴别时不能绝对化和片面武断，要具体情况具体分析。所以彩釉有无蛤蜊光，不是鉴定珐琅彩和洋彩真假的唯一标准，但可以作为鉴定新老彩瓷的标准之一。而彩釉纹饰周围的白釉部分，有无均匀的彩晕现象，这才是鉴定雍正和乾隆洋彩真假的标准之一。

特别指出，真品的自然蛤蜊光，呈现的是多彩的金属光泽。"雍后乾初"的彩瓷，由于彩料制作和工艺配方的因素，不论是全部还是局部，其纹饰周围的白釉区域，如果出现均匀的彩晕，其他的条件又完全符合，那就完全可以断定为真品，因为就目前的高仿技术而言，还无法仿制出这种均匀的彩晕。尤其蓝料的纹饰或者四字宫款的蓝料，如果出现蛤蜊光或者彩晕，那必是岁月留痕的真品特征。

图8-2-91 乾隆粉彩花卉瓶瓶底

3. 珐琅彩有冰裂纹吗

关于珐琅彩有无冰裂纹的问题，专家们的说法也都各不相同，而且其混沌敷衍的解释，更使广大收藏者疑惑迷离。科学的解读是：进口珐琅料因为有硼（B）的存在，因此绝不可能有细裂开片，或者说至今还没有到出现开片的时间段。但彩釉中如果含有大量的钾（K）元素，如雍正六年（1728年）研发的国产珐琅料，尤其是采用新炼"软白色"为基料的调色，那就与进口"如胶似漆"的珐琅釉不同，国产这种"半软半玻"的珐琅釉，容易产生细裂纹和磨损现象。因此，无论是珐琅彩或洋彩也好，还是明清彩瓷中的古彩也罢，这种含有一定量钾元素的彩釉，就极易产生冰裂开片的现象。

国产珐琅料或含有用古彩绘画的洋彩，由于彩釉中钾元素的存在，会导致彩釉的膨胀系数加大。在国产珐琅料的配方中，其低膨胀系数的硼元素，含量极少或者可以干脆忽略不计，如果明炉烘烤的火候掌握得不好，又是在超温烧制的情况下，那么这种彩釉在出炉后的传世过程中，国产珐琅彩中的绿彩，就会率先出现冰裂纹，其次就是紫彩、黄彩、粉红彩，以及钾含量多的其他厚彩釉。

所以对彩釉是否会出现冰裂纹，只能作为判断彩瓷新老的辅助证据，而不能作为判断是否是珐琅彩和洋彩的标准。再次重申，纯进口的珐琅料一定是没有冰裂纹的彩釉，这也可以作为进口（雍正六年前）和御用极品珐琅彩的判断标准，且表观一定是呈透明的、"胶皮冻"似的韧性。

反观雍正造的国产珐琅料，大趋势是，其彩釉越透明就越不易出现冰裂纹。传统古彩所出现的冰裂纹，跟施彩的厚度关系极大，彩釉越厚越容易开裂。而清三代以后的所谓粉彩，虽然也是Si-Pb-K的体系，但它是用"铅白"来调色和打底，故粉彩中的各种色釉，大部分会呈现出磨损的现象，而只有在其釉厚处才会出现冰裂开片，其大小和多少也不等，但绝不是说粉彩就没有开片。

十四、为什么说珐琅彩的绘画和书法无可企及

1. 仿制珐琅彩的三大难关

仿制是那段历史的材料、工艺、技术的"重现",如果这三者达不到或无法复制的话,说明该品种已达到天花板,如果难以逾越、不可企及,就可能开辟一种新工艺,创新成为相似的"新制"技术。因此珐琅彩和洋彩的仿制,必过的三大难关是:珐琅料、绘画和书法。就第一关珐琅料而言,除能仿制出当时九种进口的珐琅料与"多尔门油"外,还必须仿出雍正时新炼和新增的那十八种颜色,然后才能揣摩和还原宫廷画师的各种调色与画法,您想象一下这可能吗?

假如说珐琅料经过系统的科研攻关,有朝一日还有可能被拿下的话,那么绘画和书法的这两道关卡,则是宫廷大师一种"心手合一"的中国艺术,与科技水平的高低关系不大了,它完全是作者传统功力和文化底蕴的真实写照,尤其是调色与绘画更是其精华所在。如果说仿品的某一种颜色还能蒙混过关的话,那十几种颜色的整体彩绘,毋庸置疑过不了画片这一大关,除非是穿越回到原彩、原工、原始的绘烧,否则就是新料、新工、现代人的本色出演。因此彩绘的仿制难度堪称最高的五颗星,而书法则更是难上加难不可为!

以工匠技艺为主的古代社会,是靠手艺吃饭优胜劣汰的时代,宫廷作坊中身怀绝技的各路艺人,其手艺和才华都是万里挑一。所以,即使现代的某位高仿大家,具备了某位宫廷画师的那种水准,可十几位宫廷画家的风格都能仿吗?虽然对珐琅彩的鉴别,需要做综合性研判的多项选择,但就以目前仿制的水平来看,先抛开胎釉型和老化痕迹等其他因素,仅就珐琅色彩和绘画方面而言,就足以让造假者望而却步,更别说宫廷御用书法家的墨书这一关了。

2. 珐琅彩和洋彩的绘画望尘莫及

众所周知,瓷器上的工笔重彩画,比纸绢上的绘画要更加难,这也是最能反映画师真正的功力所在。所以色彩越丰富、画工越精细,其绘画水平的差距也就越大。这也是区分清三代的珐琅彩,与各时期作品或仿品的第一道关卡。我们先抛开单色釉和青花,仅就珐琅彩的彩绘水准和彩料颜色来看,仿品那种艳俗的色彩和呆板的画工,完全可以一眼辨别出真假。

珐琅彩和洋彩上的绘画,不愧为宫廷中顶级画师的作品,件件精美绝伦,尤其雍正那种超凡脱俗、秀美清雅的珐琅彩,无论怎么评价都不过分。这种瓷器上的章法布局与精致彩绘,如同在纸绢上作画一样,人物的绘画精湛无比,动物的描绘栩栩如生,山水植物自然写实,加上珐琅料所独有的缤纷色彩,再辅以立体的层次感和宝石般的润亮,使珐琅彩绘的画片更加婀娜多姿、无与伦比。

图8-2-92 乾隆洋彩御制诗花卉尊 高39厘米

图8-2-93 乾隆洋彩御制诗花卉尊尊底

珐琅彩和洋彩的绘画功力和调色技巧，绝非是一般的画师所能为之，其绘画的风格与技法也都是同时代的宫廷画家从纸绢转到瓷器上的再现。因此在深入研究后就会发现，某件的山水或花鸟等画片，与宫廷某位大师的画风高度吻合，这种瓷与纸一脉相承的笔法也可相互认证，这也将成为未来研究的重点课题。如图8-2-92、图8-2-93展现的是传统风格，而像图8-2-98～图8-2-100这样的极品珐琅彩，其纹饰不但呈"弓形拱"，而且珐琅料表观似砗磲状，动植物的描绘也是栩栩如生，这种色彩叠加和渲染的油画技法，其颜色艳丽且自然过渡，非西洋画师和进口原料莫属。

也可以这样说：如果您在纸绢上的绘画，已经达到了宫廷画师的水准，那您就是一位当代的艺术大师；如果您在瓷器上的绘画，能达到清三代珐琅彩与洋彩那样的水平，那您就是一位当代国宝级的大师。但即使您具备了这样的绘画水准，那还有珐琅料和书法相随相伴呢？您还能同时左右和主宰这两项技艺吗？

近现代对珐琅彩的仿制，大致经历了两个高峰期。在民国三年（1914）"古物陈列所"（现故宫）成立初，首次面向社会公开展出珐琅彩和其他宝物后，景德镇开启了民国仿"古月轩"的黄金时代，这也堪称是"清末民初"的一次瓷艺复兴。正如大维德夫人在回忆录中说："那些听闻并一直渴望的所有中国民众，都想目睹宫廷中宝物的风采"。不过这时所仿制的珐琅彩，还属于"记忆模仿"和"创意模仿"阶段，其各种图案和造型真的是百花齐放。难能可贵的是，工艺和技术还保留清末的"官窑水准"，难怪具有30年藏龄的"清末民初"大银行家沈吉甫，演绎了一场"八万元听一响"的珐琅彩故事。

而到了20世纪90年代中期，因受到国内外高价拍卖珐琅彩的影响，景德镇又开启仿清三代珐琅彩的第二次高潮。由于资讯发达和博物馆的公开展出，仿品进入到"样本临摹"的时代，但毕竟断代与失传了60多年，其仿制水准全面落后于民国。民国的矿物彩料、画工都还尚可，虽然书法水平也很高，但却是一种"纯民国"的风格，或者根本就没有研究和意识到这点，因此同戴临的书法相比，是各写各的根本就不着边际。而现代的仿制不但彩料与清三代迥异，而且书法的水平也与民国不可同日而语，画工就更无法相媲美了，只是诗词内容和造型与清三代珐琅彩相同而已。坦白地说，在仿古盛行的清光绪一朝，应该具备较高的仿制水平了吧，但与鼎盛期的康雍乾三代相比，也依旧是"一眼很光绪"。如果说现代与民国的仿品相比，还相差一个等级的话，那么与清三代就不只是差几个等级的问题了。

所以从目前市场上来看，还没有发现集珐琅彩、绘画、书法三者都能过关的仿品，而且画片大都是十足的现代派和"学院派"风格，其人物、动植物等也都是初级的绘画水平，所以这类画片相对比较容易鉴别。对初学者蒙骗力最大的，则莫过于逼真的彩印画，其实辨别也很简单，彩印画的特点：一是釉面没有凹凸感，二是在放大镜下观察其色彩，都是几色点状所组成的图，这也是现代印刷品的共同特征。

3．珐琅彩和洋彩上的书法无人能仿

《珐琅作》记载："雍正七年四月……写黑珐琅字"；"雍正九年四月十七日，奉旨：……

少半面着戴临撰字、言诗诵题、写地章"。《记事录》载:"雍正九年十月二十日……照朕御笔着戴临写";"雍正九年十月二十八日,奉旨:……其字写时着戴临再放些画样准做。钦此"。

以上说明至少在雍正七年(1729年)四月至雍正九年(1731年)四月,珐琅彩上的书法,应该是宫廷中某位官员的"馆阁体",直到雍正九年四月才改由戴临专职书写,而且还赋予选诗词和编辑改写的权利。但到了同年十月戴临再次奉旨,强调一定是要"照朕御笔"来写。这也说明,即使珐琅彩上戴临的书法,也分自己随意书写和摹仿雍正的两种风格。即使到了乾隆年间,珐琅彩上的行书,还依然沿用戴临来书写。雍正的行书在三位皇帝中最好,如图8-2-95所示,而且其楷书的特点也是偏重于行书体。

从另一角度看还说明:此前在瓷器上的特殊题材中,乾隆和雍正皇帝都有过御笔题诗。雍正五年(1727年)《钦定诗经传说汇纂》卷前的序,就是由戴临代写的雍正《御制序》;乾隆八年(1743年)唐英编撰《陶冶图编次》上的旁白文字,以及乾隆九年(1744年)在蒋廷锡《百种牡丹谱》上补题百咏诗等,也都是由戴临奉命题写的。因为戴临的书法风格,与雍正皇帝极其相像,可对比图8-2-94的戴临与图8-2-95的雍正笔体,所以雍正才命戴临"照朕御笔"在珐琅彩上摹写诗句。这种雍正看中的宫廷大师级的戴临手笔,现代又有谁能仿得了呢?尤其戴临百咏诗中的行书,与珐琅彩上的书法相得益彰。所以要想真正鉴赏珐琅彩,就必须熟记和读懂戴临书法的精髓。

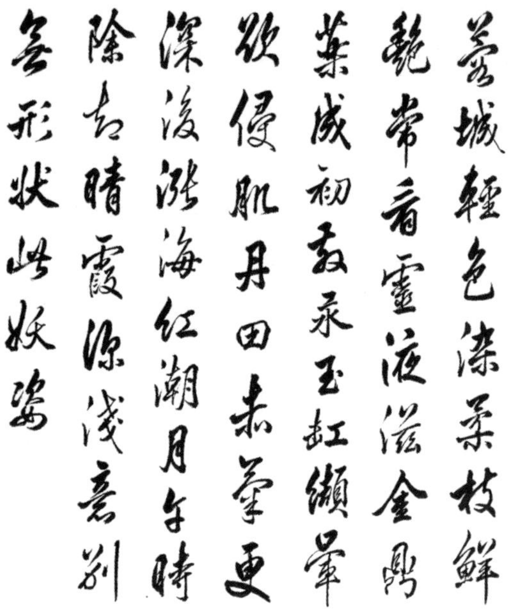

图8-2-94 戴临《百种牡丹谱》行书

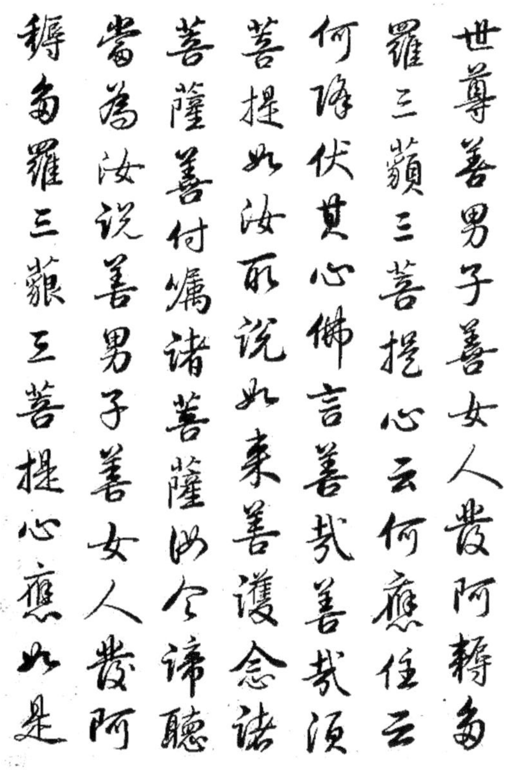

图8-2-95 雍正《金刚经》行书

毫无疑问，在"雍后乾初"的珐琅彩和洋彩上，所题写的行书诗词均出自于戴临之手。另据《活计档》载：乾隆七年（1742年）皇帝看到御制诗的山水青花大罐后，发出"甚好"的赞叹，旨令督陶官唐英"按其式样，别样瓶亦照有诗句、山水、花卉烧造"。而且乾隆对大臣于敏中、梁国治书法尤为喜欢，二人又擅长精楷和隶书，因此承命在书画和瓷器上恭题诗句，这也是难于模仿的宫廷大家书法。

故此推论，雍正七年（1729年）到乾隆九年（1744年）期间，"磁胎画珐琅"上的题词，是以唐到明的五言、七言律诗为主，而戴临则是根据其绘画题材，在彩瓷上加以引用和改编的行书；而乾隆七年以后在珐琅彩和洋彩上，则是以乾隆的御题诗为主，其彩瓷上精美的楷书、隶书、篆书，也是出自宫廷于敏中、梁国治之手。但两者所书写的原料一定都是"洋黑"，即清宫档案所记载的"写黑珐琅字"，如果说仿于敏中的隶书，还能蒙骗一般鉴赏者的话，那仿戴临的行书想都不要想。

即使是现代的书法大家，在瓷器上书写"黑珐琅字"，而要想仿宫廷书法大家的笔体，也是难上加难，可谓望尘莫及！就目前市场上仿制的珐琅彩来看，即使是清末到民国的鼎盛时期，如果说彩料和画工还算马马虎虎的话，那书法与戴临相比就会原形毕露，更何况当今从小就打下硬笔痕迹的仿品了。如图8-2-96、图8-2-97仅以"新枝含浅绿"的开头"新"字为例，由于对耗时费力才完成的珐琅彩绘而言，而且面对的又是宫廷的御用书画家，难免戴临在断续且不定期的每次开笔前，会产生敬畏、忐忑甚至是"发憷"的谨慎心理，并且还存在瓷和纸书写质地上的差异，所以有时在个别字上会显得拘谨些，即便如此那也足见其彼此的笔顺与架构，何况还有其他的字也都要相符啊！所以最好将戴临《百种牡丹谱》中字的笔法，尤其真品珐琅彩上的书法烂熟于心，这样您就会对戴临的书法风格了然于胸。

图8-2-96　馆藏和拍卖珐琅彩上的戴临书法

图8-2-97　《百种牡丹谱》纸上的戴临书法

所以说，您现在可能是一位大书法家，也可能您的书法水平，远比清代这些御用书法家要好，但先入为主的标杆样板，使得您不得不做一次模仿秀，但不论您怎样去做，都会露出马脚。对书法而言，毫不夸张地说，只要研究过的一眼就可辨假识真，也不需再看什么绘画和彩料了。像戴临、于敏中、梁国治等这样的笔法，没有几十年的书法功底，能仿造七分像都是痴心妄想！所以如果珐琅彩上有题词，建议您一定要先看看书法，因为无论是否用进口还是国产珐琅料，也不论画片是何人的画风与技法，就是说无论宫廷什么样的画师，以及彩绘风格如何不同，但唯独戴临的书法是始终如一，只是个别笔法上稍有不同而已。目前仿品还没有认识到这点，所以珐琅彩上书法的唯一性，已经"引无数英雄竞折腰"，就是民国一些乱真的高档仿品，也大都是在书法上折戟。

图8-2-98　乾隆珐琅彩锦鸡瓶 高16.7厘米　　图8-2-99　乾隆珐琅彩锦鸡瓶

毫不夸张地说，珐琅彩和洋彩上的书法，都是由戴临或宫廷中的大书法家所为，是仅次于绘画的另一大仿制难点，尤其是仿雍正和乾隆的御笔那更是天方夜谭！所以一旦发现瓷器上有皇帝的御笔，如图8-2-116的"雍正年製"《耕织图》，就是雍正皇帝亲书的御笔，而且"画珐琅"的不是焦秉贞，那就非陈枚的"参以西洋法"莫属，因乾隆四年（1739年）陈枚曾受命绘制过一套《耕织图》，参照图8-2-3"乾隆年製"《耕织图》，总之这件珠联璧合的旷世杰作，真正是珐琅彩"皇冠上的明珠"。因此珐琅彩上的皇帝书法，如果不是印刷版或热转印技术所为，而且也没有描摹痕迹，其毛笔痕和墨色还都非常完美的话，毫无疑问是非常罕见的珍品。

由于纸绢与釉面的不同质、碳墨与珐琅黑的不同料，重点是仿者与戴临等宫廷御师根本就不在一个数量级上，所以至今还没有看到仿品的书法水平能与宫廷这几位达到伯仲难分的程度。即使是民国期间所写的书法，总体上看也相差甚远，更何况今天现代人的书法水准，所以鉴别珐琅彩上的书法，绝对可以说是一剑封喉。因此，集诗、书、画、印"四绝"于一身的珐琅彩和洋彩，纵然仿品使出浑身解数，也绝无可能达到与真品无二的境地！

4．高科技的笔迹鉴定

宫廷中每位画家的画风，需要研究、熟悉和综合判断，而世间对每个人的笔迹鉴定，法

图8-2-100　乾隆珐琅彩锦鸡瓶瓶底

律上都可以作为证据采信。即使科技发展到今天,笔迹鉴定也依然被法律所认可。至于专家经常说什么笔道"软"的行话,可看作是无法给出准确判断的一种说辞,其实笔力的软与硬和真不真,是完全不同的两个概念。目前市场上已推出第一代智能笔迹鉴定软件,不但鉴别的速度极快,而且鉴真的精准度也很高。有理由相信:迭代升级后,经过科研人员对某人字体的架构线条、笔顺笔速、压力值、连贯性、不同载体等方面,做进一步深入细致的补充和完善,其鉴真的精准度还会更高。特别指出,人工智能笔迹鉴定的精确度,取决于所能提供本人的原字有多少,原字越多其鉴定就越精准,这也是大数据采集分析的基础。

值得庆幸的是,在《百种牡丹谱》的题诗中,有戴临纸上的几千字海量行书,还有"两宫三馆"等珐琅彩上相同的大量书法,相信鉴定珐琅彩上的戴临笔迹,其精准度可以达到99%。随着对此项认知度的不断提高,也许在不久的将来对珐琅彩上戴临的书法鉴定,必将引起文博界的高度重视和依赖,甚至可以起到一锤定音的作用。

对皇帝或戴临等人的笔迹鉴定,是科学鉴真珐琅彩"锦上添花"式的又一进步,相信一定还会有对其他名人名家的书法鉴定,这完全可起到不可替代的辅助鉴定作用。重点是在司法中这不但可作为采信的"文件物证",而且还有

GB/T37239—2018笔迹鉴定的国家标准。尤其是特别珍贵的皇帝御笔,从科学角度讲,瓷器上的书法可以永久保存,但纸绢上的书法却终究不能长久,因此瓷器上如果有帝王的书法,其历史价值和经济价值应该更高。重点是,皇帝不会轻易和随便在瓷器上题词,所以这种作品极其稀少和珍贵。

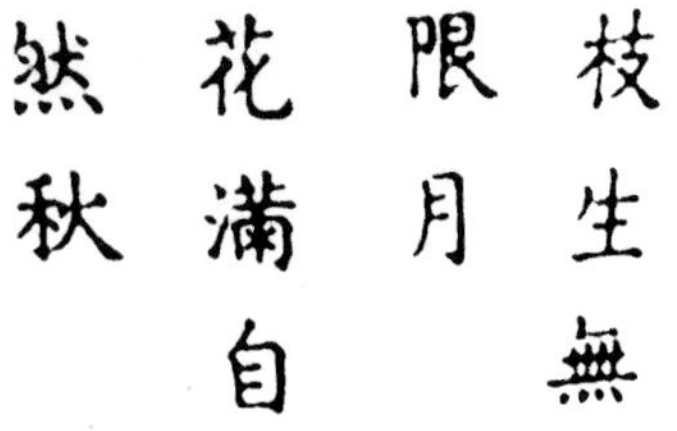

枝生无限月,花满自然秋

图8-2-101 台北故宫博物院雍正珐琅彩碗书法

综上所述,如果说由一维和二维要件组合的彩瓷,其仿制水平可以达到神似地步的话,那么以"进口(或雍正)原料+宫廷画师+御用书法家+清三代胎釉"的四维要件组合,这种由国家顶级人才参与的巅峰之作,还是不计成本的"宫窑"珐琅彩,完全可称为世界上最奢侈的艺术品,可想而知其仿制的难度,堪称瓷器领域中的"登月计划",而我们现在所能做的就是研究与保护。

十五、对雍正珐琅彩初期书法的研究

1. 雍正初期书法的状况

康熙二十五年(1686年)在彩绘瓷器上,开创集"诗、书、画、印"为一体的先例,书写采用的是清宫常规的官方"馆阁体",引用的是《全唐诗》或同时期的诗词。纵观康熙瓷器上所书写的诗词,不是造办处执行和延续的"清规",就是宫廷"馆阁体"的"戒律"。雍正初期或者说雍正九年(1731年)以前,最初在珐琅彩上所书写的诗词,也是延续康熙十二花神杯上的书法样式,而变化的只是"青花字"换成"黑珐琅",同样"青花图章"改成"珐琅红章"。到了雍正九年由皇帝下旨后,才钦定在"磁胎画珐琅"上由戴临专职摘编和书写诗词。

由于乾隆二十年(1755年)前的督陶官依然是唐英,因此乾隆初期仍是以继承为主,直到乾隆中前期才将其发扬光大,从而改为乾隆御制诗的隶书及精楷,且器型和工艺不断推陈出新。但清宫造办处做的任何事,都要遵规守矩,即使是瓷器上简单的书法,也不会是个性张扬的非官方的行书。如图8-2-101是1979年台北故宫博物院出版《清代画珐琅彩瓷特展目录》中的"雍正珐琅彩鸳鸯碗"上书写的"枝生无限月,花满自然秋"的唐诗,而且与康熙花仙杯同句的笔体基本相同,完全是同一风格的"馆阁体"。

但令人不解的是,在《清代画珐琅彩瓷特展目录》展品中,却将书中编号为155的这件珐琅彩碗,虽然来源都相同但却被鉴定是唯一的仿品,其中最主要的原因就是诗词书写的是"馆阁体",以及一反蓝料款的常规宋体字。即使这件具有皇家档案的背景身份,专家仍然固执地采用典型"标型学"来鉴定,这也是用"标型学"枪毙真品珐琅彩的实例,现在看来这显然是"旧时错误"。

如图8-2-101所示,这件具有"馆阁体"的珐琅彩碗书法,确实与存世另两件相同诗词

第八篇 大清盛世的青花与彩瓷

图8-2-102 雍正吉祥富贵珐琅彩瓶 高33.2厘米

图8-2-103 雍正吉祥富贵珐琅彩瓶局部

的珐琅彩碗上的行书不同，例如：苏富比的前身帕克–伯内特（Parke-Bernet Galleries）于1939年5月11日编号为119的拍品，是史蒂芬·琼肯三世的收藏品，这件珐琅彩芙蓉桂花图诗文碗，底款是"大清雍正年製"青花款，画面同样题"枝生无限月，花满自然秋"的诗句，但此碗书写的风格却不是楷体，而疑似是戴临的行书笔体。毫无疑问，如图8-2-101所示的藏品要么是到代，要么就是清末民初仿品，但仅从画工、颜料、书法等方面判断，应该是雍正本年的珐琅彩碗。

笔者强烈建议判断戴临"雍后乾初"的整体书法风格，一定要大量观察和熟悉雍正和戴临的书法作品。这可能是在雍正"照朕御笔"的旨令前，延续原康熙朝写书法官员的笔体，或许就是徐同正的楷书，这需要进一步深入研究。经笔者考证，《故宫博物院文物珍品全集》中珐琅彩百花碗的底款、嘉德春拍2018年拍品珐琅彩万花锦纹碗的底款、苏富比2012年的拍品珐琅彩花卉碗的底款，都与如图8-2-101所示款的底款一模一样，如图8-2-104～图8-2-106所示。这证明雍正九年（1731年）前的珐琅彩，确实有此种楷体的写款法，并非都是徐同正所写的正规宋体字，而且这种违反常规宋体的楷字，也只能出现在雍正九年珐琅彩定型之前。

在《清代画珐琅彩瓷特展目录》的"序"中明确指出"此次展览，即选此三朝之作"，说明如图8-2-101所示这件是"端凝殿北小库"的珐琅彩碗，也记录在道光十五年（1835年）的档案中。因此这件来历纯正、流传有序的清宫珐琅彩，既不是道光时代的仿品，也与清末民初的仿珐琅彩无关。民国三年（1914年）政府将紫禁城改为"古物陈列所"，之后才在武英殿第一次公开向社会展出珐琅彩，各路民众这时才一睹其真容。而像国际大拍流传有序的拍品，尤其北京故宫这件有裂纹的清宫旧藏底款，不但为台北故宫博物院"仿雍正鸳鸯碗"平反昭雪，而且还间接证明：雍正时期的珐琅彩，有"类馆阁体"的书法存在。

2．珐琅彩与戴临书法

《活计档》记载：雍正十年（1732年）"园内总管李德取来一面写黑色行书字，一面画玉堂春富贵花卉磁壶三把（内一把把上有'惊纹'系'大清雍正

图8-2-104　台北故宫博物院"仿品"

图8-2-105　北京故宫藏品

图8-2-106　苏富比拍品

图8-2-107 雍正吉祥富贵珐琅彩瓶瓶上书法

图8-2-108　雍正吉祥富贵珐琅彩瓶瓶底

年製')。一面写蓝色篆书、楷书字，一面画松竹梅花卉磁壶一把（无款）"。以上可解读为：雍正十年的珐琅彩底款，既有"蓝色篆字"和"楷书字"，也有"大清雍正年製"青花款，而且都是"一面写黑色行书字"的诗句。从中还可看出珐琅彩的衍变历程：从雍正七年（1729年）前由"图案化"的定式，遵旨转型到"内廷恭造之式"；其题写的诗句也由某人的馆阁体，转为雍正亲令戴临"照朕御笔"来摹写，最终则全部是戴临体的行书。

瓷器上刚开始所书写的诗词，首先就要遵守宫廷所采用馆阁体的一贯原则，这符合按部就班的正常规律。但雍正九年（1731年）以前这类的馆阁体存世量极少，如图8-2-101所示台北故宫博物院的这件，就不同于其他珐琅彩上的书法，而且也没发现鸳鸯图案与之相配唐诗的同类器。但这种雍正朝初始书写馆阁体诗词的特例，在馆藏和拍卖中也曾出现过，笔者认为这对研究珐琅彩的发展和衍变，具有极其重要的学术价值。

特别指出，雍正九年四月戴临奉旨写的"言诗诵题"，由于没有领会皇帝的意图，而是同之前写书法的官员一样，依然按照馆阁体的风格来写，所以书写得"不伦不类"也比较尴尬。皇帝的本意是因为戴临的笔体特别像自己的书法才让他来代笔，但戴临开始还是按照"清规戒律"来写，因此雍正皇帝看了之后，才于十月马上又下旨，重点强调一定要"照朕御笔"来写。

这也说明雍正转型期非戴临写的书法，以及戴临还没摹仿雍正笔体的书法，只是存在短暂的六个月时间，因此传世的作品也不多。如图8-2-101与图8-2-107所示的作品，推测可能是其他官员的笔体，或许是戴临初期馆阁体的书法作品。重点是，彩瓷和绘画的表象与风格，不但符合雍正时代的所有特征，尤其"镭射"般的蛤蜊光与彩晕并存，而且与乾隆时代所绘鸡尾的墨绿色不同，符合雍正初期的鸡尾大都是酱色的特征，而雍正末到乾隆一朝时才是墨绿色。

这件仅见于雍正吉祥富贵珐琅彩瓶（图8-2-107）上"红冠不用戴，一鸣万户开"的诗词，是改编于唐寅《咏鸡诗题金鸡报晓图》的诗句，也幸得万历年间何君立仰慕唐寅而不惜重金搜集，并整理以诗文集付梓传世。虽然唐寅的诗尚在，但画却不知去向，重点是，唐寅的这首改编诗句，在清代瓷器诗词中没有其二。唐寅原题画诗的首尾两句是："头上红冠不用裁，一叫千门万户开"，从其行楷的书法风格上看，也同如图8-2-101所示的笔体相似，这应该都是雍正九年九月前，即刚开始实行题写诗词时某官员的书法，而且字体还都显得很拘谨，至于这是不是"戴临书法"则需要研究和验证。

如图8-2-102、图8-2-103所示，这件吉祥富贵珐琅彩瓶，与雍正仿成化斗彩子母鸡的图还不同，它是用珐琅料来表现鸡和富贵牡丹的图案。这既符合雍正八年（1730年）是鸡年，寓意着开年吉祥富贵、大吉大利的中国年俗，也与雍正九年戴临奉旨"照朕御笔"前，存在的各种书法情况相符。况且这种改编于明代唐寅的诗句，与戴临所改编的其他唐宋诗词一样，也具有相当的文化水准，目前还没有发现同类题材及其改编诗词的器物，因为雍正朝不可能再有第二个鸡年。

珐琅彩上的戴临书法只有到了乾隆一朝，才是真正的戴临本性书法，因为没有了"照朕御笔"的约束，所以其行书就显得更为率真。毫无疑问，"雍后乾初"珐琅彩上的诗词，除其中极个别的楷书外，其他的一定是戴临的行书。不论是雍正后期还是乾隆时代，也不论是在瓷上还是在纸上，戴临的笔法和风格都应该完全一致，但也绝不会是一模一样。如果笔道个别处略显差异，而且也符合戴临本人书法风格与特点的话，就可确定为戴临的书法，这也与司法笔迹鉴定相似。

虽然戴临与雍正行书的笔法和字体相似，但对戴临所写的书法而言，如果对其中的个别字体，而不是整体产生异议的话，建议参照和对比雍正皇帝的楷书和行书。这也是解读在"临摹皇帝御笔"时，戴临最初的内心世界，因为他不是以平常心的随心所欲，也不是潇洒自如的放开状态，而是那种受宠若惊、小心谨慎的心理，尤其面对的还是宫廷御用画家的绝美作品。因此戴临在刚接御旨"临摹"时，笔体一定会显得很生硬，而且是一种馆阁体的行楷，尤其还是在瓷面上非连续不定期的书写，最初一定是机械式地"模仿"雍正笔体，其笔锋都稍显拘谨或明显有临摹的痕迹，即使这样也必然会留有戴临本人的笔迹。

特别强调，同在纸绢的质地及平面上的戴临书法相比，因器型弧度和釉面滞涩的原因，一定会影响其书写的笔法及其连贯性，而且还是在"照朕御笔"遵旨的心情下来摹写，因此笔体就会稍有不同。可以看出，珐琅彩上的书法风格，分转型初期、雍正九年（1731年）期、乾隆期三个阶段，唯独戴临是雍正指定的御用书法家，而戴临所选编的诗词，也分"引用"和"改编"两种。

十六、几件特殊珐琅彩的学与问

珐琅彩中的龙纹皆为绝品，目前在所有公开的资料中，还没有单独用珐琅彩画龙纹的器物，而青花、矾红等龙纹则比比皆是。用清代顶级的珐琅料，却不绘制具有象征意义的皇家龙纹，这既不合情理也是无法想象的事。上海博物馆藏乾隆珐琅彩的龙凤纹双联瓶，则是一个"卡通式"夔龙凤纹的联瓶，以及如图8-2-21所示外黄内白夔凤纹碟的"黄器"，按清规那就非雍正皇贵妃莫属，但这还都不能算是代表皇家的龙凤纹。如图8-2-109、图8-2-110、图8-2-113所示，雍正珐琅彩的黄地九龙尊，其龙身异常健硕，头颅高高隆起，勇猛雄健之态令人生畏，这才是典型雍正龙纹的代表。而如图8-2-111、图8-2-112、图8-2-114所示"乾隆御製"超白釉胭脂红的描金龙，则是乾隆珐琅彩龙纹的代表，两者堪为绝品。

清·陈浏《陶雅》称："康熙彩画精妙，官窑人物以耕织图为佳。"清末民初许之衡《饮流斋说瓷》云："耕织图为康熙官窑精品，兼有御制诗，楷亦精美，声价殆侔于鸡缸也。"而本书雍正和乾隆的两件耕织图，不但为两朝中的仅见品，而且绘画和书法更是精美绝伦，尤其如图8-2-115、图8-2-116、图8-2-119所示"雍正年製"的耕织图，在清三代的珐琅彩中绝无仅有，其器型、胎釉和绘烧极其精湛，而且蛤蜊光与彩晕并存，更有雍正相同的绢本耕织图御笔作为力证。

笔者认为，如图8-2-115、图8-2-121、图8-2-123、图8-2-127所示这类天花板级的孤品，才是珐琅彩中真正的大逸品。《陶雅》云："粉彩以雍正朝最美，前无古人，后无来者"。时至今日再补充一句：纵观300年来的后来者，确实也没有人能够超越！

《陶雅》又云："雍正窑极精之脱胎瓷画，有四绝焉。质地之白，白如雪也，一绝也。薄如卵幕，口嘘之而欲飞，映日或灯光照之，背面能辨正面之笔画彩色，二绝也。以极精之显微镜窥之，花有露光，鲜盆娥细，睫有耸毛，且茎茎竖起，三绝也。小品而题极精之楷篆，各款细如绳头，四绝也。"雍正十年（1732年）《活计档》载："脱胎填白磁……画珐琅用。钦此。"这说明：雍正晚期开始出现脱胎瓷，而且是专用于珐琅彩的制作。有的鉴宝专家为彰显其学识，经常引用这"四绝"之鉴定法，殊不知文献和《陶雅》的作者，都不是针对所有珐琅彩和洋彩而言，而只是对雍正脱胎彩瓷的赞誉。清代脱胎瓷始创于雍正晚期，而且是专供"雍末乾初"的御用画珐琅，故不能作为鉴定所有彩瓷的普遍标准。

特别指出，继雍正彩瓷的"四绝"之后，除乾隆初无缝承续外，历代也都在尝试但无一能仿制成功。北京故宫藏的雍正珐琅彩雉鸡牡丹纹碗，就属于这种半脱胎彩瓷，其绘制精湛、色彩丰富，尤其还有珍贵的紫玫瑰色。而如图8-2-117、图8-2-118、图8-2-120所示"雍正年製"的半脱胎瓶亦如此，其内外釉正如《陶雅》所云"白如雪"，而且坚致、晶亮、莹润，这种"薄如卵幕"造型复杂的"四绝"瓷，胎薄釉润且造型复杂，烧制难度极大，重点是局部有蛤蜊光、彩晕及紫玫瑰色。因此对《陶雅》的描述和故宫藏品的鉴赏，摘抄、转述与文字理解是一回事，上手研究和科学认知则是另一回事，而能上手馆藏品的恐怕没几位，对雍正彩瓷"四绝"的鉴赏，没上过手的那就很难做出正确的判断。

此瓶画片的各色珐琅料、调色、画工等，不但符合"鲜艳纤细"的第三绝，而且那种蓝中有红、白中带蓝的朦胧山水画，堪称雍乾"香色"珐琅技法的一绝。但不能理解的是：不但在瓶上下部的白釉上，涂施雍正独有的浅苹果绿珐琅釉，而且还在其上采用繁缛的轧道工艺。显然这种新进的创烧不符合雍正品位，只是尝试性的创烧，制作稀少而难得，故雍正这种彩瓷传世非常的少，轧道工艺虽然始见于雍正，但却在乾隆彩瓷上大放异彩。而像雍正这种极品珐琅彩，必有蔷薇、紫玫瑰、嫩绿等时代特"色"，特别是在用"香色"调和的平涂山水上，一定会有蛤蜊光或蓝"彩晕"的老龄现象。

目前馆藏和文献资料"雍正御製"的珐琅彩，大都是雍正初期"反瓷"珐琅彩的青花楷书款，目前也只发现伦敦东方陶瓷学会前会长苏玫瑰（Rosemary Scott）在《大维德藏中国陶瓷艺术品》中，展示了一件"雍正御製"蓝料款的珐琅彩杯。而如图8-2-121、图8-2-122、图8-2-125所示"雍正御製"蓝料款的锦鸡瓶，与天津博物馆"乾隆年製"的锦鸡瓶，虽然题材相似但纹饰却略有不同，这是造办处不同时期的不同画师所绘，根据釉色、画工、珐琅料、书法、底款朝向等判断，应该是雍正转型初期的作品。

"雍正御製"的锦鸡尾是上翘式，而且所有用"软白色"调和的花朵，其外围都描上胭脂红线，而每片堆厚的大叶纹中线两边，都呈高低错落的堆垛，尤其独特的赭石色与绘画，在所有珐琅彩中没有之一。对清三代珐琅彩与洋彩的鉴别，既要有彩料、画工、书法、底款等相互佐证，还需要对蛤蜊光、彩晕、裂纹、"黄金圈"等进行综合性研判。这件雍正瓶的使用痕迹不但明显，而且部分纹饰还出现磨损、裂纹尤其还有渐成的蛤蜊光，这也是区分新老的重要标志。因为民国还没发现仿戴临的墨书，所以要么是到代，要么就是新仿，通过与乾隆时戴临的相同书法比较，其字体、笔法等也都基本相同。

有关郎世宁的珐琅彩作品，至今是"只闻其声不见其影"的遐想品，按理从任何角度看都应该有作品问世，但至今谁都既没能证明也没否定它的真实存在，清宫档案中也只是师傅带徒弟的记载，以及接旨画稿和着色等间接证据。

如图8-2-123所示，雍正时的郎世宁彩绘，有蛤蜊光和彩晕并存，而乾隆珐琅彩郎世宁花鸟觯（图8-2-127~图8-2-129）同样在山石蓝彩以及"乾隆年製"蓝料款上出现蛤蜊光和彩晕，如前所述这种彩绘上出现的彩晕，那是真品的不二特征，而且其中一支瓶内还残留有沉积物，说明此瓶应该是乾隆饮"保健品"的专具，以此残液还可作为清宫御用药的一项课题研究。况且雍正与乾隆的花鸟题材相比，乾隆喜好的是热闹型的满画面，是那种层层叠加的乾隆化风格，而雍正的则是一种秀气、雅致的审美观。这也说明，虽然郎世宁画珐琅的技法没变，但画风却有明显的改变，这种两朝两帝的两种风格，也是郎世宁投其所好的改变。

根据对郎世宁书画的研究，凡书写"臣郎世宁恭绘"款识的是早期作品，这在雍正朝是较常用的形式，而书写"臣郎世宁恭画"的则是中晚期作品，在乾隆朝常见此款。因此，对比郎世宁的这两件瓷器作品，不但落款符合书画上的这种规律，而且字体与印章也都与书画相同。郎世宁这种中西合璧的独特手法，以及"上用"的进口料与调色等高人一筹的技艺，至今也无人可比可仿。况且，如图8-2-127所示的乾隆花鸟觯也还完全是按雍正彩瓷"四绝"的标准来烧制，它与雍正花鸟瓶（图8-2-123）一样，都有戴临书法和进口珐琅料来佐证。

凡是无法想象的存世珐琅彩，尤其对惊世骇俗、超出认知范围的珐琅彩，除C14和热释光破坏性的鉴定外，还有最后无损鉴定的杀手锏，那就是戴临书法和X荧光色散的彩料鉴定，这种至今法律上承认的笔迹鉴定，加上对珐琅料中DNA的科学检测，笔者完全认可并坚信：这是珐琅彩故事剧的最终结局，这种从来没有人赶超的顶级珐琅彩，必定会成为珐琅彩的绝世神品！

第八篇 大清盛世的青花与彩瓷

图8-2-109 雍正珐琅彩九龙尊 高28.5厘米

图8-2-110 雍正珐琅彩九龙尊

图8-2-111 乾隆珐琅彩龙纹葫芦瓶 高33.8厘米

图8-2-112 乾隆珐琅彩龙纹葫芦瓶

图8-2-113 雍正珐琅彩九龙尊尊底

图8-2-114 乾隆珐琅彩龙纹葫芦瓶瓶底

图8-2-115 雍正珐琅彩耕织图瓶 高19.8厘米

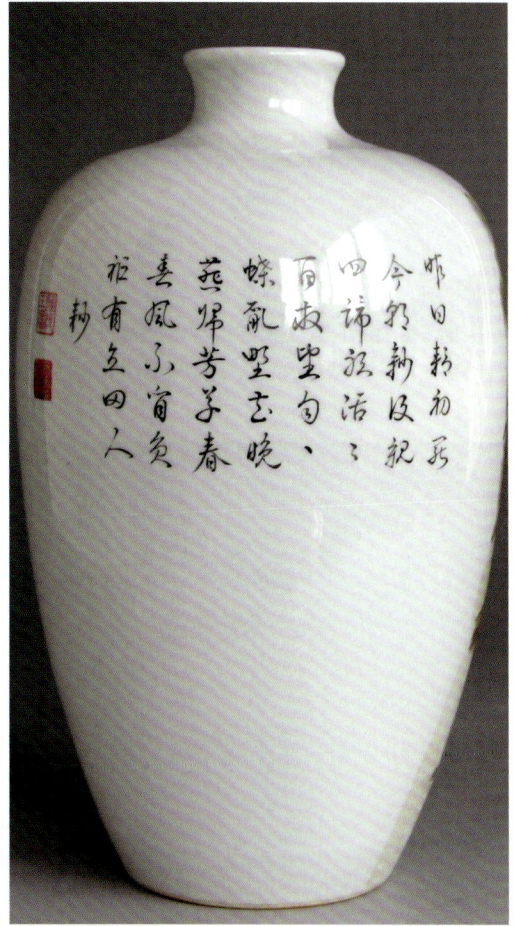

图8-2-116 雍正珐琅彩耕织图瓶

图8-2-117 雍正珐琅彩山水瓶 高28.1厘米

图8-2-118 雍正珐琅彩山水瓶

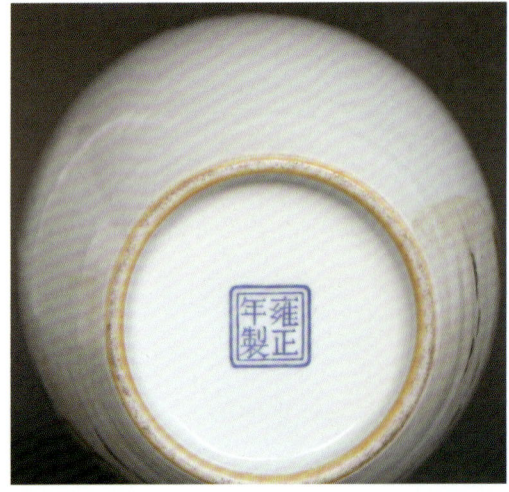

图8-2-119 雍正珐琅彩耕织图瓶瓶底

图8-2-120 雍正珐琅彩山水瓶瓶底

图8-2-121　雍正珐琅彩锦鸡瓶 高16.3厘米　　图8-2-122　雍正珐琅彩锦鸡瓶

图8-2-123　雍正珐琅彩郎世宁花鸟瓶 高29.1厘米　　图8-2-124　雍正珐琅彩郎世宁花鸟瓶

图8-2-125 雍正珐琅彩锦鸡瓶瓶底

图8-2-126 雍正珐琅彩郎世宁花鸟瓶瓶底

图8-2-127 乾隆珐琅彩郎世宁花鸟斛一对 高16.2厘米

图8-2-128 乾隆珐琅彩郎世宁花鸟觯

图8-2-129 乾隆珐琅彩郎世宁花鸟觯觯底

第九篇

书画与杂项

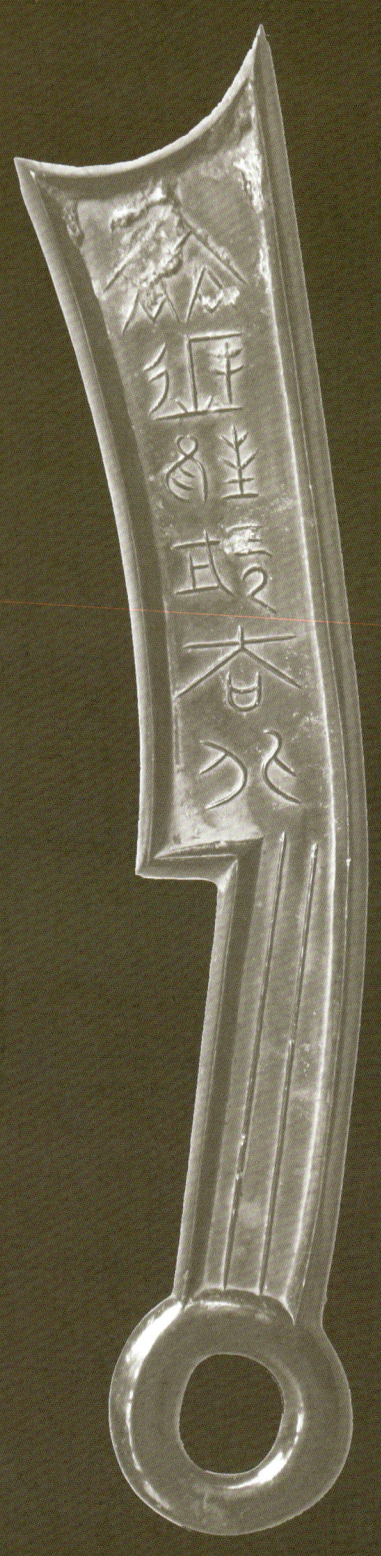

第一章
再论书画中的"双胞胎"

近年来在艺术品拍卖场上，近现代大师级的名家作品屡创天价，随之市场上出现了一些"双胞胎"书画，但这类书画作品以临摹当代知名的书画家为主，其目的就是造假以牟取暴利，严重搅乱了艺术品市场。

一、书画有"双胞胎"吗

1. 书画确有"双胞胎"

在中国历代传世的书画中，有很多被称为"双胞胎"现象的案例，即同一位作者存在两件或两件以上，其画意的题材相同而材质不同的书画作品。因此，"双胞胎"是在鉴定中国书画时，经常会遇到的一个问题，无数事实证明，名家名作一画数本的现象，历史上确实也屡见不鲜。

比较著名的案例，如被乾隆皇帝先后入藏的黄公望《富春山居图》，此二卷宛如"双胞胎"，又如大名鼎鼎的收藏家叶恭绰与吴湖帆，两人都收藏有一卷宋人米芾的书法名迹《多景楼诗帖》，这也是一桩著名的"双胞案"。现在的叶藏本收藏于美国旧金山亚洲艺术博物馆，同样的吴藏本早已被上海博物馆收藏。重点是在这对"双胞胎"的连诗册上，其用印及位置都如出一辙，而且宋人的题跋也完全一致。另外还有《清明上河图》等就不一一列举。

然而鉴宝专家通常认为，在书画的"双胞胎"中，其中必有一假，而不可能两张俱真，要么这两张都是假画。但事实上这种认知失之偏颇，所以在鉴别书画真伪时，就有可能会导致错误的结论。因此对于"双胞胎"书画的现象，一定要仔细分析、细心鉴别，而不能简单粗暴地以真假来区分。

明清时期，书画的仿制达到一个鼎盛时期，而且不仅是书画界，在瓷器、陶器等各领域中，也都出现了一些仿制名品的作坊。清代书画的仿制作坊，集中区域有"苏州片"和"开封造"等。苏州有很多老字号的作坊，主要做宋、元、明的书画，而河南作坊的"开封造"，主要是仿制明清名家的书画作品，例如唐伯虎、米芾、董其昌等人。

2. "双胞胎"现象分析

必有一假的"双胞胎"书画，其中之一的手法就是"揭裱"，即把夹宣的原画人为揭裱成两张，底下一层的墨色较淡，但经过画家重新描摹后，就与上面一层成为"双胞胎"了。其二是根据真品或图录，用仿真设备或照相印刷来仿制。其三就是刻意临摹，但这类大都为专业行家。

而必是真迹的"双胞胎"书画，其一是传统书画的"命题作文"，因此从理论上一定把握住一点，即题材、构图再相似的两幅作品，也不可能丝毫都不差，细微处肯定是有所区别的。其二是书画家在不同的材质上，会有两部同样的作品，即分别在纸和绢上画了相同题材的画作，所以题材好的和熟练的完全有可能出现"多胞胎"现象。其三是画家以同一题材多画几幅，作为展览或者备选用。

对知名和高产的艺术家而言，可能会反复画一样的拿手题材，以此作为自己的标志性画作或者赠送或者销售。另外"多胞胎"还可能是书画家的练笔作品，所以也可能是创作了第一稿、第二稿、第三稿等，但这些练笔作品的构图题材，很有可能极为相近，但也绝不可能一模一样，因此从另一角度看，某人的多胎书画也可相互佐证。

3. 能仿名人与成为名人

在绘画领域里无论古今中外，临摹都是一种很好的学习手段，历代中国画的大师，也都是从临摹古代名人书画开始。比如：梵高也会临摹米勒的名作，张大千仿石涛画及临摹敦煌壁画，包括齐白石、傅抱石这样的大师，也都是从临摹芥子园画谱入手的。

临摹在古代有两个作用，一是学习与继承；二是保存原画以流传，因此历史上如果没有这些摹本，我们也就无缘见到那么多精美的作品。比如：博物馆中像顾恺之、王羲之等的作品，其流传下来的都不是真迹，而大都是各时代摹本，也包括著名的《洛神赋图》《女史箴图》《兰亭图》等，但今天能说这些不是名人的书画吗？

二、古代书画鉴赏

从宋元明清到民国，不论是宫廷画家、皇帝御笔，还是名人书画，能流传到现在殊为难得。笔者虽然也收藏书画作品，但由于知识水平有限，在宋元书画上有很多章款都不识，只是根据材质、笔墨及颜料老化程度，尤其是以艺术性第一的原则在收藏。如果再从法律认可的笔迹鉴定角度，这些也的确是真迹无疑，在此就不详细而论。

简单说明，李唐的采薇图在北京故宫博物院有不同版本，但本节展示的版本不但有落款"李唐笔"，而且还有宋高宗的御笔"画禅有李"，以及十多方收藏印章。其中的乾隆《浴佛日三叠韵诗》书法长卷，以及在邹一桂画上"鹤纹逸寄"的题词，也有相同乾隆御笔的纸本传世；明代王孟端完整《金刚经》的书画纸本，则是被辽宁省博物馆收藏，但书法完全相同，容易鉴别；而明代吕纪绢本的鸳鸯图，收藏在美国大都会博物馆，只不过是多了一只白喜鹊；郎世宁相同秋猎图的不同尺寸绢本，收藏在北京故宫博物院，但却无作者的款识和印章；还有翁同龢、于右任、溥儒等相同的书法，都有传世品，只是尺寸、材质、时间不同而已，因而对比鉴别真假相对不难。（图9-1-1～图9-1-30）

图9-1-1　宋代李唐绢本采薇图 尺寸51.5厘米×31厘米

图9-1-2　宋代李唐绢本采薇图局部

图9-1-3　元代子昂纸本相马图　尺寸43.5厘米×34.3厘米

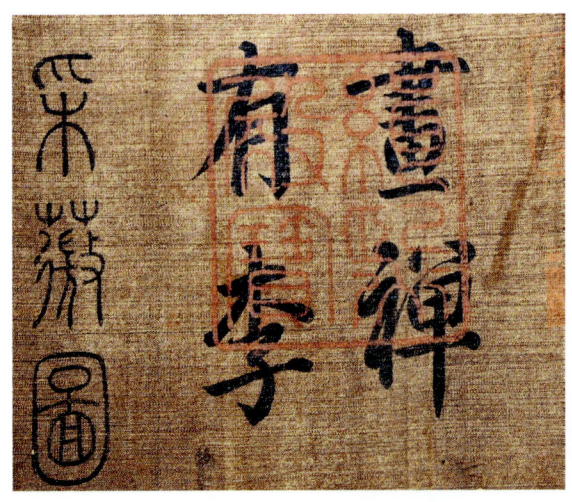

图9-1-4　李唐采薇图宋高宗御笔

图9-1-5　清邹一桂绢本花盆图乾隆御笔

图9-1-6 明吕纪纸本鸳鸯图 尺寸121厘米×62厘米

图9-1-7 明胡人绢本牵骆驼图 尺寸73厘米×40.5厘米

图9-1-8 明吕纪纸本鸳鸯图局部

图9-1-9　明吕纪纸本鸳鸯图局部

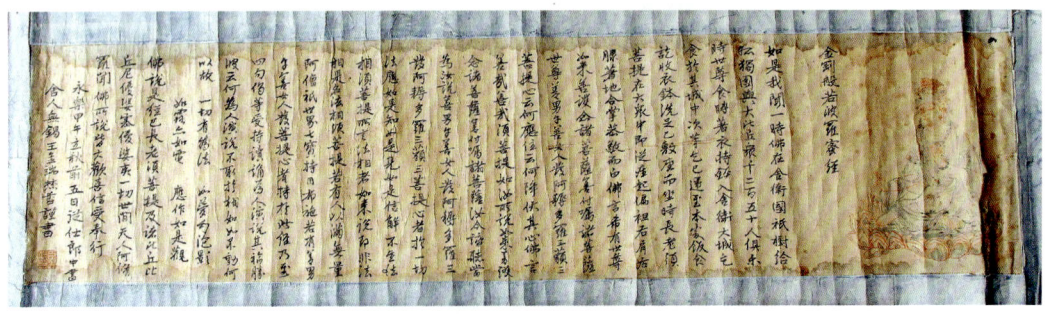

图9-1-10　明王孟端绢(帛)本书画 尺寸78厘米×18.5厘米

图9-1-11　明王孟端绢(帛)本书画局部　　图9-1-12　明王孟端绢(帛)本书画局部

图9-1-13 仇英款绢本龙门宣诏图 尺寸99厘米×63.5厘米

图9-1-14 清邹一桂绢本花盆图 尺寸103厘米×47厘米

图9-1-15 仇英款绢本龙门宣诏图局部

图9-1-16 仇英款绢本龙门宣诏图局部

图9-1-17　清郎世宁绢本秋猎图 尺寸70.5厘米×38厘米

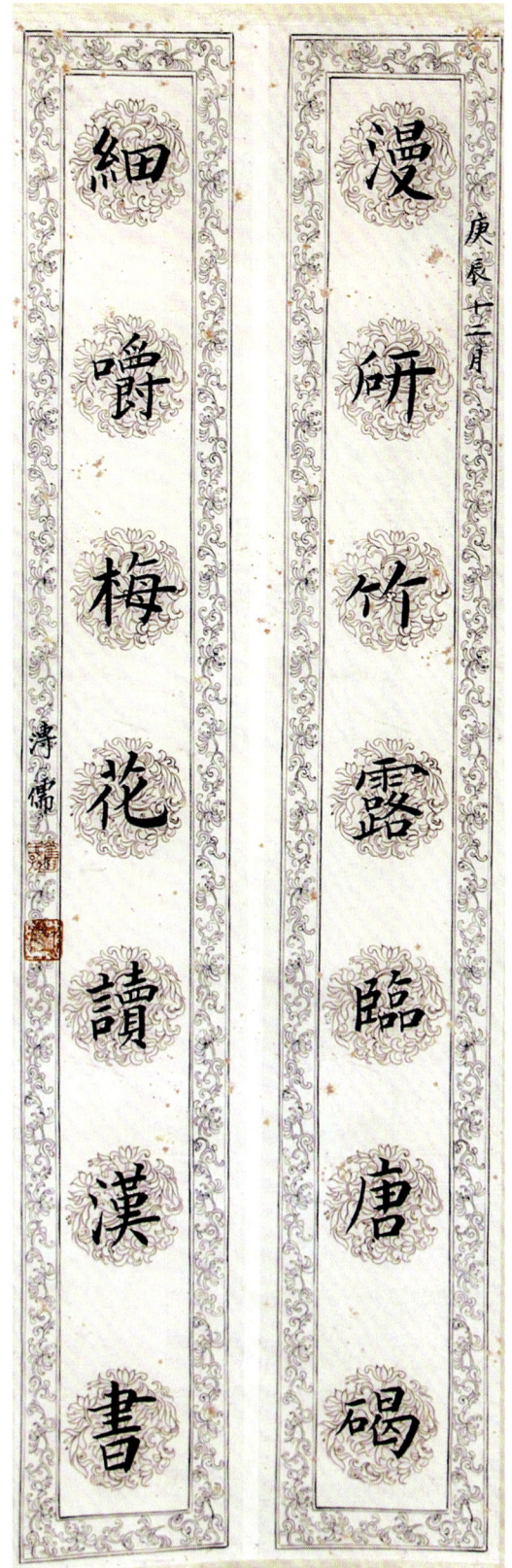

图9-1-18 溥儒纸本书法

图9-1-19 清郎世宁绢本秋猎图局部

图9-1-20 清郎世宁绢本秋猎图局部

图9-1-21 吴昌硕纸本书法 尺寸70厘米×28厘米

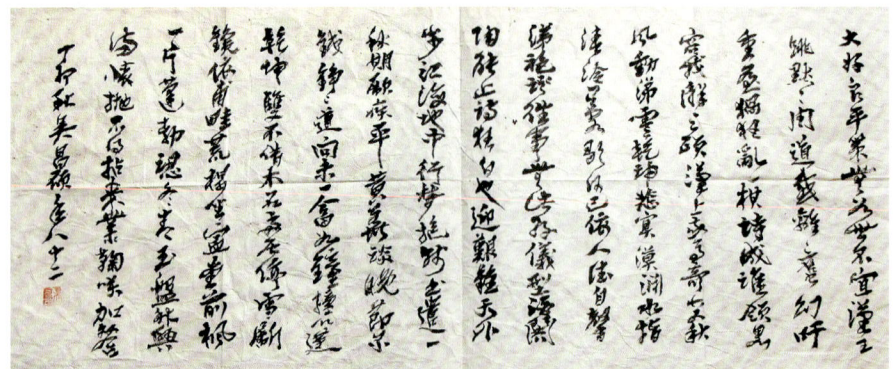

图9-1-22 吴昌硕纸本书法

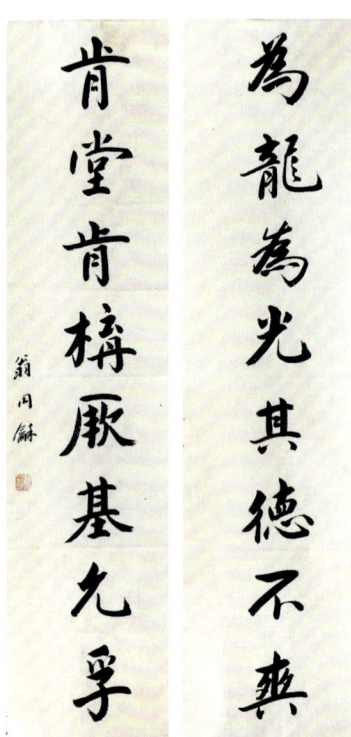
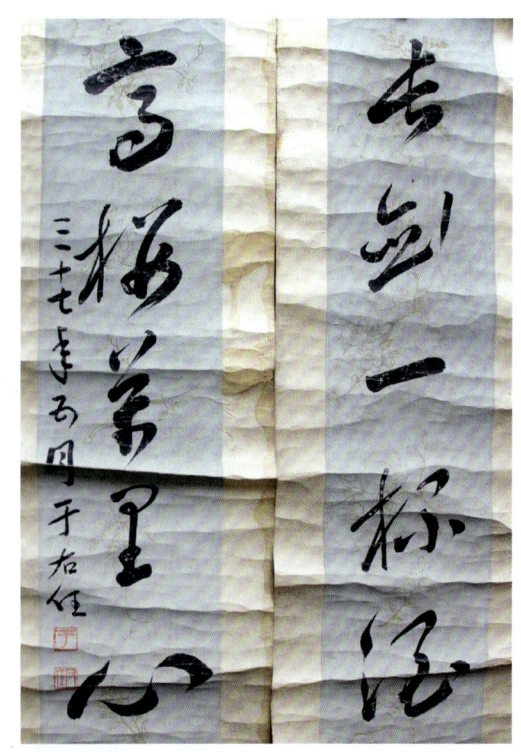

图9-1-23 翁同龢纸本书法 单幅尺寸136.5厘米×34.5厘米

图9-1-24 于右任纸本书法 单幅尺寸82.3厘米×18.2厘米

图9-1-25 齐白石、高希舜、章适园书画
尺寸174厘米×48厘米

图9-1-26 朝鲜李朝金弘道纸本风俗画 尺寸75厘米×45厘米

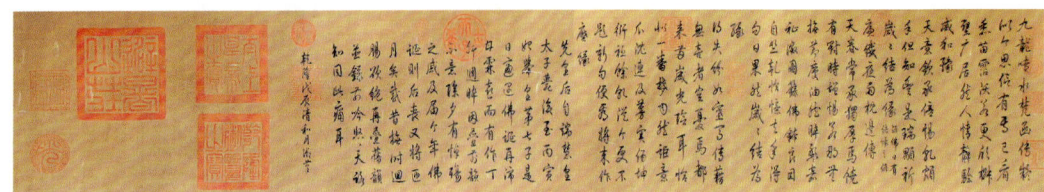

图9-1-27 乾隆绢本御笔 尺寸129.5厘米×21.2厘米

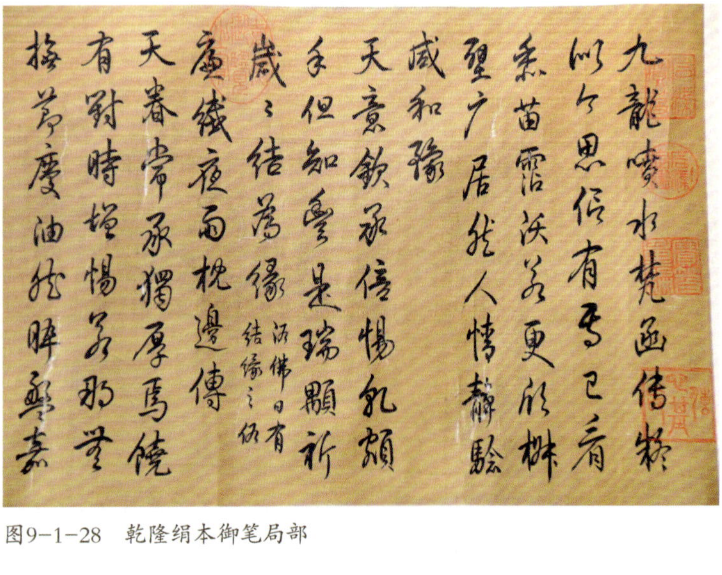

图9-1-28 乾隆绢本御笔局部

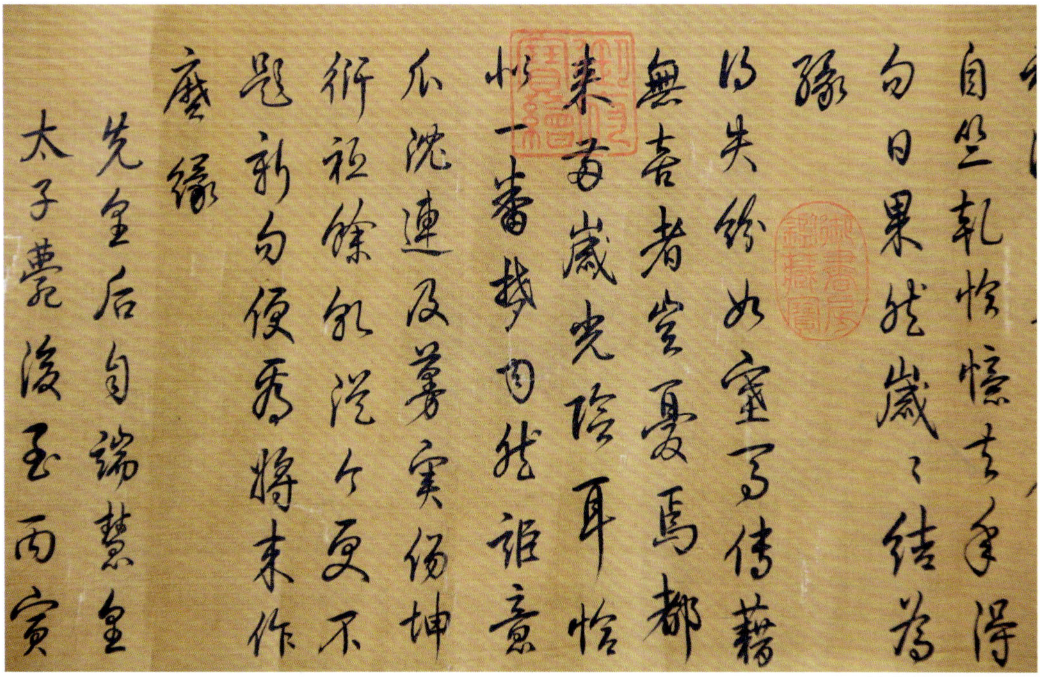

图9-1-29 乾隆绢本御笔局部

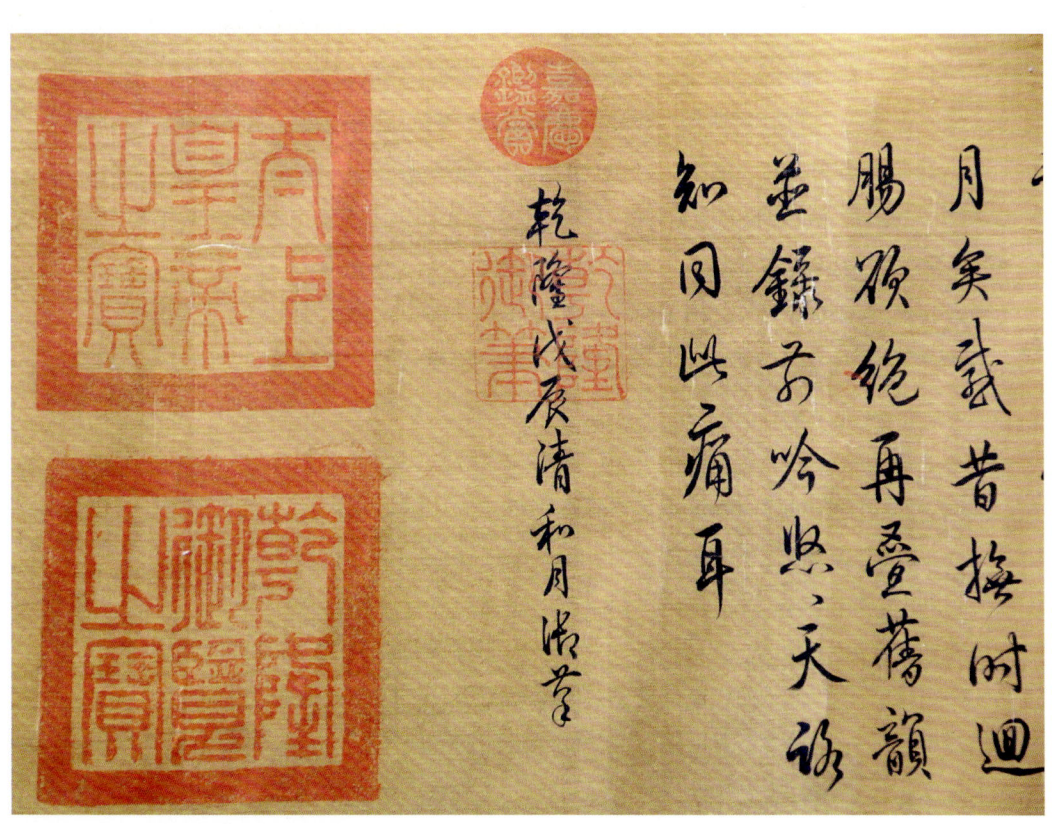

图9-1-30 乾隆绢本御笔局部

三、田黄石是上帝赐给的礼物

当中国人把石头演变成了一种文化，进而上升到一种艺术的时候，石头便被赋予了新的生命，而这种生生不息的传承，在中国已经有七千多年历史了。当福建的寿山石雕被列入第一批国家非物质文化遗产时，是继乾隆帝将田黄做成御用三联章之外，历史又一次把它推向了美石的前沿，而且已达到了前所未有的高度。地球上的田黄石只存在于福建寿山村，而且也仅是在小溪两旁的几亩地里，何况几百年来的疯狂开采，如果按2000块储存量计算，每块平均按150克来计量，田黄石不会超过300千克，而且在300千克中的田黄里，其中极品的田黄冻石则更是凤毛麟角。

寿山石中的瑰宝田黄石，无论从文化价值还是经济价值都具有唯一性。自从田黄石发现以来，它就受到帝王将相、名人雅士的喜爱，千金易得一石难求的状况从来就没有改变过。田黄石现在几乎是无石可采，反观其他各种宝石在世界各地到处都有，而且还在源源不断地开采。

另外，田黄石与其他宝石都不同，宝石是以机械的切割艺术，再以重量论价值。而田黄石首先是一种创意，是手工雕刻的带有文化内涵的艺术品。所以一件田黄石雕刻的作品，石料占其价值的60％、工艺占25％、石料的断代占15％。

在田黄石界有一种说法叫"无格不成田"，其实对田黄石的"格"科学解读是：像出土玉器中的牛毛纹、水银沁等沁蚀一样，它们都是石头本身的缺陷所致，也是在土壤或水的环境中，经过几万年的冲刷和沁润所形成的。按道理没有"格"的田黄石，才是更加的稀少和珍贵，它就像和田籽玉、翡翠一样，由于本身的致密性而没有瑕疵。

所以完美的田黄石就像和田籽料，虽然看不见"格"和纹（萝卜丝）等缺陷即所谓的沁色，但可以看到大小不等的菊囊纹的结晶体。简单举例：同是五千年的同一墓里的玉器，有的就有沁色而有的却是光润如新，这就证明在同一环境下，各种沁色取决于石质本身。而同样没有达到田黄冻和黄金黄的田黄石，那是因为沁润的时间还远远不够，也许再过几千年或者几万年，就能成为田黄冻石。我们现在的开采挖掘，有的就像果实还没成熟，或者是还在不同阶段的成长期时，而人为强行去采摘一样，所以它肯定存在未熟的各种表观。

天生丽质、晶莹瑰丽、温润光腻、似有灵气的田黄石，是大自然的特别恩赐。田黄石经过历代大师和名家匠心独运的精微细雕，在田黄石这小小的艺术天地里，把中国元素的诗、书、画、印，都融入田黄石的雕塑中，也为寿山石的艺术宝库增添了绚丽的光彩。

数百年来田黄石极受藏家深爱，而旧藏与新出的田黄石又有新坑和老坑之别。清代老坑质地温润腻凝，菊囊纹的老坑特征清晰可辨，尤其是名家的雕刻手法可谓天人合一。另外传世的老坑田黄因为年代久远，还有一层可爱的皮壳包浆，显得古意盎然。本书展示的藏石及相关藏品，是早年田黄等宝玉石类还没有变成"疯狂的石头"时，笔者在日本东京都品川区上大崎"鉴古堂"的目黑店，凭其作品的艺术感染力和直觉所购买和收藏的。

1. 玉旋款白芙蓉狮子钮

此石所用白芙蓉石出自将军洞，也是芙蓉石中的上品，其质地极纯如凝脂，细腻温润如羊脂玉。因年代久远，表皮的色泽白中略泛黄色，给人以"似玉而非玉"的通灵感。图9-1-31这块巧雕椭圆形白芙蓉狮子钮尺寸6厘米×7厘米，这枚狮子钮巧妙地利用白芙蓉石的形状及不同色泽，集古钮之精粹，古拙浑穆、形神俱佳，形态逼真、栩栩如生，刀法娴熟、功力深厚。

落款"玉旋"的字体单刀刻成，提、按、顿、捺以刀代笔，结体严谨而不失流畅，信手刻之的楷书略有行书味道，字迹刀口内的石色、包浆与外部一致，清代原装木匣包装显得古朴典雅。杨玉璇，名玑，亦作"玉旋""玉璿"，康熙时福建漳浦人，首创巧色雕刻，善制人物、兽钮，力求造型古朴典雅、形神兼备，尤以观音最著。清朝就有人将其作品与古代画家相提并论。

图9-1-31　玉旋款白芙蓉狮子钮

2. 田黄冻山水人物薄意刻

中国的薄意雕刻，其艺术性较强，历来被名人雅士赏玩和收藏，是文人士大夫审美情趣的典型产物。郭懋介先生字石卿，号介柏，这件落款石卿的作品，充分掌握了中国画理的特性，将其作品与中国的诗、书、画、篆融为一体。郭懋介先生在寿山石界被评为"才高八斗，艺震亚洲"的治石大师，其每件薄意雕刻的作品，都是意境深远、鬼斧神工。更可贵的是他能巧妙地利用每块田黄冻的纹理，或构思成万丈瀑布，或用红筋格作层峦叠嶂，利用石皮色泽的不同以及纹或格的天然走势，在石面上勾画出一幅精美的国画。

图9-1-32这块石卿薄意的田黄冻石，刻有"晚行"二字，高4厘米、重80克，色正通透似果冻，局部有浅红筋格。石卿先生充分利用金黄色石皮和冻石纹理，因材施艺、随物赋形，章法自然、传神达意，在小小的石面上，巧妙地雕刻出仿佛偌大尺幅的中国山水画。山水相映、崖石奇叠、松树与小桥、老人与狗、房屋与凉亭，栩栩如生，给人以身临其境的感觉。

3. 田黄石方章

即使在明清时期，一般也不敢将田黄石锯成方的印章，这也是田黄石多作薄意的一个原因。将田黄石锯成方章，前人谓其解石，世间素有解石之难难于上青天之说。这并不是说田黄石加工难锯，而是指很难找或者从石头的外表看出一颗田黄石的色调是否表里如一，锯开来也许数倍增值，也许价落万丈，如同疯狂的翡翠赌石一般，因此田黄石方章更加稀罕难得，价值更高。

杨澥（1781—1850年）字竹唐，号龙石，江苏吴江人。篆刻早年学浙派，后专攻秦汉玺印，晚年以正文隶书作边款，深得汉魏六朝碑刻遗韵，被誉为"江南第一名手"。图9-1-33

图9-1-32　石卿款田黄冻薄意雕

图9-1-33　杨澥田黄方章

这块杨澥田黄方章,尺寸6.2厘米×2.5厘米×2.5厘米,重115克,田黄色纯正洁净、凝腻绵密,具有清代老坑菊囊纹特征。底刻寓意深远的"云外客"闲款,如图9-1-34所示,边款刻隶书"癸巳新秋作于佟川温兰山馆龙石",其刀法娴熟,婉转悠扬,笔饱墨酣,神完气足,再配以清代原装木匣,古意盎然。

图9-1-34 杨澥云外客刻款

4. 丁敬田黄闲章

丁敬(1695—1765年),清代书画家、篆刻家,字敬身,号钝丁、砚林。丁敬最大的成就在于篆刻,他取法汉印,擅长切刀法,涉猎宋元,为"浙派篆刻"开山鼻祖,"西泠八家"之首。图9-1-35丁敬刻狮虎钮印章,尺寸5厘米×3厘米,重42克,原装木匣和底座。其雕工精湛、古朴、浑厚,旁款是"庚午腊月丁敬篆",底刻"砚林亦石"闲款。

图9-1-35 丁敬狮虎钮田黄章

第二章
古泉名品赏析

一、古代的珍稀钱币

不论是青铜器、青铜镜还是铜钱币，铜一旦被腐蚀生锈和铜离子流失，其原始纹饰和文字都会发生变化，尤其战汉钱币上的悬针字体，因铜腐蚀后逐渐的"微膨胀"，与原字的精美程度差别很大，因此无锈黑漆古和橄榄绿的青铜制品，殊为难得，可遇不可求。

1. 六字刀币

这是古代钱币中极其著名的一种，也是春秋战国中刀币的代表，其中以图9-2-1的"六字刀"最为珍贵，位列中国古泉五十名珍之一，本藏品与丁福保《历代古钱图说》中的"六字刀"相同。关于"六字刀"的铭文，自清代以来就有争议，也正因为对铭文的不同释义，才有了对"六字刀"断代和历史的不同解读。清代和民国学者将其译为："齐建（造）邦长法化"，按此释义就是公元前386年，田齐取代姜齐为齐侯所颁铸的纪念币。

笔者认为，前三字应释为"齐返邦"，参照战国古文字"造"和"建"，即：󰀀（战国早期）、󰀀（睡·秦简）和󰀀（曾正·楚），以及"返"字󰀀（天卜·楚）、󰀀（郭老甲·楚）。经比较后不难看出，这个字既不是"造"字，也不是"建"字，而是无可争议的"返"字。特别指出，《历代古钱图说》和《中国古钱大集》中的"六字刀"，前者是背"工"，后者是背"卜"，但第四字却都是同一个字，只不过左下角"上"的部首，一个是竖直，一个为向右斜而已。笔者在第

图9-2-1 齐返邦契香化

二篇对甲骨文的研究中，曾释义过"楔"和"契"字，而且此字也与春秋晚期"杕氏壶"上的 $\hat{\mathsf{E}}$（契）字极其相似，再对比《历代古钱图说》中"六字刀"的字体，尤其是第四字的 ![字] 完全相同，说明与本藏品属于同范，因此笔者将 ![字] 字释义为"契"字，而不是之前钱币界认为的"长"字。

那么笔者对"齐返邦"的解读，就完全与"齐造邦"和"齐建邦"不同了，这应该是齐襄王退燕复国的一段历史，是齐襄王于公元前279年，重返都城临淄后所铸造。但钱币界将后三字释义为"长法化"，那就更值得商榷了。笔者认为，除"化"字外的另二个字，既与古文原字和语义不符，也无法与前后句组合与释读。而且甲骨文中的"氵"字至今几乎没有改变，尤其战汉时的"法"字，可谓无"氵"不成"法"，而再看 ![字] 字哪有一点"氵"的踪影？

笔者释义：第四字 ![字] 为"契"字，第五字"杏"为"杳"字，那么一直以来认定为的"长法化"，就应该重新释义为"契杳化"。《说文》曰："杳，冥也"，而"冥（杳）化"寓意就是上天自然的化育，暗指是看不见的"上帝之手"在主宰万物，而且"冥化"一词古代即存在，也符合古文献中的语义，比如《北齐元会大飨歌》云："契冥化，侔大造"；《魏书》云："神契所标，固以符於冥化"。"契冥（杳）化"的意思是"奉上天的旨意行事"，也恰如宫廷颁布圣旨时开头语的官话"奉天承运"一样，因此"齐返邦契杳化"的正确解读是："奉天承运，复兴齐国"。这既是"田单复国"昭告天下的"广告语"，也堪称中国最早的铭文纪念币。本"六字刀"藏品长17.8厘米，宽3.5厘米，殊为难得的是表面呈黑漆古状，其整体品相精美到无可挑剔。

特别指出，六字以下各刀币"之法化"的"之"字，也不能释义"之"而应该是"出"字。虽然春秋战国"之"与"出"的字形基本相同，但如果与后句组合后释读时，其"之"和"出"的意义就大不同。因此"之法化"应释义为"出杳化"，因为"之法化"的前面都是地名，所以也是指收复的该失地乃是"天意"，总之是说田单所做之事都是"出自天意"。

2."国宝金匮直万"与"一刀平五千"

王莽在接受孺子婴（刘婴）的禅让后称帝，改国号为"新"，这也是西汉与东汉的分水岭，王莽为了显示其改朝换代，以"废刘兴王"为己任大展宏图，而且还实施了一系列的改革政策。也可以说，王莽是"穿越"式的经济学家和金融专家，诸如实行政府贷款的"赊贷"，以及平抑物价的"市平""六筦"等措施，尤其是他的币制改革，堪称中国也是世界史上，最早实行国家"金本位"的货币战略，即实施了"黄金国有制"的基本国策。

王莽所改制的钱币，从"直一"到"直万"，以及十、百、千是应有尽有。根据《资治通鉴》记载，"金货一品"的新莽货币制度，折合成一斤黄金

图9-2-2 桥足币与圆足币

图9-2-3 国宝金匮直万

可换二枚"一刀平五千"(图9-2-4)或者一枚"国宝金匮直万"(图9-2-3),但这种大额的面值都不是流通货币,而是官府兑换黄金时的一种凭证,相当于今天资本市场的有价证券。因此王莽在执政的23年中,国库中的黄金储备就达150吨。据《汉书·食货志》记载:"府库百官之富,天下晏然,莽一朝有之"。"国宝金匮直万"造型新颖别致,上圆下方也是指"天圆地方",而且不论哪种版本,其字都是悬针篆体,文字优美,铸工精良。本枚"直万"品相超一流,总长6.2厘米,方孔圆钱直径3厘米。而金错刀的"一刀",其钱币长7.4厘米,宽2.7厘米,但只可惜"一刀"的刻槽内,已不见了嵌金(肯定有但已丢失)。

"国宝金匮直万"与其他钱币一样,存在不同版别也都实属正常。《汉书·王莽传》载:"时省中黄金万斤者为一匮,尚有六十匮"。那么汉代60万斤折合现代就是150吨,假设文献记载国库中150吨的黄金成立,那按"金货一品"币制,换成"直万"就是15万枚,假设只有十分之一的话,那使用几套钱模也都极为正常,虽然不能按此来推测,但重点想说的是,"直万"绝不是只有一套铸模。《汉书·高帝纪》载:"与功臣剖符作誓,丹书铁契,金匮石室,藏之宗庙"。显然所说"金匮石室"的"金匮",古代也叫"金柜",

图9-2-4 一刀平五千

是指存放贵重物的铜（金色）盒子，而"石室"则是指用石头建筑的房屋，这也是古人珍藏档案防火防盗的重要方式。所以"国宝金匮"相当于国家宝库，而且"直万"与"一刀"的造型一样，都是仿造古代"钥匙"的形状，其寓意是：准备随时开启国库中，属于自己的那个"金匮"，就如同银行的保险箱或承兑汇票。

3. 三孔布币

"三孔布币"是春秋战国时期，首次在钱体上标记铸地和币值的钱，该布币背文分别计有二种币值，大者背文为"两"，小者背文是"十二朱（铢）"，因钱体的头和两足有三孔，故俗称"三孔布币"。其实它是由"三晋"布币演化而来，比如：图9-2-2面文倒书的"晋阳二釿"，背文为"贝"字的桥足币，"离石"背文是"外‖内十二"的圆足布。

战国的三孔布币是先秦货币中最为珍贵的一种，也是古泉中公认的明珍之一。如图9-2-5所展示三孔布币的文字，是在秦还没有统一文字时的字，其各国本地区的字依次是：武阳、晋阳、南阳、安阳、妬（石）邑、下博，虽然形状都相同，但尺寸却大小不一，而且钱币的背文也各不相同。总括三孔布币长6.9～8.3厘米、宽3.4～4.2厘米，大小不等，铜质属灰白色的铅锡铜合金。

图9-2-5　战国三孔币

4. 泰和通宝

金章宗完颜璟自幼接受女真和汉化的良好教育，他封王时是以女真语致辞答谢的，他也是金朝诸帝中受汉化最深的君主。《金史》载："四年八月，定从便钱法。后铸大钱一值十，文曰泰和重宝，与钞并行"。这说明，先行铸造的应该就是泰和通宝，而且仿效的是宋徽宗的北宋钱币，所以"泰和通宝"这四个字，就是金章宗学习摹仿"瘦金体"的御书，笔迹也酷似他所崇拜的宋徽宗笔体，以致后人难分彼此。但金章宗的书法笔锋，还是缺少点徽宗那种富贵的傲逸之气。历史上元人曾仿制过大小泰和通宝以充作筹码，故收藏界对泰和通宝的钱币真伪尚存着疑义。设想：如果将钱币上泰和通宝的字体，与金章宗书法做个比对，这岂不就一目了然了吗？虽然纸书与铸印有点误差，但如果笔体能体现出明显差异的话，那这种钱币就必假无疑。现藏大英博物馆《女史箴图》的左端，有一则题跋如图9-2-6所示，这原本就是金章宗的题跋，但是明清以来诸画谱均认定为是宋徽宗的手书，后经日本史学家、《金朝史研究》的作者外山军治的仔细研究和辨识，才确认这是出自金章宗之手。

其中的"恭"字缺两笔，这毋庸置疑是一个最好的见证，外山军治认为，这是为避讳其父亲完颜允恭的"恭"字所为，也就是说这是一个避讳字，而且整体的书法也与宋徽宗存在一定差距。因此可参照金章宗在《女史箴图》上写的瘦金体或者偏旁部首，以及结合宋徽宗的书法来比对泰和通宝的笔体，这样就能解开元代或者近现代，以及真品泰和通宝的一个问号。

瘦金体的特点就是笔锋遒劲，字字显"筋"见"刀"，因此，鉴别"泰和通宝"是否为金章宗的字，那唯一的方法就是参照金章宗的书法。请重点比对：辶、贝、禾、乀、口的偏旁，尤其是"泰"字的一"乀"，以及"マ"和"貝"的笔画，钱币体必须与金章宗"矜"字的"マ"，以及"则"字等"貝"的笔体，笔顺不能悬殊。真正的金章宗折十的

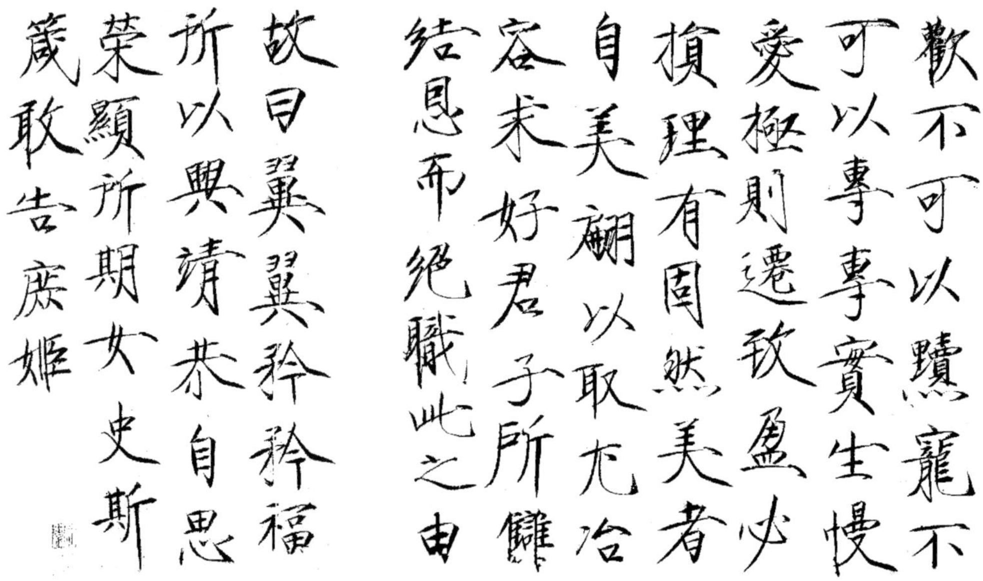

图9-2-6 金章宗书法

泰和通宝存世极少，图9-2-7和图9-2-11"泰和通宝"折十铜币，都是直径4.2厘米、厚0.2厘米。

5. 伊国延长与伊藩吉昌

"伊国延长""伊藩吉昌"等四种钱币，如图9-2-8、图9-2-9所示二种，其钱文庄严、博大隽逸、铸工精美，完全反映出元代"复古"的书法特点，尤其"伊国延长"的"国"字写法，在汉字中可谓独一无二，这两枚都堪称是中国珍泉中的精品佳作。按常理，钱币上的书法要么是皇帝御笔，要么就是那个时代的大书法家所为，绝不会是让"无名鼠辈"去"乱写"，但"伊国延长"等究竟是谁的手笔呢？这是值得深入研究的一个课题。

"伊藩四钱"是1264年旭烈兀成立伊利汗国后，忽必烈为其铸造并颁赐的庆贺纪念币。伊利汗国的货币都是传统波斯文的银币，而波斯等地区与元代内地的贸易往来，据裴哥罗梯《通商指南》中说是采用"马蹄银"。我们再从钱币罕见的吉祥语看，"延长"是指长盛不衰，"吉昌"则是指吉祥安宁，也与元代以"通宝""元宝"的流通币截然不同。这显然既不是"法定货币"也不是"压胜钱"，而是类似专属元朝藩国的"国家奖章"，也不参与元朝和伊利汗国的货币流通，因此该币还分为银质、铜鎏金、铜质三种不同的等级。这种象征"论功行赏"的荣誉级"国币"，即使可以流通相信也没有谁会拿它去买卖，但这可否进行"兑换"需要深入研究。此币无论材质如何，其版式皆为折十钱币，而作为少数元代后裔的传承遗物，按理这类珍罕钱币就应该在北方出现。

"伊国延长"有图9-2-8的银币以及图9-2-9铜鎏金币，是折十钱的同范两种币，直径都是4.1厘米、厚0.2厘米，但本藏品比较遗憾的是银币在"延"字上，有二个"针孔"的破损洞，其铜鎏金的使用痕迹和老化特征也十分明显，尤其背面金磨损处显露出的结晶红斑，其遗留的残金与红斑自然融合或被"黑包浆"覆盖。如图9-2-10所示的"伊藩吉昌"铜鎏金折十钱，直径也是4.1厘米、厚0.2厘米，虽然正反两面的鎏金磨损严重，但依然有残金的痕迹。

6. 应天元宝

五代初刘仁恭之子刘守光于后梁乾化元年（911年），自号"大燕皇帝"，改元"应天"，

图9-2-7 泰和通宝折十铜币

图9-2-8 伊国延长银币

图9-2-9 伊国延长铜鎏金币

图9-2-10 伊藩吉昌铜鎏金币

图9-2-11　泰和通宝折十铜币　　　图9-2-12　应天元宝背"万"　　　图9-2-13　大康六年银币

并于应天元年（911年）铸造了"应天元宝"钱。历史上北燕是一个很小的政权，存在也仅有三年的短暂时间，在谱载中此"应天元宝"钱，其背上为双横的"万"字，而且存世量非常的稀少，因此在任何版本的钱谱中都将其定为珍稀品。如图9-2-12所示，其币直径3.7厘米、厚0.15厘米，背文为双横的"万"字。

7. 大康六年

"年号 + 纪年"为辽国的纪年钱，是辽道宗大康年间（1075—1084年）所铸币。而"大康六年"的铜钱，则是1972年在吉林的一座辽墓中被发现，由于这是有史以来首次发现的大康钱币，故将此钱作为鉴定辽钱的标准器，现收藏于吉林省博物馆。近年来由于辽代各种纪年钱陆续被发现，且绝大多数的纪年钱币，是与辽金平钱一起混藏于窖藏中，所以这种大康纪年的钱币，具有纪年与流通的两种功能。大康纪年钱有铜质和银质两种，显然银质更加贵重和稀少，本书收录的"大康六年"钱币，如图9-2-13为折十银质币，直径4.8厘米、厚0.25厘米。

二、马蹄金与金饼

《汉书·武帝纪》载："诏曰：有司议曰，往者朕郊见上帝，西登陇首，获白麟以馈宗庙，渥洼水出天马，泰山见黄金，宜改故名。今更黄金为麟趾裹蹄以协瑞焉。因以班赐诸侯王"。唐·颜师古注："应劭曰：获白麟，有马瑞，故改铸黄金如麟趾裹蹄以协嘉祉也……武帝欲表祥瑞，故普改铸为麟足马蹄之形以易旧法耳。今人往往于地中得马蹄金，金甚精好，而形制巧妙。"

汉武帝一生曾八次登临泰山，于元封二年（前109年）秋终于在泰山建造梦寐以求的"明堂"。而在太始二年（前95年）的巡视途中，汉武帝将所看到的"上帝""白麟""天马""黄金"联系起来，认为这些都是天降祥瑞，故将所见之一的黄金，设计成另两种祥物的代表，即"白麟"的脚趾和"天马"的

图9-2-14 汉代铜鎏金的马蹄金

马蹄，以此作为祥瑞之信物，"班（颁）赐"给诸侯大臣共享，并赐名"麟趾金"和"褭蹏金"。

"褭"在《吕氏春秋》中是指"古之骏马也"，而《说文》曰："蹏，足也，俗作蹄"。因此"褭蹏"就是指汉武帝所见到的"天马蹄"。《汉书·礼乐志》载："天马徕，龙之媒"。这说明"天马"和龙是同类物种，"天马"出现了，那么龙也会来，所以天马被视为祥瑞。而诏书中的"褭蹏金"，对应的就是"出天马"，"褭蹏金"也叫马蹄金（图9-2-14），而"麟趾金"则对应的是"获白麟"，两者都是"协祥瑞"和"协嘉祉"的化身，而且都做成了皇帝的赏赐物。

关于上、中、下的解读，汉武帝是以"麟趾金"和"褭蹏金"的物象来"言其事"。五代·徐锴解释《说文》的"上"是指事，并佐证"班固谓之象事"。清·段玉裁《说文》注："象形者实有其物，日月是也。指事者不泥其物而言其事，𠄞丅是也。天地为形，天在上，地在下"。况且汉武帝在制作这批马蹄金、麟趾金时，已经明确宣布了它们的用途，就是"以协瑞焉"的象物。海昏侯刘贺和中山怀王刘修墓中，也相继出土了相同的马蹄金和麟趾金，而且其下部均镶嵌绿琉璃为盖。由于琉璃技术在汉代只掌控在皇室手中，因此，这种黄金与琉璃的镶嵌结合，就不能是作为一般等价物的货币，而是极其贵重的皇家"祥瑞"的信物。

那么汉武帝建造天字一号的"明堂"又是什么呢？其实"明堂"就是商周时期的"昆仑台"的翻版，专家依据史书考证：原始的"昆仑台"设计为三层，最上层为圆形的，"四面无壁"用于祭天；中层为方形，有房屋也是天子的殿堂；最下层为"亞"字形，用于祭地或祭神。隋唐之后朝廷建的所谓"明堂"，已逐渐被天坛、太庙、地坛等单独建筑所取代。

《史记·封禅书》注释："筑坛以祭天，报天之功，故曰封；报地之功，故曰禅。言禅者，神之也"。因此，汉武帝所建造的一座三层的"泰山明堂"，也是按"昆仑台"的形制，即上层圆形的天坛祭天，中层方形的宗庙祭祖，下层"亞"形的宣室祭神，马蹄金和麟趾金也分上、中、下三种。重点是：这三个字不但都有切割、磨锉、字底焊接的痕迹，而且马蹄金里面没有相应的缩痕，字体边缘的面又微微下凹（热焊）。显然这是由另外的模具铸造后，再根据需要焊接上去的，尤其中字还是在方形的台上，与中间层为方形建筑物相辅相成，而且中字也相对上和下的字要小。

推测这些分别赏赐"报天""报地""祭祖"等不同级别的王侯和功臣。显然能得到齐全"大三种"的荣耀，那必定是刘姓本家的诸侯王；而得到齐全"小三种"马蹄金和麟趾金的，则是下一辈的子孙级；能得到"大一种"或"大二种"以及麟趾金，但不会是"小三种"的，那一定是职务相对应的文武大臣。考古发现，各地的马蹄金不但尺寸不一，而且马蹄金上的花丝装饰也稍显不同。铜鎏金的马蹄金，如图9-2-14所示，还有待于深入研究。

那么金饼又是具有什么属性呢？汉武帝为了打击王侯势力，变相实行了"酎金夺爵"的措施，所谓"酎金"就是汉代诸侯献给朝廷祭祀用的"贡金"，而这种"贡金"则是以金饼的样式呈现。海昏侯墓出土的四枚金饼上，就有墨书"臣贺元康三年酎金一斤"，这证明金饼就是一种"酎金"。因此金饼不是真正的流通货币，而是地方上缴朝廷相当于税收的"贡金"，它也类似于国家的一种财政储备，但也是凝缩个人财富的一种形式，当然金饼也可兑换流通的货币。如图9-2-15所示金饼难能可贵的是，一周刻有十四和十三字的铭文，对于研究汉代"金本位"的货币政策具有极高的价值。

图9-2-15　汉代铭文的一对金饼

三、清代第一枚机制币的金质样币

1. 机制银币的历史渊源

光绪十三年（1887年）湖北两广总督张之洞向朝廷奏准，在广东设置钱局制造银元，并委托英国使臣订购伦敦伯明翰造币厂的全套造币机器。至此，广东钱局首铸的机制银元和铜元，揭开了我国机器自制新式银元的序幕。新银币的设计是仿制墨西哥的鹰洋，重量是以七钱二分为准。

光绪三十年（1904年）八月，张之洞又向朝廷奏请在湖北试铸一两银币，其奏折曰："为体验官民行用情形……试行三个月后，察看销数是否畅旺，咨报户部、财政处，藉资考核。"在朝廷允准后的同年十一月，将湖北"银圆局"

改称"银币局",并委托日本大阪造币局制作钱币模具。因此在日本大阪造币局的沿革中,就有这样的记载:"1903年6月,清国委托货币模具25组制造完成"。这说明当时清朝的钱币模具,都是委托大阪造币局来制作。随后湖北银币局于光绪三十年十二月,接到模具后正式开铸新银元,正面文为"大清银币",背面有双龙戏珠图案及"壹两"面值。

特别说明,清代币制改革中的"圆两之争"分为两派:一派是以慈禧太后为首,主张以"两"为银币单位的"后党派";另一派则是以光绪皇帝为首,主张以"圆"为银币单位的"帝党派"。而张之洞选择站队到慈禧这边并呈奏,此事件在光绪三十一年(1905年)二月,由《东方杂志》刊登的"两湖总督张附奏进呈一两银币片"文章佐证。

但"湖北壹两"银币推行并不成功,主要是打乱了原本通行七钱二分银元的市场秩序,两制币也缺乏使用上的便利。其次是各地的平砝不一,所以仍然需要折算才能通行。英国驻汉口商务领事的报告指出:一两银币成色只有877,比同等重量的七钱二分银元含银还低,既不受商民欢迎,又与国际脱轨,最终以失败告终。但毕竟此币是我国唯一由官方铸制,并发行流通的"两"制银币,而且设计精美、制作精湛,又因存世稀少而被泉界视作珍罕。

2."大清金币"与"金质样币"

"大清金币"是流通中的金本币,而"金质样币"则是只限呈给皇帝御览的样币,因此两者存在着本质上的不同。而清代由人工雕刻的"象牙样币",转为机械加工的"金质样币",也是从光绪帝开始的。而且大清朝从皇太极时起始,在"清宫十三朝"的近三百年中,曾经"融金为币"的也仅有光绪和宣统二朝。

光绪二十九年(1903年)三月,清政府下旨"于京师设立铸造银钱总厂",随即以机器运转等原因,将造币总厂改设在天津。并于清光绪三十一年六月,开机先行试造了铜币,于次年试铸了"大清金币",币面加注帝号及岁次"光绪丙午年造",隔年再铸"光绪丁未年造"金币。1940年11月《泉币》第三期,张絅伯有这样评价:"以上两品,原铸者成色较佳。盖当时铸以进呈御览者,为数甚少,不可多得"。

另外在清朝的宣统二年(1910年),政府还颁布了钱币史上第一部《国币则例》的法律,破天荒地将国币单位定为"圆"。宣统三年(1911年)朝廷为履行币法统一的币制,下令天津造币总厂试铸新国币,还是因为当时国内在钢模上没有雕刻大师,因此总厂聘请意大利人乔奇(Luigi Giorgi)任总雕刻师,开始制造宣统三年"大清银币"。

特别指出，清王朝自咸丰起，凡发行新的年号制钱时，先由户部所属的北京宝泉铸钱局，根据铸发新钱的设计款式，先行试雕"象牙样币"，以恭呈皇帝御览之用。但这种象牙呈样钱所用的材质，是一种活口取材的高贵"血牙"，比如"同治宝泉局"手工雕制的"同治通宝"牙雕祖币。而到了光绪和宣统二帝御览时，与时俱进地改为贵金属黄金，这才有了机械制造的"金质样币"。

图9-2-16　湖北"壹两"金质样币1

宣统三年"大清银币"长须龙壹圆的"金质样币"，就是一枚恭呈皇帝御览之"金质样币"。然而当新币试铸成功时，正逢武昌起义，因此大部分新版银币胎死腹中，只留有少量的"金质样币"。而如图9-2-16、图9-2-17这枚"金质样币"，则是笔者20世纪末在日本学习生活时，委托吉田秀一包括其他文物在"東美オリエンタル館"

图9-2-17　湖北"壹两"金质样币2

购得，该"金质样币"直径42厘米，厚度0.2厘米，重42克。

可笑的是，笔者在购买时并不知道金币是什么？也根本不了解钱币知识，只是抱着黄金值钱便于携带，而且金币价格也不贵的传统心理。但回国后研究发现，这是张之洞奏准"光绪三十年湖北省造"的"壹两"样币，可以肯定这是日本大阪造币局制造的模具，至于是不是在大阪造币局验收试模就不得而知了，但按道理和商业合约，古代和今天都一样，模具必须试模，而且试出合格品后才能验收付余款。但无论如何这也是"大清银币"进呈皇帝御览的"金质样币"，此枚刻模深峻精美，手艺精湛，能流传至今，弥足珍贵。20多年前笔者曾咨询过沈阳造币厂的相关师傅，他们说：像这样冲压模具的雕刻以及机加工艺，不但难度大、成本极高，关键是：已经很难再找到这样的模具雕刻师了！

第十篇
朝鲜瓷器鉴赏与研究

第一章
堪比元代"至正型"的李朝青花

朝鲜王朝（1392—1910年）历经了27代518年，史学家把它称为李朝。李朝瓷器受中国瓷器尤其是元末的北方瓷器的影响，从器型、纹饰、工艺等都在仿制。李朝中期以后才开始形成自己的风格体系，所以在鉴赏李朝瓷器时，可参考中国同时期的瓷器。李朝瓷器自始至终无年款，所以断代比较困难，但学术界还是将李朝瓷器，粗略划分为前期、中期和后期。笔者参考韩国和日本的大量有关书籍，对李朝瓷器初略作一概述，仅供收藏爱好者参考。

一、李朝开国纪年的青花标准器

朝鲜年代也是按中国纪年表来划分的，洪武二十五年（1392年）七月十六日，高丽王朝武将李成桂取代了高丽恭让王在松京即位，并将"朝鲜"和"和宁"两个国号，按惯例呈报给明朝皇帝朱元璋核准，当时朱元璋钦定"朝鲜"为其国号，并一直沿用到1910年。

如图10-1-6所示藏品可与元代"至正型"青花瓷相媲美，它是一件具有断代意义的青花铭文瓷，这件"开国功臣瓷"在李朝陶瓷史上，可以起到承上启下的作用，有着极高的史料和学术价值，其意义在于：

第一，在李朝陶瓷史上，传说是14世纪末有青花料，而且公认是从中国传入朝鲜。而这件青花铭文瓷使之充分得以验证，并更正了李朝陶瓷史中的记载，即约15世纪中叶才烧造出青花瓷的说法。

第二，反映了高丽末期的白瓷烧造水平，为现有李朝瓷器的重新定位提供了断代依据。而且与其他几件瓷器相同，证明李朝在1392年就能烧造青花瓷以及青花与铁锈花同时装饰的瓷器。

第三，佐证中国明代洪武后期的青花，确实是用国产钴料在烧瓷，也是国产钴料的发色水准。

如图10-1-6青花铭文瓷的文字为："纯忠奋义开国功臣谱记，洪武二十五年壬申七月□□安院君太祖大王开国一等功臣，平壤府院君赵浚洪阳人，文忠公"共48个字。其书法流畅飘逸，潇洒秀润，其中两个字一个为朝鲜自己造的字，另一字因青花晕散而不太清楚，可能是朝鲜特有的字，而且这

4. 泰和通宝

金章宗完颜璟自幼接受女真和汉化的良好教育，他封王时是以女真语致辞答谢的，他也是金朝诸帝中受汉化最深的君主。《金史》载："四年八月，定从便钱法。后铸大钱一值十，文曰泰和重宝，与钞并行"。这说明，先行铸造的应该就是泰和通宝，而且仿效的是宋徽宗的北宋钱币，所以"泰和通宝"这四个字，就是金章宗学习摹仿"瘦金体"的御书，笔迹也酷似他所崇拜的宋徽宗笔体，以致后人难分彼此。但金章宗的书法笔锋，还是缺少点徽宗那种富贵的傲逸之气。历史上元人曾仿制过大小泰和通宝以充作筹码，故收藏界对泰和通宝的钱币真伪尚存着疑义。设想：如果将钱币上泰和通宝的字体，与金章宗书法做个比对，这岂不就一目了然了吗？虽然纸书与铸印有点误差，但如果笔体能体现出明显差异的话，那这种钱币就必假无疑。现藏大英博物馆《女史箴图》的左端，有一则题跋如图9-2-6所示，这原本就是金章宗的题跋，但是明清以来诸画谱均认定为是宋徽宗的手书，后经日本史学家、《金朝史研究》的作者外山军治的仔细研究和辨识，才确认这是出自金章宗之手。

其中的"恭"字缺两笔，这毋庸置疑是一个最好的见证，外山军治认为，这是为避讳其父亲完颜允恭的"恭"字所为，也就是说这是一个避讳字，而且整体的书法也与宋徽宗存在一定差距。因此可参照金章宗在《女史箴图》上写的瘦金体或者偏旁部首，以及结合宋徽宗的书法来比对泰和通宝的笔体，这样就能解开元代或者近现代，以及真品泰和通宝的一个问号。

瘦金体的特点就是笔锋遒劲，字字显"筋"见"刀"，因此，鉴别"泰和通宝"是否为金章宗的字，那唯一的方法就是参照金章宗的书法。请重点比对：辶、貝、禾、ヽ、口的偏旁，尤其是"泰"字的一"ヽ"，以及"マ"和"貝"的笔画，钱币体必须与金章宗"矜"字的"マ"，以及"则"字等"貝"的笔体，笔顺不能悬殊。真正的金章宗折十的

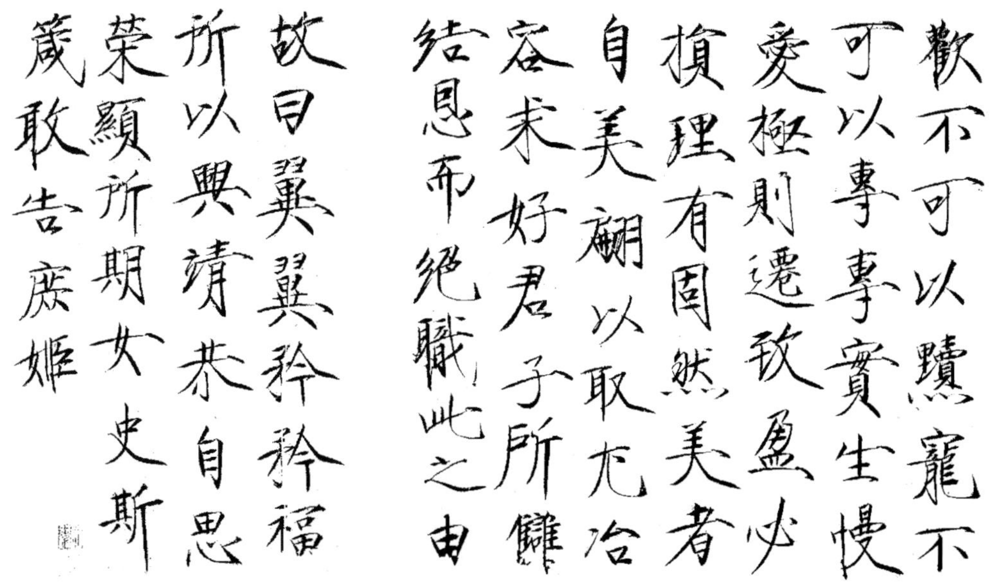

图9-2-6 金章宗书法

是指存放贵重物的铜（金色）盒子，而"石室"则是指用石头建筑的房屋，这也是古人珍藏档案防火防盗的重要方式。所以"国宝金匮"相当于国家宝库，而且"直万"与"一刀"的造型一样，都是仿造古代"钥匙"的形状，其寓意是：准备随时开启国库中，属于自己的那个"金匮"，就如同银行的保险箱或承兑汇票。

3. 三孔布币

"三孔布币"是春秋战国时期，首次在钱体上标记铸地和币值的钱，该布币背文分别计有二种币值，大者背文为"两"，小者背文是"十二朱（铢）"，因钱体的头和两足有三孔，故俗称"三孔布币"。其实它是由"三晋"布币演化而来，比如：图9-2-2面文倒书的"晋阳二釿"，背文为"贝"字的桥足币，"离石"背文是"外‖内十二"的圆足布。

战国的三孔布币是先秦货币中最为珍贵的一种，也是古泉中公认的明珍之一。如图9-2-5所展示三孔布币的文字，是在秦还没有统一文字时的字，其各国本地区的字依次是：武阳、晋阳、南阳、安阳、妬（石）邑、下博，虽然形状都相同，但尺寸却大小不一，而且钱币的背文也各不相同。总括三孔布币长6.9～8.3厘米、宽3.4～4.2厘米，大小不等，铜质属灰白色的铅锡铜合金。

图9-2-5　战国三孔币

件瓷也见证了李朝建国的那段特殊历史。

赵浚与郑道传，是李成桂建国的左膀右臂，赵浚还提出了历史上著名的土地改革方案，可以说是高丽末期的"科田制"土地改革，为李氏王朝打下了坚实的基础，也取得了国民的信任和支持。建国前的1391年李成桂就废除了高丽朝的五军制，建立了自己的三军都总制，李成桂任三军都总制使，心腹赵浚任左军总制使，郑道传任右军总制使，裴克廉任中军总制使。

因为赵浚等心腹大将，在李朝建国中立下了汗马功劳，因此李成桂在开国大典上，授予了赵浚等有功人员"纯忠奋义佐命开国功臣"一等功称号。赵浚在1398年第一次王子之乱中，又获得了"推忠协赞靖难开国定社功臣"一等功。但这次掌握军权和政权的郑道传，却被政变王子砍死，至此李成桂也被迫让位。此后赵浚看破红尘退出政坛，并选在河赵台养老，过上隐居生活，直到1405年去世，享年60岁。

如图10-1-6所示藏品具有元代造型硕大、古朴浑厚的风格，这种八棱造型在中国元代常见，到明代已逐渐消失。但朝鲜直到18世纪时，这种八棱造型瓷还经常出现。该瓷器釉面肥厚莹润，滑动抚摸有羊脂玉般油腻感，釉面大小气泡层次、疏密自然，并且还伴有死亡气泡，局部有冰裂纹和土沁。八棱处和上口沿均为圆滑过渡，上口呈喇叭状，瓶身胎接痕明显，底足粘砂并有土沁和蚂蟥痕，中心有乳突状，手感厚重，釉面为鸭蛋青色，青花发色蓝灰，釉面有铁锈斑和棕眼缩釉。

二、几件珍贵的"李朝至正型"青花瓷

如图10-1-4所示藏品与图10-1-7所示藏品是同年代的青花瓶，这种画面在中国瓷上，寓意是喜上眉梢，为喜庆瓷。图10-1-4与图10-1-7除器型大小和釉面青花发色等完全相同外，釉面空白处流淌出的透明釉都呈水绿色，胎为瓷白，底足有釉斑等。图10-1-7特殊的装饰点是为追求其逼真效果，报喜鸟翅膀点染了铁锈花装饰，所画竹叶纹单叶向上。这种李朝梅竹图案的画风，从14世纪末一直延续到整个15世纪。这件瓷器还进一步证明朝鲜在14世纪末，不但可以烧造青花瓷器，而且还有青花与铁锈花同时装饰的瓷器。

如图10-1-1、图10-1-2所示藏品为青花山水诗文瓶，这是一件14到15世纪初的官窑精品瓷，这种集诗书、山水、人物为一体的瓷器，在李朝时代也很少见。该画面布局错落有致，二条船虽然很近，但给人以捕鱼船近在眼前，运输船却很遥远的画面感，高山、大海、杨柳、飞雁整体给人以一种雨过天晴、春风杨柳生机盎然的景象。青花的着色以浓淡变化使高山、枝条、人物表现得淋漓尽致，仿佛是在宣纸上绘出一幅美丽的水墨山水画。瓶上诗文"郑翁

图10-1-1 李朝青花山水诗文瓶 高21厘米

图10-1-2 李朝青花山水诗文瓶瓶底

逸家夸信秧，雨后春泥一天洋"，笔者认为这是改编于陆游诗句"邻翁过我夸秧信，雨后春泥一尺浑"，明显是李朝时代文人的诗词，而且书法运笔流畅婉转，媚而不浮，雍容飘逸。这件瓷器也佐证了在李朝初期，就有宫廷或专门画员从事瓷器绘画。

如图10-1-6所示藏品同图10-1-1、图10-1-3、图10-1-7藏品一样，这几件都是同期同窑的瓷器，但图10-1-3藏品则更是明确为皇家举行祭祀的用器，该器除上口呈喇叭状外，其他具有与图10-1-6等瓷器相同的特点。而图10-1-3瓷器的釉面有铁质斑和棕眼缩釉，青花发色蓝灰，浓艳处有黑色结晶斑块，釉面为鸭蛋青色，手抚摸滑润有玉质感，底足施釉有粘砂，有铁质斑和蚂蟥痕，底中心呈乳突状。

如图10-1-4所示藏品与图10-1-7比较相似，但时间上却略比前几件要晚，虽是同样题材但画师却不是同一人，故报喜鸟、竹叶纹、梅花、铁锈花画法也不同。青花发色灰黑，大块冰裂纹至全身，底足被流淌釉所覆盖但较薄。釉为青白，釉层有大小不等的气泡，器物手感相当厚重，在李朝初期，这种大件八棱瓶瓷器很少见到。目前市场上也有这种纹饰的仿品出现，但从手感、釉面、底足、发色、画工等一看便知，比如，仿品报喜鸟的翅膀没有点

图10-1-3　李朝青花瓶 高24厘米　　　　　图10-1-4　李朝青花鸟纹瓶 高40厘米

染铁锈花装饰。

　　从美国旧金山亚洲艺术博物馆、日本东洋陶瓷美术馆、韩国国立中央博物馆等收藏的李朝瓷器以及相关书籍看，李朝初期瓷器不但极少，而且也没有文字论述，是一段空白期。李朝直到15世纪中期，才有纪年标记的青花瓷出现，从图10-1-1～10-1-7都应归为李朝初期的瓷器。

图10-1-5　李朝开国纪年青花瓷瓶瓶底

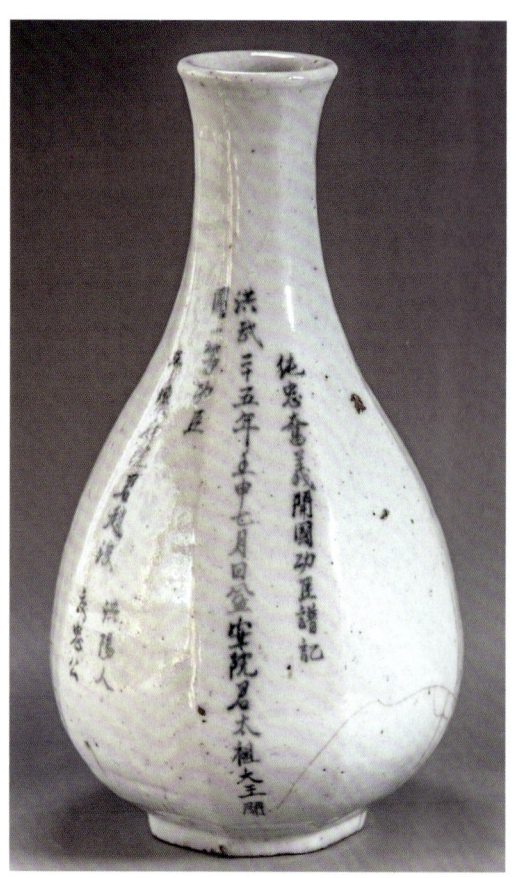

图10-1-6　李朝开国纪年青花瓷瓶 高34.5厘米

图10-1-7　李朝青花花鸟瓶 高35厘米

第二章
李朝瓷器鉴赏

一、李朝青花瓷的分期断代

1. 李朝前期青花瓷（1410—1608年）

李朝前期即世祖九年（1464年）以前的青花原料全部是由中国进口，以后在全罗南道顺天府和康津郡发现了钴料而逐渐取代从中国进口。成宗二年（1471年）发布的经国大典中明确规定，要严格限制青花瓷的烧造，平民百姓绝对不能使用青花瓷，只能用铁锈花和釉里红装饰的瓷器替代。这种皇家威严在李朝英宗年代（1754年）也有同样记载，这时期规定除画龙纹御器外，严禁一切器具使用青花瓷，可见这段时期的青花瓷何等的贵重。从中国进口青花料的青花瓷，这时已达到相当高的水平，并且发色稳定、画工又好的大型青花瓷大都被定为国宝和宝物。

如图10-2-1所示藏品为16世纪青花龙纹大罐，口沿肩部绘有分院里窑特有的如意纹图案，龙身粗壮，四爪分两边，有肘毛、背鳍、鹿角，上口为平台且上口大底口小，器型具有元代风格。青花发色淡蓝，釉面甜白，内壁荡釉但不均，底足施釉、深足外斜，中心有乳钉状，有火石红斑，胎质洁白致密，以指叩声音有干和脆的感觉。

李朝带龙纹的瓷器，都是宫廷或王室举行庆典礼宴和祭祀用器，因李朝等级极为严格，所以不论大小凡带龙纹瓷器都很珍贵。李朝青花龙纹大罐和龙樽，全世界存世量也不足20件，且都在各大博物馆等机构收藏，市场流通极少且弥足珍贵。1996年佳士得曾经以850万港币拍卖过一件李朝青花龙纹大罐，创下当时亚洲瓷器拍卖最高纪录，2002年伯得富又以逼近1000万人民币的价位，拍卖了一件李朝青花龙纹大罐，仅从拍卖价位上就可见其珍稀程度。

如图10-2-2所示藏品为16世纪青花鱼纹油瓶，这种造型在高丽时代相当普遍，李朝前期过后就逐渐消失。油瓶青花发色浅蓝清雅，底足有旋痕不施釉，有大片火石红，外斜足、有胎接痕，釉面青白有棕眼缩釉。鱼纹没有仿造中国式的鲭鱼、鳇鱼、鳜鱼、鲤鱼等观赏鱼，而是朝鲜一种海鱼，海草和浮游生物画得惟妙惟肖。这种古代海鱼纹的瓷器，不论在中国还是在朝鲜都很难见到，表明画员具有海边生活的经历，而不像中国景德镇都是内陆画员。

图10-2-1　李朝青花龙纹罐 高28.5厘米

2．李朝中期青花瓷（1608—1751年）

李朝陶瓷史上以万历朝鲜战争结束后，或以仁祖初期为李朝中期分界线。由于当时日本国丰臣秀吉借口发动战争，朝鲜当时向大明王朝求助，因此明朝曾先后两次派兵援助，而且历经8年直到1600年，战争才胜利结束。但这段时期朝鲜政府的大量档案、文物、艺术品等，都遭到严重的损毁，工匠和技术人员也被大量掠夺到日本。造成陶瓷、手工艺品、印刷品等产业的倒退，质量也大幅下降，甚至出现一次农奴阶级也可以参加科举考试的局面，可见当时战后的李朝是百废待兴。

如图10-2-3所示藏品为18世纪初青花龙纹樽，器形完整，胎质致密，釉面气泡均匀密集，口部施釉，内壁修胎工整但不施釉，底足施釉但有少量粘砂和火石红斑，底足薄釉下能见大片火石红，青花发色浅淡，应为分院里官窑烧造。

如图10-2-4所示藏品为青花竹叶瓶，图10-2-5藏品为青花八棱龙纹瓶，这时期橘皮纹相当严重，但瓶口和底足都经过精心修正，底足、棱角、口沿处都修整得有棱有角，底足没有粘砂现象，上口为平口。龙纹瓶底足宽厚有火石红痕，胎接明显、釉面青亮，青花发色深蓝艳丽。此类瓶的瓶口沿特点是：初期为外翻圆滑过渡，中期变为平台到小圆帽式，后期为无沿直桶式。

如图10-2-6所示藏品为17世纪末青花龙纹罐，这种外形俗称"算盘珠"型的瓷器，侧面呈强有力的弯曲状，形成一种顽强而坚定的姿态。釉青白、底足粘砂，平底施釉，口唇外翻。图10-2-7也为同时期青花龙纹瓶，而且与图10-2-6藏品釉面和青花特征相同，不过此瓶底露胎处有火石红斑，釉面气泡相对密集。

3．李朝后期青花瓷（1752—1883年）

李朝后期青花瓷有了一个崭新的发展，不论器型工整度、釉面的精细度、青花发色等均达到相当高的水准。如图10-2-8所示藏品为青花花鸟瓶，青

图10-2-2　李朝青花鱼纹油瓶 高30厘米

花发色靛蓝,青花的浓淡变化使叶枝和飞鸟活灵活现、栩栩如生,整个画面为宫廷画员所绘。底足施釉、有粘砂,釉面有棕眼和缩釉,釉面气泡大小均匀,胎质致密,有玻璃光泽,手感柔和。

如图10-2-9所示藏品为青花釉里红八棱瓶,青花淡蓝、釉青白,釉里红色呈现出李朝特有的土红色,底足工整、有火石红。如图10-2-10、图10-2-11所示藏品为李朝后期青花五彩罐,云中的一对飞龙极具李朝特色,器底有规整

图10-2-3 李朝青花龙纹尊 高52厘米

的五星圆点是李朝官窑的标志，"惠我无疆"铭文更显其皇家血统。如图10-2-10所示官窑文字彩瓷非常珍贵，曾收录于《朝鲜瓷器的收藏和鉴赏》一文中，并发表于1999年第73期《收藏》杂志上。

二、独具特色的李朝铁锈花瓷器

李朝铁锈花装饰风格，是在1392—1752年期间，铁锈花是李朝陶瓷独具特色的一个品种，它是仿造宋元时期北方磁州窑产品，从而逐渐形成自己的一种风格。铁锈花是韩国和日本对瓷器装饰上的一种称呼，其实也是在仿烧釉里红，因为有的烧造不成功，就会变成釉里黑和釉里褐的一个品种。由于

图10-2-4　李朝青花竹叶瓶 高38厘米

李朝的特定环境以及300多年的铁锈花烧造历史，其铁锈花瓷器的烧造，已经达到近乎完美的程度。

一般大型完整器物画工和铁锈花发色好的，大都定为韩国的国宝和宝物，铁锈花瓷器到18世纪中期停烧。如图10-2-14所示藏品为15世纪铁锈花云龙大罐，铁锈花画龙纹的器物存世量相当的稀少。这时期龙纹的画法为独角发上飘，以及闭口且猪嘴獠牙鹰式三爪，而且头都很小但身体粗壮，总体来看具有元代龙和明初龙的特点。该件铁锈花发色纯正，上口为平口，底足深且外斜，底足施釉、有粘砂，中心有乳钉状，露胎处有火石红，手感沉重，釉面甜白有缩釉棕眼，并有密集小气泡伴有疏朗的大气泡，内壁荡釉但不均，以指叩器声音干脆。

如图10-2-12所示藏品为15世纪初铁锈花虎鹿纹罐，器型为典型的元代特征，口沿部短且圆，也为高丽时代的特征。虎和鹿的画法具有典型朝鲜民

图10-2-5　李朝青花八棱瓶　高36.5厘米

图10-2-6　李朝青花龙纹罐　高19.3厘米

图10-2-7　李朝青花龙纹瓶 高30厘米　　　　图10-2-8　李朝青花花鸟瓶 高32厘米

族的古朴民风，平民百姓也很喜欢这种民间漫画式的绘画风格，铁锈花虎鹿纹罐也仅见日本东洋美术馆有类似藏品。朝鲜画法很特别，鹿角为飘逸状，脚为羊蹄，虎面为人脸且都露虎牙。该器底足外削一刀，底足有釉斑，釉面莹润为浅牙黄色。由于釉厚使铁锈花呈浅淡的褐色，釉层有小气泡伴有疏朗的大气泡，死亡气泡很多，全身有冰裂纹，内壁荡釉不均，内壁有明显胎接。由于窑内温度和气流变化，烧造和发色不稳，个别竹叶纹发灰黑。

如图10-2-13所示藏品为17世纪到18世纪铁锈花云龙大罐，器型完整，发色纯正，十分罕见。短足外斜，底足施釉有粘窑渣，露胎处有火石红，底足薄釉下能透见大片火石红，釉面气泡呈大中小密集，口部施釉，内壁修胎工整但不施釉，手感相当沉重，应为分院里官窑烧造。如图10-2-15所示藏品为铁锈花葡萄纹罐，这是典型的17世纪忠清北道槐山郡制作所烧造的白瓷铁锈花产品，口唇外翻，底足施釉有粘砂，釉面青白，手感沉重，葡萄纹发色纯正，四周葡萄纹画法自然流畅。

图10-2-9　李朝青花釉里红八棱瓶 高38厘米

图10-2-10　李朝晚期青花五彩飞龙罐

图10-2-11　李朝晚期青花五彩飞龙罐

图10-2-12 李朝铁锈花虎鹿纹罐 高23厘米

图10-2-13 李朝铁锈花龙纹大罐 高44.5厘米

图10-2-14 李朝铁锈花云龙大罐 高29厘米

图10-2-15 李朝铁锈花葡萄纹罐 高19.5厘米